Antonino Gomes Paixão

Os Verdadeiros Fundamentos da Economia Política e Empresarial: A terceira e única via

Volume III

**Economia Política
e
Empresarial**

2023

Os Verdadeiros Fundamentos da Economia Política e Empresarial: A terceira e única via

Volume III

Antonino Gomes Paixão

**Economia Política
e
Empresarial**

A meus pais:

Joaquim Gomes Paixão
e
Luzia Ribeiro Paixão

Também ao meu neto:

João Miguel

Paixão, Antonino Gomes

**Os Verdadeiros Fundamentos da Economia Política
e Empresarial: A terceira e única via**

Volume III

Cuiabá, 2023

1. Platão; 2. Dialética; 3 Economia Política; 3. Economia
Empresarial; 4. Macroeconomia; 5. Keynes; 6. Marx.

Depois de elaborados o Volume I definido como "Os Verdadeiros Fundamentos da Economia Política e Empresarial: Gênese", que faz uma interpretação e análise em separado do Livro "A República" de Platão, que se transformou, na concepção desta obra, no alicerce que viabiliza a revisão dos principais livros que balizaram a Economia como a única Ciência Social Pura e Aplicada existente, foi dado continuidade nesse trabalho, por meio da apresentação e estudo do seu Volume II intitulado "Os Verdadeiros Fundamentos da Economia Política e Empresarial numa Visão Holística" que tratou de fazer a avaliação de "A Riqueza das Nações, uma investigação sobre sua natureza e suas causas", de Adam Smith, intercalando-a com as demais obras, principalmente "O Capital" de Marx, a teoria dos Fisiocratas, além da utilização da Macroeconomia de Keynes como elo entre a Economia Política e a Economia Empresarial de Marx, onde se incluiu nesse contexto, uma breve análise da realidade atual dessa Ciência, desta feita, é apresentado ao público leitor o Volume III da mesma obra, sob título "O Verdadeiros Fundamentos da Economia Política e Empresarial: a terceira e única via".

Nesse último volume, é dado continuidade aos estudos da obra "A Riqueza das Nações" de Smith, até o Livro Segundo, no qual esse autor analisa sobre os fatores que levam os países a negociarem com outras nações, sempre considerando os tipos de transações partindo do mercado interno para o externo, assim como fez Platão, o verdadeiro Pai da Economia, conforme elucidado neste estudo e o próprio Smith.

O passo seguinte foi começar os levantamentos analíticos do Livro Segundo até o tratamento das variáveis que alicerçam a preparação e o funcionamento das empresas no que tange à produção das mercadorias partindo da consideração da existência do capital fixo, do capital variável, assim como do capital financeiro, além dos custos e das despesas que a empresa incorre para a produção de mercadorias e, a partir daí, este autor dá a sua contribuição à própria formação do pensamento econômico como Ciência Social Pura e Aplicada, por meio da reformulação de toda a base de análise da Economia enquanto verdadeira Ciência.

Para fazer isso, o citado autor começa pela reformulação do próprio conceito da Economia na condição de Ciência Social visto que, o mesmo encontrou sérias falhas nessa definição por considera-la apenas como uma frase feita, sem nenhuma consideração mais profunda desse objeto de estudo enquanto Ciência Social Pura e Aplicada.

Uma vez redefinido esse conceito e sua justificação, o mesmo dá continuidade ao seu trabalho tratando de enfocar toda a Economia de acordo com sua nova realidade, procurando abranger em sua totalidade, as variáveis que dão sustentação a essa ciência, intercalando-a com os fundamentos da Economia Política e a Economia Empresarial desenvolvidas por Marx e apresentado em sua obra "O Capital – Crítica da Economia Política", de onde ele se utiliza dos princípios econômicos utilizados nesse trabalho para dar sequência aos seus estudos, incluindo em tais definições reformuladoras, os fundamentos científicos atuais, quando o mesmo conclui suas investigações, conseguindo transferir à essa Ciência todo o seu aparato científico de forma séria e abrangente, transformando-a na única Ciência Social Pura e Aplicada existente na atualidade.

Sumário

Adam Smith

A Riqueza das Nações: Investigação sobre sua Natureza e suas Causas

Tradução: Luiz João Baraúna

Preâmbulo

Antes de adentrar no Livro II da obra de Smith, "A Riqueza das Nações" cabe fazer aqui um adendo sobre a divisão de classes sociais que esse autor conseguiu identificar quando o mesmo fez uma análise no capítulo XI dessa obra, no Livro I, sobre a "Renda da Terra" (p. 185).

Conforme Smith observou, assim como foi identificada anteriormente pelos Fisiocratas, existem três classes sociais distintas que interagem diretamente no processo de produção capitalista. São eles: a classe dos proprietários de terras, a dos trabalhadores e a classe dos empresários. Na concepção desse autor, a classe dos proprietários é uma classe social que vive de renda adquirida do aluguel de suas terras para os arrendatários que a utilizam para produzir todo tipo de riqueza advinda dessa fonte, como sendo: aquelas que sempre geram renda, no caso, a produção de alimentos; as que permitem a obtenção de lucros extraordinários com a sua atividade, as que geram renda e às vezes não, como é a situação dos materiais oriundos da terra utilizados na fabricação de vestuários, tais como as peles de animais (couros), a lã e os que são trabalhados para a construção de moradia, como a madeira. O terceiro tipo de produto oriundo da terra são aqueles que são derivados das variações de preços que ocorrem naturalmente nos diferentes períodos de aprimoramentos, resultado dos investimentos do produtor no desenvolvimento da terra e utilização de novas técnicas de plantio mais avançadas (p. 187). Essas variações naturais decorrem da comparação do valor relativo entre os próprios produtos derivados da terra, bem como da verificação também da comparação do preço desses bens com os das mercadorias manufaturadas tais como "os materiais do vestuário e de moradia, os fósseis e os minerais úteis da terra, os metais preciosos e as pedras preciosas" (p. 212).

Na asseveração de Smith, ainda confirmando o diagnóstico dos fisiocratas, a classe dos proprietários vive apenas de renda que os arrendatários podem lhe proporcionar pelo aluguel da terra, podendo-se dizer, de certa forma, que essa classe é estéril, só se tornando produtiva por meio do cultivo da própria terra, quando essa não possibilita fontes adicionais de receita além do pagamento do investimento em sua melhoria, o salário dos trabalhadores e o lucro, sem viabilizar a esse, a renda do aluguel da mesma, que, no caso é o gerado pela renda diferencial. O segundo estrato social que participa diretamente do processo de produção é a classe dos trabalhadores, ficando a terceira casta como sendo a dos produtores ou empresários.

Admitindo as mesmas premissas desenvolvidas por Platão, relativas às faculdades humanas, como sendo: as necessidades fisiológicas e as emoções psicológicas, subdivididas essas em emoções racionais, esta oriunda da razão, e as concupiscênicas, advindas simplesmente das sensações emotivas que estão presentes na raça humana, desde o seu estágio primitivo ou selvagem, Adam Smith também considerou a mesma sequência de análise adotadas por esse filósofo, no sentido de tratar primeiro dos bens necessários à manutenção da vida humana, que estão presentes no atendimento das necessidades fisiológicas, deixando as faculdades emotivas para serem trabalhadas após o estudo das questões inerentes à produção de alimentos.

Segundo esse autor, a base, a essência, a maior riqueza que um povo pode produzir é o alimento. Isso porque:

> [...] O número de trabalhadores cresce proporcionalmente ao aumento da quantidade de alimento, ou seja, ao crescente aprimoramento e cultivo das terras; e já que a natureza de suas ocupações permite a máxima subdivisão de trabalho, a quantidade de materiais que podem elaborar aumenta em uma proporção muito maior do que seu número. Daí surge uma demanda por todo tipo de material que a criatividade humana pode empregar, de maneira útil ou ornamental, na construção, no vestuário, nos equipamentos ou na mobília do lar, surgindo também a demanda pelos fósseis e minerais contidos nas entranhas da terra, pelos metais e pedras preciosas.
>
> Dessa forma, o alimento não é somente a fonte original da renda, mas qualquer outra parte do produto da terra que depois proporciona renda deriva essa parcela de

seu valor do aperfeiçoamento das forças de trabalho na produção de alimento através do aprimoramento e do cultivo da terra.

Contudo, esses outros produtos da terra, que depois geram renda, não a geram sempre. Mesmo em países desenvolvidos e cultivados, a demanda desses produtos nem sempre é tal que garanta um preço maior do que o suficiente para pagar a mão-de-obra e repor, juntamente com seus lucros normais, o capital que precisa ser aplicado para comercializá-los. Smith (1996:203).

A partir do momento em que a primeira das necessidades fisiológicas é suprida, no caso, do abastecimento de alimentos, que se dá por meio da melhoria no processo de produção decorrente do avanço tecnológico, da criação de novas técnicas de plantio e cultivo das terras mais férteis, que viabiliza, por conseguinte, ainda a ocupação das terras menos férteis, fazendo gerar a renda diferencial, além daquela adquirida pela produção de produtos raros, que só se obtém em algumas regiões do mundo, Smith admitiu que, em decorrência dessas melhorias, mais trabalhadores podem ser liberados da atividade agrícola, fazendo-os se deslocarem e procurarem novas ocupações nas cidades, encaixando-se esses, na grande maioria das vezes, na produção de mercadorias.

A liberação da mão de obra do campo para as cidades, decorrentes das melhorias no processo de produção agrícola já no âmbito capitalista, faz ampliar o número dos indivíduos que passam a compor a classe empresarial, que se dedica apenas e tão somente à produção de manufaturas, que vivem em função do lucro e do superlucro que essa atividade oferece. Juntando a classe dos arrendatários, a dos trabalhadores e a dos empresários, bem como dos proprietários que da sua parte, estes últimos vivem da renda oriunda dos aluguéis de suas terras, Smith detectou que as classes dos proprietários e trabalhadores dependem diretamente da produção e do estágio de desenvolvimento por que passa a economia, visto que, essas duas classes estão vinculadas diretamente ao avanço, retrocesso ou estagnação por que passa o sistema econômico em seus mais variados estágios de desenvolvimento, que se dá durante o processo produtivo.

Smith evidencia ainda que, "a proporção entre a remuneração real do trabalho em países diferentes — importa relembrar — é naturalmente regulada, não pela riqueza ou pobreza efetiva, mas pelo seu estado de progresso, de declínio, ou pela sua situação estacionária" (p. 224) ou em outras palavras, pela produção concreta de mercadorias em si, mediante a realização de trabalho por parte de todos os agentes envolvidos, no caso, a classe empresarial e a classe proletária, fazendo-se revezar a classificação social desses membros como trabalhadores em alguns momentos e empresários em outros, decorrentes das situações de enriquecimentos, empobrecimento, falências e pobreza, por que passam esses agentes durante as fases da produção, uma vez que, não existe riqueza sem a produção real de produtos manufaturados no Sistema Capitalista.

Daí porque esta obra considerar os empresários não apenas como membros de uma classe específica à parte, que se constitui de maneira isolada, privilegiada, mas sim, como o resultado das transformações constantes que ocorrem no perfil desses indivíduos, em consequência de seu comportamento mutável durante a realização dos avanços e das transformações do processo de produção capitalista, motivo pelo qual surge não a classe dos empresários em si, que se auto regula, mas sim, a casta dos trabalhadores-empresários.

Nesse sentido, para facilitação de análises futuras na seara econômica, esses indivíduos quando evoluem intelectualmente e financeiramente, além do seu talento, tornando-se indivíduos altamente competitivos, em decorrência das atividades produtivas que desenvolvem, passam a receber nova denominação que é a de "gestores econômicos de produção", conceituados como os verdadeiros empresários inovadores, advindos da definição de empresário inovador por Schumpeter, e já comentados no Tomo II, Volume II, desta obra.

Por seu turno, recorrendo-se novamente à concepção de Smith, da sua parte, quanto mais desenvolvida for a economia e avançada a sociedade, mais a situação da classe dos proprietários e dos trabalhadores tendem a melhorar as suas posições com maiores participações na renda, decorrentes da riqueza gerada no processo de produção capitalista.

Assim, o desempenho dessas duas castas estão intimamente ligadas aos interesses da sociedade em sua essência, o que não acontece com a classe dos produtores, que vivem dos lucros gerados por suas empresas ou arcam com os prejuízos oriundos das atividades produtivas, uma vez que, essa casta procura estabelecer sua estratégia de ação, de maneira independente e autônoma visto que, esse estrato social age e monta sua forma de produção, de acordo com seus próprios critérios e interesses, cabendo em particular, a cada gestor econômico de produção, estabelecer a operacionalização de seus negócios de acordo com seu próprio talento, análises de mercado e perspectivas de desenvolvimento da Economia.

Ademais, enquanto a classe dos proprietários e dos trabalhadores vivem diretamente das atividades que são desenvolvidas no mercado de maneira pontual, a classe dos trabalhadores-empresários ou gestores econômicos de produção, vive do lucro proporcionado pela atividade produtiva, que é uma conta de resultado, que só é apurado no final de cada ciclo de produção, com o produto criado na forma de riqueza e que se converte em dinheiro com a venda da mercadoria. Daí porque se exigir que numa atividade produtiva, conforme preceitua Marx em "O Capital", e será visto quando se analisar a sua obra neste mesmo estudo, que o gestor econômico de produção tenha também o seu próprio salário e que se traduz na forma de pró-labore.

Vale acrescentar que, quanto mais desenvolvida for a estrutura e organização da Economia no cenário de desenvolvimento econômico, como bem relata Smith, melhor será a condição de vida para os trabalhadores e os proprietários rurais, enquanto que, melhores serão as condições também para os novos e futuros investimentos da classe empresarial e na geração de seus lucros, como se vê na transcrição abaixo:

> A produção anual total da terra e do trabalho de cada país — ou, o que é a mesma coisa, o preço total dessa produção anual — naturalmente se divide, como já foi observado, em três partes: a renda da terra, os salários da mão-de-obra e o lucro do capital, constituindo uma renda para três categorias de pessoas: para aquelas que vivem da renda da terra, para aquelas que vivem de salário, e para aquelas que vivem do lucro. Essas são as três grandes categorias originais e constituintes de toda sociedade evoluída, de cuja receita deriva, em última análise, a renda de todas as demais categorias.
>
> O interesse da primeira dessas três grandes categorias, como se depreende do que foi dito até agora, está íntima e inseparavelmente ligado ao interesse geral da sociedade. Tudo o que fomente ou obstrua o interesse do proprietário da terra necessariamente fomenta ou obstrui o interesse da sociedade. Quando o público delibera em relação a qualquer regulamento ou lei de comércio ou política, os proprietários da terra jamais podem enganá-lo visando promover o interesse de sua categoria específica, ao menos se tiverem um conhecimento razoável desse interesse próprio. Efetivamente, muitas vezes falta-lhes este conhecimento razoável. Eles são a única das três categorias cuja renda não lhes custa nem trabalho nem cuidado, pois esta renda lhes vem, por assim dizer, espontaneamente, independentemente de qualquer plano ou projeto deles. Essa indolência, que constitui o efeito natural da tranqüilidade e segurança de sua situação, muitas vezes os torna não somente ignorantes, mas também incapazes de usar a inteligência no sentido de prever e compreender as conseqüências de toda e qualquer lei pública.
>
> O interesse da segunda categoria — a dos que vivem de salário — está tão intimamente vinculado ao interesse da sociedade como o da primeira. Já mostrei que os salários do trabalhador nunca são tão altos como quando a demanda de mão-de-obra cresce continuamente ou quando o volume de mão-de-obra empregado a cada ano aumenta consideravelmente. Quando essa riqueza real da sociedade estaciona, os salários são logo reduzidos ao estritamente suficiente para possibilitar-lhe manter uma família, ou seja, perpetuar a descendência dos trabalhadores. Quando a sociedade declina, os salários caem até abaixo desse nível. Talvez a categoria dos proprietários possa ganhar mais com a prosperidade da sociedade do que a dos trabalhadores; não existe, porém, nenhuma classe que sofra tão cruelmente com o declínio da riqueza da sociedade quanto a dos operários. Mas, embora o interesse da classe trabalhadora esteja intimamente ligado ao interesse da sociedade, o trabalhador é incapaz tanto de compreender esse interesse quanto de compreender a vinculação do interesse da sociedade ao seu próprio. Sua condição não lhe deixa tempo para receber a necessária informação, e sua educação e hábitos costumam ser tais que o tornam inapto para discernir, mesmo que esteja plenamente informado. Por isso, nas deliberações públicas, sua voz é pouco ouvida e ainda menos levada em conta, excetuadas algumas ocasiões específicas, quando suas reivindicações são animadas, incitadas e apoiadas pelos seus empregadores, que no caso lutam não pelos objetivos dos trabalhadores, mas pelos seus próprios.
>
> Os empregadores de mão-de-obra representam a terceira categoria, a daqueles que vivem do lucro. É o capital investido em função do lucro que movimenta a maior parte do trabalho útil de cada sociedade. Os planos e projetos dos investidores de capital regulam e dirigem todas as operações mais importantes do trabalho, sendo que o lucro constitui o objetivo proposto e visado por todos esses planos e projetos. Entretanto, a taxa de lucro não aumenta com a prosperidade da sociedade e não diminui com o seu declínio — como acontece com a renda da terra e com os salários. Ao contrário, essa taxa de lucro é naturalmente baixa em países ricos e alta em países pobres, sendo a mais alta, invariavelmente, nos países que caminham mais

rapidamente para a ruína. Por isso, o interesse dessa terceira categoria não tem a mesma vinculação com o interesse da sociedade como o das outras duas. Nessa categoria, os comerciantes e os donos de manufaturas são as duas classes de pessoas que comumente aplicam os maiores capitais, e que pela sua riqueza atraem a si a maior parcela da consideração pública. Uma vez que durante toda a sua vida estão engajados em planos e projetos, muitas vezes têm mais agudeza de entendimento do que a maioria dos senhores do campo. Já que, porém, suas idéias giram mais em torno do interesse de seu próprio ramo específico de negócios do que em torno do interesse específico da sociedade, seu julgamento mesmo quando emitido com a maior imparcialidade (o que não tem acontecido em todas as ocasiões) deve ser considerado muito mais dependente em relação ao primeiro daqueles dois objetos do que ao do último. Sua superioridade em relação aos senhores do campo não está tanto no conhecimento que têm do interesse público, mas antes no fato de conhecerem melhor seu interesse próprio do que os homens do campo conhecem o seu. É em razão deste melhor conhecimento que possuem de seus próprios interesses que muitas vezes têm feito imposições à generosidade do proprietário rural, persuadindo-o a abrir mão tanto de seu próprio interesse quanto do interesse do público, partindo de uma convicção muito simples, mas muito legítima de que o interesse público é o deles e não o do proprietário de terras. Ora, o interesse dos negociantes, em qualquer ramo específico de comércio ou de manufatura, sempre difere sob algum aspecto do interesse público, e até se lhe opõe. O interesse dos empresários é sempre ampliar o mercado e limitar a concorrência. Ampliar o mercado muitas vezes pode ser benéfico para o interesse público, mas limitar a concorrência sempre contraria necessariamente ao interesse público, e só pode servir para possibilitar aos negociantes, pelo aumento de seus lucros acima do que seria natural, cobrar, em seu próprio benefício, uma taxa absurda dos demais concidadãos. A proposta de qualquer nova lei ou regulamento comercial que provenha de sua categoria sempre deve ser examinada com grande precaução e cautela, não devendo nunca ser adotada antes de ser longa e cuidadosamente estudada, não somente com a atenção mais escrupulosa, mas também com a maior desconfiança. É proposta que advém de uma categoria de pessoas cujo interesse jamais coincide exatamente com o do povo, as quais geralmente têm interesse em enganá-lo e mesmo oprimi-lo e que, conseqüentemente, têm em muitas oportunidades, tanto iludido quanto oprimido esse povo. Smith (1996:271 – 273)

Vale ainda acrescentar que, embora a renda da terra pertencente aos proprietários dessas porções e o salário do trabalhador sejam rendas pontuais e que derivam diretamente das atividades de produção, há que se ressaltar que, o lucro do processo de produção capitalista que é de direito dos trabalhadores-empresários, esse tipo de renda, diferentemente do que Smith acrescentou e que é considerado como referencial de análise até os nossos dias, não advém diretamente das atividades de produção e, por conseguinte, não pertencem de maneira direta a classe dos trabalhadores-empresários, mas sim à própria empresa, visto que, tais lucros são considerados como resultado das vendas, portanto, do risco da atividade.

A renda que é obtida diretamente das atividades realizadas pelos trabalhadores-empresários é extraída da mesma maneira que o é, o próprio salário que é pago aos trabalhadores, com uma diferença de que, esse é um tipo de salário que recebe denominação especial, na forma conforme já frisado, de pró-labore. O lucro é um direito dessa classe social, assim como os prejuízos que a mesma tem que assumir, que advém dos resultados do ciclo operacional do sistema capitalista. Isso porque, tanto o lucro quanto o prejuízo são contas de resultado, portanto, um risco que o trabalhador-empresário tem que incorrer para poder dar início às atividades produtivas de sua empresa ou de seu negócio, seja ele qual for. Sem a incorrência do produtor empresarial nesse tipo de risco, ao lado das atividades laborais da classe trabalhadora, jamais haverá produção capitalista.

Daí advém o fato de que, enquanto o lucro ou prejuízo não se fizerem presentes na realidade da empresa, os trabalhadores-empresários, assim como os trabalhadores comuns, têm que ter um ganho que vai lhe ser útil no seu consumo diário, até que o lucro ou prejuízo possam emanar na forma de contas de resultado, dados pela sua empresa. É justamente essa renda mensal e operacional que recebe o nome de pró-labore enquanto que o valor que o trabalhador percebe na forma de renda, recebe o nome de salário.

Marx afirma que, a partir do momento em que por possível que o trabalhador-empresário obtenha essa renda, o que deve equivaler a um salário normal qualquer, o gestor econômico tem que abdicar das atividades corriqueiras desse seu negócio, que são semelhantes às elaboradas pelos demais trabalhadores, contratar um novo trabalhador para ocupar seu lugar, e passar a assumir uma atividade mais delicada, necessária e estratégica que é a ação de raciocinar e planejar as operações diárias de sua empresa por meio de um trabalho mais seletivo, criterioso, criativo e de busca de resultados mais longínquos que é o de planejamento, incluindo aí, os tipos de planejamentos estratégicos, táticos e operacionais, numa função de Diretor ou Presidente, de sua organização empresarial.

Para Marx, essa função é de pensar e agir estrategicamente, e não de simplesmente desenvolver seu trabalho diário como um funcionário qualquer. Nesse contexto, vale ressaltar que, até nossos dias, essas funções não são tão bem delineadas pelos agentes que atuam nessas áreas, principalmente na seara da Economia Clássica, Neoclássica, Monetarista e da Escola Austríaca, assim como das outras escolas de pensamento, que têm suas teorias derivadas dessas premissas econômicas, que são, no caso, a Administração e a Contabilidade, além de outras escolas de gestão correlatas, tais como as das áreas das Ciências Exatas, motivo pelo qual se gera um verdadeiro quiproquó, quando essas escolas tratam desse assunto.

Das assertivas acima de Smith e Marx, lúcidas e muito bem esclarecidas, por sinal, até aqui, vale acrescentar novamente que, essa situação de estultice se evidencia quanto mais ignorante ou mais selvagem for o estágio pelo qual passa a sociedade, fazendo advir a conclusão de que - em seguimento às assertivas de Platão, que enaltece a prática das virtudes, da educação e da cultura como sendo os verdadeiros pilares impulsionadores e promotores do desenvolvimento e da civilização -, o questionamento do livre mercado é uma quimera no meio produtivo sendo que, o que prevalece nessa seara é o puro jogo de interesses das classes dominantes.

Interesses esses que tornam inviável a liberação do processo capitalista de maneira inconsequente e irresponsável nas mãos de politiqueiros e pseudoempresários ignorantes, bem como de legisladores que sempre tendem a favorecer e beneficiar os caprichos e articulações das classes mais abastadas. Para que se contenha tal disparates, faz-se necessária a evolução da sociedade arraigada com os princípios da racionalidade e da civilidade humana, no sentido de contemplar os desejos e anseios sociais, de maneira equânime, e que se dá, por intermédio da criação de um Estado forte, soberano e civilizado, emoldurado e estruturado dentro dos pináculos da prática das virtudes, da educação e cultura, trabalhadas em conformidade com os preceitos científicos-dialéticos anunciados por Platão, o que é a preocupação básica do presente estudo.

LIVRO SEGUNDO

4.4 A Natureza, o Acúmulo e o Emprego do Capital (p. 279)

(*) Observações sobre o capítulo

Depois de terminado o Livro Primeiro, intitulado "As causas do aprimoramento das forças produtivas do trabalho e da ordem segundo a qual sua produção é naturalmente distribuída entre as diversas categorias do povo", onde Smith faz a contextualização e expõe as variáveis envolvidas, na formatação e abrangência de suas análises relativas ao estudo da Economia enquanto Ciência Social, em que se evidencia, principalmente, as relações de trocas que é uma característica única do ser humano, e que faz surgir a Economia como cabedal desse fundamento, bem como procura descrever sobre as implicações que essas variáveis por ele trabalhadas alcançam, mais propriamente, na seara da Economia Política, esse autor passa a delinear e apresentar no segundo livro de sua "Riqueza das Nações", como se dá o processo de intensificação da produção propriamente dita, relativa à formação, estruturação e abrangência do corpo da segunda seção da Ciência Econômica, definida como Economia Empresarial.

É nessa seção de seus estudos que se observa como se dá o surgimento do capitalismo na condição de instrumental operacional ou ôntica da Economia, que é derivado da evolução da tecnologia do maquinário, de onde surgem as máquinas-ferramentas, como bem preceitua Marx, e que a partir daí, permite que se faça uma análise mais realística da Economia como a principal das Ciências Sociais facilitando por meio desse perquirimento, que se investigue com maior propriedade a divisão do trabalho e a distribuição dos trabalhadores no interior da indústria, caracterizada pela divisão das partes da produção em setores específicos, como preceitua Smith, e não da divisão das funções ou das profissões, como evidencia Platão, e que já foi muito bem trabalhada no Volume II desta mesma obra.

Assim, para Smith, é a divisão do trabalho realizado no chão da fábrica a mola propulsora do avanço e do desenvolvimento do sistema capitalista de produção, fato esse que torna a análise desse autor totalmente diferente da definição de Platão sobre o mesmo tema, que preconiza que esse avanço e desenvolvimento do sistema capitalista de produção só se obtém pelo desabrochar do dom, da aptidão, talento e carisma, inatos do indivíduo, e que o capacita para o exercício de sua profissão dentro do sistema de produção, seja ele qual for, e que facilita concomitantemente, o convívio social.

Da sua parte, Smith procura ainda evidenciar, conforme visto no Volume II desta obra que, as diferenças de habilidades e aptidões que cada indivíduo apresenta, decorre de seu aprimoramento e esforço no desenvolvimento de novas técnicas e habilidades na sua profissão. Para esse autor, todos os indivíduos nascem iguais e ainda enfatiza que, o avanço no conhecimento e desenvolvimento de suas habilidades técnicas, derivam de seus esforços no sentido de lapidar mais suas capacidades no desempenho de suas atividades, que ele passa a descobrir, desenvolver e aprimorar no decorrer de seu aperfeiçoamento e prática, que começa já na sua formação educacional até o seu aprofundamento no exercício de sua profissão. Na concepção de Smith, só depois desses esforços e sacrifícios, apresentados pelos indivíduos, é que os mesmos passam a se distinguir dentro do mercado de trabalho, que se dá, por intermédio de sua competência e que os tornam profissionais diferenciados no desenvolvimento do seu ofício. Um médico para Smith, quando criança, ainda na sua fase de puberdade, em termos de aptidão, é igual a todo e qualquer indivíduo, na capacidade de desempenho de uma profissão, seja ele homem ou mulher. Só na fase adulta, depois de ter passado por todo o sacrifício e esmero no aprendizado, quando ele já está no ato do desempenho de suas habilidades na seara da medicina, é que o mesmo passa a procurar se distinguir dos demais cidadãos, em termos de posição social e hierarquia intelectual, exigindo até que receba um tratamento diferenciado da parte da sociedade.

Para Platão, no que tange à definição do perfil profissional do indivíduo, isso não ocorre. Na concepção desse filósofo, as qualidades e as diferenciações são inatas ao homem ou mulher. Essas aptidões já nascem com o indivíduo e só tendem a evoluir e se apresentar como um diferencial ou qualidade especial, única do talento natural, de uma maneira única, na sua essência, e que se aperfeiçoa com a engenhosidade e dedicação ao aperfeiçoamento evolutivo das técnicas praticadas pelo ser humano. Com o tempo, e principalmente, se o indivíduo descobrir essa habilidade de maneira mais precoce possível, ele só tende a ampliar seu sucesso e se destacar em todos os ambientes em que possa desenvolver essa habilidade, de maneira independente em quaisquer tipos de profissões. Para esse profissional, seu sucesso será o mesmo de quaisquer outras atividades, e a sua felicidade, no desenvolver de suas tarefas operacionais, atingirão o ponto de máximo de seu nível de bem-estar, tanto espiritual quanto físico.

Ainda quanto a esse tema, pode-se afirmar com toda convicção possível de que, a narração para o comportamento dos dons, de acordo com o Apóstolo Paulo, em suas epístolas aos Romanos, coaduna com a versão de Platão, quando esse relata:

> **5** Assim nós, que somos muitos, somos *a*um só *b*corpo em Cristo, mas membros uns dos outros. **6** De modo que, tendo diferentes *a*dons, segundo a graça que nos é dada, se profecia, seja ela segundo a medida da fé; **7** Se ministério, seja em ministrar; ou o que ensina, em ensinar; **8** Ou o que exorta, em exortar; o que reparte, em simplicidade; o que preside, com zelo; o que exercita misericórdia, com alegria. **9** O amor *seja* não fingido. Odiai o *a*mal e apegai-vos ao bem. **10** Amai-vos cordialmente uns aos outros com amor *a*fraternal, dando preferência em honra uns aos outros. **11** Não sejais vagarosos no zelo; sede *a*fervorosos no espírito, servindo ao Senhor: **12** Alegrai-vos na esperança, sede *a*pacientes na *b*tribulação, perseverai na oração; **13** Compartilhai com os santos nas suas necessidades, procurai *exercer* a hospitalidade; **14** Abençoai os que vos *a*perseguem; abençoai, e não *b*amaldiçoeis; **15** Alegrai-vos com os que se alegram; e chorai com os que choram. **16** *Sede* unânimes entre vós; não ambicioneis *coisas* altivas, mas *a*acomodai-vos às humildes; não sejais sábios em vós mesmos; (Epístola de São Paulo aos Romanos; Cap. 12; Vers. 5 – 16a).

Na concepção deste estudo, a definição de Platão é mais condizente com a realidade observada quanto ao comportamento do perfil ideal do indivíduo no desempenho de uma atividade qualquer, do que a de Smith. Isso ocorre porque, no que tange ao desenvolvimento das profissões particulares, é justamente esse tipo de apreciação que faz evidenciar as diferenças de talentos que existem entre os seres humanos ou entre quaisquer outros tipos de seres viventes, inclusive entre o comportamento dos animais, no interior de sua prole e no desenvolvimento do seu plantel, como por exemplo: entre os lobos, os leões, onde se pode facilmente distinguir a função dos indivíduos dentro de seus respectivos grupos.

A análise de Smith quando esse se refere a divisão do trabalho no interior da fábrica, diz respeito apenas às atividades iguais, e não a profissões que são particularidades, totalmente diferentes e inatas no perfil de cada indivíduo, pois se não fosse assim, não haveria dentro do convívio social, médicos frustrados, engenheiros infelizes na profissão, ou até bilionários desiludidos com sua sorte.

Como evidencia Platão, e tem como partidário da mesma ótica de análise, São Paulo apóstolo, essa é a maior dificuldade que o ser humano possui dentro do desenvolvimento de suas habilidades profissionais que é a de descobrir qual é o seu verdadeiro talento. É comum se ver dentro da descoberta e desenvolvimento das habilidades profissionais de cada cidadão que, esse, na maioria das vezes, já quase na sua terceira idade, fazer as seguintes afirmações: - Agora é que realmente eu estou vivendo!! Ou ainda: - Agora é que realmente eu me descobri na minha verdadeira profissão, e assim se tornam verdadeiramente felizes com a nova descoberta.

Na realidade o trabalho só é um fardo para aqueles profissionais que ainda não descobriram o seu talento e escolheram uma profissão mais por questões de *status* ou de ambições extremadas.

Os livros de Eclesiastes, Eclesiástico e da Sabedoria afirmam que, essa deve ser a maior busca do ser humano para ser feliz, e que o mesmo tem que pedir para Deus através de orações, que o mostre qual deve ser seu real talento.

Já na Introdução de seu Livro Segundo, Sir Smith realça:

> No estágio primitivo da sociedade, em que não existe divisão do trabalho, em que as trocas são raras e em que cada um se supre do necessário, não é preciso de antemão acumular ou armazenar capital, para o andamento dos negócios da sociedade. Cada qual empenha-se, com seu próprio trabalho, em atender às suas necessidades ocasionais, conforme ocorrerem. Quando tem fome, vai caçar na floresta; quando sua veste está gasta, veste-se com a pele do primeiro animal de porte que consegue abater; e quando sua choupana começa a arruinar-se, repara-a, da melhor maneira que puder, com as árvores e a turfa que lhe estão mais próximas.
>
> Entretanto, uma vez implantada plenamente a divisão do trabalho, o produto do trabalho de uma pessoa só consegue atender a uma parcela muito pequena de suas necessidades. A maior parte delas é atendida com o produto do trabalho de outros, que a pessoa compra com o produto de seu próprio trabalho, ou seja, com o preço do produto de seu trabalho. Ora, isto não pode ser feito enquanto a pessoa não terminar

seu próprio trabalho, e também enquanto não o tiver vendido. Portanto, antes de a pessoa executar seu trabalho e vendê-lo, é necessário acumular em algum lugar certo estoque de bens de diversos tipos, estoque este suficiente para manter o trabalhador e provê-lo dos materiais e instrumentos necessários para seu trabalho. Um tecelão não pode dedicar-se inteiramente a seu trabalho específico, se de antemão não houver, em algum lugar, em sua posse ou na posse de outra pessoa, um capital suficiente para mantê-lo e para fornecer-lhe os materiais e instrumentos necessários para ele executar seu serviço, antes que ele termine e também venda seu tecido. Evidentemente, essa acumulação de capital deve anteceder à aplicação de seu trabalho por tanto tempo quanto exija um negócio particular. Smith (1996: 285).

Para esse autor, o fator crucial que viabiliza a divisão do trabalho e, portanto, a profissionalização do trabalhador, é a necessidade de se acumular de antemão capital, ou seja, constituir fundos, primeiro em dinheiro, e então, esse recurso faculta a sua transmutação em capital financeiro por meio da sua disponibilização para compra de materiais e equipamentos necessários à estruturação do processo produtivo, que se observa pela aquisição de maquinário, matéria prima, insumos e obtenção de capital de giro necessário, esse último, para manter o gestor econômico de produção e o trabalhador, enquanto esses estiverem produzindo a mercadoria, que é uma utilidade, e posteriormente, de posse dessa, poder vendê-la no mercado, para obtenção novamente, de dinheiro, na forma de renda.

Dessa assertiva advém o conceito de capital. Só se pode considerar como capital, todos os recursos que são diretamente empregados na produção de mercadorias, e não, quaisquer tipos de montantes de recursos acumulados na forma dinheiro. Como estabelecido no Tomo II desta obra, dinheiro não é capital. Em sua essência dinheiro só é um intermediário de trocas. Somente quando o dinheiro é aplicado diretamente na compra de matérias primas, insumos, maquinários e contratação de funcionários, ou seja, depois que se metamorfoseia, como preceitua Marx, na forma de infraestrutura produtiva é que pode ser considerado como capital. No caso ele entra na condição, primeiro de capital financeiro, e depois, se transmuta em capital produtivo, que viabilizará o início do processo capitalista que é a produção de mercadorias.

Nesse contexto, só depois da produção e da venda da mercadoria é que o trabalhador-empresário, no caso, o gestor econômico de produção, conseguirá se apropriar do usufruto de seu trabalho sob a forma de renda, no caso, o pró-labore, e que viabilizará a esse, dar continuidade às suas atividades produtivas de maneira apropriada. Assim, no Livro II de sua obra, Smith começa a dar corpo e forma às variáveis que serão trabalhadas no processo de produção na condição de capital fixo, capital variável, mão de obra, capital de giro, custos de produção, despesas, e que dão vazão à estruturação e sedimentação das análises que, por seu turno, balizarão a formatação dos conceitos que moldarão toda a composição teórica da Economia Empresarial, e que foi muito bem assimilada e desenvolvida de maneira impecável por Marx em "O Capital".

Assim, é da definição do talento do indivíduo, depois, do aperfeiçoamento no processo de acumulação de capital, dado na forma de obtenção de maquinário cada vez mais sofisticado, melhoria na qualidade da mão-de-obra e capital de giro, mais o desenvolvimento do talento, do conhecimento e do aprofundamento no aprimoramento das técnicas de operacionalização de trabalho oferecido pelo indivíduo, os fatores que facultarão a esse, se capacitar melhor e evoluir profissionalmente, numa atividade específica dentro de um processo produtivo qualquer. Isso tudo visando dar continuidade à produção de determinada mercadoria com a finalidade de vender o seu excedente no mercado, facilitando a esse, ter recursos financeiros suficientes para comprar os demais produtos de que precisa para suprir suas necessidades, visto que, esse não tem condições de produzir a totalidade de produtos de que necessita para suprir adequadamente a amplitude de suas necessidades fisiológicas, segundo Platão, e posteriormente, Adam Smith.

Então, para Platão, de maneira natural, é da descoberta e do aperfeiçoamento desse talento mais a divisão do trabalho, acrescido por Smith, que viabilizará a retroalimentação da prática de formação de riquezas facilitando ao ser humano, dar sequenciamento ao aprofundamento de sua capacitação técnica e estratégica, visando o aprimoramento e desenvolvimento do processo de produção. Segundo esses autores, quanto mais o indivíduo se aperfeiçoar no processo de produção de mercadorias ou, o que quer dizer a mesma coisa, riquezas, mais se intensificará o desenvolvimento de novas técnicas de trabalho e criação de maquinários dotados de alta tecnologia, fatos esses que viabilizam o aprofundamento da maior divisão do trabalho no interior da fábrica e, em consequência, o desenvolvimento do sistema capitalista e que criam processos cada vez mais avançados, de produção.

Por intermédio da análise e interpretação da obra "A República" de autoria de Platão, já foi visto no Volume I desta obra e mais no estudo detalhado da obra de Smith intitulado "A Riquezas das Nações" que, na realidade, existem dois tipos de divisões de atividades produtivas no sistema capitalista de produção. Um que é dado pela divisão das profissões (engenheiros, médicos, advogados, esportistas) onde o trabalhador se especializa num tipo de atividade econômica específica, de acordo com o seu dom ou talento, e outro, desenvolvido pelo senhor Smith em "A Riqueza das Nações", que se dá por meio da divisão das etapas de produção (montadores, armadores, parafusadores, cortadores, atendentes, pintores) no chão da fábrica, entre os trabalhadores que possuem, praticamente, o mesmo nível de conhecimento, que se observa durante a fabricação da mercadoria, de maneira interligada.

Uma está diretamente relacionada ao desenvolvimento do talento inato do indivíduo, o que facilita o seu aperfeiçoamento e aprofundamento nessa aptidão com maior naturalidade, viabilizando assim, a transformação dessa faculdade na sua profissão, e que, acrescido à impossibilidade do mesmo produzir todos os bens de que precisa para atender suas necessidades fisiológicas, tais situações abrem espaço para que outros trabalhadores-empresários e seu grupo de trabalhadores se desloquem para o mesmo lugar, visando produzir outro tipo de produto específico, também, conforme sua habilidade natural, o que permitirá a intensificação das atividades de produção e troca de mercadorias, objetivo ulterior da Economia, entre esses produtores, e consequente, formação dos chamados aglomerados produtivos locais, como bem enfatiza Platão em "A República" e Smith na sua "A Riqueza das Nações".

Essa é uma espécie da divisão do trabalho entre profissionais liberais ou trabalhadores-empresários, dada pelo dom ou características inatas do indivíduo. que se aperfeiçoam por meio da prática das suas virtudes, da sua formação educacional e estruturação cultural, que não tem nada a ver com a divisão do trabalho no interior da fábrica enfatizada por Smith. É essa divisão de trabalho ou dc profissões, que se caracterizam pela aglomeração de talentos diferentes em um mesmo local, que permitem com maior intensidade, a acumulação da riqueza num mesmo local, e consequentemente, a criação de cidades, e depois, Estado.

Conforme frisado, a divisão de trabalho a que Smith se refere, é a divisão em etapas do processo de produção de uma mesma mercadoria no interior da fábrica, portanto, uma divisão técnica viabilizada pela criação de maquinários mais sofisticados e que tornam as etapas da produção de mercadorias mais simples. Essa atividade, de maneira específica, não induz a formação de aglomerados produtivos locais, muito menos cidades ou estado, visto que esses trabalhadores dependem diretamente das ações e estratégias adotadas pelos trabalhadores-empresários que fazem mover toda a máquina produtiva do capitalismo.

Vale acrescentar que, é esse o tipo de prática que tem por função, simplesmente baratear o preço da força de trabalho para o capitalista, visto que, com a simplificação das atividades de produção subdivididas em uma sequência de etapas cada vez menores, onde muitas dessas ações não exigem talentos específicos, conhecimentos especializados ou técnicas mais acuradas para o desenvolvimento dos trabalhos realizados pelos operários no interior da fábrica, que diminuem a concorrência entre esses e tornam seus salários cada vez menores, fato esse que torna esse tipo de debate interessante.

Enfatiza-se ainda que, tais características de produção devem ser admitidas apenas para as atividades laborais mais simples, uma vez que, os maquinários mais sofisticados, de altíssimo avanço tecnológico embutido, exigem trabalhadores cada vez mais especializados, e por isso, mais bem preparados, dotados de conhecimentos aprimorados dentro da profissão, se tornando em consequência disso, uma força de trabalho mais sofisticada, e por isso, cara, e mais difícil de se encontrar no mercado laboral por parte do trabalhador-empresário ou gestor econômico de assuntos empresariais.

Na realidade, o que viabiliza a intensificação e o desenvolvimento do processo de acumulação de riquezas e da polidez entre os indivíduos, e por conseguinte, civilização entre as classes sociais, cidades e estados, é o desenvolvimento tecnológico e as inovações que se adquirem com o aprimoramento da prática das virtudes, da evolução educacional e cultural do indivíduo e que atuando juntos fazem o diferencial evolutivo da sociedade que, por seu turno, facilitam a fabricação de mercadorias mais sofisticadas no interior das fábricas, permitindo ao gestor econômico de negócios (empresário inovador de Schumpeter), produzir maior quantidade de mercadorias, num espaço reduzido de tempo, a menores custos e preços, e não, simplesmente, a divisão do trabalho de forma pura e simples, no interior da fábrica, como propõe o senhor Adam Smith.

No desenvolvimento de suas investigações, Smith, embora comente sobre o fato, não deixa em evidência essas duas formas de se pensar sobre as divisões do trabalho, o que gera um conflito de análises e interpretações no entendimento do funcionamento do sistema capitalista de produção, principalmente no que tange à questão da produtividade em detrimento da competitividade, e que, por isso, leva a uma diversidade de interpretações entre os estudiosos das diversas escolas econômicas atuais, que tratam do tema e de assuntos correlatos, incluindo as ciências derivadas da Economia, no que tange à análise da formação da estrutura empresarial, de onde baseiam seus estudos para poderem tratar do mesmo assunto, tais como: a Administração, a Contabilidade, as engenharias citando como exemplo.

Nessa sua versão da divisão do trabalho, Smith considera que, no sistema primitivo de produção capitalista, todo o processo de elaboração da mercadoria, era feito pelo mesmo artesão, que ia, no caso da produção de um sapato, citando como exemplo, desde o corte do couro, da fabricação do solado até a costura e acabamento do mesmo. Porém, com o aprimoramento das atividades de produção, via inovações tecnológicas e consequente melhoria e simplificação das etapas de produção, essa passou a ser feita de forma cada vez mais intensa, por intermédio da divisão do trabalho e aumento do número de trabalhadores, no interior das fábricas.

Marx classifica esse mesmo processo como, acumulação primitiva de capital, e trata do tema por intermédio da análise do que ele definiu como sendo, o mecanismo de geração da mais-valia absoluta. Na concepção de Karl Marx, toda a mais valia gerada (no caso os 100%), ou o excedente econômico de produção, segundo Smith, o que é a mesma coisa da versão de Marx, recaia sobre a classe proletária. Daí porque Marx ter definido esse processo como, sistema de acumulação primitiva de capital. Porém, para Marx, ao contrário da versão smithiana, e o que é mais correto de se afirmar, o aprimoramento das atividades produtivas não se deu meramente pela divisão do trabalho, mas sim, pelo desenvolvimento do processo de produção do maquinário, devido a inovações tecnológicas, e que facilitou ao indivíduo, elaborar instrumentos de trabalho mais baratos e mais sofisticados, simplificando as etapas de produção das mercadorias. Essas inovações na produção de maquinários, fazendo-se criar máquinas mais modernas e sofisticadas, permitiram o aprimoramento e simplificação nas técnicas de produção de mercadorias mediante a distribuição dos operários no interior da fábrica, via divisão das etapas do processo de produção. Nesse estágio, segundo esse autor, houve uma mudança nas técnicas de produção das mercadorias, que se deu através da transformação do maquinário, que saiu da condição de apenas instrumento de trabalho para o de máquinas-ferramentas. É assim que surge, nessa versão, a mais valia-relativa, aonde o maquinário também participa do processo de geração do excedente econômico, ao lado do trabalhador, onde este último fica com as funções mais delicadas, pode-se assim dizer, do processo de produção, que se dá por meio da intensificação das atividades produtivas e faz acentuar o desenvolvimento do sistema capitalista de produção, até a atualidade.

Esse tipo de assertiva de Marx é análogo ao de Platão, embora esse último tenha vivido muito tempo antes do surgimento dos protestantes, renascentistas e iluministas, que revolucionaram a ciência através de seus sofismas, e da sua própria versão do que seria a criação do sistema capitalista de produção. Na concepção de Marx, em seguimento aos preceitos de Platão, embora sem o saber - uma vez que não se considera que Marx tenha lido "A República" de Platão, visto que Karl Marx nem cita esse autor em sua obra "O Capital"-, foi assim que se aprofundou e aperfeiçoaram as profissões facilitando o ajuntamento de trabalhadores, no caso, os trabalhadores-empresários (gestores econômicos de negócios empresariais) e proletários comuns, que produzem mercadorias diferentes em um mesmo lugar, viabilizando a formação de aglomerados produtivos locais, e depois Estados, e a divisão do trabalho no interior da fábrica, oportunizando assim, de maneira mais intensa, a acumulação de riquezas para o Estado, no caso, o povo.

Como se pode observar, embora Marx não tenha estudado Platão, para poder aprimorar sua versão sobre o processo de produção capitalista, e partindo dos mesmos conceitos desenvolvidos por Smith, quanto à definição das variáveis envolvidas nos fundamentos da economia empresarial, tais como: a definição do que seja capital fixo, capital variável, capital de giro, trocas, formação de estoque, criação de fundos financeiros de suporte ao trabalhador-empresário (gestor econômico de negócios empresariais) durante a elaboração da mercadoria e sua venda no mercado, consolidando a criação da riqueza econômica produzida, via metamorfoseamento da força de trabalho em dinheiro, definido este último como receita de vendas, e posterior renda nas mãos dos agentes econômicos de produção (trabalhadores-empresários, trabalhadores e proprietários, na versão de Smith), foi esse estudioso que melhor estruturou e modelou o sistema de produção capitalista, que se deu por intermédio da análise de todas as suas etapas de formação, por meio do que ele chamou de M-D-M', D-M-D' e D-D', emprestadas por Marx de Sismondi, o criador desse sistema, segundo esclarecimentos do próprio Marx em sua obra de maior renome, "O Capital".

Agora, deixando à parte esse imbróglio criado por Smith quanto à divisão do trabalho, e nos prendendo apenas ao que esse autor trata no seu segundo livro de "A Riqueza das Nações"; depois de contextualizar e dar início com primazia à análise dos fundamentos que emolduram a Economia como um todo em seu Livro I, conforme frisado reiteradas vezes, ele passa, de maneira pioneira, a trabalhar a essência das variáveis que balizam a Economia Empresarial, fazendo derivar essa, da Economia Política, fato esse que passar-se-á a observar a seguir.

No seu Capítulo I intitulado "A Divisão do Capital" (págs.: 287 – 288) Sir Smith faz as seguintes asseverações:

> Quando o capital possuído por uma pessoa é suficiente apenas para mantê-la durante alguns dias ou semanas, raramente ela pensa em auferir alguma renda dele. Consome-o da maneira mais econômica que puder, e procura com seu trabalho adquirir algo com o qual possa repô-lo, antes de consumi-lo totalmente. Nesse caso, sua renda deriva exclusivamente de seu trabalho. Essa é a condição da maior parte de todos os pobres que trabalham em todos os países.
>
> Quando, porém, a pessoa possui capital suficiente para manter-se durante meses ou anos, naturalmente procurará auferir uma renda da maior parte dele, reservando para seu consumo imediato somente o suficiente para manter-se até que a renda comece a entrar. Seu estoque total, portanto, distingue-se em duas partes. A parte que, segundo espera, lhe proporcionará a citada renda denomina-se capital. A outra parte é a que lhe garante seu consumo imediato; esta parte consiste, primeiro, naquela porção de seu estoque total originalmente reservada para este fim; segundo, em sua renda, auferida de qualquer forma, na medida em que entra; ou, terceiro, em coisas que ele havia comprado com uma dessas duas em anos anteriores, e que ainda não estão totalmente consumidas, tais como: estoque de roupas, mobília doméstica, e similares. Em um ou outro desses três itens consiste no estoque que as pessoas normalmente reservam para seu próprio consumo imediato.
>
> Há duas maneiras de se empregar um capital, para que ele proporcione uma renda ou lucro a quem o emprega.
>
> Primeiro, o capital pode ser empregado para obter, fabricar ou comprar bens, e vendê-los novamente, com lucro. O capital empregado desta forma não gera renda ou lucro a quem o emprega, já que permanece na posse da pessoa ou conserva a mesma forma. As mercadorias do comerciante não lhe proporcionam renda alguma nem lucro, enquanto ele não os vender por dinheiro, e também o dinheiro não lhe proporciona renda ou lucro, enquanto por sua vez não for trocado por bens. Seu capital continuamente sai dele em uma forma e volta a ele de outra; somente mediante essa circulação ou trocas sucessivas pode ele proporcionar-lhe algum lucro. Por isso, esses capitais são adequadamente denominados de capitais circulantes.
>
> Em segundo lugar, o capital pode ser empregado no aprimoramento da terra, na compra de máquinas úteis ou instrumentos de trabalho, ou em coisas similares que geram uma renda ou lucro sem mudar de donos, ou seja, sem circularem ulteriormente. Por isso, tais capitais podem com muita propriedade ser chamados de capitais fixos.
>
> Ocupações diferentes exigem porcentagens muito diferentes de capital fixo e de capital circulante empregados nelas.
>
> O capital de um comerciante, por exemplo, é integralmente um capital circulante. Ele não tem necessidade de máquinas ou de instrumentos de trabalho, a não ser que os considere como tais sua loja ou armazém.
>
> Uma parte do capital de todo mestre artesão ou manufator deve consistir nos instrumentos de seu ofício. Essa parte é muito pequena em alguns ofícios e muito grande em outros. Um mestre alfaiate não precisa de outros instrumentos senão de certa quantidade de agulhas. Já os instrumentos de um mestre sapateiro são um pouco mais caros — embora muito pouco. Os do tecelão são bem mais caros do que os do sapateiro. Entretanto, a maior parte do capital de tais mestres artesãos é capital circulante, consistindo nos salários de seus empregados ou no preço de seus materiais, reembolsados com lucro pelo preço do trabalho.
>
> Em outras ocupações, requer-se um capital fixo muito maior. Por exemplo, em uma grande fundição o forno para fundir minério, a forja, a máquina de corte são instrumentos de trabalho que só podem ser implantados com uma despesa muito elevada. Em minas de carvão e nas minas de qualquer espécie, as máquinas necessárias para extrair a água e para outras finalidades não raro são ainda mais dispendiosas.
>
> A parte do capital do agricultor que é empregada nos instrumentos agrícolas constitui capital fixo; e a empregada nos salários e na manutenção de seus empregados é capital circulante. O agricultor aufere lucro do capital fixo, conservando-o em sua própria posse; e do capital circulante, gastando-o. O preço ou valor de seu gado empregado na agricultura é capital fixo, bem como o dos instrumentos e equipamentos

agrícolas; sua manutenção é um capital circulante, da mesma forma como a manutenção dos empregados. O agricultor aufere seu lucro mantendo o gado empregado na agricultura, como gastando na manutenção desse gado. Tanto o preço como a manutenção do gado que é comprado e engordado, não para trabalho na agricultura, mas para venda, constituem capital circulante. O agricultor aufere seu lucro gastando na compra e na manutenção do gado. Um rebanho de ovelhas ou de gado que é comprado, não para trabalhar na agricultura, nem para ser vendido, mas para se tirar lucro da lã, do leite e da procriação do mesmo, constitui um capital fixo. Aufere-se lucro, conservando esses rebanhos. A manutenção desse gado é um capital circulante. Aufere-se lucro desfazendo-se dele; sendo que ele retorna, juntamente com seu próprio lucro e com o lucro do preço total do gado, no preço da lã, do leite e de novas cabeças. Também o valor total das sementes é capital fixo. Embora esse capital circule continuamente entre o solo e o celeiro, essas sementes nunca mudam de proprietário, e por isso não se pode dizer adequadamente que constituam capital circulante. O agricultor aufere lucro das sementes, não vendendo-as, mas multiplicando-as.

O capital geral de um país ou de uma sociedade é o mesmo que a soma do capital de todos seus habitantes ou membros, e por isso se divide naturalmente nas mesmas três partes, e cada uma das quais tem uma função diferente.

Depois de ter muito bem elucidado como se forma o capital de uma sociedade por intermédio do delineamento e conceituação de praticamente todas as variáveis que compõem a estruturação da Economia Empresarial, Smith passa a descrever como se distribui esse capital dentro do meio social, utilizando-se da análise do comportamento das variáveis elencadas acima, definidas como capital fixo, capital variável, capital circulante, dentre outros, para poder trabalhar depois com maior desenvoltura, os demais conceitos e implicações dessa distribuição sobre toda a Economia, tanto na seara Política quanto na Empresarial, em seus livros subsequentes, todos fazendo parte de sua obra maior, "A Riqueza das Nações".

Para Smith as três únicas maneiras de se obter renda se dá por intermédio da negociação das atividades desenvolvidas na agricultura, da produção na forma de vendas diretas pelas indústrias, por atacado, e da negociação da mesma mercadoria por parte das atividades de comércio, através das vendas a varejo, que são três práticas inerentemente econômicas.

Depois da transmutação da matéria prima em mercadorias, que se dá por meio da utilização dos capitais: fixo, variável, capital financeiro e circulante, que engloba esse último, todos esses tipos de capitais que foram utilizados para a produção da mercadoria, que contém em si, toda a riqueza gerada no processo de produção, de maneira que essa possa circular e ser comerciada no mercado, fazendo reverter tal produto em receita, e que se dá, por seu turno, no metamorfoseamento do total da força de trabalho aplicada na fabricação do produto final em dinheiro, tem-se, por intermédio desse processo, o ciclo completo do produto, bem estudado e explicado por Marx, na sua completude, em sua obra, "O Capital: crítica da Economia Política", dividida em três volumes.

Vale lembrar que nessa obra, Marx apenas explica de maneira mais completa e empírica, ratificando e aperfeiçoando as análises do Sir Smith sobre o tema.

Conforme explicitado acima, nesse caso, há o metamorfoseamento da mercadoria em dinheiro, que se dá através da venda da mesma e da geração da receita dessa venda, que que é a última etapa do processo de produção capitalista, que vai permitir ao trabalhador-empresário, o proprietário de terras e ao trabalhador, obterem renda na forma dinheiro, que lhes possibilitarão comprar os demais produtos necessários às suas sobrevivências, pois, segundo esses mesmos autores, Smith e Marx, não adianta produzir riqueza para estocá-las uma vez que, essa situação inviabiliza, pois interrompe de maneira abrupta, a realização da continuidade do processo de estruturação e veiculação da riqueza gerada na forma de mercadorias pelo sistema capitalista.

Tal fato ocorre porque, nesse processo que foi interrompido abruptamente pela não venda da mercadoria, não houve geração de renda visto que a mercadoria não foi transmutada, como preceitua Marx, para a condição de dinheiro, o que, por conseguinte, gera crise de superprodução no sistema capitalista como um todo.

Tanto para Smith como para Marx, é imprescindível que a transmutação da mercadoria em dinheiro ocorra, para que haja a geração da renda na forma de receita para os indivíduos, que tratam diretamente da produção das mercadorias. Se isso não se verificar todo o processo de produção e circulação dos produtos estará prejudicada, o que implicará em estrangulamento do ciclo completo do sistema econômico de produção, também chamado de capitalismo, uma vez que, a troca, que é o principal fundamento para a criação e circulação do mecanismo de atendimento às necessidades coletivas, por meio da produção de utilidades, não se verificou.

Esse cenário provocará a interrupção do processo de circulação de riquezas na forma de mercadorias, no modelo capitalista de produção, o que implicará em crises gigantescas no sistema, inviabilizando assim, a continuidade do ciclo e encadeamento da criação de produtos, mediante a formação de extensos estoques de mercadorias, o que causará em última instância, um excesso de excedentes econômicos estocados, com o consequente aumento de custos em armazenagem, provocado pelo acúmulo de produtos acabados, o que implicará em agravamento da instabilidade para o setor de geração da riqueza econômica na forma de mercadorias.

De maneira geral, esse fundamento da lei de produção econômica muito bem delineado, em primeiro momento por Platão, como se viu, no Volume I desta mesma obra, depois, por Smith, e mais à frente por Marx, conforme também se vê aqui, durante as análises da obra "O Capital" desse último Economista, foram completamente negligenciados pelos demais propensos pensadores de linhagem econômica da corrente ricardiana e monetaristas, propagadores da opinião intuitiva de Jean Baptiste Say, de que "toda produção gera uma demanda de mesma intensidade". Isso quer dizer, em outras palavras que, de acordo com essa visão, o sistema capitalista jamais geraria crises de superprodução visto que, era a produção que criava a demanda, e não a demanda que suscitava a produção, como preceituava outro pensador protestante de pretensa linhagem econômica e crítico dessa teoria de Say, tão bem defendida por Ricardo, conhecido como Thomas Malthus.

O desenrolar dos fatos econômicos mostraram que, eram Platão, Smith e Marx, e em proporção menor, Malthus, que estavam corretos em suas respectivas análises, visto que, com o prevalecimento das teorias de Say e Ricardo, corroborada pela visão dos monetaristas de Chicago, o que se viu foi, literalmente falando, a eclosão da crise de superprodução no sistema capitalista em escala global que se observou principalmente, no período 1927 – 1933, do século passado, e já se repetiu reiteradas vezes na Economia mundial principalmente entre 2009 e 2010, causada a partir da crise imobiliária que se observou nos Estados Unidos, nesse período.

Assim continua Smith em suas análises sobre a questão da produção da riqueza no âmbito empresarial:

> A primeira é a parte reservada para o consumo imediato da sociedade, sendo que a característica dessa parte consiste em não gerar renda nem lucro. Consiste no capital em alimentos, roupas, mobílias domésticas etc. que foram comprados pelos seus consumidores, mas ainda não estão totalmente consumidos. Também o capital total em casas para moradia, existente em um determinado momento do país, faz parte desta primeira porção. O capital investido em uma casa, se esta se destina à moradia do proprietário, deixa a partir deste momento de ser capital, ou seja, deixa de proporcionar renda ao dono. Uma moradia como tal não traz renda alguma a quem mora nela; embora sem dúvida ela seja extremamente útil ao morador, é útil da mesma forma que lhe são a roupa e a mobília doméstica, as quais, porém, fazem parte de sua despesa, e não de sua renda. Se a casa for alugada a um inquilino para efeito de renda, já que a própria casa nada pode produzir, o inquilino sempre deverá pagar ao proprietário o aluguel, tirando-o de alguma outra renda, a qual o inquilino auferirá do trabalho, do capital ou da terra. Embora, portanto, uma casa possa proporcionar renda a seu proprietário, e conseqüentemente tenha para ele a função de capital, não gera renda alguma para o público, nem pode ter a função de capital para este, sendo que uma casa jamais poderá aumentar, no mínimo que seja, a renda da sociedade como tal. Da mesma forma, as roupas e peças de mobília às vezes geram renda, cumprindo assim a função de capital para determinadas pessoas. Em países em que costuma haver baile de máscaras, é uma ocupação alugar máscaras e roupas para uma noite. Com freqüência, os tapeceiros alugam peças de mobília por mês ou por ano. Os donos de casas funerárias alugam por dia ou por semana os equipamentos para enterros. Muitas pessoas alugam casas mobiliadas, recebendo uma renda não somente pelo uso da casa, mas também pelo uso da mobília. Todavia, a renda conseguida deve sempre ser, em última análise, obtida de alguma outra fonte de renda. De todas as partes do capital, seja de um indivíduo seja de uma sociedade, reservadas para o consumo imediato, a que consiste em casas é a que leva mais tempo para ser consumida. Um capital em roupas pode durar vários anos, mas um estoque de mobília pode durar meio século ou até um século inteiro; e um capital em casas, bem construídas e bem cuidadas, pode durar muitos séculos. Embora, porém, leve mais tempo para consumi-las totalmente, durante todo este período elas continuam constituindo um estoque real reservado para o consumo imediato, tanto quanto as roupas e a mobília doméstica.
>
> A segunda parte na qual se divide o capital geral da sociedade é o capital fixo, cuja característica consiste em proporcionar renda ou lucro, sem circular ou mudar de proprietário. Ela consiste sobretudo nos quatro itens seguintes:

Primeiro, todas as máquinas úteis e instrumentos que facilitam e abreviam o trabalho.

Segundo, todas as construções que constituem meios de renda, não somente para seu proprietário, que as aluga para renda, mas também para a pessoa que as ocupa e paga o aluguel: tais são, entre outras, as lojas, depósitos, casas comerciais, sedes de propriedade rural com todas as suas construções necessárias; além disso, estábulos, celeiros etc. Diferem muito das casas para moradia. São uma espécie de instrumento de trabalho, podendo, portanto, ser classificadas pelo mesmo critério.

Terceiro, as melhorias ou benfeitorias da terra, ou seja, o que se investiu rentavelmente em roçar, limpar, drenar, cercar, adubar e colocá-la nas condições mais adequadas para amanho e cultura. Uma propriedade assim aprimorada pode com todo o direito ser considerada sob a mesma luz que as máquinas úteis que facilitam e abreviam o trabalho, e mediante as quais um capital circulante igual pode proporcionar uma renda muito maior a quem o emprega. Uma propriedade dotada dessas melhorias é tão vantajosa como a mais durável de qualquer dessas máquinas, e freqüentemente não requer outros reparos senão a mais rentável aplicação de capital do arrendatário empregado no cultivo dessa terra.

Em quarto lugar, as habilidades úteis adquiridas por todos os habitantes ou membros da sociedade. A aquisição dessas habilidades para a manutenção de quem as adquiriu durante o período de sua formação, estudo ou aprendizagem, sempre custa uma despesa real, que constitui um capital fixo e como que encarnado na sua pessoa.

Assim como essas habilidades fazem parte da fortuna da pessoa, da mesma forma fazem parte da sociedade à qual ela pertence. A destreza de um trabalhador pode ser enquadrada na mesma categoria que uma máquina ou instrumento de trabalho que facilita e abrevia o trabalho e que, embora custe certa despesa, compensa essa despesa com lucro.

A terceira e última das três partes em que naturalmente se divide o capital geral da sociedade é o capital circulante, cuja característica consiste em proporcionar renda somente circulando ou mudando de donos. Também essa porção divide-se em quatro partes:

Primeiro, o dinheiro, por meio do qual se faz a circulação das outras três, e a distribuição aos respectivos consumidores;

Segundo, o estoque de provisões em poder do açougueiro, do criador de gado, do arrendatário, do comerciante de cereal, do fabricante de cerveja etc., e de cuja venda eles esperam auferir um lucro;

Terceiro, os materiais, quer em estado totalmente bruto quer mais ou menos manufaturados, para fabricação de tecidos, mobílias e construções, que ainda não se inserem em nenhum desses três tipos, mas que permanecem nas mãos dos cultivadores, dos manufatureiros e dos merceeiros, negociantes de fazendas, madeireiros, e marceneiros, dos fabricantes de tijolos etc.

Quarto e último, do trabalho acabado, mas que ainda está nas mãos do comerciante ou do manufator, e que ainda não foi vendido ou distribuído aos respectivos consumidores, tal como o produto acabado que freqüentemente encontramos pronto nas lojas do ferreiro, do marceneiro, do ourives, do joalheiro, do comerciante de porcelana etc. No caso, o capital circulante consiste nos suprimentos, nos materiais e nos produtos acabados de todos os tipos, que estão nas mãos de seus respectivos negociantes e no dinheiro necessário para fazê-los circular e distribuí-los aos que os utilizarão ou consumirão.

Dessas quatro partes, três — os suprimentos, os materiais e o produto acabado — são, anualmente ou em período mais curto, regularmente retiradas do capital circulante, sendo incorporadas ao capital fixo ou ao capital reservado para consumo imediato.

Todo capital fixo deriva originalmente de um capital circulante, devendo ser continuamente mantido por ele. Todas as máquinas e instrumentos de trabalho úteis derivam originalmente de um capital circulante, que fornece os materiais dos quais são feitos, bem como a manutenção dos trabalhadores que os fabricam. Além disso, requerem um capital da mesma espécie para mantê-los constantemente em bom estado.

Nenhum capital fixo pode proporcionar renda a não ser através de um capital circulante. As máquinas e instrumentos mais úteis de trabalho não produzirão nada sem o capital circulante que assegure os materiais nos quais são usados e a manutenção dos empregados. A terra, mesmo que devidamente preparada, não proporcionará nenhuma renda sem um capital circulante, que mantenha os trabalhadores que a cultivam e colhem os produtos.

O único objetivo e finalidade, tanto do capital fixo como do circulante, consiste em manter e aumentar o capital que pode ser reservado para o consumo imediato. É esse capital que alimenta, veste e dá moradia à população. A riqueza ou pobreza da população depende do suprimento abundante ou escasso que esses dois tipos de capital têm condições de garantir ao capital reservado para o consumo imediato.

Uma vez que uma parte tão grande do capital circulante é continuamente retirada dele para ser incorporada aos dois outros setores do capital geral da sociedade, é preciso reabastecer continuamente esse capital circulante, sob pena de logo deixar ele de existir. Essas fontes de abastecimento são sobretudo três: a produção da terra, das minas e da pesca. Estas três fontes asseguram suprimentos e materiais contínuos, dos quais uma parte é depois transformada em produto acabado, e através dos quais são repostos os suprimentos, os materiais e o produto acabado continuamente retirados do capital circulante. Das minas extrai-se também o necessário para manter e aumentar aquela parte do capital circulante que consiste em dinheiro. Com efeito, embora, no curso normal da economia, o dinheiro não seja, como as outras três partes, necessariamente retirado do capital circulante para ser incorporado aos dois outros setores do capital geral da sociedade, também ele, como todas as outras coisas, acaba desgastando-se necessariamente, e às vezes se perde ou tem que ser exportado — motivo pelo qual também esta parte do capital circulante precisa ser continuamente reabastecida com novos suprimentos, embora, sem dúvida, muito menores. Smith, (1996: 288 – 292).

De acordo com o que foi observado na originalidade e primazia das análises efetuadas pelo Senhor Smith no longo trecho apresentado acima, esse autor deixa muito bem elucidado como se verifica a formação do capital circulante, do capital financeiro, do fixo e do variável, bem como ele evidencia a maneira pela qual se realiza a utilização do capital circulante para viabilizar o aproveitamento do capital fixo durante a produção da riqueza social, além de esclarecer o modo pelo qual o capital circulante atua metamorfoseando-se: uma parte em capital variável que se verifica quando da operacionalização do capital fixo pelo trabalhador-empresário por meio do acionamento da força de trabalho via beneficiamento da mercadoria, e a outra parte, em dinheiro, quando esse último é utilizado para consumo, buscando suprir o gestor econômico (trabalhador-empresário), o proprietário de terras e o trabalhador, de suas respectivas utilidades imediatas diárias para suprir suas necessidades fisiológicas.

Assim, para Smith, é o capital circulante ou produto acabado na forma mercadoria, o responsável pela operacionalização tanto do capital fixo quanto do capital variável, além do capital financeiro. O capital circulante, na concepção de Smith, o que é verdadeiro, trata-se, utilizando-se do linguajar de Marx, daquele capital já transmutado, constituído na forma de mercadoria e que circula por entre o mercado perpassando das mãos dos fabricantes para as dos comerciantes, e por último, desse derradeiro para o consumidor final, que tratará da destruição do produto pelo seu consumo, por intermédio da sua permuta por dinheiro, finalmente.

Nesse aspecto, embora descreva com grande eloquência o ciclo da produção capitalista, que parte da transmutação do dinheiro em capital financeiro, depois: capital fixo, capital variável e capital circulante, que faz gerar a mercadoria oriunda desse processo, ela; a mercadoria, da sua parte, por sua vez, se metamorfoseia em receita, na forma dinheiro novamente, que se dá através da sua venda no mercado, que é um tipo de troca indireta.

Depois de transmutada em receita, por intermédio da sua venda, essa última se personifica na forma de dinheiro, que tem a responsabilidade esse, de completar o ciclo da produção capitalista, segundo Karl Heinrich Marx.

A receita, depois de auferida através da sua transmutação em dinheiro, por seu turno, será distribuída na forma de lucro e renda nas mãos dos agentes de produção. De lucros para os capitalistas que participam diretamente das inversões na produção de mercadorias e de renda para aqueles indivíduos que participam indiretamente do processo de produção capitalista, como é o caso do setor de serviços e do setor da produção de insumos tais como: energia, água, saneamento básico e telecomunicação, atualmente, telemática, além dos impostos, que é pago ao governo.

4.4.1 A origem, a importância e o conceito do Dinheiro: a questão inflacionária

Embora Smith tenha descrito com primazia como surge os diversos capitais que são gastos no processo de produção capitalista em sua essência, esse autor não explica a origem do dinheiro. Marx dá uma luz a esse respeito, na sua análise, quando afirma que "o ciclo completo da produção capitalista só se fecha depois da venda da mercadoria". Entrementes, esses dois brilhantes economistas não conceituam o dinheiro na sua singularidade, fato esse que se coloca como um mistério não resolvido até nossos dias. Smith simplesmente explica a origem e a formatação do lastro do dinheiro e que são retirados das minas, de ouro ou de prata, na época, uma vez que até nossos dias a pecúnia por si, é vista apenas como um pedaço de papel com função monetária, na visão geral.

Entrementes, o dinheiro em sua essência não se trata apenas de um pedaço de papel, mas sim, do total da mercadoria vendida e que se metamorfoseou em receita, e essa, por último, em lucro nas mãos dos empresários, e outra parte, em renda nas mãos dos indivíduos que participam indiretamente do processo de produção, tais como os que atuam no setor serviços que são as atividades de suporte às ocupações produtivas, além do ramo de produção de insumos que englobam o fornecimento de energia, água, telemática, estando incluindo nessa última, os serviços de telefone, de internet além de todas as despesas necessárias para a atuação diária das empresas e que, somados, comporão todos: gastos que são realizados pelas unidades produtivas para que essas tenham condições de produzir a mercadoria e poder gerar excedentes econômicos na forma do tão propalado lucro.

Na verdade, os indivíduos apenas sabem a função do dinheiro que é o de intermediário de trocas, unidade de conta, reserva de valor e padrão de pagamentos diferidos, além dos motivos que levam as pessoas a reterem dinheiro que são pelos motivos: precaução, transação e especulação. Entrementes, mesmo com todos esses desdobramentos relacionados a existência do dinheiro em si, não se tem o conceito desse mais importante instrumento que viabiliza a efetivação da troca indireta na economia, visto que, a troca direta se dá pelo intercâmbio da mercadoria por mercadoria.

Mesmo quando trata da análise das funções do dinheiro como capital circulante Smith deixa em aberto essa definição.

Conforme frisado acima, o Economista que melhor conseguiu evidenciar a origem do dinheiro, também sem conceitua-lo de maneira precisa, embora analise todo o processo pelo qual a matéria prima se metamorfoseia em mercadoria, utilizando-se do modelo analítico M-D-M' para isso, foi o senhor Karl Heinrich Marx.

Ao utilizar esse método desenvolvido por Sismondi conforme o próprio Marx evidencia em sua obra "O Capital", para explicar o metamorfoseamento da matéria prima em mercadoria, esse autor declara que, o ciclo de produção capitalista só terá sido concluído depois que a mercadoria for vendida no mercado, ou seja, se transmutou em receita apresentada na forma dinheiro. Embora não entre no mérito de conceituar o dinheiro e apenas aponte a existência do ciclo completo necessário para que se efetue a transmutação da matéria prima em produto acabado, Marx evidencia, sem fazer nenhuma afirmação de que, o dinheiro nada mais é do que a força de trabalho transmutada em receita, visto que, toda a mercadoria só consegue ser produzida por intermédio da aplicação da força de trabalho na sua elaboração.

Depois da distribuição da receita na forma de pagamentos da matéria prima, do insumo, dos serviços, das despesas diversas, além da força de trabalho e dos impostos, o que sobra é o lucro. Então, seguindo raciocínio de Platão, do senhor Adam Smith e de Marx, o lucro nada mais é do que a transmutação do excedente econômico gerado na produção em dinheiro, e que faz personificar finalmente a riqueza no sistema, que contribuirá para o fortalecimento e a evolução da sociedade como um todo.

Daí ter-se demonstrado de maneira empírica na forma de axioma, utilizando-se da práxis para isso, como se dá a geração do lucro no sistema capitalista, que é extraído depois da distribuição da receita por todos os envolvidos no processo de produção da mercadoria, processo esse que joga por terra, como já foi visto anteriormente, a teoria de relação inversa entre salário e lucro, desenvolvido e transformado em axioma, axioma falso pelo senhor David Ricardo.

Vale ressaltar que, mesmo descrevendo todo o processo com tremendo brilhantismo, Marx não foi capaz de visualizar todas as implicações que ocorrem durante a realização da produção e a geração do dinheiro, como decorrência desse encadeamento. Da mesma forma, vale acrescentar ainda que, talvez Marx não tenha dado importância significativa à transmutação da mercadoria em dinheiro através da sua venda, ou percebeu e não se interessou devido a obviedade do fato, porque partiu do mesmo princípio desenvolvido por Ricardo, que afirma que, todo o sistema capitalista, para sua efetivação na produção e geração de riquezas futuras na forma de mercadorias também chamadas de utilidades, deve ter como base, a relação inversa entre salário e lucro, o que é uma verdadeira falácia.

No decorrer da elaboração da sua obra, mesmo mantendo-se fiel à Ricardo com sua teoria de relação inversa entre salário e lucro porque, equivocadamente, considerou inicialmente essa tese como uma verdade absoluta, Marx percebeu falhas nessa versão analítica, o que o fez considerar a ideia de escrever o livro quarto, com ênfase na demanda, o que não foi feito, visto que esse economista faleceu, cabendo a Friedrich Engels concluir sua obra.

Entremente, se a versão de Marx sobre o capitalismo tivesse sido entendida, respeitada e adotada como verdadeira, jamais esse sistema teria crise de superprodução, uma vez que, na realidade, como afirmava Malthus e foi comprovado nesta obra em páginas anteriores, de que, é a demanda que gera a produção e a produção retroalimenta a demanda por meio da oferta de empregos para a classe trabalhadora, fato esse que provoca mais demanda de mercadorias. Essa característica básica faz com que o sistema capitalista tenha capacidade de se reproduzir automaticamente, sem a necessidade de intervenção externa no seu funcionamento, o que fez Adam Smith não admitir quaisquer tipos de intervenções, principalmente através de leis nesse processo, fato esse que contribuiu para que ele desenvolvesse sua brilhante teoria da "mão invisível de mercado", ou seja, do não intervencionismo no mercado por meio de leis estranhas ao processo natural ao desenvolvimento do próprio sistema capitalista de produção.

Infelizmente, tanto a visão de Platão, dos fisiocratas, quanto a de Smith e a de Marx, no caso, dos economistas puros, no que concerne ao desenvolvimento automático do sistema capitalista de produção, via geração de excedentes econômicos, não foi entendida, ou foi ignorada pelos economistas hodiernos, seus sucessores, preferindo esses, seguirem a tese equivocada e danosa ao verdadeiro funcionamento do sistema capitalista de produção, que é a da relação inversa entre salário e lucro, imaginada por Ricardo, fazendo-se criar assim, os pseudoeconomistas ou economistas protestantes, seguidores de: Ricardo, Malthus, os economistas austríacos, os monetaristas, e os demais pseudoeconomistas seguidores dessa corrente de pensamento, que se baseia mais em frases feitas do que em fundamentos científicos puros de qualidade de análise.

Assim, de maneira geral, pode-se dizer que, a origem do dinheiro se dá pela necessidade da riqueza gerada no processo de produção capitalista, na forma de mercadoria, se converter em receita através da venda, metamorfoseando-se em instrumento de troca, fazendo-o emanar através da sua personificação para que depois, o mesmo possa ser distribuído por entre os envolvidos no processo produtivo, como pagamentos na forma de renda e lucro, possibilitando ao trabalhador-empresário honrar todos os compromissos assumidos durante a elaboração do produto acabado.

Nesse sentido, finalmente deve-se conceituar o dinheiro como sendo a transmutação da força de trabalho dispendida na produção da mercadoria em pecúnia. Assim, o dinheiro nada mais é do que a força de trabalho transmutado em moeda. Não existe formação de riqueza sem a produção da mercadoria visando a geração de excedentes para viabilizar a troca indireta de mercadorias por mercadorias e o dinheiro é o instrumento emanado no interior desse processo. O dinheiro é a própria força de trabalho despendida pelo trabalhador o que faz dizer que, não existe geração de riqueza sem a realização de trabalho e a circulação do dinheiro é o instrumento que intensifica a produção de mercadorias por mercadorias, como evidencia Marx em "O Capital". Disso conclui-se, a maior de todas as riquezas é o trabalho. Quem produz é rico. Quem não produz vive na mendicância. É isso que o Apóstolo Paulo quis dizer quando afirma que "quem não trabalha não come" visto que, esse vive na dependência e na caridade de outrens.

Assim, nesse contexto, a verdadeira riqueza gerada no processo de produção capitalista conforme evidenciam Platão, os fisiocratas, Smith e Marx, nas suas respectivas obras, é o excedente econômico que foi criado e que se metamorfoseou da receita em lucro, na forma dinheiro. Desta feita, pode-se concluir finalmente que, o lucro é a personificação do dinheiro transmutado da verdadeira riqueza gerada no sistema, na forma de excedente econômico. E a renda, nada mais é do que a remuneração dos indivíduos que participaram indiretamente na produção da riqueza criada na condição de excedente econômico ou lucro, o que é a mesma coisa. Daí Smith deduzir que, no sistema capitalista há a realização do trabalho produtivo que está diretamente vinculado à produção do excedente econômico ou riqueza econômica, que é pago através do lucro; e o trabalho improdutivo, ou seja, que não gera riqueza, mas que contribui para a sua formação, e que é remunerado por intermédio da renda paga aos indivíduos. No sentido estrito da questão, lucro não é a mesma coisa que renda. Lucro é todo o excedente gerado e renda é a remuneração das atividades de suporte e assistência realizadas durante a produção do excedente econômico embora ambos, tanto o lucro quanto a renda, são formas de remunerações dos indivíduos participantes do processo de produção capitalista de maneira direta e indireta.

É por isso que Smith considera que, as atividades de serviços que dão suporte ao trabalhador-empresário durante o processo de produção de mercadorias ou utilidades, incluindo as de produção de insumos, tais como: luz, água, gás, telefone, internet, transporte coletivo, citando ainda como exemplos: hospitais, laboratórios, ambulatórios, enfim, toda a área da saúde, além de saneamento básico, não devem cair nas mãos de particulares porque, caso isso ocorra, o cidadão e a cidadã terão que pagar seus lucros. E Smith ainda ressalta que, esses "lucros" não são baixos.

Desta feita, quando, por exemplo, há a privatização de uma atividade de serviços, produção de luz, água, telefone, internet, etc., se o lucro desses segmentos aumentarem em 30%, o prejuízo de toda sociedade será de 30%. Isso faz Platão, Adam Smith e Karl Marx e outros pensadores seguidores desses autores afirmarem que, nesses casos, as concessionárias e outros gestores que trabalham nessa área ganham o que a sociedade perde, na mesma proporção. O resultado final para esses casos é o aumento das despesas para a sociedade e a piora na qualidade de serviços prestados, gerados pelas dificuldades de fiscalização, o aumento das despesas com o setor jurídico decorrentes das buscas por penalização das atividades que não atenderem a qualidade e eficácia dos serviços prestados celebrados em contratos pelas entidades privadas com o poder público, além dos gastos burocráticos com advogados, processos, ações que podem demorar anos e até décadas, colocando o Estado e a sociedade, numa situação de cárcere privado, tornando-os reféns dos novos bilionários oriundos das concessões dos serviços públicos.

Um exemplo clássico disso, é o caso do sistema de transportes dos Estados Unidos que é considerado um país do primeiro mundo. Embora ostente a condição de superpotência, o sistema de transporte desse país é um dos piores do mundo.

Enquanto que na maioria dos países mais ricos do Planeta, que estão na Europa, a China, o Japão e até alguns considerados em fase de desenvolvimento, como a Rússia, possuem trens bala, além de outros sistemas de transportes mais baratos e eficientes, o País Ianque não tem nenhuma dessas tecnologias, o que emperra todo o sistema de distribuição de riqueza dessa Nação. Isso porque, nesse país, o modelo de gestão das atividades de serviços e de suporte às ocupações produtivas funcionam na base de concessões, tornando essa Nação refém dos interesses dos gestores privados que atuam nessas áreas. Além de tudo, o período das concessões dura entre vinte e trinta anos, espaço de tempo esse em que, não se sabe quantas vezes a tecnologia pode avançar fazendo o setor modal evoluir nesse intervalo, situação essa que penaliza tal seguimento tornando-o obsoleto para a Nação e o desenvolvimento econômico desse País provocando elevações de preços dos produtos ou mercadorias em todos os estados da Nação Ianque, fato esse que empobrece sua população, na mesma proporção.

De volta às análises de Smith, o objetivo desse movimento do capital circulante dentro do mercado se dá pela necessidade da transmutação da mercadoria em dinheiro por meio da sua venda, pois só na forma pecúnia é que o excedente econômico pode ser extraído e depois, ser metamorfoseado em salários, pró-labore e lucro, que, por conseguinte, esses se distribuem por toda a sociedade na forma de outras rendas (juros, dividendos e aluguéis) que são utilizadas para a recomposição do consumo da sociedade, formação de capital fixo e variável, pagamento de impostos que, por conseguinte, é um recurso destinado a construção de hospitais, praças públicas, estradas, rodovias, ferrovias, proteção, segurança, indústria, subsídios, transferências, remuneração do setor improdutivo tais como: os serviços de toda natureza, os poderes constituídos pelo Estado, na concepção de Platão; e, mais recentemente, Nação, segundo definição dos pseudocientistas sociais, no caso, os sofistas contemporâneos e pseudoeconomistas, criados principalmente a partir do Século XVIII, defensores da constituição e subdivisão da sociedade de classes sociais inferiores diante de outras privilegiadas, e, finalmente, produção novamente de mercadorias, para geração de excedentes ou novas riquezas econômicas, na forma de movimentação das mesmas rendas elencadas acima, e pagamentos diversos dentro do mesmo mercado, realimentando todo o sistema capitalista de produção de forma indefinida e retroalimentadora.

No seu sentido lato, a Economia pode ser definida como a ciência social que tem por função estudar a produção de utilidades na forma de mercadorias, também chamadas de riquezas, e que são necessárias para viabilizar a sua troca em mercados otimizados mediante a criação e organização desses últimos pelos profissionais da seara econômica. Transmutada na forma dinheiro o fruto da produção, no caso, a mercadoria, é utilizada para o pagamento dos aluguéis, dos salários, da reposição do estoque, da aquisição de maquinário que vai compor o capital fixo, da devolução do próprio capital produtivo do trabalhador-empresário, que é o capital variável, da geração do excedente da produção metamorfoseado em lucro da empresa que lhe é repassado, além do pagamento de impostos, transferências, subsídios e consumo do indivíduo. Tudo isso decorrente do metamorfoseamento da mercadoria em dinheiro, a verdadeira riqueza.

Sem a transmutação da mercadoria em dinheiro que se dá por meio da sua venda no mercado, fazendo-o recair nas mãos do trabalhador-empresário (gestor econômico), não haverá nenhuma espécie de metamorfoseamento do excedente econômico, em riqueza social, ficando a Economia no seu estado estacionário. Disso, deduz-se que, para poder exercer essas duas funções concomitantemente, o capital circulante, tem que se manter necessariamente sob a forma de produto acabado e dinheiro. Nessa condição, da sua parte, assim como os demais tipos de capitais, o dinheiro, constituído na forma de capital circulante, também se desgasta, se corrói e pode ser ao mesmo tempo destruído, dependendo da maneira como ele é utilizado.

Quando o capital circulante, na forma de dinheiro, que mais propriamente dito, neste caso, deve ser chamado de capital financeiro, é utilizado na compra de matérias-primas, mão-de- obra e insumos, ele aparece na condição de capital variável que, no caso, está suscetível à destruição por intermédio das perdas, despesas e desgastes durante o processo de produção e circulação de bens. Quando o capital financeiro é transmutado na forma de maquinário que se dá via compras para formação de capital fixo, o mesmo é corroído pela depreciação que, segundo Marx, são divididos em três tipos: depreciação por desgastes durante a produção com o seu valor se transferindo para o produto acabado; depreciação por ociosidade, passando a ser corroído pelo tempo; e depreciação devido ao avanço tecnológico decorrente do surgimento de máquinas mais avançadas. Esse último é o tipo de depreciação mais grave e mais temida pelos agentes econômicos que buscam criar barreiras ao avanço tecnológico para fazer seu capital produtivo se manter por mais tempo no mercado sem se depreciar totalmente. Um exemplo claro disso ocorre quando um indivíduo compra um carro zero no mercado. Imediatamente, se ele for revende-lo, o mesmo já aparece corroído pela tecnologia aplicada no mesmo tipo de carro pelas montadoras. Daí se dizer naturalmente que, um carro quando é tirado da agência de vendas, na sua revenda já aparece corroído por 20% do seu preço original.

Entrementes, quando o dinheiro é gasto na compra de vestuário, calçados, alimentos, visando suprir as necessidades do trabalhador ou de um indivíduo qualquer, durante o consumo desses, ele está sendo simplesmente destruído pelos agentes econômicos e sociais, fato esse que exige sua reposição posterior, e que deve se dar, por intermédio da realização do trabalho efetuado pela classe de operários e do trabalhador-empresário.

Da sua parte, na ocasião em que o dinheiro se transmuta em capital financeiro e se apresenta na condição de capital circulante e é gasto em consumo para repor a força de trabalho do trabalhador a ser vendida ao trabalhador-empresário, que, por conseguinte, o utiliza na produção de riquezas, agregando o valor de suas matérias primas, ele deixa de ser capital circulante e se metamorfoseia simplesmente em força de trabalho, e que, a partir daí, no momento em que esse entra em atividade na condição de produto pertencente ao trabalhador-empresário, o mesmo passa a se converter durante o processo de produção em mercadoria, quando, nessa condição, está assumindo seu papel de utilidade a ser negociada no mercado pelo trabalhador-empresário, que se tornou seu proprietário.

Quando o trabalhador-empresário negocia essa mercadoria no mercado, novamente ela se metamorfoseia na forma dinheiro e que antes apareceu, no início de todo o processo de produção capitalista, na condição de capital financeiro, que foi transmutado em mercadoria, e que, da sua parte, virou capital circulante, fazendo-se completar o ciclo de produção de riquezas dentro do sistema econômico de produção.

Por seu turno, quando o dinheiro transmutado na forma capital financeiro é gasto na compra de maquinários e formação de infraestrutura básica para viabilizar a produção de riquezas, o mesmo se transmuta em capital fixo. Assim, em todo o processo social de produção, qualquer ele que seja, é o capital circulante utilizado na forma capital variável e capital financeiro, que mantêm toda a base da produção da riqueza da economia como um todo.

De tudo isso, pode-se afirmar que, todavia o dinheiro não é criado por si só. Todo o dinheiro existente no meio social, de uma maneira ou de outra, e que é destinado a quaisquer fins que sejam, o mesmo trata-se da força de trabalho despendido pelo trabalhador e metamorfoseado em mercadoria em quaisquer períodos do tempo, seja ele passado ou presente, uma vez que a própria força de trabalho é vendida no mercado de trabalho e utilizado como matéria prima para a realização de uma atividade econômica qualquer.

Assim, quando essa força de trabalho é vendida no mercado a um agente econômico de produção, na forma de matéria prima e é aplicada na produção de serviços, atividades públicas e produção de insumos ela é considerada um trabalho improdutivo, visto que, ela não produziu produto algum e, mesmo que ela tivesse produzido um bem qualquer, esse é consumido no momento de sua produção, embora tais ocupações deem suporte às atividades de produção de mercadorias que se trata da verdadeira riqueza.

Agora, quando a força de trabalho é aplicada diretamente na produção de mercadorias implicando na geração de custos pela aquisição da matéria prima, ela é considerada trabalho produtivo, uma vez que, através do processo de produção, ela elaborou diretamente um produto, também chamado de utilidade ou ainda, riqueza, destinada ao consumo humano, independente do prazo ou data de sua destruição.

Dessa maneira, pode-se dizer que o dinheiro é um recurso apresentado na forma de liquidez absoluta, que é o resultado da atividade realizada pela força de trabalho despendida pelo trabalhador que se metamorfoseou em pecúnia dentro do sistema econômico de produção, seja ele capitalista ou não. Não existe dinheiro que seja criado apenas pela força de vontade de quem o elabora, mas sim, ele é o resultado de alguma atividade econômica gerada pela força de trabalho executada pelo trabalhador e pelo trabalhador-empresário que se metamorfoseou em moeda dentro do sistema de produção de mercadorias. Assim, o dinheiro não gera o trabalho, pelo contrário, ele é criado pelo trabalho. Daí se dizer que, a posse do dinheiro não evidencia nível de riqueza dentro da sociedade, mas apenas garante capacidade de consumo potencial ao seu detentor, e que pode ser destruído a qualquer momento, dependendo da forma como o mesmo é gasto pelo seu proprietário, principalmente se esse indivíduo for perdulário.

Agora, um talento, um dom, apresentado na forma de uma profissão bem definida, rara e útil no mercado, isso sim indica potencial de riqueza econômica e social, uma vez que ela pode ser explorada pela força de trabalho de seu detentor. Adam Smith considera que a profissão, seja ela qual for e que esteja destinada a produção de mercadorias ou atividades de suporte dessa função, é considerado como capital fixo. Na realidade, a profissão é um dos mais importantes tipos de capitais fixos existentes estando equiparando-se ao desenvolvimento de tecnologias mais avançadas e inovações no processo de produção de riquezas. Disso advém a importância da expressão proferida pelo Senhor que diz: - Ganharás o pão com o suor de seu rosto! Ou ainda, da expressão popular que afirma: - Dinheiro não traz felicidade!!! Apenas é a riqueza emanada da atividade da força de trabalho realizada pelo trabalhador.

Como evidencia Smith, o dinheiro, utilizando-se versão de Marx quanto à questão da transmutação, é resultado da metamorfose da força de trabalho aplicado na produção de mercadoria e que, por conseguinte, na condição de liquidez absoluta, vira uma espécie de fundo de reserva para gastos diversos futuros ou não, visto que, em primeira instância, o montante do numerário gerado pela atividade produtiva realizada pelo trabalhador, não é suficiente para atender satisfatoriamente, a todas as suas necessidades como alimentação, proteção e segurança. Então, em virtude disso, ele se transforma em uma espécie de poupança criada pela classe laboral e que é canalizada para os bancos para servirem de fundos a serem destinados através de empréstimos aos demais trabalhadores-empresários, que os devem utilizar prioritariamente, para a produção de utilidades na forma de mercadorias, também chamadas de riquezas, dentro do sistema econômico de produção capitalista, como preceitua Smith, ou é simplesmente entesourado, sofrendo distorção na sua operacionalização, perdendo seu poder de potencializador da criação de riquezas e se transformando em objeto de especulação, na concepção de Karl Heinrich Marx.

Embora com toda essa relevância dentro do sistema capitalista, o valor do dinheiro é banalizado no meio econômico e social, por parte dos agentes econômicos e da sociedade que o transacionam, infelizmente, por não entenderem e nem conhecerem sua real importância, destruindo-o por intermédio do estabelecimento de margens de ganhos determinados segundo critérios perniciosos, elevação de preços sem fundamentos, majoração de contratos fundamentados em parâmetros tendenciosos, o que, por seu turno, só fazem gerar inflação corroendo o valor do dinheiro no tempo e encurtando sua vida útil, na condição de intermediário de trocas.

Essa forma de tratar o dinheiro faz com que seu valor intrínseco não se perpetue no tempo, ou seja, seu valor real, apenas o faz preservar apenas o seu valor nominal, mas que, mesmo assim, nessa condição, é corroído tal qual a ação da ferrugem sobre o ferro por meio de sua depreciação causada pelo mal conhecimento da sua importância por quem o utiliza.

Nesse contexto, quanto maior for o grau de ignorância que se mantêm no meio social decorrente do analfabetismo do povo em relação à relevância do dinheiro, maior tende a ser a sua depreciação e consequente menor sua vida útil. Dez reais hoje, tratando-se de seu valor real, não quer dizer que sejam os mesmos dez reais amanhã. Mas dez reais hoje, nominalmente explicitando, continua sendo dez reais amanhã, mas sem apresentar o mesmo valor de face. É assim que, esses mesmos dez reais amanhã, pode não significar valor algum em datas futuras, em virtude do grau da depreciação do valor real, que atua sobre o dinheiro. Às vezes, de forma tão intensa que obriga as autoridades financeiras a trocarem sua moeda, fazendo com que a anterior seja totalmente eliminada do mercado.

Por incrível que possa parecer o dinheiro também apresenta a característica de ter aumentado o seu valor real. O fenômeno que evidencia isso é o desenvolvimento tecnológico que faz com que, em decorrência da descoberta de novas técnicas de produção e da evolução tecnológica do maquinário, esses fatores atuam sobre a produção das mercadorias fazendo-as aumentar. Na realidade, numa economia natural e avançada, a tendência da moeda é apresentar uma elevação de seu valor real em decorrência da evolução da combinação e avanço do processo tecnológico de produção que atuam sobre o quantum a ser produzido da mercadoria. Normalmente essa quantidade se eleva até acima dos padrões naturais fazendo com que, para que o trabalhador-empresário possa manter as margens de lucro de sua empresa o mesmo tem que aumentar suas vendas por intermédio da redução dos preços de suas mercadorias.

Por conseguinte, essa queda de preços da mercadoria promove a elevação dos ganhos reais do dinheiro, fato esse que melhora significativamente a qualidade de vida de quem precisa diretamente desse recurso em termos de necessidades fisiológicas para sobreviver, como é o caso do trabalhador.

De maneira geral, numa economia avançada e com elevado padrão de qualidade de conhecimento dos trabalhadores-empresários, não se justifica a elevação de preços da mercadoria, gerando inflação. Nesses casos, essa situação se apresenta quando a Economia está num estágio de empobrecimento por falta de matéria prima e de situações atípicas como guerras, ou fenômenos sísmicos, por exemplo. Assim, a argumentação dos defensores da Pseudoeconomia Monetária, para controle apenas do valor do dinheiro mediante medidas econômicas drásticas, principalmente via choques monetários, não procede. Deve-se apenas controlar o nível de produção, o estoque de matérias primas e o avanço tecnológico com contribuições no avanço da melhoria do capital humano.

Na verdade, a principal das inflações que é a inflação de demanda é um sinal positivo para os empreendedores. Isso porque, a inflação monetária ocorre quando há entrada de dinheiro novo no mercado. Esse dinheiro novo provoca entre outros fatores, aumento no consumo da classe dos trabalhadores que é o estrato social que gasta praticamente tudo aquilo que ganha com a venda da sua força de trabalho. Em decorrência da entrada de dinheiro novo e do aumento abrupto do consumo, esses fatores associados provocam de imediato a elevação de preços, que nada mais é do que a tão propalada inflação de demanda. Esse fenômeno ocorre porque tudo que o trabalhador-empresário planeja investir é calculado apenas para o longo prazo. A produção vigente é planejada no longo prazo, mesmo a empresa trabalhando com capacidade ociosa. Quando o consumo aumenta de repente, com a elevação das vendas há queda no nível de estoques o que faz o preço aumentar. Com a elevação de preços, esse fator gera um otimismo no planejamento da classe dos produtores que o fazem aumentar o nível de produção. Com a elevação do nível de produção e o consequente aumento da quantidade de mercadorias produzidas, esse fator fazem os preços caírem e se ajustarem novamente, num novo patamar mais elevado do avanço da quantidade das mercadorias comercializadas no mercado.

Esse fenômeno se faz sentir com maior intensidade nos dias atuais visto que as empresas planejam realizar sua produção obedecendo aos critérios do método *just in time* – JIT, (tempo certo) ou estoque zero, uma das técnicas do complexo *Kanban* que foi desenvolvido pelo Sistema de Gestão definido como Qualidade Total, criado pelos senhores *William Edwards Demin, Philip Crosby, Joseph Moses Juran, Armand Vallin Feigenbaum*, dentre outros, nos Estados Unidos, sem obter sucesso nesse Pais, por ter sido ignorado por esse, visto que, essa Nação adotava o sistema   de produção hierarquizado, ou verticalizado, desenvolvido pela Igreja Católica e copiado por Augoste Comte – pai do Positivismo, no início do Século XX, mas aplicado com grande sucesso no Japão na Empresa Toyota pelo seu fundador senhor *Sakichi Toyoda* e o então diretor da empresa senhor *Taiichi Ohno,* na Década de 60 do Século passado, revolucionando o sistema de gestão empresarial a partir daí.

Diante dessa metodologia de gestão inovadora não se tem praticamente, como descartar a eclosão da inflação de demanda nas atividades econômicas atuais, visto que, o planejamento da produção se dá no longo prazo e a inflação da demanda ocorre no curto prazo, fato esse que gera um sentimento de otimismo na classe empresarial fazendo-a aumentar a produção e diminuindo novamente os preços com impactos negativos na inflação de demanda exaurindo-a.

Numa Economia subdesenvolvida, o valor real do dinheiro é o mesmo que o valor nominal somente se isso ocorrer numa situação pontual, no momento de sua emissão. Então, sendo assim, somente nesse instante, mas somente nesse momento, a riqueza líquida da nação é igual ao seu valor pecuniário. Daí também, poder se dizer que, o dinheiro nunca representa riqueza para a nação na condição de instrumento de poupança ou de objeto de especulação, passando-se para essa condição apenas, se e somente se, esse for utilizado como investimentos na produção e geração de riqueza na forma de capital financeiro, mercadorias e de capital humano. Fato esse que ocorre de maneira geral e é o principal fundamento da Ciência Econômica.

Nesses casos, o dinheiro cria condições não apenas para que o trabalhador-empresário (gestor econômico) possa mantê-lo, mas também, multiplica-lo. E o gestor econômico retribui essa função do dinheiro, por meio da produção de excedentes econômicos que, se efetua, através da realização do seu trabalho, da sua capacidade criativa, quando esse desenvolve maquinários mais sofisticados utilizando-se das inovações tecnológicas, das combinações dos processos de produção de maneira mais racional e vantajosa, da descoberta de novas técnicas de produção e da sua evolução virtuosa, educacional e cultural, onde se cria, por intermédio dessas virtudes morais, uma sociedade civilizada, evidenciando assim, a versão de Platão, sobre Estado civilizado.

Enfim, é nesse contexto que a Economia emana, se desenvolve e se multiplica produzindo riquezas sociais e que recebe o nome de Economia Empresarial, que é viabilizada pela gestão econômica de processos empresariais fazendo surgir o sistema capitalista de produção. É por isso que se diz que dinheiro não é capital e muito menos significa quaisquer tipos de riqueza. Ter dinheiro hoje significa estar rico no que tange ao poder de compra de forma pontual, e não, ser rico. Isso se verifica principalmente quando seu detentor não sabe de maneira racional e planejada adequadamente, o que fazer com o mesmo. Infelizmente, nos dias atuais, por mais incrível que isso possa parecer, essa situação é mais comum do que se possa imaginar.

Assim, no seu desenlace, quando o dinheiro é utilizado na produção de excedente econômico, ele se transmuta em capital financeiro e que, por conseguinte, se metamorfoseia em maquinários, equipamentos, mão-de-obra, matéria prima, capital de giro, passando a receber o nome de capital produtivo. No desenrolar do processo produtivo, durante a realização das inversões necessárias para a efetivação da produção das mercadorias, faz-se necessário que o trabalhador-empresário deixe uma certa quantia de dinheiro para consumo diário, separado do capital financeiro a ser disponibilizado para gastos imprevistos e de manutenção da própria atividade diária da empresa, e que recebe o nome de capital de giro.

Esse dinheiro é imperativo que se mantenha reservado por parte dos trabalhadores-empresários para se evitar gastos desnecessários com o capital financeiro que deve ficar disponibilizado exclusivamente para as inversões da empresa, evitando que essa parte do capital seja desviado para atividades atípicas no desenrolar dos investimentos, até que esses sejam concretizados de maneira definitiva e possa gerar as mercadorias a serem negociadas no mercado.

Depois que toda a mercadoria é vendida para o mercado atacadista e o mercado varejista, ela se transmuta em riqueza acumulada nas mãos das famílias e do governo, quando passa a ser definida como capital circulante nas mãos do público, que tendem a consumi-lo paulatinamente ao longo do tempo.

Nas mãos das empresas que as fabricaram, as mercadorias se transmutam em receita com grau de liquidez absoluta na forma de dinheiro, que os utiliza para pagar suas dívidas que foram contraídas durante o processo produtivo para a fabricação das próprias mercadorias ou produtos. Entrementes, quando esse dinheiro é utilizado apenas para gerar mais liquidez ao seu possuidor, migrando de mãos em mãos mediante pagamento de juros, ele recebe o nome de capital improdutivo. Isso porque, tal recurso não faz aumentar a riqueza da sociedade que se dá por meio da geração de excedentes econômicos via produção de mercadorias, mas apenas, contribui no máximo, para a manutenção do padrão de vida do seu detentor por meio das atividades de especulação financeira, pois, nesse caso, o dinheiro sai de circulação e se entesoura nas mãos de alguns espertos enquanto o sistema capitalista padece por sua falta no mercado.

Embora não tenha citado essa diferença entre trabalho produtivo e trabalho improdutivo, Smith já deixa evidente nesse longo trecho, que o dinheiro só gera trabalho produtivo quando o mesmo é aplicado na compra de maquinários, de tecnologias inovativas fazendo criar uma infraestrutura produtiva que recebe o nome de capital fixo e da aquisição de matérias primas e força de trabalho, compondo assim o que se denomina de capital variável, que serão ambos, tanto o capital fixo quanto o capital variável, aplicados na produção de mercadorias, criando-se assim, o capital circulante, todos dotados da capacidade de geração de excedentes econômicos por meio desse mecanismo, e se metamorfoseando em riqueza para a sociedade.

Quando o dinheiro é despendido na produção de serviços, esse não gera excedente econômico porque, o serviço é consumido de imediato durante a sua produção, e assim, apenas cria um fundo de renda para o profissional liberal e o trabalhador engajado nessa atividade, que o obtém como forma de compensação pelo trabalho realizado, e que vai garantir a manutenção de seu consumo em utilidades. Nessa condição, o dinheiro assume seu real papel de apenas intermediário de trocas, quando se transmuta em trabalho improdutivo, pois não acrescenta riqueza na economia, apenas serve como um recurso, um instrumento de suporte ao processo de produção de mercadorias da mesma maneira que: os serviços de acabamento, de empacotamento e de entrega da mercadoria, além dos serviços de limpeza dos materiais utilizados no processo de produção, serviço público, serviço executado por profissionais liberais, serviços de transporte e de prestação de atividades de apoio ao setor de produção e vendas, etc.

Vale acrescentar que, embora o serviço não crie riqueza para a sociedade, o mesmo gera fundos na forma de dinheiro ou renda, para o seu proprietário, o que permite a esse, atender suas necessidades de consumo necessário à sua sobrevivência e dar continuidade ao processo de aquisição da riqueza que é produzida pela

Economia, tais como: a compra de uma casa, um automóvel por uma autoridade pública, um profissional liberal, um trabalhador, etc., fazendo aumentar a demanda efetiva. Daí a importância econômico-social do setor serviço e do dinheiro que se acresce ao consumo real da população.

É por isso que se diz que, as vendas do setor produtivo, ou seja, das empresas, é igual à soma de consumo dos trabalhadores que estão no mercado de produção de mercadorias (mercado produtivo) mais o consumo do setor que produz serviços (mercado improdutivo). Deve-se acrescentar nessa soma, o consumo do setor público, que também aparece como setor improdutivo na área de serviços, mas que é fundamental no processo de geração de riquezas na sociedade, visto que, ele é imprescindível para dar suporte à produção econômica como um todo, além de atuar em setores estratégicos da economia que são cruciais para dar sustentabilidade, segurança e garantia de funcionalidade adequada ao Estado, tais como: indústrias voltadas à defesa nacional, geração de energia, sistemas de transporte de toda natureza, comunicação, educação em todos os seus fundamentos preceituais, hospitais, saneamento básico, laboratórios públicos para produção de medicamentos essenciais para a sociedade, centro de pesquisas avançadas consideradas fundamentais ao desenvolvimento nacional, creches, bancos públicos de desenvolvimento estratégico e operacional, voltados para o financiamento das indústrias e à formação bruta de capital fixo, etc. Acresce-se ainda, as atividades de saúde destinadas em todos os sentidos ao atendimento das necessidades básicas da sociedade.

É por isso que a Economia Pura no seu sentido lato estabelece que, essas atividades não têm por objetivo a obtenção de lucro, mas sim, a geração de renda na forma de pecúnia para os trabalhadores que operam nessas áreas, que sejam suficientes para garantir seu consumo em bens e serviços, e também, nas atividades da parte do setor público necessárias para viabilizar a criação de todo o aparato produtivo, no caso, infracstrutura básica e desenvolvimentista do Estado. Daí a necessidade imperativa dessas ocupações classificarem-se como de entidade exclusivamente pública e social sem fins lucrativos, o que não cabe nesse contexto, a questão da geração de lucros de quaisquer espécies, sendo totalmente errônea e inviável a sua classificação como propriedade de entidades privadas, visto que, essas atribuições dizem respeito a sua condição de unidades de suporte à viabilização da produção das mercadorias ou riquezas da Nação.

É o setor público que vai atuar na criação da infraestrutura social imprescindível para o bom funcionamento do Estado e da ampliação da riqueza social por meio da construção de estradas, hospitais, escolas, universidades, saneamento básico, áreas de lazer e recreações, construção de ambulatórios, laboratórios que desenvolvem pesquisas na área da saúde, medicamentos, saneamento básico, produção de energia elétrica, gestão e controle de fundos sociais por meio da criação de bancos públicos necessários para viabilizar a geração de recursos para investimentos a baixos custos para a sociedade, tais como: os fundos de aposentadorias, as contribuições previdenciárias que são fundamentais para a geração de assistências sociais diversas, e que podem ainda, serem utilizados como fontes alternativas de empréstimos para investimentos a baixos custos ao setor empresarial e que servem para viabilizar, em condições ideais, a produção da riqueza social na forma de mercadorias e serviços. Esses fundos sociais além de suas aplicações em assistências sociais e formação de capital social fixo, os mesmos podem ser utilizados como fontes alternativas a custo praticamente zero, nos financiamentos das ações dos setores produtivos, também chamados de economia privada ou empresarial, para que a sociedade e a economia privada possam se desenvolver de uma maneira célere e sem gastos excessivos, portanto, desnecessários e com capacidade de atender satisfatoriamente a todos os indivíduos, sem exceções, que compõem a população do Estado.

Esses são os fundos a que Adam Smith se referiu quando abriu o primeiro capítulo (p. 59) de sua "Riqueza das Nações". Na realidade os fundos na forma de dinheiro se dividem em dois tipos quais sejam: os fundos privados, aqueles distribuídos na coletividade pelos bancos privados que são captados por meio dos depósitos dos agentes econômicos e emprestados pelos agentes financeiros com riscos elevadíssimos e por isso, com juros estratosféricos, e os fundos sociais, que são gerados de duas formas: uma pelo pagamento de impostos que são aplicados pela Nação nas atividades de suporte ao bom funcionamento da Economia e do Estado, e outro, pela ação dos trabalhadores e das pequenas e médias empresas que também contribuem com sua parte, via formação de poupança para aposentadoria e assistências sociais, se constituindo esses, por serem fundos de longo prazo, volta-se a frisar, ideais para empréstimos para inversões do setor privado a baixíssimos custos, praticamente zero, além da concessão de subsídios e transferências emergenciais, onde prevalece o setor produtivo da economia.

O terceiro tipo de fundo é o acumulado dentro do próprio Estado pelas empresas e famílias, geradas pela força do trabalho humano e disponíveis ao consumo da população por intermédio das mercadorias e que são chamadas por Adam Smith de capital circulante, que se apresentam na forma de máquinas, equipamentos, hospitais, moradias, ferrovias, estradas, serviços, escolas, creches, praças públicas, capital intelectual, indústrias, universidades, hidrelétricas definidas como riquezas disponíveis e que são destinadas ao atendimento das necessidades humanas por intermédio do seu metamorfoseamento em dinheiro transmutado dos excedentes econômicos criados por procedimentos produtivos anteriores praticados no capitalismo pelos seus adquirentes, na forma de utilidades.

O não esclarecimento de Smith sobre essa diferença crucial na utilização do dinheiro gera até nossos dias, uma confusão tremenda nas análises dos pseudoeconomistas neoclássicos, que são constituídos principalmente de economistas matemáticos, economistas monetaristas, economistas clássicos defensores da vertente de David Ricardo, que se transformaram via imposição burguesa, no *mainstream* do sistema pseudocapitalista alternativo atual. Pseudocapitalismo esse que é, baseado em truques econômicos e que não leva em consideração, essa diferença trivial e fundamental entre trabalho produtivo e trabalho improdutivo e que emprestam ainda, suas análises em extensão, aos estudiosos de outras áreas das Ciências Humanas e Exatas, citando como exemplo: administração, ciências políticas, geopolítica, contabilidade, as engenharias, as biológicas, as de medicina, etc., como referencial de análise econômica.

Por fim, depois de evidenciar as diferenças entre capital fixo, capital variável, capital financeiro, capital circulante, capital de giro e dinheiro, este último como sendo apenas intermediário de troca, e que nessa condição não proporciona renda elevada nem lucro para o seu detentor, isso só se verificando depois que esse é transmutado em capitais diversos, Smith estende essas diferenças básicas para todas as demais atividades produtivas, indo desde a extrativa mineral, a agrícola, industrial e por fim, a comercial.

Dessa maneira, esse autor estabelece as definições bem como a maneira como se inter-relacionam essas variáveis que fundamentam a Economia Empresarial e que devem nortear as atividades inerentes do empresário de maneira totalmente diferente do que o dos setores de Administração estabelecem, e que se caracterizam esses últimos, apenas, como gerentes de produção, e da Contabilidade, que se fundamenta nos registros dos fatos econômicos-contábeis por intermédio da metodologia das partidas dobradas, criadas pelo Frei Franciscano e matemático Luca Pacioli. Daí porque até os dias atuais prevalecer dificuldades de se definir com maior propriedade, na Economia Pura, o que seja realmente o conceito de trabalhador-empresário ou gestor econômico de produção, diferente do conceito de Administração que se baseia nas concepções equivocadas do *mainstream* pseudoeconômico atual, que se diz "capitalista".

Vale acrescentar que as dificuldades criadas sobre as definições básicas que fundamentam as análises da Economia Empresarial e que se dá por meio dos estudos do seu principal expoente, no caso o trabalhador-empresário ou gestor econômico, só foram contornadas com muita propriedade em "O Capital" por Marx, mas que se manteve na inércia tal avanço, devido à demonização dos estudos desse grande Economista, em que pese muitos dos conceitos e análises formulados por esse autor tenham sido literalmente copiados e utilizados pelos "estudiosos" de outras áreas, principalmente, da própria Economia Neoclássica, da Administração Moderna, da Engenharia de Produção e da Contabilidade, em especial, na seara de gestão econômica de custos, e que se universalizou como Contabilidade de custos. Satanização essa que foi utilizada mais como estratégia para maior conveniência e apropriação dos estudos por parte das demais áreas das Ciências Humanas e Exatas, do senhor Karl Heinrich Marx, como vem se comprovando neste estudo.

4.4.1.1 A questão do juro

No que concerne à prática do juro, essa é uma questão das mais controversas e que envolvem discussões político-ideológicas e até mesmo religiosas que se arrastam através dos séculos. Na Idade Média, durante a vigência da Escolástica, uma corrente de pensamento filosófica onde os estudos sobre religião e os ensinamentos da Filosofia Grega se mantinham alinhados, onde não havia divergência quanto à existência de um Deus único - período esse em que os princípios religiosos da Igreja Católica atingiu seu ápice, tendo São Tomás de Aquino como seu maior representante -, a prática de juro era considerada como uma atividade pecaminosa.

Nesse período havia uma certa harmonia entre os ensinamentos defendidos pelos filósofos gregos com os preceitos católicos quanto à existência de um Deus único propagada pelos gregos em conformidade com as proposições da Igreja Católica que buscava relatar as odisseias de um Deus que habitou na Terra entre os seres humanos de nome Messias, que se apresentava como Jesus Cristo, o Filho de Deus Vivo, de origem judaica e descendente de Davi, o maior guerreiro judeu de todos os tempos, que veio à Terra para resgatar os católicos dos pecados praticados pela humanidade.

Independente da controvérsia que existia nessa época em relação à prática de juro, o que interessa aqui é saber os motivos que levavam os escolásticos a proibirem essa atividade e que desgostavam parte dos comerciantes que eram usurários, que habitualmente executavam essa atividade e que posteriormente passaram a fazer parte da burguesia, classe social essa que, a partir do Século XVIII, se tornou hegemônica no mundo e trouxe consigo, nova forma de pensar "Ciência" e "Religião", inaugurada pela Reforma Protestante de Martinho Lutero, na "Religião", seguido logo depois pelos Iluministas, Reformistas, Renascentistas, no âmbito "filosófico", colocando fim aos fundamentos da Escolástica de maneira definitiva para a época e talvez, para a posteridade.

No intuito de esclarecer esse questionamento, a partir de agora, passar-se-á a tentar elucidar esse ato proibitivo por intermédio da utilização de hipóteses.

Normalmente, quem procura dinheiro a juro, ou é um indivíduo que está endividado ou é um outro elemento que, analisando uma oportunidade de realização de uma atividade e vendo viabilidade nessa, de obter um excedente econômico na forma de lucro, resolve, não tendo o montante de dinheiro suficiente, emprestar de um usurário ou banco o valor que falta, necessário para completar o total de que ele precisa para inverter no negócio. No caso, fazer um investimento.

Analisando a situação da hipótese do endividado, supõe-se que o mesmo esteja devendo na praça o montante imaginário de dez reais (R$10,00). Disso cabe a questão: - Quanto ele precisaria emprestar para quitar o débito definitivamente e entrar numa situação de solvência no mercado?

Normalmente ele precisaria, para quitar a dívida, gerar um dinheiro para consumo diário e ter uma folga financeira para gastos futuros de, no mínimo trinta reais (R$ 30,00).

Isso porque, no ato da obtenção do empréstimo ele tinha uma dívida de R$10,00. Esse é o seu exigível que está estabelecido em contrato. Quando ele contrai o empréstimo em dinheiro este gera mais uma obrigação de pagar outros R$10,00 que seria o valor nominal do empréstimo. De imediato, no ato de pegar o dinheiro, sua dívida se eleva para R$20,00.

Nesse sentido ele terá duas dívidas. Uma anterior que era de R$ 10,00 e a atual que são outros R$10,00. Isso porque, ele tem uma dívida em contrato e outra em dinheiro que ele acabou de pegar de empréstimo. Nesse momento, embora de posse de R$ 20,00 ele não pagou um centavo da dívida. O fato de que ele está com dinheiro não quer dizer que ele pagará a dívida. O pagamento da dívida surge como uma promessa que só se extingue depois que o mesmo pagar o total dessa obrigação. Os R$10,00 que ele devia e os outros R$10,00 do empréstimo novo.

Se se acrescentar que, para que ele possa pagar o total da dívida o mesmo tenha que sobreviver para trabalhar visando honrar seus compromissos, nesse meio tempo, ele terá de consumir para suprir suas necessidades fisiológicas de alimentação, proteção, saúde e segurança. Então, novamente, no mínimo ele terá que ter mais R$10,00 de reservas financeiras para garantir seu consumo diário. Daí os trinta reais de mínimo que ele deve emprestar.

Em outras palavras isso quer dizer que, para cada um real que um indivíduo tem de dívida, para quitar definitivamente suas obrigações e ficar com probidade no mercado, ele tem que emprestar outros três reais. Isso é, numa paridade de 3 para 1.

Agora, se um elemento não consegue pagar uma dívida de um real, como é que ele conseguirá pagar uma outra de três reais? É por isso que, quem pega dinheiro para pagar dívida no exato valor dessa, de maneira pura e simples, nunca consegue quitá-la realmente, se tornando escravo nas mãos do seu credor.

Marx, afirma em sua obra "O Capital" que, na sua época, era comum os indivíduos que estavam endividados venderem todo o seu patrimônio para quitar suas dívidas. No fundo essa era a única alternativa que lhes cabia no momento. Segundo esse autor, essa situação era comum de ocorrer nos tempos de crises.

Na época, quem sofria mais com essa situação era a classe média. Nos momentos de crise, é essa classe que mais sofre por perder seu poder aquisitivo, e como consequência, seu padrão de vida. Isso porque, para se ver livre das obrigações, essa classe social tem que se desfazer de bens que a mesma adquiriu com muito sacrifício, para quitação de dívidas.

Agora a pergunta que se faz é: - Se um indivíduo deve R$ 10,00 que não consegue pagar, como ele fará para substituir uma dívida de R$ 10,00 por uma de R$30,00?

- Isso é praticamente impossível!!

É por isso que na Época do Antigo Testamento a condição de escravo era legal e, portanto, permitida. Não havia nada de injusto aí. Isso porque, quando o indivíduo não conseguia pagar suas dívidas ele e sua família por obrigação de dívida, se tornavam escravos de seu senhor e só se libertavam, ele e sua família da escravidão, depois que pagassem toda a sua obrigação ou quando tinha esse passivo perdoado pelo seu dono.

Em contrapartida, o senhor tinha por obrigação sustentar de alimentos básicos, assim como de moradia, o endividado e toda sua família, retirando da renda do devedor apenas o valor do compromisso, mais os gastos diários com a manutenção do endividado, agora escravo. Esse quadro persistia até que o devedor pagasse toda a sua dívida para com o seu senhor.

Lembre-se que o ato do indivíduo pegar o dinheiro, isso não quer dizer que ele pagará de imediato a dívida. De posse do dinheiro ele pode ficar excitado por novos gastos ou novas aventuras, caso ele seja perdulário. Essa questão também o incorrerá na aplicação de juros mais elevados porque, o ato de emprestar representa um risco muito alto de inadimplência para o indivíduo que vai realizar o empréstimo.

Disso deduz-se que, se o usurário quiser emprestar seu dinheiro com garantia de recebimento do total de volta, ele terá que emprestar seu dinheiro cobrando juros nominais de, no mínimo 300% do valor, que corresponde à relação 3 x 1. Se ele emprestar o dinheiro numa taxa de juro menor, corre sério risco de não receber seu dinheiro de volta acrescido de juro, que será esse, a sua renda, necessária para que possa se manter, ele e sua família.

Esse é o tipo de análise que normalmente nenhum indivíduo faz no ato do empréstimo e que incorre em riscos elevadíssimos de onde na maioria das vezes, ele consegue apenas metade do que emprestou. Se contar as despesas com gastos jurídicos, advogados, tempo de espera e dores de cabeça, no caso de não receber seu dinheiro de volta, isso torna o risco de sua ruina muito elevado.

É também lógico que, se o elemento que está endividado pegar um empréstimo a uma taxa dessa, ele jamais pagará a dívida.

No fundo, nesse caso, a situação é ruim tanto para o credor quanto para o devedor.

Dai, talvez os porquês dos Escolásticos, assim como a Igreja Católica proibirem a cobrança do juro para empréstimos com a finalidade de pagamento de dívidas. Na realidade, quando isso ocorre, o credor está colocando literalmente falando, um cabresto no pescoço do devedor que, como diria Marx, acaba levando-o para onde quiser.

Então, se a pessoa tiver bom coração e quiser ajudar o endividado, além de bons conselhos, o mesmo deverá ou doar o dinheiro ou emprestá-lo sem juros, apenas recebendo correção monetária com prazo de pagamento a perder de vistas. Isso para dar tempo de o endividado se recuperar financeiramente e poder pagar suas dívidas, além de se ajustar psicologicamente, fisicamente e moralmente.

Exemplo clássico dessa situação pode ser visto no Livro de Tobias, no Velho Testamento, quando esse faz um empréstimo para um de seus parentes, e tempos depois, pede que seu filho Tobias, no caso, Tobias Filho, ajudado pelo Arcanjo Rafael, faça a cobrança da dívida para tirá-lo da falência.

Mas, se é altamente proibitivo emprestar dinheiro a juro para endividado, em quais hipóteses é possível emprestar dinheiro a juro?

Para se fazer essa análise com propriedade, deve-se primeiro estabelecer o que seja o juro, ou seja, definir seu conceito.

Para Smith e os demais pensadores como Marx, por exemplo, o conceito de juro de forma definitiva é de que esse é a quarta parte do lucro. O juro é uma renda do usurário e que corresponde à quarta parte do lucro que é uma renda da empresa de propriedade de um trabalhador-empresário.

Assim deve-se definir o conceito de empresa: Empresa é uma entidade social de domínio privado. Não existe empresa privada. Em termos sociais só existem objetos públicos. Agora o domínio é que varia. Quanto ao domínio a empresa pode ser de dois tipos. A empresa de domínio público e a empresa de domínio privado. A empresa pública é de responsabilidade do Governo assumir todo seu risco, além de se esclarecer que ela é de cunho social; e a empresa de domínio privado é de responsabilidade do indivíduo assumir seu risco ou sua existência, sendo essa de cunho privado. Ou seja, o lucro da empresa é de direito líquido e certo do seu proprietário desde que essa o transfira ao mesmo mediante a transmutação do lucro em renda do investidor por meio do uso do dinheiro. Então, definitivamente deve-se afirmar que, não existe empresa privada assim como não existe privatização. A privatização faz parte de um jogo de interesses escusos em que o indivíduo se apropria da riqueza pública que é legitimamente social em seu benefício exclusivo. Esse é um típico caso de onde o indivíduo privatiza lucro e socializa os prejuízos. Tal ato além de ser ilegal é também imoral.

Nesse contexto, no caso, no social, não existe nada privado. Nem o indivíduo é privado. Ele é um elemento público visto que ele vive em sociedade, de responsabilidade privada. No caso, é ele que assume seu próprio risco de nascer, de viver e de morrer, apenas isso. Isso quer dizer em outras palavras que, é da sua própria responsabilidade a obrigação de assumir seus riscos sociais e que ele consegue atender através de seu trabalho que já é de sua parte, um ato social. Assim, o indivíduo pode ser conceituado como um ser social de domínio privado.

Agora, a única maneira da empresa subsistir no mercado, crescer ou desenvolver, se dá através da prática do trabalho de seus colaboradores. Entrementes, para que uma unidade produtiva, possa começar suas atividades são necessários investimentos iniciais daquele que será seu proprietário, no caso, o trabalhador-empresário. Assim, a empresa ficará devendo ao seu proprietário o valor que esse aplicou para efetivar a sua criação. Nesse aspecto, o pagamento do lucro da empresa para o trabalhador-empresário corresponde a uma compensação financeira ao seu proprietário pela confiança que esse depositou na sua criação. Daí porque o lucro ser definido como o valor residual de parte do excedente gerado pela atividade produtiva da empresa e que se metamorfoseou em renda do trabalhador-empresário. Quando a empresa não gera excedente econômico em valor suficiente para honrar seus compromissos ela não repassa lucro para o trabalhador-empresário, mas sim prejuízo, que se transmuta em obrigação para seu proprietário.

No caso da criação da empresa, dificilmente o trabalhador-empresário terá o total do dinheiro necessário para metamorfosear em capital financeiro visando dar início às suas atividades produtivas. Para tal, o trabalhador-empresário terá que ver a viabilidade da atividade econômica que ele almeja implantar e que tem como instrumento norteador das inversões, o estudo de viabilidade econômica desse negócio respectivo, que, da sua parte, isso se faz através da elaboração de um projeto de viabilidade econômica, instrumento no qual o investidor reúne o planejamento estratégico, tático e operacional do seu futuro possível negócio num só trabalho. Daí é que ele terá a noção ou base econômica para afirmar que seu investimento é uma atividade que lhe garantirá possivelmente, retornos positivos e que são demonstrados no respectivo projeto de viabilidade econômica.

Agora, por seu turno, um investimento só pode ser considerado como tal, conforme tem-se esclarecido aqui, quando ele é destinado à produção de utilidades ou mercadorias destinadas à geração de excedentes econômicos, que são germinados através das vendas e que se metamorfoseiam parte desses últimos, depois dela ter honrado todos os seus compromissos financeiros, em lucros ou prejuízos para a mesma. Esse lucro ou prejuízo, por conseguinte, é de direito exclusivo do sócio proprietário da citada unidade produtiva que incorreu nos riscos para que essa possa gera-lo, de onde ela tem, a obrigação de repassá-lo através da sua transmutação via uso do dinheiro, na forma de renda ao seu proprietário.

Assim, uma atividade econômica só pode ser considerada como investimento quando esse é destinado de maneira exclusiva à produção de excedentes econômicos. Se essa atividade não gerar excedente econômico ela não é um investimento, é apenas uma atividade improdutiva que é realizada para promover ganhos aos seus proprietários na forma de dinheiro sem fins lucrativos.

Por seu turno, a atividade é considerada improdutiva porque o excedente que ela gera é consumido no momento da sua criação. Está incluída nessa classificação a atividade de serviços em geral e as atividades que tem por função produzir insumos além de todas as atividades públicas sem exceções, estando incluídas aí: hospitais, escolas, creches, saneamento básico, infraestrutura básica, estradas, laboratórios, atividades derivadas da produção das mercadorias etc. Enfim, nesse caso, para a Economia Pura, somente a produção de mercadorias é que é considerada uma atividade produtiva e que pode incorrer em juro para sua realização.

É por isso que as atividades econômicas, na área de aplicação de dinheiro produtivo, e que se metamorfoseia esse em capital financeiro, segundo Smith em "A Riqueza das Nações", se subdividem em atividades produtivas e atividades improdutivas.

Seguindo esse raciocínio, por conseguinte, como só se tem a geração de lucro quando se inverte em atividades produtivas, e, como o juro é a quarta parte do lucro, senão nenhum trabalhador-empresário vai contrair empréstimos para investimentos, então, nesse sentido, pode-se afirmar também que, a única atividade em que é concebível a aplicação de juro a ser utilizado como renda pelo usurário ou banco, é a atividade de investimento em atividades produtivas, conforme já frisado.

Nas atividades improdutivas quando há a captação de dinheiro via pagamento de juros isso só é concebível no caso de empréstimos governamentais. Isso porque, o governo avalia esse pagamento de onde o repassa para a sociedade mediante a cobrança de impostos visto que, a autoridade pública não produz mercadorias, mas que, embora mesmo estando apto ao pagamento dos juros aos bancos é altamente proibitivo ao governo repassar o lucro do investimento público para a sociedade pagar, em virtude desse ato poder inviabilizar até mesmo as atividades produtivas, que se classificam como produção de mercadorias ou utilidades.

A medida alternativa para que o governo não pague juro ou lucro para os particulares visto que, segundo Smith, o valor do lucro é muito elevado pois quem o determina é o próprio beneficiário da concessão, ao mesmo tempo em que viabiliza a construção da unidade pública ou atividade dessa natureza, é a construção de estatais. Assim, as estatais surgem como alternativa altamente exequível de implementação de uma atividade de suporte econômico por parte do governo ao mercado, com o objetivo de minimizar custos e despesas para a sociedade ao mesmo tempo em que esse gera serviços com qualidade para a viabilização da criação da riqueza para o povo, através das atividades produtivas.

Neste caso específico cabe fazer uma observação: os defensores das privatizações e da participação da iniciativa privada nas atividades de cunho exclusivamente social afirmam que, essa ingerência faz-se necessária para minimizar os desperdícios e os desvios de recursos públicos via ações de corrupções, pagamentos de propinas e outras variáveis negativas que corroem a boa convivência e a civilidade do povo.

Entrementes, esses são problemas administrativos e que são gerados por incompetência da área de gestão, incluindo aí principalmente, as ações das Ciências Administrativas e também do nível educacional, cultural e da inexistência das virtudes morais nos agentes que terão participação direta nas ações, fato esse que tem que ser revisto na seara da formação moral, educacional e cultural do povo. O Estado e a sociedade em hipótese alguma devem ser penalizados por desvios morais daqueles que exercem o poder de domínio tanto público quanto privado no País.

Na verdade, isso ocorre pela inexistência de trabalhos econômicos voltados exclusivamente para as atuações na área da gestão econômica estritamente falando, embora já se tenham estudos sérios nessa seara principalmente os elaborados por Economistas que trabalharam aspectos administrativos tais como: Vilfredo Pareto, Joseph Schumpeter, John Kenneth Galbraith, Karl Heinrich Marx, Alfred Marshall, Philip Kotler, Michael Porter, dentre outros, mas com objetivos voltados para as questões da política econômica, produção e troca de mercadorias, não para a gestão eficiente de recursos, pode-se dizer assim.

Na seara econômica, embora Marx tenha comentado sobre a questão dos juros quando faz uma breve análise sobre investimentos em sua obra "O Capital", os dois maiores expoentes que tratam do tema com grande propriedade são: Irving Fisher que faz uma análise sobre o juro com grande proeminência, em sua obra "A Teoria do Juro" publicado pela primeira vez em 1930 e o senhor John Maynard Keynes que inaugurou a publicação de sua obra "A Teoria Geral do Emprego do Juro e da Moeda" em 1936.

Não se deve negar a grande contribuição que a obra "A Teoria do Juro" do senhor Irving Fisher trouxe à seara econômica, principalmente no que tange à sua contribuição na técnica de elaboração de projetos de viabilidade econômica, através da criação do instrumental da taxa interna de retorno – TIR, mas que, essa obra é voltada exclusivamente para a área de investimentos na produção e não aplicações de dinheiro em atividades diversas como as praticadas nas movimentações de papéis e títulos nas Bolsas de Valores, que não são investimentos pois não geram excedentes econômicos e também na seara econômica de serviços públicos, e que devem ser objeto exclusivo de análise da técnica definida como a "Análise Custo-benefício – ACB", que não visa lucros, apenas retornos sociais na forma de benefícios públicos.

O trabalho do senhor Keynes é também de grande relevância, mas esse fica restrito ao comportamento do mercado relativo à aplicação de juros nas atividades de investimentos de longo prazo, de onde esse sofre interferências da prática de juros de curto prazo e que são aplicados de forma inapropriada como se esse fosse investimento no setor de movimentação de papéis. Os juros aplicados nos títulos de curto prazo não são juros, tratando-se apenas de correções monetárias para antecipação de dinheiro via compra de papéis e títulos governamentais praticados através das atividades de deságios.

Daí porque o senhor Keynes se mostrar em desagrado com o excesso de movimentações flutuantes nas taxas de juros de curto prazo e seus reflexos nas taxas de juros de longo prazos pois, embora as taxas de juros de curto prazo possam interferir nas taxas de juros de longos prazos para inversões reais, isso não se vê nas relações entre as taxas de juros de curto prazo utilizados nas bolsas de valores com as taxas de juros de longo prazo aplicados em investimentos visto que, ambas são de natureza diferentes. A confusão feita no mercado por pseudo investidores ou mais conhecidos como especuladores, com relação ao comportamento do mercado são totalmente equivocadas nesse sentido. Daí o porquê da revolta do Senhor Keynes.

A diferença entre as taxas de juros de curto prazo em relação às taxas de juros de longo prazo consiste no fato de que, as taxas de juros de curto prazo, na verdade, são correções monetárias de títulos públicos e papéis negociáveis pelos bancos através das atividades de deságios em antecipações de dinheiro aos detentores de tais papéis enquanto que, as taxas de juros de longo prazo são taxas oriundas da captação de recursos no mercado pelas empresas voltadas a empréstimos de dinheiro junto às autoridades financeiras, visando transmuta-las em capital financeiro a serem aplicadas em inversões na produção de mercadorias no setor produtivo; ou na prestação de serviços pelas empresas ligadas ao mercado improdutivo, tais como: pequenas empresas e escritórios de profissionais autônomos diversos que geram renda própria através da prática de trabalhos independentes e agências de domínio privado que trabalham no mercado de turismo.

Assim cabe ressaltar que, embora tanto Fisher quanto Keynes tenham aberto o tratamento do juro como uma questão universal para quem empresta dinheiro, liberando esse direito para todos os estratos da sociedade, vale antecipar que, a viabilidade desses estudos recai apenas sobre as atividades de investimentos na produção de utilidades ou mercadorias e não nas demais operações de mercado de forma geral.

As demais atividades onde são utilizadas a prática de empréstimo de dinheiro via utilização de juro, corresponde mais a artifícios pecuniários visando a apropriação de renda fácil pelas autoridades monetárias mediante os sacrifícios financeiros de trabalhadores que atuam no mercado ativo, transformando-os em sócios de renda, de onde, mais da metade do salário que esses ganham através do seu trabalho são transferidas aos bancos e usurários para pagamento de juros. Essa situação transforma os trabalhadores em verdadeiros serviçais de bancos e usurários, fazendo-se inibir assim, a demanda efetiva potencial de mercado eliminando-o, via o processo de entesouramento excessivo praticado pelos agentes financeiros.

4.4.1.2 O imposto

No livro 4 de sua obra "A Riqueza das Nações", Adam Smith na sua análise sobre o comportamento da movimentação de títulos e papéis pelos bancos, faz uma argumentação sobre as atitudes de um avô que, preocupado com o futuro do seu neto, resolve comprar um título governamental para que o mesmo possa ser utilizado no auxílio de seus estudos podendo ser resgatado quando essa criança, já na fase da juventude, entrar na faculdade.

Para esse autor, os títulos governamentais são papeis emitidos pelas autoridades públicas que normalmente são utilizados para captação de recursos visando a realização de uma atividade pública ou no auxilio de suas despesas em algum tipo de evento especial. O problema que Smith encontra nessa atitude praticada pelas autoridades públicas se resume no fato de que, quando o governo emite títulos dessa natureza para serem resgatados em até três anos, citando como exemplo, antes de chegar possivelmente no final do segundo ano, o mesmo já gastou todo o valor nominal dessa obrigação. Para cobrir o hiato que falta de um ano e poucos meses para o resgate, o governo é obrigado a emitir outro título, para cobrir os gastos previstos do primeiro, o qual passa a se comportar constantemente dessa maneira, sempre utilizando um título para cobrir o rombo do outro com o repasse do seu pagamento para a população, via aumento dos impostos, na movimentação dos recursos financeiros.

O fato é que essa situação cria uma espiral ascendente de acúmulo de dívidas da parte da autoridade governamental que o faz mergulhar num processo de endividamento sucessivo, o que o obriga a transferir esse tipo de compromisso para os impostos, repassando tal ônus para que a sociedade possa pagá-lo. Caso o governo seja perdulário a situação pode se complicar cada vez mais.

O grande problema, na verdade, o maior dos problemas quanto à realização das políticas públicas na seara Econômica é essa situação que se torna incontrolável para a sociedade, principalmente quando nesse tipo de governo há a combinação da questão da ostentação com o poder na autoridade do agente público que se deriva do salário elevado com o poder excessivo oferecido pelo cargo. Se esse tipo de mal procedimento recaísse apenas sobre a questão da falta de educação e da cultura do governante, que na grande maioria das vezes se torna tirano, fato esse que, de maneira camuflada envolve pelo menos uns 75% de tais autoridades distribuídas pelo mundo, isso jogando esse percentual por baixo, uma vez que não se tem um estudo mais aprofundado sobre o assunto, o problema se agrava ainda mais quando esse indivíduo é destituído das virtudes morais.

É por isso que Platão assevera em "A República" que, para o exercício de tal cargo deve-se escolher um filósofo. Isso porque, na sua essência, para o verdadeiro filósofo, que tem em suas veias apenas a busca pelo conhecimento e a evolução moral, o interesse maior é pela ideologia e o desejo de ser útil a alguém principalmente ao seu País e não um mercenário tirano, cujo objetivo é buscar um lugar de destaque onde possa ser visto pelo povo, desfrutando de toda a alegoria proporcionada pela ostentação e o poder possam lhe dar na ocupação de um cargo político. Para Platão, assim como para a Economia Política Pura, esse é que deve ser o perfil de um verdadeiro estadista. Nesse contexto, Jesus Cristo surge como o maior dos políticos e o verdadeiro estadista que construiu um império de mais de 2 bilhões de pessoas sem dar um único tiro, apenas servindo-se da humildade, da sabedoria, do amor e da paz de espírito.

Na sua evolução histórica muitos poucos lideres governamentais desfrutaram dessas virtudes onde tais cargos sempre foram ocupadas por indivíduos autoritários, truculentos, opressores, tiranos, que utilizavam da violência e da opressão para camuflar seus recalques, sua esquizofrenia, seus apetites sexuais e sua falta de afirmação moral.

Esse quadro se agrava violentamente quando esses indivíduos são destituídos de virtudes morais, educação e cultura ilibadas. Como seu poder é ilimitado o jugo sobre a população, principalmente aqueles mais humildes são severos, chegando algumas vezes até ao extremo.

Exemplos dessa natureza são inúmeros na história fazendo-se mascarar o que seja realmente o tributo e qual a sua verdadeira utilidade para uma sociedade civilizada a ser trabalhada na prática pela Economia Política pura.

Como se tem visto aqui, desde o início desta obra, as atividades econômicas são subdivididas em produtivas e improdutivas. As atividades produtivas são aquelas destinadas à produção de riquezas por intermédio da geração de excedentes econômicos que são destinadas à troca, em virtude do fato de que, o indivíduo não consegue produzir suficientemente todas as utilidades na forma de mercadorias que são necessárias ao suprimento de suas necessidades fisiológicas.

Por seu turno, as atividades improdutivas podem ser consideradas como as práticas derivadas da fabricação de mercadorias que se dá por meio da produção de insumos como em alguns casos das matérias primas, tais como: tábuas, aço galvanizado, ferro beneficiado, além de: combustíveis, plásticos, utensílios, e as atividades de serviços que também, indiretamente dependem da fabricação de mercadorias, como são os casos das atividades de serviços de: escritórios diversos, assistência técnica, suportes de profissionais liberais etc.

Ainda existem os bens considerados públicos por natureza, como são os casos dos hospitais, das escolas profissionalizantes, dos laboratórios, da educação, das universidades, da saúde de maneira geral, da infraestrutura básica como as rodovias, das indústrias de segurança nacional, ferrovias, do saneamento básico, das pesquisas, da segurança pública, das forças armadas, dentre outras.

Além dessas deve-se considerar em acréscimo a questão das que são chamadas na seara econômica de falhas de mercado e que devem ser supridas pelas ações dos agentes públicos.

Ao definir mercado, Hanley, Shogren e White (1997, p. 22) afirmam que:

> Um mercado é uma instituição de troca que serve a sociedade por intermédio da organização da atividade econômica. Os mercados usam os preços para comunicar os desejos e limites ou os interesses difusos de uma sociedade diversificada, de modo a coordenar as decisões econômicas de forma mais eficiente. O poder de um mercado que funcione perfeitamente repousa em um processo descentralizado de tomada de decisão e de troca, dispensando a necessidade de um planejador central para alocar recursos. [...] As decisões privadas realizadas à base de um forte intercâmbio mutuamente vantajoso traz ótimos resultados sociais[1].

De acordo com os autores, os teoremas da economia do bem-estar ao resumir as principais vantagens de um mercado de bem-estar social, afirmam que a maior preocupação do primeiro teorema fundamental é com as falhas de mercado.

Bator (1958) apud Hanley, Shogren e White (1997, p. 24) cita que o primeiro teorema fundamental de um mercado de bem-estar social estabelece que:

> (1) um conjunto completo de mercados com os direitos de propriedade bem definidos, existe de tal forma que compradores e vendedores podem trocar ativos livremente por todas as transações potenciais e contingenciais. (2) os consumidores e produtores se comportam competitivamente, maximizando os benefícios e minimizando os custos, (3) os preços de mercado são conhecidos por todos os consumidores e empresas, e (4) custos de transação são zero, para que ao cobrar preços estes não consomem recursos e, depois, a alocação de recursos será um ótimo de Pareto. Uma falha de mercado ocorre quando as conclusões deste teorema não opera , e a alocação de recursos é ineficiente.[2]

---

[1] A market is an Exchange institution that serves society by organising economic activity. Markets use prices to communicate the wants and limits or a diffuse and diverse society so as to bring about co-ordinated economic decisions in the most efficient manner. The power of a perfectly functioning markets rests in its decentralized process of decision making and exchange; no omnipotent central planner needed to allocate resources. [...] Optimal private decisions based on mutually advantageous exchange lead to optimal social outcomes.

[2] (1) a complete set of markets with well-defined property rights exists such that buyers and sellers can exchange assets freely for all potential transactions and contingencies. (2) consumers and producers behave

Essas falhas de mercado por serem atividades de suporte às ações econômicas praticadas pela Economia voltada à produção de riquezas não tem como ser supridas para atividades privadas visto que, o objetivo delas não é gerar lucros na forma de excedentes econômicos e sendo assim essas operações devem também ser realizadas pelos serviços de natureza pública por excelência.

Entrementes, nesse âmbito existe o problema da alocação de recursos para a prática desses serviços, uma vez que, o governo é um agente de regulação e de suporte às atividades econômicas voltado para as questões da segurança nacional, da formação de capital fixo, da infraestrutura básica, dos transportes, da educação, da saúde, de insumos, das atividades de suporte à produção e à sociedade e como tal não produz excedentes econômicos, sendo portanto, um setor improdutivo e nessa condição vive da renda gerada pela arrecadação de tributos.

É justamente aí que surge a questão do pagamento de impostos. Os impostos na sua conceituação mais simples e objetiva nada mais é do que a formação de fundos sociais criados pelo povo de um Estado e que tem a função de fazer a regulação das atividades sociais e de suprir as necessidades da população via construção da infraestrutura básica e de atuação nas atividades estratégicas nacionais que não podem ser atendidas pela iniciativa privada. Daí surge também a imperatividade da criação de estatais para dar o suporte necessário a tais atividades.

Diante disso a pergunta que se faz é: - Como formar esse imposto? Quem deve pagá-lo?

Para formar esse imposto tem que haver a contribuição financeira de todos os residentes no Estado. Quem deve pagá-lo é a sociedade como um todo sem exceções.

A outra pergunta que cabe é: - Sobre qual atividade ele deve recair?

Essa é uma pergunta fundamental e que para sua resposta exige a aplicação de estratégias a serem adotadas pela Política Econômica e que suscita uma questão de se estabelecer qual é o imposto ideal para depois identificar sobre qual atividade específica ele deve recair.

No Brasil, a título de esclarecimento, o imposto é de natureza regressiva onde o principal ônus recai sobre a sociedade civil mais humilde ficando as demais castas sociais minimizadas em distribuições percentuais regressivas do pagamento dessa obrigação e que, alguns, ao invés de pagá-lo usufrui da receita gerada pela formação desse fundo por meio da prática do subsídio, muito criticado por Adam Smith, em sua obra "A Riqueza das Nações" e das transferências governamentais, além de pagamento de salários absurdos e contribuições a cargos e funções públicas que ocupam uma grande quantidade de setores desnecessários, criando uma ilha de beneficiários que se tornam ricos em meio a um contingente cada vez maior de miseráveis, gerando assim uma séria distorção no sistema e sobre a verdadeira função dos impostos.

Vale lembrar que, essa foi uma mania criada pelo senhor David Ricardo em sua obra "Princípios de Economia Política e Tributação", onde esse autor preocupado em maximizar lucros para os capitalistas defendia, além do absurdo da prática da relação inversa entre salário e lucro, sugeria ainda embutir os gastos de todas as despesas para a realização das atividades econômicas pelas empresas no preço do produto, socializando dessa maneira tais desembolsos. Assim, todas as despesas e desperdícios que as empresas incorriam na produção da mercadoria eram transferidos para a sociedade pagar, inclusive os impostos. Essa situação passou a ser uma prática tradicional na política de formação de preços executados pelos ditos empresários e que persistem até nossos dias. Segundo esse autor, deveriam ser embutidos nos preços inclusive, todos os gastos sociais que a empresa tivesse com os trabalhadores.

No Brasil o imposto arrecadado pelo governo não é baixo, pelo contrário, é muito elevado, sendo maior, proporcionalmente falando, do que até mesmo o arrecadado pela Rússia e China, os membros parceiros deste País no bloco formado pelos BRICs, mas que, enquanto o destino desse fundo nessas duas nações é mais de cunho social e estratégico em termos de defesa nacional e formação de infraestrutura básica, no Brasil esse recurso se esvai na forma de pagamento de salários absurdos, cargos desnecessários, corrupção, pagamento de propinas com dinheiro público onde, a transferência de recursos advindos dos impostos para o setor estratégico como a segurança, os investimentos em tecnologia, a infraestrutura básica, a educação, a saúde da população e as assistências sociais praticados pelo País são pífios, ficando expostos ao descaso e ao abandono.

Na sua obra, Ricardo se restringe ao fato de sugerir como as autoridades governamentais e empresariais deveriam se comportar mediante a arrecadação e as transferências do ônus do pagamento do imposto, mas sem conceitua-lo como deveria. Na verdade, na seara econômica o conceito de imposto inexiste, embora seus analistas,

---

competitively by maximizing benefits and minimizing costs; (3) market prices are known by all consumers and firms; and (4) transaction costs are zero so that charging prices does not consume resources; then the allocation of resources will be a Pareto optimum. A market failure occurs when the conclusions of this theorem do not hold, and the allocation of resources is inefficient

como são os casos dos pseudoeconomistas ocidentais, principalmente os dos Estados Unidos, Inglaterra, Alemanha e seus respectivos séquitos tratem do tema com muita constância.

Na verdade, na seara econômica, o único estrategista que se preocupou com a conceituação do imposto foi o engenheiro civil francês senhor *Dupuit* que, depois de ter recebido a missão de construir uma ponte na cidade de Paris, se pôs a indagar sobre quem recairia o desejo de pagar o imposto e quanto cada indivíduo se proporia a desembolsar de imposto para ver a obra construída, fato esse que o fez escrever um artigo definido como *De la mesure de l'utilité des travaux publics* (Sobre a medida da utilidade das obras públicas) publicado em 1844, levando o mesmo a desenvolver pela primeira vez o que seja o excedente do consumidor do qual ele conseguiu extrair com brilhantismo finalmente, o que seria o tipo de imposto ideal e sobre qual setor social ele deveria recair.

Para *Dupuit* (1844), na seara econômica, é o excedente do consumidor o único fator que possibilita ao legislador a criação de políticas públicas. Para o mesmo autor (p. 55-56), "[...] investigações mais ou menos numerosas de leis, dos decretos, não vão determinar se uma estrada, uma ferrovia, um canal são úteis, se eles realmente não são. A lei deve, por assim dizer, contemplar os fatos demonstrados pela Economia Política".[3]

Nesse contexto, o que determinará a viabilidade da existência de obras públicas é a identificação da sua utilidade que é atribuída por aqueles que usufruem dos benefícios proporcionados pela mesma. Na visão de *Dupuit* (1844), essa utilidade é dividida em duas partes: a primeira é dada pelo valor que os consumidores aceitariam desembolsar para sua aquisição se esses a adquirissem no mercado, ou no caso, seguindo análises de Adam Smith, o valor de troca. A segunda é o valor de uso, também definido por *Dupuit* de excedente do consumidor. A soma desses dois atributos daria a utilidade total da obra para aqueles que usufruiriam dos benefícios proporcionados pela sua construção. Observação essa que também foi incorporada por *Alfred Marshall*, e a transformou em sua premissa básica para desenvolver o conceito de utilidade marginal e o de utilidade total.

Dupuit (1844, p. 58 – 59), retrata a questão da utilidade total da seguinte forma:

> [...] quando o governo coloca um imposto sobre o vinho que vende por $ 15,00 a garrafa que de outra forma seria vendida por $ 10,00 não é algo que passa 5 vezes das mãos do produtor ou consumidor para um coletor de impostos? A mercadoria aqui é um meio mais ou menos conveniente de atender ao contribuinte, e seu valor aqui, é formado por dois elementos, a saber: Em primeiro lugar, o seu valor real com base em sua utilidade e, em seguida o valor do imposto que o governo julgar necessário para que a mercadoria seja comercializada no mercado.
>
> Não há dúvida de que o imposto não pode acrescentar nada à utilidade de um produto; mas quando nos colocamos na condição de consumidores, podemos dizer que a sua incidência sobre o produto é útil ao aumento dos custos de produção.
>
> Porque é que esta garrafa foi vendida por $15,00? É porque o comprador pode encontrar uma utilidade pelo menos equivalente nela, pois, apesar do imposto, ele é totalmente livre para comprar ou não o produto. Não existe poder de Estado capaz de fazê-lo pagar por um valor acima da utilidade que ele vê na aquisição do referido produto[4]

Dessa forma o governo deve agir no sentido de estabelecer o imposto ou a taxa no intervalo que existe entre o preço de troca do bem e o valor máximo de utilidade (valor de uso) que o indivíduo atribui ao produto. Lógico que, sendo assim, se não existir o hiato entre o valor de troca e o valor de uso não há como as autoridades criarem políticas públicas.

Se isso não acontece, de outra forma:

---

[3][...] des enquêtes plus ou moins multipliées des lois, des ordonnances neferont pas qu'une route, un chemin de fer, um canal soient utiles, s'il ne lesont pas réellement. La loi ne devrait, pour ainsi dire, que consacrer les faits démontrés par l'économie politique.

[4][...] quand le gouvernement met sur le vin un impôt qui fait vendre 15 sous une bouteille qui sans cela se serait vendue 10 sous, fait-il autre chose que faire passer, pour chaque bouteille, 5 sous de la main des producteurs ou des consommateus de vin dans celle du percepteur? La marchandise n'est ici qu'un moyen d'atteindre plus ou moins commodément le contribuable, et sa valeur courante est composée de deux éléments, savoir: en premier lieu, sa valeur réelle fondée sur son utilité, et ensuite la valeur de l'impôt que le gouvernement juge à propos de faire payer pour la laisser fabriquer, passer ou consommer.

Il est hors de doute que l'impôt ne peut rien ajouter à l'utilité d'un produit; mais lorsqu'on se place au point de vue du consommateur, ou peut dire que son existence constate dans ce produit une utilité supérieure aux frais de production. Pourquoi cette bouteille est-elle achetée 15 sous? C'est que l'acquéreur y trouve une utilité au moins équivalente; car, malgré l'impôt, il est parfaitement libre de l'acheter ou de ne pas l'acheter. Il n'est pas au pouvoir de l'Etat de lui faire payer par l'impôt au-delá de l'utilité qu'il trouve dans cette acquisition.

> [...] quando as autoridades concedem a uma determinada classe de comerciantes a exclusividade de exploração de uma determinada atividade, o valor intrínseco da mercadoria se eleva acima de seu valor de uso. Este preço é um excesso de dinheiro que sai do bolso dos consumidores para o bolso dos comerciantes privilegiados, fazendo-os enriquecer (...) enquanto os outros se empobrecem na mesma quantidade.[5]
> (Dupuit, 1844, p. 58)

Assim, nesse sentido, fica evidente que o imposto deve recair única e exclusivamente sobre a renda do indivíduo na condição tanto de produtor ou de consumidor. Não existe um outro critério mais racional e justo do que esse. Quando o indivíduo paga imposto sobre a produção, além de onerar esse produto transferindo renda do setor produtivo para o setor improdutivo que é o governo, o mesmo inibe a atividade produtiva, reduz o nível de consumo, e, portanto, a capacidade de produção de mercadorias ou utilidades por parte da Economia e que vai formar a riqueza do Estado.

Assim, pode-se dizer que o imposto ideal é aquele que recai sobre a renda da sociedade e não sobre a produção de mercadorias e serviços de uma forma geral. Se houver a necessidade de formação de fundo para a cobertura de algum tipo de contingenciamento, esse deve ser feito pela autoridade pública do Poder Executivo mediante a elaboração de um projeto de Análise Custo Benefício – ACB e encaminhado para as autoridades competentes do setor Legislativo a fim de que elas possam analisa-lo adequadamente concebendo-o ou não, de acordo com critérios específicos e transparentes.

CAPÍTULO II de A Riqueza das Nações (Livro II)

5 O Dinheiro Considerado como um Setor Específico do Capital Geral da Sociedade, ou seja, a Despesa da Manutenção do Capital Nacional (p. 295).

Conforme foi visto no capítulo I do Segundo Livro do Senhor Smith, e também no seu Livro I da mesma obra "A Riqueza das Nações", esse grande Economista, primeiro começa a contextualizar a estrutura socioeconômica que se cria, para depois, alicerçar os pilares imprescindíveis para que a formação da riqueza social possa se modelar por intermédio da produção de mercadorias.

Primeiro ele fala sobre a estrutura política ou sobre a Economia Política em si, a partir da qual parte já, desde a formação e distribuição da classe produtiva que se modela nesse sistema, bem como sobre qual tipo de mercadoria essa organização deve se preocupar em produzir, balizado nas aptidões humanas detectadas e conceituadas com grande primor por Platão em "A República", e que se repartem inicialmente, em duas faculdades essenciais e exclusivas à vida do ser humano tal qual o é, a capacidade de realizar troca enfatizada por Smith, que são definidas por necessidades fisiológicas e as faculdades emotivas.

As faculdades emotivas, segundo Platão, passam por estágios no decorrer da evolução da vida humana, indo desde uma situação de profunda penúria, que, no caso, é o estágio de ignorância plena, no qual o indivíduo nasce, cresce e morre, totalmente analfabeto tanto físico quanto espiritualmente, agrilhoado por espessa corrente dentro de uma caverna assemelhando-se a situação de um natimorto, ou se equivalendo a um vegetal, de onde nunca saiu e que tende a passar o resto da sua vida, se não houver ali, alguém que o resgate através do ensinamento das virtudes morais e da formação do caráter. Entrementes, caso esse ser seja resgatado, o mesmo tem que perpassar paulatinamente por um extenso estágio de aprendizado, treinamento, orientação e monitoramento, através da sua formação educacional fazendo com que ele atravesse fases evolutivas, visando modelar o seu caráter no decorrer de sua vida, até atingir a plenitude do conhecimento, que se dá quando o mesmo adquire o estado racional.

Assim, diz-se que, a faculdade emotiva alcançou um patamar elevado de civilidade, que se verifica quando ela sai de uma condição de emoção pura, totalmente fértil, que é um tipo de sentimento em que o indivíduo já nasce com ele, definido como emoção concupiscênica, onde prevalece o sentimento instintivo que sempre está alerta através de uma ação reativa o que caracteriza o estado de selvageria ou barbárie pura, inata do ser, e revelado no estágio primitivo do sujeito, e que depois, quando esse tipo de emoção atinge o mais elevado grau de evolução do aprendizado, ele se transforma em emoção racional.

---

[5][...] quand l'autorité accorde à une certaine classe de négociants le privilège exclusif de faire un certain commerce, celui des marchandises de l'Inde, par exemple; le prix de ces marchandises en est plus éléve, sans que leur utilité, leur valeur intrisèque soit plus grande. Cet excédent de prix es un argent qui passe de la bourse des consommateurs dans celle des négociants privilégiés, et qui n'enrichit les uns qu'en apauvrissant (...) les autres[5] exactement de la même somme.

Esse processo se dá segundo Platão, por intermédio da formação educacional do ser humano, pois só através da educação é que o mesmo consegue atingir o seu mais elevado grau evolutivo na vida, quando o mesmo adquire a cultura suficiente para permitir-lhe viver em quaisquer ambientes ou situações, que o mundo puder lhe proporcionar. Assim, o homem ou mulher sai de uma situação de barbárie plena, para um estado evolutivo altamente requintado, que é o nível mais elevado da cultura social, alcançado por intermédio da sua formação educacional. Nessa concepção, enquanto a educação permite ao indivíduo alcançar as fases essenciais necessárias para que o mesmo adquira o conhecimento, a cultura em si é a diversidade de aprendizados, que são adquiridos pelo ser humano durante o modelamento de seu caráter através dos estágios educacionais, fundamentais para que o mesmo atinja o seu mais alto nível de refinamento evolutivo e social.

Nesse sentido, as faculdades emotivas podem ser subdivididas em dois tipos: a emoção concupiscênica, que é um tipo de emoção natural, inata, que o indivíduo nasce com ela e está presente no seu estágio primitivo, onde o mesmo não adquiriu nenhum tipo de conhecimento externo suficiente para se dizer que ele seja uma pessoa, no mínimo equilibrada, ou em outras palavras, ele está num estágio de analfabetismo pleno se equiparando a um animal qualquer, onde se vive de acordo com o seu instinto; e a emoção racional, que é um tipo de sensação em que o ser humano começa a obter, a partir do momento que passa a ser moldado pelos valores morais, educacionais, sociais, aprendendo com a realidade com que se depara no seu dia a dia; primeiro com a educação recebida dos seus pais e que se completa na escola, na faculdade, nos relacionamentos com seus pares, com o aprendizado de idiomas e com o meio externo de uma maneira geral, no seu estado probo, acumulando virtudes e comportamentos ilibados.

Para moldar suas análises, Smith parte desses fundamentos definidos por Platão, e passa a demonstrar como se dá a produção da riqueza, tecendo as fases do desenvolvimento econômico, perpassando pelos mais diversos estágios de fabricação da mercadoria em si, e que se dá, no primeiro momento, pela definição do que seja, classes produtivas (proprietário, trabalhador-empresário, trabalhador), divisão do trabalho, matéria prima, capital fixo, capital variável, capital circulante, mercadoria, dinheiro, troca e, finalmente, riqueza; ou seja, uma infraestrutura econômica e social suficiente para lhe dar, a ele e a seus concidadãos, a estabilidade que lhe permita ter uma vida digna, de paz, de concórdia, de respeito e de participação cotidiana com seus pares de forma proativa, onde ele é apenas mais um componente que se soma ao meio em que ele vive, acrescentado maturidade emocional e social, e que, por último, se traduz em civilidade, e que, metamorfoseada essa última, no padrão de vida social elevado, fazendo personificar a riqueza econômica e social. Tudo isso, conforme afirmado acima, sedimentado na concepção adquirida de Platão de faculdades humanas todas consubstanciadas na mais prementes das faculdades que são as necessidades fisiológicas, subdivididas em carência de alimentação, proteção, saúde e segurança.

Já no estágio de acumulação de riquezas, depois de ter conceituado os mais diversos tipos de capitais que estão inseridos no processo de produção de mercadorias, Smith adentra na questão de saber como se dá a acumulação da riqueza na forma de capital físico e dinheiro, propriamente dito. Primeiro esse autor busca definir a diferença que existe entre valor de capital acumulado nas mãos das famílias, na forma de riqueza social estocada para consumo ao longo do tempo, para o de preço de capital em estoque nas mãos das empresas. Depois, para o valor do capital produzido na forma mercadoria elaborada pelos agentes econômicos e destinados àqueles que desejam adquiri-lo na condição de utilidades, e que se transmutam essas últimas, no preço do dinheiro, através das receitas dado pela realização das trocas indiretas, quando permitirá finalmente, a circulação da mercadoria com maior intensidade dentro do mercado.

O preço em dinheiro que é necessário para viabilizar a troca, é o mesmo que, pontualmente falando, é aquele considerado para garantir a transmutação da mercadoria do seu estado em estoque nas mãos das empresas, para o de riqueza que será acrescentada no patrimônio acumulado pela população do país.

Para Smith, assim como existe diferença entre valor do capital fixo total detido pelos indivíduos para viabilizar a produção da mercadoria e o valor dado em capital financeiro necessário para garantir a perpetuação da estrutura produtiva dado em capital físico pela sociedade, há também diferença entre o valor em dinheiro necessário para garantir a transação com as mercadorias e o preço do dinheiro exigido para viabilizar a produção do mesmo.

Smith considera essa diferença como necessária de ser analisada porque, para esse autor, o processo que as famílias realizam para produzir as mercadorias por intermédio da movimentação dos capitais é o mesmo método que o governo adota para realizar a mutação do dinheiro, que ele recebe da sociedade na forma de impostos, em mercadorias que ele compra no mercado das empresas e da força de trabalho, que são imprescindíveis para que esse possa retribuir com benefícios para os residentes no país, na construção da infraestrutura básica e demais atividades essenciais que devem ser de exclusividade do setor público, visando viabilizar o desenvolvimento da economia e a evolução da civilização, através da sua formação virtuosa, educacional e cultural.

No caso da infraestrutura necessária para a produção do capital, essa diferença é dada pelo capital fixo, ou seja, o valor do capital fixo necessário para garantir a produção da mercadoria e o quantum do capital financeiro exigido para manter o capital fixo em funcionamento. Tal distinção existe porque, para manter o capital fixo, esse exige que se tenha em estoque, a quantidade de graxas, instrumentos, equipamentos, peças, lubrificantes, além do profissional qualificado que deve ser o responsável direto para garantir o seu funcionamento em perfeitas condições. Na concepção do senhor Smith, essa é uma particularidade que não é fácil de se ajustar se não houverem as condições plenas em produtos de manutenção e mão de obra qualificada para atender a tal demanda. A citada dificuldade ocorre porque, não se tem como retirar o material e o profissional diretamente do capital circulante, dado em capital variável disponível nas mãos das famílias. Nesse caso, os mesmos têm que serem mantidos preservados separadamente dentro da própria empresa buscando-se garantir o seu uso de maneira paulatina.

O mesmo acontece com o montante em dinheiro necessário para garantir a circulação da mercadoria através das negociações, e o preço do dinheiro que é exigido para se preservar o capital total necessário para fazer fluir a circulação da riqueza dentro do mercado, dado em capital fixo, variável, circulante e do dinheiro em poder da população. Isso porque, para se criar o dinheiro é necessário que haja a definição de seu lastro, antigamente dado em metais preciosos, no caso ouro e prata e da disponibilidade de profissionais altamente qualificados e bem treinados para o seu fabrico.

Esse fundamento é o que o senhor Smith definiu como sendo o preço do dinheiro. Nesse caso, o preço do dinheiro é totalmente diferente do montante de dinheiro necessário para se realizar uma transação de troca indireta e que recebe o nome de renda ou ainda do poder de compra dessa mesma renda. O poder de compra ou a renda, define-se pela quantidade de bens e serviços que o indivíduo pode adquirir no mercado em quantidade necessária para garantir a sua subsistência e lhe proporcionar uma vida digna.

Na sua origem, primeiro o dinheiro se personifica como o valor da receita total transmutada da força de trabalho na forma de mercadoria, despendida pelo trabalhador e pelo trabalhador-empresário, visando a produção do total das mercadorias necessárias para a efetivação do consumo das famílias, acrescido do excedente econômico, que é aquele valor a mais, segundo Platão, produzido de mercadorias ou utilidades, que é necessário para garantir a troca dessas por outras que o indivíduo precisa para sobreviver visto que, é impossível para esse, produzir todos os bens necessários ao atendimento de suas necessidades.

Dessa relação surge o preço do dinheiro, ou seja, o quantum de gastos que a entidade bancária precisa incorrer para produzir aquele montante exato de pecúnia que se transmutará de maneira simétrica em mercadorias nas mãos do público, visando agilizar o processo de circulação desse bem, já convertido em riqueza pela sociedade. Esse quantum surge na forma de quantidade de metais preciosos, metamorfoseados em lastro, para a moeda, em substituição à mercadoria, e também, da mão de obra qualificada necessária para produzir o fausto dado na forma de moeda.

Esse dinheiro, para Smith, embora faça parte da riqueza da sociedade não compõe a renda das famílias e muito menos do governo. Esse é um valor metamorfoseado em quantidade idêntica ao preço criado no processo de produção de mercadorias. É uma riqueza do Estado, inerente ao Estado necessário à sua existência enquanto tal.

Então, em outras palavras, utilizando-se da linguagem de Platão, esse é o montante de haveres que o Estado precisa ter para fazer girar a riqueza dentro de seus limites, não se constituindo numa riqueza pessoal nas mãos do público, mas sim, estritamente social, tal qual, faz-se necessário que se tenha numa economia dinâmica, os recursos financeiros fundamentais, para garantir o bom funcionamento do capital fixo, tais como, a graxa, a energia, a água, necessários para o tratamento e a manutenção da operacionalidade desse capital que, embora seja fundamental para viabilizar a geração da riqueza social não faz parte do capital circulante, mas sim, das despesas necessárias para manutenção do capital fixo. Embora não fazendo parte da riqueza das famílias, essas despesas são fundamentais para garantir a produção e a perpetuação da riqueza social e a garantia de dias melhores para todos os residentes.

Então, nesse sentido existe uma grande diferença entre o preço do dinheiro necessário para a sua personificação depois de transmutado do valor total da receita dada na forma de mercadorias e o poder de consumo da população ou ainda, da quantidade da renda acumulada pela população decorrente do seu trabalho realizado na produção da mercadoria.

Deduzidas tais distinções, o método que o governo realiza para trabalhar com o dinheiro - excluindo o gasto com o fabrico da moeda -, é idêntico à movimentação que as famílias realizam para produzir as mercadorias excluindo também, para esse caso, as despesas com a manutenção do capital fixo, o que permite que se tenha a equação:

fluxo das empresas para fabricação das mercadorias = movimentação do governo com o dinheiro para manutenção das atividades do setor público;

ou ainda:

gastos das famílias com investimentos na produção de mercadorias e consumo é igual aos gastos do governo com a construção de infraestrutura econômica e social mais despesas com consumo do governo,

excetuados nesses dois casos,

as despesas das famílias para manutenção do capital fixo e as despesas com o dinheiro necessário para o seu fabrico e a reposição de moeda dentro do mercado, da parte do governo, no caso, o custo fixo do Estado com a fabricação do dinheiro.

desembolsos esses que devem ser repassados para o Banco Central e são obrigações do Estado e que se torna uma das razões de sua existência.

Ressalta-se que, essa assertiva de Smith, assemelha-se filosoficamente falando, à análise de Platão quando este último afirma que, o Estado reflete o nível de virtuosidade, educação e cultura da sua população. Se houver uma população virtuosa, educada e culta, obviamente o Estado também será virtuoso, educado e culto, portanto, civilizado. Se a população for destituída desses três atributos, ter-se-á um Estado selvagem, portanto, bárbaro independentemente do tipo de política que esse possa praticar, que, no caso, verdadeiramente deixa de ser política, mas sim, politicagem ou baderna.

Vale acrescentar que, dentro dessa análise, a mercadoria em poder da empresa ainda não se converteu em riqueza. Ela é apenas uma parte da produção da indústria que está em estoque para ser comercializada. Nesse estado, ela ainda implica em gastos com estocagem, manutenção e transporte. Na verdade, a mercadoria só se converte em riqueza depois que ela se transmuta da condição: mercadoria nas mãos das empresas, para dinheiro, e depois; do metamorfoseamento das mercadorias em poder das empesas para mercadorias, decorrentes da troca indiretas, via utilização de moeda, em poder do público. No caso a riqueza personificada na forma mercadorias em poder das famílias e do governo.

Assim, para se completar o ciclo da produção de riquezas, o dinheiro tem que sair das mãos das famílias para as empresas, e as mercadorias devem obrigatoriamente migrar por meio da transmutação, das mãos das empresas para as famílias e o governo. Essa é que é a tão propalada produção de riquezas nas mãos do público, incluindo o governo, que Marx define como sendo o processo M-D-M', seguindo fundamentação de Sismondi, como ele mesmo explica.

É importante ainda ressaltar que, essa premissa foi violentamente negligenciada pelos pseudoeconomistas da Escola Austríaca, de Chicago, ricardiana, também chamados de pseudoeconomistas de linhagem protestante. Daí a explicação econômico-científica da causa da crise de superprodução da economia global no período 27 – 33 do século passado.

Deve-se destacar que, na Economia Empresarial existem dois tipos de riqueza. Uma que está consolidada na forma de patrimônio na mão de seus detentores, no caso, o setor privado e o estatal, e a riqueza social acumulada, na forma de capital intelectual, capacidade criativa e força-de-trabalho concentrados. A outra parte dos recursos da sociedade e que podem se transformar em riqueza é a quantidade de matéria prima e capital consolidado na forma de capital fixo e que estão aptos para a fabricação de mercadorias.

Assim, para que as mercadorias se transformem em riqueza consolidada, é imperativo que as mesmas sejam vendidas no mercado para particulares e o próprio Governo, se convertendo em produtos metamorfoseados em riquezas nas mãos do público, inclusive o Governo, e depois; que esses sejam transformados da condição de estoque de riquezas, para o modo de capital variável, transmutado através das vendas, que incluem os maquinários que se metamorfosearão em capital fixo nas mãos dos trabalhadores-empresários e das empresas estatais, estando entre eles, os demais produtos de toda natureza criados pela Economia, e mais, o capital financeiro e o dinheiro, fazendo compor todos, o capital circulante, que serão consumidos paulatinamente ao longo do tempo pela população e também, na forma de infraestrutura econômica e social respectivamente, para viabilizar a continuidade da acumulação de riquezas e garantir o avanço social e econômico, que viabilizarão finalmente, a criação do Estado civilizado de Platão.

Isso porque, na condição de mercadoria, onde todos os recursos de produção estão agregados na sua estrutura, não se tem como pagar a totalidade dos compromissos envolvidos no processo de sua produção, devido à falta da sua conversibilidade em liquidez. Diante dessa situação, é imperativo que a mercadoria se converta em dinheiro, através da sua venda, estabelecendo-se a condição necessária para que o trabalhador-empresário tenha condições de honrar individualmente todas as suas obrigações diante dos seus credores e que, depois disso, o mesmo possa depurar o lucro de que se converteu o excedente econômico advindo de todo o processo de produção gerado, que é a verdadeira riqueza criada no sistema.

Será justamente em decorrência do lucro resultante gerado, que incentivar-se-á ou arrefer-se-á o ímpeto da continuidade da produção, esse último, em caso de prejuízo, visto que, tanto o lucro quanto o prejuízo são contas de resultado, o que implica na análise do grau de probabilidade de se verificar a ocorrência de um ou de outro resultado.

Assim, toda a mercadoria produzida pelo trabalhador-empresário tem que se converter em receita por meio de sua metamorfose para a forma de dinheiro, visando permitir se quitar de maneira desagregada, todas as obrigações geradas no processo de produção, com a finalidade de se detectar o lucro ou prejuízo advindos desse método, facultando assim, a retroalimentação do processo produtivo que se dá, por meio, novamente da questão, riqueza-dinheiro-mercadoria, R-D-M' ou M-D-M' como diria Marx, baseando-se em Sismondi.

Logicamente, essa produção só terá início se o trabalhador-empresário constatar que haverá demanda suficiente para adquirir sua produção em condições favoráveis a uma negociação justa e segura. Novamente, daí advém a assertiva de que é a utilidade do produto que ativa a demanda efetiva e que gera condições ideais para a produção da mercadoria, e não, a produção de mercadorias que gera demanda suficiente para garantir a sua negociação no mercado, como apregoava Say e o admitia seus seguidores da Escola Clássica, Neoclássica, Monetaristas, Ricardianos e propagadores da Escola Austríaca.

Outra característica que faz o valor do dinheiro necessário para viabilizar a fluidez ou circulação da mercadoria com grande intensidade no mercado, dado em quantidade, em relação ao valor do dinheiro estabelecido em preços das mercadorias disponíveis para negociação, tornando-o atomizado, é a velocidade de circulação da própria moeda, visto que, uma mesma moeda pode ser utilizada para fazer várias transações em momentos sequenciados e efetivamente curtos, obedecendo a um processo intenso de circulação. Diante disso Smith conclui que, a quantidade de dinheiro em circulação é muito menor que o valor necessário do dinheiro em preços das mercadorias para viabilizar a circulação das mesmas, fatos esses que tornam o preço do dinheiro uma necessidade pontual e que devido a isso, obriga às autoridades monetárias a manterem um fundo específico para tal, independentemente das negociações com moedas existentes nas transações mercadológicas.

Nesse aspecto, dinheiro é a peça-chave que faz girar a roda da criação da riqueza do sistema capitalista através da produção da mercadoria embora não faça parte dessa riqueza nas mãos do público, mas sim, única e exclusivamente da riqueza nas mãos do Estado. Daí dizer-se que dinheiro é a riqueza que não pertence a ninguém e que o mesmo tem seu ciclo próprio e independente. É esse fenômeno próprio e único que fez Marx defini-lo como fetiche. O fetiche do dinheiro.

De maneira geral, dinheiro não gera riqueza por si só, visto que ele apenas representa poder de compra para o seu possuidor, segundo Smith, mas sim, garante àqueles que o detém e sabem o que fazer com seu uso, no caso, o trabalhador-empresário, o suporte na formação da riqueza econômica e social no sistema capitalista de produção de mercadorias.

Na hipótese de um país ao produzir riquezas convertidas já em dinheiro e capitais: fixo, variável e circulante, atingindo o pleno emprego no mercado interno, gerando com isso um excedente econômico na forma de riqueza transmutada em dinheiro, para garantir a perpetuação dessa acumulação de maneira proativa e com a preservação da riqueza no final do ciclo produtivo, necessita fazer negócios com o exterior.

Assim, Smith analisa tal situação e que é válida até nossos dias, embora os pseudoeconomistas tenham negligenciado toda a situação e as perspectivas relativas aos negócios internacionais:

> Suponhamos, por exemplo, que o total da moeda circulante de determinado país, em um dado momento, seja de 1 milhão de libras esterlinas, soma esta suficiente para fazer circular o total da produção anual da terra e da mão-de-obra do respectivo país. Suponhamos também que, algum tempo depois, diversos bancos e banqueiros emitam notas promissórias, pagáveis ao portador, até ao valor de 1 milhão, mantendo em seus diversos cofres uma reserva de 200 mil libras em ouro e prata para atender a

demandas ocasionais. Portanto, permaneceriam em circulação 800 mil libras em ouro e prata, e 1 milhão de notas bancárias, ou seja, um total de 1,8 milhão de libras. Mas a produção anual da terra e da mão-de-obra do país exigira antes apenas 1 milhão de libras para fazê-la circular e a distribuir a seus consumidores específicos e essa produção anual não podia ser imediatamente aumentada por aquelas operações bancárias. Portanto, depois das citadas operações bancárias, será suficiente 1 milhão para fazer circular essa produção. Sendo exatamente os mesmos que antes os bens a serem comprados e vendidos, será suficiente a mesma quantidade de dinheiro para comprá-los e vendê-los. O canal de circulação — se me for permitido usar essa expressão — permanecerá exatamente o mesmo que antes. Supusemos que 1 milhão é suficiente para encher o canal. Tudo que, portanto, seja lançado no canal, além dessa soma, não poderá deslizar nele, vindo a transbordar. Coloca-se agora nesse canal 1,8 milhão de libras. Portanto, 800 mil libras esterlinas devem transbordar, já que esta soma está além do que pode ser empregado na circulação deste país. Todavia, embora esta soma excedente não possa ser empregada na circulação do país, ela é muito valiosa para que se possa deixá-la ociosa. Esta soma será, portanto, enviada ao exterior, à procura de uma aplicação rentável que não é possível no país. Mas não se pode enviar papel ao exterior, pois ele não será recebido em pagamentos comuns normais, devido à distância dos bancos emissores e do país no qual o pagamento pode ser cobrado por lei. Enviar-se-ão, portanto, ouro e prata, no montante de 800 mil libras, ao exterior e o canal da circulação interna permanecerá cheio com 1 milhão de dinheiro em papel, em lugar do 1 milhão daqueles metais que o enchiam anteriormente.

Embora essa quantidade tão grande de ouro e prata seja enviada ao exterior, não devemos imaginar que o seja de graça, ou que os proprietários dêem essa quantia de presente a outras nações. Trocá-la-ão por bens do exterior, deste ou daquele tipo, a fim de suprir o consumo de algum outro país ou do seu próprio.

Se empregarem essa remessa comprando mercadorias em um país estrangeiro, a fim de suprir o consumo de outro país, ou seja, no que se denomina comércio de transporte, qualquer lucro que aufiram será um acréscimo à renda líquida de seu próprio país. É como um novo fundo, criado para desenvolver uma nova atividade comercial; no comércio interno, as transações serão efetuadas com papel-moeda, sendo o ouro e a prata convertidos em um fundo para este novo tipo de comércio.

Se o dinheiro enviado ao exterior for empregado para comprar bens estrangeiros destinados ao consumo interno, os proprietários do dinheiro exportado poderão: primeiro, comprar bens suscetíveis de serem consumidos por pessoas ociosas que não produzem nada, tais como vinhos estrangeiros, sedas estrangeiras etc.; ou, então, poderão comprar um estoque adicional de materiais, ferramentas e provisões a fim de manter e empregar um número adicional de pessoas operosas, que reproduzem, com lucro, o valor de seu consumo anual.

Na medida em que o dinheiro exportado é utilizado da primeira forma, ele promove esbanjamento, aumenta a despesa e o consumo sem aumentar a produção ou sem criar qualquer fundo permanente para custear essa despesa, o que é, sob todos os aspectos, prejudicial à sociedade.

Na medida em que o dinheiro for empregado da segunda maneira, promove o trabalho e, embora faça aumentar o consumo da sociedade, gera um fundo permanente para custear esse consumo, já que as pessoas que consomem, no caso, reproduzem, com lucro, o valor total de seu consumo anual. A renda bruta da sociedade, a produção anual de sua terra e de sua mão-de-obra é aumentada pelo valor total que o trabalho daqueles trabalhadores acrescenta aos materiais com que eles lidam; e a renda líquida é aumentada pelo que sobra desse valor, após deduzir o que é necessário para as ferramentas e instrumentos de sua profissão. Smith (1996:302, 303)

Como bem deixam evidenciados Platão e Smith, o aumento da produção e a ampliação da utilização das matérias primas na produção de utilidades fazem com que, em determinado momento os países percebem que, embora precisem ampliar sua escala de consumo, os mesmos carecem de determinados tipos de matérias primas e insumos que são impossíveis de serem obtidos no seu território para produzirem as mercadorias necessárias visando suprir esse consumo, o que os fazem recorrer ao mercado internacional, visto que, na mesma condição dos indivíduos, tais nações não conseguem produzir tudo aquilo que eles precisam para suprir todas suas necessidades. Daí a necessidade de se produzir excedentes econômicos a serem destinados para a realização de trocas até mesmo no mercado internacional.

São justamente nesses momentos que tais países recorrem a outras nações para atenderem essas necessidades que não podem ser contempladas com sua produção no mercado interno.

Embora Platão e Smith tenham chegado a essa conclusão os mesmos não desenvolveram uma base de estudo que possa contemplar esse tipo de carência nas análises econômicas tradicionais. O que se tem é apenas um esboço desse tipo de análise que foi utilizado por David Ricardo como sugestão para fazer um breve comentário sobre as relações econômicas entre países, que o mesmo cita em apenas meia página de sua obra "Princípios de Economia Política e Tributação", a qual ele definiu como Teoria das Vantagens Comparativas.

Inspirados nessa célebre frase, os seguidores de Ricardo a adotaram como se essa fosse uma panaceia, ou seja, aquele tipo de coisa ou objeto que vai curar todos os males. Na verdade, não é bem assim. Comentar-se-á posteriormente, mas já se pode adiantar aqui que, embora a teoria das vantagens comparativas possa ser plausível em teoria ela não pode ser aplicada na prática. Isso porque, a mesma envolve vários tipos de agentes econômicos, sem considerar as características de cada um, seus atributos bem como seus interesses, suas vontades e suas capacidades operacionais para atenderem os fatores que exigem tais mudanças. Por exemplo: considerando-se um grupo de mil famílias que produzem sabão e outras dez mil famílias que produzem café. Nesse exemplo sabe-se que, sabão é uma mercadoria que exige uma técnica específica para sua fabricação e matérias primas especiais para seu manuseio. Café é uma planta que, assim como Smith assevera, só se produz em determinadas regiões do Planeta e exige clima e tipo de terra apropriada para sua fabricação. Supõe-se nesse contexto que, para uma nação sobreviver, recorrendo à Teoria das Vantagens Comparativas, seja mais vantajoso para a mesma produzir café em detrimento do sabão. Supõe-se ainda que, os componentes dessas mil famílias somadas chegam ao montante de três mil indivíduos. – A pergunta que se faz é: como o Estado deverá proceder para remover essas mil famílias e fazer com que elas se especializem também na produção de café? Ora, isso é praticamente impossível na prática, além de significar um massacre psicológico no comportamento desses indivíduos podendo leva-las à depressão, e até a morte por suicídio de alguns dos seus componentes. Portanto, de imediato já se considera que essa teoria é inaplicável na prática e que sua implementação é um absurdo, mesmo por parte daqueles que pensam que Economia seja apenas calcular lucro e maximizar a alocação de dinheiro, o que é uma estultice. Economia é bem estar físico e psicológico e que envolve a vida do indivíduo com seu meio de uma maneira ampla, racional, criativa, inteligente e perspicaz. Economia não rima com massacres psicológicos, intelectual e material. Economia é o princípio da racionalidade humana de um ser que se imagina pelo menos que o mesmo seja civilizado.

Em termos práticos relativos à Economia Internacional, o que se têm é apenas o Tratado de *Methuen* celebrado entre Portugal e Inglaterra onde Portugal se especializou, conforme seu próprio interesse, na produção de vinho comprando os demais produtos industrializados da Inglaterra. Esse fato levou os portugueses endinheirados gananciosos por dinheiro fácil a abandonarem a fabricação de mercadorias, conforme análise de Smith, passando a produzir apenas vinho, enquanto que, os mercadores ingleses invadiram o mercado português com suas mercadorias e empresas, destruindo as fábricas lusitanas, tornando Portugal sua colônia, que foi um dia, aquele mesmo País que formou o primeiro Império no mercado europeu, que se deu por meio da utilização de novas tecnologias transferidas a essa Nação via a construção e utilização das caravelas, tornando-a independente e transformando-a em potência na Península Ibérica, e depois, por breve período, na Europa inteira, pelos ex-Cavaleiros Templários, desejosos esses últimos, de darem continuidade à guerra das Cruzadas contra os muçulmanos, no Oriente Médio.

Ao perceberem o sucesso estrondoso dessa ideia sugerida pelos próprios portugueses desejosos de tomar o mercado de vinho inglês dos franceses, por esses estarem em guerra com os britânicos, os ingleses transformaram essa sugestão em um princípio estratégico para consolidarem seu domínio imperialista pelo mundo, aonde nas relações entre países, passaram a exigir que suas empresas assumissem o controle do mercado local enquanto que os ingleses compravam suas matérias primas em estado bruto, sendo essas beneficiadas pelas fábricas inglesas, visando garantir o mercado de manufaturados para suas indústrias deixando as outras nações, depois, colônias, com as atividades tradicionais, mas com suas mercancias transportadas e comercializadas no mercado internacional pelos cidadãos capitalistas ingleses.

Foi daí que, segundo Adam Smith, a Inglaterra selecionou as 69 tipos de mercadorias mais lucrativas que existiam na época, que davam lucros extraordinários, que só poderiam ser produzidas e comercializadas pelos ingleses deixando os demais produtos que geravam lucros tradicionais nas mãos dos países dominados, mas que, tais produtos só podiam ser transportados pelos navios britânicos e comercializados pelos cidadãos ingleses, visando garantir trabalho para os componentes do exército inglês nos porões de seus navios, em tempos de paz. Foi assim que, segundo Adam Smith a Inglaterra conseguiu garantir sua hegemonia pelo mundo e que atualmente, esse mesmo critério literalmente transferido, com poucas mudanças, para os Estados Unidos visando se impor sobre o mundo, colocando por terra o tal de liberalismo de mercado tão propalado pelos indivíduos estultos, que mal sabem o que falam e o que pensam, como diria o Apóstolo Paulo.

Talvez os únicos indivíduos que possam dar uma luz sobre o liberalismo de mercado sejam os mercantilistas pioneiros contemporâneos de Marco Polo. Esse grande pensador e comerciante genovês, utilizando-se de sua criatividade, inteligência e sabedoria, procurava comprar os produtos raros na Europa como a seda por exemplo dos chineses, levando-os para serem vendidos na Europa, ganhando verdadeiras fortunas com essas atividades. Na ida para a China, Marco Polo e os mercadores seus contemporâneos, compravam os produtos, em sua grande maioria tecidos e roupas produzidas na Europa a um preço ínfimo, visto que esses produtos eram abundantes na Europa e os vendia na China, onde tais mercadorias eram raras, portanto, caríssimas, também resultando em elevadas margens de lucros para os mercadores.

O segredo era comprar produtos abundantes a baixos preços na Europa, mas raros na Ásia e vende-los a preços elevadíssimos nesse continente auferindo lucros inimagináveis nessas transações. No retorno para a Europa, para não voltarem de mãos vazias, os mercadores compravam os produtos abundantes na Ásia como a seda na China e as especiarias na Índia e os levavam para a Europa, continente onde praticamente não existiam tais produtos, e os vendiam a altos preços no continente europeu, de onde extraiam lucros extraordinários com essas atividades. O resultado foi o enriquecimento abrupto e absurdo dos mercadores, tornando-os na futura burguesia que passava a se desenhar na Europa e que posteriormente, inaugurariam o capitalismo, tornando-se a elite absoluta na Europa, embora inicialmente fossem extremamente discriminados pela nobreza, no continente europeu.

Entrementes com o aumento da faustosidade da burguesia na Europa, esses além de comprarem títulos de nobreza dos nobres em estado de decadência, casavam com as mulheres oriundas da nobreza se tornando a elite proeminente na Europa graças às verdadeiras fortunas que esses acumularam com seu comércio com os produtos raros de cada continente.

Foi dessa mesma maneira que a Inglaterra constituiu verdadeiras fortunas com o ouro auferido dos portugueses. A Inglaterra vendia seus produtos manufaturados para Portugal em troca de ouro que tinha grande valor na Ásia por ser escasso ai, e baixo valor na Europa, por existir em grande abundância, visto que esse ouro era praticamente saqueado das colônias dos continentes americanos, principalmente da América Latina. De posse desse ouro, os transferia para o continente asiático na compra de mercadorias da China e da Índia, como a seda, as especiarias, as joias e rubis do mercado indiano, que eram abundantes nesses dois países e os revendiam na Europa onde eram raros e por isso, tratados como produtos de luxo, inicialmente auferindo lucros extraordinários com esse tipo de negócio. Com o tempo, a Inglaterra com medo da concorrência dos demais países europeus como a Holanda, a França e a Espanha, seguindo a estratégia dos portugueses, invadiu a Índia e a China para garantir o controle total das riquezas desses países como a seda e as especiarias, consolidando sua hegemonia pelo mundo.

Independente das invasões e saques, o ensinamento deixado pelos mercantilistas, anteriores aos países da Europa Ocidental como foi o caso de Portugal, da Holanda, da Espanha, da Inglaterra e da França, as grandes potencias mercantis, depois capitalistas, que formaram suas fortunas através de saques, pilhagens e destruições de nações inteiras, ficando considerada à parte o caso da Inglaterra, que foi a grande arquiteta formadora do imperialismo capitalista, que nestes dias são comandados pelos Estados Unidos, se resume no fato de que, o interessante para cada país é formar parcerias com outras nações no mercado internacional e vender para essas, as mercadorias que eles produzem em abundância, que são nativos desses e que são escassos no Estado de destino, tornando-se mais rentáveis nessas regiões, e comprando dessas nações também, os produtos que são mais abundantes e originários dessas porções de terra e que têm grande demanda no seu interior devido à sua escassez e que podem ser comercializados com margens de lucros elevadíssimas. Agindo dessa forma, cria-se um processo ganha-ganha nessa relação, onde todos ficam satisfeitos e ninguém explora ninguém, o que torna o mercado internacional mais atraente, mais dinâmico, praticamente sem risco nas transações e por isso, mais barato e transparente nas suas negociações, além de ser mais fácil de ser entendido e de ser praticado, gerando civilidade para todos, assim como existiu no período pré-capitalista, tão amado pelos comerciantes. Um exemplo claro disso, pode-se citar, seria uma relação aberta de troca de mercadorias entre os trabalhadores-empresários russos, negociando com os trabalhadores-empresários brasileiros, onde os russos exportariam para este País produtos de clima frio e importaria do Brasil, produtos de clima tropical e subtropical. Nesse sentido, ambos os mercados ficariam abastecidos e a população desses países se tornariam felizes, com a geração de grande quantidade de emprego em todos os sentidos e consumo de produtos variados em grande abundância. Sem a necessidade da prática da corrupção, da formação de conluios, de cartéis, da distribuição da propina, da compra de políticos, juízes, presidentes, generais, classes sociais mais abastadas, etc. A faustosidade viria para todos.

Infelizmente, nesse tipo de relação os países que mais ganham são os de dimensões continentais elevadas devido a quantidade de matérias primas e condições climáticas que esses têm em seu interior, mas que, os países pequenos podem também levar vantagem nessas relações, devido às suas localizações estratégicas, funcionando como entreposto comercial e ao capital humano, que eles podem desenvolver mediante investimentos em virtuosidades, formação educacional e cultural que resulta em novas descobertas tecnológicas.

O pior para isso tudo foi que surgiu na cabeça dos desvairados, que não entendiam nada da dinâmica das relações internacionais, que o ideal do sistema capitalista é estabelecer concorrência indiscriminada onde todo mundo é inimigo de todo mundo, e que quem leva vantagem é o mais corrupto, ganancioso, soberbo e tirano. Criaram com essa estultice até a teoria da concorrência perfeita, que é uma tremenda fantasia não aplicável na prática, de onde toda a teoria econômica na visão dos capitalistas ricardianos, neoclássicos, monetaristas, enfim, os pseudoeconomistas protestantes, tiraram suas ideias "inovadoras" gerando um grande estado de miséria, mortes, destruições de castas sociais inteiras e o descompasso eterno entre riqueza e pobreza, que se estabeleceu na Economia Internacional.

O grande causador dessa celeuma, por incrível que possa parecer, foi o Tratado de *Methuen* que fez com que, os "intelectuais" sofistas, pais do Mundo Moderno, surgido no Século XVIII pelas ideias mal concebidas dos senhores John Locke, Augusto Comte, Maquiavel, mais os Iluministas e Renascentistas, reformuladores da nova forma de pensar por meio de seus sofismas, lastreados pelos pseudoeconomistas protestantes, criaram por meio do estabelecimento de um tal de Contrato Social, onde o que passou a prevalecer foi o que estava escrito no papel transformando-se em lei, e não o que o indivíduo fala em cima de sua dignidade, trazendo a desonra a estupidez à baila, onde quem ganha mais é quem é mais mau caráter em tudo.

No meio de todo esse frenesi surgiu até indivíduos que se autoproclamaram "intelectuais" diferenciados, onde suas frases se tornaram leis e que sugeriram até a criação de uma raça humana superior por meio da utilização da Eugenia seguindo a ideia da Evolução Natural das espécies, de autoria do senhor Charles Darwin. Foi assim que, praticamente, todo inventor de alguma coisa que se criou ou descobriu, a maioria na base das coincidências ou ações inusitadas, desse período, se tornou presunçoso e sugeriu coisas absurdas para a evolução da raça humana como a criação da raça superior, que se daria por meio da Eugenia, tendo como seus defensores o senhor Alfred Marshall na Economia, Hitler na política, que era admirador incondicional de Marshall, e que tentou criar a Raça Ariana, além de outros mais desajuizados e que se autoproclamavam acima de tudo, "seguidores de Cristo", incluindo nesse rol o senhor Nikola Tesla, que se envolveu através de suas criações com o senhor J. P. Morgan, que se apropriou de todas as suas descobertas, principalmente a energia alternada, tornando-se bilionário com isso, enquanto o senhor Tesla se sucumbiu falecendo em um quarto de apartamento totalmente esquecido, na pobreza e ostracismo.

Estupidez à parte, foi talvez que inspirado nessa célebre análise de Smith, transcrita acima, é que o senhor Michal Kalecki, em sua obra "Teoria da Dinâmica Econômica", tenha proposto que os fundos em ouro e prata dos países subdesenvolvidos podem ser utilizados para pagamentos das dívidas externas desses países. É também decorrente dessa visão altamente racional, dinâmica e eloquente que Smith afirma, nessa mesma obra, "A Riqueza das Nações", que, matéria prima não se exporta.

Pode-se até exportar, segundo esse autor, a matéria prima semielaborada, mas antes ela tem que ser beneficiada uma de suas fases, no mercado interno. Em essência, quando uma nação se dá à exportação de suas riquezas naturais ou matérias primas ela está renunciando ao seu direito de produzir riquezas e está se acomodando ao estado de miserabilidade extrema e eterna a qual passará sua população.

Ainda, quanto aos investimentos dessas nações Kalecki afirma que, na fase desenvolvimentista, ao contrário dos países desenvolvidos, os países subdesenvolvidos não conseguem absorver toda a mão de obra, o que faz com que o padrão de vida dessas nações seja muito baixo. Assim, esse autor conclui sua análise afirmando que:

> O problema crucial enfrentado pelos países subdesenvolvidos é, portanto, ampliar consideravelmente os investimentos [...]. Há, no entanto, três importantes obstáculos ao aumento dos investimentos. Primeiro, é possível que o investimento privado não esteja disponível em ritmo adequado. Em segundo lugar, podem faltar recursos físicos para produzir mais bens de investimento. Em terceiro lugar, mesmo se essas duas dificuldades forem superadas, existe ainda o problema da oferta adequada de produtos de primeira necessidade para suprir a demanda resultante do aumento do emprego[6].

Nesse sentido, para equacionar tais problemas, Kalecki sugere a intervenção governamental nesses assuntos tornando o Governo como agente de suporte de tais operações econômicas, fato esse que faz aumentar a produção, criar novos empregos, aumentar o consumo e desenvolver novos mercados que vai absorver a população ociosa via criação de estatais. Ideia semelhante é proposta pelo senhor John Maynard Keynes a qual passou a ser denominada de Teoria do Abrir e Tapar Buracos. É por isso que num país como o Brasil que não possui empresas, a tendência da sua população, pelo menos a mais bem qualificada, é sua emigração para outros países tonando essa nação numa supridora de mão de obra qualificada, na forma de capital intelectual, para o mercado externo, inviabilizando assim, a própria existência de seus centros de excelências como as universidades, citando como exemplo. Esmagado pela Doutrina Monroe imposta pelos Estados Unidos na América Latina, o Brasil só produz serviços, uma atividade que é derivada do setor produtivo de mercadorias que está nas mãos dos estadunidenses. Como o setor produtivo brasileiro não existe, o setor serviços se torna uma extensão do mercado externo, tornando-se totalmente dependente desse e propenso a ser afetado por todas as instabilidades que venham a ocorrer no mercado internacional.

No mesmo sentido, quando analisa o comportamento da Economia Internacional, no que tange a esse dinheiro ocioso, disponível nos países ricos e que Smith afirma que poderia ser emprestado às outras nações em ouro e prata, para fins de inversões na formação da riqueza dessas nações, Rosa de Luxemburgo comenta com surpresa, no capítulo 30 de sua obra "Acumulação de Capital", que, nas relações de empréstimos entre países, acontecia um fato curioso e inusitado, onde a Inglaterra emprestava dinheiro a juros a esses países para que os mesmos pudessem comprar mercadorias da própria Inglaterra, sem contar o fato de que, os líderes desses países de posse desse recurso, embolsavam ainda uma certa quantia e o que restava, os utilizava para pagar empréstimos de particulares. Se não bastasse isso, tais dívidas esses líderes as repassavam para o Estado fazendo-a aumentar,

---

[6] https://www.scielo.br/ Michal Kalecki, um pioneiro da teoria econômica do desenvolvimento.

transferindo seu ônus para toda a sociedade dessas pobres nações o que implementava seu nível de miserabilidade e não de desenvolvimento. Citando como exemplo, esses fatos se tornaram corriqueiros na América Latina, principalmente depois do Golpe implementado no Brasil em 1964 e que se repercutiu na forma de novos golpes por todos os países da América do Sul, a partir do Brasil, que passou a ser utilizado pelo "Tio Sam", como cabeça de praia dos golpes no continente sul americano, ampliando seu nível de miserabilidade. Quadro esse que voltou a se repetir nos países da América Latina, a partir novamente do Golpe Militar de 2016, no Brasil, orquestrado pela CIA a mando da Elite estadunidense lastreada pelos demais cupinchas da Nação Ianque reunidos no G-7.

De maneira geral, o dinheiro representa a liquidez absoluta da riqueza social produzida e comercializada na forma de mercadorias, advindas do despendimento da força de trabalho, realizada pelo trabalhador num determinado período de tempo, e se torna assim, o instrumento viabilizador de novas riquezas, desde que invertido na forma transmutada de capital financeiro de uma nação. Nesse aspecto, segundo Platão, os Fisiocratas, Smith e Marx o crescimento e a formação da riqueza econômica se dá do interior do mercado para a parte externa, e não do exterior para a parte interna dos países, como defendem os pseudoeconomistas ricardianos, monetaristas, os pertencentes à escola austríaca, acrescidos dos neoclássicos, motivos que os fazem cometerem esse erro crasso e que é a principal causa das crises econômicas, sociais e existenciais da comunidade global, fato esse que tem que ser corrigido de maneira imperativa e improrrogável.

Fundamentados nas suas visões equivocadas a respeito do funcionamento ideal do mercado tanto interno quanto externo, tais teóricos buscam a base do crescimento das nações no mercado externo, enquanto que, a raiz da formação da riqueza está na estruturação do mercado interno e da maximização da utilização dos seus recursos através da produção interna de mercadorias, gerando excedentes econômicos, visando a destinação desse valor adicionado à sua troca no mercado externo, com os produtos que eles são impossibilitados de produzir internamente visto que, segundo Platão, o Estado assim como os indivíduos, não possuem a capacidade de produzir internamente todas as riquezas necessárias ao atendimento das necessidades fisiológicas da sua população.

Assim, em sua obra "A República", Platão (2006:61- 64), evidencia como se dá a origem do Estado ideal, a partir da sua organização econômica e social, mediante a reunião dos agentes econômicos em um só lugar, com ênfase, nas relações de trocas entre esses indivíduos, visto que, nenhum deles é autossuficiente na produção dos bens necessários à sua sobrevivência, onde cada um, busca equacionar o problema do atendimento a contento de suas necessidades.

Dessa condição se tem a gênese da Economia como Ciência Social pura e aplicada visto que, são as ações econômicas que possibilitam a criação do Estado, assim como é o Estado que permite a estruturação social da Economia enquanto Ciência social e que se interrelaciona mediante a troca de mercadorias por mercadorias. É essa propriedade específica que faz Smith afirmar que é a Economia a Ciência da troca.

Nesse contexto, respeitando os princípios fundamentais que regem a dialética de Platão, pode-se afirmar que Estado e Economia são fundamentos simétricos entre si, fato esse que viabiliza a análise conjunta desses dois fundamentos sociais, concomitantemente, sem os quais seria impossível de se fazer as análises do comportamento dessas duas entidades, como tentam de maneira desequilibrada o mainstream no caso, os sofistas alinhados às Pseudoeconomias: clássica segundo visão de Ricardo, Neoclássica que segue esse alinhamento e os monetaristas. Esses insistem em desvirtualizar o conceito de Estado como se esse fosse Nação, o que faz descompatibilizar sua comparação com os alinhamentos econômicos, fatos esses que explicam o surgimento de dois polos opostos: os trilionários de um lado contra os miseráveis do outro.

É justamente essa troca, a peculiaridade desse campo de estudo que evidencia, segundo Smith, tal diferença dos seres humanos em relação aos outros animais, visto que, essa raça é a única espécie viva que consegue realizar trocas para atender suas necessidades. Em nenhuma outra espécie viva se dá essa capacidade, evidencia esse autor.

Então, sendo assim, a semente da economia surge devido a capacidade do ser humano produzir excedentes econômicos em quantidade suficiente que lhe permitirá realizar trocas, situação essa que viabiliza a constituição, volta-se a frisar, do tão propalado Estado ideal de Platão.

Para esse filósofo, o Estado se forma por possuir a capacidade de reunir uma quantidade indeterminada de pessoas num lugar específico, que trabalham buscando a produção de excedentes de mercadorias destinadas à realização de sua troca no mercado, com vistas a atender as necessidades de um e de outro, de maneira respectiva, uma vez que, é impossível para um só indivíduo produzir os bens e serviços necessários ao atendimento de todas suas demandas por riquezas, cruciais à sua existência.

Assim, para Platão, essa reunião se caracteriza por ser espontânea da parte de um grupo de pessoas que passam a habitar em um determinado lugar, motivados pelo desejo de atender suas necessidades fisiológicas, via produção de utilidades e da realização da troca entre elas, na forma de excedentes por cada um produzido, uma vez que é impossível para o indivíduo, de maneira específica, fabricar todas as mercadorias essenciais ao suprimento de sua fome, construção de habitação para garantir sua segurança e o vestuário para assegurar sua proteção contra as intempéries climáticas. Juntas com as emoções, as necessidades fisiológicas constituirão, segundo o mesmo filósofo, as faculdades humanas, que da sua parte se subdividirão em: emoções concupiscênicas e emoções racionais.

Ao atingir esse estágio dos debates sobre o surgimento da Economia como Ciência Social e confrontar o que foi descoberto até aqui sobre as verdades da origem dessa bela arte, com a reunião de pessoas num determinado lugar chamado mercado, para realização de trocas de excedentes de mercadorias, constituindo com essa aglutinação, o que Platão chamou de Estado, passar-se-á a seguir, a se redefinir o conceito de Economia como Ciência, visto que, sua origem está intimamente ligada à constituição do Estado Ideal desenvolvido por Platão em sua obra de nome "A República", além do fato de que, existem muitos equívocos relacionados ao seu conceito e de outras variáveis fundamentais que dão suporte à sua existência.

6 O Estado ideal de Platão e o desenvolvimento do conceito de Economia enquanto Ciência Social Pura e Aplicada

No que tange aos nossos estudos sobre esse tão complexo tema, englobando Estado e Economia ou Economia e Estado, numa abordagem simples, coesa, sistemática e esclarecedora, relativas à sua formação, ainda com a proposta de apresentar a economia definitivamente como uma verdadeira ciência social pura e aplicada, passar-se-á a trabalhar, de uma maneira simples e clara, sobre os principais conceitos e fundamentos que nortearam esse ramo do saber como pretensa ciência social, com destaque sobre os artifícios que foram implantados nos fundamentos verdadeiros da mesma, enquanto Ciência Social.

Como diria Platão, tais achismos e proposições baseados em frases feitas e sem fundamentos axiomáticos, que esse filósofo chamaria de sofismas, tiraram a Economia de seu tronco ou vertente. Isso para atender interesses escusos, até transformá-la no que a conhecemos hoje, segundo versão de estudiosos da Economia como Michal Kalecki e Jorge Miglioli, por exemplo, que a taxaram de mero truque econômico e que determinaram e ainda determinam de maneira alienada e cheia de falsas singularidades o *modus vivendi* da "sociedade" atual.

Na sua essência, não existe economia de direita, nem economia de esquerda, assim como não existe economia reativa, economia criativa ou quaisquer outros tipos de economias que se possam imaginar. A economia é uma só, que se manifesta na forma de Ciência Econômica Pura e Aplicada, e que tem sua base de estudo como sendo universal, aplicável a todas as situações que envolvam produção de riquezas e suas implicações racionais.

A Ciência Econômica abrange três campos quase que distintos, mas intimamente ligados entre si e que englobam o tripé: Economia Política agindo em harmonia com a Economia Empresarial, esta última desenvolvida por Marx, e que têm a Macroeconomia como seu elo fundamental.

Existe uma outra economia, aquela desenvolvida por Alfred Marshall, que foi criada por esse economista para fazer frente aos estudos marxistas da Economia Empresarial, mas que não tem uma visão universal clara sobre os inter-relacionamentos que se estabelecem entre as variáveis dessa teoria, embora ela seja inspirada na Matemática, onde, para se estabelecer um norte taxado de "científico" pelos seus criadores, eles propuseram a versão *ad oc*, os *tradeoffs* e o tal de *coeteris paribus*, que muitas das vezes, ao invés de esclarecer e tornar os fatos elucidativos, apenas geram mais confusões entre seus estudiosos. Essa versão Marshalliana da Economia é conhecida como Economia Matemática e, como ela concentra sua atenção somente na variação dos preços analisados por entre os comportamentos das variáveis microeconômicas como quantidade, produção interna da empresa ela ficou também conhecida como Teoria da Firma ou Escola Microeconômica.

Entrementes, embora com suas limitações, essa parte da Economia serve como um grande instrumental matemático para se demonstrar o comportamento dos preços que ocorrem durante as mudanças das variáveis como o nível de procura, os níveis de oferta, o estabelecimento dos índices econômicos, que são utilizados para alicerçar ainda mais as explicações marxistas sobre a Economia Empresarial.

De maneira geral essas análises marshallianas, utilizando-se ainda de outro referencial matemático, que foi a Estatística, que teve, segundo Marx, o senhor William Petty como seu cofundador, por conseguinte, essas bases analíticas serviram de referencial para que o próprio Alfred Marshall, ao lado de Vilfredo Pareto e Piero Sraffa criassem a Econometria que municiada pela Estatística, são cabedais que reforçam ainda mais a Economia como Ciência Social Pura e Aplicada, fazendo-se merecer um vasto campo de estudo sobre o comportamento dessa Ciência, na vida prática da sociedade. Daí a sua confusão como teoria econômica completa, mas que servem na realidade apenas, como instrumentais elucidativos para apresentar a Economia como verdadeira Ciência Social Pura e Aplicada. Na verdade, a Teoria Microeconômica de Marshall também chamada de Teoria da Firma ou Escola Matemática, ao invés de contrapor a Economia Empresarial de Marx, apenas serve para reforçar com maior consistência esse campo de investigação, transformando-o em parte dos estudos empíricos que transformaram a Economia na única e verdadeira Ciência Social Pura e Aplicada que existe na atualidade.

Da sua parte, na seara científica, quando se propõe investigar um determinado tema, como a Economia, por exemplo, exige-se que se parta para tal delineamento, por intermédio da definição do seu conceito, que perpassa pelo desenvolvimento do tema sob verificação até sua conclusão de uma maneira harmoniosa, verdadeira e concisa, levando a evolução do conhecimento e à civilização da raça humana.

O iniciático nos estudos microeconômicos desde quando entra nos bancos acadêmicos sempre se depara com recursos *ad ocs*, que são técnicas de ajustes para enunciados que faltam de complementos científicos sólidos que dão sentido à sua existência, enquanto comportamento natural dos postulados econômico-científicos puros. Isso porque, a maioria desses estudos microeconômicos não se fecham, e para que essa hipótese tenha êxito, sempre se recorre a técnicas de ordem econômico-científicas de análise não aceitas universalmente pelas demais escolas de estudos científicos tais como: a utilização de axiomas não verificados mediante a alegação de que os fatos são tão evidentes que não precisam de investigação mais acurada para tal; a utilização desordenada de sofismas, a hipótese *coeteris paribus* e os próprios ajustes *ad-ocs*.

Conforme frisado acima, essa incongruência fez com que outros pensadores economistas críticos dessa maneira de pensar, considerassem essas técnicas como sendo: truques econômicos.

Então, para contemplar a correção de tais ajustes e transformar a economia verdadeiramente numa Ciência Social Pura e aplicada o autor achou por bem, a partir de 2011, quando o mesmo terminou seus estudos de Mestrado, a investigar sobre essa proposta refazendo a leitura completa e análise dos principais livros clássicos que modelaram ao longo do tempo a Economia como Ciência, tais como:

1 A República, Platão, partes I e II.

2 A Escola Fisiocrática na forma de compêndio das principais obras, com destaque para o Tableau Économique (Quadro Econômico) de François Quesnay

3 Uma Investigação sobre a Natureza e as Causas das Riquezas das Nações, de Adam Smith. Livros: I, II, III, IV e V.

4 Princípios de Economia Política e Tributação, de Ricardo, David.

5 Tratado de Economia Política, de Jean Baptiste Say.

6 Princípios de Economia Política – Ensaio Sobre a População, de Thomas Robert Malthus.

7 O Capital – Crítica da Economia Política, de Karl Heinrich Marx.

 7.1 Livro 1, O Processo de Formação do Capital, Volume 1 e II.

 7.2 Livro 2, O Processo de Circulação do Capital, Volume III.

 7.3 Livro 3, O Processo Global de Produção Capitalista, Volumes IV, V e VI

8 Princípios de Economia, de Alfred Marshall. Volumes I e II

9 A Teoria do Juro, de Irving Fisher.

10 A Teoria Geral do Emprego do Juro e da Moeda, do senhor John Maynard Keynes.

Depois de terminado os estudos no ano de 2017, foi constatado que, realmente, o que se ensina sobre economia nos principais bancos acadêmicos existentes no mundo não se trata do ensino da Ciência Econômica pura e simples, mas sim, conforme já haviam concluído os precursores desse tipo de trabalho, de que tais técnicas não passam de meros truques econômicos.

De analistas da Economia pura que envolvem tanto a economia política, quanto a empresarial mais a macroeconomia utilizando como instrumentais de análise, recursos e princípios matemáticos da Escola Econômica Matemática, esses se transformaram em meros indivíduos caçadores de inflação.

Para isso, eles se utilizaram de erros crassos de análise tais como: a questão da relação inversa entre salário e lucro, desenvolvida por Ricardo; a acumulação de capital como principal fundamento para a geração e distribuição de riquezas; criação de classes privilegiadas que assumem o papel de semideuses do desenvolvimento, em detrimento dos direitos sociais da sociedade como um todo; concorrência perfeita como princípio de equacionamento das relações de produção defendida pela Escola Matemática de Economia ou Economia Neoclássica; teoria da escassez como o principal fundamento para a análise econômica propagada pela Escola Clássica, Neoclássica, Monetária e estudiosos da Escola Austríaca; crescimento populacional em progressão geométrica versus crescimento da alimentação na forma de progressão aritmética desenvolvida por Thomas

Malthus, que não tem nenhuma correlação e muito menos, fundamento científico; classes sociais superiores versus classes sociais inferiores, destacadas pelas escolas: Clássica, Neoclássica, Escola Austríaca; a teoria dos juros propagada pelos Monetaristas.

Além disso, deve-se ainda frisar que, economia de esquerda versus economia de direita, liberalismo de mercado, acumulação de capital, como forma de melhor alocação de recursos, mercado de papéis ou mercado de capitais, como queiram, não passam de meras frases feitas, intuições, opiniões, sugestões e sofismas, todos esses, absurdos sem nenhum vínculo com a realidade da Economia enquanto ciência social pura e aplicada, sendo que, tais distorções analíticas destruíram por intermédio de suas manipulações irresponsáveis e inconsequentes, a base da civilidade atual, levando-a a uma total descaracterização de suas fundamentações econômico-científicas, dentre outros disparates que serão tratados e corrigidos definitivamente nesta obra, nas páginas subsequentes.

Essas ações geraram impactos com efeitos negativos sobre o comportamento econômico e social da atualidade. Assim, citando como exemplo, enquanto os 1% da população mundial detêm 50% da renda global gerada, outros 99% só possuem a outra metade da mesma riqueza, conforme dados apresentados pela BBC News Brasil[7], extraídos de um estudo elaborado pela organização não-governamental britânica Oxfam, relativos a outubro de 2015, e apresentados no Fórum Econômico Mundial de Davos na Suíça. Ou, considerando-se o país mais rico do Planeta, que são os Estados Unidos, enquanto os 1% de seus habitantes detêm 76% da riqueza dessa nação, dados também apresentados no Fórum Econômico de Davos, para o ano de 2021, na outra ponta, essa Nação possui 46,8 milhões de indivíduos vivendo abaixo da miséria absoluta, que é um contingente populacional quase maior do que a população da Argentina inteira.

Fatos esses que promoveram o total descompasso entre crescimento e desenvolvimento, via formação de riquezas e que acabaram por criar verdadeiras convulsões sociais, transformando cidadãos em verdadeiros farrapos humanos enquanto que, na outra ponta, a riqueza é desfrutada como troféus advindas da "competência" de indivíduos privilegiados altamente favorecidos pelos saques, pelas guerras, pela destruição e miséria de camadas de populações inteiras, decorrentes de tais políticas de "desenvolvimento econômico" criadas, principalmente no Brasil, citando como exemplo, a partir de 1964, inspirados nas Escolas de Economia, estadunidenses, em especial a Escola de Chicago, as britânicas e as da Escola Alemã, o que transformou a sociedade atual num verdadeiro caos. Situação essa que passar-se-á a serem tratadas a partir de agora.

6.1 O método de análise a ser aplicado

O objetivo último deste trabalho é transformar a Economia de um processo baseado em truques econômicos na primeira ciência social verdadeiramente pura e aplicada, aproveitando-se para isso do reavivamento dos antigos fundamentos de análise desenvolvida pela Escola Filosófica Grega, no caso, a dialética de Platão, como um novo fundamento de análise hodierno.

Isso porque, para esse filósofo:

> [...] Ainda que seja puramente inteligível, é imitada pela faculdade da visão, quando, como dizíamos, se esforça em contemplar os seres e os astros e até mesmo o sol em sua essência. Assim também a dialética, quando tenta atingir, sem o auxílio dos sentidos, mas com o simples raciocínio, a essência de todas as coisas e a isso não renuncia antes de ter compreendido como pensamento puro a essência do bem, alcança os limites do mundo inteligível como a vista atinge os limites do mundo visível. Platão (2006:Vol. II; 64).

Platão considera dialético todo o discurso que colhe a essência de cada coisa, ao passo que, aquele que não consegue fazer isso, fica descaracterizado como método de estudo visto que, menor será a sua capacidade de pertencer à esfera do pensamento quanto menos poder explicar a razão a si mesmo e aos outros fundamentos, que levam a expressões do conhecimento. (p. 66).

Tal conclusão leva à consideração de que, no que se refere à educação dos discípulos que se cria e educa teoricamente, não se deve jamais deixá-los privados da razão e nutridos pelas linhas da irracionalidade, sem base do conhecimento dialético, comandar a república, revestidos dos cargos supremos (p. 67).

Assim sendo, para Platão, a dialética passa a ser o "coroamento das outras ciências e que não exista nenhuma outra que possa ser colocada mais alto ainda, ao contrário, que esta estaria no vértice de todas as demais" (p. 67).

No que se refere ao perfil mais apropriado para ocupar o cargo de governante, deve-se escolher aquelas pessoas de maior temperança, mais corajosas e se possível, mais belas, além de serem nobres e severas no seu ofício, e já adaptadas à educação rigorosa e de resultados almejados. (p. 67).

Isso, segundo Platão (2006:67), quer dizer que:

> É preciso que tenham uma mente ágil e disposição para aprender, porque nos estudos difíceis a gente se cansa muito mais do que nos exercícios de ginástica e o cansaço é tanto mais tedioso quanto menos é condividido pelo corpo.
>
> É preciso procurar uma pessoa rica de memória, constante e infatigável, do contrário, quem você acha que gostaria de submeter-se a esforço físico e ainda levar a bom termo um estudo de tamanha exigência?

Esse cargo deveria ser de ocupação exclusiva dos indivíduos nobres, estadistas que vivam e combatam todas as opressões, perseguições e tentativas de dominações contra o Estado soberano.

Segundo Platão (p. 68) já na sua época, os que ocupavam tal cargo e, portanto, pessoas que se consideravam aptas a desempenhar o cargo de governante, eram indivíduos bastardos e preguiçosos, visto que, esses ficavam enebriados pelos sofismas que nada mais eram, para esse filósofo, que discursos vãos, sem sentido analítico e que não fechavam por si só em suas próprias propostas.

Os indivíduos que praticavam e se interessavam apenas pela parte física e por sofismas eram indivíduos estúpidos, agressivos contra os próprios concidadãos, que faziam uso da palavra para serem aplaudidos em praças públicas, em eventos, gostavam de sentar nas primeiras cadeiras só para serem vistos pelos demais. Suas teses eram vazias, mas que eram aceitas porque agradavam o desejo da maioria dos endinheirados e bajuladores, que gostavam de se reunir em lugares públicos para defenderem ideias sem fundamentos, mas que, eram aceitas por serem favoráveis a seus interesses. Na sua grande maioria, os sofismas por serem frases de efeito, porém vazias, se caracterizavam como o suprassumo da pseudociência.

Vale acrescentar que essas prerrogativas de Platão, se assemelham, e muito, aos próprios conselhos de Jesus Cristo, quando o Filho de Deus pede para que os seus seguidores tenham cuidado com os indivíduos que sentam nas primeiras fileiras, se colocam nos melhores lugares da praça pública para serem vistos pela multidão, gostam de aplausos, serem bajulados pela plateia que os assistem nos grandes eventos.

Platão analisa com temeridade, caso tais sofistas assumissem de vez, o lugar dos verdadeiros filósofos, deixando de lados seus ensinamentos e fizessem predominar os interesses da pseudociência. Fato esse que passou a predominar na comunidade científica mundial, quando os fundamentos da verdadeira dialética foi destituída como método científico de análise, e substituída pelos sofismas implantados na sociedade global, pelo Protestantismo de Lutero, pelos Renascentistas, pelos sofismas de Maquiavel, Augusto Comte, John Locke, os demais pensadores Iluministas, dentre outros grupos de reformistas, fazendo-se cumprir essa profecia tão pavorosa de Platão.

Ou, como anteviu São Paulo apóstolo a Timóteo:

> Ó Timóteo, guarda o depósito, evitando as profanas novidades de palavras, e as contradições duma ciência de falso nome, da qual fazendo alguns, profissão, descaíram da fé. A graça seja contigo. Amém. (1ª Epístola de São Paulo a Timóteo; Cap. 06; vers. 20 - 21).

Para esse filósofo, os que deveriam se dedicar à filosofia não poderiam ser indivíduos claudicantes perante a fadiga sendo por metade preguiçoso e por metade laborioso. A causa disso, segundo esse mesmo autor, decorre da dedicação mais aos "exercícios físicos, a caça e todas as atividades físicas, mas não se tem gosto para estudar, escutar, pesquisar e em tudo isso se encontra aborrecimento. Mas claudica também aquele que orientar toda a sua atividade na direção oposta" (p. 68).

As pessoas aptas ao cargo de filósofo e, por conseguinte, governante, deveriam também ser amantes da verdade, ter uma visão abrangente e detestar tanto a mentira voluntária quanto a involuntária e ainda não admitirem a ignorância, não se deixando ficar nesse estado, "como suíno que gosta de rolar no barro" (p. 68).

A dialética desenvolvida por Platão, reavivada aqui e que norteará esta vertente de análise econômica, foi apresentada em sua obra "A República" e que ocorrerá em detrimento dos sofismas embutidos nos princípios indutivos e dedutivos, desenvolvidos pelo *mainstream*, que foram incorporados como forma de análise dos estudos científicos pelas revoluções econômico-sociais implementadas nos modos de pesquisas a partir da Reforma Protestante de Lutero, e levada a cabo pelas revoluções "científico-culturais" do Renascimento e do Iluminismo do Século XVIII.

Mesmo buscando encontrar uma base de análise aparentemente sólida, em substituição aos métodos de estudo dos filósofos gregos, no caso, da dialética, a academia de pesquisas econômicas aplicadas, mediante o uso de sofismas, em sua essência, não conseguiu desenvolver uma metodologia universal plenamente aceita para averiguações, como afirma o senhor Blaug, apresentada a seguir:

> Toda pessoa que consultar um moderno texto acadêmico sobre a filosofia da ciência não tardará a concluir que se trata de um assunto muito estranho; não é como seria de se esperar, um estudo dos fatores psicológicos e sociológicos que promovem e encorajam a descoberta de hipóteses científicas, não é uma investigação acerca das abordagens filosóficas do mundo que se encontram implícitas nas teorias científicas dominantes; não chega a ser uma reflexão sobre os princípios, métodos e resultados das ciências físicas e sociais, que descrevem no mais alto nível de generalidade os pináculos das descobertas científicas. Na realidade, parece consistir em uma análise puramente lógica da estrutura formal das teorias científicas, que parecem estar mais ligadas à prescrição de boa prática científica do que à descrição daquilo que tem de fato passado como ciência; e, quando eventualmente menciona a história da ciência, refere-se à física clássica como se ela fosse a ciência protótipo, à qual todas as demais disciplinas devem cedo ou tarde se ajustar, a fim de justificar o título "ciência".

> Essa caracterização da filosofia da Ciência é atualmente considerada ultrapassada, pois reflete o auge do positivismo lógico dos anos compreendidos entre as duas guerras mundiais. Entre os anos 20 e 50, filósofos da Ciência concordavam mais ou menos com o que Frederick Suppe (1974) denominou "A visão adquirida das teorias". Entretanto, os trabalhos de Popper, Polanyi, Hanson, Toulmin, Khun, Lakatos e Feyerabende, apenas para mencionar os nomes mais importantes, vieram a destruir a visão adquirida sem, no entanto, substituí-la por nenhuma concepção alternativa aceitável. Resumindo, a filosofia da Ciência tem estado em uma situação de tumulto desde os anos 60, o que complica a tarefa de estabelecer uma diretriz simples para o assunto... (Blaug, 1993, págs. 37 – 38).

Fascinado pelas contribuições e pela importância da dialética na busca pela essência do ser e que dá toda base e sustentação de uma ciência pura e avançada, no âmbito social, Platão ainda acrescenta:

> Certamente se poderia também demonstrar que só a dialética é capaz de revelá-lo a um perito nas disciplinas que passamos em revista tornando-se impossível por qualquer outra via?

> Então, ninguém haveria de nos contradizer se afirmarmos que não há outra via para compreender a essência de cada coisa, pois que todas as outras artes se referem às opiniões e aos desejos humanos ou à produção e à fabricação ou à conservação dos produtos naturais e artificiais. As outras disciplinas de que falamos, a geometria e as outras correlatas, captam alguma coisa do ser, mas parece como que cochilam, pois são incapazes de ver em estado de vigília enquanto mantiverem imutáveis as hipóteses de que deles se servem sem poder explicá-las. Aquele que se funda em princípios que não conhece e coloca junto o que ignora nas passagens intermediárias e nas conclusões, como poderia transformar em ciência um semelhante aglomerado de coisas?

> Logo, somente o método dialético segue essa direção, relegando hipóteses, em direção ao próprio princípio para encontrar a própria justificativa, arrancando realmente aos poucos os olhos da alma do atoleiro em que estavam mergulhados e dirigindo-os para o alto, servindo-se das artes que mencionamos como auxiliares e companheiras. Muitas vezes, pelo hábito, as designamos de ciências, mas a elas cabe outro designativo mais claro de "opinião", mas mais obscuro que o de "ciência". Acima, em algum lugar, nos servimos da expressão "pensamento discursivo". Acredito, no entanto, que não compense discutir sobre designativos a propósito de assuntos tão importantes como os nossos. Platão (2006:Vol. II; 65 - 66).

Vale observar que, embora a dialética de Platão se assemelhe, de certa forma, à dialética desenvolvida por Hegel, é totalmente divergente dessa, visto que, enquanto a dialética hegeliana se baseia no princípio de que a tese gera a antítese e por último essas dão origem à síntese, a dialética de Platão se concentra na análise de fatos de origem comum e/ou semelhantes e que se desenvolve concentrando-se na análise da simetria desses objetos a serem estudados, depurando-os até criarem um princípio comum que expliquem a sua própria essência.

Isso se dá, citando como exemplo, da mesma maneira que um estudioso analisa o corpo de uma mulher a partir da análise do corpo do homem visto que, embora a mulher seja diferente do homem no formato de seu corpo, na sua maneira de pensar, ambos têm uma origem comum quanto à sua essência, o que permite dizer que ambos são simétricos. Fato esse que possibilita a análise do formato, bem como do comportamento feminino a partir da análise da estrutura corporal do homem e do seu modo de agir, da mesma forma que uma artesã tece uma blusa ou um cachecol, utilizando-se da técnica do crochê para a realização do seu trabalho.

7 A Hipótese Principal do presente estudo:

É a produção de excedentes econômicos na forma de mercadorias gerando riquezas para a realização de trocas no mercado, tendo como fatores subjacentes a aplicação da tecnologia e da competitividade dos fatores de produção (terra, capital e trabalho) o principal fundamento da Economia enquanto Ciência Social, ou é a relação inversa entre salário e lucro desenvolvida por Ricardo, o fator primordial para a criação dessa Ciência?

Baseado nos conceitos apresentados acima por Smith, e na análise e interpretação da obra "A República" de Platão, já se pode afirmar que, cabe abrir um parêntese para se estruturar de maneira mais sólida, os fundamentos principais que norteiam este trabalho e dentre eles, o seu pináculo, no caso, sua hipótese principal, que se passa a analisar agora.

Em virtude da evolução da economia permeada por análises comportamentais sofistas, que se caracterizam por estudos parciais, fragmentados, de todo o processo dinâmico e flexível das relações econômicas e sociais de produção, surgiram várias correntes de pensamento, que interpretaram e estruturaram a Ciência Econômica apenas de forma parcial, à sua maneira, sem conseguir perscrutar em toda sua extensão, os envolvimentos e as implicações do ciclo produtivo completo em si.

Diante dessa parcialidade analítica, eclodiram várias escolas de pensamento econômico, tais como: os clássicos, os teóricos subconsumistas, os teóricos da demanda efetiva, os neoclássicos, a escola histórica alemã, que; com o passar do tempo, começaram a digladiar entre si, cada qual procurando defender seu ponto de vista, sem conseguir comprová-lo em sua essência, tecendo críticas diversas às de opinião contrária, que também, porém, por seu turno, procediam da mesma maneira.

Na realidade, pode-se dizer taxativamente que, além de Smith, este no contexto teórico, o único economicista que apresentou uma visão praticamente completa, utilizando-se da dialética e da práxis, além dos fundamentos filosóficos de Descartes e Xenofonte, como ele mesmo afirma em sua obra, que analisou os envolvimentos, as implicações e os fundamentos do processo capitalista em toda sua extensão, foi o senhor *Karl Heinrich Marx*, em sua obra "O Capital: Crítica da Economia Política".

Com esse propósito, para completar o seu intento, o senhor Marx, no livro I, fez a contextualização de seu estudo e buscou apresentar de uma maneira sucinta, o cenário econômico e social que deu vazão ao surgimento da economia como Escola Econômica e; nos volumes II e III, continuou o estabelecimento desse alicerce, por meio do tecimento dos pilares de sustentação, até o atingimento dos seus pináculos, tais como: a teoria do valor trabalho adaptando-a e criando o que passou a ser chamado de força de trabalho, visando viabilizar a sua quantificação numérica; a identificação dos departamentos econômicos de produção, que hoje são chamados de setores de produção da Economia, e que viabiliza seu estudo de maneira ampla, mesmo diante de sua complexidade; a geração de excedentes econômicos e sua ampliação por meio da consideração da existência das escalas de produção, em seguimento aos estudos de Platão, dos fisiocratas e Smith, como princípio fundamental da formação da riqueza; a análise dialética da conjuntura econômica que se dá por intermédio da consideração dos conflitos políticos e econômicos entre os agentes de produção, criando o que passou a se chamar de jogos de interesse, ou luta de classe, entre as classes sociais, bem como a apresentação de praticamente todos os conceitos que balizaram sua obra nos três volumes, que o mesmo se propôs a realizar, e realmente o fez, visando dar coesão e consistência analítica ao seu trabalho. Para finalizar seu trabalho com grande realce, Marx ainda fez uma dissecação em todas as variáveis econômicas mais relevantes até depurar os três grandes pilares que sustentam a Economia definitivamente como o maior objeto de estudo social que existe na atualidade que são: a terra, o capital e o trabalho, apresentando-as no volume III de sua grande obra.

Nesse mesmo volume, no caso, o Volume I, de sua metade para o final, Marx começa o exame do processo de produção de mercadorias e suas implicações, adotando para isso o sistema M – D – M' que, como ele mesmo frisou, emprestou de *Sismondi* e passa a estabelecer seus preceitos analíticos fundamentais, incorporando em sua obra a práxis, além dos fundamentos filosóficos de Descartes e Xenofonte, bem como da dialética, como opção analítica, em substituição aos princípios apenas abstratos, apresentados pelos estudiosos da economia política, que Marx definiu como sendo "clássicos".

A partir de então, o centro das análises marxistas se fixou no exame do comportamento da produção no chão da fábrica, em toda sua extensão, por intermédio do estabelecimento dos conceitos, estudos e interpretações dos mecanismos de ação que norteiam o funcionamento da indústria, fazendo surgir uma nova base analítica na

Economia, definida como sendo "Economia Empresarial". Mais ainda, para se balizar filosoficamente, volta-se a frisar, além da adoção do processo M – D – M' desenvolvido por *Sismondi*, da práxis e da dialética, Marx incorporou em seus estudos os preceitos filosóficos desenvolvidos por Descartes e Xenofonte, como ele mesmo afirma, tudo isso, para dar maior consistência de avaliação e interpretação à sua nova forma de estudar o comportamento e ações das variáveis econômicas, em toda sua abrangência.

Daí porque o título de seu livro, "O Capital – Critica da economia política". Nesse contexto, vale ainda ressaltar que, os filósofos que deram suas contribuições para a criação, estruturação e consistência analítica da formação da economia como ciência social, por intermédio dos brilhantes trabalhos do senhor Adam Smith e Karl Heinrich Marx, foram: Platão e os Fisiocratas, para o surgimento da Economia Política de Smith, embora esse economista, não se sabe porque, não cite Platão no seu trabalho; e, Sismondi, Descartes e Xenofonte, na Economia Empresarial de Marx.

No livro II, Marx concentra suas análises apenas nas questões de comércio, centrando-se na análise do sistema D – M – D', onde a posse do dinheiro por parte dos comerciantes ganha preponderância. Nesse volume, esse autor contempla o estudo de forma integral da relação de comércio que se dá entre os agentes econômicos envolvidos, como extensão completa do processo de produção decorrentes da criação da riqueza, analisados no Volume I, e gerada pelo excedente econômico, que se distribui por entre todas as classes sociais envolvidas, através da sua comercialização no mercado, na forma de mercadorias. Nesse tipo de atividade, Marx, assim como Smith, atribui importância fundamental ao setor transporte, como forma de viabilizar a velocidade de circulação e distribuição dessas utilidades na sociedade, de uma maneira ampla e pontual para que a produção se converta de vez em riqueza, através da sua venda no mercado.

Assim, para esse autor, a velocidade de circulação da riqueza na forma de mercadoria é primordial para a realização da transmutação de toda a produção gerada no período, em dinheiro, através da sua transação no mercado, fazendo personificar o lucro, no meio desse processo. Assim, quanto mais rápido a mercadoria se metamorfosear em dinheiro por intermédio da sua venda no comércio, mais rápido a riqueza se emana e de maneira mais intensa a nação se opulenta.

Ao se transmudar em dinheiro, através das vendas, a mercadoria permite que este possa, por seu turno, se metamorfosear em remuneração dos fatores de produção e dos serviços de forma diversa tais como: pagamentos de impostos, salários, em lucros, em poupanças, em recursos financeiros destinados a consumo, e também, em capital financeiro, que vai realimentar todo o processo de produção, fazendo reiniciar o ciclo de produção de mercadorias, até o seu final, quando essas, por seu turno, novamente se transmudam em dinheiro, via sua negociação, por meio das atividades de comércio e movimentações financeiras.

No volume III, Marx dá ênfase ao complemento do ciclo do processo de produção capitalista, por intermédio do estudo do comportamento da circulação da renda, transmutada da receita em renda, na forma dinheiro, com ênfase na expressão D - D'. Essa movimentação é realizada, entre os agentes econômicos, que se dá por meio das atividades bancárias e da transferência de papéis através da prática de antecipação de datas de saques, mediante uso de deságios, realizados pelos operadores do mercado financeiro, tais como: títulos públicos, ações e debêntures, que são negociadas nessa parte do mercado econômico.

Tais negociações se realizam verdadeiramente entre os agentes econômicos, por intermédio da prática de deságios, que viabilizam a circulação de créditos com maior rapidez entre os setores produtivos da economia, gerando um mercado de obrigações, na forma de créditos exigíveis e que hoje é vulgarmente chamado de mercado de capitais. Fato esse que não existe, pois aí não se movimentam capitais, mas sim, apenas papéis exigíveis e sua troca antecipada por dinheiro, o qual o próprio Keynes faz severas *críticas* sobre a banalização de seu comportamento, em sua obra "A Teoria Geral do Emprego do Juro e da Moeda". Tal banalização ganha forma, pela ação desorganizada de operadores de mercado inexperientes, que realmente desconhecem os meandros da Ciência Econômica e negociam os papéis no curto e no curtíssimo prazos, sem quaisquer critérios, baseando-se apenas na especulação de seu comportamento.

A questão da análise da movimentação dos papeis ou títulos exigíveis, que normalmente são de longo prazo, na visão de Keynes, se resume no fato de que, é esse fluxo de renda que afeta diretamente as taxas de juros de longo prazo, que tem reflexo direto no comportamento do mercado empresarial no que tange ao desempenho dos investimentos das empresas e das ações do próprio governo, que se dá, esse último, através da sua política de controle da gestão dos títulos governamentais.

Infelizmente, quando indivíduos mal preparados, nos caso, os especuladores, segundo Keynes, movimentam esses títulos no médio, no curto e no curtíssimo prazos, de maneira descontrolada e sem nenhum critério, provocam oscilações bruscas nas taxas de juros de curtíssimo prazo e que, tais fluxos acabam por criar uma espécie de ilusão monetária na análise do comportamento dos juros de longo prazo, gerando uma cortina de fumaça sobre a interpretação das flutuações dessas taxas, situação essa que dificulta o diagnóstico da previsão das tendências e perspectivas das taxas de juros de longo prazo, cenário esse que é vital para o entendimento de seus impactos sobre os investimentos das empresas que produzem riquezas na forma de mercadorias.

Antes de concluir seus esquadrinhamentos sobre o comportamento da Economia via estudo da Economia Empresarial em sua obra, Marx reconhece que, ainda faltava um setor especifico a ser analisado dessa Ciência, que é o processo de criação e formação de mercados, que, segundo seu ponto de vista, tinha origem no comportamento da demanda efetiva, o que o mesmo se propôs a estudar, examinando-o em um novo volume à parte, que seria o Livro IV, mas que foi impossível de cumprir tal missão, devido ao seu falecimento.

Vale ressaltar que, o trabalho do senhor Marx apresentado em "O Capital" só não se tornou completo, em virtude da não realização do estudo da criação de mercado por meio da demanda efetiva, devido ao seu óbito, motivo pelo qual esta investigação realizar-se-á nas páginas subsequentes desta obra.

De maneira geral, nesses três volumes, Marx busca dar maior sustentação e consistência nas análises econômicas puras, saindo para isso, da concepção puramente abstrata da Economia Política apresentada por Smith e Ricardo e adentrando definitivamente, na análise empírica e comportamental de todo o processo de geração de riquezas no sistema capitalista, via estudo da conduta das Empresas.

Coube ao senhor *Keynes*, na etapa seguinte do processo evolutivo da economia enquanto ciência social, estabelecer o elo entre a Economia Política do senhor Smith e a Economia Empresarial do senhor *Karl Marx*, por intermédio da criação da Macroeconomia, com ênfase no exame do comportamento dos departamentos de produção criado pelo senhor Marx, através das análises do desempenho dos departamentos I, II e III desenvolvido por Kalecki, em complemento, como ele mesmo afirma em sua obra, dos trabalhos de Marx, visto que, além de tudo, Kalecki era um dos principais discípulos desse Economista. Infelizmente, tal qual Smith fez com Platão, Keynes não citou Marx nem Kalecki em seu trabalho, talvez, devido à rejeição e demonização dos estudos anteriores de Marx, principalmente pela Escola de Cambridge que tanto, sem nenhum motivo, criticou Marx, para a infelicidade de toda a Economia enquanto sua evolução como Ciência Social Pura e Aplicada. Para ser mais justo com Keynes, esse comenta em sua obra "A Teoria Geral do Emprego do Juro e da Moeda" que Kalecki foi seu aluno e, nessa condição, os mesmos discutiam sobre o comportamento do mercado mediante ação dos departamentos I e II de Marx, e o III criado por Kalecki na condição de discípulo de Karl Marx. De maneira geral para resumir a questão, é praticamente impossível analisar a Macroeconomia de Keynes, sem considerar o comportamento dos departamentos de produção de Marx e seu discípulo Michal Kalecki.

Assim, a Economia, tal qual a Trindade Santa, que se verifica pela união entre Pai, Filho e Espirito Santo, este último que liga o Pai e o Filho, se consolidou como única Ciência Social Pura e Aplicada, que se completa, por intermédio do tripé Economia Política, Economia Empresarial e seu elo que faz o papel do Espirito Santo, que é a Macroeconomia. Esse fato permite que essa Ciência tão complexa e bela, se encaixe ainda, no mesmo patamar do corpo humano, que se completa, também por intermédio de um tripé, no caso, o corpo que é a energia matéria, o espírito que é a energia da vida e a alma, que é o elo entre o corpo-matéria e o corpo-espírito. Da sua parte, é a alma a responsável pela realização de todas as ações externas do corpo humano

Tal concepção faz gerar a consciência de que, quando o Senhor afirma que fez do homem imagem e semelhança de Deus, não foram por simples palavras, mas sim, por pura analogia da constituição do homem-matéria (corpo físico, corpo espiritual e alma) em relação ao Pai, ao Filho e Espírito Santo, enquanto Trindade Santa.

No caso, a alma é a responsável pelo abastecimento tanto da matéria quanto do espírito, de todas as ações e percepções captadas do meio externo ou do contato do corpo físico e do espírito com o meio externo, e que delineiam a identidade do ser enquanto indivíduo. Assim, o espírito e a matéria do indivíduo tendem a se moldarem e se formarem tanto moralmente quanto espiritualmente, pelas sugestões e estímulos recebidos do meio externo, por intermédio das ações da alma.

Nesse sentido, se a alma tem contato com o meio externo que é violento e instável, citando como exemplo, o espírito e a matéria também apresentarão um comportamento violento e instável. Se a alma tiver sempre contato com o meio externo que é evoluído e de virtudes inatas do ser humano, o espírito e a matéria se constituirão e se estruturarão moralmente e espiritualmente, por ter um comportamento evoluído e cheio de virtudes, portanto, civilidade. (Paixão, 2022).

Daí a importância da formação virtuosa, educacional e cultural da alma, que estimulará o comportamento do indivíduo fazendo com que esse seja educado, culto, virtuoso e, portanto, civilizado.

Vale ressaltar que, a comprovação da existência da alma por Platão, necessária para que esse pudesse validar toda sua teoria da criação do Estado Ideal, visto que, o mesmo teve que recorrer ao princípio das faculdades humanas (necessidades fisiológicas e emoções), conforme analisado no Volume I desta obra, para explicar como deveria ser feita a distribuição da riqueza econômica de forma justa pelo meio social, foi a maior contribuição desse filósofo para a explicação da existência da espiritualidade.

Essa comprovação permitiu ao ser humano identificar como princípio da vida saudável, fundamental à sua existência, não só a questão da prática da educação e da cultura, tendo as virtudes como fatores subjacentes, mas também, o desenvolvimento das atividades esportivas e o trabalho, visando, não só ao seu bem-estar material, como também o seu bem-estar espiritual. Assim, a verdadeira riqueza do indivíduo se dá, não só pelo seu bem-estar material, mas também, pelo seu bem-estar espiritual.

Até este momento, no âmbito da seara econômica de investigação, o bem-estar espiritual não foi considerado como relevante para os estudos econômicos porque, a maioria de seus formuladores ou são ateus, ou são estudiosos de vertente social protestante e que, praticamente, não acreditam na alma, e por isso, ignoram a existência do espírito, ou que, se acreditam em "deus", é o "deus" moldado pela imagem e semelhança da sua cabeça, o "deus" do acaso, no caso, o "deus concupiscênico", aquele que vai fazer o que eles determinam e pensam que tal "deus" deve fazer, de acordo com seus instintos.

E não, o que o Deus Verdadeiro revela como sendo santo e que, portanto, eles devem praticar, assim como Paixão (2022), afirma cm sua obra "As Manifestações Divinas analisadas no enfoque Científico". Assim, o nome "deus" se transforma na "droga" do seu próprio "deus". Na atualidade, não existe um nome mais banalizado no mundo dos viventes do que o de Deus. Vale ressaltar que, é em sua crítica sobre esse estado de coisas, que Marx afirmou que a "religião é o verdadeiro ópio do povo".

Dessa maneira, tanto a versão da inexistência de Deus ou da existência de um deus concupiscênico, a partir de agora é abandonado neste trabalho. Ou seja, este estudo para considerar que o indivíduo e o meio em que ele vive, possa ser, no caso, evoluído e, portanto, rico e civilizado, faz-se necessário que o mesmo e o seu universo, sejam dotados tanto de bem-estar material quanto de bem-estar espiritual. A soma desses atributos é que comporão a formação da riqueza e da civilidade humana.

Como já comentado, em virtude do falecimento do senhor Marx, antes do término completo de seu livro e da demonização totalmente injustificada dos seus trabalhos pelos seus opositores, iluminados pelo pensamento de cunho sofista em detrimento da verdadeira filosofia, a economia ficou constituída de um apanhado de exames parciais, permeada por estudos e interpretações fragmentadas, que não conseguem explicar o todo do processo de criação, formação e distribuição da riqueza gerada pelo sistema de relações sociais de produção, impedindo-a de se tornar a primeira corrente de pensamento de caráter eminentemente humano, fora das chamadas ciências exatas, a se tornar efetivamente, uma Ciência Pura e Aplicada, fato esse que se procura eliminar na presente obra.

Outro ponto a ressaltar ainda, e que vem sendo considerado há muito neste estudo, é que, os economistas, na visão clássica e seus demais sucedâneos, começaram os estudos já na parte dinâmica e antagônica das relações sociais de produção, verificadas na contenda simétrica, apresentada pelas ações da oferta em contraposição as da procura, sem especificar o perfil e as reais necessidades que levam os agentes envolvidos a se colocarem em tais posições, bem como, sem considerar a relevância do comportamento fisiológico dos agentes para tal, fato esse que já havia sido evidenciado por Platão, conforme visto, em "A República" e em Smith, na sua "Riqueza das Nações".

Tais "economistas" tratam os trabalhadores e capitalistas como se esses estivessem travando uma batalha campal pela manutenção de seus interesses diversos, numa negociação de relação de trabalho, visando obter as maiores vantagens na negociação. Fato esse que fez gerar a existência de grupos radicais e diametralmente opostos, um defendendo a classe dos trabalhadores e outro, a dos patrões, transformando essa divergência numa situação de conflito eterno, fazendo surgir, o que nos dias de hoje se chama vulgarmente de embate entre "esquerda e direita", com prevalecimento nessa seara, da prática da ignorância total.

Nesse ínterim, tais estudos deixaram a impressão de que quaisquer indivíduos podem participar do processo de formação da riqueza social, sem nenhum critério de análise de seu perfil comportamental, tornando opacas suas virtudes e atitudes em relação à sua participação no processo de formação do bem comum e às suas contribuições para a criação de uma sociedade justa e equilibrada, amparadas na real prática da civilidade do indivíduo.

Dessa forma, a economia teve vida e expandiu suas contribuições à promoção do bem comum, partindo de sofismas fragmentados e desconexos, que, no caso, é o das ações antagônicas dos indivíduos que interagem no mercado e que se veem, num comportamento conflituoso da oferta em relação à procura, da questão absurda da proposta de acumulação de capital baseada na submissão total do trabalho ao emprego, da questão fantasiosa da concorrência perfeita, da relação inversa entre salário e lucro, e outros absurdos, ignorando as premissas de cunho filosófico e embrionário das relações sociais de produção como propõem Platão, os Fisiocratas, Adam Smith e por último, Marx.

São sobre esses erros crassos de análise que se embrionaram as investigações e as fundamentações teóricas dos estudos econômicos, balizando-se no exame comportamental do equilíbrio dinâmico, bem como na utilização de instrumentos quantitativos e qualitativos, como a matemática, a estatística e a Econometria, para criar uma estrutura incompleta e tendenciosa na sua formação aparentemente sólida de investigação.

Apesar desse paradigma problemático criado no contexto das investigações econômicas, existem trabalhos robustos e extremamente importantes nesse tipo de pesquisa, como os realizados a partir principalmente do final do século XIX e início do século XX, pelo senhor *Leon Walras, Alfred Marshall, Vilfredo Pareto, John Robert Hicks*, este último, na década de Trinta do século passado.

Acrescenta-se aí o brilhante artigo do senhor *Slutsky*, no início do Século XX, dentre outras célebres obras, todas com ênfase na vertente matemática, a partir da teoria do equilíbrio geral.

Em decorrência dos trabalhos do senhor *Leon Walras, Alfred Marshall* e *Vilfreto Pareto*, tendo a Estatística como teoria subjacente, com destaque para as contribuições embrionárias do senhor *William Petty*, na Estatística, conforme explicitado por Marx em "O Capital", foram criadas as bases para o surgimento da Econometria, sendo que, o seu aprimoramento e desenvolvimento, deve-se ainda, ao economista, senhor *Ragnar Anton Kittil Frisch*, na década de 1930 do século passado, dentre outros, considerados como grandes economistas.

A soma desses estudos permeadas pelas análises econômicas puras, principalmente a partir da obra do senhor Adam Smith, inspirado nos Fisiocratas e em Platão, permitiu a construção de um arcabouço teórico aparentemente sólido, e que viabilizou o assentamento da Economia como a única ciência social com tendência veementemente pura, mais bem estruturada no campo da investigação social da atualidade, mas que, ainda não se consolidou como Ciência, em virtude da exclusão do extraordinário trabalho "O Capital" do senhor Marx, como complemento do circuito econômico-analítico completo, na concepção deste exame, acrescido das correções devidas e do diagnóstico do comportamento da demanda como fator determinante do processo de produção de mercadorias destinadas à troca, no mercado.

A Economia, conforme já frisado, durante sua evolução como Ciência Social, teve seus estudos contemplados partindo de análises fragmentadas diretamente do comportamento das inter-relações sociais de produção, se centrando equivocadamente nas relações conflituosas entre patrões e empregados, curva da oferta e da demanda, concorrência como maneira de se chegar ao equilíbrio de preços de mercado, acumulação de capital como objetivo máximo, tendo a relação inversa entre salário e lucro como fator subjacente, sem analisar o perfil dos agentes aptos a participarem desse processo tão complexo, no seu desenrolar e nos pontos primordiais que são os verdadeiros responsáveis pelo surgimento da economia como Ciência Social.

Para corrigir tais distorções, este estudo parte das análises das relações econômicas fundamentais, utilizando-se da criação do Estado ideal de Platão como fator determinístico das discussões e que foram apresentados em "A República", quando esse filósofo trata da questão da elaboração do conceito de justiça, que, segundo ele, só pode ser determinado por intermédio da análise econômica que é a parte da Ciência Social que estuda o processo da criação e distribuição da riqueza, por meio da produção de excedentes econômicos visando realizar as trocas no mercado, visto que, é impossível para o indivíduo produzir todas as utilidades necessárias ao atendimento de suas necessidades fisiológicas, tendo como continuidade, as obras que ora estão recebendo ênfase, visando fazer um trabalho mais bem elaborado dessa parte embrionária da Economia enquanto Ciência. Isso é feito, a partir da investigação do perfil dos indivíduos habilitados a participarem do processo de produção e troca de mercadorias, visando eliminar os equívocos criados na teoria econômica tradicional pelos seus pensadores, principalmente após o desenvolvimento da teoria da relação inversa entre salário e lucro, de autoria de David Ricardo.

Nesse intuito, a sua proposta original é de explicar de maneira mais plausível, os porquês das crises e conflitos, que circundam essa Ciência, em praticamente todos os períodos da história da humanidade, além de lhe dar uma roupagem mais racional de maneira rígida e científica, viando sacramenta-la como a única ciência social verdadeiramente pura e aplicada da atualidade.

A formação do Estado Ideal de Platão é todo ele elaborado tendo como alicerce a estruturação da sociedade baseada na educação e formação cultural dos filhos a serem aptos a defenderem o Estado, mediante a prática das virtudes, de maneira centralizada e sem vínculos familiares, descritos por esse filósofo em "A República" e apresentados no Volume I deste trabalho.

Pois bem, mantendo essa mesma estrutura, porém substituindo a hipótese da formação do soberano do Estado Ideal de maneira segregada, pelo da constituição de famílias interdependentes, que podem oferecer seus filhos que tenham esse tipo de perfil desejado, baseando-se ainda no fato de que, a espécie humana é um ser gregário, que se organiza cada qual buscando garantir sua sobrevivência mediante a produção de excedentes econômicos, visando a sua troca no mercado, pelas demais mercadorias de que ela precisa para atender suas necessidades fisiológicas, visto que, é impossível para cada família produzir todas as utilidades necessárias à garantia da sua sobrevivência, fazendo-se analisar ainda, esse sistema pelo método dialético, é que se volta a estudar a partir de agora, o processo de criação de riquezas mediante a produção de mercadorias, desenvolvidos por Smith e Marx, baseados em estudos embrionários de Platão e dos Fisiocratas.

É nesse contexto que se analisa a hipótese verdadeira de qual é o fundamento correto para a criação da riqueza no sistema econômico de produção, se é a teoria da relação inversa entre salário e lucro desenvolvida por Ricardo, ou se é a geração de excedentes econômicos tendo como fatores subjacentes a aplicação da tecnologia e a maior competitividade dos fatores de produção (terra, capital e trabalho), visando sua troca no mercado, para equacionar o problema de consumo das famílias.

Quanto à estruturação da organização social e política desse Estado visando a sua melhor gestão econômica, deve-se manter o modelo de partido único. Isso porque, a criação de vários partidos, além de ser mais oneroso para a sociedade, não modifica em nada o processo de escolha dos melhores gestores para o Estado. A criação e manutenção de vários partidos, apenas faz aumentar desnecessariamente as despesas com essas instituições, o que resulta na inibição de gastos com investimentos na infraestrutura produtiva e social da população, além da sua segurança, que é o que realmente interessa para a formação do Estado pela sociedade. Tendo uma Constituição Federal, a ideologia política definida e as diretrizes preestabelecidas, não há por que se preocupar com a quantidade de partidos políticos. Essa situação só faz aumentar o número de indivíduos ociosos e incapazes no regime "democrático", sem educação e cultura, sustentados pelo povo.

Como esses líderes estadistas são escolhidos desde a sua infância pelo Estado, os que não se encaixarem adequadamente ao processo e demonstrarem não terem o dom para a ocupação dessa função, como diz Platão, devem ser excluídos e liberados para ocuparem cargos outros diversos existentes no Estado. Ou de profissional liberal, ou de sacerdotes, empresários, trabalhadores comuns etc. Os que prevalecerem, devem ser escolhidos pelo método da análise das virtudes, estando incluídos aí, o nível educacional e cultural desses postulantes.

Como afirmado, tal estrutura organizacional do Estado, com suas bases fixadas no sistema capitalista como regime econômico adotado, aqui é analisado pelo método dialético de investigação, a partir da sua parte embrionária, considerando o processo de criação da demanda efetiva, tendo a prática das virtudes, a formação educacional e a cultural como principais elementos subjacentes, com vistas a substituir as estultices da sociedade hodierna onde prevalece o analfabetismo político e econômico, que levam à guerras, a fome e a miséria, e que estão centradas apenas, na análise parcial de investigação, de maneira intuitiva e de opinião, ambas de cunho sofista, que tanto permeia a formação do pensamento político-econômico existente e que impedem a Economia de se transformar numa Ciência Social Pura e Aplicada, de maneira imparcial e irrefutável.

Assim, para elucidar melhor sua base estrutural como elemento de análise, deve-se reafirmar que, este trabalho tem como vertente principal, averiguar a possibilidade de se criar o Estado ideal de Platão empiricamente, na concepção da análise econômica pura, pondo de lado a parte do estudo desse filósofo, que imagina o funcionamento de seu Estado imaginário, destituído de vinculo conjugal entre homens e mulheres, que sejam pais biológicos dos soberanos, atendo suas relações afetivas, apenas no que diz respeito ao processo procriativo, para viabilizar a reprodução e perpetuação dos líderes do Povo, no caso os Guardiões, sob os cuidados e a proteção do Estado.

A criação do Estado ideal de Platão, implica em se criar os filhos mais aptos para a defesa do Estado, numa espécie de academia especializada na formação de guardiões, de maneira isolada, onde os mesmos recebem todos os treinamentos, testes psicológicos e físicos necessários, por intermédio dos ensinamentos oferecidos pela educação, formação moral e cultural específicas, sem nenhum vínculo afetivo com os pais biológicos. Nesse caso específico, a família dos guardiões é todo o Estado, o que os transforma em verdadeiros Estadistas.

Na concepção deste estudo, embora Platão afirma que todas as formas de governo, inclusive a sua, no longo prazo, estão suscetíveis à corrupção, na própria versão desse filósofo, a criação desse Estado é concebível, pelo menos por intermédio da busca de aproximá-lo do verdadeiro Estado ideal, desde que se troque o sistema de formação dos guardiões do Estado, baseado nos métodos de ensinamentos, fundamentado no isolamento dos mesmos, pelo exercício de um processo de gestão econômica flexível, que também contemple a educação, a cultura e a prática das virtudes dos indivíduos, sendo tudo sustentado por uma organização social forte, em que se contemple a divisão das atividades de preparação dos soberanos entre Estado e família, com preservação e incentivo à formação dos verdadeiros líderes, nos moldes elencados por esse brilhante filósofo em "A República".

Nesse tipo de sistema de gestão econômica que se propõe analisar, cabe ao Estado, como condição *sine quanon*, tratar da administração e do controle de forma exclusiva, dos serviços essenciais e atividades públicas que não gerem excedentes para a sociedade, que ofereçam apenas suporte com transferência de rendas, no caso, os assim chamados bens econômicos públicos puros e os insumos essenciais ao bom funcionamento da Economia, tais como: a educação, a saúde, a segurança, a energia, o transporte, os insumos que geram alto nível de poluição como as indústrias extrativas minerais, estando incluídos aí, o carvão e petróleo, citando como exemplo, enquanto que, as atividades que criam excedentes econômicos que se convertem em lucros via produção de mercadorias, que são as riquezas sociais e econômicas verdadeiras, fiquem a cargo do setor de transformação da Economia, no caso, a indústria.

Ainda na área pública, devem atuar os setores iminentemente estratégicos para a boa constituição e funcionamento do Estado, principalmente no domínio bélico e de fornecimento de infraestrutura para o setor privado, além dos medicamentos necessários para o atendimento das necessidades da população.

Toda essa proposta de implantação de infraestrutura econômica e social criada, decorre do fato de que, o ser humano é um ser gregário. Ele jamais consegue viver isoladamente, como faz pensar a teoria econômica vigente, que enaltece o individualismo e a maneira de tratar sobre a formação da riqueza econômica e social, que se dá por intermédio da apropriação indevida, e sem quaisquer critérios de justiça e integridade, de talentos e direitos alheios.

Da parte da economia vigente, tal procedimento trata-se de uma apropriação indevida de recursos de terceiros o que induz às práticas de pirataria, saques e pilhagens de riquezas naturais que levam a situações de injustiças realizadas num universo que se propõe ser civilizado, cenário esse que fez Jesus Cristo chamar tais procedimentos de dinheiro injusto (Lucas; Cap. 16; Vers. 09).

Na versão desta obra, esse tipo de comportamento será excluído dos parâmetros de análise da Ciência Econômica e substituída por procedimentos rigorosos, justos e ideais, no que concerne ao processo de produção de riquezas, de acordo com os fundamentos morais e princípios científicos puros e aplicados de análise econômica e social.

No que concerne ao sistema de governo, há um consenso geral entre os gestores das principais potências capitalistas, lideradas pelos Estados Unidos de que, o sistema de gestão democrático é o mais aceitável. Esse ponto de vista vai contra os fundamentos de gestão pública analisada por Platão, visto que, esse autor definiu o sistema de gestão democrático como um dos piores modelos de administração pública que existe. Para Platão, o método democrático só não é pior do que o sistema tirânico. Entrementes, conforme visto e apontado por esse filósofo em "A República", é do sistema democrático que brotam os verdadeiros e maiores tiranos.

De fato, isso é altamente factível de acontecer, como se vêm observando nos últimos séculos de vigência dos sistemas de governo existentes, onde prevalece o modelo de gestão pública "popular", em que é exercida a escolha do governante através do voto. Na verdade, o modelo democrático adotado pelos Estados Unidos nada mais é do que um método tirânico democrático de gestão, de caráter doutrinador, aonde todas as regras de convivência são impostas goela abaixo do povo dessa e de outras nações globais, por esse país, com o objetivo único de garantir o controle do poder e de expulsar no mais curto espaço de tempo possível, aqueles que não aceitam seu cabresto.

No entanto, na concepção deste estudo, a sociedade não chegou ainda a um estágio de evolução aonde seja possível a implantação de um sistema de gestão democrático avançado e sofisticado o suficiente, que possa garantir com naturalidade, o direito de ir e vir do cidadão. Para que isso ocorra, seguindo versão de Platão, deve haver um avanço educacional, cultural fundamentados na prática das virtudes, que permita que a sociedade atinja o suprassumo da civilidade.

Nos dias atuais o que prevalece é a barbárie nascida da ignorância de uma sociedade global, que se perdeu por entre a definição de seus próprios conceitos do que seja realmente, ideologia política e suas vertentes de: individualismo, democracia, anarquismo, comunismo, socialismo e capitalismo.

Das suas partes, na realidade, individualismo, anarquismo, socialismo, comunismo, são ideologias políticas, enquanto que, capitalismo é o conceito de um sistema econômico de produção e gestão puro, complexo, operacional, totalmente diferenciado dos demais. Em síntese, o capitalismo é um modelo de gestão econômica pura, independente de quaisquer correntes política e ideológicas. Pode-se ter modo de produção capitalista no sistema de governo tanto anarquista, quanto individualista, socialista ou comunista, porque esses grupamentos são de natureza diferente do capitalismo. Esses são sistemas políticos, não econômicos.

Enquanto o capitalismo diz respeito ao sistema econômico em sua essência e que trata do processo de criação da riqueza através da geração de excedente econômico visando trocas no mercado, esses quatro outros sistemas se referem ao modelo político em si, ou seja, das ideologias que tratam das questões de como a riqueza econômica será distribuída por todos os indivíduos que compõem o Estado, independente da sua forma de produzir que é iminentemente econômica. Daí porque Adam Smith não aceitar a intervenção das leis humanas no funcionamento da Economia e defende as leis naturais de mercado, as quais ele definiu como "mão invisível" de Mercado. Um exemplo: Lei da oferta e da procura.

Em síntese, na sua própria essência, a Economia é subdividida em Economia Política e Economia Empresarial, interligadas pela Macroeconomia, que é o elo entre essas duas vertentes e que tratam diretamente do processo da produção e distribuição da riqueza produzida pela sociedade independentemente de sua ideologia.

Ademais, a própria democracia pode sobreviver nos quatro regimes políticos concomitantemente, visto que, esse conceito se refere ao comportamento do cidadão vivendo em grupo e que está diretamente atrelado em sua embriogênese à justiça, definida essa por Platão como sendo, a capacidade do indivíduo fazer a sua parte sem interferir nas ações dos demais cidadãos.

A democracia se refere única e exclusivamente ao estado do ser, ou, de outra forma, como o indivíduo deve se comportar no meio em que ele vive tendo como fatores subjacentes as suas virtudes e o seu grau de educação e de cultura, enfim; do seu grau de civilidade e do seu senso de justiça.

Nesse estado de coisas, a liberdade e o livre arbítrio imperam, e a democracia se faz personificar. Um indivíduo culto e educado não interfere na vida de seu concidadão a não ser que seja para auxiliá-lo em alguma necessidade, como afirma Platão.

Essa é a verdadeira democracia que se harmoniza em sua essência com a justiça, tornando-se indelével na alma do ser humano. Ou no cerne dos ensinamentos da própria Religião Católica, que têm como fundamentos na prática da boa-fé: o amor, a caridade e o perdão. Ou ainda, nas palavras de Jesus Cristo ao afirmar que, "o ser humano pode fazer tudo que quiser desde que assuma os atos que praticou".

O apóstolo Paulo ao enaltecer a prática da boa-fé em Cristo, em detrimento das leis materiais assim assevera:

> Porque todos os que sem lei pecaram, sem lei perecerão. E quantos com lei pecaram, por lei serão julgados. Porque não são justos diante de Deus os que ouvem a lei: mas os que fazem o que manda a lei, serão justificados. Porque quando os gentios, que não têm lei, fazem naturalmente as coisas, que são da lei, esses tais não tendo semelhante lei, a si mesmos servem de lei. Os quais mostram a obra da lei escrita nos seus corações, dando testemunho a eles a sua mesma consciência, e os pensamentos de dentro, que umas vezes os acusam, e outras os defendem, no dia em que Deus, segundo o meu evangelho, há de julgar as coisas ocultas dos homens, por Jesus Cristo. (Epistola de São Paulo aos Romanos. Cap. 02; vers. 12-16)

Ou ainda, segundo o mesmo Apóstolo:

> Como te roguei que ficasses em Éfeso, quando me parti para Macedônia, para que admoestasses alguns que não ensinassem de outra maneira, nem se ocupassem em fábulas e genealogias intermináveis: as quais antes ocasionam questões, que edificação de Deus, que se funda na fé. Ora, o fim do preceito é a caridade nascida dum coração puro e duma boa consciência, e duma fé não fingida. Donde, apartando-se alguns, se deram a discursos vãos. Querendo ser doutores da lei, não sabendo nem o que dizem, nem o que afirmam. Sabemos, pois, que a lei é boa, para aquele que usa dela legitimamente: sabendo isto, que a lei não foi posta para o justo, mas para libertinos e desobedientes, para os ímpios e pecadores, para os irreligiosos e profanos, para os parricidas e matricidas, para os homicidas. Para os devassos, sodomitas,

roubadores de homens, para os mentirosos e perjuros, e para tudo o que é contra a sã doutrina. Que é segundo o Evangelho da glória de Deus bem-aventurado, cuja pregação me foi encarregada. (Epístola de São Paulo a Timóteo. Cap. 01. Vers. 03 – 11).

O sistema atual que se diz "democrático", e que enaltece o individualismo e a tirania que se vê em uma sociedade "organizada" segundo preceitos jurídicos, só diz respeito ao estado de barbárie que atingiu a sociedade atual, por motivo de ignorância dos estudos e das análises ditas "avançadas", que se alicerçaram em bases sofistas de investigação em detrimento da filosofia pura. Por não entenderem ou compreenderem a fundo os estudos e as análises de Platão, e a sua dialética principalmente, criaram até um jargão para os estudos relativos a esse grande filósofo.

Por rotularem Platão de fantasioso, portanto, sem terem noção da profundidade do seu estudo e refinamento do seu conhecimento, definiram os estágios de pesquisas desse filósofo como "algo platônico", tentando fazer entender que essa versão analítica é utópica, sem quaisquer bases científicas de análise, o que é uma tremenda estupidez analítica praticada pela pseudociência.

Ou, utilizando-se novamente das sábias palavras do Apóstolo Paulo:

Ó Timóteo, guarda o depósito, evitando as profanas novidades de palavras, e as contradições duma ciência de falso nome, da qual fazendo alguns, profissão, descaíram da fé. A graça seja contigo. Amém. (1ª Epístola de São Paulo a Timóteo; Cap. 06; vers. 20 - 21).

Na realidade, Platão é tão empírico quanto qualquer outro filósofo se destacando por possuir o suprassumo do conhecimento filosófico. Essa afirmação é válida para os sofistas desde que esses entendam o que ele fale e que os mesmos consigam avaliar dentro de algum critério, que seja a dialética para isso, os seus conceitos com grande propriedade de conhecimento, o que é uma raridade no mundo hodierno.

Existem dois pensadores de linhagem diferente cuja base de análise se harmonizam perfeitamente nos avanços em prol do conhecimento puro. Um é Platão na seara filosófica. Outro é o Apóstolo Paulo no campo religioso. Tanto é que as conclusões das análises desses dois pensadores sobre os avanços científicos e os fatos religiosos, se harmonizam de tal forma que, parecem dois corpos distintos que se entrelaçam e se confundem num mesmo ponto, formando uma liga única ou uma única versão, para tais temas.

Na verdade, é só quando uma sociedade atinge esse estágio de conhecimento evolutivo e civilizatório por meio da pratica das virtudes morais, da formação educacional e da cultura, que ela realmente atinge os pináculos da democracia e se torna indelével na alma do indivíduo.

Assim, pode-se dizer que, a tal "democracia" atual, que se consagra através do individualismo exacerbado e sem sentido, nada mais é do que um artifício para subjugar o ser humano aos interesses escusos criados pelas classes mais abastadas, no meio em que ele vive. Um indivíduo sozinho é frágil como uma criança abandonada ao relento, enquanto que, um ser humano que pensa e age em conjunto com seus pares, se torna uma muralha difícil de ser transposta. Nesse estado de coisas é que se consolida a baderna dos dias atuais, como bem identificaram Platão e o próprio Marx, o qual definiu tal situação como um conjunto de imbróglios e quiproquós da análise capitalista, praticados pelos desatinados da Escola Clássica, neoclássica e monetarista tendo Ricardo e Marshall como seus principais protagonistas.

A verdadeira busca pela democracia com a liberdade de expressão só se torna factível, com o avanço da formação educacional e cultural dos povos que almejam a civilidade, alicerçados pelos fundamentos das virtudes, como deixa explícito Platão, em seu trabalho original, "A República", analisado anteriormente no Volume I desta mesma obra.

Dessa maneira, na visão deste estudo, a democracia só é concebível numa sociedade civilizada e que prima pela educação e cultura avançadas, onde prevalece o Livre Arbítrio enaltecido por Jesus Cristo e referendado pelo Apóstolo Paulo, no Novo Testamento, Livro II da Bíblia Católica. Verdadeiramente, no campo científico, é só nessas situações que a verdadeira democracia se manifesta, pois ela é um estado do ser e não um jogo de interesses praticados por indivíduos relapsos, arrogantes e estultos.

Se não for assim a baderna impera. A mesma fuzarca diagnosticada por Platão entre as cidade-estado gregas em sua obra "A República", que emerge no cerne da falsa democracia. Em resumo, isso faz dizer neste trabalho que, só há democracia e, portanto, sociedade civilizada, onde houver educação e cultura avançadas permeadas pelas virtudes morais.

Daí porque a defesa desses três requisitos como premissas básicas para o estabelecimento de uma economia irrepreensível, que zele pelo trabalho e pela formação da riqueza social que esta investigação procura contemplar.

Mais ainda, na seara econômica pressupõe-se que, para atingir esse intento, deve-se substituir e diferenciar os conceitos de concorrência perfeita que inexiste, eliminar a premissa da acumulação de capital como fator determinador da formação da riqueza e progresso econômico, eliminação da premissa da relação inversa entre lucros e salários de Ricardo e que é uma verdadeira bazófia, estabelecimento da relação correta entre trabalhador e trabalhador-empresário, estabelecimento de um novo conceito para organização social de produção, reformulação do conceito de riqueza, determinação de qual é o verdadeiro papel do mercado, o que seja realmente o verdadeiro sistema capitalista; fatos esses que já foram enfatizados de maneira parcial anteriormente e que também serão observados nas páginas seguintes deste estudo, sempre permeado pela nova proposta original da Economia que é o de criar mercado, buscando evitar injustiças sociais. Mais à frente, nos capítulos adicionais, a serem analisados, o próprio Smith estabelece a base dessa diferença, ao se criar, principalmente, o conceito de trabalho produtivo e trabalho improdutivo, como já antecipado em parte, de forma prévia, nos trechos já apresentados nesta obra.

Por último, resta afirmar que, o que gera riqueza e poder de compra em proporções elevadas, não é a quantidade de trabalhadores que um capital pode explorar. Se assim o fosse, multinacionais não desapareceriam da noite para o dia, decorrente de falências e concordatas. Na realidade, como o próprio Smith enfatiza, e que será visto com maiores detalhes nos capítulos subsequentes, sendo também confirmado por Marx, em "O Capital", além de Platão e dos Fisiocratas, é que, o que gera riqueza é a criação de excedentes econômicos em termos de magnitude de investimentos, as inovações tecnológicas que reduzem custos e aumentam a quantidade de produtos produzidos provocando a queda do nível geral de preços, além do cultivo de produtos agrícolas raros, que geram lucros extraordinários por só se desenvolverem em alguns lugares do Planeta, assim como o café, o cacau, o látex, a cana de açúcar e atualmente, até mesmo o açaí.

Na área de mineração, podem-se citar também, outras matérias primas, como; principalmente o petróleo, que é utilizado de acordo com as necessidades da produção capitalista mundial, do ouro, o símbolo maior da riqueza e de posses de um indivíduo, do lítio para produção de baterias de automóveis elétricos, etc. No caso do petróleo cru, esse é o principal mineral que fomenta a sobrevivência desse sistema na atualidade, mas que, por questão de preservação da resiliência ambiental e da vida humana na Terra, só deve permanecer sua exploração nas mãos dos governos de cada país, como preceitua a teoria econômica pura, onde o controle é mais rígido e elucidativo, sem financiamentos de guerras, invasões, confiscos, e outras coisas do gênero. Além do mais, o setor privado por ser extremamente individualista e aspirar apenas dinheiro, ignora os apelos sociais da coletividade.

Entrementes, faz-se necessário abrir um parágrafo à parte, para se analisar a questão dos minerais. O minério tem importância fundamental no processo de produção de riquezas, em alguns momentos surgindo como a principal das matérias primas, tais como: o ferro, o manganês, o lítio, o alumínio, a cassiterita, o ouro, etc. em outras oportunidades, alguns desses minérios surgem como insumos e como tal, não atuam como matéria prima na produção de mercadorias.

Atualmente, o mais importante desses minérios e que surge na forma líquida como é o caso do petróleo, não atua como matéria prima na produção de riquezas, mas sim, é considerado como o principal dos insumos. Sua exploração é cara e o grau de desequilíbrio ambiental que esse minério pode provocar é altíssimo, onde o mesmo pode acabar com ecossistemas inteiros se esse não for explorado com técnicas corretas e avançadas de exploração e manuseio.

Devido ao grau de dano e ao custo de sua exploração, para tornar a produção de mercadorias mais acessível a toda comunidade faz-se necessário que essa riqueza seja explorada exclusivamente pelo setor público, assim como é a energia elétrica, o saneamento básico, a saúde, a educação, o sistema de distribuição de telefonia e a criação de infraestrutura produtiva de uma maneira geral. Vale acrescentar que o carvão mineral se inclui também na categoria de insumo.

Nesse sentido, essas riquezas não podem ser trabalhadas no contexto da geração de lucro, mas sim, especificamente, como atividades de suporte à geração de lucro, como o setor de produção de insumos e infraestrutura básica, por exemplo, e que visam não a faustosidade de indivíduos ou de grupos privados, mas sim, da geração do bem-estar físico e espiritual para todo o Estado.

No que tange à análise de assuntos ambientais e atividades danosas as esses, é fundamental que tais atribuições sejam repassadas para o setor público de maneira imperativa e os agentes que operam nessas ocupações devem ser remuneradas a contento, na transferência dessas ações para esse setor.

Outro problema que está relacionado a essas atividades, se referem aos critérios que devem ser adotados para a sua exploração, devido aos custos e aos prejuízos que os mesmos podem causar ao meio ambiente e à toda a sociedade, devido aos danos ambientais.

Quando exploram essas atividades, costumeiramente os danos e os custos relacionados à sua exploração, além dos gastos com cuidados que devem ser observados para a manutenção dessas operações, a iniciativa privada os transfere para a população através do Estado, uma vez que essa não tem condições de os cobrir, tornando-se esse, outro motivo crucial para que os mesmos sejam repassados para a área pública, sem contar o fato de que, a distribuição dos dividendos dessa exploração é de responsabilidade do Estado, ou dos habitantes que residem nessa nação, e não exclusivo de um grupo particular por si só. Na realidade, esse último, além de ser um ato lesivo a toda a população do País que têm direito ao recebimento de tais dividendos, trata-se, em consequência disso, de um ato de saque da classe dos mais privilegiados a toda a Nação, visto que, esses recursos além de ser de subsolo estão distribuídos por várias partes do País.

Ressalta-se que, a ganância que essas atividades podem gerar, podem levar o indivíduo ou países a uma situação de concorrência extrema e que resultam em guerras e conflitos eternos, gerando perdas monumentais, em alguns casos, irreparáveis para a evolução da raça humana. Acrescenta-se ainda, os efeitos que tais atividades provocam no meio ambiente, levando-o a um estágio degradatório de forma até irreversível que, se não forem mitigados no mais curto espaço de tempo possível, podem levar a comunidade global ao caos, como já vem acontecendo em todo o Planeta.

Nesse contexto, as guerras provocadas pelos Estados Unidos visando gerar lucros extraordinários para o setor armamentista que está indevidamente nas mãos da inciativa privada desse País, e a utilização do petróleo como lastro de sua moeda, o Dólar, os torna o principal interessado nesses conflitos, visto que, os 1% da população desse País, utilizam as forças armadas dessa Nação para promoverem saques, matarem opositores, promoverem as invasões, financiarem golpes de Estado nos países rebeldes, que se negam a cumprir sua agenda de dominação. O resultado dessas ações tirânicas é a promoção da desgraça e da baderna nos países mais pobres, fazendo com que, são nesses momentos que as empresas estadunidenses que controlam a produção de petróleo e de armamentos, indiferentes ao caos social que promovem em tais nações, atingem lucros estratosféricos jamais vistos em outros momentos da vida humana.

Atualmente, é imperativo que essa atuação seja revista pelos próprios habitantes desse País, porque, embora sejam eles que financiam indiretamente essas ações com o pagamento de impostos, elas são alijadas do processo de distribuição dos dividendos advindos dessas atuações, tornando-se mais miseráveis, vivendo no Estado mais pobre da Terra, que são os Estados Unidos, que não consegue atender um cidadão enfermo, enquanto convivem com a classe social mais rica do Planeta, dentro da mesma Nação estadunidense, promovendo uma espécie de degradação social desse povo, impedindo assim, que a comunidade global possa respirar paz[8].

Além de serem transferidas a exploração dessas atividades para o setor público, as ocupações derivadas desse tipo de minério, citando a produção de plásticos como exemplo, a construção de asfalto com o uso de derivados do petróleo, tem que ser substituídos por matérias primas que trabalham com materiais substitutos, como é o caso do plástico obtido do bagaço da cana-de-açúcar, dentre outros.

Para contribuição ao bom desempenho das atividades ambientais, além desses minerais, deve-se também fazer a contenção da ocupação de extensas áreas para produção de *commodities,* como é o caso da soja, e do capim para alimentação de animais, como defende Paixão (2023), que destroem as florestas e impedem a sobrevivência da biota, que são fundamentais à sobrevivência da vida na Terra, sem darem ganhos satisfatórios aos produtores, fazendo-os sobreviver apenas e tão somente dos subsídios lhes concedidos pelo governo, via transferência das despesas com tais concessões para o povo, que é o responsável único por arcar sozinho com os absurdos das políticas públicas, visto que pagam imposto regressivo no Brasil.

No Brasil, vê-se milhões de alqueires de mata nativa onde vivem milhares de espécies animais, aves, plantas que são utilizadas como remédios, algumas sem ter sua propriedade medicinal conhecidas, outras plantas que servem de alimentos, onde até suas folhas podem ser utilizadas para a alimentação humana, seus frutos, suas seivas, o seu serviço de retenção de águas e formação de chuvas, preservação dos rios e nascentes onde vivem

---

⁸ Grifo meu

animais endêmicos, em alguns casos raros, formando ecossistemas, biotas e flora com riquezas naturais incalculáveis, de repente, são destruídas para a plantação de sementes e capim.

Disso advém a pergunta: - Aonde está a racionalidade, a economia, a inteligência, a sabedoria, os princípios civilizacionais em tudo isso? – É inaceitável em todos os fundamentos que isso esteja acontecendo em pleno Século XXI neste País. Tudo isso advindo de ideias e ações inusitadas dos pseudoeconomistas de linhagem ricardiana, neoclássica e monetaristas, formados nas universidades de "Economia" estadunidenses, inglesas, alemães e francesas, salvadores da Pátria, que se achando donos da verdade, de conhecimento "econômico" renovado com altos padrões de requinte, que apoiando os golpes de Estado na América Latina, acabaram com a dignidade, a liberdade, as virtudes, a educação e a cultura dessa outrora promissora Nação, que vinha sendo estruturada nas mãos de Getúlio Vargas e seu séquito, respaldados por ações proeminentes de Economistas como Celso Furtado, o maior Economista que o Brasil já teve em todos os tempos.

Na verdade, quando se trata das atividades econômicas puras, essas atribuições desenvolvidas por grupos e indivíduos da área privada, que atuam sem critérios definidos racionalmente, encaixando-se no que se define como Economia do Caubói referendada por *Kenneth Boulding*, em seu ensaio publicado em 1966, sob título *"The economics of the coming spacechip Earth"*, só acabam por destruir a capacidade de preservação da resiliência ambiental do Planeta, sem ganhos suficientes que consigam cobrir o potencial de destruição de tais ocupações, além de considerar o fato de que, essas ações não geram lucros, visto que, elas não produzem mercadoria como o manual natural da Economia Pura exige, mas sim, promovem ganhos estratosféricos para grupos ou indivíduos privilegiados que vivem de renda, no caso, os "hedonistas" que se acomodam na ociosidade e vivem de ganhos sem trabalhar. Transferências de renda essa que é sugada das mãos do Estado, via especulação financeira, enquanto que, a sociedade acaba sendo penalizada pela onerosidade dessas atividades, seja na forma financeira ou ambiental, que se dá por meio da destruição da vida na Terra.

Nas páginas seguintes justificar-se-á de forma científica as observações relativas às atividades minerais apresentadas aqui.

É devido a esses fatores que se colocou como hipótese desta obra:

É a produção de excedentes econômicos na forma de mercadorias gerando riquezas para a realização de trocas no mercado, tendo como fatores subjacentes a aplicação da tecnologia e da competitividade dos fatores de produção (terra, capital e trabalho) o principal fundamento da Economia enquanto Ciência Social, ou é a relação inversa entre salário e lucro desenvolvida por Ricardo, o fator primordial para a criação dessa Ciência?

De antemão vale acrescentar que, a questão da obtenção dos lucros extraordinários por intermédio da ação forjada de grupos empresariais, verificadas através das atividades de conluios, lobbys, formação de monopólios, oligopólios, monopsônios e oligopsônios será considerada aqui, como ação nociva ao bom funcionamento e desenvolvimento das atividades de mercado puro, e que tendem a destruir seu bom funcionamento no curto, no médio e no longo prazo provocando entraves ao seu desempenho na geração e distribuição de riquezas, contribuindo assim com a perpetuação do estado de penúria da população.

Assim, no caso estritamente falando deste estudo, a sua principal hipótese consiste em afirmar que, a construção de um Estado ideal é perfeitamente concebível na prática, desde que seja substituída a tese de formação de defensores do Estado, extremamente rígida e isolada, baseada apenas em valores virtuosos, porém inflexíveis e imparciais, por um sistema de criação de defensores do mesmo Estado considerado no aspecto coletivo, norteados por valores virtuosos e morais, pautados por um sistema de gestão econômica eficiente, e que se dá por intermédio da produção de utilidades visando a geração de excedentes econômicos na forma de mercadorias, destinadas à sua troca no mercado, para atendimento das necessidades humanas e formação da riqueza social.

De outra parte, de maneira concomitante, este estudo rejeitará a hipótese de que o fator gerador de formação da riqueza social se dá por intermédio da consideração da versão de David Ricardo de que, a formação da riqueza só se obtém por intermédio da relação inversa entre salário e lucro, ou seja, para que o sistema econômico se desenvolva e atinja os padrões máximos da formação da riqueza social, faz-se necessário que o salário do trabalhador seja o menor possível enquanto que, de outro lado, o lucro do capitalista seja o mais elevado a ser alcançado, o que caracteriza um sistema de extorsão social em massa.

Cabe observar, como enfatiza Smith e ratifica Marx, confirmando a tese do Senhor que afirmam que, é a força do trabalho a única medida de valor das mercadorias, visto que, esse valor pode ser transmutado em preço real da mercadoria e é essa relação que determina todo o processo de produção e distribuição dos produtos gerados no sistema econômico. Isso porque, considera-se que, cada trabalhador de acordo com a sua qualificação e experiência na sua profissão, sabe determinar o preço do seu trabalho, pelo tempo de aperfeiçoamento e preparação que o mesmo adquiriu em sua ocupação, além de conhecer o valor e a quantidade de utilidades, na forma de mercadorias que são necessárias para repor sua força de trabalho e para atender suas necessidades de bem-estar tanto físico quanto espiritual.

Estando entendida aqui como força de trabalho a toda ação humana que tem a propriedade de transformar a estrutura de qualquer objeto em utilidade na forma de mercadorias, visando o suprimento das necessidades fisiológicas do indivíduo.

Essa tese pode ser determinada pelo que se chama de preço social de mercado que é, segundo Smith, o preço ideal que determina a pontual relação de troca entre demandantes e ofertantes de mercadorias numa determinada região. É justamente esse tipo de preço que vai determinar o preço médio de mercado e também é o preço pelo qual se estabelece as principais relações de trocas para produtos inelásticos, ou seja, produtos essenciais ao atendimento das necessidades fisiológicas de um indivíduo como, alimentação, moradia, e segurança, de uma sociedade civilizada. Os demais tipos de preços sofrem maiores oscilações por se tratarem, como os produtos elásticos, por exemplo, ou seja, produtos de luxo pelo fato de que seu preço é determinado não apenas pelas necessidades fisiológicas, mas também por fatores psicológicos como os gostos e preferências do consumidor.

Assim, admitindo-se o princípio da utilidade como sendo o ponto basilar para o estabelecimento do início do processo de troca, seja ela qual for, direta ou indireta, considera-se que, o indivíduo ao conseguir transmutar, segundo Marx, a utilidade do produto para o seu valor, e poder novamente, fundamentando-se aqui, desta vez, no princípio do excedente do consumidor de *Dupuit*, e acatando-se ainda a existência da escassez do mesmo, assumindo esses enunciados na sua essência, metamorfosear tal monta, no preço em dinheiro ideal que ela aceitaria pagar para obter a mercadoria perante o ofertante.

Procedendo-se dessa maneira, admite-se que a mesma estará apta para atribuir o valor real que ela admite pagar, visando obter o bem dentro do referido mercado, naquele exato momento específico. É assim que se cria o preço real do produto no mercado, que também pode ser chamado de preço social, uma vez que ele é atribuído não ao preço de oferta, mas sim, criado pelo consumidor no momento da aquisição do citado bem no mercado de acordo com sua utilidade para esse, e regateado perante o interesse do produtor em desfazer-se da posse de tal mercadoria em troca de seu dinheiro.

Nesse caso, a escassez tem efeito secundário ou pode até não ter nenhum efeito, incluindo nessa concepção o preço de oferta, se o produto não for útil para o seu demandante. Se não fosse assim, não existiriam produtos que estragam nas prateleiras por não terem quem os queira comprar, em consequência de sua inutilidade, independente do seu custo de produção, da sua escassez ou de seu preço de oferta no mercado.

Fundamentando-se no princípio da economicidade em Platão e Smith, que têm como base de análise econômica a questão da hierarquia das necessidades humanas, pode-se afirmar também que, o preço social pode ser chamado de o verdadeiro preço econômico do produto dentro do mercado. Assim, ao se calcular a média do preço social, tem-se também a média do preço econômico do produto para um mercado específico, e o preço de oferta de mercado, tende a flutuar em torno da média do preço econômico ou média do preço social, podendo ficar ora abaixo, ora acima desse.

Nesse contexto, o preço social ou econômico, pode ser chamado de preço natural de mercado. Esse foi o dilema da quantificação da utilidade do preço da mercadoria atribuída ao produto, que Marshall não conseguiu interpretar e consequentemente quantificar, e que só foi resolvido muito mais à frente por John Hicks, ao acrescentar na análise da curva da oferta e da procura, a curva de indiferença de consumo do bem, inspirado nas curvas de indiferenças de Vilfredo Pareto, como ele mesmo frisou em sua obra "Valor e Capital", para um indivíduo específico.

Mas tudo isso foi baseado apenas em artifício matemático, portanto, abstração, adotada como estratégias de identificação e quantificação de uma variável econômica, não de maneira empírica.

Em verdade, pode-se chegar aos mesmos resultados analisando-se a mesma situação, porém de uma maneira mais simples e exequível, considerando-se para isso, o preço social, que pode ser obtido por intermédio da quantificação da sua utilidade.

Considerando-se preceituação de Marx, o processo de produção de mercadoria é um sistema de metamorfoses sucessivas, que são realizadas durante a elaboração do produto dentro do mercado, que sai das atividades extrativas, minerais ou florestais, via extração da madeira ou minério que será utilizado para a produção da matéria-prima e que se estende até o produto final, pronto para o consumo da população, da mesma maneira que a árvore atua para produzir a seiva, a sua alimentação, que se cria por meio da fotossíntese, conforme análise de Paixão(2022) em sua obra "Como as Florestas Produzem Chuva e Amenizam a Temperatura no Meio Ambiente".

No sistema capitalista de produção, se verifica o mesmo encadeamento, que tem início, com o dinheiro se transmutando em capital financeiro. De capital financeiro, sempre mantendo a sua simetria, essa pecúnia se metamorfoseia em matéria-prima. De matéria prima, tal quantum monetário, conservando sempre o seu valor para garantir a sua simetria, já acrescido do excedente econômico, agregado pela mais valia relativa, se transmuta em mercadoria, que é levada ao mercado.

Por conseguinte, essa é comercializada e se transmuta novamente em dinheiro, na forma de receita, já acrescida da variável lucro, que, depois de depurado no caixa da empresa, se transfere para o seu investidor. Posteriormente e a seu critério, a empresa detentora do dinheiro advindo da receita acrescida do lucro ou prejuízo, transferirá esse último para o investidor como pagamento pela sua inversão nas atividades da mesma. Depois de ter pago todas as suas obrigações com seus fornecedores, governo, lucro ou prejuízo para o trabalhador-empresário, além de seus parceiros no processo de produção, a empresa dará reinício às atividades de produção de novas mercadorias, por intermédio da transmutação do dinheiro em sua posse para a condição de capital financeiro, de onde esse repartir-se-á; uma parte na forma de capital de giro que servirá para garantir o consumo de insumos e prestação de serviços, esses admitidos como despesas, necessárias à sua vida diária a ser gerida pelo trabalhador-empresário. Outra, o reutilizará na forma de capital circulante em gastos com remunerações de seus funcionários, pró-labore para seu proprietário, no caso, o trabalhador-empresário, compra de matérias primas, definidos esses últimos como custos ou investimentos operacionais, visando retroalimentar o ciclo de produção das mercadorias com a finalidade de manter a efetividade dos trabalhos do sistema capitalista de produção.

A utilidade também pode ser estudada e quantificada mediante o mesmo procedimento. Considerando-se a questão das faculdades humanas do indivíduo, desenvolvida por Platão, foi visto que essa se compõe de duas partes distintas, definidas como necessidades hierárquicas (alimentação, proteção, segurança) e emoções, que por seu turno, estas últimas, se dissociam em: emoções concupiscênicas que é de natureza primitiva, alicerçada em sentimentos instintivos, inatos do indivíduo; e emoções racionais, que se fundamenta na razão, que por seu turno, é o resultado da evolução do conhecimento humano advinda da educação e da cultura, criando-se assim, a noção de civilidade.

Adotando-se inicialmente para esta análise, e admitindo apenas a questão das necessidades hierárquicas, essas, podem ser classificadas como sendo um conjunto de carências orgânicas do ser humano que, pela simetria, se transmutam em utilidades demandadas pelo indivíduo, que são essenciais para o suprimento das mesmas privações.

Nesse sentido, considerando-se apenas a questão da alimentação, essas necessidades podem ser transmutadas na forma de carência de nutrientes. Por seu turno, pode-se afirmar também que os nutrientes são essenciais para manterem o organismo vivo e saudável e, portanto, é vital para gerar o esforço físico, o equilíbrio emocional e o desempenho intelectual, enfim, as atividades diárias do indivíduo. Por conseguinte, da sua parte, esses nutrientes são conhecidos como vitaminas, proteínas, sais minerais e carboidratos.

Mantendo-se a mesma linha de raciocínio, sabendo-se a quantidade de nutrientes que são necessários para atender as necessidades diárias do ser humano na forma de vitaminas, proteínas, sais minerais e carboidratos, pode-se chegar a um *quantum* monetário específico, para tais alimentos, que são suficientes para suprir a demanda por nutrição do seu organismo.

Pode-se supor ainda, para efeito de análise que, a quantidade diária de alimentos que são suficientes para suprir tais necessidades chegue a um montante de 700 gramas, subdivididas em: 200 gramas de carne, 80 gramas de açúcar, 20 gramas de sal, 300 gramas de vitaminas e mais 100 gramas de sais minerais. Tais nutrientes transmutados em peso na forma de gramas podem ser metamorfoseados em mercadorias, tais como: carne, arroz, trigo, feijão, açúcar, verduras, frutas, etc.

Como as mercadorias têm valores monetários, o total dos respectivos nutrientes pode ser transmutado em preços, os importes das mercadorias. Dessa forma, chegando-se a esse valor em *quantum* monetário, tal importe, por seu turno, pode ser metamorfoseado em renda necessária ao indivíduo, que se traduz na quantidade de moeda que o mesmo precisa, para poder adquirir seus produtos ou suprimentos, que sejam necessários para suprir suas necessidades diárias. Conhecidos tais valores em preços, mais o hábito de consumo da população local, ou da região, pode-se determinar facilmente, o salário mínimo necessário para atender satisfatoriamente as necessidades do contingente humano da região.

Esse salário mínimo é o salário natural, o mesmo salário que Adam Smith definiu como sendo o "salário mínimo da região". Tal procedimento é o mais adequado para se determinar o preço social de mercado de uma população específica. A soma dos salários mínimos regionais dará o salário mínimo total nacional, o qual passa a ser a referência, para se estabelecer as políticas econômicas essenciais, visando atender ao mínimo de riqueza que um país ou região precisa, para manter a população saudável e com seu bem-estar físico e uma boa parte do seu bem-estar espiritual satisfeito.

As demais necessidades, de proteção e abrigo, são atendidas pelos gostos, preferências mais o poder aquisitivo da população em análise, aí exigindo ainda, visando atender satisfatoriamente a esse quesito, as políticas econômicas alternativas, aqui também chamadas de mercadologia.

Derivada da mercadologia aparece a mercadização, o que, por seu turno, este trabalho define, em última instância como sendo, movimentações estratégicas dos agentes econômicos nos mercados buscando potencializar o maior número de informações possíveis sobre a utilidade dos produtos por eles produzidos para os consumidores, com a finalidade de maximizar a multiplicação de alternativas de consumo dos mesmos, com o intento de intensificar suas vendas, a fim de, em última instância, trazer resultados mais que satisfatórios para a empresa.

Em termos conceituais, a expressão que mais se aproxima da definição da mercadização é o de marketing, utilizado nos dias atuais, mas que não tem um referencial mais consistente que o caracterize no seu estado embrionário.

No que tange a sua essencialidade, pode-se afirmar que, o termo mercadização é uma técnica embrionária derivada dos estudos de Platão e que foi percebido pela primeira vez nas teorias econômicas analíticas contemporâneas, pelos trabalhos realizados por Thomas Malthus, mais numa situação opiniosa do que conceitual, que, juntando-se os gostos e preferências derivados das faculdades dos indivíduos associadas à utilidade dos produtos, é que verdadeiramente se determinam o seu nível de demanda do mercado, e não, propriamente, a sua produção em si. A produção só tende a se ajustar a essa demanda potencial. É a tecnologia que modifica o padrão de consumo da sociedade por meio da descoberta de produtos detentores de mais utilidades e que levam a novos estágios de consumo para a população. A evolução econômica da sociedade só ocorre de maneira devida por meio desse processo. Daí a importância da tecnologia no avanço do nível produtivo da sociedade e da civilização em si.

Entrementes, Malthus, assim como os demais estudiosos da Economia Clássica e Neoclássica, só perceberam essa realidade parcialmente, sem conseguir dar um conceito definitivo para a situação, tornando-a objeto de discussão estéril na seara econômica, parcialidade essa que se está eliminando neste trabalho. Mas em respeito ao pioneirismo de Platão e a perceptividade de Malthus, considerar-se-á no presente estudo, para efeito de análise que, esse último autor, guardadas as devidas proporções é que é o verdadeiro pai da abordagem mercadológica atual, conforme expõe Paixão(2021).

Paixão(2021) ainda acrescenta que, em essência, para a realização desse tipo de averiguação analítica, não há alternativa mais viável do que se recorrer a uma investigação direta junto ao próprio indivíduo e para isso, faz-se necessário criar metodologias e técnicas de investigações adequadas, buscando-se depurar, com o maior critério e rigor possível, os fatores que geram as demandas e promovem mudanças de comportamento desse, com o objetivo de evidenciar por intermédio dessas mudanças de comportamento, o potencial da demanda efetiva pelos produtos e que geram flutuações no comportamento do mercado, e que, por seu turno se personificam nas variáveis escolhidas para serem trabalhadas.

A maneira mais simples de se registrar essas variações no comportamento do ser humano em relação à demanda efetiva, fazendo-o revelar suas necessidades e aspirações, é recorrer aos seus sentidos, que se revelam no seu comportamento de forma pontual, através de seus órgãos sensoriais.

De acordo com Brites (2020):

> O sistema sensorial é um conjunto de órgãos dotados de células especiais chamadas de receptores. Através dos receptores, o indivíduo capta estímulos e informações do ambiente que o cerca e do seu próprio corpo. Os estímulos são transmitidos na forma de impulsos elétricos até o sistema nervoso central. Por sua vez, o sistema nervoso central processa as informações, traduzindo-as em sensações e gerando respostas.
>
> É assim que enxergamos o que está ao nosso redor, sentimos quando alguém nos belisca, percebemos se a água do banho está fria, sentimos o gosto das comidas, entre muitas outras sensações.
>
> Em humanos, os principais órgãos do sistema sensorial são: pele, língua, nariz, ouvidos e olhos. Estes órgãos captam estímulos físicos ou químicos e os transforma em impulsos elétricos, que são transmitidos ao sistema nervoso central.

Devido à ação dos sentidos, percebemos a importância dos órgãos sensoriais. Um bebê de colo, por não saber falar, ao sentir fome ou sede, recorre ao choro, tais quais quaisquer espécies de animais que, ao sentir dor, se manifestam na forma de desespero. É assim que age um indivíduo ao ter os mesmos sentimentos, uma vez que, o ser humano também é uma espécie animal.

Dessa maneira, o indivíduo consegue expressar seus sentimentos, por mais simples que sejam, por intermédio dos órgãos sensoriais. Então, no sentido de descobrir a importância da alimentação e da necessidade de nutrientes para saciar a fome, no caso, as carências de proteínas, vitaminas e sais minerais, deve-se recorrer a um instrumental de estudo, que realmente consiga evidenciar tais situações para os casos em análise.

Nesse sentido, considera-se que, utilizando-se desse mesmo tipo de procedimento, pode-se avaliar a importância que um indivíduo atribuiria a qualquer tipo de bem, observando as emoções que emanam de seus sentimentos, indagando e avaliando por intermédio de uma técnica de mensuração específica, os valores que o mesmo atribuiria ao referido produto, de acordo com a sua utilidade para esse.

Visando atender a esse princípio, considera-se que, não há técnica mais simples e das mais apropriadas para isso do que, a elaboração de questionários para a feitura de entrevistas à população, visto que, essa tem, no mínimo, a real noção dos nutrientes de que precisa para atender suas necessidades diárias, na ótica da demanda de bens e serviços, no mercado.

O mesmo critério se aplica à questão de se depurar a importância que os indivíduos atribuem aos alimentos de acordo com suas utilidades para esses, em termos financeiros. Isso com o objetivo de se transmutar o valor das utilidades atribuídas aos alimentos pela população de uma região em determinado momento, em quantificação monetária. Nesse sentido, a mesma técnica pode scr utilizada aplicando-a a um público variado, no sentido de se buscar saber sobre o preço que os mesmos atribuiriam a uma determinada mercadoria, de acordo com a utilidade dessas, para esses.

O que se precisa ter em mente para se fazer uma análise dessa natureza, é apenas tomar o cuidado de adotar os procedimentos corretos para se realizar o trabalho, consubstanciados por uma teoria econômica já sedimentada, para que o estudo não se perca em situações conflitantes, que não consigam expressar o que o economista ambientalista, ou não, realmente busca, em sua pesquisa.

Conforme o já frisado nesta obra, talvez pensando nesse fundamento é que, economistas como, sir William Petty, tenham desenvolvido a técnica Estatística, tendo sir William Petty como seu cofundador, segundo apontamento de Marx em sua obra "O Capital". Depois, mais tarde, Marshall, Vilfredo Pareto e Leon Walras, melhoraram essa metodologia fazendo-se criar assim, a Econometria.

Essa é uma técnica fantástica, que permite ao economista depurar um valor pecuniário, consubstanciado da metodologia devida, mais uma teoria econômica sólida que a explique, e que realmente expresse aquele atributo quantificável, convertido em dinheiro, que o público consumidor atribui a um determinado bem no mercado.

Citando uma situação semelhante como exemplo prático, Paixão (2017) para elaborar sua dissertação de mestrado sobre o valor econômico de recursos ambientais, com ênfase em um bem ambiental de beleza cênica, no caso a Lagoa da Princesa, nascente do Rio Paraguai, um dos rios mais importantes de integração continental da América do Sul, utilizou para essa atividade o Método de Valoração Contingente – MVC, que é embasado em dados estatísticos, elaborados de acordo com os critérios estabelecidos pela Econometria.

Vale lembrar que, o valor atribuído a um bem de beleza cênica ou a um animal exótico de rara beleza, disponível em apenas alguns lugares específicos da Terra, como o Urso Polar, que habita o Ártico, no extremo norte do Planeta, por exemplo, diz respeito a um valor psicológico e que é depurado de acordo com o comportamento dos órgãos sensoriais do ser humano.

Por seu turno, esse valor psicológico está diretamente relacionado ao bem-estar espiritual do indivíduo, e que, de acordo com seu estado emotivo, é sensível à questão da preservação de bens e recursos ambientais raros, de indiscutível beleza e, como consequência, por isso, recebe uma relevância compatível com o perigo de extinção do referido bem, e, devido a esse quadro, por conseguinte, o mesmo pode ser transmutado num quantum específico, no caso, um valor na forma de preço a ser pago, visando à sua preservação. Esse estado de busca pela preservação, se transforma num alento, um estado de saciedade emocional para o espírito, portanto, tal atributo se metamorfoseia num valor exequível e real, e em consequência disso, quantificável.

Nesse aspecto, pode-se avaliar a utilidade do bem enquanto valor sentimental tendo o excedente do consumidor de *Dupuit* como o fator determinístico subjacente, para que aquele montante, no caso, o preço, consiga traduzir e expressar a quantia que cada homem ou mulher aceitaria desembolsar apenas para garantir a preservação do objeto às gerações futuras.

Ao escolher o objeto a ser investigado e ao proceder de acordo com o que o estado da arte na seara da Economia Ambiental estabelece, ou a própria Ciência Econômica em si, esse pesquisador, no caso, Paixão (2017), deu início aos seus trabalhos, entrevistando de maneira criteriosa a população local das cidades de Diamantino e Alto Paraguai - os dois aglomerados urbanos que circundam a Nascente do Rio Paraguai no Médio Norte Mato-Grossense -, em seus estabelecimentos por: ruas, quadras, bairros, avenidas, meio rural, estabelecimentos comerciais e industriais, para averiguar qual o preço que essas pessoas atribuiriam para ver a Lagoa da Princesa preservada, tornando a sua existência acessível às gerações futuras.

Para isso, esse autor entrevistou 314 indivíduos, obtendo uma média econométrica estimada de R$ 8,30 incluindo as variáveis de protesto, ou seja, as opiniões dos entrevistados sobre a validade da pesquisa, considerando-se as intervenções do governo no estabelecimento das políticas ambientais para a área, que na realidade não existia até a data da pesquisa.

De fato, existia sob a forma de lei, mas que, na verdade, as próprias autoridades locais a consideravam como se não existisse. Já, no que concerne à média econométrica obtida, desconsiderando-se a variável que indica a intervenção do governo na política de gestão do bem em análise, no caso, as variáveis de protesto, o valor obtido foi de R$ 11,38.

Admitindo-se que essas duas cidades são de pequeno porte e que a população local é constituída em sua grande maioria, de classe média baixa e baixa, com exceção apenas das grandes propriedades que são poucas e da concentração dessas posses, mais em mãos dos produtores e dos arrendatários de áreas para plantio, além de trabalhadores de alta qualificação profissional que administram as fazendas, e que da sua parte, são responsáveis pelo gerenciamento e operacionalização do maquinário, sendo oriundos de outras regiões, principalmente do sul do País, que não tem residência fixa nessas cidades, morando no local apenas por questão de trabalho, e que, por isso, se caracteriza por ser uma população em trânsito, atenta-se que os valores obtidos realmente refletiam o *quantum* monetário que os entrevistados estavam dispostos a pagar pela preservação da lagoa, visto que os mesmos demonstravam muito apreço pela ideia de conservação do bem, citando o valor da contribuição de acordo e de maneira respectiva ao seu poder aquisitivo.

A consistência na análise das entrevistas baseadas nas características dos entrevistados citados no parágrafo acima, e mais, contando com a eficácia do instrumental econométrico utilizado, observou-se que os valores encontrados pelas várias iterações realizadas, realmente refletiram o quantum monetário sugerido por cada indivíduo nas entrevistas e que os mesmos estavam dispostos a pagar, uma vez que, pode-se afirmar com elevado grau de certeza, de que, tal montante correspondeu fielmente ao perfil do seu poder aquisitivo.

Pode-se fazer tal assertiva porque, as quantias sugeridas em sua grande maioria, variaram entre R$ 1,00, R$ 2,00 a R$ 10,00, tendo também um grande peso, entre as sugestões, o valor de R$ 20,00, porém em menor quantidade, o que realmente refletem o perfil do poder aquisitivo dos entrevistados.

Já entre os importes sugeridos que se encaixam como desvio padrão e que refletem a incapacidade do entrevistado em não saber apontar um valor monetário mais próximo do que a realidade exige, esse foi apenas um, aonde, o pesquisado se propôs a contribuir com uma quantia considerada estratosférica, fora da realidade do seu poder aquisitivo visto que, o mesmo era uma pessoa humilde, que foi de R$ 1.500,00. Evidente que, esse valor sugerido para a preservação de um recurso ambiental como, no caso da Lagoa da Princesa, não condizia com a realidade, motivo pelo qual tal sugestão foi descartada de imediato, sem receber quaisquer tipos de considerações.

Teve um outro indivíduo que também sugeriu uma contribuição considerada elevada, no caso, o valor de R$ 200,00, mas esse tratava-se de um empresário local, que atua na área de produção de grãos e que conhece profundamente a região e a situação da Nascente, portanto, um valor aceitável em decorrência do perfil apresentado pelo cidadão.

Vale levar em conta que as pessoas mais abastadas realmente sugeriram um valor mais robusto para a pesquisa, com destaque para os importes de R$ 50,00 a R$ 150,00, mais um de R$ 200,00. Entrementes esse total correspondeu apenas a 2,8% dos entrevistados, o que é uma média considerada aceitável para a população de quaisquer regiões de um País de Terceiro Mundo, em que tais tipos de entrevistas são realizadas.

Diante dessa constatação, pode-se afirmar com muita convicção de que o Método de Valoração Contingente – MVC é uma técnica de análise robusta e assim, pode ser considerado como um procedimento de investigação adequado para se perquirir com muita propriedade sobre o preço de um bem ambiental ou o preço social que uma população diante da sua necessidade, atribui à utilidade de um bem específico de uma maneira geral.

Já no caso do preço médio econométrico obtido de R$ 11,38, esse sincroniza de maneira perfeita com a grande maioria do valor das contribuições que os entrevistados disseram aceitar desembolsar, para garantir a preservação da Lagoa da Princesa às gerações futuras, que foi a importância de R$ 10,00.

Uma vez que o quantum econométrico quase coincidiu, ficando muito próximo do valor individual que a grande maioria dos entrevistados sugeriu desembolsar para garantir a preservação da Lagoa da Princesa às gerações futuras, pode-se afirmar também que, essa quantia realmente se encaixou como o valor que foi estipulado na condição de preço social médio ou o preço econômico perfeito para o bem analisado.

Isso porque, tal valor se enquadrou perfeitamente nos critérios de análise econométrica estabelecidos para se diagnosticar o quantum monetário que seria o ideal que uma determinada população atribuiria a um bem, de acordo com suas necessidades e que estaria em conformidade com suas posses, podendo ser assim, utilizado como parâmetro para se determinar a simetria necessária da utilidade, buscando saciar a carência da mesma.

Lógico que, as entrevistas individuais dizem respeito ao preço social individual fornecido pela população ao um bem específico, de acordo com a utilidade atribuída a esse, e que, a média de seu somatório corresponde de maneira transmutada, ao preço do ingresso, ou coincide também com o preço de oferta que as autoridades devem estipular para permitir a visitação ao local.

Como a entrada para visitação da Lagoa é livre, de maneira indireta, as autoridades também podem estabelecer o valor do imposto devido, sempre tendo o excedente do consumidor de *Dupuit* como fator subjacente, flutuando em torno dessa média, cabendo a essas, escolherem o preço que reflete a melhor situação para a realidade local, visando preservar o bem às gerações futuras.

Uma vez encontrado o valor efetivo do imposto a ser cobrado obtido por meio da transmutação da média do preço social de mercado apontado acima, tem-se como resultado final, o preço do equilíbrio de mercado para a situação analisada, conforme foi sugerido inicialmente na análise para a determinação do preço social ou natural de mercado.

Ainda, na concepção deste estudo, todo empresário é também um trabalhador, não cabendo estabelecer a distinção de tratamento para ambos, apenas admitindo a diferenciação de acordo com o seu dom inato, característico do ser humano, conforme evidencia Platão, pois, todo trabalhador, pode virar empresário, e, todo empresário, pode se transformar também em trabalhador de chão de fábrica, visto que, basta o mesmo falir, para isso.

Em termos conceituais, apenas para dar início aos debates, na concepção desta obra, todo empresário é um trabalhador, porém de comportamento diferenciado em relação ao trabalhador normal, o que lhe permite criar, organizar, gerir e produzir com grande eficiência e virtuosidade, as mercadorias ou utilidades visando maximizar o lucro de sua empresa. Daí o direito do trabalhador empresário de possuir um salário normal como propõe Marx, além de usufruir os direitos de uso do lucro da sua empresa, como defendem Smith e Marx. Isso porque a empresa é de sua propriedade, fato esse que lhe permite usufruir do lucro ou do prejuízo proporcionado por sua unidade produtiva.

No caso, o empresário é um tipo de trabalhador de perfil criativo, versátil, arrojado, que gosta de realizar trocas de utilidades ou mercadorias, formar, desenvolver e comandar equipes, raciocinar sobre todo o processo de produção, de diversifica-los e simplifica-los para facilitar a transformação da matéria prima em mercadorias. Gosta de inovar, é amigo fraternal dos demais colegas, não se importa em acordar mais cedo ou de dormir mais tarde para fazer com que as atividades atinjam os objetivos pretendidos, gosta de cumprir metas, não se importa com o cansaço, respeita os clientes, tem boa facilidade de relacionamento com os fornecedores e parceiros. Vê os riscos como um desafio às suas virtudes e ações, etc.

Esses são atributos diretamente atrelados às virtudes que formam o perfil do verdadeiro trabalhador-empresário e que são diferentes em relação ao comportamento dos demais trabalhadores, que se contentam em realizar suas atividades de maneira natural, receber seus salários, sem demais preocupações que envolvam riscos diversos às atividades econômicas.

Estes últimos gostam de acordar cedo, ir para o trabalho, executar suas atividades com naturalidade, ajudar a empresa no que for preciso para ter uma remuneração justa com que possa manter sua família num padrão de vida aceitável. É de fácil relacionamento, gosta de trabalhar em equipe e de dar suporte às suas famílias nos finais de semana, diferentemente do comportamento do empresário que tem um vínculo direto com a própria empresa e que devido à essa condição, passa a maior parte do tempo cuidando de sua unidade produtiva, constituída de suas equipes, embora também goste de estar presente com sua família lhe dando conforto e bem-estar, mas de maneira diferenciada que só ele imagina que consegue atender.

Esses são os dois perfis principais e que é imprescindível que atuem juntos, para se pensar em se ter uma empresa operando bem no mercado, atingindo suas metas e produzindo riquezas para a sociedade, visando garantir o bem-estar material e espiritual de todas as famílias que compõem o Estado.

Na realidade, essas são as inclinações inatas dos dois principais tipos de trabalhadores, seguindo a racionalidade de Platão. Mais tarde, como se verá, o conceito de empresário envolve diversas teorias, mas nenhuma com uma definição acabada. Até o momento, a denominação mais aceitável para o empresário, de acordo com as teorias vigentes é a de *Schumpeter*, que foi desenvolvida em sua obra "Teoria do Desenvolvimento Econômico: Uma investigação sobre lucros, capital, crédito, juro e o Ciclo econômico", mas que, não adquiriu infelizmente, até nossos dias, um corpo teórico conceitual definitivo.

No entanto, como premissa para este estudo, o empresário nada mais é do que um trabalhador diferenciado, definido assim, como trabalhador-empresário, que atua no sistema econômico de gestão empresarial, reconhecido universalmente como capitalismo.

Os demais tipos de gestores, que não têm o perfil de trabalhador-empresário, nos ditames acima citados, se encaixam apenas como gerentes de produção, sem demais implicações na sua conceituação.

No que tange à variação do preço natural em relação ao comportamento do preço de cada bem produzido, acompanhar-se-á a definição de Smith que faz a seguinte observação:

> O próprio preço natural varia juntamente com a taxa natural de cada um dos componentes: salários, lucro e renda da terra; e em cada sociedade, essa taxa varia de acordo com as circunstâncias, sua riqueza ou pobreza, sua condição de economia em progresso, estacionária ou declinante. Smith (1996:116).

Feitas as análises acima, mas cruciais para o bom entendimento do que será tratado a partir de agora, relativos ao funcionamento ideal da Economia Pura fundamentada nos preceitos iniciais de Platão, dos Fisiocratas, Adam Smith, Marx e Keynes, parte-se a seguir, para a reformulação dos conceitos básicos da Economia Contemporânea, desenvolvidas e que prevalecem segundo a concepção dos pseudoeconomistas estadunidenses, ingleses, alemães fundamentados nas Universidades de Chicago, Cambridge, Oxford, Harvard, austríaca, ricardiana, de Massachusets – MIT, dentre as demais universidades estadunidenses, inglesas e alemães além de outras que seguem essa corrente de pensamento.

8 Redefinindo os conceitos Básicos da Ciência Econômica

8.1 O conceito de Economia

Nos dias atuais, diz-se que, a Economia é a ciência social que tem sua origem na palavra grega *"Oikosnomos"* que quer dizer: *oikos* – casa; *nomos* - administração, o que faz derivar tal definição como sendo: Economia é a ciência social que tem por objetivo, "administrar os bens escassos da casa".

Como se pode observar essa definição é bem vaga e que diz respeito a "uma frase feita", devido a infinidade de abstrações fantasiosas que essa expressão exprime, como por exemplo.

Quanto ao próprio conceito de administração: qual é afinal a definição correta do tema administração? Em que contexto ele se associa aos preceitos da economia?

E a palavra: bens! O que são bens? E em quais condições podemos definir um objeto como sendo bem? Porque ele obedece a essa definição no que diz respeito ao atendimento das necessidades da expressão economia?

O último questionamento, diz respeito a palavra escassez. Qual é afinal o conceito de escasso na concepção da economia? Por que se diz que um bem é escasso? Baseado em que fundamento se pode afirmar que uma sociedade vai dar preferência ao consumo e a demanda de determinado bem só porque ele é escasso?

Na verdade, ninguém pode afirmar que um indivíduo demandará ou dará preferência ao consumo de um determinado bem só porque ele é escasso.

Um exemplo claro disso pode-se apresentar numa situação de um indivíduo solto num deserto. Nessa condição, se ele estiver no meio desse deserto sem água, e lhe for apresentado uma situação em que ele poderá fazer apenas uma escolha, de forma exclusiva, por um diamante de 80 quilates encontrado no meio do deserto de Marte e um barril de água que lhe permitirá sair ileso dessa situação, qual escolha ele fará? Pelo barril de água ou pelo diamante de marte?

É lógico que ele optará pela água. Jamais pelo diamante, mesmo esse sendo o mais raro do universo. Nesse caso, o que está sendo colocado em jogo aí, é a própria vida do indivíduo.

Agora, se transferirmos esse indivíduo do deserto para o centro da cidade, e com a mesma opção de escolha entre o barril de água ou o diamante de marte, o mesmo, se ele for racional e tiver espírito empresarial, continuará optando pelo barril de água e não pelo diamante.

Isso porque, se ele pegar essa água e a distribuir entre várias garrafinhas identificadas por meio de um rótulo e vende-las por R$ 2,00 cada uma, supondo que ele tenha conseguido distribuir a água por entre 100 garrafas, no final do dia ele terá de receita o montante de R$ 200,00 em dinheiro.

Supondo que o custo de cada barril de água seja de apenas R$ 18,00 e as despesas de R$ 2,00, se ele repetir o mesmo sucesso vendendo toda a água por dia, ele terá acumulado no final da semana, deduzidos os gastos com custos e despesas, o montante de R$ 1.080,00 reais de lucro.

Esse cenário lhe permitirá acumular no final do mês, considerando-se 24 dias úteis do mês, o total de R$ 25.920,00 descontados os gastos, o que, é lógico, será seu lucro líquido.

Bom, e se ele optar pelo diamante de marte?

Pode-se dizer que, de início, o mesmo só terá dores de cabeça com despesas diversas tais como: empréstimos em dinheiro para garantir a posse do diamante, os custos de seguro, garantia de proteção contra riscos diversos, contratação de seguranças, dificuldades de venda, guarda do diamante em cofres fortes, pagamento de impostos, condições de vendas, cobiça, etc. etc... etc.

Por fim, até vende-lo, quantos giros de capital o vendedor de água terá realizado fazendo materializar seu lucro de R$ 25.920,00 ao mês?

Daí decorre que, não é a escassez que determina a garantia da venda e nem mesmo a formação da riqueza, mas sim, a UTILIDADE do objeto, visto que, esse se transmutará em um bem necessário para atender à necessidade da sociedade.

Assim, utilidade se torna o principal atributo que faz com que um objeto ou coisa possa ser classificado como mercadoria. Por seu turno, para que um objeto ou coisa seja considerado como mercadoria é preciso que eles sejam dotados dos seguintes atributos: Utilidade; Raridade; Tecnologia; e tenham ainda Influência direta nos gostos e preferências do indivíduo.

Além de tudo, o preço desse objeto no mercado, tem que ser o suficiente para pagar os custos diretos, na forma de matéria prima, os custos indiretos, representados pelos insumos, as despesas e o lucro da empresa, para que se viabilize a sua produção como mercadoria.

Na condição de mercadoria, a utilidade se torna o fator primordial que determina o princípio da racionalidade do indivíduo e que permite que esse crie prioridades nas suas escolhas por mercadorias, estabelecendo uma cesta de preferências na sua aquisição.

Tal prioridade possibilita que o mesmo desenvolva um método próprio de aquisição de mercadorias de que ele precisa, visando atender suas faculdades humanas, dentre elas, em essência, as necessidades fisiológicas, segundo Platão. Dessa maneira, as faculdades humanas serão supridas pelas mercadorias produzidas pelo indivíduo, obedecendo ao princípio da racionalidade que tem dentro de suas premissas básicas, o critério de prioridade, indo da mais útil para a menos útil.

Em essência, não é todo objeto ou coisa que tem os atributos de uma mercadoria. Assim, pode-se definir a mercadoria como sendo, o bem ou serviço produzido pela força do trabalho humano, segundo Marx, na forma de riquezas, e que tem por objetivo, satisfazer as necessidades das faculdades humanas.

Isso porque, no que tange à utilidade, uma mercadoria quanto mais útil ela for para um indivíduo, mais cara ela se torna, visto que esse aceitará desembolsar um valor maior para adquiri-la enquanto que, quanto menos útil ela for, menor valor ela apresentará para esse, tornando-a preterida em relação as demais, para o mesmo.

Quanto à raridade, ela é um fator que está diretamente atrelado à utilidade da mercadoria na formação de seu preço, e não à prioridade de consumo do indivíduo. Isso faz com que, quanto mais útil e raro for a mercadoria, maior será o seu preço, e quanto menos rara for a mercadoria, menor será também o seu preço mantendo-se a sua utilidade constante.

Assim, o fenômeno da raridade está diretamente atrelado ao preço da mercadoria e não à sua importância, no que se refere a prioridade de escolha de consumo, que tem esse último, seu ponto de máximo, na utilidade da mesma, para o consumidor.

Portanto, o atributo da raridade ou escassez, está vinculado à utilidade da mercadoria quanto à formação de seu preço, e não, diretamente à sua importância na prioridade de consumo do consumidor.

No que se refere aos gostos e preferências, o consumidor aceitará pagar um preço maior ou menor por uma mercadoria, de acordo com o seu gosto e preferência pela mesma.

Conforme o gosto, o ser humano aceitará pagar um preço maior por um tipo de mercadoria desde que ela atenda às suas exigências particulares.

Por exemplo, um indivíduo que só goste de comer carne nobre, aceitará pagar um preço maior por um pedaço desse tipo de carne, do que pagar um preço menor por outro tipo de carne bovina, considerada como inferior.

Da mesma forma, ao adquirir um tipo de automóvel da mesma marca, ele aceita pagar um preço mais elevado por um modelo da cor do seu gosto, do que pagar menos por um mesmo modelo da outra cor.

Quanto à preferência, se um indivíduo prefere um tipo específico de mercadoria, ele estará disposto a pagar mais por esse tipo de produto, do que pagar um preço menor por outra mercadoria, que lhe atenda as mesmas necessidades. Por exemplo, na aquisição de um automóvel, se ele gostar de um *Sport Utility Vehicle* – S.U.V. ou veículo utilitário esportivo, em Português, ele vai preferir pagar mais por esse tipo de carro do que pagar menos por um sedan ou uma picape cabine dupla, ou vice-versa. Ou, no caso, se uma pessoa gostar de um carro alto, ele preferirá adquirir um veículo desse porte, mesmo pagando mais caro por ele, do que adquirir um carro considerado baixo, que não lhe permita andar por todas as vias de uma região, e assim por diante.

Existe ainda os preços que são afetados por fatores locacionais baseados no costume, na religião e nos hábitos dos consumidores. Um exemplo: tem determinada religião que não consome certo tipo de peixe. Tem outros que não vestem determinados tipos de vestuários e assim, por conseguinte.

De maneira geral, todos esses atributos refletem no preço do produto. Assim, quanto mais uma mercadoria for dotada dessas propriedades (raridade, tecnologia, gostos, preferências) mantendo sua utilidade constante, maior tende a ser o seu preço. Em contrapartida, *coeteris paribus* a utilidade, quanto menores forem suas propriedades no que concerne à sua raridade, a tecnologia embutida no seu fabrico e a sua influência nos gostos e preferência dos seus consumidores, menores serão os seus preços.

São essas particularidades que determinam o superlucro da mercadoria no curto prazo e que faz diminuir o seu preço no longo prazo, trazendo-o para o lucro natural.

É por isso que, quando uma nova tecnologia de grande utilidade é lançada no mercado, maior é o preço que os consumidores se dispõem a pagar por ela, fazendo-a gerar superlucros para o seu produtor. Por outro lado, a partir do momento que essa tecnologia tem seu segredo de fabricação descoberto pelos demais produtores e promovem o aumento da sua produção, há uma queda do seu valor de mercado, fazendo com que seu preço tenda para o preço natural no longo prazo, passando essa a gerar lucros normais.

Por seu turno, a queda de preço da mercadoria que a faz gerar lucro natural, ocorre quando a quantidade desse tipo de bem passa a existir em excesso no mercado levando ao estabelecimento da concorrência entre os produtores na sua oferta no mercado.

Esse fenômeno é causado pela evolução tecnológica, e depois, pela descoberta da técnica do seu fabrico por parte dos demais produtores provocando o aumento no número de seus fabricantes, e a combinação de melhores estratégias de sua produção dentro da fábrica, diminuindo assim as despesas na sua produção.

Deve-se ainda acrescentar que, o preço da mercadoria também sofre influência direta da quantidade dos seus demandantes e dos seus ofertantes dentro do mercado, tornando-a mais cara ou mais barata. Disso pode-se concluir que, o preço da mercadoria qualquer ela que seja, é influenciado diretamente pelos seus atributos descritos acima, e pelo fator quantidade, e não, pura e simplesmente, pela lei da oferta e da procura de mercado.

Tais requisitos que são característicos da mercadoria, fazem derivar um segmento da Teoria Econômica, que é considerada como fundamental para se determinar a viabilidade de sua produção e comercialização, dentro do mercado, e que recebe o nome de mercadologia.

A mercadologia é a parte da teoria econômica que tem por função, analisar a importância e as características fundamentais da mercadoria, com a finalidade de se averiguar seu potencial de produção e comercialização, decorrente da quantidade de indivíduos interessados no seu consumo a um determinado preço.

A mercadologia trata-se da primeira parte da elaboração de qualquer projeto de viabilidade econômica, que permite ao investidor detectar que, se a produção de um determinado tipo de objeto for viável, ele se torna mercadoria e será produzido em escala industrial. Se sua produção se mostrar inviável, já nessa etapa da pesquisa, tal projeto deve ser abortado, antes mesmo do início da elaboração da parte econômico-financeira desse projeto.

Essa é a parte estratégica que antecede a preparação tática e operacional do planejamento de produção de uma mercadoria e que é tratado pelo setor de projetos de viabilidade econômica de uma mercadoria ou serviço.

Deve-se lembrar que, projeto de viabilidade econômica não é o mesmo que plano de negócios, estando este último mais equiparado ao projeto econômico-financeiro da produção de uma mercadoria, que é a segunda parte da elaboração do referido estudo de viabilidade econômica.

O projeto de viabilidade econômica é mais amplo, mais complexo e que leva em conta todas as características do mercado em questão, indo desde a consideração da política econômica existente no local, a sua estrutura de comercialização e a forma de distribuição das riquezas, para se avaliar a viabilização da atividade da Economia e dos mecanismos de ajustes macroeconômicos, que predominam na região.

De maneira resumida, pode-se dizer que, a mercadologia é a parte da economia que analisa todas as características e atributos da mercadoria, visando determinar o seu potencial de consumo numa determinada região, a um determinado preço.

Esses requisitos sendo atendidos a contento do produtor, permite que a mercadologia passe para a segunda etapa da preparação da mercadoria já na fase pré-operacional do seu planejamento para a comercialização, que recebe o nome de mercadização.

Por seu turno, pode-se dizer que, a mercadização é a etapa da mercadologia que tem por função desenvolver a estratégia de técnicas de apresentação, distribuição e vendas da mercadoria, visando a sua comercialização a um preço ótimo e quantidades extremas e que gerem lucro máximo para a empresa.

Vale antecipar, buscando esclarecer essa questão, visto que, até hoje existe uma confusão total a esse respeito, e como será trabalhado mais à frente que, o lucro é renda da empresa e o salário na forma de pró-labore é a renda do trabalhador-empresário, e que, embora ambas sendo rendas, não há nenhuma relação entre uma e outra.

O estudioso dessa seara não deve esquecer jamais a diferença que existe entre a renda do trabalhador e do trabalhador-empresário, que são o salário e o pró-labore, respectivamente, em relação ao lucro que é da empresa. Mais tarde esclarecer-se-á melhor essa questão.

A parte da mercadização, sem uma definição específica que a trate na sua essência, visto que é definida de forma vaga nos nossos dias, é trabalhado no seu vernáculo em inglês, como sendo marketing.

Tem como seu principal expoente o Economista senhor Dr. *Philipe Kotler*, embora o primeiro economista que percebeu os atributos da mercadoria foi o senhor Robert Malthus, considerado por isso, neste trabalho, como o Pai da mercadologia, como se verá mais adiante.

Vale observar que, deve-se ter muito cuidado na análise dos trabalhos relativos à mercadização ou marketing, visto que, o mesmo possui um grande potencial de ludibriar o seu público alvo, devido à sua grande capacidade de criar programas e políticas de desenvolver atributos inexistentes na mercadoria, e em alguns casos, tentar vender um objeto que nem atributos de mercadoria possui.

No caso deste estudo, no que diz respeito às faculdades humanas, que são citadas no conceito de mercadoria, recorrer-se-á aos trabalhos de Platão e que são apresentados em sua obra "A República". Isso será feito, para que se tenha uma definição mais bem acurada sobre esse atributo, visto que, é esse filósofo que trata com maior propriedade sobre tal tema, como se verá nas páginas seguintes desta obra.

Fundamentado nessas afirmações chega-se a conclusão de que, o conceito apresentado acima, em nada contempla a definição da Economia enquanto ciência social pura e aplicada.

Em consequência desse resultado nos encontramos numa situação de vazio quanto ao conceito de economia, o que nos obriga a trabalharmos outras alternativas plausíveis, para chegarmos enfim à definição final da Ciência Econômica.

Tal impossibilidade nos remete aos estudos de Platão e sua preocupação com a criação do que ele chamou de Estado Ideal ou Estado Civilizado, apresentado em sua obra "A República" e que passar-se-á a analisar a seguir.

8.2 O Estado Ideal de Platão

Platão viveu na Grécia antiga entre 428 a 348 a.C., período no qual predominava nessa região, as chamadas cidade-estado ou pólis. Da sua parte, embora fossem gregas, falassem a mesma língua e, portanto, coirmãs, essas pólis eram muito violentas em decorrência da grande concorrência que existia entre elas, aonde era comum os conflitos de toda natureza, inclusive, guerras extremamente sangrentas. Quando trata desse assunto em sua obra "A Riqueza das Nações", Adam Smith afirma que, o império grego foi muito mais violento que o romano.

Ademais, esse era o fator que mais entristecia Platão, visto que, esse filósofo não admitia tal situação de concorrência entre as pólis gregas, o que o induziu a desenvolver um trabalho aglutinador e que foi apresentado em sua obra "A República".

Foi assim que, diante da violência que imperava nessa região, para propagar suas ideias, temendo represálias sobre seu modo de pensar e ser executado por isso, Platão adotou algumas precauções para poder difundir seus pensamentos com maior grau de discrição e segurança.

A ideia principal de Platão seria reunir os fundamentos necessários para se ter uma sociedade civilizada, altamente culta e destemida num único espaço, onde todos os costumes e tradições do povo grego fossem cultuados e respeitados na sua essência.

Foi assim que esse filósofo criou o que ele passou a chamar de Estado, que tinha por missão reunir todos os atributos das cidade-estado gregas num único território, no caso, o Estado Civilizado ou Estado Ideal e que foi apresentado nessa obra.

Conforme frisado acima, por viver entre um povo ignorante, portanto, selvagem, Platão procurou desenvolver uma metodologia pedagógica que passasse despercebida dos governantes, para não gerar conflitos internos que trouxessem instabilidades na sua forma de ensinar e apresentar suas ideias.

Imbuído dessa missão, Platão, nos capítulos iniciais de sua obra, passou a discorrer sobre quais seriam os fundamentos primordiais para se construir um Estado livre e soberano, a começar pelo método de análise desses princípios. Com esse objetivo, o método escolhido por Platão foi a dialética, que era a metodologia mais respeitada por praticamente todos os filósofos de sua época, e o gênero literário foi o narrativo, escrito na forma de prosa, expressada como novela. Platão (2006: 91).

Essa narrativa seria levada a público de maneira dialogada, com seis personagens que debatessem entre eles, todos os fundamentos escolhidos para averiguar a viabilidade da construção desse Estado Ideal.

Os personagens segundo Platão seriam: Sócrates, Glauco, Polemarco, Trasímaco, Adimanto e Céfalo, cada qual com uma função específica.

Dentro desses parâmetros, Platão escolheu um para transmitir suas ideias que seria o protagonista, e os demais para refutá-las e colocá-las no crivo, que seriam seus rebatedores. Assim, o personagem escolhido por Platão para apontar e sustentar suas bases analíticas, e testar as hipóteses do estudo, se tornando assim, o protagonista para isso, foi Sócrates. Os demais personagens passariam por serem seus antagonistas, no caso: Glauco, Polemarco, Trasímaco, Adimanto e Céfalo.

A finalidade de Platão com essa estratégia, foi estabelecer uma base de debates entre seus personagens separando o que ele considerava como a essência dos fundamentos filosóficos científicos em relação ao senso comum, que prevalecia até então, sobre os principais conceitos sociais, que determinavam o modo de vida da Grécia Antiga.

Assim, o seu objetivo com essas ações era depurar tais conceitos, visando reformular a visão adquirida que existia até então, que Platão considerava como ultrapassada e cheia de vícios de todo tipo.

A proposta era trocá-las por preceitos mais avançados, robustos, racionais e justos, e que, a partir daí, passariam a orquestrar a vida em comum dos gregos e que seria representada pelo sistema de governo controlado, diretamente por um Estado forte, autônomo e soberano, e, por conseguinte, como decorrência desse Estado criado, e nesse mesmo Estado, poder construir uma base social bem estruturada, que pudesse garantir a estabilidade e a evolução de uma sociedade, saudável, livre, justa, extremamente educada e culta e por isso, sábia e civilizada.

A grandeza de Platão logo se revela já na introdução de sua obra quando o mesmo trata da questão das fases da vida do ser humano, até esse atingir a maturidade, quando a velhice se manifesta e traz consigo novas formas de se pensar, principalmente sobre o "fogo do amor" e da "paz do espírito", em comparação com a juventude, em que quase tudo é novidade e gera instabilidade emocional, como se observa abaixo:

> [...] A bem da verdade, encontrei também várias pessoas de idade que pensavam de modo bem diverso, como, por exemplo, o poeta Sófocles, a quem certa vez alguém lhe perguntou: "Como andam as coisas com o amor, Sófocles? Você ainda consegue chegar ao prazer com uma mulher?" Eu mesmo o ouvi responder: "Nem me fale disso! Já estou livre e, com imensa alegria, como se tivesse fugido de um patrão furioso e truculento".
>
> Já na época me pareceu que tivesse razão e agora estou mais do que nunca convencido disso. A velhice traz consigo uma grande paz e o homem se liberta dessas coisas. Quando os desejos não são mais tão violentos e as rédeas se afrouxam, então sim é que, na verdade, se realizam as palavras de Sófocles e o homem se torna livre de muitos patrões furiosos. [...] (pág. 12).

Para Platão, os frutos colhidos na velhice dependem muito do modo de viver de cada um. O modo de vida, por conseguinte, se divide em dois tipos: o justo e o injusto. Aqueles que procuraram ter uma vida justa passarão seus últimos dias, de forma serena e equilibrada. Os que escolheram o caminho da injustiça, passarão essa fase da vida, vivendo de uma maneira atribulada e instável, portanto, insegura, principalmente com medo daquilo que virá depois, ou seja, a vida após a morte.

Diante disso, pode-se afirmar, segundo Platão, que o principal fruto colhido da juventude e que se refletirá na velhice, determinará o *modus vivendi* dos últimos dias do indivíduo na Terra. Tal fruto, de forma excludente, é a riqueza ou a pobreza.

Em suas análises Platão centra-se na vida na riqueza. O fator crucial da riqueza, para esse autor, é a sua utilidade para aqueles que vão desfrutá-la. Também se não for útil, não é riqueza.

Existem dois tipos de riqueza que são obtidas de forma justa - visto que não existe riqueza na forma injusta, só contrariedades e sofrimentos -, aquela herdada e aquela conquistada à custa de suor e sacrifício, portanto, trabalho árduo.

Aqueles indivíduos que obtiveram a riqueza de forma herdada, costumam ser relapsos e só tendem, ao invés de acrescentar valores nessa riqueza, a depauperá-las. Isso não quer dizer que existam herdeiros que não acrescentam valores a riqueza. Neste caso, tais indivíduos se encaixam naqueles que são considerados como pessoas equilibradas e, portanto, virtuosas.

Por outro lado, existem aquelas pessoas que constroem sua riqueza na base de muito trabalho. Para o indivíduo que consegue tal prodígio, a riqueza é muito valorizada e faz com que ele dê valor a cada centavo daquilo que foi conquistado. Platão afirma que, esse tipo de ser humano se transforma em muitos casos, em adoradores da sua fortuna e, portanto, avarentos. Entrementes, o perfil dos formadores de riqueza fica restrito, como já frisado, a pessoas equilibradas.

Para Platão (2006, p. 14), em essência, a riqueza,

> [...] contribui de maneira decisiva para não enganar nem mentir, sequer involuntariamente, para não ficar devedor de sacrifícios a um deus ou de dinheiro a um homem; e finalmente, para não partir daqui cercado de receios.
> Não há dúvida de que a riqueza traz muitas outras vantagens, mas, ponderando bem, para um homem sensato, esta, me parece ser sua máxima utilidade.

Por conseguinte, para Platão, já manifestado em Sócrates (p. 15), o principal atributo das pessoas equilibradas é o senso de justiça. Diante dessa assertiva, a partir daí, esse autor passa a debater o que seria a "verdadeira justiça", procurando definir a sua essência.

A melhor maneira de definir a justiça para Platão é dissocia-la de seu conceito oposto, no caso, a injustiça.

Abrindo os debates sobre o que seja justiça e injustiça, Platão trata de investigar sobre os tipos de questionamentos que vêm à cabeça, quando esses dois fundamentos são trabalhados na mente humana e que estão mais relacionados ao senso comum, do que propriamente, ao conceito de justiça e/ou de injustiça em si.

Em sua época, as denominações mais trabalhadas sobre o que seja justiça se fundamentavam no princípio de que se deve "restituir a cada um o que é seu". (p.15). Ou, em outras palavras, "fazer o mal a quem pratica o mal e fazer o bem a quem faz o bem".

Entrementes esse filósofo se contrapõe a esse conceito e procura reformulá-la reestruturando-a por intermédio dos seguintes dizeres:

> Se, portanto, se afirmar que a justiça consiste em dar a cada um o que lhe toca, e com isto se pretender dizer que o homem justo deve fazer o mal aos inimigos e o bem aos amigos, quem sustenta isso não é um sábio porque não fala de acordo com a verdade. De fato, pareceu-nos evidente que em nenhum caso é justo fazer o mal a quem quer que seja. Platão (2006, p. 22)

Na realidade, quando Platão efetua essa narrativa seu objetivo é fazer uma séria crítica ao modo de se pensar sobre o que seria a "verdadeira justiça" e o verdadeiro conceito de "justiça" que predominava entre as castas dominantes, nos tempos da Grécia Antiga representada pela opinião dos guerreiros que combatiam na época, uma vez que, dotados desse pensamento, cada governo faz suas leis de acordo com seu próprio interesse. (p. 25 – 26):

> [...] A democracia institui leis democráticas a tirania emana leis tirânicas e os demais, do mesmo jeito. Uma vez estabelecidas as leis, os governantes proclamam justo para seus súditos o que convém a eles e punem os transgressores como violadores da lei e da justiça. Pretendo, portanto, dizer, meu caro, que em todos os Estados a justiça é sempre o interesse do poder constituído e esse tem tal força que, ao que parece, é justiça sempre e em qualquer lugar a mesma coisa, isto é, o interesse do mais forte.

Segundo Platão, na Grécia Antiga, a lei do mais forte sempre prevalecia porque, além dessas cidades-estados não terem adquirido a educação e a cultura necessárias para transformarem esse conceito vivenciado na sua época, a truculência prevalecia aonde a lei do mais forte imperava, e com ela, o pensamento de que, aqueles que possuíam a maior força e, portanto, a maior capacidade de imposição, não de negociação, é que deveria ter seus interesses sempre prevalecendo.

Em um extenso discurso, no último § da página 31 e início da página 32, Platão, no papel de Trasímaco, completa seu raciocínio:

> O fato é que você acha que os pastores ou os vaqueiros querem o bem das ovelhas ou dos bois e os engordam e cuidam deles para uma finalidade diversa daquela do interesse de seus donos e deles próprios. De modo semelhante, você imagina que nos Estados, os verdadeiros governantes se comportam com os súditos de modo diverso de como se comportaria alguém com as ovelhas e, dia e noite, não pensam em outra coisa, senão em tirar deles um proveito pessoal. Embora tão avançado no conhecimento do justo e da justiça, do injusto e da injustiça, você ainda ignora que a justiça e o justo na realidade não nos pertencem porque constituem o interesse do mais forte que comanda, enquanto que quem obedece e serve só leva prejuízo, e a injustiça, pelo contrário, se impõe a quem é verdadeiramente ingênuo e justo, os súditos fazem o interesse do mais forte e, ao servi-lo, o tornam feliz, mas para eles mesmos não tiram a menor vantagem. Estultíssimo Sócrates, perceba que, em qualquer circunstância, o homem justo leva a pior no confronto com quem é injusto. Em primeiro lugar, em qualquer acordo privado em que dois indivíduos fazem sociedade, você jamais verá que, ao final de sua relação, o homem justo tenha ganho mais que o injusto, ocorrendo sempre exatamente o contrário. Nos negócios públicos, quando é necessário pagar impostos, de igual modo o homem justo paga mais e o injusto paga menos. Se, ao contrário, é questão de ganhar alguma coisa, um não ganha nada e outro, muito. Se ambos têm algum cargo, ao homem justo acontece, como mínimo, de desleixar por falta de tempo os próprios interesses domésticos e de não levar, exatamente porque é justo, nenhuma vantagem da coisa pública, além de atrair sobre si o ódio dos parentes e dos conhecidos, sempre que se recusar em favorecê-los contra a justiça. Precisamente o contrário ocorre com o homem injusto, isto é, a quem sabe impor-se eficazmente sobre os outros. Isto você deve considerar, se quiser compreender quanto é melhor, para o próprio interesse, ser injusto do que justo. Melhor você poderá compreendê-lo se atentar para a injustiça mais absoluta que torna extremamente feliz quem a comete e extremamente infeliz quem é vítima dela e que não gostaria de comportar-se injustamente. Essa injustiça absoluta é a tirania que não se apodera dos bens dos outros aos poucos, mas toma tudo de vez: sagrado e profano, privado e público, com engano e violência. Quem é surpreendido cometendo um só desses crimes é punido e humilhado. De acordo com o crime cometido é chamado sacrílego, escravista, salteador, bandido, ladrão. Mas quem reduziu à escravidão seus concidadãos, além de tê-las despojado de seus bens, em lugar desses apelativos difamadores tem a reputação de homem feliz e afortunado, não somente da parte de seus concidadãos, mas também de todos os que chegam a saber da absoluta injustiça que cometeu. Isto porque se condena a injustiça não pelo temor de cometê-la, mas pelo medo de ter de sofrê-la. Portanto, Sócrates, a injustiça na medida adequada é uma coisa mais forte, mais nobre e que detém mais autoridade que a justiça. Esta, como eu dizia no começo, é o interesse do mais forte, enquanto que a injustiça é vantajosa é útil por si mesma[9].

Mesmo utilizando-se dos argumentos mais incisivos adotados pelos defensores do pensamento de que, na vida prática é a injustiça que sempre prevalece sobre a justiça, num mundo destituído de nível virtuoso, educacional e cultural elevados, ou seja, ignorante e, portanto, bárbaro, Platão não se satisfaz com esse discurso e procura novos princípios racionais e justos para contrapor essa versão.

Na certeza de que esse tipo de raciocínio sempre prevalece numa mente mal preparada e de sentimento individualizado, como o que imperava nas castas hegemônicas das Cidade-Estado gregas, Platão recorre aos fundamentos de uma vida em comunidade, onde seus membros apresentam um pensamento mais equilibrado e,

---

[9] A norma culta sugere que as citações sejam curtas e breves; no entanto, no presente trabalho, isso, de certa forma é deixado de lado, para poder melhor mostrar ao público leitor que os debates apresentados entre os personagens são bastante atuais. Vale lembrar que, mesmo as obras clássicas de autores renomados como Marx, Marshall e Keynes, só para citar alguns, apresentam extensas citações, levando até várias páginas para serem concluídas sem perder de vista a qualidade de seus respectivos trabalhos. Outro ponto a acrescentar sobre a importância da apresentação das citações longas está no fato de que, elas auxiliarão, em muito, a compreensão dos temas e teorias subsequentes que serão discutidos durante a elaboração do presente estudo. Na realidade, seria muito simples e fácil resumir todos os parágrafos citados acima. No entanto, se tal procedimento fosse adotado, acredita-se que o texto se tornaria por demais, tedioso e sem a empolgação necessária que instiga a busca por mais conhecimento. Entrementes, desculpas se pedem por tais abusos praticados por parte do autor.

portanto, mais racional, sobre a vida coletiva, para poder ganhar fôlego nos debates e encontrar maiores argumentos sólidos de defesa e de sustentação, de onde prevalece o pensamento de justiça, e a injustiça jamais consegue imperar, sequer se impor.

Ciente e confiante em sua base analítica, Platão, manifestado em Sócrates, assim se objeta aos argumentos perpetrados pela máxima social da prática da injustiça, que sempre se impõe sobre a práxis da justiça, apresentada acima:

> [...] Por acaso, você acha que se dispôs em definir uma questão de menos importância, antes que a norma de conduta que cada um de nós deve seguir para viver com o máximo proveito possível?
>
> [...] Quanto a mim, continuo a sustentar que não estou em nada convencido e que não posso acreditar que a injustiça seja uma coisa mais proveitosa que a justiça mesmo no caso em que se lhe dê livre curso, sem obstáculo algum, para fazer o que quiser. Platão(2006:33):

Diante da tal impasse, disposto a se impor mediante argumentos sólidos baseados na essência de cada variável tratada, como frisado, Platão recorre aos princípios da vida em comum de uma coletividade para encontrar subsídios necessários e justos, na sua contraposição ao prevalecimento da injustiça sobre a justiça, que se perpetua em um meio tribal, doutrinado pelos princípios da ignorância e assim, nesse contexto, da selvageria reinante, para encontrar o verdadeiro conceito de justiça não só no ambiente elucubrativo, mas também, na práxis.

8.3 A necessidade da introdução do conceito de Estado para se melhor definir o que seja justiça em sua essência

Como os personagens de Platão não chegaram a nenhum acordo sobre qual deve ser o papel respectivo na sociedade, dos conceitos de justiça e injustiça, e sobre qual desses dois fundamentos deve prevalecer numa sociedade civilizada, Platão, no papel de Sócrates, recorre ao estabelecimento de um cenário hipotético no funcionamento de um Estado orgânico, visando se posicionar melhor dentro do contexto filosófico, com o objetivo de se definir o que deve ser a justiça, em sua essência.

Dessa maneira, Platão então, por intermédio do personagem Sócrates, passa a tratar da questão da formação de um Estado embrionário, mas não sem antes abrir um parêntese, para estabelecer os ditames e a importância que exigem um cargo público, principal componente para a constituição de um Estado.

Assim, o autor busca definir em sua essência, qual é o real papel do funcionário público no exercício de suas atribuições, enquanto responsável pelo abastecimento desse setor, das utilidades essenciais à vida em comum, da sociedade a qual serve. Nesse sentido, Platão, no papel do personagem Sócrates assevera que, moralmente, "toda autoridade, pública ou privada, se propõe enquanto tal somente para o bem dos súditos". (2006:34).

Para Sócrates (Platão), "ninguém quer exercitar espontaneamente cargos públicos, ao contrário, todos exigem uma compensação porque acreditam que não tiram nenhuma vantagem do exercício do poder, mas só farão o bem de seus súditos" (p. 34). De acordo com esse autor, o cargo público não é uma benesse. Pelo contrário, é um transtorno e, por isso, o detentor de tal cargo ao invés de lisonjas, tem que ser remunerado por isso.

Platão, manifestado em Sócrates, considera que, governar é uma arte, e que o ato de governar na condição de arte, faz com que "nenhuma autoridade procura o próprio benefício, mas, como dizíamos antes, realiza e impõe aquilo de quem está sujeito, visando o interesse do mais fraco e não aquele do mais forte". (2006, p. 35)

Seguindo o mesmo raciocínio, no papel de Sócrates, Platão continua (p.35):

> [...] Este é o motivo, caro Trasímaco, pelo qual há pouco eu sustentava que ninguém quer espontaneamente comandar e se empenhar para corrigir os males de outrem. Ao contrário, um salário é exigido porque quem pretende exercer bem a própria arte não realiza nem impõe o próprio interesse, na medida em que comanda com relação à sua arte, mas no interesse de quem está subordinado a ele. Eis porque, segundo me parece, é preciso recompensar, com dinheiro ou com honras, a quem aceita comandar ou impor-lhe uma punição se não governa.

Nesse contexto, Platão, utilizando-se do personagem Sócrates, por conseguinte, ainda sustenta que, o desejo de honrarias e de dinheiro pelo artista e, por extensão, àquele que exerce um cargo público é desonroso (p. 36). Daí porque, os homens honestos não aceitarem assumir o governo nem por dinheiro nem por honrarias. (p. 36).

> [...] Na realidade, não querem ser considerados mercenários que exigem abertamente um salário, nem querem ser considerados ladrões ao tirá-lo de modo secreto de seu encargo. Como não são ambiciosos, não querem também governar pelas honrarias.

Para induzi-los a isso, é preciso forçá-los e puni-los. Isso decorre talvez do fato de achar desonroso chegar ao poder por própria iniciativa, sem esperar ser compelido a isso. Mas o castigo supremo consiste em ser governados por quem é moralmente inferior, no caso em que o cidadão honesto não queira assumir o poder. É o temor desse castigo que, segundo minha opinião, impele os melhores a governar, se necessário. E então eles chegam ao poder não como em direção a alguma coisa de bom, nem para nele permanecer comodamente, mas como em direção a um dever inevitável, porque não podem confiar suas funções a pessoas melhores ou pelo menos iguais a eles. Se o Estado fosse composto de homens honestos, talvez haveria uma corrida para não governar, exatamente ao contrário do que acontece agora. Assim, seria evidente que o verdadeiro governante não visa por natureza seu interesse pessoal, mas o dos súditos. (2006, p. 36).

Finalmente, após definir o conceito de cargo público em sua essência, ou seja, a obrigação do governante de fazer o bem a quaisquer que sejam os súditos, de proteger o mais fraco e ainda, o que leva o indivíduo honesto a desempenhá-lo, Platão, no personagem de Sócrates, volta à sua antiga missão de definir o que seja a "verdadeira justiça" e ao seu carma de dissocia-lo da injustiça, e mais, de buscar rebater em essência, a afirmação de Trasímaco de que, a "justiça" seja o interesse do mais forte.

Visando melhor sedimentar suas críticas ao ponto de vista em comum, defendido pelos personagens irmãos, Trasímaco e Glauco, no que se refere a questão da "justiça", ainda em estado de divergência, Platão, utilizando-se do protagonismo do personagem Sócrates, faz a dissociação dos pressupostos relativos aos conceitos de justiça e injustiça afirmando que, enquanto justiça é uma virtude, a injustiça é um vício (p. 37). Se as virtudes enobrecem o homem, por outro lado, os vícios os denigrem. Entrementes, mesmo conseguindo pontos positivos no referido debate relativo à questão do conceito da "verdadeira justiça", Platão não consegue mudar a opinião dos papéis de Trasímaco e Glauco sobre esse tema.

Por seu turno, buscando amenizar um pouco seu discurso relativo ao fato de acreditar que a injustiça deve prevalecer, mesmo que camuflada na forma de justiça, o personagem Glauco acrescenta (2006, p. 53):

> [...] Se minhas palavras parecerem um tanto duras, tenha presente Sócrates, que não sou eu quem falo, mas aqueles que exaltam a injustiça em detrimento da justiça. Segundo eles, o homem justo, em vista de sua conduta, será açoitado, torturado, posto sob grilhões, terá seus olhos queimados e, depois de ter sofrido todo tipo de males, será levantado num madeiro e só então se dará conta que convém desejar não o ser, mas somente parecer justo. Os versos de Ésquilo se aplicariam bem melhor ao injusto, porquanto todos dirão que ele concentrou todos os seus esforços numa coisa real em vez de pautar sua vida somente pelas aparências, não querendo parecer injusto, mas sendo-o de fato: "Sua mente se transformou em sulco profundo, de onde brotam nobres idéias".
>
> Antes de mais nada, graças à sua reputação, domina sua cidade, toma por mulher a que melhor lhe apraz, casa suas filhas com quem melhor lhe parece, estipula contratos e sociedades com quem quer e tira partido de tudo, porquanto não hesita em comportar-se de modo injusto. Quando se defronta com rivalidades públicas ou privadas, ganha todas e elimina os competidores. Assim enriquece, presta benefícios aos amigos, persegue os inimigos, oferece aos deuses sacrifícios e dons magníficos e concilia melhor e mais perfeitamente que o justo os favores dos deuses e dos homens, a quem se empenha em agradar. Por esse motivo, ele pode se considerar convictamente mais caro aos deuses que o próprio homem justo. Por isso, Sócrates, os partidários da injustiça afirmam que os deuses e os homens asseguram ao injusto uma existência melhor que ao justo.

Para piorar ainda mais a vida de Sócrates, na sua tarefa de defender o conceito científico e filosófico do que seja a "verdadeira justiça", Platão introduz no debate, o personagem Adimanto, outro irmão de Trasímaco e Glauco, e faz aumentar o número dos defensores da ideia propalada de que a injustiça sempre prevalece sobre a justiça, e que esta última, nada mais é do que o interesse do mais forte. Assim, em adição às ideias de Trasímaco e Glauco, Adimanto, mais um defensor dos interesses das castas superiores da Grécia Antiga, afirma em seu discurso (2006; p. 56):

> Ouve-se dizer, com efeito, que, se for justo sem o parecer, não levarei vantagem alguma, mas somente penas e castigos inevitáveis; por outro lado, ao injusto é reservada uma existência brilhante, contanto que se esforce por obter fama de justo. Em vista, portanto, da aparência, como me demonstram os sábios, "ganha também a verdade que decide sobre a felicidade", convém voltar-me de todo às aparências. Devo

traçar em torno de mim, como uma fachada bem decorada, uma imagem de virtuoso. Devo levar comigo a astuta e enganadora raposa do perspicaz Arquíloco. Se me for confutado que não é fácil esconder constantemente a maldade, responderia que nenhum outro empreendimento é fácil. Se, no entanto, quisermos ser felizes, é preciso percorrer esse caminho, traçado por nossos discursos. Para esconder nossa maldade, uniremo-nos em alianças e sociedades, além de existirem mestres de notável persuasão que asseguram a posse de uma sabedoria popular e jurídica, com as quais poderemos tanto persuadir como obrigar, aprimorando-nos na arte de enganar sem danos.

"Mas é impossível enganar ou resistir aos deuses!" Se, contudo, não existem ou se preocupam por nada com as vicissitudes humanas, para que nos preocuparmos em fugir deles? Se, por outro lado, existem e se preocupam conosco, não os conhecemos a não ser por ouvir dizer ou pelos autores de genealogias. Até eles afirmam que os deuses podem ser aplacados e passar para nosso lado por meio de "sacrifícios e amáveis preces", além de ofertas. Ora, ou se acredita em tudo o que dizem ou não se crê em nada. Se for para crer, então devemos nos comportar mal e oferecer aos deuses sacrifícios que sejam fruto de nossas más ações. Se fôssemos justos, certamente nada teríamos a temer dos deuses, mas perderíamos as vantagens da injustiça. Ao contrário, se injustos, conquistaríamos os deuses com orações, mesmo continuando a transgredir as leis e a cometer crimes, persuadindo-os depois a nos perdoarem. [...]

Diante de tudo o que acabo de dizer, que expediente, Sócrates, poderia levar um homem de alguma superioridade intelectual, física, econômica ou familiar a apreciar a justiça, em vez de desprezá-la quando ouve alguém que a elogia? Quem tivesse condições de demonstrar a falsidade de nossas afirmações e se convencesse de que a justiça é o sumo bem, tal homem ainda assim, seria indulgente para com os injustos em vez de mostrar-se irado com eles. Ele bem sabe que, excetuando-se aquele que por inspiração divina seja contrário à injustiça e dela se abstenha, porque iluminado pela ciência, ninguém mais é justo por espontânea vontade, mas somente por causa da covardia ou da velhice ou por qualquer outra debilidade, passando a lastimar a injustiça somente porque é incapaz de praticá-la.

Entrementes, mesmo depois de seu brilhante discurso em defesa das vantagens de se praticar a injustiça, Adimanto reconhece a importância da existência e da prática da verdadeira justiça. Então, em adição ao seu comentário sobre as vantagens de se praticar a injustiça, esse personagem criado por Platão, observa (p. 59).

Desde que você admitiu que a justiça faz parte dos bens supremos, daqueles que vale a pena atingir por suas consequências ainda mais por si mesmos como a visão, a audição, a inteligência, a saúde e todos os bens dotados de valor natural prescindindo de sua aparência elogie pois, no caso da justiça, as vantagens que traz consigo a quem a possui e, no caso da injustiça, lastima os danos que ela traz. De certo eu poderia aceitar que outro louvasse a justiça e atacasse a injustiça, limitando-se a apreciar e a criticar as aparências e as recompensas decorrentes de uma e de outra.

Por ter descido de seu "pedestal" e apresentar uma fresta de humildade em relação ao conhecimento e a sapiência reconhecida, estampada na visão filosófica de Sócrates, tal comportamento de Adimanto e de seus irmãos, faz com que o personagem Sócrates fique maravilhado, e em virtude dessa janela lhe aberta, o mesmo, assim se manifesta (p. 59):

Não foi por acaso ó filhos daquele notável homem, que a amante de Glauco começou a elegia que lhes dedicou, celebrando suas façanhas na batalha de Magara: "Filhos de Aristo divina estirpe de insigne herói." Esse elogio, amigos, me parece perfeito. Vocês estão de fato, num plano realmente divino, se não supõem que a injustiça seja superior à justiça, embora capazes de defendê-la com tanta eficácia. Na verdade, me parece que vocês não estão ainda plenamente convencidos e o deduzo de toda a conduta de vocês, porquanto só as palavras não me deixariam convicto. Quanto maior é minha confiança em vocês, tanto mais encontro dificuldades, pois não estou em condições de ajudá-los. Acredito até ser incapaz disso. Sobretudo porque vocês não aceitaram os argumentos que apresentei em meu colóquio com Trasímaco, no qual me parecia ter demonstrado que a justiça é superior à injustiça. Por outro lado, não posso deixar de vir em seu auxílio porque, temo, seria uma impiedade, enquanto respirar e ainda possa falar, permitir que a justiça fosse colocada sob processo e recusar minha ajuda. A melhor solução será, portanto, a de defendê-la como melhor puder.

Assim, depois de receber o aval dos três irmãos, Platão, no papel de Sócrates, dá continuidade à sua árdua tarefa de encontrar termos suficientemente plausíveis no campo filosófico e, portanto, científico, para poder então definir o que vem a ser a "verdadeira justiça".

Como para Sócrates foi praticamente impossível definir o conceito de justiça a partir apenas da análise das abstrações individualistas de seus antagonistas, espelhando cada qual, em seus próprios interesses relacionadas à prática do que seja justiça e injustiça, traduzidas na forma de direitos e obrigações, ele achou por bem, em consenso com seus pares, no caso, os três irmãos (Trasímaco, Glauco e Adimanto) procurar definir o conceito da "verdadeira justiça" por intermédio da análise das relações entre agentes convivendo dentro de um Estado constituído.

A ideia original segundo Sócrates (p. 60) seria analisar a situação dentro de um contexto maior com a finalidade de melhor definir o que viria a ser a "verdadeira justiça", e, a partir daí, ter subsídios suficientes para poder averiguar a sua aplicação em cada pessoa, "relacionando o que é menor com o que é maior, por analogia", utilizando-se da dialética para isso.

Assim, devido à dificuldade em se delinear o que seja a prática da verdadeira justiça, considerando apenas os fundamentos individualistas do que seja esse atributo, refletida no comportamento de cada indivíduo, Platão, manifestado em Sócrates, recorre ao estabelecimento de seus estudos por intermédio de aspectos coletivos e não individualizados, centrando-se para isso, na análise das relações entre os seres humanos, a ser considerado, primeiro buscando identificar os talentos individuais e a impossibilidade de cada membro da sociedade elaborar por si só tudo o que precisa para sobreviver, o que os obriga a relacionarem-se entre si de maneira harmoniosa, via realização de trocas, como se vê a seguir.

8.4 A necessidade da divisão das funções, especialização e aperfeiçoamento do indivíduo por meio da prática das virtudes, educação e cultura

Dentro do contexto de justiça, segundo ainda Sócrates, personagem de Platão, quando a Economia se expande e o processo de enriquecimento se intensifica por meio do aumento do número de trabalhadores e trabalhadores-empresários produzindo e consumindo concomitantemente, o que implica em aumento da produção e de consumo fazendo a diversidade de produtos se alojarem em suas fronteiras, ela naturalmente se amplia abrangendo novos mercados que são mais incipientes, e, com isso vem as guerras, e com as guerras, a exigência de criação de um exército inteiro (p. 66).

Dessa constatação, e da necessidade de estabelecer fronteiras, criando-se um exército forte consubstanciado por leis que deverão reger a relação entre esses indivíduos nos seus aspectos legais e justos, conclui-se que, a criação do mercado se mistura com o estabelecimento do que seja o próprio Estado. Daí pode-se alegar de maneira legítima que, o conceito de mercado se enlaça com a definição do que seja o Estado e disso, pode-se afirmar taxativamente que, o Estado é simétrico ao próprio mercado. Considerando que o mercado é a delimitação máxima da Economia, pode-se também concluir que, o Estado e a Economia são simétricos, o que permite que se faça a observação de que Estado e Economia podem ser analisados concomitantemente visto que um é parte simétrica do outro. Assim, o Estado não vive sem a Economia assim como a Economia não vive sem o Estado, visto que, são necessárias regras naturais preestabelecidas para a prática de convivência entre eles. Leis naturais essas que podem ser moldadas por meio da evolução natural do ser humano e que podem ser delineadas por intermédio da prática das virtudes. Daí Adam Smith afirmar que a Economia tem como fator subjacente as leis naturais de mercado as quais ele definiu como sendo "a mão invisível de mercado", assim como o é, citando-se como exemplo, a lei da oferta e da procura, fato esse que faz Smith rejeitar a prática de criação de leis criadas pelo homem para regulá-lo.

Nesse contexto, inclui-se ainda, a necessidade da criação de exércitos fortes para proteger os interesses do Estado, o que, o obriga a tomar iniciativas de aprofundamento dos conhecimentos via a adoção de técnicas de especialização. Por conseguinte, a especialização surge em decorrência da evolução dos conhecimentos existentes em cada profissão, tanto no meio social quanto na estrutura do exército visando o aumento da produtividade de cada setor.

Para esse autor, a especialização é decorrente de uma evolução natural, oriunda das aptidões inatas do ser humano para o exercício de uma determinada atividade, que surge com maior propriedade e consistência, quando o indivíduo se dedica à prática dessa única profissão visando produzir mais, visto que, é impossível para esse, produzir todos os bens de que precisa para atender suas necessidades. Em virtude disso, ele precisa produzir uma quantidade cada vez maior para poder trocar o excedente produzido por outras mercadorias de que lhe faz falta, no mercado. Fatos esses que também se estendem à hierarquia das exigências de preparo para as guerras.

Assim sendo, o aprofundamento na especialização decorrente da necessidade do aperfeiçoamento nas atividades específicas praticadas pelo indivíduo se estende também para a arte da guerra. Isso porque (2006; p. 67):

> Não quisemos, no entanto, que um sapateiro fosse ao mesmo tempo agricultor, tecelão ou pedreiro, estipulando que fosse tão somente sapateiro, exatamente para obter melhores resultados com seu trabalho. De modo análogo, concedemos um ofício próprio a cada um que correspondesse a suas inclinações, ofício que deverá desempenhar com maestria por toda a vida, excluindo qualquer outro, sem deixar de aproveitar os momentos propícios para se aperfeiçoar sempre mais. Mas não é muito importante também desempenhar bem o exercício da guerra? Ou seria tão fácil para um camponês, um sapateiro e qualquer outro trabalhador tornar-se também um soldado, sabendo-se que ninguém poderia jogar muito bem dados ou damas se não se dedicasse inteiramente, desde pequeno, a esses jogos, mas somente no tempo livre? Bastaria no próprio dia da guerra que alguém sobraçasse um escudo e outra arma ou artefato de guerra para se tornar um soldado valoroso nas fileiras da infantaria ou em algum outro esquadrão do exército, sabendo-se que nenhum outro instrumento jamais transformará em artesão ou atleta quem o toma, mas pelo contrário se tornará inútil para quem não tenha conhecimento de cada ofício e não tenha treinamento suficiente?

Depois, ao se criar o exército e prepará-lo de forma adequada e com todo vigor necessário para a vida em combate, como fazer para que esse exército não se volte contra quem o criou? Esse se transforma no principal dilema de Sócrates e seus pares. Então, a alternativa é educar esse exército para que ele possa distinguir entre aqueles os quais ele deve defender, no caso, os agentes que o criaram e o mantém, e ataquem ou se posicionem contra os indivíduos, grupos ou nações que ameacem a paz interna e externa dessa mesma sociedade.

Nesse contexto, para que o exército se torne valente e capaz, é preciso que se busque educa-lo fisicamente e espiritualmente. Fisicamente, para que ele tenha condições de enfrentar longas e árduas batalhas e espiritualmente, para que ele se torne o suficientemente racional com o objetivo de se conseguir distinguir entre o que é preciso proteger e defender em relação àqueles que se faz necessário atacar e, portanto, eliminar, assemelhando-se segundo Platão, a um verdadeiro cão de raça, que é dócil com seu dono e amigos e extremamente feroz com os inimigos, além de esse animal possuir facilidade para aprender, semelhantemente a um filósofo, que busca sempre o aprendizado (p. 67 – 68).

Ou mais propriamente, que esse exército tenha conhecimento e noções dos valores espirituais e materiais que são necessários para torna-lo destemido, livre, forte e soberano, ou seja, cheio de virtudes espirituais e materiais.

Com a finalidade de que esse exército, no contexto geral, possa entender o fundamento de sua existência, esse tem que ser educado. Tal educação deve moldar a formação da mente e do corpo dos componentes dessa tropa.

Assim, Platão, manifestado em Sócrates, dividiu a educação como sendo o estudo da natureza das coisas, ou seja, a essência das coisas, de acordo com a linguagem filosófica e, portanto, científica, em dois tipos, quais sejam: a educação do que ele chamou de educação do corpo, ou de acordo com os dias atuais, de educação material, física, corpórea, e a educação da alma ou do espírito, que enaltece as virtudes do ser humano, na forma de educação espiritual.

Dessa forma, Platão para melhor definir mais adiante o que virá a ser a justiça verdadeira, introduz um novo conceito no debate, que é a educação: tanto a material quanto a espiritual. Então, portanto, de acordo com Platão, existem dois tipos de educação derivadas do conceito educação em seu sentido lato, que são: a educação material ou educação do corpo e a educação da alma ou educação espiritual. Paixão (2019:273).

Isso tudo porque, segundo Platão, a melhor maneira de se tirar um exército do completo estágio primitivo e bárbaro, portanto, da ignorância total e ensinar-lhe o fundamento da verdadeira justiça é educa-lo. Por conseguinte, o novo dilema para Platão, manifestado em seus personagens, será encontrar um método verdadeiramente eficaz para auxiliá-los a moldar esse exército dentro dos pilares da verdadeira formação educacional.

8.5 A Dialética, reconhecida como a melhor das metodologias científicas para se ensinar Ciência

No que concerne à adoção da metodologia mais adequada para se fazer a análise dos fatos científicos, Platão afirma que existem duas técnicas mais adequadas para tal, a saber, aquela que é utilizada para se estudar o comportamento dos números mediante uso das figuras geométricas e a dialética.

Quando se refere à utilização das figuras geométricas para se fazer estudos científicos Platão assevera que, embora esse método seja muito utilizado e leva realmente o filósofo à proximidade da essência do objeto investigado, essas imagens servem como telhado que impedem a continuidade dos avanços das investigações além dos limites das suas conformações. A partir do ponto, aonde as figuras geométricas já estão definidas, o pesquisador perde o referencial necessário para dar continuidade ao avanço dos estudos visto que, as próprias extremidades desse desenho delimitam a extensão das investigações. Por exemplo: se o referencial para análise for um triângulo, o limite para o estabelecimento dos estudos são os extremos conhecidos desse triângulo. Se for um trapézio, o limite das pesquisas será o perímetro do próprio trapézio e assim, por conseguinte.

Entrementes, Platão considera que é importante o estudo dessas ciências, no caso, das exatas e das sociais, por causa da relação de afinidade que existe entre elas e que são úteis para a pesquisa do belo e do bem. E esse tipo de aprendizado principalmente no que se refere à astronomia, citando como exemplo, não é vão no que trata do estudo desses dois fundamentos, embora os astrônomos procurem "as relações numéricas nas consonâncias audíveis, mas não descem aos problemas, ou seja, até a análise de quais os acordes que são consonantes e quais são dissonantes e de que deriva essa diferença" (p. 63).

Esse é um dos motivos pelo qual o instrumental ideal para os estudos científicos que exigem maior amplitude de investigações seja a dialética porque:

> [...] Ainda que seja puramente inteligível, é imitada pela faculdade da visão, quando, como dizíamos, se esforça em contemplar os seres e os astros e até mesmo o sol em sua essência. Assim também a dialética, quando tenta atingir, sem o auxílio dos sentidos, mas com o simples raciocínio, a essência de todas as coisas e a isso não renuncia antes de ter compreendido como pensamento puro a essência do bem, alcança os limites do mundo inteligível como a vista atinge os limites do mundo visível. Platão (2006:64).

Fascinado pelas contribuições e pela importância da dialética na busca pela essência do ser e que dá toda base e sustentação necessárias aos estudos de uma ciência pura e avançada, Platão ainda acrescenta:

> Certamente se poderia também demonstrar que só a dialética é capaz de revelá-lo a um perito nas disciplinas que passamos em revista tornando-se impossível por qualquer outra via?
>
> Então, ninguém haveria de nos contradizer se afirmarmos que não há outra via para compreender a essência de cada coisa, pois que todas as outras artes se referem às opiniões e aos desejos humanos ou à produção e à fabricação ou à conservação dos produtos naturais e artificiais. As outras disciplinas de que falamos, a geometria e as outras correlatas, captam alguma coisa do ser, mas parece como que cochilam, pois são incapazes de ver em estado de vigília enquanto mantiverem imutáveis as hipóteses de que deles se servem sem poder explicá-las. Aquele que se funda em princípios que não conhece e coloca junto o que ignora nas passagens intermediárias e nas conclusões, como poderia transformar em ciência um semelhante aglomerado de coisas?
>
> Logo, somente o método dialético segue essa direção, relegando hipóteses, em direção ao próprio princípio para encontrar a própria justificativa, arrancando realmente aos poucos os olhos da alma do atoleiro em que estavam mergulhados e dirigindo-os para o alto, servindo-se das artes que mencionamos como auxiliares e companheiras. Muitas vezes, pelo hábito, as designamos de ciências, mas a elas cabe outro designativo mais claro de "opinião", mas mais obscuro que o de "ciência". Acima, em algum lugar, nos servimos da expressão "pensamento discursivo". Acredito, no entanto, que não compense discutir sobre designativos a propósito de assuntos tão importantes como os nossos.
>
> Meu parecer é que continuemos designando "ciência" a primeira parte, "pensamento discursivo" a segunda, "consentimento" a terceira e "conjectura" a quarta. Essas duas últimas juntas vamos designá-las "opinião" e as duas primeiras, "pensamento". A opinião se refere ao devir, o pensamento à essência. E a essência está para o devir como o pensamento está para a opinião. O que o pensamento é com relação à opinião, o é também a ciência com relação ao consentimento e o pensamento

com relação à conjectura. Para não multiplicar nossa discussão mais ainda que antes, vamos deixar de lado, Glauco, o modo de dividir em duas espécies o gênero dos objetos que caem sob a alçada da opinião e dos que se referem ao inteligível. Platão (2006:65 - 66).

Nesse sentido pode-se afirmar que, Platão considera dialético todo o discurso que colhe a essência de cada coisa, ao passo que, aquele que não consegue fazer isso, menor será a sua capacidade de pertencer à esfera do pensamento quanto menos poder explicar a razão a si mesmo e aos outros fundamentos, que levam a expressões do conhecimento. (p. 66).

Tal conclusão leva à consideração de que, no que se refere à educação dos discípulos que se cria e educa teoricamente, não se deve jamais deixá-los privados da razão e nutridos pelas linhas da irracionalidade, sem base do conhecimento dialético, comandar a república, revestidos dos cargos supremos (p. 67).

Assim sendo, para Platão, a dialética passa a ser o "coroamento das outras ciências e que não exista nenhuma outra que possa ser colocada mais alto ainda, ao contrário, que esta estaria no vértice de todas as demais" (p. 67).

No que se refere ao perfil mais apropriado para ocupar o cargo de liderança, deve-se escolher aquelas pessoas de maior temperança, mais corajosas e se possível, mais belas, além de serem nobres e severas no seu ofício, e já adaptadas à educação rigorosa e de resultados almejados. (p. 67).

Isso, segundo Platão (2006:67), quer dizer que:

> É preciso que tenham uma mente ágil e disposição para aprender, porque nos estudos difíceis a gente se cansa muito mais do que nos exercícios de ginástica e o cansaço é tanto mais tedioso quanto menos é condividido pelo corpo.
>
> É preciso procurar uma pessoa rica de memória, constante e infatigável, do contrário, quem você acha que gostaria de submeter-se a esforço físico e ainda levar a bom termo um estudo de tamanha exigência?

Segundo Platão (p. 68) já na sua época, os que se ocupavam do cargo de guardião e, portanto, pessoas que se consideravam aptas a desempenhar o cargo de governante eram indivíduos bastardos e preguiçosos. Esse cargo deveria ser de ocupação exclusiva dos indivíduos nobres.

Para esse autor, os que deveriam se dedicar à filosofia não poderiam ser indivíduos claudicantes perante a fadiga sendo, por metade preguiçoso e por metade laborioso. A causa disso, segundo esse mesmo autor, decorre da dedicação mais aos "exercícios físicos, a caça e todas as atividades físicas, mas não se tem gosto para estudar, escutar, pesquisar e em tudo isso se encontra aborrecimento. Mas claudica também aquele que orientar toda a sua atividade na direção oposta" (p. 68).

As pessoas aptas ao cargo de filósofo e, por conseguinte, governante, deveriam também ser amantes da verdade e detestar tanto a mentira voluntária quanto a involuntária e ainda não admitirem a ignorância, não se deixando ficar nesse estado, "como suíno que gosta de rolar no barro" (p. 68).

Não menos cuidado se deve ter em discernir o bastardo do nobre com relação à temperança, à coragem, à magnanimidade e a todas as outras virtudes. O cidadão e o Estado que não sabem indagar e discernir essas coisas, com muita imprudência confiam qualquer coisa a coxos e bastardos, tratando a uns como amigos e servindo-se de outros como governantes. Platão (2006:68).

Segundo ainda Platão, no tocante à vigília e atenção dos educadores e formadores do perfil ideal do guardião, ou filósofo, ou aspirantes ao cargo de governantes:

> Nós, pelo contrário, devemos redobrar de atenção a respeito de tudo isto. Se nós, por meio de uma tal educação e de tal exercício, tomarmos homens bem estruturados no corpo e no espírito, a própria justiça não nos haverá de censurar e haveremos de salvar a república e o governo. Haveríamos de executar exatamente o oposto, se houvéssemos de confiar essas disciplinas a gente estranha e haveríamos de cobrir a filosofia de maior descrédito ainda daquele que goza atualmente. Platão (2006:68).

Agora, por conseguinte, Platão (2006; págs. 69 - 70) indica a quem se deve educar e como se deve proceder. Não mais os adultos mais sim os jovens, como se observa:

> [...] não vamos nos esquecer que nossa primeira escolha recaia sobre pessoas de idade, mas agora isto não será mais possível. [...]
>
> Por isso, a aritmética, a geometria e todos os pressupostos culturais da dialética devem ser estudados desde a infância, sem, no entanto, conferir ao ensino uma forma coercitiva.

Porque o homem livre nada deve aprender sob coação. Na realidade, os exercícios físicos não prejudicam o corpo, mesmo se feitos à força, mas o que se faz penetrar à força na alma não há de ficar nela por longo tempo.

Portanto, meu caro, nada de educar à força os meninos nos estudos mas procure educá-los por meio dos brinquedos e assim você poderá discernir ainda melhor as inclinações de cada um deles.

Em todas as fadigas, disciplinas e riscos, aqueles que se revelarem mais resistentes deverão ser separados num grupo especial.

Logo depois de terem concluído os cursos obrigatórios de ginástica. Durante esse período de dois ou três anos é impossível agir de outra forma, porquanto não há como conciliar o estudo com o cansaço e o sono. Além do mais, esses cursos são por si próprios uma prova não desprezível das capacidades de cada um na ginástica.

Passado esse tempo, uma escolha será feita entre os de vinte anos, concedendo-lhes distinções especiais. Será preciso também repropor a eles o que na infância já haviam estudado sem ordem, conferindo-lhe uma visão de conjunto, a fim de lhes mostrar a afinidade recíproca das disciplinas e a natureza do ser.

Certamente, esse é o único método seguro para aqueles que já possuíam rudimentos.

Não deixa de ser também a melhor prova para reconhecer quem possui predisposição para a dialética e quem não a tem. De fato, é dialético somente aquele que consegue ter uma visão abrangente.

Será necessário, pois, fazer esse exame individuando os melhores e os mais constantes no estudo, na guerra e nas outras atividades prescritas pela lei. Depois, quando tiverem atingido trinta anos, se procederá à seleção com distinções ainda mais importantes, provando-os com a dialética para averiguar quem seria capaz de chegar à verdade e ao ser, sem a ajuda da vista e dos outros sentidos. Neste ponto, é preciso tomar todas as precauções, meu amigo.

Entrementes, Platão apresenta reservas em relação ao ensino da dialética em sua época. Para ele, esse método estava muito defeituoso e se encontrava numa confusão total pelo fato de que os educadores que se ocupavam dela para ensinar, se encontravam numa situação embaraçosa e, "dignos de compaixão" (p. 70).

Para justificar tal crítica, Platão procura explicar melhor seu ponto de vista a esse respeito, da seguinte maneira:

Acontece com eles o mesmo que ocorre com um filho ilegítimo, criado em meio a grandes riquezas, no seio de uma família ilustre e poderosa, rodeado por aduladores. Uma vez adulto, percebe que seus pais não são aqueles que o criaram, mas não encontra os verdadeiros. Você teria condições de me dizer como haverá de se comportar com os aduladores e com seus pais de adoção antes e depois de chegar, a saber, que havia sido adotado? Você quer saber minha opinião a respeito?

Suponho que haveria de honrar seu pai, sua mãe e seus supostos parentes mais que os aduladores, menos facilmente haveria de suportar vê-los em necessidade, se esforçaria para não ofendê-los por palavras ou por seu comportamento e haveria de obedecer nas coisas mais importantes a eles do que aos bajuladores. Assim haveria de agir enquanto desconhecesse a verdade.

Uma vez descoberta a verdade, suponho que haveria de demonstrar menor atenção e menor respeito para com os supostos pais do que para com os aduladores. A estes haveria de obedecer muito mais do que antes e seguiria seus conselhos, estaria mais assiduamente com eles mesmo em público, sem mais se preocupar muito com os supostos pais e parentes, a menos que fosse dotado de um caráter excepcionalmente nobre. Platão (2006:70 - 71).

Fazendo analogia desse exemplo com a dialética praticada em sua época e que ele tanto critica, Platão enfatiza:

[...] desde a infância, temos opiniões sobre o correto e o belo que nos foram inculcadas por nossos pais a quem obedecemos e dedicamos nosso respeito.

Existem também, no entanto, opiniões contrárias e mais agradáveis que adulam e atraem para si nossa alma, muito embora não possam convencer aqueles homens que tenham um certo senso de equilíbrio que respeitam por isso as máximas tradicionais e a elas permaneçam fiéis.

Pois bem! Quando a um homem se perguntar "O que é o belo?" e a razão desmentir a resposta que deu por tê-la aprendido do legislador, quando mediante uma refutação veemente e constante for levado a crer que isto não é mais belo que feio e assim se proceder com relação ao justo, ao bem e ao que ele mais respeita, o que você pensa que ele vai fazer depois com o respeito e com a obediência?

Quando, portanto, tiver perdido o respeito por aqueles valores antigos, mas não tiver encontrado ainda os verdadeiros, a única saída para sua vida não será talvez a busca daquilo que o lisonjeia?

E, de respeitoso que era da lei, haverá de se transformar num rebelde, a meu ver.

Assim sendo, a condição daqueles que fazem esse uso da dialética não é previsível e, como eu dizia antes, não é de desculpar?

Então, você deve educar com imensa cautela para a dialética seus discípulos de trinta anos, a fim de não expô-los do mesmo modo e torná-los dignos de compaixão.

Já não seria grande precaução preservá-los da dialética enquanto forem jovens? De fato, eu acho que você não esqueceu que os rapazes, apenas tenham provado a dialética, a usam como um jogo para rebater sempre, imitam os contraditórios e eles próprios contradizem outros, comprazendo-se em puxar e morder, como fazem os cãezinhos com os que deles se aproximam.

Após tantas disputas, de que ora saem vencedores, ora vencidos, acabam por cair numa desconfiança total com relação a tudo o que dantes acreditavam e, em decorrência, junto deles cai em descrédito diante dos outros toda a filosofia.

Um homem de idade mais madura, porém, não haveria de incorrer em semelhante loucura. Pelo contrário, haveria de imitar quem quiser discutir e procurar a verdade, antes que brincar e contradizer por diversão. Agindo desse modo ele mesmo se mostrará mais equilibrado e tornará sua profissão estimada e não desprezada.

Mesmo tudo o que eu disse antes foi ditado pela precaução de não admitir à dialética o primeiro que se apresenta, destituído de talento, mas somente os de caráter disciplinado e constante. Platão (2006:71 - 72).

Para equacionar o problema da má interpretação e análise que os filósofos de sua época já faziam em relação à dialética, Platão (p. 73) propôs o seu ensinamento como uma disciplina à parte, com duração de cinco anos de aulas teóricas e mais quinze anos de aulas práticas, para torná-la uma arte assídua e enérgica no ensino da busca pela essência do ser e da verdade única.

Só assim ter-se-á o Estado, filósofos capazes de assumir a função de governantes, sejam eles homens ou mulheres, e que estejam verdadeiramente preparados na forja da disciplina, com treinamento suficiente para desprezarem as honrarias recebidas, "considerando-as mesquinhas e vãs." (p. 74).

Ao contrário, para esse autor, esses indivíduos preparados pela forja da educação e da cultura por intermédio da dialética, deverão ter elevada estima pela correção e a honra recebida, durante todo o período preparatório para o atingimento dessa posição hierárquica. Ao mesmo tempo, a justiça deverá ser respeitada como o seu bastião, sendo considerada para isso, na condição de "o valor supremo e indispensável, e colocarem-se a seu serviço para torná-la mais vigorosa e organizarem seu Estado da maneira seguinte".

Isto é:

Haverão de mandar para o campo todos os cidadãos acima de dez anos, haverão de manter seus filhos distantes dos atuais costumes dos pais, haverão de educá-los segundo seus costumes e suas leis que serão as que propusemos acima. Por este processo, nosso Estado se tornará próspero de modo rápido e fácil e o povo que o viu nascer tirará o máximo proveito disso. Platão (2006:74).

Assim, dessa forma:

[...] Ficou estabelecido, portanto, Glauco, em nossa discussão que num Estado governado à perfeição tudo deve ser comum: as mulheres, os filhos, a educação em seu conjunto, bem como as ocupações na paz e na guerra e os melhores em filosofia e na arte da guerra devem ser os soberanos.

Reconheçamos também que, uma vez estabelecidos no poder, os governantes devem guiar os soldados e alojá-los nas habitações que descrevemos, comuns a todos, onde ninguém terá nada como próprio.

Além dessas habitações, estabelecemos, se você se lembra, as normas segundo as quais podem ter alguma coisa para si mesmos.

[...] Achávamos que ninguém pode ter nada daquilo que agora os outros têm e que, na qualidade de atletas da guerra e de defensores, tivessem de defender a si mesmos e aos concidadãos, recebendo como compensação o sustento anual por parte dos outros cidadãos.

[...] mas agora que chegamos ao fim desse problema, vejamos de que ponto partimos para esta digressão e vamos retomar o caminho de antes. Platão (2006:76).

É desse conceito que se extrai a definição do perfil ideal do soberano para governar esse Estado que está embutido na expressão Estadista. O estadista seria o indivíduo soberano que tem por função cuidar do Estado de uma maneira ampla procurando não deixar faltar nenhuma utilidade, proteção e segurança aos seus concidadãos(ãs).

Essas utilidades obedeceriam ao sentimento de justiça que foi definido por Platão como sendo o procedimento de distribuir a todos segundo as suas necessidades e a cada um de acordo com sua participação na construção da riqueza, e que se daria por meio da produção de mercadorias destinadas a atender as necessidades fisiológicas da população.

De maneira geral, o conceito de Estadista na concepção de Platão é esse, visto que, tal filósofo tinha uma visão de grupo ou de comunidade, assim como eram praticamente todos os filósofos da Grécia Antiga bem como a totalidade dos profetas da linhagem do Senhor e de seu Filho nosso Senhor Jesus Cristo[10], vale ressaltar.

O teste das hipóteses a serem adotadas por esse filósofo para esse fim, se daria por meio da avaliação da sua consistência e imparcialidade, norteadas pela práxis, ou seja, verificabilidade da teoria na prática de maneira pontual, e pela técnica de ensino a qual ele chamou de método dialético, onde os preceitos de aceitabilidade para análise desses objetos se verificariam pela existência de simetria entre eles, o que os tornaria comuns entre si. Se não houvesse simetria, tal análise se tornaria impossível e seria rejeitada, então.

Depois de identificado os principais parâmetros que constituiriam seu Estado civilizado, Platão passou a desenvolver a estratégia que o mesmo deveria usar para modelar esse Estado.

Na verdade, a Estratégia de Platão adotada para camuflar suas análises do que seria seu Estado ideal por meio da aplicação dos estudos fundamentados na dialética, intercalando-o com o senso comum que existia nas Cidades-Estado de até então, fazendo burlar os concidadãos da sua época, como as autoridades e príncipes guerreiros, foi tão perfeita e sólida na sua constituição, que até nossos dias, sua obra "A República" não foi entendida por nenhuma escola de pensamento existente no mundo da atualidade, diga-se de passagem.

Isso porque, a metodologia de estudo atual se baseia nos métodos indutivos e dedutivos, abordados por meio da análise cartesiana, baseados em sofismas, já criticados por Platão na mesma obra "A República", que nas ciências sociais atuais, conforme visto nas palavras de *Mark Blaug,* comentadas anteriormente, não tem representatividade científica alguma na abordagem das Ciências Sociais.

O próprio Platão quase que como uma profecia, antevendo o que aconteceria no mundo futuro, por ser um crítico fervoroso dos sofistas, já afirmava temeroso de que, se a sociedade caísse nos modelos de análises baseados em sofismas, criaria um estado de caos, visto que, os sofistas tem mais interesse pessoal de vaidade, bajulações além da ocupação de cargos que permitem a ostentação e *status* de luxo do que, propriamente, preocupações com a construção da ciência pura, na sua essência.

Na concepção de Platão, só se constrói uma sociedade saudável, forte, livre e civilizada, se o Estado for forte, livre e soberano. Para esse fim, segundo ainda esse filósofo, o instrumental criador e ao mesmo tempo norteador e transformador de um Estado é a prática das virtudes consubstanciadas com a boa educação e a cultura que devem visar a formação do caráter do indivíduo a serem alcançados por meio das relações de trocas harmoniosas entre os cidadãos(ãs).

Dessa maneira, a única forma de se criar um Estado ideal, segundo Platão, se dá pela prática das virtudes e da formação educacional do povo, que possibilitará a esse, sair do mar da ignorância e da barbárie, para uma situação de civilidade, amor e sabedoria, que passaria a caracterizar uma prática da cultura elevada que esse autor passa a contemplar em sua obra "A República".

Para Platão, a ignorância se assemelha a um grupo de pessoas agrilhoadas em uma caverna e que nunca tiveram a oportunidade de ver a luz do sol, onde essa luz, representava para esse filósofo, o estado da liberdade plena do indivíduo obtidas por meio da educação, da cultura e da prática das virtudes morais.

Por conseguinte, essa liberdade é alcançada pela transformação do indivíduo em verdadeiro cidadão, moldado pela sua formação educacional e cultural, que se estrutura por meio do inculcamento de maneira indelével das virtudes na alma desses agora, seres civilizados.

---

[10] Grifo nosso.

Depois de atingido a luz plena, ou seja, as virtudes, a educação e a cultura de maneira indelével no seu caráter, esse indivíduo teria por missão, retornar à caverna para resgatar outros membros que se encontram na mesma situação sua anterior, trazendo-os para fora da gruta e os tratando da mesma maneira que ele foi durante o seu resgate, para transformá-lo em um novo cidadão civilizado. Esse filósofo assevera ainda na sua obra que, tal processo deveria ser contínuo e praticado por todos os que adquirissem a civilidade, até o momento que houvesse o resgate total de todos os habitantes da caverna, transformando-os em indivíduos sábios e capazes de conduzir a nova missão que é o de se criar um novo Estado, que tinha saído da barbárie para uma vida de virtudes, cheia de paz, amor, enfim, civilidade plena.

Nesse contexto, a prática das virtudes, da educação e da cultura seriam as armas transformadoras e revolucionárias na forma de vida do Estado, motivo pelo qual obrigou Platão a desenvolver um método de ensino pedagógico, que deveria ser o instrumento norteador da construção e inculcamento das virtudes na alma do indivíduo, além da sua formação educacional e cultural transformando-o em um ser solícito.

Depois de chegar a esse consenso, Platão passou a conceituar e descrever cada um desses valores e a estabelecer a maneira como eles deveriam ser embutidos de forma imanente na essência desse Estado, utilizando-se da pedagogia, depois, da andragogia para isso.

Para esse filósofo, o Estado funciona como um espelho refletindo a forma de comportamento de seu povo. Se esse Estado for constituído de pessoas de caráter ele será atribuído desse valor imanente. Por outro lado, se o povo que constituir o Estado for ignorante, o mesmo por consequência, também refletirá um comportamento estúpido. Então, ao se educar a população tornando-a culta por meio da prática das virtudes, da educação e da cultura, ter-se-á um Estado também atribuído dessas mesmas qualidades.

Dessa forma, o objetivo de Platão era transformar essas pólis de cidades concorrentes entre si em um só Estado, habitado por uma população altamente civilizada e detentora das principais virtudes por intermédio da sua formação educacional, cultural e virtuosa que passariam a povoa-lo.

Foi assim que Platão reuniu todos os fundamentos que ele considerava como ideal para se criar um Estado civilizado e os apresentou em sua obra de renome, no caso, "A República".

Nesse contexto, "A República" de Platão pode ser considerada em última instância, como um manual destinado a apresentar todos os princípios básicos necessários para se criar um Estado Ideal.

Depois de identificado os principais parâmetros que constituiriam seu Estado civilizado, Platão passou a desenvolver a estratégia que o mesmo deveria usar para modelar esse Estado.

Para isso ele começou por desenhar os critérios que conformariam o Estado Ideal, a partir da formação educacional, cultural e destemida do soberano, através do delineamento do seu Perfil, mediante a prática e aprimoramento das virtudes, até fazê-lo alcançar todas as qualidades de um estadista.

Lembrando que, cultura na concepção de Platão, não deve ser confundida com costumes, como é feito nos dias atuais. Costume é apenas um dos vários atributos da cultura. Esse seria como se fosse apenas a ponta do iceberg.

Cultura em sua essência, significa a capacidade do indivíduo dotado da educação plena e das virtudes morais que formam o caráter do indivíduo, de ter a capacidade de discutir ou debater sobre quaisquer temas em quaisquer situações sem se alterar, ofender, ou maltratar alguém. Por seu turno, educação significa a capacidade de se modelar e municiar a identidade de uma pessoa de todos os conhecimentos científicos e virtudes morais plenas, necessárias, para a formação do seu caráter, tornando-o apto para o convívio em sociedade.

A parte final desse processo de ensinamentos, se daria pelo inculcamento do papel do soberano, tornando-o indelével na mente do indivíduo, transformando-o em estadista e fazendo-o personificar o papel do Estado dentro de sua essência enquanto cidadão civilizado.

Para atingir esse intento, Platão teve que recorrer a, como ele mesmo conta em sua obra, uma estória fenícia, que já era contada entre esse povo, que destacava o papel do homem de ouro, do homem de prata, do de ferro e do homem de barro. O homem de ouro seria o estadista, no caso, o soberano; o homem de prata seria composto pelas classes ricas, constituídas de empresários, grandes proprietários, os de ferro de intelectuais, sacerdotes; e o homem de barro, dos demais cidadãos, entre eles os trabalhadores comuns.

Na visão de Platão, esses indivíduos poderiam cruzar-se entre si. Entrementes, as cópulas de principal interesse seriam, além das feitas entre os homens e mulheres de ouro, as praticadas entre os homens de ouro e os homens de ferro, ou ainda, desses com os homens de prata que também teriam linhagem superior, devido a sua robustez, ao seu perfil mais qualificado, semelhante ao de homem de ouro ou de ferro, de onde se poderiam retirar as crianças mais fortes, mais saudáveis e mais inteligentes, oriundas dessa relação, para serem treinadas e se tornarem defensores do Estado ou estadistas.

As crianças obtidas do cruzamento entre os homens de ferro e os homens de barro, ou entre os homens de ouro ou prata com os de barro, não teriam o mesmo critério de escolha, sendo ignoradas para ocupar tal cargo devido ao seu perfil inferior, embora pudessem se tornar cidadãos comuns de onde poderiam até, mais tarde se incluir também, entre os homens de ferro, de prata ou de ouro dependendo de sua formação de caráter e de civilidade.

Os homens mais fortes, mais saudáveis e destemidos até os 55 anos de idade, deveriam ser separados para cruzarem com as mulheres mais robustas, mais inteligentes e mais saudáveis a fim de gerarem as crianças mais bem preparadas fisicamente e emocionalmente, de onde seriam retiradas, criadas isoladamente e preparadas para ocuparem futuramente o papel de soberanos ou defensores do Estado.

Recorrendo aos fundamentos pedagógicos, Platão através do personagem Sócrates, arguiu que as crianças deveriam ser separadas dos pais no nascimento, e passassem a serem educadas por mães de leite, amas e outros tipos de tutores especializados e de alto nível de conhecimento, para torna-las livres, destemidas, sábias, capazes de tomar decisões e ter sentimentos de compaixão pelos demais cidadãos, ao mesmo tempo em que, ela passaria a ter o Estado como o seu sentido de vida. Enfim, o líder, soberano ou estadista deveria personificar em si a identidade do Estado. No caso, o perfil do soberano deveria se confundir com o papel do Estado, em defender os interesses e a liberdade de seus concidadãos.

O melhor perfil a ser preparado e definido para ocupar o cargo dos defensores do Estado ou estadistas seria o do filósofo. Isso porque, o defensor deveria ser destituído de interesses pessoais, vaidades ou sentimentos de posses por bens materiais. Seus interesses deveriam ser confundidos com o papel do Estado onde todos os concidadãos deveriam ser tratados como iguais em todos os fundamentos sem se atribuir regalias para nenhum grupo. Em analogia às palavras de Deus, "todos deveriam ganhar o pão com o suor de seus rostos por intermédio do seu trabalho".

Ao defensor, caberia única e tão somente as questões ideológicas, a serem escolhidas aquelas que mais atendessem as necessidades de todos os cidadãos de forma igual, estando excluídas aí, principalmente, a democracia e a tirania. Para Platão, a democracia seria a segunda pior ideologia a ser adotada ficando abaixo apenas da Tirania, mas que, porém, seria da democracia que nasceria o indivíduo tirano.

Na concepção de Platão, não tem como sair da democracia um defensor ou soberano, pelo fato de que, no papel do filósofo ou do estadista é impossível que surja um democrata visto que, educação, cultura e estadismo não se confundem com estupidez, ignorância ou estultice que são comuns no meio dito "democrático".

Por último, liberdade plena e livre arbítrio só estão presentes no seio de um cidadão e/ou cidadã dotados de caráter, marcados pelas virtudes morais, além de educados e cultos. Nesse mesmo sentido, na concepção do Apóstolo Paulo, esses indivíduos não precisam de leis ou regras. Isso porque, o ser humano dotado de tais conhecimentos não precisam de leis, mas sim, eles se transformam na própria lei, assim como aconteceu com Nosso Senhor Jesus Cristo perante as leis judaicas e as leis materiais.

Além de tudo, para esse filósofo, nunca se pode acrescentar num mesmo perfil, como é o do soberano, os sentimentos de ostentação e poder. Se essa estratégia for tomada, esse cargo passa a ser objeto de cobiça de todo quanto é tipo de aventureiro ou déspota, que passa a ambicionar tal função apenas e tão somente para usufruir de regalias, ações exibicionistas, opressões e tiranias, que se tornam comuns nessas situações transformando a sociedade no objeto de interesses escusos de grupos constituídos por indivíduos despreparados que se transformarão em politiqueiros, senhores de artifícios maliciosos e atos de toda natureza contra a simplicidade, a mansidão do povo, que da sua parte, só querem curtir sua vida enquanto ser humano normal constituidor de famílias e de uma vida pacata e digna.

É justamente da união dos princípios da ostentação e do poder que surgem os tiranos. Daí porque ser fundamental que o soberano ou defensor que forma o papel do estadista, seja um filósofo que se preocupa apenas com a ideologia e a defesa do Estado de maneira livre e soberana. Em analogia aos preceitos de Platão, a título de exemplo, o papel desempenhado por Jesus Cristo na Terra, seria o ideal para ser soberano, defensor, estadista, em sua forma de governo. Caso o defensor adquira um bem privado, o mesmo deve ser destituído do cargo de soberano pois aí, ele perde os atributos da liberdade plena e assume o papel de escravo dos sentimentos de posse tais como: a ganância, a cobiça, a avareza, a ladroagem que trazem consigo a arrogância, a prepotência, a soberba, a vanglória, a indiferença, dentre outros males.

Segundo Platão, os soberanos ou defensores, desde seu nascimento, deveriam ser separados em uma classe especial distinta, que teriam que ser preparados de uma maneira única pelo Estado para exercer essa função, com a missão exclusiva de defenderem todos os interesses do Estado fazendo incorporar em sua essência através de sua formação, todos os atributos que o cargo de estadista exige.

O cargo de Estadista deveria ficar exclusivo nas mãos dessa classe social distinta, cabendo aos demais cidadãos a liberdade de escolher seus cargos ou funções sociais de acordo com suas aptidões, sem quaisquer tipos de empecilhos ou obrigações no desempenho dessas funções, podendo constituir famílias de maneira livre sem se preocuparem com o desenvolvimento do cargo de estadista.

Assim, além de serem separadas dos pais para poderem refletir em sua essência a personificação do Estado, essas crianças deveriam ser educadas dentro do suprassumo do conhecimento por amas, que deveriam cuidar de seu aleitamento materno, criação de uma estrutura familiar através da sua formação de caráter, via práticas das virtudes, educação e cultura até se transformarem em líderes guerreiros, sábios, e aconselhados por sacerdotes que teriam a função de os fazer zelar pela imagem do Deus desconhecido.

Um Deus cheio de compaixão, de virtudes morais, um Deus forte, sábio, Onipotente, Onipresente, Onisciente, portanto, sem defeitos e que não deveria ser taxado ou confundido em hipótese alguma com a imagem de um deus maldoso, vingador, emocionalmente instável, sem quaisquer tipos de vínculos com personagens atribuídas ao demônio, como rotulavam costumeiramente os poetas e dramaturgos da época.

As crianças deveriam ser educadas respeitando os direitos dos mais velhos, compadecendo com a fraqueza dos mais necessitados, a serem gentis, ao mesmo tempo, deveriam ser tratadas com respeito, ensinadas sem xingamentos, sem castigos, scm manias, scm meneios, sem saracoteios, praticantes de esportes consorciados com o estudo, para que elas não se tornassem preguiçosas, como são as crianças que não praticam esportes e só estudam, ou que não gostam de estudar, mas só praticam esportes tornando-se rústicas, ignorantes, sem capacidade de raciocínio ou análise dos sentimentos humanos, apresentando por isso, uma grande tendência à prática da violência. Às crianças não se deve ensinar ainda coisas consideradas negativas que pudessem macular seu papel de estadista tais como a imagem de um Deus fraco, que é confundido com personagens falhos como demônios ou bruxas.

Os procedimentos pedagógicos dessas crianças deveriam ser elaborados na forma de cantos e poesias criativas que as instigassem a buscar conhecimento, terem virtudes, não serem preguiçosas, serem destemidas, guerreiras, praticantes de esportes, aprenderem a fazer sua própria refeição, serem prestativas, estudiosas com amor à pesquisas e ao aprendizado. Dotadas de bons hábitos como a prática dos esportes intercalados com os estudos para não se tornarem preguiçosas, obesas. Jamais entregues ao modismo, ao falatório, as brigas, ao casualismo, a soberba, enfim, a serem virtuosas de uma maneira geral, deixando de lado tudo o que ofende as virtudes, a moral ou o caráter do indivíduo. Quanto ao tipo de esporte a ser praticado deveria ser aquele realizado ao ar livre, sem academias. Platão afirma nessa obra que, a prática e o ensinamento dos esportes nas academias tornam as crianças preguiçosas por cansarem rápido e por essa prática se destinar mais à vaidade do que ao aperfeiçoamento físico consorciado com a disposição para a vida cotidiana. Todos os ensinos pedagógicos, segundo Platão, deveriam ser voltados para esses fins.

Depois de estabelecidos esses parâmetros, Platão passa a debater sobre quais as disciplinas que deveriam ser ensinadas na escola, por intermédio da poesia e da melodia, onde todos os fundamentos que procuram humilhar, coagir, punir as crianças deveriam ser banidos, visto que, esse filósofo afirma que, esses métodos não ensinam e nem encorajam a ninguém, principalmente uma criança. Entre as disciplinas Platão escolheu, além da filosofia na visão dialética, que deveria encabeçar as ciências sociais, a geometria, a astrofísica, todas como fundamentais, que deveriam ser estruturadas e ensinadas nas escolas formando a base da formação educacional e a estrutura do esqueleto pedagógico.

De início, como estava se tratando de um estado bárbaro, portanto, embrionário na prática da ciência e das artes, além de leis severas que deveriam ser utilizadas principalmente para dissuadir o indivíduo por meio de penas longas e severas, Platão definiu o perfil do juiz ideal, que deveria ser um cargo ocupado por um indivíduo de sentimentos nobres, estudioso, humilde, honesto, sensível, educado, que nunca tenha visto ou praticado quaisquer tipos de violência, que seja um cidadão altamente refinado que jamais estaria em acordo com a prática da injustiça. Esse juiz deveria ter encravado de forma indelével dentro de seus princípios fundamentais, o sentimento de justiça. Deveria ser inimigo ao extremo, de toda maldade praticada contra um cidadão qualquer ele que fosse ou a quê classe pertencesse. Para dar a sentença o juiz deveria ter a sensibilidade de sentir dentro do seu âmago, todos os sentimentos sofridos pela vítima, causados pelo indivíduo violento e cruel, para poder estabelecer a sentença a mais próxima possível da prática da verdadeira justiça.

Quanto ao perfil do médico, Platão afirma que, esse profissional, para ser bom na arte da medicina, deve ter sentido ou tido, praticamente, todos os sintomas de todas as doenças que acometem os indivíduos enfermos. Ele deve sentir em seu corpo, todos os sintomas de todas as doenças que sofrem os pacientes. Nesse sentido, o médico deveria ter misericórdia do paciente para poder trata-lo com melhor dignidade.

Na verdade, tanto para a profissão do juiz quanto para o do médico, Platão considerava que, antes de fazer quaisquer julgamentos que envolvessem os doentes ou as vítimas da prática da injustiça, tais profissionais tivessem condições de sentir ou sofrer os sintomas das patologias e das opressões na mesma intensidade que o do oprimido, pois só assim, essas autoridades estariam aptas ao estabelecimento da pena verdadeiramente justa ao opressor, ou ao tratamento médico mais adequado e justo ao paciente.

Caso o candidato ao cargo de juiz fosse um homem que já tivesse praticado, convivido em ambientes violentos, ou tivesse dentro de si alguma coisa relacionada à prática da maldade, deveria ter banido o seu acesso à essa profissão. Em última instância, o cargo de juiz deveria ser ocupado por um homem probo, digno da função.

Nessa obra Platão alerta aos cidadãos para terem cuidado com pessoas que visitam frequentemente os tribunais ou que se envolvem cotidianamente com questões jurídicas que coloquem em dúvida seu caráter.

A dialética, conforme afirmado acima, deveria ser a metodologia a ser aplicada nos ensinamentos e em todas as investigações, principalmente, nas questões sociais.

Conforme frisado, segundo esse filósofo, a principal qualidade de um Estado civilizado, seria aquele que fosse dotado além da educação e da cultura, de caráter. Verdadeiramente, não se pode nem se deve admirar alguém que tenha um alto padrão de vida, um alto cargo, um diploma de nível superior, ou de pós-graduação, mas que, porém, seja desprovido de caráter, de educação, de cultura ilibadas. Por conseguinte, segundo esse mesmo autor, todo caráter é aquele que se constitui de virtudes morais e que vão formar o que ele chamou de dignidade humana.

Para estabelecer o alicerce da dignidade humana, a partir da qual se passaria a formar o caráter do Estado ideal personificado no indivíduo, Platão identificou as quatro virtudes fundamentais que são: a coragem, a temperança, a justiça e a sabedoria, esta última tendo dentro de si, os atributos morais que só se adquire com a prática da Educação e da Cultura.

Essas quatro qualidades seriam a base para o ensinamento das demais virtudes como: a concórdia, a sanidade, a generosidade, a amizade, a humildade, assim como a maior de todas, que é a prática do bem, também chamado de Amor, pelo Apóstolo Paulo e que é, este último sentimento, o mais sublime de todos os atributos do cidadão, e enaltecido pelo próprio Jesus Cristo.

Nessa linha de raciocínio Platão considera que os soberanos deveriam ser, além de tudo, dominantes da principal das virtudes que é o bem. Na concepção desse filósofo, assim como o é para Jesus Cristo e o Apóstolo Paulo, esse sentimento suplanta todos os demais porque, não tem sentido a existência de todas as virtudes se essas não estarem intimamente conectadas com a prática do bem. Sem o bem não há concórdia, não há paz, não há coragem ou quaisquer outros tipos de sentimentos que transmitam a harmonia e a laboriosidade.

No sentido do ensinamento filosófico em harmonia com os fundamentos da Religião apregoada pelo Novo Testamento, o que Platão chama de bem, o Apóstolo Paulo e seu Mestre, Jesus Cristo, definem como sendo Amor. Cristo afirma que, todos os mandamentos relativos à "não matarás, não adulterarás, não fazer falso testemunho" se resumem em amar ao próximo como a ti mesmo e sacramenta o amor maior, que é amar a Deus sobre todas as coisas.

Analisando a mesma questão de uma outra maneira de pensar, pode-se afirmar também, tal qual Platão enaltece que, para Cristo, esses dois sentimentos relacionados ao amor se transformam em lei. Mas, existe lei para que haja o amor? É evidente que não, visto que, a lei é material e o amor é um sentimento exclusivamente espiritual. Então, isso de outra maneira pode-se também dizer que, o amor é a personificação do livre arbítrio, tal qual Platão enaltece o bem, uma vez que, o amor é o dom que faz todas as coisas existirem na amplitude da liberdade, da paz e da concórdia, como evidencia Jesus Cristo.

São Paulo faz até um enaltecimento ao amor por intermédio dos versículos apresentados abaixo.

> [1] ainda que eu falasse as línguas dos homens e dos anjos, e não tivesse amor, seria como o metal que soa ou como o sino que tine. [2] E ainda que tivesse o dom de profecia, e conhecesse todos os mistérios e toda a ciência, e ainda que tivesse toda a fé, de maneira tal que transportasse os montes, e não tivesse amor, nada seria. [3] E ainda que distribuísse toda a minha fortuna para sustento dos pobres, e ainda que entregasse o meu corpo para ser queimado, e não tivesse amor, nada disso me aproveitaria. [4] O amor é sofredor, é benigno; o amor não é invejoso; o amor não trata com leviandade, não se ensoberbece. [5] não se porta com indecência, não busca os seus

interesses, não se irrita, não suspeita mal; [6] não folga com a injustiça, mas folga com a verdade; [7] tudo sofre, tudo crê, tudo espera, tudo suporta. [8] O amor nunca falha; mas havendo profecias, serão aniquiladas; havendo línguas, cessarão; havendo ciência, desaparecerá; [9] porque, em parte, conhecemos, e em parte profetizamos; [10] Mas, quando vier o que é perfeito, então, o imperfeito desaparecerá. [11] quando eu era criança, falava como criança, pensava como criança, raciocinava como criança. Desde que me tornei homem, eliminei as coisas de criança. [12] hoje vemos como por um espelho, confusamente; mas então veremos face a face. Hoje conheço em parte; mas então conhecerei totalmente, como eu sou conhecido. [13] por ora subsistem a fé, a esperança e a caridade – as três. Porém, a maior delas é a caridade. (Primeira Epístola de São Paulo aos Coríntios; Cap. 13; Vers. 01 – 13).

Nesse contexto, depois de identificadas as quatro virtudes principais para se emoldurar cientificamente, através da dialética, a formação de seu Estado Ideal, Platão começa a delinear descrevendo e conceituando cada um desses quatro fundamentos no caso: a coragem, a temperança, a justiça e a sabedoria, como se passa a observar.

Para Platão, o principal de todos os fundamentos para o indivíduo é a prática da coragem. Isso porque, o cidadão dotado de coragem consegue se contrapor a todos os atos nocivos à sua liberdade praticados pelos indivíduos que buscam aprisiona-lo tornando-o escravo dos desejos alheios, em detrimento da sua própria vontade e à sua liberdade plena.

Na concepção de Platão, todas as misérias e as desgraças que dominam e põem o indivíduo escravo do meio em que ele vive se resume na palavra destino. Platão considera que, o destino nada mais é do que um atributo atribuído ao ser pelo meio em que ele vive para que, com esse argumento, poder justificar o fracasso da pessoa, visto que, essa expressão está diretamente atrelada a um sentimento de falta e de incapacidade do indivíduo perante o meio em que ele vive, tornando-o símbolo do fracasso.

Na visão de Platão, a maior de todas as riquezas que um ser humano pode desfrutar é a sua liberdade que é um sentimento inalienável, inabalável, impávido e que garante a supremacia do homem ou mulher sobre seu próprio eu. Sem liberdade o ser humano se torna escravo de todas as mazelas e misérias que fazem com que o mesmo venha a sucumbir às manipulações do meio em que vive e que o castra, agrilhoa e o impedem de desfrutar na sua integridade da paz, do amor, e da sua vida plena que Deus lhe deu. O sentimento da coragem em essência se torna o destemor garantidor da liberdade plena do cidadão(ã).

O destino, é a simetria da liberdade, o sentimento de fracasso inapelável do ser. Então sendo assim, a coragem é o único e principal recurso que dá ao ser humano a atitude necessária para que o mesmo possa lutar contra todos os cabrestos lhe impostos pelo meio em que ele vive. Todo indivíduo de coragem é um ser destemido, determinado, livre, que não aceita imposições, regras alheias ao seu princípio de liberdade e do desejo de ser dono de suas próprias ações de uma maneira íntegra e virtuosa.

Outra virtude que Platão considera como um dos alicerces da formação educacional, cultural e do caráter do indivíduo é a prática da temperança. A temperança para Platão significa a capacidade do indivíduo ou do Estado tratar a todos os seus pares de forma igual, independente da sua estrutura física, cor, idade, sexo, poder aquisitivo, papel desempenhado na sociedade, formação moral, cultural, econômica e social. O tratamento que o indivíduo deve dispensar a cada um dos membros da sociedade, dentro do critério da temperança é a isonomia. Todo mundo deve ser tratado de forma igual sem quaisquer tipos de distinção.

Um Estado não deve fazer distinção entre seus membros de nenhuma forma, da mesma maneira que o indivíduo, visto que, um é a personificação do outro. Quando, por exemplo, o ser humano analisa o Estado, vê o próprio perfil que o habita, assim como, quando o Estado avalia o indivíduo vê a própria essência do ser humano que está arraigado em seu ser, um sempre refletindo no outro. O perfil do Estado refletido no indivíduo assim como o perfil do indivíduo projetado no Estado, como se fosse uma pessoa se vendo no espelho, como afirma Platão. Daí o princípio da igualdade prevalecendo, no caso da virtude definida como temperança, uma vez que o conceito de Estado Ideal de Platão não aceita quaisquer tipos de discriminações entre seus protegidos, que no caso é o povo.

Antes de se falar no terceiro atributo que é a justiça, falar-se-á sobre a quarta virtude, que é a sabedoria, visto que, é na definição da justiça que se manifesta o conceito puro e simples da Economia, de onde se tira o objetivo primordial deste estudo, que é o de identificar a verdadeira definição da Ciência Econômica analisada em sua essência, destituída das manipulações sofistas também chamadas de truques econômicos inseridas nos fundamentos dessa, até agora pretensa Ciência, pelos analistas das escolas dos Estados Unidos, Inglaterra e Alemanha.

De todas as virtudes é a sabedoria o pináculo do conhecimento, uma vez que está inserida em sua estrutura o entendimento e a aplicação das demais virtudes que moldam o caráter e a verdadeira identidade do indivíduo como cidadão. Dentre elas cabendo destacar, a caridade, a concórdia, a humildade, a temperança, a coragem, a justiça, a prática do bem, etc., estando definida a prática do bem na concepção de Platão como a principal razão da existência do ser humano, também chamada essa última virtude por Jesus Cristo e seu principal expoente da ciência religiosa, que é São Paulo Apóstolo, como sendo o amor e sua prática.

A sabedoria por conter em si todas as demais virtudes imanentes à essência humana só se completa na fase senil do indivíduo, quando o mesmo já adquiriu todos os ensinamentos necessários por intermédio da sua formação educacional, cultural e moral, de onde se busca avaliar todos os parâmetros das ações humanas por meio da prática da justiça.

Não existe melhor definição para o conceito da sabedoria como o apresentado pelo Livro da Sabedoria (Sb:7,22 – 8,1) como se vê transcrito abaixo:

> [7,22] Na Sabedoria há, com efeito, um espírito inteligente, santo, único, múltiplo, sutil, móvel, penetrante, puro, claro, inofensivo, inclinado ao bem, agudo, [23] livre, benéfico, benévolo, estável, seguro, livre de inquietação, que pode tudo, que cuida de tudo, que penetra em todos os espíritos, os inteligentes, os puros, os mais sutis. [24] Mais ágil que todo o movimento é a Sabedoria, ela atravessa e penetra tudo, graças à sua pureza. [25] Ela é um sopro do poder de Deus, uma irradiação límpida da glória do Todo-poderoso assim mancha nenhuma pode insinuar-se nela. [26] É ela uma efusão da luz eterna, um espelho sem mancha da atividade de Deus, e uma imagem de sua bondade. [27] Embora única, tudo pode imutável em si mesma, renova todas as coisas. Ela se derrama de geração em geração nas almas santas e forma os amigos e os intérpretes de Deus, [28] porque Deus somente ama quem vive com a sabedoria! [29] É ela, com efeito, mais bela que o sol e ultrapassa o conjunto dos astros. Comparada à luz, ela se sobreleva, [30] porque à luz sucede a noite, enquanto que, contra a Sabedoria, o mal não prevalece.
>
> [8,1]- Ela estende seu vigor de uma extremidade do mundo à outra e governa todas as coisas com felicidade.

Na sua proposta de estabelecer os fundamentos necessários à existência do seu Estado Ideal, Platão se depara pela primeira vez com uma dificuldade, que é a de aplicar o conceito de justiça na prática. No aspecto teórico, Platão define a justiça como sendo a capacidade do indivíduo praticar qualquer tipo de atividade, sem se intrometer em quaisquer ocupações dos demais cidadãos(ãs), conceito esse muito semelhante ao de Jesus Cristo que afirma que, na prática da justiça, o indivíduo pode fazer quaisquer coisas, desde que assuma o ato que praticou, o que, na realidade, ninguém o faz.

Nesse contexto, a maior capacidade de percepção da justiça se manifesta quando há a necessidade de o Estado Ideal poder distribuir toda a riqueza produzida num determinado período de tempo, a todos os seus membros, de acordo com critérios justos, ou seja, sem quaisquer tipos de exclusões, concessões ou exceções, onde esses recursos sejam suficientes para atender todas as necessidades básicas de sobrevivência desses cidadãos, que devem ser contemplados de forma equânime.

De acordo com esse critério, segundo Platão, como distribuir uma riqueza de forma justa de acordo com a quantidade produzida, se um indivíduo, citando como exemplo, produz cinco unidades, outro produz dez, outro pode produzir três? Devido a existência dessa dificuldade Platão recorre ao estado de vida e ao fator psicológico do ser humano que, da sua parte, o faz considerar a existência da alma, visto que, o indivíduo só pode ser considerado vivo se o mesmo for dotado de espírito. Considerando que Platão, assim como todos os filósofos gregos reconheciam a existência de um "Deus desconhecido" esse tipo de recurso à existência da alma era natural, exequível.

Por conseguinte, recorrendo ao estado psicológico do indivíduo, Platão entendia que, esse ser só consegue ter a percepção de tudo aquilo que o rodeia, por intermédio da ação de suas faculdades. Para esse filósofo as faculdades humanas de subdividem em duas partes que são: as necessidades fisiológicas e as emoções.

As necessidades fisiológicas dizem respeito a ação do indivíduo voltada para produzir bens necessários ao atendimento de suas sensações essenciais de alimentação, proteção, segurança e lazer.

No que tange às emoções, essas se subdividem em emoções racionais e emoções concupiscências. As emoções racionais e concupiscências dizem respeito à capacidade do indivíduo realizar escolhas daquilo que é mais importante para que o mesmo mantenha seu nível de bem-estar físico e espiritual atendidos de maneira satisfatória.

As emoções variam de acordo com a evolução da raça humana que seguem no sentido das emoções concupiscências para as emoções racionais.

As emoções concupiscênicas são as emoções naturais do indivíduo, inata do estado de sua existência, aflorando com os seus sentimentos em relação a tudo que o envolve, indo desde seu estado de saciedade por alguma coisa, que se manifesta com sua necessidade, e evolui até a sua percepção geral do mundo real e imaginário que o envolve.

Uma pessoa quando nasce, é dotada primeiramente de emoção concupiscênica, independentemente do nível social em que ela se encontra podendo ser bárbaro ou civilizado. Uma pessoa bárbara, portanto, selvagem, quando nasce tem a mesma noção perceptiva de mundo do que um animal qualquer, que vive em um mundo selvagem.

No estado concupiscênico, a pessoa ainda não é dotada de sua capacidade de avaliar as situações de acordo com critérios corretos, rígidos e, portanto, justos e civilizados. Ela age mais por instinto, dando opiniões desencontradas sobre as coisas, tem uma visão distorcida do mundo, age por emoção sem considerar as situações existentes em sua volta, é espalhafatosa e altamente perigosa em suas ações, aproximando-se ao estado de selvageria, onde ocorrem as brigas, as mortes, as traições, a vingança, a insensatez; o estado de depressão e suicídios, são frequentes e o sentimento de solidão impera, tornando-a inimiga de tudo e de todos. Esse é o seu estado de barbárie ou de estultice plena.

Estando em desequilíbrio emocional ela pode imaginar, na sua forma de pensar, que o mundo a discrimina, portanto a odeia, precisando assim, de acompanhamento psicológico e talvez até psiquiátrico em alguns casos, para tirá-la da existência, na mente dela, do sentimento de solidão e do descaso pela sociedade. No estado concupiscênico o indivíduo cria fantasias, opiniões, sugestões sobre o mundo tornando-a fiel a esses seres, objetos de sua imaginação, fazendo-o pensar, de acordo com seus critérios individualizados, na existência de um deus, criado à sua maneira, e que ela deve seguir podendo até matar ou morrer por ele.

Esse, para ele, se torna o seu deus verdadeiro, o qual se faz devoto na sua ideia, mesmo que, para os demais membros da comunidade, essa santidade seja fantasiosa.... esse é o que se pode chamar de deus concupiscênico. Um deus sem razão e sem sentido de existência.... um deus inebriado, que faz com que o indivíduo perca sentido de sua existência, fazendo-o se aproximar do limiar da loucura.

Vale lembrar que, no estado concupiscênico, quando o ser humano não evolui nas virtudes, na educação, na cultura, no conhecimento, seu comportamento se assemelha a qualquer animal irracional. Assim esse indivíduo se transforma num ser iracundo, analfabeto, bárbaro se assemelhando ao exemplo do indivíduo preso, agrilhoado por uma corrente na caverna, citada por Platão.

Entrementes, a partir do momento em que a pessoa começa a se educar, adquirindo maior número de virtudes e entra no processo de formação educacional, a mesma começa a lapidar, a modelar suas emoções concupiscênicas, transformando-a em emoções racionais, atingindo o ápice da sabedoria por meio da sua formação cultural. Esse, segundo os preceitos de Platão, é o ciclo evolutivo da humanidade.

Portanto, diz-se que um indivíduo é racional em sua essência, quando ele atinge o suprassumo do conhecimento e que só se adquire mediante sua formação virtuosa, educacional e cultural.

Para Platão, são essas emoções, no caso, a concupiscênica e a racional que vão nortear as necessidades fisiológicas do indivíduo e também, por meio do atendimento dessas necessidades, que o indivíduo vai saciar as demandas do corpo humano. E que, por conseguinte, essas demandas serão atendidas pelas ações da Economia que vai tratar de produzir as utilidades necessárias ao atendimento de suas necessidades fisiológicas, no caso, as de alimentação, proteção, segurança e lazer.

Por intermédio desse procedimento, Platão descobre as ações econômicas que é a de produzir riquezas ou utilidades necessárias ao saciamento das necessidades do corpo do indivíduo dentro dos fundamentos da materialidade e da espiritualidade, que por último, são concebidas como bem-estar físico e bem-estar espiritual.

Depois de chegar a essas conclusões, para tornar suas proposições totalmente válidas no âmbito da Ciência pura e natural, o próximo passo de Platão foi comprovar a existência da alma, o que ele faz com maestria na parte final de sua obra "A República" e que, por sinal, sua descrição da alma é a mesma proporcionada por Jesus Cristo, fazendo-se parecer que um copiou esse conceito do outro e vice-versa.

Para Platão, enquanto a matéria é um ser tangível, que é visto e julgada por todos, o espírito não é visto e nem julgado por ninguém, ele vem do alto e pode ver a todos, julgar a todos e não ser tocado nem julgado por ninguém, mas que existe, visto que, sua natureza não pertence a este mundo. Definição essa do espírito, que é o mesmo elaborado por Jesus Cristo quando se estuda o Novo Testamento, diga-se de passagem.

Depois de identificar a importância das ações da Economia para produzir utilidades ou riquezas necessárias ao atendimento do corpo físico e da alma do indivíduo, Platão, na modelagem do seu Estado Ideal, começa a delinear as ações da Economia, proposta essa valida porque, não se tem como conceituar a Economia sem antes definir as ações do Estado e vice-versa, visto que um é simétrico do outro.

As principais relações do Estado só se podem julgá-las devido à necessidade da realização de trocas de mercadorias que são produzidas pela Economia entre os indivíduos que o habitam, visando atender suas necessidades. Por seu turno, as mercadorias são produzidas pela Economia para realização de trocas porque é impossível para um indivíduo produzir todas as utilidades que são necessárias ao atendimento de suas necessidades fisiológicas. Daí a necessidade do indivíduo poder viver essencialmente em grupo e a justificativa plausível de que todo indivíduo é um ser gregário e que só pode se aglutinar com os demais cidadãos num Estado comum a todos.

Nesse contexto, ambos são simétricos, o que viabiliza a análise do funcionamento da Economia dentro do Estado, pelo método da dialética.

8.6 A imperatividade da utilização dos fundamentos da Economia como os melhores instrumentais para demonstrar como se dá a interatividade social no interior do Estado

Recebida a autorização dos irmãos para que pudesse dar sequência às suas análises sobre a criação do conceito científico-filosófico do que seria a "verdadeira justiça", desta vez, tendo como base as relações dos indivíduos sendo regulados pela função de um Estado hipotético, Platão, no papel de Sócrates, então, se propõe a determinar como funcionaria na prática esse Estado, tendo a economia como seu instrumental subjacente para estudo.

Isso porque, o conceito de justiça para ganhar existência obriga o envolvimento de dois ou mais agentes constituídos, que transacionam ou relacionam entre si. É justamente aí que entra em cena o papel da Economia, que nada mais é do que a Ciência que trata da relação de troca entre dois agentes no mercado visando cada qual, otimizar a aquisição das utilidades necessárias na forma de mercadorias, para atender suas necessidades diárias de bens essenciais à sua sobrevivência.

Segundo Platão, depois de criado o Estado e estabelecido como se dá as relações entre os indivíduos dentro da sua estrutura, através da divisão das funções emanadas dos talentos individuais, o mesmo passaria a ter base conceitual suficiente para poder definir com maior fidedignidade o que seria a "verdadeira justiça" e suas diretrizes. Diante dessa nova proposta Platão ou, melhor dizendo, Sócrates, começa a criar as bases metodológicas para a construção de seu Estado[11] hipotético começando para isso, de sua embriogênese, onde a Economia aparece como arcabouço analítico, a partir da qual se dá todo o desenvolvimento de seus estudos.

Daí porque a Economia aparecer como o suporte crucial para o estabelecimento das relações de trocas sendo essas reguladas pela organização do Estado, tendo as necessidades fisiológicas como o fator crucial que leva os agentes a intercambiarem mercadorias no mercado. Assim, as necessidades fisiológicas se transformam no vertedouro de onde nascem todos os fundamentos econômicos para a análise, mediante a aplicação do processo de produção de utilidades também chamadas de mercadorias que visam suprir tais necessidades.

A partir desse contexto, Platão passa a tecer, como se fosse uma teia, todas as inter-relações dos indivíduos no mercado, de onde esse utiliza a justiça como o instrumental que vai regular de maneira equânime, todas as relações de trocas que ocorrerem em tal local de transações econômicas. É justamente a troca sendo regulada por meio da justiça, que leva o ser humano a ser indiferente à quantidade e ao preço das mercadorias, que são permutadas no mercado com vistas a atender as suas carências de utilidades, desde que essas necessidades sejam atendidas plenamente.

---

[11] A partir do relato da construção do Estado por parte de Sócrates, o procedimento corrente, se dará por intermédio de transcrição direta eliminando os debates entre os personagens e só deixando a fala do autor, no caso, Platão manifestado em Sócrates. O objetivo dessa estratégia é demonstrar ao público leitor, especialmente aos economistas, que o processo da criação do Estado e da necessidade da sua existência, se confunde com o método de criação da economia como ciência social, muito bem adotada e elaborada por Smith em sua obra "A Riqueza das Nações". Nessa técnica se consegue identificar com muita clareza os pressupostos das necessidades humanas (p. 61) fundamentadas nas necessidades fisiológicas, divisão do trabalho (p.61), necessidade de troca e da criação da moeda (p. 63), mercadores (p. 63), mercado (p. 63), excedente econômico, uma só atividade que induz a especialização, e assim, por diante. Na realidade, a metodologia adotada por Smith para construir a "Riqueza das Nações" foi a mesma adotada por Platão. Talvez, daí porque, a definição dada à Economia como "Economia Política".

Dessa forma, visando à criação dessas premissas-chave, Platão começa a estabelecer suas bases metodológicas, como se observa a seguir:

> Segundo minha opinião, um Estado se organiza porque ninguém se basta a si mesmo, ao contrário tem muitas necessidades[12]. [...] Por isso, um homem se junta a outro por uma necessidade e a mais outro por outra necessidade porque têm muitas delas. Assim, muitas pessoas se reúnem num mesmo local para se valerem mutuamente e também para ter companhia. Assim se forma uma comunidade a que damos o nome de Estado. Um dá alguma coisa ao outro ou recebe desse outro alguma coisa e não acredita que esteja assim satisfazendo seu próprio interesse? Vamos tentar fundar um Estado em teoria. Ele deverá surgir de acordo com nossas necessidades [...] A primeira e mais importante é recolher alimento para continuar a viver. [...] a segunda é a habitação, a terceira, o vestuário e assim por diante. [...] Como poderá, contudo, o Estado prover a tantas necessidades? Não será preciso que alguém seja agricultor, outro pedreiro e um terceiro, tecelão? Cumpre acrescentar ainda um sapateiro ou algum outro artesão para prover pelas exigências do corpo. [...] Então o núcleo do Estado se comporia pelo menos de quatro ou cinco pessoas. [...] Torna-se necessário, portanto, que cada um coloque à disposição da comunidade o próprio trabalho. O agricultor, por exemplo, embora sendo um só, deve prover a alimentação de outros quatro, gastando quatro vezes mais tempo e trabalho para fornecer alimento e dividi-lo com os demais. [...] [isso porque] mais coisas são feitas, melhores e mais facilmente, quando cada um se aplica a uma só atividade, segundo sua inclinação e no momento certo, sem se preocupar com as outras. [...] Com efeito, se tudo deve correr bem não deverá ser o agricultor que fabrica seu arado, nem a enxada e outros implementos agrícolas. O mesmo se pode dizer do pedreiro que também necessita de utensílios, como ainda do tecelão, do sapateiro. [...] Assim, pois, carpinteiros, ferreiros e muitos outros artesãos afluirão a nosso Estado e vão aumentar sua população. [...] Não seria demais acrescentar ainda os vaqueiros, os pastores e criadores de outros animais para fornecer aos agricultores bois de tração, aos pedreiros e aos camponeses animais de carga e ainda peles e lã para os tecelões e sapateiros. [...] Há algo mais, pois, é quase impossível fundá-lo em local onde se encontre de tudo e não haja necessidade de importar algum produto. [...] Nosso Estado teria, pois, necessidade de outros cidadãos que fossem buscar em outro Estado o que falta no nosso. [...] Um Estado, portanto, deve produzir em quantidade adequada não somente o que lhe serve, mas também o que serve aos Estados dos quais importa. [...] Então haverá necessidade de maior número de camponeses e outros artesãos para nosso Estado. [...] Seriam necessários também os encarregados da importação e da exportação de cada produto,

---

[12]Platão parte do conceito da palavra necessidade, porque, para ele, o homem é impulsionado por intermédio das necessidades do seu organismo. As necessidades, por seu turno, são mensagens geradas por comandos cerebrais produzidos pelo cérebro e conduzidos pelos neurônios que são células nervosas acionadas por estímulos provindos do cérebro. Da sua parte, o cérebro é sempre ativado por mensagens emanadas dos órgãos humanos e conduzidas pelos neurônios que são acionados na medida em que um ou mais órgãos do homem são afetados por um corpo estranho ou necessitam de um estímulo qualquer para poderem trabalhar. Por exemplo, se um indivíduo sofre uma pancada em qualquer parte de seu corpo, o órgão afetado pela pancada emite uma mensagem de dor. Essa mensagem é imediatamente enviada por meio de espasmos energéticos conduzidos pelos neurônios para o cérebro. O cérebro processa a informação e gera uma resposta na forma de necessidade de uma utilidade para moderar, diminuir ou até suprimir o sofrimento. Como o homem é um ser gregário e não consegue produzir todas as utilidades de que ele precisa para atender suas necessidades, o mesmo é obrigado a realizar trocas. Neste caso, a utilidade demandada é chamada de remédio. Então, essa utilidade ou remédio gera uma demanda por parte do indivíduo, que aciona a farmácia. A farmácia faz a venda da utilidade ou do medicamento ao mesmo demandante, que a utilizará para eliminar a dor e finalmente curar a enfermidade. Para Platão, é assim que funciona a interação social entre indivíduos, por intermédio da troca de uma necessidade por uma utilidade. Mais um exemplo: se o corpo sente falta de alimento, o cérebro processa uma necessidade que recebe o nome de fome. Essa necessidade que é a fome gera uma demanda por utilidade que é chamada de alimento. Então, por conseguinte, o mercado emite uma mensagem que existe um demandante por alimento. Nesse caso será o produtor que vai processar o alimento e vende-lo para o indivíduo e assim, por conseguinte. Nesses termos é que surge a Economia, por necessidade da troca. Como pode ser observado na análise acima, há uma perfeita sincronia de contraposição entre a necessidade e a utilidade para determinada situação. Quando, a utilidade aplaca a necessidade em relação a determinado produto, o ponto aonde essa necessidade é eliminada pela utilidade é chamado de ponto de saciedade. Entrementes, a utilidade só satisfará totalmente a necessidade, quando a referida utilidade atingir seu ponto de máximo. Daí porque Platão falar que a busca do homem é pela necessidade máxima da utilidade. (p. 96).

isto é, os mercadores. [...] Teríamos necessidade de comerciantes. [...] E se o comércio se realiza por mar, teríamos necessidade de mais pessoas experientes em navegação. [...] Mas como se realizará no interior do Estado a distribuição dos produtos do trabalho individual, tendo em vista que este foi o objetivo pelo qual nos reunimos e criamos o Estado? [...] Deveremos ter, portanto, um mercado e uma moeda como símbolo de compra e venda. [...] Esta necessidade exige, portanto, a presença de mercadores em nosso Estado. Não chamamos assim, por acaso, aqueles que permanecem parados no mercado, enquanto designamos de comerciantes por atacado aqueles que circulam pelas cidades? [...] Existem ainda, me parece, agentes de outro tipo que, embora sendo espiritualmente pouco dignos de fazer parte da sociedade civil, são, contudo, por sua força física, aptos para suportar fadigas. Esses são chamados assalariados, ao que me parece, porque vende o uso de sua força física e chamam de salário sua compensação. [...] Vemos, portanto, que também os assalariados completam o Estado. Platão (2006:61- 64).

É incrível de se verificar que, mesmo se balizando nessa profunda análise de Platão sobre como se estrutura a Economia a partir da formação do Estado Ideal, o senhor Smith não o cita em nenhum capítulo de sua obra "A Riqueza das Nações."

Assim, Platão em Sócrates, termina a construção de seu Estado hipotético e a partir daí começa a investigar, ao seu modo de ver, aonde se encontra e quais são as condições ideais do estágio de desenvolvimento da sociedade, necessário para se aplicar e tornar o mais empírico possível, o verdadeiro conceito de justiça, separando-o definitivamente do de injustiça.

Para Platão, de acordo com o que foi apontado acima, o homem só se reúne em um determinado local, em virtude de suas necessidades serem múltiplas, o que o torna um ser em sua essência, gregário. Para esse autor, segundo suas próprias palavras, o homem não basta a si mesmo porque, ele possui necessidades diversas.

Em função desses diversos tipos de privações, o indivíduo além de ser obrigado a se concentrar num determinado espaço, o mesmo é induzido a se organizar para poder bem se relacionar em busca de seus objetivos. E esse tipo de relacionamento para obter êxito, precisa ser estruturado segundo o princípio da justiça.

Só a justiça é capaz de tornar a sociedade livre e bem organizada. Dentro dos fundamentos das necessidades diversas e da organização do ser humano num determinado lugar, seguindo os princípios da justiça, ao mesmo tempo, o homem para fazer suprir essas carências precisa produzir utilidades.

É justamente em função desses dois últimos fundamentos que surge de maneira concomitante, a Economia como o principal fator que cria condições e conduz o homem a se organizar visando produzir utilidades, com o objetivo único de suprir tais privações enquanto que o Estado aparece como instrumento de distribuição dessa riqueza produzida por intermédio das ações econômicas. Nesse sentido, o surgimento da economia enquanto Ciência Social se confunde com a origem do próprio Estado.

É impossível que haja Estado sem a organização do homem dentro de um sistema de produção e gestão, chamado de economia, enquanto que, a economia, para fazer fluir as ações de seus agentes, precisa de um Estado organizado sob os fundamentos norteadores das virtudes, da educação e da cultura, que são os pilares que revelam ao indivíduo o conhecimento, e permitem a esse desvelar os segredos, a importância e o conceito da verdadeira justiça, que, por conseguinte, os permitirá viver em paz na sociedade.

De uma maneira geral, os fundamentos teóricos norteadores de toda a formação do Estado estão baseados no tripé: necessidade-utilidade-produção, ou, em outras palavras, Economia, que formam em conjunto, a base estrutural e organizacional do Estado e que são conduzidos pela égide da justiça.

Em essência é impossível desenvolver o conceito de justiça num ambiente onde existe apenas um indivíduo. Isso porque, justiça é um conceito iminentemente social e só existe num espaço onde vivem e se relacionam duas ou mais pessoas. Mesmo nesse meio, como deixou patente Platão, é impossível de se criar um conceito universal sobre o que seria a verdadeira justiça. Tal impossibilidade decorre do fato de que, o conceito de justiça, se não tiver um pressuposto único a partir do qual possam surgir preceitos derivados dessa premissa para dar consistência e amplitude à sua definição, ela jamais adquirirá o caráter de universalidade. Até mesmo quando há consenso único sobre a definição de justiça entre dois indivíduos, durante a sua aplicabilidade aparecerão divergências entre esses mesmos agentes que a criaram.

Essa situação é gerada porque, para que haja a definição do conceito de justiça e de sua aplicabilidade, tem que haver grau elevado de virtudes, educação e de cultura entre os indivíduos. Dessa forma, o desenvolvimento e a aplicação do conceito de justiça dependem diretamente do grau de evolução porque passa a sociedade. Quanto maior for a virtude e o grau de educação e de cultura da sociedade melhor é o nível de fertilidade dentro dessa mesma sociedade, para que possa se desenvolver com maior propriedade o senso de justiça, e assim, eliminar aos poucos o sentimento de injustiça e impunidade.

O senso de justiça se relaciona diretamente com o grau de virtudes, educação e de cultura dos indivíduos vivendo em sociedade, enquanto que, a injustiça prevalece onde a virtude, a educação e a cultura estão ausentes.

É por isso que, em muitas partes do mundo que se diz "civilizado", ainda existe uma confusão entre o que seja o real senso de justiça e da sua aplicabilidade e que realmente sejam contrários à prática da injustiça, uma vez que, o nível de educação e de cultura nesses lugares, ainda é precário. Nos meios sociais onde prevalece a ignorância e, portanto, a truculência e a tirania, esses conceitos se misturam. É isso que Platão quis deixar patente nessa parte dos debates quando ele se refere à lei do mais forte.

Mas, a justiça, alicerçada nos pilares da ignorância, enquanto lei do mais forte existe apenas entre os humanos? Platão quis deixar claro que não. Tal enunciado prevalece principalmente entre os animais.

Nesse aspecto, o conceito de justiça enquanto a lei do mais forte é uma base embrionária universal. Por exemplo, numa alcateia, o lobo mais forte, depois de vencer seus principais rivais costuma prevalecer. Vencidos seus oponentes diretos, é o lobo mais forte que vai comer primeiro, vai dormir nos lugares mais privilegiados, terá prioridade no cruzamento com as lobas, será ele quem protegerá a alcateia, e assim, por diante. Entre os búfalos, os leões, os bandos de aves, é essa relação que prevalece. Entre os animais, é natural que esse quadro impere. Aos vencedores tudo, aos perdedores nada. Não há compaixão e misericórdia nesse ambiente. Aí, o critério de racionalidade e, portanto, de virtude, educação e cultura inexistem.

Entre os seres humanos, quanto mais seu nível de educação regride e se aproxima de seu estágio primitivo de evolução, ou seja, da ignorância e da barbárie, mais a truculência, a falta de respeito, a ausência de solidariedade, a ganância, a ambição, a soberba, e a tirania imperam.   E aí, o senso de justiça e seu conceito ganham outra aparência e dimensão.

Nesse estado de coisas, a justiça se reveste de uma carapaça presente na injustiça e faz com que essa última prospere, açambarcada pela lei. Aí nessa seara, a injustiça impera disfarçada de justiça. É isso que Platão quis dizer quando incluiu em seus debates, a posição das classes ou castas mais fortes, que vivem como bando de selvagens!

Entrementes, mesmo entre esses, Platão deixou uma fresta de luz como enunciado do que seja a verdadeira justiça, emanada no conceito de que, a verdadeira justiça se reveste do princípio de que, seu conceito seja o de fazer o bem a quaisquer que sejam as pessoas e de criar mecanismos justos e dignos que possam proteger os mais fracos.

É a partir desse pressuposto que Platão, dando vida aos seus personagens, os transfere junto com seus debates, para um novo cenário, que é o da discussão do mesmo tema, numa estrutura de funcionamento já formatada, a qual ele chamou de Estado. Partindo desse ponto, Platão incorpora em seus estudos, novos fundamentos da vida em sociedade. Com isso Platão quis dizer que, é o princípio de racionalidade ou de verdadeira justiça que devem prevalecer numa relação entre seres humanos que se enquadram como civilizados, embora às vezes, sem o ser, dependendo para isso, da prática das virtudes, do seu grau de instrução e de cultura, ou ainda, evolução social.

Enquanto o ser humano não atingir a civilidade, faz-se necessário criar regras escritas, emanadas em leis e um agente regulador, para fazer com que essas normas se cumpram, com o objetivo de que o equilíbrio entre as partes prevaleça. É daí que surge a necessidade da criação do Estado.

Durante a evolução da sociedade, enquanto prevalecer o estado da barbárie, na qual inexiste a prática das virtudes, faz-se necessário a existência de leis fortes, severas, imparciais e implacáveis para regular de forma mais justa, as relações dos indivíduos. Um exemplo claro disso é a própria Bíblia Sagrada que, no Velho Testamento, antes do Advento de Nosso Senhor Jesus Cristo na Terra, Manifestado na forma de Filho do Homem, como ele mesmo gostava de ser tratado, esse Livro é permeado por leis severas, onde prevalecia a lei do mais forte, e o senso de justiça fundamentava-se na Lei do Talião, ou seja: "Olho por olho, dente por dente".

Depois da presença do Cristo na Terra e de sua ascensão ao Céu na condição de Messias, o Filho de Deus ressuscitado dentre os mortos, essas leis se metamorfosearam na Lei do amor, da caridade e do perdão tendo como seu pináculo o Livre Arbítrio. Assim, a Bíblia na sua amplitude representa o antes e o depois do período de selvageria na Terra. Jesus Cristo veio trazer não só o amor, mas também o perdão e a caridade emanadas do sentimento de paz, da concórdia, da união e da liberdade plena, o que antes inexistia.

Outro exemplo é o caso do Brasil que, em 1990 do Século passado, outorgou a Lei definida como "Estatuto da Criança e do Adolescente". Essa norma tem por objetivo proteger as crianças e principalmente os adolescentes na faixa dos 16 aos 18 anos de idade, que é o período aonde os mancebos começam a se inserir no mercado de trabalho por intermédio do seu desenvolvimento educacional e profissional, mais de forma prática, no sentido do mesmo buscar obter seu próprio sustento. Entrementes essa Lei ao invés de proteger e dar assistência mais adequada às necessidades dos jovens, acabaram por se transformar no seu principal algoz, criando um terrível viés de causa, decorrente da sua implementação. Isso porque, os jovens ao invés de serem protegidos por esse artigo acabaram por se tornar vítimas das ações da criminalidade praticadas pelos bandidos mais violentos e sanguinários que abundam no meio da selvageria.

Isso porque, dentro dessa Lei, existe um artigo que trata especificamente de estabelecer as regras e diretrizes criadas para gerir a questão da maioridade penal. Ou seja, esse artigo define de maneira geral e inapelável que as crianças entre 16 a 18 anos, que praticam quaisquer atos nocivos à sociedade e à convivência mútua entre seus membros, sejam eles na forma de assassinatos, roubos, tráficos, crimes diversos e de toda natureza, não devem ficar presas por hipótese alguma, mesmo que esses tenham praticados os piores delitos. No caso, os mesmos são tratados como "eternos coitadinhos" e são recolhidos para os centros de assistência e recuperação do menor infrator.

Como os pais não podem acompanhar na íntegra o processo de formação das virtudes, da educação e da cultura de seus filhos, nas escolas, nos clubes, nos centros de convivências, na mídia, nas diversões, por terem que trabalhar para sustentar a família, os criminosos, sabendo disso e da intocabilidade penal desses garotos, os cooptam para seu convívio e os incitam à prática de todos os crimes, principalmente os mais violentos como os assaltos à mão armada, os sequestros, o tráfico, os latrocínios, os crimes encomendados, tornando-os os piores elementos entre os bandos, preparando-os exclusivamente para as maiores barbaridades contra a sociedade, uma vez que esses atos são os punidos com maior severidade.

Assim, ao praticar um ato criminoso, como são os jovens que os realizam, ao serem presos pelos policiais que zelam pela segurança da sociedade, no outro dia ou até mesmo na próxima semana, esses mancebos mesmo na criminalidade, são liberados pelas autoridades e voltam a circular nas ruas como se nada tivesse acontecido, voltando a praticar os mesmos atos antes executados. Nesses casos, tanto a polícia quanto a sociedade não podem fazer nada ficando a mercê da violência praticada pelos já adolescentes ou rapazes criminosos e a sua soltura pelo juiz, que os libera baseados no Artigo da Maioridade Penal, para que eles façam tudo o que lhes vierem à cabeça contra os bons costumes e a prática do bem-estar social.

A maneira de incorporação desses jovens no crime organizado, ocorrem de forma diversa, indo desde o oferecimento de altos valores monetários, no caso desses aceitarem servir de "mulas do tráfico", ou seja, levar e trazer drogas, estabelecendo o comércio entre os pontos de recebimento e distribuição de entorpecentes, além de chantagens, ameaças contra seus familiares, até o de treinamento desses mancebos na função de matadores profissionais visto que, o tipo de armamento que existe na atualidade são de alta qualidade, possuem muita tecnologia embutida na sua elaboração, e por isso, são de fácil manuseio, que qualquer criança pode utilizar visto que são leves independentemente de sua letalidade.

Depois de treinadas para a prática da violência e sabedores da sua impunidade essas crianças, muitas delas já viciadas em entorpecentes, sempre comandadas por um ou mais adultos, entram no mundo do crime e aproveitam da situação para espalhar o terror no meio social, por meio da prática de assassinatos, tráfico, consumo de drogas, estupros, assaltos a bancos, roubo de celulares, tornando o Brasil no berço da impunidade e transformando-o num dos países mais violentos do mundo.

Diante desse cenário, os policiais responsáveis pela guarda e a manutenção da segurança se transformam em reféns dentro de seus próprios quartéis, visto que, mesmo reincidente, os menores que praticam crimes e são presos, são soltos num prazo máximo de retenção nos centros de recuperação, por dois anos. O mesmo quadro se faz sentir entre a população civil aonde tal contingente populacional não pode usar nada que tenha valor e que esteja à vista dos criminosos e seus pupilos, passando até humilhações mediante assalto em ambientes públicos, causadas por tais criminosos com o aval das leis regulamentadas.

Fica evidente que, eliminando-se a tal da maioridade penal e impondo punições severas e implacáveis aos infratores, as autoridades estarão é protegendo as crianças fazendo o percentual de crimes diminuir no mínimo entre 30 e 40%, visto que, os criminosos que são mortos ou presos em confronto com as polícias estão sempre na faixa dos 18 aos 29 anos, as outrora, crianças em tempos recentes, protegidas pela Lei da Maioridade Penal.

Outro disparate que se encontra impune na legislação brasileira é o tal do "princípio da não produção de provas contra a própria pessoa". Em termos de racionalidade tal princípio não encontra respaldo na lógica, no senso comum e muito menos em fundamentos científicos.

Esse fato se dá, por exemplo, quando um indivíduo dirigindo um automóvel a mais de cem quilômetros por hora, se choca contra quatro ou cinco pessoas levando-as a óbito. Isso ocorrendo e as autoridades policiais o prendendo em flagrante delito, o meliante pode optar por fazer ou não o teste do bafômetro, que é um tipo de aparelho que é utilizado para diagnosticar se o criminoso está bêbado ou não. A alegação dos defensores dessa estupidez jurídica argumenta que, "ninguém pode produzir provas contra si mesmo".

Ora, essa alegação é um absurdo. Mesmo porque o ato de matar alguém já é uma ilegalidade. Então, diante desse princípio, quem está na ilegalidade diante do princípio da racionalidade já não está na legalidade. Se o indivíduo já está na ilegalidade, não há nenhum ato que a mesma pratique que esteja na legalidade. Ela está completamente mergulhada na ilegitimidade. Então, por suposto, primeiro ela tem que cumprir pagando todas as suas penalidades, para depois afirmar que a mesma está legal. Se um meliante está totalmente na ilegalidade, todos os atos que ela praticar não tem parâmetros na legalidade. Então, sendo assim, ela tem que se preocupar primeiro, em se resguardar perante a sociedade cumprindo e pagando por todos os seus crimes. E, por incrível que possa parecer, uma forma de provar que a mesma está desejosa e apta a pagar pelos seus crimes é o próprio ato de fazer o teste do bafômetro.

Se ela não fazer o teste do bafômetro, a mesma fica impedida de ser punida adequadamente porque, os defensores da lei não terão como provar na sua essência, que a pena do infrator está sendo a mais justa possível e que os danos estão adequadamente reparados perante a vítima e a sociedade de uma maneira geral. Isso porque, o ato de liberar o marginal de apresentar uma prova que traz lucidez ao crime, se torna além da impunidade para o infrator numa dupla penalidade para a vítima, seus entes queridos e a sociedade. Primeiro é o dela perder a própria vida e segundo pelo fato de o praticante da sua desgraça se ver livre de uma obrigação que traz lucidez ao crime ao mesmo tempo em que esteja sendo liberado pela "justiça" de ver sua morte punida exemplarmente. Isso sem levar em conta o fato de que tal procedimento abre precedentes para que outros estúpidos voltem a praticar atos semelhantes ou até mesmo iguais. Tal situação se torna uma desgraça ao lado da própria desgraça que antecipa a desgraça de outrens. No total, isso é um conjunto de desgraças anunciadas.

Como no Brasil as leis são tidas como medidas cautelares e de reeducação, não de punição, as mesmas se transformam num salvo conduto para a prática da criminalidade, o que faz afastar as comunidades globais por medo da violência praticada nesse país e seu sonho de visita-lo, visto que elas são desejosas de conhecer este País e suas belezas naturais pelas práticas do turismo diverso, uma vez que essa nação tem extensão continental e abarca grandes quantidades de belezas naturais com uma gama de variedades dentro de seu território, eliminando a possibilidade de abertura da oferta de milhares de empregos além da arrecadação de bilhões de dólares com essas atividades.

Atos semelhantes ocorrem por toda a seara que se diz "democrática" no mundo globalizado. Uma das mais absurdas e que coloca o mundo todo em risco foi o ato da Invasão do Capitólio, local onde se reúne o Congresso dos Estados Unidos, no dia seis de janeiro de 2021 aonde grupos radicais, considerados de "Extrema Direita" alegavam fraudes eleitorais nas eleições presidenciais de 2020.

Depois de três anos decorridos do manifesto onde houveram cinco policiais, cidadãos probos, que pagavam seus impostos em dia, no cumprimento de seu dever, visando o sustento de seus entes queridos foram penalizados com a morte, praticamente executados, de onde se viu a baderna generalizada, o mundo globalizado observa, o maior dos articuladores da balbúrdia, concorrer a novas eleições presidenciais, corre o risco de novamente ser eleito e comandar essa Nação, mesmo possivelmente condenado pela Suprema Corte desse País... É mole... ou quer mais? Isso ocorrendo, qual será a garantia de paz, de gestão econômica e estabilidade no mundo global, visto que, essa Nação detém a hegemonia econômica, política e militar de toda a face da Terra? É.... isso não é uma piada.... é um fato sério de ser analisado.

Tal situação reflete no que se pode chamar em escala global de baderna das leis, e que faz o Apóstolo Paulo afirmar que Lei é para assassino, ladrão, vagabundo, irreligioso, mentiroso e tudo o mais que se possa imaginar que não presta, e que faz também, Platão afirmar que as pessoas ilibadas devem ter o maior cuidado em se relacionar com indivíduos que frequentam os fóruns ou tribunais judiciais.

 De maneira geral a aplicação de leis severas e implacáveis deve perpetuar, até que a civilização atinja um grau tão evoluído e permita que a lei passe a ser o próprio indivíduo onde, seu senso de justiça e civilidade ecloda, a partir de seus próprios poros. É justamente aí, nesse ponto, que a civilização atingirá o seu maior grau de civilidade, solidariedade e respeito mútuo, que é o nível ulterior das relações humanas.

Ademais, utilizando-se de analogia, é isso mesmo que São Paulo Apóstolo quis dizer em suas cartas aos Hebreus, que está em conformidade com os escritos de "A República" de Platão e as mais diversas parábolas proferidas por Jesus Cristo. Daí a origem mais do que sagrada da expressão "Livre Arbítrio" tão enaltecida pelo Messias e seus discípulos. Nesse ponto, os ideais de Platão e São Paulo Apóstolo, sobre o que seja justiça e liberdade se coadunam, quando este último afirma que "Jesus Cristo é a própria Lei!" visto que esse Deus englobou todas as leis numa única, por intermédio do seu corpo imolado pelos pecados da humanidade, conforme revela o próprio Apóstolo Paulo em suas Epístolas aos Hebreus (Cap. 10; Vers. 03 – 12)

De volta ao processo de criação do Estado hipotético iniciado por Platão, no papel de Sócrates, esse foi apenas a constituição do chamado Estado primitivo que, enquanto evolui, a sua criação passa por várias fases de desenvolvimento e crescimento, o que fazem gerar novas necessidades sociais que, por conseguinte, permitem o surgimento de novas profissões e especializações. Vale lembrar que esse processo é ininterrupto dentro do Sistema Capitalista de Produção.

Enquanto o Estado cresce, se desenvolve, evolui e enriquece nas relações diversas entre os componentes que o habitam, aumenta-se o nível de bem-estar social até fazer com que o mesmo atinja seu limite máximo de expansão. Quando o Estado atinge esse limite, seus habitantes "viverão juntos em alegria e, por receio da pobreza e da guerra, não criarão mais filhos que quantos possam manter" (p. 64).

Nesse sentido, vale ainda abrir um parêntese para afirmar que, se Thomas Robert Malthus tivesse lido a última frase do texto acima de Platão, jamais ele teria afirmado que, enquanto a população cresceria em progressão geométrica, a alimentação cresceria em progressão aritmética e jamais haveria tanto infanticídio quanto feminicídio na história da humanidade visto que, são as pobres mães e as inocentes crianças as que mais sofrem com essa barbaridade teórica desenvolvida por Malthus e acatada pelos teóricos do colapso social, como são os pseudoeconomistas protestantes, seguidores das escolas estadunidenses, inglesas e alemãs.

Na sua essência, é a proposição de Platão que prevalece com louvor na visão da população verdadeiramente civilizada, em âmbito global, na comunidade atual. No que tange aos parâmetros regulares dos preceitos civilizatórios, é a tese de Platão, a visão altruísta dominante.

Daí se poder finalmente conceituar a Ciência Econômica como sendo: a Ciência Social que tem por função produzir riquezas na forma de utilidades visando atender as necessidades fisiológicas visto que, é impossível para o ser humano produzir todos os bens e serviços necessários à sua sobrevivência uma vez que, a sua capacidade de produzir mercadorias é limitada.

8.7 O fato econômico

Foi visto acima que, a principal atividade da Economia é produzir excedentes econômicos gerando riquezas sociais também chamadas de utilidades ou mercadorias, através da realização do trabalho, visando atender as necessidades fisiológicas do ser humano.

Dessa maneira, pode-se dizer também que, não há outra alternativa de se produzir riquezas se não for por meio da realização do trabalho mediante a aplicação da força do trabalho pelo indivíduo. Nesse caso, dito de outra forma, até ladrões para poderem roubar com sucesso tem que realizar trabalho duro. O primeiro é o de planejar toda a ação criminosa e o segundo é o de executar essas ações correndo risco de ser preso ou morto a todo instante. Portanto, se o trabalho mesmo com risco pode ser contemplado com o sucesso total, à exceção do ato criminoso que pode levar o indivíduo à morte, o ócio representa a inutilidade ou o fracasso para o ser humano na sua essência. Ninguém consegue sobreviver sem realizar trabalho. Nessas horas vale lembrar o que o Pai Santíssimo afirma que: "ganharás o pão com o suor de seu rosto".

Como é a aplicação da força de trabalho despendido pelo indivíduo para produzir mercadorias, a principal atividade humana, por seu turno, a mais importante fonte de renovação dessa força de trabalho é a produção de alimentos visto que, é o alimento o fator gerador e mantenedor do labor, na condição de mão de obra economicamente ativa.

Quando a população sai da situação de mão de obra economicamente ativa para a condição de ônus demográfico (menores de 16 anos e acima de 65 anos), no caso, para os maiores de 65 anos ou aposentados, Marx sugere que, aqueles que estão em condições de labor devem trabalhar duas horas a mais, para sustentar essa faixa populacional, como forma de compensação pelos trabalhos prestados por esse contingente de pessoas, quando o mesmo estava operando no mercado de trabalho.

Nesse contexto, essas duas horas a mais trabalhadas pela população economicamente ativa vai compor uma poupança exclusiva da classe trabalhadora, não podendo, em hipótese alguma, ser objeto de subtração financeira para realização de cobertura monetária de quaisquer outras atividades por parte das autoridades governamentais, uma vez que, esse é um fundo destinado exclusivamente ao suprimento das necessidades dos menos favorecidos da sociedade. Mexer nesse tipo de recurso mediante subtração financeira é um ato criminoso, portanto, irresponsável e imperdoável e que deve ser punido de maneira exemplar.

Da sua parte, é o alimento a maior riqueza que uma atividade econômica pode gerar visto que, esse tipo de suprimento é que repõe as necessidades da força de trabalho humana mantendo a sua capacidade de produção constante. Tanto para Platão, como filósofo, quanto para Quesnay, Smith e Marx, três grandes economistas, não há maior riqueza para uma nação do que a produção de alimentos uma vez que, é essa espécie de provimento que mantém a população saudável e ativa, portanto, apta para produzir excedentes econômicos para realização de trocas, gerando faustosidade na Economia. Esses são os requisitos básicos para a produção de quaisquer tipos de utilidades, sejam elas sociais, tecnológicas ou de reprodução. A alimentação saudável é a maior fonte de produção de utilidades, também chamada de riquezas ou de mercadorias para um país.

Dessas constatações, deduz-se o conceito de fato econômico como sendo, a ação gerada pela força de trabalho através da atividade humana visando produzir riqueza na forma de alimentos para realização de trocas, a fim de suprir as necessidades do indivíduo.

Reconhecendo que se obtém o fato econômico por meio da produção de alimentos pode-se afirmar que, um ato econômico é a geração do alimento em si. Em se tratando da geração de alimento, pode-se afirmar que, o ato econômico teve pela primeira vez seus registros dentro da sociedade, apresentados pela Bíblia Sagrada que relata as ações do Profeta Elias e de Jesus Cristo quando esses produziram excedentes econômicos por intermédio de seus respectivos trabalhos, realizando o que conhecemos como milagre, mediante a multiplicação da quantidade do azeite, pelo Profeta Elias no Velho Testamento; e do pão e do peixe por Jesus Cristo, que é visto no Novo Testamento.

Jesus Cristo realizou o mesmo ato por duas vezes. A primeira foi quando utilizando-se de apenas um peixe e três pães, esse Deus produziu um excedente que alimentou mais de três mil pessoas, deixando sobra desses produtos numa cesta.   O segundo ato de Jesus Cristo aconteceu quando Ele, novamente, por meio da realização do seu trabalho e utilizando-se de dois peixes e cinco pães conseguiu alimentar aproximadamente 5 mil pessoas, fazendo sobrar ainda 12 cestos cheios de pães e peixes. De dois peixes e cinco pães Nosso Senhor Jesus Cristo produziu um excedente de mais de 12 cestos de alimentos, além de alimentar mais de 4 mil pessoas, em apenas uma dessas ações.

Entrementes, desses fatos econômicos, o mais antigo que se tem notícia foi o milagre praticado por Elias no Antigo Testamento, quando esse profeta visitou a Viúva de Sarepta.

A Bíblia, no Velho Testamento, nos conta que, Elias, já estando cansado de viver sozinho, perseguido e odiado pelos Saduceus e Fariseus, no caso, os líderes de Israel, sentou-se debaixo de uma árvore, exausto e faminto, quando então pediu a morte para Deus, e depois caiu num sono profundo. Quando acordou, Elias se deparou com um anjo enviado pelo Senhor que tinha preparado um pequeno banquete para ele comer e beber. Depois de tido comido e bebido do manjar preparado pelo Anjo do Senhor, esse lhe disse que o Deus Altíssimo ainda precisava de seus serviços na Terra, e então, o orientou a visitar uma viúva que vivia numa região chamada Sarepta e lhe ajudasse.

Se deslocando para lá, chegando na casa da viúva já cansado, Elias lhe pediu algo para comer. A viúva lhe afirmou que esse favor ela não podia realizar para ele porque, ela só tinha uma porção de farinha de trigo e um pouco de azeite que a mesma utilizaria para preparar um pão e depois comer ela e seu filho, quando depois, se sentaria em algum lugar para esperar a morte visto que, ela não tinha mais nada em casa para se alimentar e nem condições de obter mais alimento.

Diante disso, Elias lhe pediu que preparasse essa porção de trigo e azeite e o desse para comer. A viúva assim o fez. Depois de ter comido a porção e saciado sua fome, Elias lhe pediu que trouxesse todos os vasos e vasilhas que ela tinha em casa e lhe desse aquele resto de azeite.

Então, utilizando-se daquela porção de azeite, Elias encheu todas as vasilhas e vasos que ela tinha em casa fazendo multiplicar a quantidade desse bem para aquela pobre viúva. Ao encher os vasilhames da viúva de azeite, Elias lhe deu a condição de distribuir esse produto em vasilhames menores e os vendesse obtendo dinheiro com isso, o que possibilitaria à viúva, de posse desse dinheiro, comprar mais alimento para ela e seu filho.

Por meio dessa ação Elias proporcionou à viúva melhores condições de vida, talvez até a riqueza, visto que, o azeite era o produto que tinha mais utilidade na época devido ao seu uso intensivo, motivo esse que fazia dele um produto caro e raro no mercado. Mais ainda, se Elias, de posse de um desses vasos os dotasse de capacidade de produzir azeite indefinidamente, a viúva se tornaria rica por intermédio dessas ações. Essa foi a benção da viúva por ter recebido a visita de um Servo de Deus e obter a graça desse Santo.

Lógico que, a Bíblia não acrescenta esses fatos no seu relato visto que, a missão dela não é ensinar como as pessoas devem enriquecer de bens materiais embora os ensine a enriquecer das bençãos e das graças do Espírito Santo de Deus... O próprio Cristo afirmou: "Dê a César o que é de César e a Deus o que é de Deus". O que também quer dizer: Dê à matéria o que é da matéria e ao espírito o que é do Espírito, considerando o fato de que a Bíblia afirma que o Senhor é o Deus dos Espíritos.

O ato, e, portanto, fato econômico em comum, que tanto o Profeta Elias quanto Jesus Cristo fizeram, foi o de ambos produzirem um excedente econômico por intermédio da realização de um trabalho, ou seja, produzir riquezas via geração de alimentos para atender as necessidades de seus necessitados.

Então, daí se concluir o conceito da Economia como sendo, a Ciência Social que se dedica à produção de excedentes econômicos na forma de utilidade também chamado de mercadoria, por intermédio da realização de trabalho, visando efetivar a troca de riquezas ou mercadorias, para suprir as necessidades humanas, está mais do que correto. Fato esse que nos conduz a manter a mesma análise de Platão por intermédio da prática da Dialética, para o perfeito entendimento do que seja a Ciência Econômica.

Entrementes, vale acrescentar que, embora a produção de alimentos seja a mais importante atividade da Economia, visto que, é ela que vai alimentar o trabalho humano com seus nutrientes mantendo a força de trabalho constante, ou até em crescimento, devido ao processo de reprodução humana, a agricultura não consegue comportar toda a mão de obra gerada nesse setor. Isso decorre da lei dos rendimentos decrescentes. Essa lei implica que os custos de exploração da terra vão aumentando paulatinamente com o decorrer do tempo, devido ao processo de queda no retorno da produção em virtude do aumento da intensidade do esgotamento de seus nutrientes. Se esses nutrientes, na forma de adubos e fertilizantes, não forem repostos pelos seus donos ou arrendatários, a terra pode esgotar seus recursos se tornando totalmente improdutiva inibindo definitivamente a atividade agrícola, se tornando em deserto.

Como a posse da terra é limitada a cada proprietário, ela não consegue também, da mesma forma que a ocorrência da lei dos rendimentos decrescentes, acolher toda a mão de obra gerada pelo aumento das famílias. Alfred Marshall (1985) afirma que, em virtude da ocorrência desse fenômeno, os filhos mais bem preparados intelectualmente tendem a se deslocarem para as cidades passando a atuar: ou como empregados em alguma fábrica, cientistas, empresários, médicos ou praticando outra atividade qualquer. Para Marshall, os filhos mais rudes ou que apresentam dificuldades de aprendizado, ou mesmo por questões de dom, acabam ficando nas fazendas para cuidar das atividades agrícolas.

Talvez tenha sido pelo fato de que a quantidade de terra agrícola não conseguir comportar todos os filhos gerados por ela e discorridos por Marshall muito tempo depois, foi que o senhor Malthus, por não compreender a teoria por inteiro, criou a sua versão do crescimento demográfico afirmando que, a alimentação cresceria na forma de uma progressão aritmética enquanto que, a reprodução humana aumentaria numa progressão geométrica, o que, no longo prazo, causaria o problema da falta de alimentos e a consequente propagação da fome e da miséria entre os seres humanos, obrigando-os a praticarem o controle de natalidade.

Entrementes, Platão lá no período em que viveu que foi de 428 a 348 a.C., já afirmava que, depois de alcançada a faustosidade as famílias mais ricas, "por receio da pobreza e da guerra, não criarão mais filhos que quantos possam manter" Platão (2006:64), o que é uma grande verdade, fato esse que vem se observando nos dias atuais, entre até, a própria classe média baixa na comunidade mundial e que, por medo da pobreza a população de muitos países vem apresentando queda no seu crescimento.

Esse cenário vem provocando preocupação nas autoridades econômicas dos países visto que, a população economicamente ativa dessas nações têm diminuído, em virtude do seu envelhecimento tal qual ocorre com a China e com o Brasil, por exemplo. O Brasil já foi o quinto país mais populoso do mundo, agora é o sétimo.

Fenômeno esse que é uma situação mais grave do que até, a questão do crescimento vegetativo tão temido por Malthus, e que, se a tendência de queda do número de filhos decaísse naturalmente em função da formação educacional e cultural do povo, como considerava Platão, a teoria de Malthus deixaria de ter sentido e não subsistiria em hipótese alguma. Já teria nascido morta.

Como foi a teoria de Malthus que prevaleceu, devido à busca pelo controle da natalidade foram praticados atos totalmente absurdos contra a vida das mulheres e das crianças, o que levou à morte, milhões de nascituros e mães pelo mundo, causando a destruição de famílias inteiras em alguns casos, vale ressaltar.

Outro grande Economista que levou em consideração como atividade econômica fundamental a produção de excedentes econômicos, principalmente nas atividades agrícolas, foi o senhor François Quesnay, que era médico e um grande proprietário de terras na França, além de ser membro da Corte de Luiz XV. Em sua época por travar um grande debate com os defensores do comércio, no caso, os mercantilistas, na briga para determinar qual era a atividade econômica mais importante, o comércio ou a atividade agrícola, Quesnay afirmou que era a atividade agrícola a mais importante porque, essa era a que gerava excedente econômico que se dava por intermédio do processo de plantio e colheita de sementes.

Segundo esse pensador, era somente na atividade agrícola em que se plantava por exemplo, apenas um saco de sementes e se colhia outros tantos sacos de sementes. A diferença entre a quantidade de sementes que foi plantada em relação à quantidade de sementes colhidas deduzidos os gastos com preparação do solo, plantio, colheita e despesas diversas, gerava um produto liquido que seria o lucro do produtor rural. Esse foi o primeiro sistema econômico formado em teoria e que foi apresentada por François Quesnay em apenas uma página de jornal com o nome de *Tableau Économique.*

Nesse sistema econômico Quesnay apresentou o processo de troca que se daria entre as classes sociais produtivas e as improdutivas que, no caso, a classe dos produtores rurais seria a produtiva porque eram eles que plantavam as sementes e as colhiam. Depois de colhidas as sementes os produtores rurais retirariam uma parte para o seu consumo e replantio; uma segunda porção vendiam aos industriais e comerciantes para obterem receita necessária ao pagamento do arrendamento da terra e suas despenas, além da compra de outros tipos de mantimentos para garantirem a sua sobrevivência; e uma terceira parte era vendida aos próprios proprietários de terras.

Para Quesany a única classe produtiva era a dos arrendatários e/ou produtores visto que, esses eram os únicos que mexiam com o processo de plantio e replantio das sementes, fazendo multiplica-las por meio desse processo. As classes dos industriais, comerciantes e proprietários de terras eram considerados improdutivos uma vez que, esses faziam apcnas comercializar e beneficiar as sementes que eram extraídas da terra incluindo aí seu consumo, que era realizado pelos proprietários.

Na continuidade desse tipo de raciocínio, Smith, que era amigo de *Turgot*, também um Fisiocrata que seguia as mesmas ideais de Quesnay, emprestou o raciocínio desses pensadores e os aplicou na produção industrial afirmando que, nas indústrias também se verificava o mesmo processo de geração de produto líquido ou excedente econômico, que se verificava por intermédio da transformação da matéria prima em produto acabado, gerado pelo trabalho realizado pela classe dos trabalhadores.

Então, para Smith, assim como ocorria entre a classes dos proprietários, arrendatários e/ou produtores, os comerciantes, os industriais e os demais cidadãos, defendida pelos fisiocratas, a única atividade produtiva que se observava no sistema capitalista era a da produção das mercadorias, que se dava por intermédio do trabalho realizado pelos trabalhadores e trabalhadores-empresários, voltados ao atendimento das necessidades fisiológicas dos indivíduos, principalmente a de alimentação.

As demais classes, sociais eram estéreis porque não produziam excedentes econômicos na forma de mercadorias destinadas diretamente ao consumo humano, visto que essas são destruídas no momento da sua produção, como as de produção de insumos e de infraestrutura básica como escolas, estradas, hospitais, saneamento básico, saúde de uma maneira geral, além da de comércio.

Assim como os fisiocratas analisavam os deslocamentos das sementes observando suas transferências entre as classes sociais, da mesma maneira Adam Smith e Marx, cada um da sua parte, fizeram com o processo da aplicação da força de trabalho visando a produção de utilidades na forma de mercadorias que são vendidas no mercado, e se transformam em receita metamorfoseando-se em dinheiro que, por meio deste último processo, se transmuta em renda gerada no sistema capitalista que são destinadas ao consumo humano, de onde se depura o excedente econômico, ou seja, o lucro das empresas também chamadas de riqueza social na forma dinheiro, de direito de uso, pelo trabalhador-empresário, o legítimo proprietário da empresa. Ao trabalhador-empresário cabe a decisão final de dar continuidade, ou não, ao processo de produção de mercadorias que se faz por meio da transmutação do dinheiro em capital financeiro que, por conseguinte, é invertido na produção de novas mercadorias a serem negociadas no mercado.

Smith e Marx, assim como os fisiocratas consideravam que as classes produtivas seriam aquelas que produzissem mercadorias destinadas diretamente ao consumo humano para saciar as suas necessidades de alimentação, segurança, proteção e de lazer, enquanto que, aquelas que produzem insumos, além dos materiais destinados à formação da infraestrutura básica como estradas, hospitais, escolas, são improdutivas visto que, elas não produzem excedentes econômicos voltados para a troca de mercadorias no mercado e destinadas diretamente ao consumo humano.

O setor de produção de mercadorias destinadas diretamente ao consumo humano é chamado de atividades produtivas e que deve recair, sua produção, nas mãos dos particulares, enquanto que, os produtos destinados à formação de infraestrutura básica e de insumos são considerados como ações improdutivas, visto que não produzem lucro e sua produção imperativamente, deve ficar a cargo do Estado. Essa é a primeira lei irrevogável do sistema capitalista de produção, motivo pelo qual se for violado pode levar ao emperramento de toda a máquina produtiva do sistema capitalista podendo leva-la ao caos.

Da sua parte, Platão como não conseguiu estabelecer o conceito de justiça utilizando-se dos preceitos da igualdade, ele teve que recorrer ao princípio da equidade e que por conseguinte, para sua validade, esse filósofo fez personificar os dons das faculdades humanas só presentes nas ações do espírito. Então, sendo assim, o próximo passo de Platão foi o de comprovar a existência da alma para poder validar os fundamentos das faculdades humanas, visando obter finalmente, o conceito de justiça, em sua essência. Fato esse que Platão fez com muita propriedade, validando a sua teoria.

A partir desse novo contexto, o preceito de justiça teve que se ajustar aos fundamentos da saciedade das faculdades humanas, mais propriamente, nos princípios das necessidades fisiológicas e das emoções. Nesse aspecto, o critério de justiça passa a valer de acordo com a questão da saciedade do indivíduo de onde devem se acrescentar os sentimentos de prazer relativos a gosto e preferência que, da sua parte, são atributos das emoções, enquanto que, no que tange à saciedade do corpo físico, relativo às necessidades fisiológicas, essas estão atrelados às exigências da boa alimentação, segurança, proteção e lazer, para fazer com que o indivíduo adquira um padrão de bem-estar, tanto físico quanto psicológico.

Por intermédio desse procedimento, Platão conseguiu mesclar as percepções do corpo físico com o entendimento dos sentimentos emotivos para poder finalmente explicar o que seria os fundamentos básicos da justiça social, ou seja, a capacidade do ser humano fazer quaisquer coisas desde que não interfira nas atividades dos demais cidadãos, fazendo modelar assim, os verdadeiros pináculos da Ciência Econômica. Daí Platão depurou o conceito de justiça que passou a ser definido como a capacidade do indivíduo fazer qualquer coisa desde que não interfira nas atividades dos demais cidadãos(ãs).

Assim, o atributo ideal de justiça para Platão, no que tange à distribuição da riqueza econômica gerada, deve ser atendida de acordo com os preceitos da saciedade e que induz ao princípio da equidade, tal qual trabalha Jesus Cristo, no que concerne aos preceitos da justiça na concepção religiosa, que é também o da equidade e não, da igualdade.

Tais constatações fazem preconizar que se deve dar a todos segundo as suas necessidades e a cada um segundo a sua participação, onde os excessos de pobreza ao extremo e de riqueza exacerbada devem ser controladas visto que, para Platão, o homem quando é muito pobre vive dado à miséria, se tornando vergonha para ele mesmo enquanto sua existência; e o rico em excesso, se esquece de tudo, se torna avarento ao extremo e tende a viver na solidão, tirânico, ignorando até mesmo a existência de Deus, pois ele se torna o próprio deus.

Fatos esses que também são reprovados por Cristo, visto que, segundo esse Deus, o homem dado à miséria é aquele que não tem sentido sua existência, vive comendo nas mãos dos outros. Não existe maior vergonha, segundo Cristo, para o homem, do que esse tipo de vida, enquanto que, o homem excessivamente rico se torna o próprio deus, para sua própria desgraça, esquecendo-se de Deus, passando a pensar que tudo advém de suas próprias ações, sem considerar a existência daquelas que estão em sua volta, inclusive Deus.

Em atenção a esse tipo de comportamento, a Bíblia Sagrada, no livro do Eclesiástico, Capítulo 4, Versículo 36 nos alerta que "tua mão não seja aberta para receber, e fechada para dar", como se vê na íntegra, na narrativa abaixo:

> [1]Meu filho, não negues esmola ao pobre, nem dele desvies os olhos. [2]Não desprezes o que tem fome, não irrites o pobre em sua indigência. [3]Não aflijas o coração do infeliz, não recuses tua esmola àquele que está na miséria; [4]não rejeites o pedido do aflito, não desvies o rosto do pobre. [5]Não desvies os olhos do indigente, para que ele não se zangue. Aos que pedem não dês motivo de vos amaldiçoarem pelas costas, [6]pois será atendida a imprecação daquele que te amaldiçoa na amargura de sua alma. Aquele que o criou o atenderá. [7]Torna-te afável na assembleia dos pobres, humilha tua alma diante de um ancião; curva a cabeça diante de um poderoso. [8]Dá ouvidos ao pobre de boa vontade. Paga a tua dívida, dá-lhe com doçura uma resposta apaziguadora. [9]Liberta da casa do orgulhoso aquele que sofre injustiça. Quando fizeres um julgamento, não o faças com azedume. [10]Sê misericordioso com os órfãos como um pai; e sê como um marido para a mãe deles. [11]E serás como um filho obediente do Altíssimo, que, mais do que uma mãe, terá compaixão de ti. [12]A sabedoria inspira a vida aos seus filhos, ela toma sob a sua proteção aqueles que a procuram; ela os precede no caminho da justiça. [13]Aquele que a ama, ama a vida;

aqueles que velam para encontrá-la sentirão sua doçura. ¹⁴Aqueles que a possuem terão a vida como herança, e Deus abençoará todo o lugar onde ele entrar. ¹⁵Aqueles que a servem serão obedientes ao Santo; aqueles que a amam serão amados por Deus. ¹⁶Aquele que a ouve julgará as nações; aquele que é atento em contemplá-la permanecerá seguro. ¹⁷Quem nela põe sua confiança a terá como herança e sua posteridade a possuirá, ¹⁸pois na provação ela anda com ele, e escolhe-o em primeiro lugar. ¹⁹Ela traz-lhe o temor, o pavor e a aprovação. Ela o atormenta com sua penosa disciplina, até que, tendo-o experimentado nos seus pensamentos, ela possa confiar nele. ²⁰Então ela o porá firme, voltará a ele em linha reta. Ela o cumula de alegria, ²¹desvenda-lhe seus segredos e enriquece-o com tesouros de ciência, de inteligência e de justiça. ²²Porém, se ele se transviar, ela o abandonará, e o entregará às mãos do seu inimigo. ²³Meu filho, aproveita-te do tempo, evita o mal; ²⁴para o bem de tua alma, não te envergonhes de dizer a verdade, ²⁵pois há uma vergonha que conduz ao pecado, e uma vergonha que atrai glória e graça. ²⁶Em teu próprio prejuízo não te mostres parcial, não mintas em prejuízo de tua alma. ²⁷Não tenhas complacência com as fragilidades do próximo, ²⁸ não retenhas uma palavra que pode ser salutar, não escondas tua sabedoria pela tua vaidade. ²⁹Pois a sabedoria faz-se distinguir pela língua; o bom senso, o saber e a doutrina, pela palavra do sábio; e a firmeza, pelos atos de justiça. ³⁰Não contradigas de nenhum modo a verdade, envergonha-te da mentira cometida por ignorância. ³¹Não te envergonhes de confessar os teus pecados; não te tornes escravo de nenhum homem que te leve a pecar. ³²Não resistas face a face ao homem poderoso, não te oponhas ao curso do rio. ³³Combate pela justiça, a fim de salvares tua vida; até a morte, combate pela justiça, e Deus combaterá por ti contra teus inimigos. ³⁴Não sejas precipitado em palavras, e (ao mesmo tempo) covarde e negligente em tuas ações. ³⁵Não sejas como um leão em tua casa, prejudicando os teus domésticos e tiranizando os que te são submissos. ³⁶Que tua mão não seja aberta para receber, e fechada para dar. (Eclesiástico 4:1-36)

A riqueza adquirida pelo homem ou mulher decorrente de seu próprio trabalho é um patrimônio abençoado, não existindo pecado algum para esse tipo de faustosidade. Aí não existe dinheiro injusto. Deus não condena a pobreza ou riqueza. O Senhor não interfere nessas ações.

Ele só condena a riqueza adquirida às custas do sacrifício alheio. Mas, mesmo esses indivíduos, para Deus, têm salvação, desde que entreguem essa faustosidade para os mais necessitados visto que, tal riqueza foi formado de maneira injusta, às custas do trabalho alheio.

Ou, como acrescenta o Profeta Amós:

¹Eis o que me mostrou o Senhor: Vi uma cesta de frutos maduros. ²"Que vês tu, Amós?" – perguntou-me ele –. "Uma cesta de frutos maduros" – respondi –. Ele replicou: "Chegou o fim para o meu povo de Israel. Não continuarei a perdoá-lo. ³Naquele dia, os cantos do palácio serão gritos de aflição – oráculo do Senhor Javé. Uma multidão de cadáveres, lançados em qualquer parte. Silêncio!"⁴Ouvi isto, vós que engolis o pobre, e fazeis perecer os humildes da terra, ⁵dizendo: Quando passará a lua nova, para vendermos o nosso trigo, e o sábado, para abrirmos os nossos celeiros, diminuindo a medida e aumentando o preço, e falseando a balança para defraudar? ⁶Compraremos os infelizes por dinheiro e os pobres por um par de sandálias. Venderemos até o refugo do trigo. ⁷O Senhor jurou pelo orgulho de Jacó: não esquecerei jamais nenhum de seus atos. ⁸Não estremecerá a terra por causa disso? Não estará de luto toda a sua população? Todo o solo crescerá como o Nilo, subirá e baixará como o rio do Egito. ⁹Acontecerá naquele dia – diz o Senhor Deus – que farei o sol se pôr ao meio-dia, e encherei a terra de trevas em pleno dia. ¹⁰Converterei vossas festas em luto, e vossos cânticos em elegias fúnebres. Porei o saco em volta de todos os rins, e a navalha em todas as cabeças. E farei (a terra) debulhar-se em pranto, como se chora um filho único, e seu porvir será um dia de amargura. ¹¹Virão dias – oráculo do Senhor Javé – em que enviarei fome sobre a terra, não uma fome de pão, nem uma sede de água, mas (fome e sede) de ouvir a palavra do Senhor. ¹²Andarão errantes de um mar a outro, vaguearão do Norte ao Oriente; correrão por toda parte buscando a palavra do Senhor, e não a encontrarão. ¹³Naqueles dias, desfalecerão de sede as belas jovens e os moços.¹⁴Os que juram pelo pecado da Samaria e dizem: "Pela vida do teu deus, Dã!". e "Pelo caminho de Bersabeia!" – estes cairão e não mais se levantarão. (Amós: Cap. 04; Vers. 01 – 14)

Já a pobreza ao extremo, conforme frisado, é um tipo de miséria que transforma o homem num descalabro, um farrapo humano fazendo-o ter que comer e beber nas mãos de outrens, o que, para o Senhor, não existe maior vergonha do que essa. Daí porque o maior pecado ser o ato de roubar do pobre e indigente.

No Estado Ideal de Platão, quem tem que cuidar das questões da pobreza e da riqueza é o próprio Estado, que passa a se responsabilizar diretamente pela situação de seus habitantes. Não existe maior vergonha para o Estado do que a existência de miseráveis entre os seus. Para um Estado que cultua a temperança, essa é a maior das vergonhas, visto que o Estado arrecada os impostos do povo para atender as necessidades do indigente e preparar a infraestrutura básica para facilitar a produção da riqueza social.

Por outro lado, no caso da riqueza desmedida, o Estado deve controlar por intermédio da formação virtuosa (aquisição de virtudes), educacional e cultural, visto que, não há cidadão civilizado que não se incomode com os excessos obtidos, mesmo com a riqueza desmedida, visto que, não há maior riqueza para o ser humano do que a sua saúde, as suas virtudes, ser amado, poder amar com condições de alimentar sua prole. Não existe prazer maior para o provedor de uma família do que trabalhar durante o dia, receber seu jornal, ir ao mercado comprar alimentos, roupas, calçados e presentes para sua família. Não há maior alegria que pague um sorriso de uma criança, um beijo da esposa, um abraço de um idoso, de um pai, de uma mãe e a alegria de poder trabalhar e sustentar uma família, ser amado e respeitado por isso.

Essas é que são as riquezas inesquecíveis. O resto é vaidade, traição, sofrimento, ilusão, ódio e desejo de vingança que normalmente vêm com a riqueza material. É por isso que o Senhor condena esses dois tipos de situações pelas quais o cidadão está suscetível a passar, mas que, o Estado deve zelar para que isso não ocorra entre seus filhos(as). É verdadeiramente esse o sentido da existência do Estado. Se não for assim, para quê existir Estado?

As ações econômicas são os primeiros sinais de que todos os fundamentos de um Estado Ideal estão sendo aplicados de maneira correta.

8.8 O ato, o fato econômico no contexto da demanda efetiva

No que se refere à demanda efetiva, utilizando-se da dialética de Platão discutidos no Tomo I deste trabalho, que tem como base a análise dos fatos econômicos de acordo com os princípios da simetria, pode-se dizer que, se há necessidade entre os indivíduos haverá demanda por utilidades ou mercadorias visando suprir suas carências, que em contrapartida, de forma simétrica, induzirá a oferta das mesmas mercadorias ou utilidades, a serem elaboradas num determinado período de tempo, pelos produtores dessas riquezas.

Assim, a demanda como fator derivativo da busca por utilidades por parte do indivíduo, dependerá da quantidade das necessidades e desejos do mesmo em relação aos bens, além da quantidade de dinheiro que esse dispor transmutado da oferta de seu trabalho e que foi realizado de alguma forma, visando atender suas necessidades fisiológicas. De maneira geral, a demanda efetiva é limitada pelo poder de compra dos demandantes com pagamento à vista pelas mercadorias, que são produzidas e comercializadas no mercado.

Nesse contexto, a efetivação da troca, gerando a simetria de mercado, de maneira específica, dependerá também da quantidade de mercadorias que os ofertantes, no caso, os artesãos ou produtores, efetivamente venderem no mercado a determinado preço, além de quantos produtos e a quê preços eles venderam para consumidores externos, que ocasionalmente compram tais mercadorias nesse mercado, como evidencia Smith.

Na realidade, de maneira excepcional, quando se tratar de vendas externas, nesse caso, são essas vendas que fazem flutuar com maior significatividade, os níveis de comportamento da receita nesse mercado específico e que correspondem efetivamente, à parte do excedente econômico produzido além do necessário para o consumo no mercado interno, e que se transformará em lucro líquido para a sociedade em análise, e à riqueza social gerada no processo de produção, já transmutada para a forma dinheiro, segundo contribuição de Marx à análise econômica pura. Quanto ao resultado líquido final das transações econômicas efetivamente realizadas pelos residentes no Estado em análise, lógico que, as vendas que eles realizarem para fora comporão o excedente líquido gerado no processo de produção transmutado na forma dinheiro, conforme já frisado. Daí a importância do mercado externo.

Nesse contexto, conforme frisado no Volume I desta mesma obra, o mercado externo deve ser considerado a extensão do mercado interno, e não o contrário, como anteveem os pseudoeconomistas representantes do *mainstream* na atualidade. Então, a demanda efetiva é determinada pela quantidade de pessoas que têm dinheiro e que podem comprar efetivamente mercadorias à vista no mercado.

Vendas a prazo nessa situação são consideradas artifícios de negociação, criadas para fazer com que maior quantidade de mercadorias seja negociada por critérios diversos, envolvendo juros e número de parcelas, o que na realidade, distorcem a análise da capacidade real de consumo do mercado.

Papel interessante e fundamental nesse processo é o dos trabalhadores. No seu início, conforme observado pelo próprio Platão, esses não têm renda e como tal, precisam obter dinheiro de alguma forma para poder comprar os bens necessários à sua sobrevivência, visto que, suas necessidades de consumo em relação às necessidades fisiológicas são iguais aos dos trabalhadores-empresários e aos capitalistas abastados, que vivem de renda. Diante disso, como não tem dinheiro e muito menos nenhum tipo de mercadoria que possam negociar no mercado, a única opção para eles, é vender sua força de trabalho para os trabalhadores-empresários, conforme contribuição de Marx, no que tange a força de trabalho, como se vê em sua obra "O Capital".

Na venda da sua força de trabalho e obtendo o dinheiro necessário para comprar os bens de que precisam, os trabalhadores, de imediato, de elementos passivos no consumo se transformam em consumidores em potencial, visto que, os mesmos passam a ter renda, e de posse desse recurso financeiro, entram no mercado e passam a adquirir mercadorias, que são compradas junto aos próprios trabalhadores-empresários. Assim, de meros produtores de mercadorias, os trabalhadores se transformaram também em consumidores fazendo aumentar de maneira abrupta o número de demandantes aptos a comprarem mercadorias no mercado.

Então, citando como exemplo, imaginando um mercado hipotético de dez indivíduos naufragados, presos numa Ilha de nome Sesta Feira, como prediz Smith, considerando ainda que, cada um deles tem uma profissão diversa e, como eles consomem mercadorias equivalentes, podemos considerar que todos terão que produzir cada um, um tipo de mercadoria específica para poderem trocar entre si as mesmas, se transformando também em consumidores concomitantemente.

Assim, conforme predisse Platão, como nenhum deles consegue produzir todas as mercadorias de que necessitam para suprir suas necessidades, é conveniente para todo mundo aí da Ilha que, cada um assuma sua profissão e comece a produzir a mercadoria em quantidade adicional ao que ele consome visto que, terá que trocar o excedente produzido com os demais habitantes da ilha visando suprir a sua, e a necessidade de todos os seus pares ao mesmo tempo, visto que, todos além de produzir, também consomem.

Nesse caso, cada um terá que produzir no mínimo dez unidades de mercadorias, consumindo uma e trocando outras nove no mercado, para que todos consigam suprir suas respectivas necessidades fisiológicas relativas à alimentação, proteção, segurança e lazer.

Como consideramos que os produtores eram dez e admitindo também que esses produtores eram concomitantemente consumidores, então, podemos afirmar também que, esse mercado hipotético é basicamente composto de dez produtores e dez consumidores.

Agora, em adição a essa hipótese, consideremos também que esses produtores para produzir suas mercadorias demandem trabalhadores para auxiliá-los na produção dos referidos produtos. Admitemos que, o primeiro trabalhador-empresário precise, para produzir sua mercadoria respectiva, de três operários. O segundo precise de dois empregados. O terceiro de quatro proletários. O quarto, o quinto e o sexto trabalhador-empresário de cinco trabalhadores. O sétimo, o oitavo, o nono e o décimo trabalhador-empresário precisem cada qual de seis operários na produção de suas respectivas mercadorias.

Dessa forma, recorrendo à hipótese apresentada no Volume II desta obra, em virtude do acréscimo dos funcionários por cada patrão, não se pode dizer que o mercado seja constituído de apenas dez produtores e dez consumidores. Como todos os funcionários precisam suprir suas carências básicas relativas às necessidades fisiológicas, que é uma faculdade comum a todo ser humano, então, em termos de consumidores potenciais, também pode-se concluir que, o mesmo possui cinquenta e oito demandantes de produtos com potencialidade de consumo, ou seja, em condições de comprar as mercadorias básicas para garantir o suprimento de suas necessidades fisiológicas à vista, divididos entre 10 trabalhadores-empresários e quarenta e oito proletários.

Disso, pode-se concluir que, nosso mercado hipotético passa a ter em essência, 58 consumidores divididos em 10 produtores-empresários e 48 trabalhadores. Esse referido quadro nos induz a afirmar que, tal mercado terá que produzir no mínimo 58 mercadorias que são comuns e que são essenciais a todos os consumidores visto que, tais produtos são fundamentais à manutenção da vida saudável de cada um dos envolvidos no processo. Observa-se desse pequeno exemplo que, todos ganharam e todos progrediram através da venda e da prática da força de trabalho realizada por cada um na produção da mercadoria.

No que tange ao salário mínimo a ser praticado, esse deve ser aquele que consegue pagar as necessidades fisiológicas do trabalhador que ganha o menor salário entre todos os trabalhadores. Esse é o mesmo salário que Smith predisse que seria o salário da redondeza.

Como quem ganha o menor salário deve também suprir a contento suas necessidades fisiológicas, então, se tal salário não for suficiente para garantir a sobrevivência desse nível de consumo, o Estado deve intervir criando políticas públicas, para poder viabilizar o acesso dos trabalhadores mais humildes às mercadorias necessárias ao atendimento das exigências de seu organismo, para que ele se mantenha operando em plenas condições de sobrevivência e desenvolvimento de seu trabalho.

Daí a importância do Estado como instrumento regulador e supridor das necessidades emergenciais da Economia e que têm reflexo direto nas relações sociais de produção, visto que, as atividades dos trabalhadores mais humildes e o seu suprimento de alimentação são essenciais para o bom funcionamento de toda a cadeia produtiva, sem contar o fato de que, por intermédio das políticas públicas, o governo acrescenta maior capacidade de consumo na economia via a contratação dos trabalhadores improdutivos que também consomem mercadorias, o que viabiliza o aumento das vendas do setor produtivo de uma maneira geral, fazendo aumentar a demanda efetiva nesse mercado.

Diante dessa assertiva pode-se concluir que, o fator que reduz os preços na economia de mercado não é a concorrência, e sim, a simples característica do sistema capitalista que é de reduzir preços em virtude da evolução tecnológica e da necessidade de se vender mercadorias a compradores de menor poder aquisitivo o que faz afastar de vez, a teoria da concorrência perfeita enunciada pelos neoclássicos.

Nesse contexto, o primeiro trabalhador-empresário que elevar o preço de seu produto perderá suas vendas e terá seu estoque de mercadorias elevado, embora o mesmo possa ter um maior lucro na fase inicial desse processo, em virtude do aumento do preço de seu produto.

Mas esse ganho é ilusório, visto que, os consumidores ao perceberem o aumento do preço da mercadoria em análise, tenderão a buscar outros mercados além do fato de que, outros trabalhadores-empresários, ao constatarem a lacuna aberta pela queda do nível de vendas em função da elevação do preço da mercadoria, buscarão aumentar sua produção ou produzir mercadorias similares para substituírem o bem que teve seu preço elevado.

Sabendo disso, os trabalhadores-empresários mais hábeis, que perceberem essa característica básica do mercado, buscarão desenvolver um maquinário mais simples no manuseio e mais sofisticado no que consiste à inovação tecnológica, que lhe permita produzir a maior quantidade de mercadorias possível e a menores preços[13] visando suprir a lacuna deixada no mercado.

Além do mais, há ainda a hipótese de que, os outros trabalhadores-empresários ao perceberem essa situação, também procurarão elevar seus preços anulando os ganhos iniciais verificados pelo trabalhador-empresário que primeiro agiu dessa forma.

Entrementes, essa hipótese específica cria uma relação perde-perde, pelo fato de que, o trabalhador-empresário que elevou seu preço primeiro, obriga os demais trabalhadores-empresários para não perderem suas margens de lucro, a mandarem trabalhadores embora, fazendo reduzir o nível de consumo no mercado como um todo.

Depois, mesmo esses elevando seus preços perderão margem de lucro, visto que, no geral, o nível de vendas cai em virtude da demissão dos funcionários, realizado por cada um dos empresários-trabalhadores envolvidos.

No final, se esse quadro prevalecer e o sistema continuar mandando trabalhador embora para manter seu nível de ganho, a tendência do mercado é sua retração e possível extinção, devido aos excessos praticados pelos trabalhadores-empresários mal preparados e incapazes de entender as exigências dos mecanismos de funcionamento de preços no sistema capitalista.

Por outro lado, ao constatar que a hipótese da elevação de preços ou de aumento da demissão de funcionários são inviáveis para se fazer aumentar o lucro e a produção do sistema capitalista, o que só promovem a geração do fenômeno inflacionário, observou-se ao mesmo tempo que, o acréscimo da produção decorrente da

---

13 Em relação a esse quadro específico pode-se fazer infinitas simulações e se utilizar de várias hipóteses possíveis cada qual apresentando um resultado, para explicar situações variadas, porém, sempre tendo o mesmo resultado único da análise. Entrementes, tais simulações ou hipóteses não serão apresentadas aqui por motivo de minimização dos esforços teóricos devido à magnitude dos livros a serem analisados e interpretados na presente obra. Acredita-se que os exemplos apresentados já sejam suficientes para poder melhor esclarecer ao leitor os apontamentos apresentados pelo autor, na consideração da situação trabalhada.

elevação do nível dos investimentos promove a elevação do consumo de uma maneira geral e o consequente aumento dos lucros.

Essa constatação possibilitou a Jean Baptiste Say afirmar que, era a produção que gerava a demanda e o aumento do consumo no sistema capitalista como um todo, fazendo criar o que passou a ser conhecido como "lei do mercado de Say", ou seja, na versão desse economista, esse enunciado tratava-se de uma verdade absoluta se transformando em pseudo dogma e atraindo defensores principalmente entre os economistas posteriores, dentre eles David Ricardo, fazendo esse enunciado falso prevalecer no mundo econômico dos negócios, desde que o mesmo publicou sua obra "Tratado de Economia Política", pela primeira vez em 1803.

Dessa constatação surgiu um novo dilema no sistema capitalista. – Como aumentar os investimentos e a demanda por mão de obra, visando elevar o consumo e consequentemente os lucros do sistema capitalista como um todo?

A ideia mirabolante para tal proposta surgiu das intuições analíticas de Ricardo quando esse afirmou em sua obra "Princípios de Economia e Tributação", publicado pela primeira vez em 1817, que para o capitalismo atingir esse objetivo dever-se-ia estabelecer uma relação inversa entre salários e lucros. É interessante observar que, aproximadamente entre as páginas 100 140 dessa obra, Ricardo afirma que escreveu esse trabalho apenas para apresentar e justificar tal enunciado.

No mundo dos negócios essa premissa se tornou universal entre os seguidores de Ricardo, da Escola Monetarista de Chicago, além de todos os pseudoeconomistas ocidentais e que gerou como diria Marx, um tremendo quiproquó no sistema capitalista como um todo, devido ao surgimento dos pensadores contrários à essa visão esdrúxula, mas que prevaleceu e se transformou no enunciado básico para a formação de todo o pensamento econômico dominante, criando-se um novo paradigma para os preceitos econômicos de análise. Paradigma esse, vale lembrar, que é falso como será demonstrado adiante, nesta mesma obra.

Na versão ricardiana, para que houvesse aumento dos investimentos com consequente elevação do nível de produção decorrente da contratação de maior quantidade de trabalhadores, tendo como resultado a elevação da margem de lucro, bastava que se estabelecesse como fundamento básico para o desenvolvimento capitalista, uma relação inversa entre salários e lucros, que o problema estaria equacionado.

Ou seja, nessa concepção, para que o sistema capitalista pudesse crescer e se manter numa espiral desenvolvimentista, a ideia original visando elevar a margem de investimentos, com consequente aumento de produção, de consumo e de lucro seria que o salário fosse o menor possível.

De acordo com o ponto de vista desses articuladores, de início a classe trabalhadora teria que sofrer com essa situação, mas que, no longo prazo, em decorrência do aumento da demanda por mão de obra, o referido salário tenderia a se elevar e então, todos ganhariam e a economia se assentaria num patamar superior de desenvolvimento.

Para sustentar essa versão sofista, sem uma análise mais acurada na visão filosófica-científica pura, Ricardo defendia a ideia de que os capitalistas eram homens paladinos de caráter beneplácito do sistema e que sempre investiriam todo o lucro que fosse gerado. Se esse capitalista não conseguisse inverter todo o capital lucrado, poderia emprestar esse dinheiro para outros capitalistas, que também o investiriam fazendo manter o nível de inversões, produção e desenvolvimento do sistema como um todo.

Nesse sentido, literalmente falando, Ricardo propunha para o bom funcionamento do sistema capitalista como um todo, a introdução de um Robin Hood de ações invertidas na comunidade, ou seja, ao invés de roubar do rico para dar para o pobre, o sistema deveria roubar do pobre para dar para o rico, e assim se fez.

Entretanto, essa versão não foi aceita no todo entre os pseudoeconomistas protestantes. Um deles foi Thomas Robert Malthus. A Esse pseudo pensador coube fazer a outra parte da análise da importância da demanda na versão do comportamento da classe trabalhadora, e posteriormente, a *Michal Kaleki*, muito tempo depois, já na Década de 30 do Século XX.

Entrementes, esses últimos autores de forma igual à *Say* e *Ricardo*, ficaram na parcialidade, desta feita, considerando apenas o papel da demanda, sem dar o devido valor à importância da produção no sistema capitalista. Esse problema se deve pelo fato de que, esses quatro economistas, embora tendo feito uma análise parcialmente correta de cada seguimento do sistema capitalista, à exceção de Ricardo, que se equivocou totalmente, os mesmos desconheciam tal sistema em toda sua abrangência, ficando essa missão para Marx elucidar na sua obra "O Capital", com a introdução da sua versão sobre o comportamento da Economia Empresarial aplicada na práxis, utilizada para explicar o funcionamento do Sistema Capitalista em toda sua abrangência.

Vale antecipar que, embora Kalecki seja discípulo de Marx, esse economista não conseguiu interpretar em toda sua extensão a obra "O Capital", fato esse que está sendo contemplado pela primeira vez por meio da presente análise.

Assim, embora *Kalecki* fosse adepto das ideias de Marx, o mesmo só conseguiu se destacar por intermédio da análise do comportamento da demanda efetiva, ao dividir o sistema capitalista em Departamentos de Produção, não conseguindo captar o raciocínio de Marx em toda sua abrangência.

De maneira geral, tanto a visão analítica de Say e Ricardo quanto a percepção de *Malthus* e *Kalecki*, conseguiram atrair seguidores, o que permitiu a criação de várias correntes de pensamento econômico, de maneira abrangente, mas equivocada.

O séquito de Ricardo e Say defendendo a produção, enquanto que os seguidores de *Malthus* e *Kalecki*, enaltecendo a demanda, cada qual procurando enfatizar a ideia de que era seu grupo respectivo que estava correto na análise de desenvolvimento do mercado e da formação da Economia como Ciência Social avançada.

Entrementes, enquanto Say tenha desejado ser um grande empresário, sem o ser, e grande professor de Economia muito respeitado; e Ricardo, um grande especulador de bolsa de valores, fazendo fortuna com isso, se tornando também, posteriormente, político, Malthus era apenas um pastor protestante da Igreja Anglicana, preocupado com as ideias econômicas; e Kalecki, um intelectual, economista, de linhagem Marxista, ex-aluno de Keynes, conforme revelação desse último em sua obra "A Teoria Geral do Emprego, do Juro e da Moeda", e seguidor de Marx.

Como não poderia deixar de ser, as ideias que prevaleceram e se tornaram falso dogma na mente dos clássicos e neoclássicos, foram as contribuições de Say e Ricardo aonde esses, davam prioridade à produção e ao mercado externo, defendendo o princípio de que, a demanda necessária ao consumo de suas mercadorias estava no mercado internacional e no controle e domínio desse. Além disso, esses pseudo economistas defendiam a tese da necessidade de apropriação e controle das matérias primas ou riquezas naturais existentes nas colônias ou nos países do segundo e terceiro mundo.

A consequência dessa versão sobre a necessidade de controle do mercado internacional e da apropriação da riqueza dos países subdesenvolvidos, gerou conflito entre as nações pseudo capitalistas mais avançadas, pelo controle do mercado externo e pela apropriação das riquezas naturais do resto do mundo.

Esse tipo de conflito se acirrou fazendo as duas maiores potências da época, no caso a Alemanha de um lado e a Inglaterra do outro, ambos seguidores da versão protestante da Bíblia, e localizados na Europa Ocidental, entrarem em conflito intenso na briga por tais mercados, o que resultou na eclosão das duas grandes guerras mundiais na época, devastando tais países e permitindo que o lugar da Inglaterra passasse a ser ocupado pelos Estados Unidos, país também protestante.

Vale ressaltar que, embora os praticantes do pseudo capitalismo não gostem que se insiram as versões religiosas no estabelecimento de seus negócios, no fundo, essa versão é a que tem maior influência no comportamento dos mercados atuais, principalmente depois do Século XVIII, diga-se de passagem.

É feita essa ressalva para que o público leitor tenha melhor compreensão sobre a formação da conjuntura política econômica global da atualidade e que explicar-se-á mais tarde, neste mesmo trabalho.

9 O princípio da simetria e o processo de criação de Excedentes Econômicos no Mercado

De maneira geral, no que tange à formação da demanda efetiva na composição dos mercados, os trabalhadores constituem uma forma de consumidores diferentes dos demandantes externos, que compram as mercadorias e as transfere para o exterior não fazendo parte assim, do mercado interno, e por isso, estes últimos, são consumidores esporádicos, que podem aparecer para comprar mercadorias ou não.

Já os trabalhadores, como não pertencem ao mercado externo, os mesmos ajudam a compor o mercado interno e, como tal, são demandantes regulares de mercadorias nesse mercado, elevando seu número quando a economia cresce e diminuindo de quantidade quando a economia entra em recessão, fazendo esse comportamento refletir nas ações de expansão e retração dos mercados internos, obrigando-os a crescer ou diminuir, decorrentes das mudanças no nível de consumo da classe trabalhadora

Então, sendo assim, os mesmos são partes inerentes do mercado interno e por isso, visto que eles consomem tudo que compram de imediato, se transformam em consumidores potenciais. Dessa forma, quanto mais dinheiro houver nas mãos dos trabalhadores mais consumo haverá no mercado e, quanto mais consumo se observar nesse local, maiores serão as vendas e assim, maiores serão os lucros dos trabalhadores-empresários.

Nesse contexto, em se tratando do mercado interno e sua formação, todos ganham no sistema de produção capitalista. Cria-se assim, um processo ganha-ganha nessa relação.

Na verdade, o consumo da classe trabalhadora tem uma influência significativa no comportamento de todo o mercado interno, até mesmo no consumo dos produtos de luxo. Por hipótese, seguindo análise de Marx e Kalecki, imaginemos uma Economia dividida em três departamentos de produção. Uma que produz bens de capital, outra que produz bens de consumo para os capitalistas e outra que produz bens de consumo para os trabalhadores.

Esses foram originalmente os departamentos criados, primeiro por Marx, depois por Kalecki seu discípulo. Vale ressaltar que Marx criou apenas dois departamentos por considerar, seguindo versão de Ricardo que afirmava que, apenas a produção e o consumo dos capitalistas é que tinham importância no sistema capitalista de produção. Da sua parte, Kalecki criou um terceiro departamento que ele chamou de Departamento III que produzia bens de consumo para os trabalhadores. Isso, seguindo a teoria capitalista já remodelada por Marx.

Kalecki criou o Departamento III para dar consistência à Teoria da Demanda Efetiva, pioneiramente considerada por Malthus, mas que, infelizmente, esse não conseguiu sustenta-la cientificamente, se tornando objeto de zombaria pelos ricardianos, conforme explana Marx em "O Capital".

Marx, e depois Kalecki, criaram esses departamentos para terem subsídios para poderem explicar a movimentação da criação da riqueza na forma de mercadoria por entre os departamentos de produção numa Economia Empresarial. Tais departamentos e seu funcionamento foram também adotados por Keynes influenciado por Kalecki, para que ele pudesse criar os princípios da Macroeconomia sem os quais seria impossível para esse autor desenvolver as políticas macroeconômicas, visto que, esses departamentos são interligados e servem de base para se explicar o comportamento dos agentes econômicos interagindo dentro do sistema capitalista de produção, na visão de Marx, o que é fato, abrindo espaço assim, para que a Economia Política pudesse ter consistência, se tornando um princípio de análise visando auxiliar os agentes econômicos na tomada de decisões, atuando no meio do processo capitalista de produção por entre as ações de interesse das classes dominantes sobre todo o sistema.

Vale acrescentar que, segundo Adam Smith, cada sistema age de acordo com os interesses das classes dominantes, aonde suas estratégicas de dominação no processo de produção capitalista é que prevalecem. No início de sua obra "A Riqueza das Nações" Smith acrescenta que, embora desde a sua origem a Europa Ocidental tenha dado preferência ao processo de produção de mercadorias, se num determinado sistema fosse a classe dos agricultores que predominassem, o sistema agiria de acordo com os interesses dessa classe. Se no outro, fosse os industriais que dominassem seria os desejos dessa classe que prevaleceriam, e assim, por conseguinte.

Nesse contexto evidencia-se as articulações da Economia Política prevalecendo entre as atividades dos agentes econômicos (empresas, famílias, governo) que em conjunto com a Economia Empresarial de Marx, servem de parâmetros de atuação para a Macroeconomia Keynesiana. Daí a subdivisão da Ciência Econômica em segmentos distintos, mas interagindo entre si. Daí também a informação de que não existe apenas e Economia Tecnicista como fazem preconizar os clássicos seguidores de Ricardo, os Monetaristas, adeptos da visão de Irving Fischer ou os Neoclássicos contemporâneos.

De tudo isso, vale acrescentar também que, foi só a consideração da existência dos Departamentos de produção evidenciados por Marx, que atualmente estão distribuídos entre os setores primário, secundário e terciário, além da distribuição das empresas por questão de dimensão, ou seja, pequenas, médias e grandes empresas é que dão subsídios consistentes para se criar a análise da Ciência Econômica Pura nos aspectos políticos, empresariais estendendo seus reflexos sobre a macroeconomia, com a devida amplitude.

No que se refere ao nosso exemplo, utilizando-se da interrelação entre os departamentos ou setores de produção, ou ainda, entre as atuações das pequenas, médias e grandes empresas, imaginemos que haja a entrada de dinheiro novo na Economia, por intermédio de investimentos de um pequeno trabalhador-empresário na comercialização e venda de peças para tratores.

Dentro desse exemplo, considera-se ainda que, para dar início às suas atividades, independente de outras atuações, esse trabalhador-empresário terá que contratar seis funcionários cada qual com salário de mil reais. De forma restrita, *coeteris paribus,* no que tange a esse comportamento, qual será de imediato os impactos na produção e na demanda efetiva?

Ao considerar essa hipótese pode-se fazer a afirmação de que, na produção não haverá acréscimo nenhum visto que, as empresas produtivas trabalham com capacidade ociosa, produzindo pela média vendida, e não pela demanda total prevista. Além do mais, segundo visão de Adam Smith, Marx e Keynes, os trabalhadores-empresários mesmo havendo aumento da demanda no curtíssimo prazo, esperarão até essa demanda se efetivar no médio prazo para aumentarem seus estoques de produção.

A única interferência no processo de produção no curtíssimo prazo será o aumento da intensidade da circulação das mercadorias, visto que, as compras no setor de comércio se dão por lote de unidades produzidas. Nesse contexto, em virtude do aumento da velocidade da circulação da mercadoria, no curtíssimo prazo, poderá haver apenas um impacto positivo no aumento da inflação de demanda, que de imediato será contido no médio prazo mediante o aumento da produção de mercadorias nas indústrias, fazendo os preços voltarem ao normal. Se for considerado ainda que as empresas trabalham com capacidade ociosa nem inflação de demanda haverá, dependendo da quantidade encomendada pela empresa entrante na atividade de comércio, mesmo que esse seja feito por lote de mercadorias adquiridas.

Nesse aspecto, a inflação de demanda surge como um fator que gera otimismo para a classe empresarial sinalizando que o consumo de mercadorias está atomizando, fato esse que gera comportamento positivo na visão empresarial quanto a proposta de aumento de produção no sistema capitalista. É justamente essa expectativa que faz Keynes, Marx e Smith afirmarem que, o que gera aumento de investimento são as expectativas otimistas da classe empresarial em relação ao comportamento de mercado e não, mera e simplesmente ações corretivas como redução de salário, aumento de salário, elevação de preços, redução de preços e assim, por conseguinte.

Uma vez que a produção de mercadorias não seja afetada significativamente embora haja o aumento da oferta proporcionada por apenas um trabalhador-empresário a mais, por outro lado, a demanda efetiva aumentará de sete unidades num montante de sete mil reais, considerando a hipótese de que o pró-labore do trabalhador-empresário seja também de mil reais, de maneira igual ao salário dos seis outros trabalhadores.

Nesse aspecto, considerando o comportamento da oferta e da demanda e a consideração de que o trabalhador-empresário é ofertante e demandante de mercadorias ao mesmo tempo, embora a oferta tenha aumento de apenas um indivíduo, a demanda acrescerá de sete elementos, caracterizando a entrada de dinheiro novo no mercado de sete mil reais. Esse será a variação positiva na demanda efetiva potencial do mercado local.

Considerando ainda a hipótese de que os trabalhadores e o trabalhador-empresário, este último na condição de consumidor de produtos essenciais, gastam toda a sua renda na aquisição de mercadorias destinadas ao suprimento de suas necessidades fisiológicas, esses distribuirão seus consumos respectivos em todos os setores que produzem utilidades visando suprir as necessidades de alimentação, proteção, segurança e lazer na economia em questão.

Então, a economia local aumentará nessa proporção, fazendo também elevar o lucro das empresas e o consequente aumento na distribuição das rendas de todos os trabalhadores-empresários do respectivo mercado. Como quem consome os produtos de luxo são apenas os trabalhadores-empresários distribuídos por todos os segmentos empresariais, indo desde as pequenas, médias e grandes empresas, e se a distribuição dos dividendos aumentarem na mesma proporção do aumento dos lucros por entre esses setores, então, pode-se dizer também que, a venda dos produtos de luxo para os trabalhadores-empresários aumentarão numa fração positiva do aumento das vendas de mercadorias ou utilidades para os trabalhadores novos no mercado em questão. Disso pode-se deduzir que, a economia sob análise terá uma espiral positiva de crescimento nos pequeno e médio prazos para todos os setores produtivos e improdutivos da Economia numa proporção equivalente ao aumento de dinheiro novo disponível no mercado em questão, promovendo uma distribuição da riqueza de acordo com o princípio ganha-ganha, aí incluindo o próprio governo que será contemplado com o aumento da arrecadação de impostos que serão pagos por esses novos residentes no mercado sob análise.

Quanto ao comportamento do recebimento de salário, seu valor dependerá da mercadoria que o trabalhador conseguir produzir para o mercado, estando aí embutido potencialmente, o nível de intelectualidade do indivíduo que é resultante da sua formação virtuosa, educacional, cultural e profissional, da tecnologia inovativa que está agregada na mercadoria e da margem da sua contribuição na fabricação do produto que o mesmo ajudar a produzir. A consideração de todos esses fatores interagindo no mercado é que determinarão o salário mínimo das redondezas, nos quais os demais salários se basearão na negociação trabalhista entre patrões e empregados tão bem enfatizado por Smith e não na concorrência de oferta de salários entre os trabalhadores e na demanda dos trabalhadores-empresários em questão, embora haja uma pequena influência da concorrência na oferta desse trabalho, o que, por conseguinte, dependerá da quantidade de trabalhadores ociosos nesse mercado, que por sinal, diga-se de passagem, é um fator pessimista para a classe empresarial quanto ao comportamento da atomicidade do mercado, ou seja, se ele está em expansão ou contração. Vale ressaltar que o excesso de ociosidade da classe trabalhadora é um indicador de pouca produção no mercado em questão, o que gera um pessimismo nas expectativas da classe dos trabalhadores-empresários em relação aos investimentos no referido mercado.

Dessa maneira, o salário do trabalhador consequentemente dependerá da qualidade e da exclusividade da mercadoria que o mesmo conseguir produzir visto que, é a tecnologia que faz gerar o superlucro e é justamente esse superlucro que permite ao trabalhador exigir e ao trabalhador-empresário pagar um supersalário na contratação da sua força de trabalho. Daí se dizer aqui que, é a utilidade e raridade da mercadoria produzida que paga o salário alto ou baixo do trabalhador, e não, o trabalhador-empresário como predizem os pseudoeconomistas protestantes que dominam os truques econômicos da atualidade.

Atuando dessa maneira os trabalhadores cumprem duas funções essenciais no sistema capitalista. Um, que é o de acrescentar o valor da sua força de trabalho à mercadoria, por intermédio da transformação da matéria prima em produto acabado. Outro, que é o de se transformar em consumidor potencial por intermédio da transmutação do dinheiro obtido decorrente da venda da sua força de trabalho em mercadorias, que se dá mediante a compra dessas utilidades que são destinadas ao atendimento de suas necessidades fisiológicas, destruindo-os na forma de consumo, uma vez que tais produtos são cruciais para garantia da sua sobrevivência.

Procedendo dessa maneira, os trabalhadores se transformam em indivíduos essenciais para garantir o bom funcionamento do sistema capitalista como um todo, pois, além de criar riquezas, os mesmos se convertem em polinizadores desse sistema, tal qual uma abelha operária polinizando as flores, visto que, distribuindo o dinheiro ganho por meio da venda da força de seu trabalho comprando os mais variados tipos de produtos de que precisam para garantir seu sustento, sua proteção e segurança, esses possibilitam a todos os trabalhadores-empresários fazerem vendas e com isso, obterem renda adicional na forma de lucro para suas empresas.

Assim, os mesmos irrigam os mais diversos setores da economia não deixando faltar as vendas necessárias das mercadorias por parte dos trabalhadores-empresários, possibilitando assim, também, a garantia da sobrevivência desses. Dessa maneira os trabalhadores por suas ações se transformam no sustentáculo não só da perenização do sistema capitalista como também, da formação e perpetuação da estabilidade do mercado.

Nesse contexto, utilizando-se do exemplo hipotético apresentando acima, dos dez empresários investindo na produção que ficaram presos na Ilha de nome Sesta Feira, e que resultou no final, em cinquenta e oito consumidores, subdivididos entre trabalhadores-empresários em número de dez, e os trabalhadores, os quais totalizaram 48, que são os produtores e consumidores de mercadorias concomitantemente, acrescidos esporadicamente, pode-se dizer assim, dos consumidores externos, os trabalhadores que atuam no mercado interno se transformam nos principais responsáveis pelo consumo do excedente produzido, realizado durante o processo de produção.

Dessa maneira, o processo de produção que se iniciou com a transmutação do dinheiro em capital financeiro e que foi despendido na compra de matérias primas por parte dos trabalhadores-empresários e pela contratação de novos trabalhadores, se transformou em um sistema gerador de excedentes, que se deu por intermédio da fabricação de mercadorias, que posteriormente, ao serem vendidas para os próprios trabalhadores-empresários e trabalhadores, se convertem esses, nos consumidores das mercadorias produzidas se tornando assim, nos principais responsáveis pelo estabelecimento do equilíbrio e da continuidade de existência do próprio mercado.

Explicando de outra forma, os trabalhadores-empresários, depois de saciados pelo consumo das mercadorias necessárias ao atendimento de suas necessidades que eles próprios produziram, ainda se mantêm de posse da parte que sobrou e se transformou em seu excedente de produção. Desse excedente, uma parte foi vendida para os demais trabalhadores-empresários, a outra para os trabalhadores que a compraram com o salário obtido pela venda da sua força de trabalho aos próprios trabalhadores-empresários e a última fatia restante, foi vendida para o mercado externo.

Simplificando, tal processo de produção se deu em três etapas:

A primeira, seguindo raciocínio de Marx, em "O Capital", foi gerada com a transmutação do dinheiro em capital financeiro, e este, por conseguinte, se metamorfoseou em matéria prima, incluindo aí a contratação da força de trabalho dos trabalhadores.

1ª Etapa: $D \Longrightarrow Kf = Mp + Ft$.

A segunda se verificou com a transmutação da matéria prima por meio da ação da força de trabalho e do maquinário em mercadorias, já acrescida do excedente econômico.

$$2^a \text{ Etapa: } Mp + Ft = \underbrace{Mp + Ft + Ee}_{\text{Mercadoria}} \implies M = Mp + Ft + Ee$$

Da mercadoria gerada nessa segunda etapa, a primeira parte foi vendida para os próprios trabalhadores-empresários que, de produtores, se transformaram em compradores e consumidores de suas próprias mercadorias. A parte que sobrou depois dessa primeira venda é que constitui o excedente econômico. Desse excedente, uma parte, foi negociada com os demais trabalhadores-empresários, que produzem outros tipos de mercadorias o que constitui a segunda venda.

Depois da venda dessa uma parte do excedente econômico para os demais trabalhadores-empresários, a segunda fatia do mesmo excedente, foi vendida para os próprios trabalhadores, que a produziram e compraram para seu consumo, com o salário obtido pela venda de sua força de trabalho e que corresponde, a terceira comercialização das sobras das mesmas mercadorias.

Por fim, a terceira e última parte desse excedente, foi vendida para o mercado externo e que representa a quarta negociação das tão propaladas mercadorias.

- Por intermédio da venda total da mercadoria:

uma parte para os trabalhadores-empresários que se tornaram consumidores, a segunda para os demais trabalhadores-empresários, a terceira para os trabalhadores, e mais, a quarta e última para o mercado externo, houve a transmutação total da mercadoria em dinheiro.

A transmutação da mercadoria em dinheiro fecha o ciclo de produção, fenômeno esse que permitiu o surgimento da terceira etapa, aonde a mercadoria simplesmente se transmuta em dinheiro, através da venda, viabilizando a geração da riqueza na Economia, na forma de lucro líquido mais os impostos que são transferidos respectivamente pelas classes sociais, para o Governo.

Este último, com sua cota recebida da renda gerada no processo de produção na forma de imposto, faz converter parte dessa renda, depois de pagos os salários do funcionalismo público, em investimento público, através das inversões realizadas em infraestrutura econômica e social, que na verdade é o capital improdutivo, uma vez que não produz mercadorias, concluindo o processo de criação da riqueza na Economia.

De maneira resumida, esse foi todo o processo capitalista apresentado na íntegra por Karl Heinrich Marx, em sua obra "O Capital" dividido em três livros.

$$3^a \text{ Etapa: } M = D$$

Sendo que:

$$M = Ctrab\text{-}empr. + Co.trab\text{-}empr. + Ctrab. + Cst\ ext.$$

Onde:

Ctrab-empr. = Consumo dos próprios trabalhadores-empresários
Cotrab-empr. = Consumo de outros trabalhadores empresários
Ctrab. = Consumo dos trabalhadores
Cst. Ext. = Consumo do setor externo

Acompanhando o raciocínio de Marx em "O Capital", segundo esse, se não houver a terceira etapa, que se dá por intermédio da transmutação da mercadoria em dinheiro, haverá um excesso de produção na economia. Nesse estágio, se as mercadorias não forem transmutadas em dinheiro por intermédio das vendas gerando receita, os trabalhadores-empresários não poderão honrar seus compromissos, ficando impossibilitados de pagar os juros dos empréstimos, seus parceiros, funcionários, fornecedores, promovendo o que se pode chamar de uma crise de superprodução no sistema capitalista.

Dessa forma, para que o excedente da mercadoria produzida se converta em riqueza de fato, segundo Marx, é imprescindível que essa mercadoria seja vendida em sua totalidade e se reverta em dinheiro. Se isso não ocorrer, haverá excesso de produção e consequentemente, crise no sistema capitalista decorrente do acúmulo de mercadorias produzidas e não transmutadas em dinheiro.

Nesse contexto, como os demandantes são os próprios produtores de mercadorias, as vendas adicionais dependerão da movimentação nesse mercado: do próprio consumo dos demais trabalhadores-empresários, dos trabalhadores e dos demandantes originários de outros mercados ou de regiões circunvizinhas que, costumeiramente visitam esse local para comprar determinados produtos de que necessitam, não conseguem produzir e que só encontram em tal lugar.

Daí porque Marx, afirmar em "O Capital" que, mercado interno e externo são continuidades de um mesmo mercado global, no sentido do interno para o externo do capitalismo, tal qual Platão assevera em "A República" e Smith em "A Riqueza das Nações" que, em se construindo um Estado, não se deve produzir em quantidade apenas suficiente para seu consumo interno, visto que, os Estados também comerciam entre si mercadorias de que precisam e que não se tem como produzir internamente. Daí a essência do capitalismo e em consequência de a Economia ser a troca de excedentes de utilidades.

Desse fato, extrai-se outra observação estratégica fundamental para se entender o bom comportamento e funcionamento do capitalismo como sistema criador de riquezas, por intermédio da geração do chamado excedente econômico, que consiste na consideração da importância e dos motivos pelos quais se devem estabelecer como imprescindível para viabilizar a intensificação do movimento do mercado tanto interno quanto externo, os meios de transporte.

Essa consideração levou Platão, pioneiramente na condição de filósofo, depois, Smith, Marx assim como outros economistas, a apontarem que, os aglomerados produtivos locais e depois cidades, primeiro se desenvolveram nas margens de rios, mares, oceanos, devido ao sistema de transporte de cabotagem, além de estradas, que se tornaram cada vez mais movimentadas, por ligarem as regiões distantes ou de difícil acesso, viabilizando a circulação da mercadoria com maior intensidade, aproximando primeiro, os aglomerados produtivos, e depois, cidades e regiões.

Vale ressaltar que, o senhor Thomas Robert Malthus em sua obra "Economia Política – Ensaio Sobre a População" que, depois de Adam Smith, foi esse o primeiro economista a destacar a importância da demanda efetiva, para se garantir a perpetuação do processo produtivo de maneira estável, sem geração de crises no sistema capitalista.

Infelizmente, para esse autor, o mesmo teve que se defrontar com opinião contraria, conforme visto acima, apresentada pelo senhor David Ricardo, seu contemporâneo. No caso, Ricardo defendia sua tese, recorrendo a outro Economista, bem importante em sua época de nome *Jean Baptiste Say*, que em sua obra: "Tratado de Economia Política", afirmava que, "é a produção que cria sua própria demanda".

Seguindo raciocínio de Say, Ricardo afirmava que o consumo seria gerado automaticamente e se ajustaria ao nível de produção que fosse lançada no mercado, pelos capitalistas. Ainda na concepção desse autor, o lucro desses não dependeria da quantidade de mercadorias vendidas, mas sim, da taxa de salário que era paga aos trabalhadores.

Para esse, quanto menor fosse a taxa de salário paga aos trabalhadores, maior seria a taxa de lucro dos capitalistas. Então, de acordo com esse autor, a taxa de lucro era inversamente proporcional à taxa de salário.

Como, de acordo com essa visão, era o investimento que gerava a produção e, como é o aumento da produção que faz aumentar a taxa de emprego na economia, então, sendo assim, quanto menor fosse a taxa de salário maior seria o lucro, e, como é o lucro o fator que estimula novos investimentos, então, quanto menores fossem os salários, maiores seriam os lucros, redundando em maiores investimentos, o que geraria maiores taxas de emprego.

Tudo estando funcionando de maneira organizada, automatizada, sequenciada e orquestrada pelos capitalistas, tal fato permitiria maior acúmulo de riquezas com maior desenvolvimento da economia e, em consequência, da própria sociedade. Por isso os salários deveriam ser baixos ou mantidos baixos, para garantir maiores lucros com maiores investimentos e consequentemente, maiores empregos, com maior nível de riqueza acumulada pela nação.

Esse era e, por incrível que possa parecer, ainda é, a máxima da teoria econômica que prevalecia, e ainda continua prevalecendo, na visão da escola clássica, neoclássica e monetarista, tendo David Ricardo através de sua obra "Princípios de Economia e Tributação", como seu principal expoente. Isso também é o que os defensores de tais ideias chamam de "automatismo das forças de mercado".

Na sequência dos debates, já na opinião de Malthus, se os salários fossem mantidos baixos, haveria como consequência, uma redução de consumo por parte da classe trabalhadora que é a classe que, segundo ele, realmente consome tudo aquilo que ganha, visando atender suas necessidades. Se essa situação se perpetuasse, na visão desse economista, a Economia tenderia ao subconsumo, o que faria com que, a mesma entrasse em crise, por motivo de excesso de produção no longo prazo.

Para Ricardo, essa visão de Malthus era irrelevante, visto que, esse, no caso, Ricardo, acreditava que, o que fazia aumentar investimento na economia e que, por consequência, criaria maior nível de emprego, era a geração de poupança no sistema econômico, e que, por sua vez, essa era criada por intermédio do aumento da taxa de lucro por parte dos capitalistas. E, por conseguinte, como são os capitalistas que investem, e como esses invertem tudo o que poupam, segundo Ricardo, sendo assim, a taxa de crescimento com desenvolvimento mais a criação de novos empregos estaria garantida, permitindo à economia, entrar num ciclo virtuoso de desenvolvimento contínuo e em expansão, com maior nível de evolução, gerando acúmulo de riquezas em benefício de todos.

Do exposto, enquanto Malthus analisava uma parte do processo capitalista, como foi demonstrado acima, considerando apenas o lado da demanda, Ricardo, por sua vez, via a outra parte do mesmo processo de produção, que é o lado aonde a própria produção cria realmente a demanda, quando essa obriga os capitalistas a contratar trabalhadores fazendo-os entrar no processo de produção, por intermédio da venda da sua força de trabalho, o que, permitia-lhes adquirir, com o seu salário, capacidade potencial de consumo.

Mas, em contraposição a Ricardo e de acordo com Malthus, salário não tem nada a ver com lucro do capitalista visto que, não é o capitalista que paga o salário do trabalhador, mas sim, a mercadoria por intermédio da sua venda. Se não fosse assim, o trabalhador não receberia seu salário só depois que o processo de negociação da mercadoria fosse concretizado.

Em essência, o capitalista nunca adianta o pagamento de salários para o trabalhador, só efetiva o pagamento depois da realização do trabalho e da entrega da mercadoria pronta para ser comercializada no mercado. E o mais grave ainda, se o trabalhador-empresário pagasse o salário de maneira adiantada, não haveria salário atrasado e pagamento do mesmo não se daria apenas no final de cada mês, como se vê na prática.

Além do mais, ao se vender a força de trabalho, o salário é a sua contrapartida, sendo, portanto, de direito exclusivo do trabalhador, não cabendo ao capitalista, determinar o que o trabalhador faça ou deixa de fazer com a sua remuneração. Se, por um acaso tentar reduzi-lo para aumentar lucro, tal situação é pior, visto que é uma injustiça, sem contar o fato de que, tal procedimento se constitui numa apropriação indevida ou, em outras palavras, roubo.

De acordo com o que foi visto anteriormente nesta obra, quando foi analisada "A República", o fundamento da justiça estaria violado, uma vez que, o conceito dessa ficou estabelecido como sendo "a capacidade do indivíduo fazer todas as coisas de forma independente e autônoma, sem interferir nas ações e atitudes dos demais".

Diante do exposto acima, cabe abrir um parêntese na presente análise:

Como foi utilizada a palavra roubo na crítica à versão de Ricardo sobre geração de riqueza na relação de trabalho entre capitalista e trabalhador, cabe fazer a distinção nesse tipo de observação sobre o que seja realmente cientifico, em comparação com o que se define como roubo no presente estudo.

No processo de criação de riqueza, fato científico é a capacidade de o trabalhador conseguir repetir, através do seu trabalho - transformando uma matéria prima em produto acabado, agregando valor a esse por intermédio da geração de um excedente econômico - o mesmo fenômeno verificado no ciclo das sementes, realizada pelos vegetais. Tal evento também foi percebido pelo senhor Smith no processo de produção de mercadorias, inspirado no senhor *Quesnay*, que melhor descreveu essa sequência de ações realizadas pelos vegetais, para enfatizar a atividade agrícola como, a única atividade econômica capaz de criar riqueza, segundo os Fisiocratas, conforme já visto.

O ciclo das sementes, embora tenha sido percebido como verificável também no processo de produção das mercadorias pela geração do excedente econômico, segundo o senhor Smith, o economista que melhor descreveu o ciclo completo da produção de mercadorias dentro de um sistema econômico complexo e amplo, inspirado mesmo que imperceptivelmente no ciclo das sementes, foi o senhor Karl Marx, para desenvolver a teoria da Economia Empresarial, por meio dos processos: M – D – M', D – M – D' e por último, o processo D – D', que foi mais bem trabalhado em "O Capital", transformando definitivamente a Economia como única Ciência Social comprovadamente existente.

No processo cíclico desenvolvido pela semente, ao ser plantada, essa se transmuda num broto. Esse broto cresce se desenvolve e novamente se transmuta, desta vez numa planta. A planta torna-se adulta e transmite toda sua beleza ao mundo exterior ao fazer gerar certa quantidade de flores, que desabrocham e no final do processo, gera as bainhas contendo em seu interior grande quantidade de sementes.

Como a planta não produz apenas uma flor, no caso, a mesma gera várias flores que, por conseguinte, criarão novas bainhas contendo cada qual, certa quantidade de sementes, pode-se afirmar que esse evento é um processo multiplicativo. Uma única semente por meio do processo de germinação, crescimento, floração, embainhamento, é capaz de gerar dezenas de outras sementes. Esse é o efeito multiplicador da semente e que também pode ser chamada de efeito gerador de riqueza, que se dá pelo processo de geração de excedente. Excedentes de semente.

Ao perceber que na natureza se verificava esse fenômeno e que o agricultor vive do plantio e da colheita de milhares de novas sementes, *Quesnay* constatou que era assim que se gerava a riqueza na atividade agrícola, visto que, por intermédio do plantio e da colheita se observava sempre a geração de um excedente de sementes.

Isso porque, essas sementes, depois de vertidas no âmago da flor e amadurecidas, podem ser utilizadas de várias maneiras: uma parte servirá como alimento para os animais e o próprio homem, outra porção, poderá ser utilizada no processo de produção de uma diversidade de alimentos derivados como: o farelo, o amido, e mais outros tipos de produtos procedentes desses grãos e, por fim, a parte que ficou reservada é utilizada no plantio para a geração de novas sementes dando início a um novo ciclo de produção e reprodução das plantas.

As várias utilizações das sementes durante o processo de plantio, colheita e distribuição das suas utilidades, fazendo sobrar ainda outra quantidade que será plantada para dar início a um novo ciclo, é o que *Quesnay* chamou de produto líquido. A esse produto líquido ele definiu como a própria riqueza gerada e que, segundo ele, só se observava na atividade agrícola. As demais atividades só fariam transportar e comercializar a riqueza que era criada na agricultura.

Smith ao manter contato com os fisiocratas e deles conseguir enxergar o fenômeno da geração de excedentes, percebeu que o mesmo fato poderia ser realizado na atividade de produção de mercadorias e que isso se dava pela ação do trabalho realizado pelo homem. O trabalhador ao juntar vários tipos de matéria prima em um só produto, além de embutir o valor de tais matérias primas à mercadoria, agrega ainda valor adicional à mesma por intermédio do seu trabalho, que se observa no processo de fabricação, polimento, pintura e acabamento do mesmo produto.

Assim, além de agregar o valor da sua força de trabalho e de outras matérias primas à mercadoria, o trabalhador acrescenta ainda, valias adicionais à mercadoria, que se verifica durante o seu fabrico e que é visto na qualidade do acabamento, estética, resistência da mercadoria e utilidade para o comprador. Então, tal qual a semente que por intermédio de um único grão gera dezenas ou até centenas de outras sementes, esse é o excedente que o trabalhador cria e desenvolve na mercadoria, fazendo eclodir a riqueza que está embutida no produto.

Essa riqueza é dividida em até três partes: o valor agregado das matérias primas, a força de trabalho aplicado pelo trabalhador na produção direta da mercadoria e a aplicação também de seu intelecto, que se observa no refinamento adicionado ao produto pela qualidade do acabamento. A soma desses benefícios e mais a utilidade atribuída ao uso do bem pelo usuário é que serão referência para se atribuir o preço final do produto, que é transmutada em dinheiro durante a sua venda pelo seu proprietário, que é, no caso, o trabalhador-empresário.

Como se vê, a geração do excedente econômico é um processo natural inerente à produção da mercadoria em si e que lhe é acrescentado durante os vários estágios de seu fabrico. Esse é que é o verdadeiro fato científico e que dá vazão ao estabelecimento da economia como ciência social.

Vale acrescentar ainda que, de todos os valores adicionados à mercadoria durante sua fabricação, o mais importante deles é a sua utilidade. Isso porque, não adianta fabricar o produto se não existir utilidade atribuída ao mesmo, pelos seus demandantes no mercado.

Nesse contexto, quanto mais útil, mais avançado tecnologicamente e raro for o produto, maior será o seu preço e, por conseguinte, quanto mais elevado for o preço da mercadoria decorrente da sua utilidade, exclusividade e da tecnologia embutida na mesma, maior será, a margem de ganho do trabalhador-empresário e o salário do trabalhador. É por meio desse processo que surge também, o superlucro.

De nada valerá a mercadoria ser rara se ela não tiver utilidade alguma. Se um indivíduo se encontrar no meio do Deserto do Saara e um anjo vier à Terra e lhe oferecer para uma única escolha, um barril de água ou um diamante extraído de um vulcão de Marte, é lógico que o mesmo escolherá o barril com água. Não adiantará nada para esse indivíduo escolher o diamante extraído do vulcão de Marte e ir para o inferno. Ou mais ainda, se o mesmo indivíduo estiver no centro da cidade sem dinheiro algum, com sede e sem comida, e o mesmo anjo lhe aparecer novamente e lhe oferecer para escolha o mesmo barril de água ou o diamante extraído de um vulcão de Marte, o mesmo continuará escolhendo a água.

Isso porque a água suprirá de imediato sua sede. A água que sobrar poderá ser vendida para outras pessoas que estiverem com sede. Já se ele escolher o diamante extraído do vulcão de Marte é possível que, se o mesmo anunciar essa raridade do diamante para a população, ninguém vai acreditar nele. Outro fato é o preço que deverá ser muito alto, sem considerar o hiato de tempo que pode levar para ele vender esse diamante. Deve-se acrescentar ainda o risco de roubos e outras coisas mais. Considerando todos esses fatores é possível que quando alguém encontrar um comprador para essa pedra o mesmo já poderá estar morto: ou de sede ou de fome.

10 A incoerência e inaplicabilidade da Teoria da Relação Inversa entre Salário e Lucro, de Ricardo

Sem levar em consideração quaisquer fatores relacionados à demanda efetiva, os clássicos e neoclássicos atribuem à escassez o fator determinante para o estabelecimento de maior valor ao produto. Os mesmos argumentam que, quanto mais raro for a mercadoria mais caro será a mesma.

Ora, isso é um grave equívoco, visto que, a raridade do bem é apenas um complemento da utilidade do mesmo e este último atributo é que lhe permite atingir maior valor no mercado e, portanto, maior preço gerando como consequência, uma taxa de lucro mais elevada.

Até o caso da geração do lucro extraordinário, advém das qualidades e atributos especiais da mercadoria: utilidade, grau de tecnologia embutida, raridade, gosto e preferência. Não adianta um produto ser raro se não tiver utilidade alguma. Inclusive é a utilidade da mercadoria que instiga a sua demanda e não a sua raridade.

A raridade do produto funciona apenas como um indicativo sobre seu perfil o que faz atrair ou não a atenção sobre sua produção. Esse fenômeno influencia apenas no seu preço e não no seu grau de preferência no mercado. Têm objetos que existem, são raros, mas a sociedade não lhe dá preferência enquanto que, existem produtos que são úteis, não são raros, mas a sociedade lhe dá valor independentemente de seu preço. Isso ocorre com todos os produtos da cesta básica do consumidor.

Por outro lado, da sua parte, a contratação do trabalho pelo capitalista ou trabalhador-empresário é uma relação de compra e venda. Nesse caso, o trabalhador-empresário está comprando a força de trabalho do trabalhador por um determinado preço para ser realizado por certo período de tempo. Assim, a força de trabalho que é vendida ao trabalhador-empresário é uma espécie de matéria-prima que é comprada por esse a um determinado preço, previamente estipulado entre o próprio trabalhador-empresário e o trabalhador.

Enquanto a força de trabalho é classificada como matéria prima para o trabalhador-empresário, a mesma é uma mercadoria para o trabalhador, o único bem de que esse dispõe e pode oferecer no mercado a um determinado preço, transmutando-o em dinheiro, e que, por conseguinte, se metamorfoseia em renda que será utilizada pelo próprio, para a compra de outros produtos necessários ao seu sustento.

Em termos operacionais, antes do início do processo de produção capitalista, o trabalhador-empresário precisa estar com todas as matérias primas disponíveis e necessárias em mãos, inclusive a força de trabalho adquirida do trabalhador, para não provocar uma espécie de entrave durante o processo de produção. Diante disso, perante o trabalhador, para adquirir o seu trabalho, o trabalhador-empresário tem que apresentar as propostas para aquisição da sua referida força de trabalho de maneira diária mediante as condições jurídicas legais, a um preço predefinido e por um determinado período de tempo.

Aí a questão deixa de ser puramente econômica e passa a ter um caráter jurídico de negociação, que envolve uma relação de compra e venda de força de trabalho celebrada entre patrão e empregado. Nesse caso, tal relação jurídica para tornar a negociação reconhecida, vai exigir o estabelecimento de um contrato de trabalho que passa a ter validade imediata, tornando juridicamente legal, a realização das atividades por parte do proletário tendo o resultado de seu labor entregue em sua totalidade, de forma plena ao trabalhador-empresário.

Essa é uma relação *ex-ante* que envolve apenas a compra de uma força de trabalho da parte do trabalhador-empresário, obrigando o outro envolvido, no caso, o trabalhador, mediante uma promessa reconhecida no contrato, a despender uma certa quantidade de horas de sua força de trabalho em favor do seu contratante, para o exercício de uma determinada atividade e a um determinado preço, que passa a ser visto como o seu salário.

Diante dessa situação, independentemente da quantidade de mercadoria que o trabalhador produzir o trabalhador-empresário terá que pagar o valor do labor que foi estabelecido no contrato. Nem um valor a mais, nem um valor a menos. Nesse caso há uma relação de obrigatoriedade entre as partes.

O trabalhador se obriga a trabalhar para o trabalhador-empresário por um determinado tempo, se comprometendo a entregar o fruto do seu trabalho para o seu patrão, enquanto que, por outro lado, o trabalhador-empresário se obriga a pagar o salário contratado com o operário, de acordo com as cláusulas vigentes no contrato de trabalho.

Essa é uma relação exclusivamente jurídica, de natureza diversa da adição do excedente econômico na mercadoria durante a realização do trabalho por parte do trabalhador. Enquanto a criação de excedente econômico é uma atividade de natureza exclusivamente econômica, concomitantemente a relação de trabalho que viabiliza a ação legal da realização do mesmo é de natureza jurídica que é estabelecida mediante a celebração de uma promessa firmado em um contrato de trabalho. Portanto, ambas são de origem diversa: a venda da força de trabalho e a geração do excedente econômico, embora uma ação induza a outra sem o devido enlace, visto que um é de natureza econômica enquanto que, o e outro é de proveniência jurídica.

Assim, cientificamente falando, não há como estabelecer uma relação inversa entre salário e lucro, visto que, são tipos de situações totalmente diferentes entre si, embora ambas sejam definidas como renda.

O salário trata de uma relação *ex ante* celebrado entre patrão e empregado mediante contrato de trabalho e o lucro é uma relação *ex post* entre o trabalhador-empresário e sua empresa visto que o lucro é da empresa. Respectivamente, renda do trabalhador e renda da empresa.

Nesse contexto, não há nenhuma relação direta entre salário e lucro, fato esse que inviabiliza quaisquer tipos de comparações entre ambos, mesmo porque, enquanto a mão de obra ou força de trabalho é uma matéria prima incorporada no processo de produção e que o trabalhador-empresário recupera na sua integralidade, uma vez que o insere no preço na mercadoria na condição de custo, o lucro é o resultado operacional apurado no final do período por parte da empresa depois de deduzidas suas obrigações para com os fornecedores, o governo, os credores e os próprios compradores das mercadorias, não tendo nada a ver com o resultado do trabalho realizado pelo proletário, visto que o que o trabalhador-empresário compra é a sua força de trabalho.

Na condição de conta de resultado a conta lucro estabelece sim uma relação inversa com o prejuízo e não com o trabalho, fato esse que torna todo tipo de análise estabelecendo uma relação do trabalho com o lucro inválida. O lucro é um direito do trabalhador-empresário na condição de proprietário da empresa, que despendeu capital financeiro necessário para a sua operacionalização, sem contar o fato de que, para realizar suas atividades dentro da sua própria unidade produtiva, o mesmo tem seu salário que lhe é pago de forma independente na condição de pró-labore, assim como o trabalhador tem seu soldo, que é a remuneração de seu trabalho.

De fato, o lucro é uma conta de resultado a ser apresentado no final do período por parte da empresa e que envolve risco uma vez que, ao invés de lucro, a empresa pode também, colher prejuízo. Assim, tanto o lucro quanto o prejuízo se apresentando como contas de resultado contábil, se caracterizam por ser, portanto, uma probabilidade de ocorrência, estando relacionadas diretamente com a questão de gestão empresarial no que tange à competência ou incompetência do gestor na administração de sua empresa, enquanto que, a questão salarial faz parte do processo de produção econômica no que concerne à geração de excedentes na forma de riqueza, se dissociando das contas de resultado e que são apresentadas essas últimas no final do período por meio das apurações contábeis.

Ademais, como na relação de trabalho a aquisição da força de trabalho por parte do trabalhador-empresário, conforme frisado, entra no processo de produção na condição de matéria-prima gerando um custo de produção e que permite naturalmente, ao trabalhador-empresário, repassar esse valor para o preço da mercadoria desonerando-o da operação realizada depois de vendido seu produto, o que ainda por cima, lhe gera um lucro, fazendo aumentar sua riqueza. Então, sendo assim, o trabalhador-empresário recupera integralmente o valor do salário pago ao trabalhador através da venda da mercadoria no mercado, mesmo essa incorrendo em lucro ou prejuízo a serem apurados no final do período contábil.

Diante disso, não há como o trabalhador-empresário afirmar que esse tipo de custo, no caso, o custo do trabalho recaia como uma despesa, ou um valor impeditivo para que ele possa investir nas atividades empresariais, mas sim, pura e tão somente, essa operação trata-se de um investimento. A inversão mais importante que se dá no processo de produção, que permite ao trabalhador-empresário obter um retorno acrescido de valores adicionais impensáveis por outros tipos de matérias primas fazendo aumentar significativamente seu excedente de produção econômica.

E o melhor para o trabalhador-empresário é o fato de que, de posse dessa renda, que é o seu salário, o trabalhador poder adquirir diversos tipos de mercadorias no mercado o que o faz distribuir seu dinheiro por entre as classes dos trabalhadores-empresários, permitindo a esses, aumentarem suas vendas assim como ampliarem as margens de lucros de suas empresas, perenizando o mercado, enquanto que, da sua parte, as vendas para o mercado internacional são instáveis dependendo muito da situação e do comportamento desse mercado, o que envolve guerras, conflitos diversos, jogos de interesses globais, formação de novas parcerias, mudanças comportamentais, etc.

Enquanto isso, da parte do trabalhador, esse despende a sua força de trabalho gastando suas energias para entregar o produto acabado para o trabalhador-empresário que o revende obtendo lucros e fazendo aumentar sua riqueza. Se o proletário não receber sua remuneração decorrente de seu trabalho e do gasto de suas energias, ele não terá como continuar a produzir, pois ficará fraco fisicamente e psicologicamente, além do fato do mesmo se pauperizar mais do que já estava. Diante disso, não repassar a esse o seu direito adquirido na forma de salário, isso é um roubo de natureza crudelíssima, impensável numa relação de trabalho saudável, que deve prevalecer numa sociedade civilizada e de relações sociais justas.

Vale ressaltar o que o Livro do Eclesiástico afirma sobre tal situação:

> A vida dos pobres é o pão de que necessitam: aquele que lho defrauda, é um homem de sangue. Quem tira a um homem o pão que ele ganhou com o seu suor, é como o que mata a seu próximo. Aquele que derrama sangue e o que defrauda o jornaleiro são irmãos. Eclesiástico. (Cap. 34. Vers. 25 – 27)

Isso tudo porque, conforme já frisado, o que determina o valor da força de trabalho realizado pelo trabalhador é a quantidade de nutrientes necessários para que este possa repor suas energias e sua capacidade de realização de novo trabalho, mais um período de descanso para que esse elimine o estresse decorrente dessa atividade e que devem compor seu bem-estar físico e espiritual.

Já por outro lado, o que vai determinar o lucro do trabalhador-empresário é a utilidade do produto acrescido da sua raridade, qualidade, gosto, preferência do consumidor, tecnologia embutida, durabilidade e velocidade de circulação da mercadoria, ou seja, do tempo que decorre para ela ser produzida e vendida no mercado. Quanto mais rápido ela for negociada, mais rápido ela fará eclodir o lucro e maior será a sua capacidade de gerar riqueza na economia.

Dessa forma, voltando a repetir, se o trabalhador-empresário não obedecer a esses critérios pagando um salário abaixo do ideal ou do valor devido, ou seja, considerado justo para o trabalhador, essa situação se transforma numa relação inapropriada, portanto injusta e, em virtude disso, ela se encaixa como sendo uma apropriação indevida ou roubo, fato esse que é inadmissível numa análise científica pura. Uma situação injusta na Economia, portanto, é uma relação imoral e que deve ser banida dessa Ciência.

Infelizmente, desde tempos imemoriais a classe dominante que é a classe do patrão sempre agiu assim com seu operariado, impondo regras e condições mesmo depois do trabalhador lhe ter entregue toda a produção objeto do contrato de trabalho.

Na Inglaterra, Marx afirma em "O Capital" que, nas relações de trabalho era comum o juiz ser proprietário de uma empresa e ao mesmo tempo exercer seu cargo de magistrado. Esse brilhante Economista cita até um caso em que, por negar a cumprir um acordo de trabalho com uma autoridade jurídica, no caso, um juiz, visto que as relações de trabalho não era a mesma que foi acordada no referido contrato, foi o próprio juiz que era seu patrão, que julgou a suposta infração praticada pelo trabalhador. Além de condenar o obrador a dois anos de prisão, fazendo-o cumprir a pena, depois da sentença executada, o trabalhador ainda foi obrigado a honrar as cláusulas contratuais de forma integral estabelecidas no tal contrato.

Esse tipo de comportamento imposta de forma arbitrária e injustificadamente pela relação inversa entre salário e lucro de Ricardo, foi e ainda é, motivo de rebeliões, brigas entre patrões e empregados, violência nas ruas, desajustes familiares, tais como: divórcio, brigas conjugais, suicídios, infanticídios, feminicídios devido à elevação da fome e da miséria no seio familiar em todos os cantos do mundo. Pode-se citar como exemplo, o caso do pai que chega em casa depois do trabalho sem dinheiro suficiente para alimentar sua prole, ao ser interpelado pelo filho desejoso de um brinquedo, de um pedaço de pão, o pai não pode lhe oferecer. Desiludido da vida o pai o castiga com palavrões, chineladas ao seu filho e brigas com a esposa, o que em alguns casos resultou e ainda resulta até em feminicídios, infanticídios de várias naturezas. Há casos em que, desencantado da vida e sem ter condições de dar algo mais decente para sua família, o pai desaparece e os abandona à fome, ao relento, à miséria e a uma morte miserável por falta de comida e uma condição decente de vida.

Devido à prática dessa lei ricardiana, Marx cita casos diversos de miserabilidade total entre as classes trabalhadoras, o que implicou em aumento do vício, da prostituição, da moradia de famílias inteiras nas ruas, de casas de trabalhadores em estado de miséria de apenas um quarto sem banheiro, sem camas, onde moravam até mais de duas pessoas.

A vigência dessa lei severa e implacável contra a classe laboral, fazia com que os trabalhadores desfilassem pelas ruas sem quaisquer condições de sobrevivência, sem ter onde dormir, sem comida, sem ter aonde fazer suas necessidades corporais, o que obrigou a Inglaterra a criar a "Lei da Vadiagem" que estabelecia que, caso fossem encontrados pobres nas ruas em condições de miserabilidade e "vagabundagem", esses seriam presos e enforcados aonde quem deveria pagar as despesas com a execução seriam seus próprios familiares.

Vale transcrever agora o que diz o Livro do Deuteronômio, conforme se vê abaixo:

> Não negarás a paga a teu irmão indigente, e pobre, ou ao peregrino, que mora contigo na terra, e está de tuas portas adentro: mas pagar-lhe-ás no mesmo dia o preço do seu trabalho antes do sol posto, porque é pobre e disso sustenta a sua vida: não suceda que ele clame contra ti ao Senhor, e isto se te impute a pecado. Não se farão morrer os pais pelos filhos, nem os filhos pelos pais, mas cada um morrerá pelo seu pecado. Deuteronômio (Cap. 24: Vers. 14 – 16).

Do debate traçado entre Ricardo e seus seguidores, que defendiam a lei da produção criando mercado, seguindo as ideias de Jean Baptiste Say, em oposição ao pensamento de Malthus, que tecia sua tese que afirmava que era a demanda efetiva que dava condições do mercado se estabelecer, incorporando nesse processo, no caso de Ricardo, a questão da relação inversa entre salário e lucro, conforme já analisado anteriormente, foi Ricardo que levou vantagem e que se colocou como o verdadeiro vencedor. Isso porque, embora Malthus em sua versão, que estava correta, vale lembrar, enfatizava a importância da demanda efetiva, mediante a capacidade de consumo da classe trabalhadora, para manter o potencial produtivo da Economia, o mesmo não conseguia demonstrar como se originava essa demanda, de onde ela provinha nem como ela se estruturava.

Marx, inclusive, quando comenta sobre esse quiproquó, em sua obra "O Capital", afirma que, os ricardianos costumavam fazer piadas com essa versão malthusiana taxando-a de ridícula, enfim, de má teoria.

Ricardo, por seu turno, percebia apenas outra parte diferente do mesmo processo de produção e o descrevia de forma ingênua como sendo um processo linear seguindo uma lógica, sendo, por isso, facilmente demonstrado. Daí porque o prevalecimento das ideias desse autor em relação às argumentações de Malthus.

Além de tudo, Ricardo descrevia o comportamento dos capitalistas de forma fantasiosa afirmando que, esses investiam tudo o que ganhavam na produção de mais mercadorias. Conforme já comentado, caso eles não conseguissem investir todo o dinheiro ganho em nova produção, os emprestava para outros capitalistas para que esses pudessem dar continuidade no processo, por intermédio da realização de novas inversões na fabricação de mais produtos diversos.

Tal debate entre esses dois economistas, Malthus e Ricardo, que eram contemporâneos, permaneceu estéril ao longo da história da evolução da economia enquanto ciência social, com prevalecimento do ponto de vista de Ricardo, em detrimento da teoria de Malthus, como a visão predominante.

Isso, porque, além de tudo, enquanto Malthus era um simples pastor da Igreja Anglicana, curioso em saber sobre os ditames da economia enquanto ciência social por intermédio de suas análises sofistas, Ricardo, por seu turno, era um rico homem de negócios, também sofista, muito influente, tanto como operador de mercado, quanto politicamente, visto que comprou até mesmo uma vaga na Câmara dos Comuns da Inglaterra, que fez fortuna, investindo em especulações na bolsa de valores.

Ricardo, assim como Malthus, era protestante, casado com uma Quaker embora ambos tivessem fortes ligações com a Corte Inglesa, tanto um quanto outro, porém exercendo influência diferente nessa, Ricardo na seara política e Malthus na religiosa.

Na condição de sofistas, defensores de suposições ou frases feitas, os mesmos só podiam ver uma parte de todo o processo. Conforme já asseverado, a diferença entre ambos é que, enquanto Malthus percebia apenas o comportamento da demanda no sistema capitalista, Ricardo, assim como Say, contemplava o processo de produção somente, apenas até a parte da contratação dos trabalhadores a baixos salários, sem considerar o relevante papel da classe proletária no consumo das mercadorias bem como o dos demais trabalhadores-empresários, se concentrando apenas no comportamento do consumo no mercado externo.

Nesse contexto, a visão única e exclusiva de Ricardo, se limitava a produzir para vender no mercado externo. Esse autor assim como seus sucedâneos e que prevalecem, por incrível que pareça, como teoria dominante até nossos dias, ao contrário de Adam Smith, Platão e Marx, negligenciava violentamente, o mercado interno. Na opinião dele, o trabalhador só servia para produzir e gerar excedente econômico para vender no exterior. Assim, a visão dos dois autores (Ricardo e Malthus) era parcial, com cada qual vendo partes diferentes de um mesmo processo. No caso, o processo de produção e geração de riquezas do sistema capitalista.

Então, como a visão desses dois pensadores sofistas era fragmentada, sem conseguir visualizar em toda sua extensão o processo de produção capitalista em si, e por isso, um não conseguir ver e, por conseguinte, entender, a parte defendida pelo outro, e, como também não conseguiam demonstrar e comprovar a sua parte entendida do mesmo sistema, ambos ficaram, um sem convencer o outro, cada qual se mantendo irredutível defendendo a sua própria ideia. Essa situação se configurava como diria Marx, num verdadeiro quiproquó. Mas, independentemente de quaisquer outras situações, foi essa divergência que prevaleceu na economia ao longo de sua história evolutiva enquanto ciência social, e que é mantida pelos clássicos, neoclássicos e monetaristas até os nossos dias conforme frisado reiteradas vezes.

Na realidade, esse é um tipo de pensamento cartesiano, segundo Capra (1982), e que tudo funciona como um relógio. Eles pensam e agem como se o trabalhador-empresário fosse o semideus descido do céu e que teria por função básica, fazer o trabalho de *Robin Hood*, só que de maneira inversa. Na concepção que se tem de *Robin Hood*, esse rouba dos ricos para dar para os pobres. Na versão de Ricardo e seus sucedâneos, o governo, assim como o próprio trabalhador-empresário, deve roubar dos pobres para passar para os ricos com a finalidade de "beneficiar" a todo o sistema.

Nesse caso, para esses sofistas, a função do governo deveria ser apenas essa, além de dar suporte por intermédio das instituições, que deveriam ser criadas, principalmente, o judiciário, para poder "legalizar" tais ações, que deveriam ser consideradas como sendo "virtuosas". Esse fato torna o magistrado útil apenas quanto a um sentido: tornar legal uma ilegalidade através da manipulação orquestrada da lei em favor dos interesses escusos das elites.

Depois de estabelecida a estrutura de acordo com seus interesses, o qual os mesmos chamaram de padrões "republicanos-democráticos baseado em leis", o governo deveria deixar o resto para que esses "paladinos" defensores da liberdade universal, homens "honrados e decentes", pudessem fazer o que lhes desse na cabeça em termos de atividades produtivas, que todos, absolutamente todos, sairiam ganhando. É tal pensamento, utilizando-se do linguajar comum, que prevalece na "Academia", ocupada por tais "intelectuais", donos absolutos da "verdade".

Para esses "pensadores paladinos", os trabalhadores-empresários não participariam de formação de conluios, lobbys, carteis e não desperdiçariam em sua maioria, tudo o que ganhassem no processo de produção, gastando-os com jogos de azar, fornicações, coleção de mulheres e de famílias, além de outros movimentos do gênero. Além de tudo, não montariam esquemas, não aplicariam golpes de estado para fazer valer seus interesses, não atrasariam o pagamento de salários, etc.

Na visão desses, os capitalistas são pessoas "sérias, responsáveis, compenetradas, justas, criativas, versáteis, honestas, inteligentes, sábias, virtuosas e excelentes distribuidores de riquezas". - Deus é passado!

Considerando que o nível educacional e cultural desses "sábios paladinos", em sua grande maioria, é precário, não é surpresa ver que o sistema capitalista, organizado segundo versão de seus "intelectuais articuladores", definidos como economistas vulgares por Marx, seja totalmente instável, cheio de crises periódicas e intermitentes, como antecipou os teóricos subconsumistas, Marx, e até mesmo, Platão, quando esse filósofo fez sua análise sobre a forma de governo "democrática".

Além de Malthus, outros pensadores como *Sismondi*, por exemplo, em contraposição a Ricardo, afirmava que, o fator fundamental para o desenvolvimento capitalista não seria a formação de poupança, inibindo as relações de trocas indiretas, e sim, o consumo.

Pasineti (1979; 41-42), afirma que:

> Além disso, pode-se dizer que praticamente todos os economistas que se ocuparam com as "crises" e ciclos econômicos (por exemplo, Lauderdale, Tugan-Baranowski, Aftalion, Spiethoff, etc.), e ainda todos os marxistas, como Hilferding, Rosa Luxemburgo Bukharin, etc., realmente chegaram, num estágio ou noutro, a acentuar a possibilidade e as consequências desastrosas de um hiato entre a produção potencial e a demanda efetiva.
> Não obstante, todos esses autores tiveram muito pouco sucesso em sua época. Em relação a eles, a atitude do saber econômico estabelecido sempre foi de grande desrespeito, na crença de que suas teorias continham todo o tipo de falhas analíticas. As teorias de subconsumo eram encaradas simplesmente como más teorias

Outro economista que, seguindo por caminhos opostos ao de Malthus, chegou a praticamente os mesmos resultados quanto ao comportamento da demanda efetiva, foi Marx. Como é visto em sua obra "O Capital", Marx, de início, ignorou as proposições de Malthus, preferindo seguir os caminhos propostos por Ricardo, que era o de analisar a evolução tão somente da escala de produção, sem se preocupar com o comportamento da demanda na outra ponta do processo.

Partindo da teoria do valor trabalho e da relação inversa entre salário e lucro, desenvolvida por Ricardo, centrando-se na análise do movimento dialético e diametralmente oposto, do processo M – D – M', desenvolvido, conforme o próprio Marx afirma, por Sismondi, e depois, D – M – D', concluindo com o movimento D – D', Marx percebeu a importância da demanda e concluiu que, a versão de Ricardo sobre o processo mais amplo da produção capitalista estava incompleto e que precisaria de uma análise adicional, o que o fez concluir que, para terminar suas investigações de maneira mais ampla sobre o processo de produção capitalista, precisaria realizar um estudo mais minucioso sobre o comportamento da demanda em si, o que, segundo esse autor, ainda exigiria que ele, em complemento ao seu trabalho exposto em "O Capital", o contemplasse com um novo livro, que seria o livro IV e que trataria exclusivamente da análise da demanda e do comportamento do mercado em si.

Infelizmente, como se sabe, Marx faleceu, e nem pôde publicar toda sua obra deixando essa parte do seu serviço, ao seu fiel amigo *Friedrich Engels*. Livro IV esse, que está sendo levado a cabo neste estudo, no que tange ao processo de criação de mercado via comportamento da demanda efetiva.

11 De fato, é a demanda efetiva o fator determinante da produção de excedente econômico, não a relação inversa entre salário e lucro

Assim, tudo flutua em torno do comportamento da demanda efetiva, inclusive os preços da mercadoria em relação à remuneração do valor integral da renda da terra, dos salários e dos lucros, como enfatiza o próprio Smith na forma como se vê abaixo:

> Quando a quantidade de uma mercadoria colocada no mercado é inferior à demanda efetiva, não há possibilidade de fornecer a quantidade desejada a todos aqueles que estão dispostos a pagar o valor integral — renda da terra, salários e lucro — que deve ser pago para colocar a mercadoria no mercado. Em consequência, ao invés de desejar essa mercadoria ao preço em que está, alguns deles estarão dispostos a pagar mais. Começará imediatamente uma concorrência entre os pretendentes, e em consequência o preço de mercado subirá mais ou menos em relação ao preço natural, na proporção em que o grau de escassez da mercadoria ou a riqueza, a audácia e o luxo dos concorrentes acenderem mais ou menos a avidez em concorrer. Entre concorrentes de riqueza e luxo igual, o mesmo grau de escassez geralmente provocará uma concorrência mais ou menos forte, de acordo com a menor ou maior importância, para eles, da aquisição da mercadoria. Daí o preço exorbitante dos gêneros de primeira necessidade durante o bloqueio de uma cidade ou em caso de fome generalizada. Smith (1996:110)

Já, por seu turno, quando a quantidade da mercadoria colocada no mercado ultrapassa a demanda efetiva, o comportamento do mercado em relação ao pagamento do valor integral da renda da terra, dos salários e dos lucros é diferente, na forma como se vê a seguir:

> Quando a quantidade da mercadoria colocada no mercado ultrapassa a demanda efetiva, não há possibilidade de ser toda vendida àqueles que desejam pagar o valor integral da renda da terra, dos salários e do lucro, que devem ser pagos para colocar essa mercadoria no mercado. Uma parte deve ser vendida àqueles que só aceitam pagar menos, e o baixo preço que pagam pela mercadoria necessariamente reduz o preço total. O preço de mercado descerá mais ou menos abaixo do preço natural, na proporção em que o excedente aumentar mais ou menos a concorrência entre os vendedores, ou segundo for para eles mais ou menos importante desembaraçar-se imediatamente da mercadoria. O mesmo excedente na importação de artigos perecíveis (laranjas, por exemplo) provocará uma concorrência muito maior do que na de mercadorias duráveis (ferro velho, por exemplo). Smith (1996:110 – 111)

Quanto ao comportamento do preço de mercado em relação ao preço natural, considerando-se a demanda efetiva como o referencial, Smith (1996; p. 111) acrescenta:

> Quando a quantidade colocada no mercado coincide exatamente com o suficiente e necessário para atender à demanda efetiva, muito naturalmente o preço de mercado coincidirá com o preço natural, exatamente ou muito aproximadamente. Poder-se-á vender toda a quantidade disponível ao preço natural, e não se conseguirá vendê-las a preço mais alto. A concorrência entre os diversos comerciantes os obriga todos a aceitar este preço natural, mas não os obriga a aceitar menos.
>
> A quantidade de cada mercadoria colocada no mercado ajusta-se naturalmente à demanda efetiva. É interesse de todos os que empregam sua terra, seu trabalho ou seu capital para colocar uma mercadoria no mercado, que essa quantidade não supere jamais a demanda efetiva; e todas as outras pessoas têm interesse em que jamais a quantidade seja inferior a essa demanda.

Por seu turno, quando numa situação em que, por algum momento, a quantidade ofertada excede a demanda efetiva, os reflexos sobre o preço natural serão os seguintes:

> Se em algum momento a quantidade posta no mercado superar a demanda efetiva, algum dos componentes de seu preço deverá ser pago abaixo de sua taxa natural. Se for a renda da terra, o interesse dos proprietários de terra imediatamente os levará a desviar dessa aplicação uma parte de suas terras; e se forem os salários ou o lucro, o interesse dos trabalhadores, num caso, e o dos seus empregadores, no outro, imediatamente os levará a deixar de aplicar uma parte de seu trabalho ou de seu capital ao negócio. Dentro em breve a quantidade colocada no mercado não será senão a estritamente suficiente para suprir a demanda efetiva. Todos os componentes do preço chegarão à sua taxa natural, e o preço integral será o preço natural. Smith (1996:111)

Se, por outro lado, a quantidade de mercadorias colocada no mercado ficar abaixo da demanda efetiva, os reflexos sobre o preço natural se darão da seguinte forma:

> Se, ao contrário, em algum momento a quantidade colocada no mercado ficar abaixo da demanda efetiva, alguns dos componentes de seu preço necessariamente deverão subir além de sua taxa natural. Se for a renda da terra, o interesse de todos os outros proprietários de terra os levará naturalmente a preparar mais terra na produção da mercadoria; se forem os salários ou o lucro, o interesse de todos os demais trabalhadores e comerciantes logo os levará a aplicar mais trabalho e mais capital no preparo e na colocação da mercadoria no mercado. Em consequência, a quantidade colocada no mercado será logo suficiente para atender à demanda efetiva. Todos os componentes do preço dessa mercadoria logo descerão à sua taxa natural, e o preço total da mercadoria a seu preço natural. Smith (1996:111)

Assim, disso tudo, Smith deduz que:

> Consequentemente, o preço natural é como que o preço central ao redor do qual continuamente estão gravitando os preços de todas as mercadorias. Contingências diversas podem, às vezes, mantê-los bastante acima dele, e noutras vezes, forçá-los para baixo desse nível. Mas, quaisquer que possam ser os obstáculos que os impeçam de fixar-se nesse centro de repouso e continuidade, constantemente tenderão para ele.
>
> É dessa maneira que naturalmente todos os recursos anualmente empregados para colocar uma mercadoria no mercado se ajustam à demanda efetiva. Todos objetivam, naturalmente, colocar no mercado a quantidade precisa que seja suficiente para cobrir a demanda, sem, por outro lado, excedê-la. Smith (1996:111-112).

No que concerne aos impactos do comportamento da produção de mercadorias numa empresa em relação à produção agrícola, mantendo-se a demanda efetiva sempre a mesma, os resultados sobre os preços de mercado e natural, dar-se-ão da seguinte maneira:

> Não obstante isso, em alguns setores a mesma quantidade de trabalho produzirá, em anos diferentes, quantidades muito diferentes de mercadorias, enquanto em outros produzirá sempre a mesma ou quase a mesma quantidade. O mesmo número de trabalhadores na agricultura produzirá, em anos diferentes, quantidades muito variadas de trigo, vinho, azeite, lúpulo etc. Entretanto, o mesmo número de fiandeiros e tecelões produzirá cada ano a mesma ou quase a mesma quantidade de tecido de linho e lã; e já que sua produção efetiva frequentemente é muito maior ou muito menor do que a sua produção média, às vezes a quantidade de mercadorias colocada no mercado superará muito a demanda efetiva, e outras vezes ficará bem abaixo da mesma. Somente a produção média de um tipo individual de ocupação pode ser ajustada sob todos os aspectos à demanda efetiva, e já que sua produção efetiva com frequência é muito maior ou muito menor do que a produção média, a quantidade de mercadorias colocadas no mercado às vezes ultrapassará bastante a demanda efetiva, e às vezes ficará abaixo dela. Portanto, mesmo que essa demanda permanecesse sempre a mesma, seu preço de mercado estará sujeito a grandes flutuações, sendo que às vezes estará muito abaixo do preço natural, e outras vezes estará muito acima desse preço. Nos outros setores de trabalho, sendo a produção de quantidades iguais de trabalho sempre a mesma ou quase exatamente a mesma, ela pode ser ajustada com maior exatidão à demanda efetiva. Por isso, enquanto essa demanda continuar inalterada, também o preço de mercado das mercadorias provavelmente fará o mesmo, sendo totalmente ou muito aproximadamente o mesmo que o preço natural. A experiência geral informa que o preço do tecido de linho e de lã não está sujeito a variações tão frequentes e tão grandes como o preço do trigo. O preço de um tipo de mercadorias varia somente com as variações de demanda, ao passo que o de outras

varia não somente com as variações na demanda, mas também com as variações muito maiores e muito mais frequentes da quantidade do que é colocado no mercado para suprir a demanda. Smith (1996:112 - 113).

E quando ocorrem flutuações temporárias e ocasionais no preço de mercado, Smith (1996, págs. 112 – 113) considera que:

> As flutuações ocasionais e temporárias no preço de mercado de uma mercadoria recaem principalmente sobre as partes ou componentes de seu preço que consistem nos salários e no lucro. A parte que consiste na renda fundiária é menos afetada por tais variações. Uma renda certa em dinheiro em nada é atingida por elas, nem em sua taxa nem em seu valor. Uma renda que consiste em certa porcentagem ou em certa quantidade de produto em estado bruto, sem dúvida é afetada em seu valor anual por todas as flutuações ocasionais e temporárias que ocorrem no preço de mercado desse produto em estado bruto; raramente, porém, é afetada por elas em sua taxa anual. Ao acertar as cláusulas do arrendamento, o proprietário de terra e o arrendatário procuram, pelo melhor critério, ajustar a taxa não ao preço temporário e ocasional, mas ao preço médio e comum da produção.
>
> Tais flutuações afetam tanto o valor como a taxa dos salários e do lucro, conforme o mercado estiver saturado ou em falta de mercadorias ou de trabalho (trabalho já executado ou trabalho a ser ainda executado). [...]

E se, por um acaso, houver aumento da demanda efetiva de uma mercadoria específica, qual será o comportamento dos produtores desse tipo de produto em relação ao preço de mercado e à quantidade produzida da mesma?

> Quando, por efeito de um aumento da demanda efetiva, o preço de mercado de uma mercadoria específica eventualmente sobe muito acima do preço natural, os que empregam seu capital e estoques em suprir esse mercado geralmente tomam cuidado para esconder essa mudança. Se ela chegasse ao conhecimento público, seu alto lucro tentaria tantos novos rivais a empregarem seus estoques da mesma forma que, uma vez atendida plenamente a demanda efetiva, o preço de mercado seria logo reduzido ao preço natural e quiçá até abaixo dele, por algum tempo. Se o mercado estiver muito distante da residência dos seus fornecedores, às vezes pode preservar o segredo até por vários anos, podendo destarte auferir seus lucros extraordinários sem novos rivais. Reconhece-se, porém, que é raro tais segredos serem guardados por muito tempo; por outro lado, os lucros extraordinários podem durar muito pouco mais do que esses segredos. Smith (1996:113)

E a descoberta de um produto específico ou de uma nova tecnologia, que melhore em muito as condições de produção, de desenvolvimento da economia e que tenha alto poder de consumo para a sociedade, principalmente no setor industrial, o que se verifica com a demanda efetiva desse produto, qual seu impacto sobre o comportamento dos lucros e do poder de barganha do seu criador no mercado; o quê Smith tem a dizer quanto a essa novidade?

> Os segredos industriais são suscetíveis de preservação por um tempo mais prolongado do que os comerciais. Um tintureiro que tenha descoberto o meio de produzir um corante específico, com materiais que custam apenas a metade do preço dos comumente utilizados, pode, se tomar cuidado e enquanto viver, desfrutar da vantagem de sua descoberta, e até deixá-la em herança aos descendentes. Seus ganhos extraordinários provêm do alto preço que é pago pelo seu trabalho privado. Esses ganhos consistem precisamente nos altos salários pagos por esse trabalho. Visto que, porém, tais ganhos se repetem sobre cada parcela do estoque, e já que em razão disso, o montante total desses ganhos mantém uma proporção regular em relação a esse estoque, são geralmente considerados como lucros extraordinários do capital ou estoque. Smith (1996:113 - 114)

No parágrafo acima, Smith evidencia os principais fatores ou componentes que levam um país a um nível de enriquecimento diferenciado, superior aos demais. Como ele afirma, esse componente principal é o lucro extraordinário e que se obtém por três vias distintas, que são: 1) a descoberta e desenvolvimento de novas tecnologias; 2) o cultivo de determinados tipos de produtos agrícolas e minerais que só se desenvolvem e que só podem atingir um alto nível de produtividade, no caso, os produtos agrícolas, em determinadas regiões do Planeta e, 3) o tamanho ou magnitude dos investimentos. Quanto maior for o investimento, maior tende a ser o lucro ou prejuízo, existindo demanda potencial no mercado em questão.

É lógico que, quanto maior for o tamanho do investimento maior será sua parcela de lucro. Não se pode comparar o lucro de um supermercado com o de um armazém ou lojinha situada numa esquina. Infelizmente a corrente de pensamento econômico dominante, que controla a economia atual, só considera esse último fator, no caso, o terceiro, como gerador de lucros extraordinários. De maneira geral pode-se afirmar que, atualmente, todo o pensamento econômico, o que é um erro crasso, gira em torno dessa assertiva.

É por isso que, principalmente, as teorias clássicas e neoclássicas consideram como fundamento principal para os investimentos, a geração de uma poupança prévia, mas que, nem sempre isso é preciso, pois, podem-se captar financiamentos viáveis com grande potencial de retorno tanto no mercado interno quanto no externo, desde que, os investimentos se paguem e gerem lucros compensatórios.

Na área empresarial, considerando-se tanto o setor comercial quanto o industrial, no que tange a geração de lucros extraordinários, o principal desses fatores é a descoberta de tecnologias inovadoras na área industrial e a descoberta de novas técnicas e combinações de produção aplicáveis nas relações de comércio no setor comercial, que simplificam e intensificam as movimentações e a comercialização dos produtos negociados pelas empresas. Como os hipermercados, por exemplo.

Em adição a isso, vale acrescentar que, em toda a economia, o fator crucial que viabiliza a geração de superlucros é a soma da virtude, da educação e da cultura que, juntas, tornam tudo mais fácil e simples. Atividades inovativas e agregativas em: desenvolvimento de novas tecnologias, diversificação e simplificação do processo de produção, criação, desenvolvimento e melhoria da qualidade do produto; combinação de novas técnicas de atendimento aos clientes e disposição dos produtos no interior do comércio, o que viabiliza em maior e melhor fluxo dos indivíduos pelo interior da loja; introdução de novos maquinários, principalmente no setor de pagamentos e recebimentos de valores monetários e de cartões, fato esse que simplifica e facilita o atendimento; respeito aos clientes; a assiduidade dos funcionários e dos gerentes da empresa, o que inclui a boa estética e etiqueta; o tratamento aos clientes no momento das compras, a agilidade do atendimento, o que implica em flexibilidade, cordialidade, boa comunicação dos funcionários e dos donos da empresa, criatividade, postura, amizade, a atenção dispensada pelo funcionário ao cliente, etc., tudo isso implica competitividade por parte das unidades produtivas o que redunda em facilidade e flexibilidade de produção, suprimento a contento das necessidades dos clientes e consequentemente, maiores lucros para as empresas.

Por exemplo, na área de atendimento aos clientes nos bancos, na década de 80 do século passado, havia uma perfeita bagunça no interior das agências bancárias, quando se formavam as filas para se atender aos clientes que se dirigiam aos caixas.

A bagunça no interior do banco era tamanha que, tornava-se comum os empurra-empurras, a passagem de um cliente na frente do outro, no caso, a estratégia de "furar filas", o que implica em má educação dos clientes, e, em alguns casos, havia até brigas.

Para se resolver esse problema criou-se o sistema de fila única, com liberação de espaço à frente de todos os caixas para facilitar o fluxo e a visão dos clientes quando os terminais de atendimento ficavam vazios. Quando isso passou a ocorrer no interior das agências, os clientes começaram a ser chamados por letreiros eletrônicos, que apontavam o número do caixa que estava disponível naquele momento, além da introdução de secretária eletrônica que anunciavam quais os caixas que podiam atender naquele instante. Por intermédio da adoção dessas medidas acabaram-se os problemas no interior das agências em praticamente todo o Brasil.

Essa é apenas uma das técnicas dentre muitas outras que foram criadas e desenvolvidas, por empresas que se preocuparam com a melhoria e qualidade no atendimento aos clientes e nas relações de comércio. Essas pequenas inovações viabilizaram a rapidez e facilidade das negociações, atraindo novos e maiores quantidades de clientes no interior das lojas, e, consequentemente, gerando maiores lucros obtidos ligeiramente acima dos padrões naturais do comércio e que prevaleceram até serem descobertas e copiadas pelos concorrentes, fazendo a taxa de lucro voltar ao normal. Entretanto, Smith salienta, e com razão, que essas técnicas são descobertas muito rapidamente pelos concorrentes e facilmente são adaptadas nas relações de comércio, eliminando assim os ganhos adicionais para os seus criadores.

No setor industrial é que ocorrem as mudanças mais significativas nos negócios e que geram lucros extraordinários motivados pelas descobertas e aplicações de novas tecnologias, principalmente no setor de produção. As técnicas inovativas no setor industrial são mais impactantes porque, quando das suas implantações elas são únicas e concentram como se fosse uma espécie de monopólio em torno de si, o que faz com que todos os clientes sejam obrigados a adquirir essas mercadorias nos preços estabelecidos pela empresa que introduziu a inovação. Essa exclusividade faz com que a unidade produtiva obtenha um lucro que pode estar acima, ligeiramente acima, pouco acima ou muito acima dos lucros tradicionais, decorrentes das atividades corriqueiras existentes no mercado.

De acordo com Smith, o que se comprovou e se tornou dogma ao longo dos tempos na evolução das relações de produção, esse lucro extraordinário fica evidente para a empresa até o momento em que a tecnologia não é descoberta pelos demais concorrentes. A partir do momento em que os concorrentes tomam conhecimento e desenvolvem tecnologias similares ou até iguais, decorrentes da ampliação das descobertas, os lucros caem e voltam ao padrão normal, ficando muito próximas do preço de equilíbrio de mercado, de acordo com a visão da Economia Empresarial de Smith e Marx, ou já adaptada pela corrente neoclássica, sem citar a fonte, como de costume, ou, conforme a média de preços naturais praticados no mercado.

Se tais descobertas não forem efetuadas pela concorrência, os lucros extraordinários tendem a se perpetuarem nas mãos dos criadores da nova tecnologia. Fato esse que é justo, em se mantendo os preços nos padrões ideais de negociação, sem a prática de abusos, que impliquem em explorações e submissões da população à ganância e avareza da parte dos detentores da descoberta. Exemplos desse tipo de sucesso provocado pelo lançamento de novas tecnologias é o caso, entre muitos, mas só para citar como exemplo, do *Iphone* que é uma mercadoria de propriedade da empresa *Apple*.

No seu lançamento no mercado de telefonia de ponta nos EUA e nos momentos em que essa empresa introduz novos aplicativos com *design* mais arrojados nos modelos mais recentes de *Iphone* que são apresentados no mercado, é comum a formação de filas com centenas de pessoas, principalmente jovens, que até costumam dormir nessas filas, só para desfrutar do prazer de ser o primeiro a ter acesso a essas pequenas inovações e adaptações no produto. Fato esse que gera lucros extraordinários aos detentores dessa marca.

Entrementes, isso não ocorre apenas com o *Iphone*. Essa é uma tradição do mercado, em relação ao lançamento de novas tecnologias, principalmente os de aceitação geral.

A geração de lucros extraordinários também se dá com a criação de novas estratégias para exploração de tecnologias inovadoras e de grande aceitação pelo mercado. Exemplo clássico disso foi o que se verificou com o setor de computadores.

Criado em 1964, pelo engenheiro elétrico senhor *Seymour Cray*,[14] por intermédio *do* CDC 6600, os supercomputadores foram disseminados para produção em grande escala, o que fez com que o próprio senhor *Cray* fundasse a sua própria empresa em 1972, a *Cray Research*. A disseminação dessa nova tecnologia, fez com que novas empresas entrassem nesse nicho de mercado, como a IBM, por exemplo, por intermédio da produção e comercialização dessa mercadoria inovadora, permitindo que as mesmas ganhassem, e talvez ainda ganhem, até os dias de hoje, lucros extraordinários.

Mesmo já com a descoberta dos computadores e, por conseguinte, dos supercomputadores, os senhores *Steve Jobs* e *Steve Wozniak*[15] resolveram adaptar essa tecnologia a um novo nicho de mercado. A estratégia era permitir que as pessoas possuíssem e manuseassem essa tecnologia em suas próprias residências por intermédio do que eles chamaram de microcomputador, tirando a exclusividade do manuseio desse tipo de máquina, das grandes corporações. A ideia desses fundadores deu tão certo que permitiu a esses criarem sua própria empresa a *Apple Computer Inc*, em 1977, o que os tornou em novos multimilionários do mercado mundial.

Pois bem, vale destacar que, esses senhores se tornaram multimilionários apenas por intermédio da criação de uma nova estratégia, por intermédio da adaptação da tecnologia já criada para uma nova realidade, a concepção da capacidade de uso pelas pessoas no interior de sua própria residência, de seu comércio, em suma, em quaisquer lugares que oferecessem condições para tal, desde que se tenha um pequeno espaço e uma tomada de energia para carregar a baterias dos microcomputadores, e já, desde há algum tempo, dos computadores portáteis, ou mais ainda, dos celulares.

E quanto a determinados produtos naturais que só podem ser cultivados em determinas regiões do Planeta; quais seriam os reflexos dessa peculiaridade sobre o comportamento dos preços de mercado e da demanda efetiva?

Certos produtos naturais exigem características tais de solo e localização que até mesmo todas as terras de um grande país aptas para a produção deles podem ser insuficientes para atender à demanda efetiva. Por conseguinte, todo o estoque colocado no mercado pode ser vendido àqueles que estão dispostos a dar pelo produto mais do que o suficiente para pagar, de acordo com suas taxas naturais, a renda da

---

[14] História dos Supercomputadores - Uma história super-rápida. https://oqueehistoria.com.br › Computadores e Internet. Acesso em: 16/10/2019. 10h36

[15] A História do Microcomputador – Invenção – A História *www.ahistoria.com.br › microcomputador-invenção*. Acesso em: 16/10/2019. 13h45min.

terra que os produziu, juntamente com os salários do trabalho e os lucros do capital empregados em prepará-los e colocá-los no mercado. Tais mercadorias podem continuar a ser vendidas a esses preços altos durante séculos seguidos; é a parte do preço que consiste na renda da terra que, nesse caso, é geralmente paga acima de sua taxa natural. A renda da terra que proporciona tais produções singulares, como a renda de alguns vinhedos na França, de um solo e local particularmente favoráveis, não tem proporção regular com a renda de terras da mesma fertilidade e igualmente bem cultivadas, existentes nas proximidades. Ao contrário, os salários do trabalho e os lucros do capital empregado para colocar tais mercadorias no mercado raramente perdem sua proporção natural com os das outras aplicações de mão-de-obra e de capital, em sua vizinhança.

Evidentemente, tais elevações do preço de mercado são efeito de causas naturais, que podem impedir que a demanda efetiva jamais seja plenamente atendida e que, portanto, podem perdurar para sempre. Smith (1996:114).

Produtos que também geram lucros extraordinários e que colocam o país à frente dos demais quanto ao enriquecimento, quase que, praticamente da mesma forma que os lucros extraordinários gerados pela introdução de novas tecnologias, de amplo nível de aceitação no mercado, são os produtos agrícolas e que só podem ser cultivados em determinadas regiões do Planeta, devido às questões do clima e da qualidade da terra, mais no caso, em relação ao clima, como frisado acima pelo senhor Smith.

Destacam-se entre esses produtos: o café, a cana de açúcar, o cacau, a borracha e atualmente, o caso do açaí, no Brasil, dentre outros.

Introduzida no Brasil pelos portugueses, para garantir a sua colonização quando da sua ocupação por intermédio das capitanias hereditárias, a cana-de-açúcar se tornou o principal produto que fazia movimentar toda a economia da época no Brasil, gerando riquezas extraordinárias para os portugueses, o que contribuiu enormemente para garantir a supremacia desse país como a principal potência da Europa, nos idos do século XVI.

A cana-de-açúcar valia muito mais que ouro na época, e passou a ser o principal objeto de cobiça dos países colonizadores da Europa nesse período, sendo que, tal produto só não proporcionou uma riqueza duradoura e maior aos portugueses, porque esse país apenas plantava e transportava essa mercadoria, sendo ela negociada no continente europeu pelos holandeses, que financiaram o seu plantio através de empréstimos financeiros a Portugal.

Vale dizer que essa estratégia de participação no comércio global por parte dos holandeses que era apenas de financiar e obter o direito de comercialização da mercadoria diretamente no mercado internacional permitiu aos banqueiros dessa nação abocanhar praticamente todo o lucro extraordinário gerado pela cana-de-açúcar, deixando aos portugueses apenas os lucros tradicionais advindos do plantio e do transporte desse tipo de produto.

Acrescenta-se ainda que, essa estratégia passou a ser tomada também por parte da Inglaterra e que hoje, nos nossos dias são muito bem comandadas pelos Estados Unidos, o que faz consolidar a hegemonia no mercado internacional pelas indústrias estadunidenses e que estão promovendo conflitos diversos na comunidade internacional principalmente entre Estados Unidos e Rússia, e Estados Unidos e China, na área de tecnologia militar e de desenvolvimento industrial praticados por esses dois países que compõem o BRIC's sendo que, o seguimento de energia, o Estados Unidos dominam por intermédio de suas petroleiras e do controle por parte desse País das rotas de comércio das mercadorias que tem aceitação e demanda global, principalmente o petróleo e os minérios enriquecidos e raros.

Essa estratégia possibilitou aos holandeses crescerem abruptamente no mercado mundial se tornando potências, o que a fez lutar pelas próprias terras de plantio utilizadas nas colônias pelos portugueses, acirrando os conflitos entre as nações que se tornaram hegemônicas com as atividades de comércio e industrialização dos produtos oriundos das colônias tais como: os portugueses, os ingleses, os holandeses, os franceses e os espanhóis.

Produto agrícola que proporcionou riqueza semelhante ao da cana-de-açúcar ao Brasil foi o café. A história desse produto nos conta que, sendo introduzido neste país em 1927, pelo comerciante português, Melo Palheta, essa planta se esparramou por toda a região sudeste e uma parte do sul do Brasil, fazendo com que, no ápice do seu cultivo, nos idos de 1840/1850, suas sementes ganharam o mundo e fez com que tal mercadoria se tornasse o principal produto de exportação do Brasil, alavancando a introdução do sistema ferroviário e industrial, transformando esse país numa potência sul americana da época.

O que não dizer do cultivo do algodão no sul dos Estados Unidos e que até provocou a guerra de secessão entre o norte industrial e o sul agrícola desse país decorrente da luta pela libertação dos escravos, que trabalhavam em suas fazendas?

Atualmente é o petróleo a matéria prima que melhor permite ao seu detentor a geração de lucros extraordinários. É esse tipo de riqueza natural que alavanca o enriquecimento dos países que detêm o domínio e controle das jazidas petrolíferas e que têm provocado destruição de certos regimes, implantação de outros ditatoriais, guerras e assassinatos diversos em torno do mundo, principalmente depois que esse produto atualmente chamado "ouro negro" passou a lastrear a circulação do dólar em nível global, gerando morte e destruição aos regimes que se opõem a esse sistema criado pelos Estados Unidos e tentam garantir a posse e a comercialização desse produto, por sua própria conta e em nome de seu próprio povo.

Vale lembrar que, a ganância e a destruição prevalecem em regiões que possuem quantidades significativas dessa riqueza fazendo com que sobre o negro do petróleo se misture sangue, dor, morte e destruição de cidades, e com elas, homens, mulheres, velhos e crianças transformando em insanidade sua extração e beneficiamento, uma vez que, o encadeamento da atividade petroleira faz gerar lucros extraordinários em mãos de seus detentores.

Por intermédio do breve parágrafo apresentado acima, Smith, nos mostra quais são os tipos de mercadorias que levam realmente os países e indústrias ao enriquecimento rápido e transformando-os em potências, por deterem o controle, a produção e o comércio das mesmas, que possibilitam ao seu proprietário se transformar em uma pessoa ou nação altamente abastada da noite para o dia, em decorrência da obtenção de lucros muito acima dos padrões normais ou, em outras palavras, do lucro extraordinário.

De acordo com o explanado anteriormente, a terceira forma de um país ou pessoa se enriquecer se dá por intermédio da acumulação de poupanças, principalmente na forma de dinheiro, e que, se desviados para a atividade produtiva na produção de mercadorias, se transformando em capital financeiro, podem gerar um grande influxo de dinheiro ao seu detentor, às vezes muito acima do normal, denominado de lucro.

Dependendo da magnitude do capital financeiro que se destina diretamente à produção, quanto maior for o valor aplicado, maior será a magnitude dos investimentos, e consequentemente, maior será a taxa de lucro. Nesse caso, os lucros estarão acima dos lucros médios e esses se avolumando por meio de inversões sucessivas e de eliminação de concorrentes, que atuam no mesmo negócio poderão gerar o que se chama de lucros extraordinários. Para esse caso específico, de início, não são necessários conhecimentos adicionais na forma de educação avançada e cultura diversificada. Infelizmente nem a prática de virtudes aparecem em tais situações, fazendo a selvageria imperar de maneira diversa e de forma absurda.

Considerando esse último exemplo, o que se exige é o conhecimento profundo da atividade produtiva em si e a dedicação total às atividades empresariais que, em muitos casos, se não for bem dosado, pode provocar inconvenientes muito sérios, o que implica até em sacrifícios de toda a família, resultando em separação, divórcio, tudo como consequência da dedicação exclusiva do trabalhador-empresário às atividades específicas da empresa.

Assim, se o trabalhador-empresário não tiver uma esposa que se dedique com muito empenho às atividades do lar, a família tende a se desagregar. Esse é talvez, o maior dos preços que se paga nessas dedicações, mas, como se diz, na vida, tudo tem seu preço. No entanto, se o casal se empenhar cada qual fazendo o que lhe é exigido para manter a harmonia do lar, o sucesso pode adquirir forma e gerar novas riquezas sociais no meio. Exemplos dessa natureza, no mercado tradicional existem muitos, principalmente nos casos das pequenas e médias empresas.

São casos de empresas que começam no fundo do quintal e que: devido a capacidade criativa, o profundo conhecimento do produto, o arrojo e a vontade de desenvolver e crescer no mercado do seu fundador, as transformam em grandes potências locais, regionais e até mesmo mundial. A *Microsoft* é um exemplo dessa natureza bem como a *Apple*, para não dizer outras.

Na realidade, não existem mistérios ou milagres, apenas trabalho, dedicação, sacrifícios, seriedade, comprometimento, criatividade e postura de homem sério e de responsabilidade nos negócios. Na realidade, todos podem alcançar altos índices de sucesso nas atividades empresariais, o que se exige dos interessados é a prática das virtudes apontadas acima.

A dedicação ao conhecimento, desenvolvimento das virtudes, a educação e cultura funciona como uma espécie de preparação, processo de aprendizagem e aperfeiçoamento, além de evolução do conhecimento que se acumula ao longo dos anos. Acrescenta-se a essas virtudes a necessidade de um bom planejamento de longo prazo, o que implica em dedicação, atenção, sacrifícios de alguns prazeres momentâneos, para aqueles que queiram se enveredar no caminho dos negócios por intermédio do conhecimento prévio.

Todas essas observações são válidas não apenas para explicar que quem paga o salário do trabalhador não é o trabalhador-empresário, mas sim o produto. Quanto mais avançado, útil e raro for o produto maior tende a ser o seu preço no mercado e, como consequência, maior será o salário que a empresa poderá pagar ao trabalhador e maior também será o lucro da mesma além do pró-labore do seu proprietário.

Não existe nessa situação a questão da relação inversa entre salário e lucro que tanto enfatizou Ricardo e que tanto faz seus seguidores pressionarem para que o salário do trabalhador seja o menor possível, para que os mesmos possam auferir maiores ganhos decorrentes do aumento do lucro de sua empresa e do seu pró-labore.

Outro ponto preponderante a ser analisado é que, não existe nesse caso a questão de grupos ou classes interessadas divididas entre esquerda e direita. Progressistas e não-progressistas, conservadores e não conservadores. Todas essas subdivisões do processo produtivo não passam de estereótipos de grupos mal preparados que não conhecem realmente como se dá uma relação trabalhista e muito menos como funciona o capitalismo na sua essência. Nesse processo foi visto aqui que todos têm igual importância, principalmente na formação do mercado interno.

Marx afirmou em "O Capital" que, o comportamento da relação patrão-empregado num contexto histórico se deu primeiramente no capitalismo primitivo onde prevalecia a mais-valia primitiva. Ou seja, a exploração do capitalista em relação ao trabalhador era total. Nessa relação o capitalista extraia 100% do lucro sobre o salário do trabalhador, que era exercida sobre o total das horas que o trabalhador executava seu serviço ao capitalista.

Além disso, o capitalista praticamente subtraia todo o salário do trabalhador lhe pagando apenas o necessário para que o mesmo pudesse fazer uma refeição esporádica, onde o que ganhava não dava para passar uma semana. Mesmo assim, o capitalista criava empresas chamadas de empório ou armazém que eles abasteciam de produtos de subsistência da pior qualidade, para vender a preços abusivos com peso abaixo do real, para o próprio empregado. Essas vendas se davam para pagamento a prazo que eram realizadas todo final de mês quando o trabalhador recebia seu salário. Assim, quando recebia seu soldo, além de ser o mais baixo possível, o trabalhador utilizava todo o valor que recebia para pagar as compras realizadas no decorrer do mês para alimentar sua prole.

Isso fazia com que, as casas das classes trabalhadoras eram as piores possíveis, e ainda assim, eles tinham que pagar o aluguel. Sem contar o fato de que, a própria casa era do capitalista. Assim, com o dinheiro do salário recebido, além de pagar as compras do armazém, o trabalhador, com o que restava, e quando sobrava, tinha ainda que pagar o preço do aluguel para seu patrão.

Normalmente o trabalhador ficava devendo todo mês para o capitalista, fazendo acumular sua dívida tornando-o numa situação pior que a de escravo visto que, enquanto escravo, o submisso era considerado como mercadoria, então, sendo assim, nessa condição, sua ração era boa, visto que, tendo escravos fortes, o escravocrata poderia vender sua mercadoria por um alto preço, enquanto que, como trabalhador, o operário é que tinha que arrumar um jeito de se manter, não interessando de que maneira fosse. No final das contas, o trabalhador se tornava um objeto do seu patrão e o seu salário era apenas um valor simbólico, utilizado apenas para rezar no contrato de trabalho que era estabelecido e que o próprio capitalista utilizava para processar o trabalhador, caso esse lhe ficasse devendo, no final da vigência do contrato, o que, quase sempre acontecia se o trabalhador reclamasse das injustiças praticadas contra si, pelo patrão.

Normalmente, nesse período, segundo Marx, era comum juízes de direito, além de trabalharem como magistrados tinham sua empresa. Ao celebrar contratos com os trabalhadores, caso tais juízes não concordassem com o serviço prestado pela classe laboral, eles os processavam e ainda julgavam a ação, fazendo com que, muitas vezes o operário refizesse o serviço de acordo com a sua vontade e não, com o que o próprio contrato celebrava.

Conforme já frisado, Marx nos conta até um caso em que, o juiz não aceitando a desistência do trabalhador em realizar o trabalho por não concordar com mudanças nos termos do contrato, julgou a ação contra o trabalhador condenando-o à prisão por dois anos. Depois de cumprida a pena, o trabalhador ainda teve que voltar para o trabalho para cumprir tudo o que rezava no citado contrato.

Na concepção de Marx, na época do capitalismo primitivo não existiam máquinas, mas sim, simples ferramentas que eram utilizadas para auxiliarem o trabalhador na realização de seu trabalho. Depois, com o avanço da tecnologia, foram desenvolvidos novos instrumentos de trabalho mais avançados, que passaram a ser utilizados, facilitando assim, a realização do labor pela classe trabalhadora. Assim, de simples ferramentas, esses instrumentos de trabalho se transformaram em máquinas ferramentas.

Ainda, segundo Marx, essas máquinas ferramentas melhoraram significativamente a qualidade e quantidade de mercadorias produzidas pela classe trabalhadora. Decorrente dessas mudanças, houve também transformação na forma de exploração da classe trabalhadora, que saiu da condição de mais-valia absoluta e se transformou em mais-valia relativa.

Nesse contexto, a quantidade de mercadoria e o tempo da força de trabalho utilizada na sua elaboração também sofreram mudanças, passando a serem determinadas não pela força de trabalho mais sim pela capacidade de produção das máquinas.

Nesse novo modelo de produção, o que passou a prevalecer na relação de trabalho foi a quantidade de trabalho realizado pela máquina e não o tempo de força de trabalho aplicado pelo trabalhador na produção por unidade de mercadoria.

Esses avanços nas máquinas ferramentas promoveram uma brutal mudança no processo de fabricação das mercadorias, melhorando a qualidade do bem, o tempo levado na sua fabricação, a quantidade do produto produzido por hora, tornando inválida de vez, a técnica do estabelecimento da relação inversa entre salário e lucro de Ricardo, como medida de determinação da margem de lucro.

Fato esse comprovado acima, demonstra que essa técnica não pode ser utilizada em hipótese alguma como parâmetro para se analisar a margem de lucro obtida pela empresa durante a realização de quaisquer atividades produtivas, seja ele no âmbito científico, natural ou moral.

Vale lembrar que, tal constatação já tinha sido antecipada por Adam Smith em sua análise durante o estabelecimento da política de preço da empresa, dizendo que, esse era determinado pela soma do custo fixo mais o custo variável, as despesas, acrescidos da margem de ganho do produtor, o que vai estabelecer o preço do bem.

De uma maneira geral, a formação das virtudes, os estudos e a cultura minimizam sacrifícios sociais gigantescos que envolvem décadas e antecipam resultados por causa não só do conhecimento teórico, mas também, em decorrência da desenvoltura e facilidade pela busca de resultados positivos, que os educandos adquirem quando da realização das atividades de estudos e pesquisas.

Além disso, esses futuros profissionais durante sua fase de aprendizado e de conhecimentos diversos, podem desenvolver tecnologias inovadoras, que lhes permitirá dar passos colossais em termos de formação de riqueza e aquisição de confortos, estando incluídos aí, o bem-estar espiritual e bem-estar material antecipados, por causa do sucesso e riqueza, que as tecnologias inovadoras e de grande aceitação no mercado proporcionam.

Um exemplo típico dessa natureza é o caso do *You Tube*. Tecnologia desenvolvida por dois amigos, colegas de faculdade, um estadunidense e outro chinês que, sentindo a necessidade de enviar um vídeo via internet, desenvolveram esse aplicativo tornando-se ricos com a sua venda, como demonstra a história desse produto disponível nas redes sociais, como no próprio You Tube, na condição de veículo de comunicação virtual.

A diferença entre os que estudaram e adquiriram conhecimento e cultura, para depois se projetarem no mercado, e os trabalhadores-empresários tradicionais, ou seja, aqueles que enfrentaram as dificuldades do negócio por medo da fome e do fracasso, e ainda, se mantendo com certo padrão de ignorância social, mesmo assim adquirindo sucesso em suas jornadas desafiadoras, é praticamente essa. A de se excluírem, estes últimos, do desenvolvimento de tecnologias inovadoras e de maiores facilidades na gestão do negócio, mesmo assim se mantendo com certo padrão de sucesso, não se sabe como, na gestão de seus próprios negócios. Entretanto, mesmo esses que ampliaram suas atividades empresariais, envoltos ainda no analfabetismo e na baixa formação educacional e cultural, cedo ou tarde, terão que se aperfeiçoar intelectualmente, ou correr o risco de perder seus investimentos, ter que vender seu negócio ou ter que transferir o sistema de gestão para outros profissionais de mercado, já especializados e com nível de conhecimentos na área empresarial avançados.

Muitos outros indivíduos argumentam que, para se alcançar sucesso nas atividades econômicas, basta aplicar dinheiro em mercados financeiros ou criar uma empresa de prestação de serviços, ou ainda, assumir o controle de uma atividade que presta serviço para o setor público e estará com o sucesso garantido. Ledo engano, na economia pura tais atividades não geram riqueza e muito menos, como se é comum afirmar, não proporcionam lucros extraordinários, sequer lucros, apenas ganhos na forma de dinheiro com a prática dessas atividades. Ganhos esses que os produtores de mercadorias são obrigados a desembolsar nas despesas com as atividades da prestação de serviços. Então, quem realiza o serviço tem um ganho na forma de dinheiro advindo de seu trabalho de suporte realizado para os criadores de mercadorias, fazendo-os perder a mesma quantia com tais despesas. Nesses casos há apenas uma transferência de renda.

Na realidade, essas são atividades acessórias ao sistema porque, elas não produzem quaisquer tipos de excedentes na forma de mercadoria visto que, os produtos ou serviços que elas produzem são consumidos durante sua própria produção. Não existe excedente econômico para esses casos. Então, não há geração de riquezas na comercialização de produtos ou mercadorias.

Se um país se ater e ter condições de oferecer apenas serviços no mercado, pode-se dizer que essa nação está estagnada e tende a entrar em processo de pauperização e decadência. O capitalismo é um sistema econômico muito complexo e amplo que se dedica exclusivamente à produção de excedentes econômicos expressados na forma de mercadorias. Quanto maior for a quantidade e diversidade de matérias primas que um país possui, maior será a quantidade e diversidade de mercadorias que o mesmo pode produzir, e sendo assim, mais rico ele se torna.

Nesse contexto pode-se também dizer que, só têm excedentes aqueles agentes econômicos, na forma de famílias, empresas e governo, que produzem mercadorias de diversos tipos, formas e tamanhos e que têm condições de comercializá-las no mercado. Os lucros advêm da comercialização desses excedentes no mercado e da transmutação dos mesmos em dinheiro, que se dá por intermédio das vendas, como bem preceitua Marx, em seu livro "O Capital".

Além disso, pode-se dizer também que, os países que deixam de produzir mercadorias e optam pela venda de matérias primas brutas, esses estão abdicando do seu direito de desenvolver e criar riquezas a serem acumuladas pela sua população e se transformam em eternos miseráveis, que vivem das migalhas lhes deixadas pelas grandes potências detentoras da hegemonia de produção de riquezas, através do desenvolvimento tecnológico e descobertas de novas técnicas de produção em nível global.

Assim, maiores serão os lucros quanto mais avançados tecnologicamente e de aceitação geral for a mercadoria, além dos produtos agrícolas raros e minérios, que só se encontram em determinadas regiões do Planeta. Acima de tudo, tem-se que considerar ainda, a exclusividade dos direitos de comercialização da mercadoria, que se dá por intermédio da posse da patente da mesma.

Dessa maneira, pode-se antecipar que, o país será cada vez mais rico, quanto maior for a quantidade e variedade de matérias primas que possui, a diversidade e o valor agregado das mercadorias que produz, a virtuosidade mais o nível educacional e cultural de seu povo e quanto maior for o grau de tecnologia inovadora que essa nação conseguir produzir e comercializar no mercado.

Nesse caso, a tecnologia desenvolvida, o grau de inovação, o preparo empresarial e a raridade dos produtos e seu grau de aceitação geral é que formam a vanguarda do enriquecimento do país e os transforma em potência econômica e social. Além de *Smith*, são: *Marx* em sua obra "O Capital" e *Alfred Marshall* em seus "Princípios de Economia", que com muita propriedade trabalham essa questão.

Outra questão, de grande relevância e que vale destacar aqui é que, aplicações financeiras não são investimentos, são apenas desembolsos de dinheiro em títulos de governo e ações, no caso, direitos e obrigações, que possibilitam ao seu detentor ter um ganho como recompensa, pelas aplicações que se efetuam e que são remuneradas mediante pagamento de juros. Nada mais que isso.

Outrossim, de maneira concomitante, para que os aplicadores tenham esses ganhos na forma de juros, alguém no setor de consumo e em consequência, de produção de mercadorias, tem que perder alguma coisa.

O que há na realidade, é a transferência de dinheiro do setor produtivo para o setor improdutivo, gerando entesouramento, e, quando esse entesouramento se torna excessivo, há a destruição de mercado. De maneira geral, conforme já frisado, essa é uma relação perde-ganha, não uma relação ganha-ganha, que se dá por intermédio da troca de mercadorias por mercadorias.

Por seu turno, quando se desviam grande quantidade de dinheiro para as atividades de serviços, tem-se a geração de gastos suplementares diversos para a atividade principal da economia, que é a de produção de mercadorias, fazendo com que, como diz o senhor Smith, a sociedade e a classe produtiva tenham que pagar os ganhos dos empresários-trabalhadores que se encontram atuando nesse setor, e como ainda completa o próprio senhor Smith, esses ganhos não são baixos.

De maneira geral, as atividades de serviços, e ainda, de compras de títulos públicos e ações de empresas, além de compras de papéis de bancos, são apenas aplicações financeiras ou atividades acessórias, sem direito de serem chamados de investimentos que, só ocorrem estes últimos, em atividades de produção de mercadorias, uma vez que estas, é que geram excedentes para serem comerciados no mercado e que dá sentido às atividades econômicas, de onde sai a produção de utilidades na forma de riqueza.

Em se intensificando as atividades acessórias numa determinada economia, o que se gera é um processo de destruição de mercado, visto que, o dinheiro sai da circulação do processo de produção e fica girando no setor serviço e no setor financeiro, provocando a centralização de liquidez em bancos, que representa retirada de dinheiro do mercado ou entesouramento, com impactos negativos sobre a produção, o emprego, a geração e distribuição de riquezas dentro da sociedade, como bem deixa claro, em sua obra "O Capital", o senhor Karl Marx. Com o tempo, isso se prevalecendo, o desequilíbrio econômico e social estará instaurado, gerando crises intermináveis no sistema capitalista.

Outra parte interessante do trabalho de Smith e de Dupuit, este último que será tratado mais adiante, o qual serve de norte para a continuidade deste estudo sobre a questão da demanda efetiva, trata-se da análise do comportamento dos preços nas atividades econômicas quando elas são outorgadas criando-se monopólios, no caso, um monopólio outorgado, que se dá por intermédio de concessões de certas atividades públicas essenciais por natureza, bem como da permissão do direito de exploração de serviços públicos tradicionais para grupos particulares, ou transferidos mediante o estabelecimento de contratos de exploração das mesmas durante um período específico.

Tais atividades englobam: o fornecimento de água, energia, hospitais, laboratórios para produção de medicamentos, saneamento básico, construção e pavimentação de estradas, escolas, universidades e ferrovias.

Esses monopólios outorgados oneram de maneira exorbitante o funcionamento das atividades produtivas, pois, além dessas terem que cobrir as despesas tracionais que envolvem o processo de produção de mercadorias passam a ter que pagar ao lado da população os lucros das empresas que recebem o direito de exploração das concessões.

Na realidade, conforme asseveram Smith e Dupuit, esses não são lucros, tratam-se apenas de ganhos concedidos na forma de transferência de renda ou gastos suplementares das empresas produtivas e da população para as entidades beneficiadas com as concessões visto que, essas não produzem mercadorias e sendo assim, não geram excedentes econômicos, apenas prestam serviços. Serviços esses que teriam seus custos minimizados se suas operações fossem transferidas para as empresas estatais.

Em alguns casos as atividades produtivas se tornam tão onerosas devido aos gastos suplementares ou adicionais que seu funcionamento se torna inviável pois parte dos lucros que eram gerados são transferidos para as despesas com as concessões. Na verdade, conforme os economistas puros, Platão, Smith, Marx e Dupuit, as concessionárias ganham o que a sociedade e as empresas privadas perdem. Em outros casos, tais transferências para a população e gastos suplementares para as empresas se tornam tão elevadas que se transformam em extorsões para a sociedade e que fazem inviabilizar certas atividades econômicas para as comunidades, cidades, regiões ou até mesmo para a nação.

Isso se dá muito em virtude da ganância de grupos em obter ganhos fáceis e dos gestores públicos mal preparados ou mal intencionados que não possuem um sistema de gestão público confiável e responsável que trate de desenvolver quaisquer tipos de planejamentos sejam eles: estratégico, tático e operacional, além de não estabelecer critérios para realização de atividades econômicas e sociais, que contemplem os reais interesses de bem-estar, tanto material quanto espiritual da sociedade.

Outro inconveniente causado por tais transferências de atividades públicas por excelência ao setor privado é o fato delas, durante o processo da concessão ou até mesmo durante a sua manutenção por anos e até décadas, facilitarem a prática em larga escala da corrupção, pagamentos de propinas, práticas de superfaturamentos, desvios de verbas, política de favorecimentos, onerando sobremaneira as atividades econômicas e sociais, imprescindíveis para a sociedade e também para os trabalhadores-empresários que realmente querem desenvolver atividades econômico-sociais de maneira civilizada.

Diante desses absurdos, é comum a prática de introdução de impostos adicionais, taxas, pedágios, estabelecimento de exigências de contribuições diversas para os beneficiários e que transformam o sistema de gestão pública numa espécie de baderna, por falta de se ter competência administrativa da parte dos gestores, conhecimento da política econômica e má formação de gestão pública, além de estabelecimento de jogos de interesses e conluios por parte dos poderes constituídos, que se organizam para saquear as riquezas do Estado em benefício próprio e até de concessionárias com sedes no exterior.

Dessa forma, para cada atividade de serviço que surge no setor público e que se exige que seja criada através de concessões, com essa vem, uma infinidade de penduricalhos financeiros, na sua grande maioria totalmente desnecessários tais como: taxas e mais taxas, elevações dos valores de contribuições, criação de novos impostos, esses, em alguns casos, acabam por transformar o sistema econômico numa verdadeira banalidade como vem ocorrendo atualmente com a gestão econômica proporcionada pelas escolas estadunidenses, inglesas, alemães e seus seguidores em escala global.

Isso por se privatizar uma atividade econômica acessória que não gera lucro tais como: energia elétrica, saneamento básico, educação, com outras que, com sua transferência geram despesas vultosas para a sociedade, como a saúde, o transporte, por exemplo, que também não gera lucro, mas que, todas são fundamentais para o auxílio e suporte ao crescimento e desenvolvimento do país e de atividades econômicas que geram lucros por excelência, no caso, a produção de mercadorias.

Outra incoerência que se pratica nessas atividades que são geridas por intermédio de concessões ou transferidas para determinadas empresas por meio de contratos, é o absurdo praticado pelos gestores dessas concessionárias, em querer buscar equiparar os ganhos obtidos em tais concessões, aos lucros auferidos pelas atividades econômicas por excelência, ou seja, produção de mercadorias que geram excedentes econômicos e que são transformados em riqueza social. Dotados dessa visão incompatível, os referidos gestores dos serviços públicos procuram ter a mesma margem de ganhos proporcionados por uma atividade de produção de mercadorias, elevando o preço dos serviços prestados fazendo aumentar as despesas suplementares para as empresas produtoras de mercadorias e a sociedade, o que é mais um absurdo.

Daí a imprescindibilidade de se perpetuar tais atividades exclusivamente em mãos do setor público.

> Um monopólio, outorgado a um indivíduo ou a uma companhia de comércio, tem o mesmo efeito que um segredo comercial ou industrial. Os monopolistas, por manterem o mercado sempre em falta, por nunca suprirem plenamente a demanda efetiva, vendem suas mercadorias muito acima do preço natural delas, auferindo ganhos — quer consistam em salários ou em lucros — muito acima de sua taxa natural.
>
> O preço de monopólio é em qualquer ocasião o mais alto que se possa conseguir. Ao contrário, o preço natural, ou seja, o preço da livre concorrência, é o mais baixo que se possa aceitar, não em cada ocasião, mas durante qualquer período de tempo considerável e sucessivo. O primeiro é, em qualquer ocasião, o preço mais alto que se possa extorquir dos compradores, ou que supostamente eles consentirão em pagar. O segundo é o preço mais baixo que os vendedores comumente podem aceitar se quiserem continuar a manter seu negócio.
>
> Os privilégios exclusivos detidos por corporações, estatutos de aprendizagem e todas as leis que limitam, em ocupações específicas, a concorrência a um número inferior ao dos que de outra forma concorreriam, têm a mesma tendência, embora em grau menor. Constituem uma espécie de monopólios ampliados, podendo frequentemente, durante gerações sucessivas, e em categorias inteiras de ocupações, manter o preço de mercado de mercadorias específicas acima de seu preço natural, e manter algo acima de sua taxa natural tanto os salários do trabalho como os lucros do capital empregados nessas mercadorias.
>
> Tais elevações do preço de mercado podem perdurar enquanto durar os regulamentos que lhes deram origem. Smith (1996:114 – 115)

Ou, como afirma *Dupuit*:

> [...] quando as autoridades concedem a uma determinada classe de comerciantes a exclusividade de exploração de uma determinada atividade, o valor intrínseco da mercadoria se eleva acima de seu valor de uso. Este preço é um excesso de dinheiro que sai do bolso dos consumidores para o bolso dos comerciantes privilegiados, fazendo-os enriquecer (...) enquanto os outros se empobrecem na mesma quantidade.[16]
> (*Dupuit*, 1844, p. 58)

Por fim, Smith termina sua análise sobre a demanda efetiva, examinando a flutuação do preço de mercado, que se situa, ora abaixo, ora acima do preço natural das mercadorias, como se vê a seguir:

> O preço de mercado de qualquer mercadoria específica pode, por muito tempo, continuar acima do preço natural da referida mercadoria, mas raramente pode manter-se muito tempo abaixo dele. Qualquer que fosse o componente do preço pago abaixo da taxa natural, as pessoas cujos interesses fossem afetados imediatamente perceberiam a perda e de imediato deixariam de aplicar na referida mercadoria um trato tal de terra ou tanto ou quanto de trabalho, ou de capital, e assim a quantidade colocada no mercado logo se reduziria ao estritamente suficiente para atender à demanda efetiva. Portanto, o preço de mercado dessa mercadoria logo subiria ao preço natural. Isso ocorreria, ao menos, onde reinasse plena liberdade. Smith (1996:115);

Em suas respectivas obras, Marx e Marshall voltam ao debate sobre o mesmo assunto, o que viabilizou ao primeiro, melhorar a visão sobre o comportamento da oferta e da demanda, e a Marshall, baseado em Smith e

---

[16][…] quand l'autorité accorde à une certaine classe de négociants le privilège exclusif de faire un certain commerce, celui des marchandises de l'Inde, par exemple; le prix de ces marchandises en est plus éléve, sans que leur utilité, leur valeur intrisèque soit plus grande. Cet excèdent de prix es un argent qui passe de la bourse des consommateurs dans celle des négociants privilégiés, et qui n'enrichit les uns qu'en apauvrissant (...) les autres exactement de la même somme.

Marx, plotar a curva da oferta e da demanda de mercado, além de fazer o cruzamento entre ambas permitindo que se visualizasse o preço de equilíbrio de mercado.

Esse prodígio de Marshall facilita que se analise com maior propriedade, tanto o comportamento da curva da demanda quanto o da curva da oferta, bem como o preço de equilíbrio de mercado, que corresponde ao preço ideal de mercado, e que, devido a isso, é também chamado o preço aonde se realiza troca de dinheiro por mercadoria, e se efetiva, de vez, as ações praticadas pela demanda efetiva.

Em seu processo evolutivo, tudo isso permitiu que, em 1930, o senhor *John Richard Hicks*, por intermédio da sua obra "Valor e Capital", equacionasse de vez o problema detectado por Marshall que argumentava que, para se determinar a quantidade consumida na curva da demanda de mercadorias, ter-se-ia que se quantificar a utilidade marginal, o que o fez criar o conceito de utilidade marginal quantitativa, procedimento esse que, era impossível de se realizar, visto que, tal ação não tinha como ser executada devido à impossibilidade de se quantificar as utilidades, uma vez que, essas são fatores psicológicos, que varia de indivíduo para indivíduo e internamente, no próprio indivíduo, que em relação a um bem, pode exigir maior ou menor quantidade, a seu bel prazer. A questão era: como se medir um fator psicológico ou sentimento em termos quantitativos?

A solução encontrada pelo senhor Hicks (1984; p. 27), e que é apresentada em sua obra citada acima, consistiu em substituir por intermédio de analogia e da utilização do método dialético, desenvolvido por Platão, de forma imperceptível para o senhor Hicks, o conceito de utilidade marginal quantitativa, por curvas de indiferenças, teoria essa criada por Vilfredo Pareto e que foi feita inspirado em Pareto, como o próprio senhor John Hicks afirma em sua obra.

Foi como resultado dos trabalhos desses brilhantes economistas, que a teoria da curva da oferta e da demanda, o preço de equilíbrio de mercado, bem como o formato definitivo dessas curvas, se tornou um axioma fundamental da doutrina econômica.

12 O Preço Social de Mercado e a Demanda Efetiva

De maneira contribuitiva pode-se plotar a curva da utilidade marginal quantitativa por meio das faculdades humanas destacadas por Platão em sua obra "A República", desde que se determine o preço social de mercado.

Assim, admitindo-se o princípio da utilidade como sendo o basilar para o estabelecimento do início do processo de troca, seja ela qual for, direta ou indireta, o indivíduo ao conseguir transmutar, segundo Marx, a utilidade do produto para o seu valor, e poder por conseguinte, fundamentando-se aqui, desta vez, no princípio do excedente do consumidor e tendo-se ainda, o efeito da escassez operando sobre o mesmo, metamorfosear tal monta, no preço ideal que ela aceitaria pagar para obter a mercadoria perante o ofertante.

Procedendo-se dessa maneira, admite-se que a mesma estará apta para atribuir o valor real que ela aceitaria pagar, visando obter o bem dentro do referido mercado, naquele momento específico. É assim que se cria o preço real do produto no mercado, que também pode ser chamado de preço social, uma vez que ele é atribuído não ao preço de oferta, mas sim, criado pelo consumidor no momento da aquisição do citado bem no mercado e regateado perante o interesse do produtor em desfazer-se da posse de tal mercadoria.

Nesse caso, a escassez tem efeito secundário ou pode até não ter significância nenhuma, incluindo nesse contexto até mesmo o preço da oferta, se o produto não for útil para o seu demandante. Se não fosse assim, não existiriam produtos que estragam nas prateleiras por não terem quem os queira comprar, em consequência de sua inutilidade, independente do seu custo de produção, da sua escassez ou de seu preço de oferta no mercado.

Fundamentando-se no princípio da economicidade em Platão e Smith, que têm como base de análise econômica a questão da hierarquia das necessidades humanas, pode-se afirmar também que, o preço social pode ser chamado de o verdadeiro preço econômico do produto dentro do mercado. Assim, ao se calcular a média do preço social, tem-se também a média do preço econômico do produto para um mercado específico, e o preço de oferta de mercado, da sua parte, tende a flutuar em torno da média do preço econômico ou média do preço social, podendo ficar ora abaixo, ora acima desse.

Nesse contexto, o preço social ou econômico, pode ser chamado de preço natural de mercado. Esse foi o dilema da quantificação da utilidade do preço da mercadoria atribuída ao produto, que Marshall não conseguiu interpretar e consequentemente quantificar, e que só foi resolvido muito mais à frente por John Hicks, ao acrescentar na análise da curva da oferta e da procura, a curva de indiferença de consumo do bem, inspirado nas curvas de indiferenças de Vilfredo Pareto, como ele mesmo frisou em sua obra "Valor e Capital", para um indivíduo específico e já comentado acima.

Mas tudo isso foi baseado apenas em artifício matemático, portanto, abstração, adotada como estratégias para identificação e quantificação de uma variável econômica, não de maneira empírica.

Em verdade, pode-se chegar aos mesmos resultados analisando-se a mesma situação, porém de uma maneira mais simples e exequível, considerando-se para isso, o preço social, que pode ser obtido por intermédio da quantificação da sua utilidade.

Considerando-se preceituação de Marx, o processo de produção de mercadoria é um sistema de metamorfoses sucessivas, que são realizadas durante a elaboração do produto dentro do mercado, que sai das atividades extrativas, minerais ou florestais, via extração da madeira ou minério que será utilizado para a produção da matéria-prima e que se estende até o produto final, pronto para o consumo da população, da mesma maneira que a árvore atua para produzir a seiva, a sua alimentação, que se cria por meio da fotossíntese, conforme já estudado aqui, no Volume II desta obra.

No sistema capitalista de produção se verifica o mesmo encadeamento, que tem início, com o dinheiro se transmutando em capital financeiro. De capital financeiro, sempre mantendo a sua simetria, essa pecúnia se metamorfoseia em matéria-prima. De matéria prima, tal quantum monetário, conservando sempre o seu valor para garantir a sua simetria, já acrescido do excedente econômico, agregado pela mais valia relativa, se transmuta em mercadoria, que é levada ao mercado.

Por conseguinte, essa é comercializada e se transmuta novamente em dinheiro, na forma de receita, já acrescida da variável lucro, que, depois de depurado no caixa da empresa, se transfere para o seu investidor. Posteriormente e a seu critério, o detentor do numerário na condição de lucro o utilizará novamente, uma parte na forma de consumo de bens e serviços necessários à sua vida diária, outra por meio da transmutação do dinheiro em capital financeiro, quando então, o reutilizará em gastos com remunerações, compra de matérias primas, e despesas incorridas, visando retroalimentar o ciclo de produção das mercadorias visando manter o sistema capitalista de produção atuando.

A utilidade também pode ser quantificada mediante o mesmo procedimento. Considerando-se a questão das faculdades humanas do indivíduo, desenvolvida por Platão, foi visto que, essa se compõe de duas partes distintas, definidas como necessidades hierárquicas (alimentação, proteção, segurança) e emoções, que por seu turno, estas últimas, se dissociam em: emoções concupiscências que é de natureza primitiva, alicerçada em sentimentos instintivos, inatos do indivíduo; e emoções racionais, que se fundamenta na razão, que por seu turno, é o resultado da evolução do conhecimento humano advinda da prática das virtudes, da educação e da cultura, criando-se assim, a noção de civilidade.

Adotando-se inicialmente para esta análise, e admitindo apenas a questão das necessidades hierárquicas, essas, podem ser classificadas como sendo um conjunto de carências orgânicas do ser humano que, pela simetria, se transmutam em utilidades demandadas pelo indivíduo na forma de mercadorias, que são essenciais para o suprimento das mesmas privações.

Nesse sentido, considerando-se apenas a questão da alimentação, essas necessidades podem ser transmutadas na forma de carência de nutrientes. Por seu turno, pode-se afirmar também que os nutrientes são essenciais para manterem o organismo vivo e saudável e, portanto, é vital para gerar o esforço físico, o equilíbrio emocional e o desempenho intelectual, enfim, as atividades diárias do indivíduo. Por conseguinte, da sua parte, esses nutrientes são conhecidos como vitaminas, proteínas, sais minerais e carboidratos.

Mantendo-se a mesma linha de raciocínio, sabendo-se a quantidade de nutrientes que são necessários para atender as necessidades diárias do ser humano na forma de vitaminas, proteínas, sais minerais e carboidratos, pode-se chegar a um *quantum* monetário específico, para tais alimentos, que são suficientes para suprir a demanda por nutrição do seu organismo.

Pode-se supor ainda, para efeito de análise que, a quantidade diária de alimentos que são suficientes para suprir tais necessidades chegue a um montante de 700 gramas, subdivididas em: 200 gramas de carne, 80 gramas de açúcar, 20 gramas de sal, 300 gramas de vitaminas e mais 100 gramas de sais minerais. Tais nutrientes transmutados em peso na forma de gramas podem ser metamorfoseados, por conseguinte em mercadorias, tais como: carne, arroz, trigo, feijão, açúcar, verduras, frutas, etc.

Como as mercadorias têm valores monetários, o total dos respectivos nutrientes pode ser transmutado em preços, os importes das mercadorias. Dessa forma, chegando-se a esse valor em *quantum* monetário, tal importe, por seu turno, pode ser metamorfoseado em renda necessária ao indivíduo, que se traduz na quantidade de moeda que o mesmo precisa para poder adquirir seus produtos ou suprimentos, que sejam necessários para suprir suas necessidades diárias. Conhecidos tais valores em preços, mais o hábito de consumo da população local, ou da região, pode-se determinar facilmente, o salário mínimo necessário para atender satisfatoriamente as necessidades do contingente humano da região.

Esse salário mínimo é o salário natural, o mesmo salário que Adam Smith definiu como sendo o "salário mínimo da região". Tal procedimento é o mais adequado para se determinar o preço social de mercado de uma população específica. A soma dos salários mínimos regionais dará o salário mínimo total nacional, o qual passa a ser a referência, para se estabelecer as políticas econômicas essenciais, visando atender ao mínimo de riqueza que um país ou região precisa, para manter a população saudável e com seu bem-estar físico e uma boa parte do seu bem-estar espiritual satisfeito.

As demais necessidades, de proteção e abrigo, são atendidas pelos gostos, preferências mais o poder aquisitivo da população em análise, aí exigindo ainda, visando atender satisfatoriamente a esse quesito, as políticas econômicas alternativas, aqui também chamadas de mercadologia.

13 A falácia da Concorrência Perfeita e da Inflação

A falácia da relação inversa entre salário e lucro suscita a questão da concorrência perfeita. Isso porque, ao estabelecer essa relação totalmente equivocada e sem nenhuma fundamentação científica ou racional que seja, desenvolvida por David Ricardo, essa versão deu origem a Escola Neoclássica, também chamada de Escola Matemática, constituída de pensadores ingleses, alemães e estadunidenses, que utilizam a matemática para alicerçarem as fundamentações econômicas tendo como a principal vertente dessas intuições analíticas, a relação inversa entre salários e lucros, de Ricardo, com o senhor Alfred Marshall à sua frente. As ações da Economia Matemática, também pode ser chamada de Economia Neoclássica, Teoria dos Preços, Teoria Microeconômica por se basear no comportamento dos indivíduos negociando no mercado, ou atém mesmo, Teoria da Firma, por ter como base as trocas de mercadorias entre as empresas e o público, mediante preços no mercado e desenvolvida por Alfred Marshall para fazer contraposição à Teoria Empresarial de Marx. Embora sem o ser, devido a sua falta de contextualização prática.

A Escola Microeconômica ganhou forma e consistência de análise, principalmente, mediante os estudos do senhor Alfred Marshall que publicou a sua obra "Princípios de Economia - Tratado Introdutório", pela primeira vez em 1890.

Nessa obra Marshall se utilizou da matemática para discutir a consistência das principais variáveis econômicas trabalhadas por Adam Smith em sua obra "A Riqueza das Nações", isso não sem antes Marx já ter tratado do mesmo tema utilizando-se da Economia Empresarial para celebrar o mesmo assunto. Esses três pensadores, embora mantivessem o mesmo ponto de vista sobre as variáveis que davam sustentação à Economia como Ciência Social, divergiam em relação à forma como essas variáveis se comportavam fazendo-os utilizarem de metodologias e técnicas diferentes para tratarem do mesmo assunto.

Smith com o seu método holístico e técnicas de causa e efeito, os utilizava para tratar das questões econômicas, enquanto que, Marx, recorria aos princípios da dialética, dos fundamentos filosóficos de Descartes e Xenofonte, fazendo-se emprestar ainda, como ele mesmo afirma em sua obra "O Capital", o alinhamento mercadoria – dinheiro – Mercadoria – M-D-M' de Sismondi, tudo tendo como base a práxis, aplicada ao ciclo de produção capitalista alicerçada nas práticas da Economia Empresarial.

Marshall, por outro lado, utilizou-se da matemática para fundamentar suas análises procurando ignorar os trabalhos de Marx, embora o tenha lido conforme o próprio Alfred Marshall revela no início de sua obra e como deixa patente, quando esse faz sua abordagem sobre o comportamento da oferta e da demanda enfatizada por Karl Marx, que é uma das análises mais perfeitas sobre essa teoria ao lado das explanações de Adam Smith, de onde o mesmo as plotou, enquanto mantinha a abordagem da relação inversa entre salário e lucro de David Ricardo.

O ponto em comum entre esses três pensadores (Smith, Marx e Marshall) está na emolduração, no formato e o comportamento da curva da oferta e da demanda, que deu luz à teoria do preço de equilíbrio de mercado.

Emprestando os conceitos e as análises desenvolvidas com maestria por Adam Smith e Marx, Marshall plotou pela primeira vez a curva da oferta e da demanda por intermédio da consideração do comportamento dos produtores e dos consumidores em relação ao princípio da utilidade marginal, desenvolvida pelo próprio Marshall.

Nesse contexto, retrocedendo um pouco a presente análise, a preocupação com a determinação do que seja o nível ideal de bem-estar decorrente de uma relação de troca foi um dos principais pilares da obra "A Riqueza das Nações – Investigação Sobre sua Natureza e suas Causas", de Adam Smith, publicada pela primeira vez em 1776.

Para Smith a prioridade básica do indivíduo enquanto ser social está relacionado com o atendimento de padrão ideal de bem-estar. Por seu turno, esse padrão é determinado pelo estágio de desenvolvimento ou de enriquecimento que se encontra o próprio indivíduo e o meio em que ele vive, e que se traduz em termos coletivos, na riqueza da própria nação.

De maneira geral pode-se dizer que toda a obra de Smith foi emoldurada em torno do labor e do bem-estar, pois assim enaltece o próprio Smith.

> O trabalho anual de cada nação constitui o fundo que originalmente lhe fornece todos os bens necessários e os _confortos_[17] materiais que consome anualmente. O mencionado fundo consiste sempre na produção imediata do referido trabalho ou naquilo que com essa produção é comprado de outras nações.
>
> Conforme, portanto, essa produção, ou o que com ela se compra, estiver numa proporção maior ou menor em relação ao número dos que a consumirão, a nação será mais ou menos bem suprida de todos os bens necessários e os _confortos_ de que tem necessidade. [SMITH, (1996, p.59)]

É desnecessário dizer que o sinônimo da expressão "conforto" é a palavra "bem-estar." Para Smith a base de toda a riqueza de uma nação está na sua capacidade de realizar trabalho. Esse trabalho, por conseguinte, poderá gerar maior ou menor riqueza de acordo com o estágio evolutivo de cada nação, em termos da prática das virtudes, cultura, educação, formação profissional, diversidade de matérias-primas, nível tecnológico, organização industrial, estratégias de desenvolvimento criativas e existência de leis que sejam reconhecidas como de validade e poder efetivo de se fazer cumprir.

Ainda para Smith, um país que detém essas características específicas é chamado de nação civilizada em detrimento de nações primitivas que, em virtude de seu estágio de ignorância, tende a permanecer na subsistência e atraso eterno se não buscar se evoluir. Dessa maneira, é o trabalho o principal fator que leva às nações ao desenvolvimento, sempre tendo, a questão do bem-estar como objetivo ulterior.

Diante dessas características assim observa o próprio Smith (1996, p. 59):

> Entre as nações selvagens, de caçadores e pescadores, cada indivíduo capacitado para o trabalho ocupa-se mais ou menos com um trabalho útil, procurando obter, da melhor maneira que pode, os bens necessários e os _confortos materiais_ para si mesmo ou para os membros de sua família... [...] Ao contrário, entre nações civilizadas e prósperas, embora grande parte dos cidadãos não trabalhe, muitos deles, com efeito, consomem a produção correspondente a 10 ou até 100 vezes a que é consumida pela maior parte dos que trabalham [...]

No tocante aos diversos estágios de desenvolvimento por que passam as nações, Smith (p. 59), dando sequência às suas análises no que tange ao bem-estar, assim observa:

> As nações razoavelmente desenvolvidas no tocante à habilidade, destreza e bom senso com os quais o trabalho é executado, têm adotado planos muito diferentes na gestão ou direção geral do referido trabalho, sendo que esses planos diversos nem sempre têm favorecido de maneira igual a grandeza de sua produção. [...] Dificilmente existe uma nação que tenha adotado a mesma política em relação a cada tipo de indústria. Desde a queda do Império Romano, a política da Europa tem favorecido as artes e ofícios, as manufaturas e o comércio, indústria das cidades, mais do que a agricultura, indústria do campo.

Diante desses questionamentos, Smith (1996, p. 60) conclui suas observações afirmando que:

> Embora esses planos diferentes talvez tenham sido de início introduzidos pelos interesses particulares e preconceitos de classes específicas de pessoas — sem nenhuma consideração ou previsão das suas conseqüências para o _bem-estar da sociedade_[18] —, não obstante isso, deram origem a concepções ou teorias de Economia Política muito diferentes entre si; algumas delas enaltecem a importância da atividade das cidades, outras encarecem a importância da do campo. Essas teorias tiveram uma influência considerável, não somente sobre as teses dos eruditos ou pesquisadores, mas também sobre a gestão pública dos príncipes e governantes dos Estados.

Ainda para Smith (1996), se a preocupação básica é a necessidade de se atingir o bem-estar, a questão seguinte perpassa pela determinação da forma de se alcançar esse nível de bem-estar. Se for considerada a hipótese da autossuficiência é praticamente impossível a esse indivíduo atingir um padrão de bem-estar adequado. Isso

---

[17] O grifo é nosso.

[18] Grifo nosso.

porque não é possível a ele produzir todos os bens e serviços que são necessários ao atendimento de suas necessidades.

É em virtude desse fator que o mesmo é induzido a realizar trocas. Como já afirmado, para Smith, a troca é uma atividade inerente à natureza humana não presente em quaisquer outras espécies existentes, constituindo-se no principal mecanismo indutor ao atendimento das necessidades humanas uma vez que ela permite ao indivíduo criar alternativas de negociação.

Como frisado no Volume II desta mesma obra, quando Marx escreveu "O Capital" não havia nenhum outro trabalho que enfocasse o pensamento capitalista em consórcio com as atividades práticas do cotidiano na sua essência. Havia apenas narrativas publicadas nos livros de economia Política, encabeçada pela obra "A Riqueza das Nações" de Adam Smith.

Como a perspectiva marxista sobre o capitalismo ganhava fôlego e não tinha nenhuma obra que conseguisse balizar no mesmo grau de significatividade o capitalismo como os estudos de Marx, Marshall um matemático e economista, também casado com uma economista, de linhagem protestante procurou reproduzir as teorias de Smith fundamentado em preceitos matemáticos enfocadas a partir do comportamento dos preços praticados no mercado por uma empresa. Daí porque a Escola Neoclássica também ser chamada de Teoria dos Preços, Escola Matemática ou até mesmo Teoria da Firma.

A teoria dos preços por seu turno, foi emoldurada segundo visão Marshalliana fundamentada nos enunciados da utilidade marginal que procurava demonstrar o comportamento do indivíduo em relação à sua preferência por um único bem em detrimento de sua escolha por outra mercadoria.

Na realidade, a teoria da utilidade marginal estava respaldada pelos princípios da utilidade de Platão e da teoria do excedente do consumidor e do produtor de Jules *Dupuit* publicada em um artigo seu denominado *De la mesure de l'utilité des travaux publics* (Medida de Utilidade para Bens Públicos) em 1844.

Assim, no seio da economia Política, "Os Princípios de Economia" de Marshall nasceu como uma resposta ao livro "O Capital" de Marx, que foi o primeiro Economista a enfatizar a questão da Economia Empresarial na seara econômica. Conforme frisado, nos tópicos iniciais de seu trabalho, o próprio Marshall afirmou que leu "O capital" de Marx, mas o ignorou em toda a sua obra embora tratasse do mesmo assunto, de onde buscava se utilizar de hipóteses diferentes, porém sem conseguir anular os trabalhos de Marx.

Nesse aspecto, enquanto Marx se baseava no comportamento da Economia Empresarial, Marshall se fundamentava na Teoria da variação dos Preços tendo essa, o princípio da utilidade de Platão e de Dupuit como fatores subjacentes.

Como frisado, a teoria dos preços de Marshall se baseava na preferência de consumo de unidades adicionais de um único produto e seu reflexo no consumo dos demais bens pelo mesmo indivíduo, utilizando-se da matemática para analisar a variação desse comportamento e por isso, ela também passou a ser chamada de Escola Matemática, Teoria dos Preços, Escola Neoclássica, de onde, por tratar das relações entre empresas e consumidores no mercado recebeu ainda a denominação de Teoria Microeconômica.

Além do embate psicológico do indivíduo em consumir unidades adicionais de um mesmo bem, havia ainda a disputa entre as pessoas quanto ao consumo de mercadorias destinadas ao atendimento de suas necessidades fisiológicas, de acordo com a utilidade desses para ele, fazendo surgir também a questão da oferta dos produtos elaborados pelos produtores que seriam oferecidos no mercado, visando atender a essas necessidades, o que acabou por dar origem à lei da oferta.

Se havia a Lei da Procura dada pela luta entre os consumidores em adquirir um bem de acordo com a sua necessidade, também passou a ocorrer a luta entre os ofertantes de tais mercadorias buscando vender seus produtos a esses consumidores, de acordo com a utilidade dessas para os demandantes da mercadoria, fazendo surgir a Lei da Oferta de mercado.

Desses confrontos, desses contrapontos entre a lei da oferta e da procura e da concorrência entre os próprios produtores de mercadorias para vende-las a um preço mais adequado aos seus interesses, é que surgiu a chamada teoria da concorrência perfeita. A concorrência perfeita foi na realidade, um pressuposto teórico utilizado para dar sentido matemático a toda a lei da teoria dos preços da Microeconomia, visto que, tudo na vida, assim como também ocorre dentro dos fundamentos científicos, tem que ter uma origem, que deve ser utilizada para explicar os seus impactos e implicações em todos os demais fundamentos que derivem cientificamente da sua essência, na vida prática.

Assim como foi criada a Macroeconomia de Keynes, inspirados nos princípios dos departamentos de produção de Marx, também nasceu a Microeconomia de Alfred Marshall para contrapor os princípios da Economia

Empresarial de Karl Marx. Nesse aspecto, o foco dos economistas protestantes das escolas econômicas da Inglaterra, Estados Unidos e da Alemanha as quais Marshall pertencia, era banir os fundamentos marxistas dos preceitos da Economia Política Pura de qualquer maneira.

Mesmo em vida, depois de publicados os dois primeiros livros de "O Capital", segundo Friedrich Engels, Marx recebeu diversas críticas lhes enviadas através de cartas anônimas publicadas em jornais da época, dizendo que o mesmo havia inventado teses, manipulado dados e até falsificado informações obtidas em documentos publicados pelas instituições londrinas, para fazer valer a sua teoria. Entrementes, Marx, respondeu a todas as críticas refutando-as por meio da apresentação de provas robustas além da utilização e demonstração do material que ele havia colhido e usado para dar sustentação aos seus escritos durante a elaboração de sua obra, visando sustenta-la cientificamente.

Respondidas individualmente a todas as críticas, imagina-se a contento, visto que elas desapareceram, Marx recebeu apenas mais uma, já depois de sua morte, lhe enviada por meio de carta anônima, depois descoberto, que foi dirigida por um professor de Cambridge, segundo Engels, e que coube a Eleanor Marx, a filha de Marx rebater, para limpar e dignificar definitivamente o nome de seu pai. Na verdade, Marx passou a ser demonizado em virtude de suas ideias serem totalmente contrárias à forma de condução do pensamento capitalista, considerada na época, equivocadamente, como ideologia política, e não, como teoria econômica pura em sua essência.

De uma maneira geral, quando se analisa Marx e sua biografia, tem-se que separar o Marx jovem, que era revoltado contra as atrocidades praticadas pela "sociedade capitalista da época", no caso, a burguesia, que agia e pensava numa visão sofista cheia de opiniões e frases feitas, característico do pensamento que passou a predominar no mundo global a partir do Século XVIII, tanto criticado por Platão, já em sua época, principalmente em "A República", do Marx já mais maduro, velho, mas ainda lúcido, que agia e pensava no limiar da Economia e que escreveu "O Capital".

O Marx economista era mais experiente, tinha suas ideias mais bem elaboradas e consolidadas, atuando mais na visão filosófica e crítica sem adentrar nas ideias fantasiosas e frases feitas do sofismo, que passou a predominar no "pensamento ocidental" a partir do Século XVIII, embasado no Protestantismo, que deu suporte filosófico-teológico ao Iluminismo, ao Renascentismo, no Positivismo de Comte e argumentações falaciosas de Maquiavel, além das maquinações ideológicas de John Locke e seus asseclas.

Na verdade, mesmo que Marx tivesse plagiado, copiado ou inventado alguma coisa, todas as críticas dirigidas a ele não fazem sentido, visto que, as bases de análise de Marx eram totalmente sólidas, compráveis na prática e bem fundamentadas, diferentes das técnicas utilizadas pelos pseudoeconomistas protestantes dessas escolas. Como já frisado, Marx se fundamentou nos princípios de funcionamento da Economia Empresarial utilizando-se dos pressupostos filosóficos desenvolvidos por Descartes e Xenofonte, além dos métodos de análise M-D-M' criado por Sismondi, como o próprio Marx afirma, utilizando-se ainda, da práxis e da dialética para nortearem seus estudos.

A base de análise de Marx é muito ampla, coerente e profunda. Acredita-se que ele utilizou dessa estratégia, porque sabia das críticas e agressões que recairiam sobre seu trabalho. Enquanto Marx se baseava em todos esses princípios e fundamentos científicos, os pseudoeconomistas das escolas inglesas, alemães e estadunidenses se fundamentaram na questão da relação inversa entre salário e lucro, e nos princípios matemáticos sustentados pela concorrência perfeita para balizarem suas postulações teórico-analíticas, o que é muito pouco, além de totalmente equivocado, diga-se de passagem.

Mesmo com tais divergências e perseguições, a Escola Marxista de Economia, fundamentada no funcionamento da Economia Empresarial, permaneceu incólume diante dos artifícios matemáticos e perseguições desenvolvidas pelas escolas protestantes: estadunidenses, inglesas e alemãs. Na verdade, quem ganhou com essa ferrenha disputa foi a Ciência Econômica, que passou a ter sua base analítica totalmente consolidada cientificamente falando. O que falta é apenas a realização de alguns ajustes teóricos, o que está sendo feito no presente momento.

Da sua parte, a teoria da concorrência perfeita dentro dos aspectos teórico-científico não foge a esses princípios existenciais. Mas infelizmente, como quase tudo na matemática assim como na maior parte das ciências exatas, a teoria da concorrência perfeita é apenas uma hipótese crível, que acontece apenas no campo teórico, mas que não existe na prática. Na seara empresarial existe até aquele ditado que diz: "quem divide perde, quem soma ganha".

Na realidade, ao longo da evolução da Economia enquanto Ciência Social, o que prevaleceu foi esse ditado. Ao invés dos capitalistas se dividirem entre si, ao longo do tempo eles criaram foram grupos organizados como é o caso do Grupo das Sete Maiores Potencias do Mundo – G7, além de cartéis, conluios, e ações orquestradas para tomar poder em torno do mundo. Um exemplo clássico disso é o que está acontecendo na Economia Global da atualidade, onde os Estados Unidos para recuperar sua hegemonia, coloca sobre pressão toda a Europa Ocidental e alguns países sem ideologia, contra a China e a Rússia, para tomar desses países tecnologia produtiva como a da Huawei e o TikTok da China e as tecnologias dos mísseis hipersônicos da Rússia.

Outra argumentação sobre a importância da concorrência perfeita na seara da teoria econômica é a de que, as empresas só abaixam preços mediante a concorrência estabelecida entre elas. Outro ledo engano. Isso porque, como já demonstrado anteriormente aqui, o que faz baixar preços não é a concorrência porque essa não existe na realidade, mas sim, o que provoca a redução dos preços no mercado é a evolução tecnológica e a melhoria da estrutura produtiva e comercial do sistema capitalista, que fazem com que a quantidade e a qualidade dos produtos produzidos aumentem consideravelmente.

Mediante a impossibilidade de justificar suas teorias naturalmente, diante de alguns princípios analíticos irrefutáveis, as escolas Clássicas, na versão de Ricardo, Matemáticas e Monetarista, conforme já frisado, criaram artifícios de ajustes para dar sentido a suas teorias. Daí a adoção pelos neoclássicos de ajustes teóricos como os pressupostos *cine quanon*, *Ad Oc*, *tradeoffs*, etc., tudo isso para fazer valer um enunciado que não possui ligação consistente em algum momento na prática, mas que é fundamental que tenha continuidade explicável, dentro do raciocínio lógico utilizado pelos sofistas.

Infelizmente para os neoclássicos, tais artifícios criados para fazerem valer suas teorias não são necessários dentro das bases filosóficas desenvolvidos por Platão, como é o caso das Faculdades Humanas e da dialética, utilizada por esse filósofo para explicar os fenômenos econômicos, fato esse que torna os ensinamentos de Platão, Smith e Marx, mais consistentes e práticos que os pressupostos sofistas dos pseudoeconomistas protestantes do século XVIII, embora prevaleçam até os dias de hoje na seara da análise econômica, tornando válida a crítica de que tais pressupostos não passam de meros truques econômicos

A teoria da concorrência perfeita dentro desse fundamento surgiu como um parâmetro fundamental para dar sustentação a todo o pensamento econômico na versão neoclássica que utiliza a matemática numa tentativa de tornar a versão ricardiana da economia como dogma. Porém, dentro desse pressuposto a teoria da concorrência perfeita surge como um fenômeno possível, imaginável, mas não aplicável na prática.

Por fim, percebe-se que o pensamento clássico na versão de Ricardo, que dá base de sustentação aos estudos de Marshall, na concepção da concorrência perfeita, utilizando-se da matemática para explicar todo os seus pressupostos analítico-intuitivo, já apresenta problemas dentro da sua própria origem, pois, como os neoclássicos explicam, essa teoria é apenas uma versão analítico-intuitiva, que se torna uma técnica impraticável para se explicar as fundamentações econômicas na prática.

Isso torna essa vertente totalmente fora do contexto da prática da análise econômica pura, embora alguns fundamentos sejam possíveis de se explicar na prática como a teoria dos preços por exemplo, a questão da lei da oferta e da procura, o que, gera desconforto nos defensores de tais teorias.

Entrementes, ao se utilizar os princípios da dialética apresentada por Platão, todos esses fundamentos são suscetíveis de serem analisados na prática visto que, embora não seja fundamentada na concorrência perfeita, o princípio dialético de Platão se baseia numa relação simétrica entre as variáveis que são utilizadas para se explicar toda fundamentação econômica em sua amplitude, o que inclui a questão da teoria dos preços, a lei da oferta e da procura, dentre outros.

Sem querer entrar nos detalhes desses estudos, o que pode ser feito em outra situação, a concorrência perfeita é utilizada em sua essência para justificar analiticamente os porquês de os preços tenderem ao mínimo ao longo do tempo, fato esse que seria o ideal para justificar a produção da riqueza social visto que, quanto mais o preço tender para baixo, mais há a inclusão de classes sociais de menor poder aquisitivo nas relações econômicas de produção.

A teoria da concorrência perfeita, como o próprio nome diz, tem toda sua base-analítica centrada na concorrência estabelecida entre os ofertantes de mercadorias e que, dependendo do grau de domínio desses sobre a capacidade de determinar preços, variam entre grandes produtores, médios produtores e pequenos produtores, ou ainda, nos monopólios, nos oligopólios e na concorrência perfeita.

Os monopólios são característicos de apenas um produtor e grande número de consumidores. Nesse caso o preço é todo ele controlado pelo produtor. No caso do oligopólio prevalecem o preço controlado pelo pequeno número de produtores que vendem suas mercadorias para um grande número de consumidores. Em tais casos predominam os interesses dos produtores onde os preços são elevados. Infelizmente, o que todos esses conluios tem em comum é a sua capacidade de destruição total de mercado.

No que tange a uma situação de concorrência perfeita prevalece o caso de grande número de produtores para grande número de consumidores. Assim, pelo fato de as empresas serem de pequeno porte e de grande número, é impossível para uma empresa fazer prevalecer seu preço mais elevado sobre outra e vice-versa.

Como se vê nos exemplos de mercados produtivos citados acima, toda a questão da variação de preços se sustenta na concorrência empresarial onde o fator determinante é a escassez da mercadoria. Nesses casos os pseudoeconomistas asseveram que, o principal fator que determina a variação de preços no sistema econômico é a questão da escassez. O produto sendo escasso e tendo apenas pequena quantidade de empresas produzindo-os, seus preços tendem a serem elevados devido ao alto grau de concorrência entre os consumidores para adquirir essa mercadoria. Eles relegam a questão da utilidade para segundo plano.

Já na concepção de Platão, Smith e Dupuit, a questão do preço e sua variação se deve ao seu grau de utilidade para o indivíduo, ao desenvolvimento tecnológico e por fim, a sua raridade no mercado.

Quanto mais útil for o produto para o consumidor maior será a sua satisfação em adquirir o bem independente do preço. Se esse último é elevado ou não. Maior interesse em adquirir o produto para o indivíduo se deve à sua utilidade e não à sua escassez. Nesse caso o preço do produto se torna cada vez mais elevado.

Mais elevado ainda será o preço de um produto se esse, além de ter grande utilidade, tem alto grau de tecnologia embutida agregada. Nessa situação o preço dessa mercadoria excede o do anterior.

Mais elevado se torna o preço do produto quanto mais útil o mesmo for, ter elevado grau de tecnologia embutida e mais raro ele se apresentar. Considerando esse cenário, seu preço atinge o limite máximo. Tudo isso sem contar o gosto e a preferência do indivíduo, o que o faz desembolsar uma maior quantidade de dinheiro para adquiri-lo no mercado.

Considerando tais situações, no sentido oposto, o que provoca a redução dos preços para esses produtos é a quantidade dos mesmos que são oferecidos no mercado. Assim, quanto maior for o número de produtos produzidos mesmo com grande utilidade, alta tecnologia embutida e raridade que tende a ser menor a cada dia que passa, menor será o seu preço no mercado.

Marx explica essa característica do mercado para o produto, com a sua teoria da mais-valia relativa e que se deve sua existência ao surgimento da máquina ferramenta, que evoluiu da sua condição de apenas ferramentas utilizadas como instrumento de apoio à produção realizada pela força de trabalho, à condição de máquinas-ferramentas que, atualmente, realizam praticamente todo o processo de produção da mercadoria. O maior exemplo disso são as empresas mecanizadas e o fenômeno da automação produtiva, que utilizam grande quantidade de robôs na realização da produção.

Em decorrência do surgimento das máquinas ferramentas, do avanço tecnológico, da melhor combinação dos maquinários no interior das empresas e da facilidade de relacionamento entre os colaboradores das empresas com seus patrões, a tendência dos preços no mercado ao longo do tempo dentro de um sistema capitalista saudável, sem amarrações e jogos de interesses praticados pelos atores envolvidos no processo, mais o comportamento governamental de proatividade e não desvio de recursos ou verbas, a tendência do sistema capitalista é a queda, e não, a alta de preços.

Nesse contexto nem se justifica a questão da discussão salarial visto que, no longo prazo a tendência é o aumento do salário real de toda classe trabalhadora, assim como do aumento do lucro das empresas e não, o que se preceitua atualmente no mercado de trabalho e que leva a sociedade numa situação de convulsão e instabilidade geral, e que se encontra sob ações e comportamentos impraticáveis de truques econômicos elaborados por aqueles que não entendem e nem sabem ao certo o que seja comportamento de mercado num sistema capitalista puro. Esses mesmos que são chamados de pseudoeconomistas ou até mesmo lacaios do governo como preceitua Blaug na página 18 de sua obra "Metodologia da Economia" republicado em 2016.

A teoria da mais-valia relativa de Marx e o princípio da utilidade de Platão, Smith e Dupuit jogam por terra, definitivamente, todo o princípio equivocado da relação inversa entre salário e lucro de Ricardo, bem como a tese da concorrência perfeita defendida pelos monetaristas, clássicos e neoclássicos de linhagem protestante da Inglaterra, Estados Unidos e Alemanha que juntas formam o *mainstream* atual da Economia global.

Daí porque as teorias econômicas existirem e serem aplicadas na prática sem os recursos aos enunciados sofistas protestantes criadas a partir do Século XVIII pelos pseudoeconomistas dos países acima citados, e que fazem a Economia ser a única Ciência Social explicável e aplicável na prática como Ciência Pura.

Esses enunciados invalidam também toda a questão da inflação. A inflação só existe em uma situação de inexistência de mercado e quando a Teoria Econômica perde sentido de aplicação na prática, onde a baderna passa a imperar.

Em alguns casos, numa situação normal, a existência da inflação até surge como um sinal positivo de crescimento de mercado. Nesse caso ela é chamada de inflação de demanda que surge quando o preço se eleva em decorrência da elevação da demanda dos consumidores.

É bom lembrar que esse fenômeno só ocorre porque as empresas produzem no longo prazo e a elevação de consumo se dá no curto prazo. Ao perceberem isso as empresas compram mais maquinários, matérias primas, contratam mais trabalhadores e aumentam a produção fazendo os preços se ajustarem e se acomodarem numa espiral de baixa devido ao aumento da produção mesmo diante da elevação do consumo.

13.1 Os movimentos de mercado sendo regulado por meio das ações do Estado

De tudo isso, depreende-se que, o mais importante a se destacar nas ações de compras e vendas num determinado mercado não é o comportamento específico e estanque do produtor, como pretende demonstrar e tem preconizado desde os seus primórdios, a visão econômica na concepção clássica, neoclássica e monetarista. Nem mesmo o do consumidor em essência, visto que, ambos são interdependentes nas relações de produção, e, nessa condição, também são partes inerentes do mercado.

Isso é evidenciado nos estudos econômicos de alto grau de relevância e consistência de análise, efetuados por pensadores de grande notoriedade como Platão, Adam Smith e os proeminentes trabalhos do senhor Karl Heinrich Marx, em "O Capital", fato esse que o consagrou como o Pai da Economia Empresarial, como já frisado nesta mesma obra.

Tais assertivas ficaram comprovadas nas gestões de tomadas de medidas e decisões econômicas próprias, às situações de necessidades de ajustes de comportamento do mercado, propostas pelo senhor John Maynard Keynes por intermédio da Macroeconomia, tornando-se o seu grande idealizador. Essas as tão propaladas políticas: fiscais, cambiais, monetaristas, de crédito e de rendas.

A priorização das atividades empresariais analisadas como os fatores fundamentais que envolvem todas as atividades de mercado por meio de suas ações, como se fossem os "deuses alados" descidos do "céu", que vão resolver todos os problemas da economia, se constituindo como uma verdadeira panaceia, é pura ficção.

Tudo isso se verifica devido às incursões periódicas praticadas pelos pseudoeconomistas clássicos neoclássicos, e monetaristas, verdadeiros lacaios do poder constituído, como aponta Blaug (2016; pág. 18) visando atender aos interesses das classes privilegiadas, que se dá por meio da política econômica, infiltrada nas ações dos Governos dos países, criando situações que só contemplam os interesses das classes empresariais e politiqueiras, agindo em conluio, contra os verdadeiros interesses do Estado e da sociedade.

Diferente desses artifícios, enfatiza-se que, a Economia enquanto Ciência Social Pura e Aplicada, deve se preocupar fundamentalmente com a questão da estruturação de mercado tornando-o apto para produzir riquezas na forma de mercadorias e se desenvolver em conformidade com a demanda efetiva visando mantê-lo com grande poder de atomização preconizando sempre o respeito, a harmonia e a integração dos agentes econômicos, de uma maneira proativa e solidária visando atender o bem comum. Esse é que deve ser o principal papel da Economia enquanto ciência. Sem trabalho e mercado não há consumidores e nem produtores.

Enquanto o mercado não tiver capacidade de se ajustar automaticamente às necessidades da sociedade civilizada, tendo como subjacente as virtudes morais, adquiridas mediante os pináculos da educação e da cultura avançadas, em conformidade com os ensinamentos de Platão, deduz-se que, é extremamente necessária a participação de agentes reguladores para controlar as ações de mercado, a fim de se evitar excessos nas relações sociais de produção.

Nesse contexto, é imperativo que o Estado participe ativamente desse processo, com o objetivo de se evitar antagonismos de mercado, ou seja, a presença de indigentes sobrevivendo na miséria absoluta de um lado, e, na outra ponta, o extremo de indivíduos altamente abastados, usufruindo de padrões muito acima dos ideais de vida do ser humano em si, no que se refere ao bem-estar tanto material quanto espiritual.

Diante dessa constatação, advém a pergunta: - qual é o papel atual que a Economia, como Ciência Social, em si, vem desempenhando nesse processo? Bem, até hoje, os economistas defensores do *status quo* afirmam que o papel da economia é criar mecanismos adequados de gestão e estratégias de produção, por intermédio de procedimentos justos, apropriados e eficientes, visando atender o crescimento e desenvolvimento da riqueza social, por intermédio da melhor alocação de recursos produtivos possíveis, com vistas a atender o bem comum de toda a sociedade. Entrementes, enquanto o discurso é plausível, os resultados advindos dessa visão são catastróficos.

Mas, se os objetivos têm sido levados adiante e os resultados têm se apresentado com certa evolução em alguns padrões de vida sociais, no caso, dos produtores e capitalistas que vivem de renda, porque é que se diz que os resultados são catastróficos?

Os resultados são caóticos porque, os representantes principais da economia tradicional, no caso, dos clássicos, neoclássicos, e principalmente, monetaristas, contemplam a formação da riqueza nas mãos de alguns privilegiados, por intermédio do preceito da acumulação de renda, defendendo a ideia de que, conforme visto, tão logo esses acumulem a riqueza necessária em dinheiro, os mesmos, dominados pelo otimismo e atitudes virtuosas do bem-comum, estarão aptos a reinvestirem "todo o numerário acumulado" na forma de capital financeiro, transmutando-o em capital produtivo, viabilizando, por intermédio desse procedimento, o aumento da quantidade de riquezas produzidas em mercadorias.

Para esses "articuladores de mercado" todo o processo de produção de riquezas é retroalimentado via contratação de novos trabalhadores, aquisição de maior quantidade e variedade de matérias primas, e que, faz aumentar a necessidade de novos tipos de serviços a serem prestados por parte dos profissionais liberais, pagamento de maior número de impostos que, por conseguinte, permitirá a construção de hospitais, escolas, creches, rodovias, ferrovias, áreas de lazer, etc. e, com isso, promovendo o bem comum.

Todas essas melhorias em conjunto possibilitarão à economia atingir padrões de desenvolvimento elevados, e permitindo à sociedade, desfrutar de melhores condições de vida, na forma de bem-estar social.

Vale acrescentar que, nessa ótica não está inserido o bem-estar espiritual, apenas o material, visto que, tais pensadores, na sua grande maioria são ateus e/ou protestantes, e não admitem quaisquer tipos de existência de vida fora da matéria.

Na realidade, o que passou a prevalecer em comum na vida social, principalmente após a implantação das ideias Iluministas e renascentistas tendo os fundamentos "religiosos" dos protestantes como fatores subjacentes, consorciada com o pensamento positivista de Comte, os templários que se tornaram ateus, as opiniões fantasiosas de Maquiavel, mais a conjugação dessas premissas com o credo dos judeus fariseus e saduceus, que prevaleceram após a morte e ressurreição de Cristo, na condição de defensores do materialismo explícito, além da regulação da convivência social através de leis, via Contrato Social, foi a prática de jogos de interesses defendidos através de lobbys e conluios de toda natureza, implantados goela abaixo da população, mesmo sob os auspícios da Economia protestante inglesa, alemã e estadunidense e seus asseclas.

Isso adotado para facilitar a criação de estratégias de ludibridiamento e convencimento de castas sociais inteiras, matança de outras, visando fazer com que essas passassem a adotar e a seguir seus interesses, como premissa máxima. Como fantasiar é bom e papel aceita tudo, essa foi a ideia que passou a prevalecer no mundo e no Brasil, principalmente após o Golpe Militar de 1964.

No caso do Brasil, mas com validade para a Economia Global, utilizando-se essa situação como exemplo, na Década de 70 do século passado, durante o regime militar, a ênfase dada pelos "economistas" adeptos do Golpe de 1964, era a de se criar mecanismos adequados à concentração de renda por intermédio da implantação das ideias defendidas pelos chamados "economistas monetaristas" e os neoliberais, se é que existe "liberalismo global" e não, conluio global.

A teoria se baseava no princípio de que, essa renda deveria ser canalizada para as mãos dos banqueiros e dos chamados "grupos empresariais" que, na concepção deles, essas eram pessoas virtuosas e de visão desenvolvimentista, que se concentravam em sua grande maioria, nos estratos sociais de maior poder aquisitivo.

Acreditava-se que, quanto mais o dinheiro, e não o capital é bom que se diga, se concentrasse nas mãos dos chamados "indivíduos virtuosos", com visão de mercado ou, no caso, os banqueiros, empresários e ricos proprietários rurais, mais haveria possibilidade desse dinheiro se transformar em capital financeiro, e, por conseguinte, este último, se converter em capital produtivo.

De acordo com essa proposição, quanto mais a renda se concentrasse nas mãos desses grupos, mais investimentos haveriam e mais a economia cresceria, e com ela, isso tudo resultaria no aumento do emprego e renda a ser oferecidas para a sociedade, e assim, o crescimento com desenvolvimento se concretizaria.

O lema dos defensores dessa "panaceia" era de que, "o bolo deve primeiro ser acumulado, depois distribuído". Cabe afirmar aqui que, o *mainstream*, nesse caso, já cometia um erro crasso ao considerar o dinheiro como verdadeiro capital financeiro e não, um mero intermediário de troca, taxando-o diretamente como se esse fosse, o próprio capital, sem saber que o mesmo nada mais é do que a força de trabalho transmutada em mercadoria que depois se metamorfoseou essa em dinheiro.

Diante desse frenesi, a função do economista era, e ainda é, o de criar mecanismos, considerados técnicos, que facilitem a transferência de renda da população para esses indivíduos, de maneira mais intensa e eficiente, permitindo-lhes se apossarem e depois investirem, segundo a visão do *mainstream*, nos recursos, não só financeiros, mas também, minerais, agrícolas e pecuários, além da apropriação de terras, de maneira diversa, legais ou ilegais, existentes e disponíveis nos mais variados cantos do País.

Acrescenta-se a isso, a criação de uma diversidade de aparatos jurídicos e institucionais, camuflados em leis, além da criação de salvaguardas sob a forma de suporte militar, para atuar na base da força e da coerção, visando garantir e facilitar a melhor transferência e divisão desses recursos da população em geral, para essas castas mais abastadas, consideradas por eles, equivocadamente, como foi visto em "A República", como "elite".

O resultado de toda essa argúcia desmedida, saídas das próprias cabeças desses paladinos "auspiciosos", como não poderia deixar de ser, foi o aumento absurdo da concentração de renda e centralização do dinheiro e não de capital, nas mãos de poucos e, com ela, em contrapartida, houve o aumento da miséria, da prostituição, da indigência e da violência em todos os sentidos, além de outros diversos tipos de disparates econômicos e sociais.

Isso fez com que, não só em nível nacional, mas também em escala global, uma vez que essa visão econômica é mundial, houvesse - conforme previsão de Marx, em "O Capital" -, uma centralização de renda de maneira brutal em escala jamais vista no mundo nas mãos de poucos felizardos, gerando um verdadeiro caos, apontados, de acordo com estudos diversos, efetuados pelos próprios órgãos especializados que tratam desse assunto, como a Organização das Nações Unidas – ONU, citando como exemplo.

Em data recente, baseando-se em estudos e pesquisas diversas, realizadas pelas entidades mais importantes do mundo, que tratam desses assuntos, já é consenso que a renda global se centraliza em mãos de poucos, de forma cada vez mais intensa.

De acordo com o jornal, "O Globo", em matéria veiculada, em 18/06/2017 – 21h38, e atualizado às 21h44, do mesmo dia, baseando-se em publicação, divulgada pelo relatório do *Boston Consulting Group – BCG*, apenas 1% da população global para o período contemplado pelos estudos, detinha 45% da riqueza global. Outro dado interessante sobre esse tema e apresentado pelo mesmo relatório e divulgado ainda pelo mesmo jornal, foi, na época, a previsão feita na forma de matéria, sob o título de que, já em 2021, "os milionários estadunidenses, terão 70% da renda desse país".

Os dados mais assombrosos sobre esse assunto foram revelados pela *Oxfam*, entidade internacional que se dedica ao combate da desigualdade e pobreza, em relatório apresentado por essa instituição, no fórum econômico de Davos (Suíça), no mês de janeiro de 2019 e reproduzidos no Brasil pelo já citado Jornal "O Globo", do dia 22/01/2019 – 11h15, e atualizado no mesmo dia às 12h22, quando tal relatório afirma que, entre 2017 e 2018, "surgiu um novo bilionário a cada dois dias". Segundo o mesmo jornal, esse estudo ainda apontou que, apenas 26 pessoas possuíam a mesma riqueza que os 3,8 bilhões que compunham a metade mais pobre da população mundial.

Seguindo o mesmo caminho, a *Oxfam* Brasil (oxfam.org.br), em matéria publicada no seu sítio, no dia 19/01/2020, e disponível no Google, afirma, sob título "bilionários do mundo têm mais riqueza do que 60% da população mundial" e que "a elite mais rica do mundo está acumulando grandes fortunas às custas principalmente de mulheres e meninas pobres, que passam boa parte de suas vidas em trabalhos domésticos e de cuidados".

Essa situação retrata o "sucesso da política de concentração de renda" e consequente centralização de capital, proposta pelos pseudoeconomistas caçadores de inflação, defensores do *status quo* de um lado, em oposição ao colapso e a catástrofe mundial do outro, pelo papel desempenhado pela Economia enquanto Ciência Social, defensora do "crescimento com desenvolvimento da riqueza global, e em defesa do bem comum, da sociedade".

Esse quadro totalmente contraditório passou a ter maior intensidade, a partir da segunda metade da Década de 80 do século passado, já considerado como consenso entre os estudiosos de que foi decorrente da proposta efetuada pelo Governo *Ronald Reagan* nos Estados Unidos e de *Margareth Thatcher* no Reino Unido e disseminado pelo mundo por intermédio das políticas "neoliberais", principalmente logo após a queda do Muro de Berlim, em 1989. Fato esse último, que marcou o fim da Guerra Fria em 1991.

Disso, resta apenas destacar que, embora em níveis técnico-estratégicos as medidas de concentração de renda obtiveram mais do que êxito nas suas propostas originais, a distribuição da riqueza com melhoria das condições de vida da população em escala global, se revelou um verdadeiro desastre.

Felizmente para a Ciência Econômica Pura e para a humanidade, essa visão não é de consenso geral entre os economistas, visto que, tais premissas foram já objeto de discussões e debates dos mais diversos níveis de acaloramento entre os estudiosos da seara econômica e que, já promoveram até guerras e revoluções dos mais sangrentos, em praticamente todos os continentes do Planeta.

Mas, infelizmente, como já frisado, é a política de concentração de renda com centralização do dinheiro nas mãos de poucos, o pensamento econômico que prevaleceu em escala global. Vale lembrar que, essa briga ideológico-religiosa, na visão protestante e pseudofilosófica, não é recente e já vem se arrastando pelos séculos, em setores onde se registram as atividades: econômica-produtiva e distributivista da riqueza gerada pelo trabalho do ser humano.

Como é previsto em "A República", Platão já enfatizava nessa obra que, se as ações dos sofistas individualistas predominassem em substituição aos preceitos filosóficos puros e coletivistas da verdadeira filosofia praticada pelos legítimos filósofos, no caso, os gregos, alimentadas pelo regime "democrático", como sistema de governo no gerenciamento da riqueza do Estado, o futuro da humanidade estaria ameaçado o que tornaria o relacionamento entre os povos, um desastre.

Segundo Platão nesse estudo, a situação global a ser gerada seria de comoção social. Pois não é isso que se vê em nossos dias?

Esse *modus vivendi* começou a ter projeção no cenário global, a partir do início do século XVI com a intensificação dos avanços sofistas, alimentados pela Reforma Protestante, iniciada por Martinho Lutero em 1517, por intermédio da publicação das 95 teses, contra a Igreja Católica.

Essa Reforma viabilizou o aumento das discussões político-filosóficas e religiosas, que reforçou os ideais do Renascimento e facilitou o surgimento das ideias, em sua grande maioria fantasiosas, do Iluminismo, visto que, a teoria "filosófica" que prevaleceu, conforme previu Platão, foram os princípios do indutivismo com ênfase nos sofismas criados pelas intuições, opiniões e postulados individualistas como máxima "filosófica".

Como frisado, o Protestantismo que passou a prevalecer no campo "religioso", por praticamente toda a Europa Ocidental, consubstanciado pelas ideias do Renascimento, serviram de base para o surgimento do Iluminismo, o que fez intensificar os conflitos de concepções intuitivas dos sofistas contra os pensamentos puros dos antigos filósofos gregos, sobre o que viria a ser Ciência ou Fato Científico.

O resultado desse debate foi favorável ao grupo dos sofistas, alimentados pelo fortalecimento dos interesses da burguesia que os apoiavam e queriam, estes últimos, associar seus desejos de formação de riquezas com os postulados científicos e religiosos. Assim, nesse período, a riqueza gerada na economia, primeiro pelo regime mercantil e depois pelo desenvolvimento do capitalismo, fortaleceram os preceitos dos pensadores sofistas do individualismo, o que fez surgir uma infinidade de discussões e tratados sobre o que viria a ser Ciência que, segundo o senhor *Blaug* (2016, pag. 37) permanece até os nossos dias, se tornando para muitos, como já demonstrado em páginas anteriores, uma discussão estéril.

Devido a essa revolução "humanística" e sua influência na ciência, na religião, na política e principalmente na Economia política, que começou a dar seus primeiros passos na seara científica, concatenada com os fundamentos do materialismo puro e as induções baseadas em articulações de ideias e opiniões, ou seja, em sofismas, conforme revela Platão, tal falácia "filosófica", prevaleceu em substituição aos fatos considerados irrefutáveis, tratados como verdadeiramente científicos, que mantinham, conforme também vistos em páginas anteriores, uma perfeita harmonia entre os ensinamentos de Jesus Cristo e o principal de seus apóstolos que foi Paulo, com "A República", de Platão.

Os ensinamentos sofistas tinham como ainda têm, alguns princípios a serem respeitados para que sejam considerados como "científicos", dentre elas o método indutivo e o dedutivo, o teste de hipóteses, consubstanciados por instrumentais de análises considerados como "consistentes", como o Positivismo de Comte, e o método cartesiano, mas que, com o tempo, conforme escritos de Blaug, visto anteriormente redundaram em verdadeiros imbróglios, ou quiproquós, como evidencia Karl Heinrich Marx.

A partir de então, os sofistas implantaram uma nova forma de pensar "ciência", passando a adotar o procedimento cartesiano, todo fragmentado, como o principal instrumental para análise, fazendo o método holístico filosófico, que defendia o recurso dialético como condição indispensável, nas palavras de Platão, para o estudo científico, principalmente na área das Ciências Humanas, perder espaço e desaparecer na história das pesquisas ditas "científicas", transformando as previsões de Platão, numa verdadeira profecia.

Com os preceitos filosóficos enaltecidos por Platão em "A República" caiu também o conceito de Estado. Em seu lugar, principalmente os tais pseudoeconomistas seguidores de Ricardo, os Neoclássicos e os Monetaristas de tendência protestante, implantaram o conceito de Nação, regida não pela formação do caráter, da dignidade humana, mas sim do individualismo amparado por leis fundamentada na tese do "Contrato Social".

O povo tão bem enaltecido por Platão passou a ser visto como uma formação estratificada, dividida em classes sociais hierarquizadas, com destaques para as mais abastadas e consideradas, por isso, cultas, e privilegiadas pela natureza e que, em virtude desses atributos, deveriam se estabelecer no pedestal do poder pondo e dispondo, mandando e desmandando em tudo, embora sem o ser, na verdade.

Para justificar essa hierarquização os tais suprassumos do conhecimento, intelectuais do Iluminismo, do Renascimento, sustentados pela visão "religiosa" do Protestantismo com respaldo dos novos judeus abastados, baseados na teoria da seleção natural de Charles Darwin, destacarem até a existência de indivíduos dotados com genes diferenciados, mais avançados que os faziam se destacar na multidão, no caso os gênios, dos quais deveriam ser retirados o Ácido Desoxirribonucleico – DNA, para ser implantados em novos indivíduos nascidos de pais saudáveis e fortes, de onde sua estrutura corporal fosse extraída e depois reproduzida em série.

Essa versão virou destaque entre os "intelectuais" que passaram até a querer se organizar em manifestos, com respaldo de outros grandes destaques na seara sofista da época tais como: Alfred Marshall, na Economia, Nikola Testa, grande inventor, e seu maior defensor, admirador de Marshall, que levou essa ideia até para testá-la em laboratório visando criar a raça ariana, que foi o caso de Adolf Hitler.

Como Deus na concepção desses indivíduos estava morto, morria com Ele os dons naturais de cada um lhes atribuídos pelo Altíssimo e que não tinha mais um universo de onde se manifestar, mas sim, apenas tão somente em laboratório ou alguma engrenagem "científica", como Frankenstein por exemplo. Com essas ideias mirabolantes, os autoproclamados semideuses, passaram até a brincar de "deuses" da criação de genealogia superior.

No que interessa aqui, o fato é que, com a descaracterização do Estado, ocorre também a destruição da Economia visto que, o capitalismo perde a sua estrutura formal e se transforma numa colcha de retalhos sendo distribuídas suas melhores partes para as mãos dos indivíduos privilegiados enquanto que a grande massa da população fica com aquilo que lhes sobra, visto que o Capitalismo em si é a própria Economia.

A essência do capitalismo é de um corpo organizado, complexo, bem distribuído, com os agentes econômicos se interrelacionando harmoniosamente e que é a personificação material da Economia. Da sua parte, conforme afirmado anteriormente, nos capítulos iniciais desta obra, a Economia na sua estrutura se confunde com a própria formação do Estado visto que ambos são simétricos.

Quando esses indivíduos destroem a estrutura do Estado eles destroem também o arranjo da Economia. E a configuração fundamental da economia é o próprio Capitalismo.

Quando tais elementos destroem o Estado, transformando-o em grupos formados por castas, eles fazem o mesmo com a Economia, descaracterizando-a da condição de Ciência Social e a transforma num amontoado de retalhos e que só podem ser ajustados mediante a aplicação de truques econômicos, como se vê na atualidade. Daí porque a estrutura da sociedade atual ter virado uma bagunça e daí porque também, essa sociedade se ver envolta de conflitos de todas as naturezas, principalmente, guerras. O capitalismo é um todo à parte, que forma a própria estrutura da economia e que, esta, por conseguinte se confunde com a própria disposição do Estado.

Isso tudo faz os pioneiros da teoria do Truque Econômico como instrumentos ajustadores das atividades econômico-sociais, como Michal Kalecki e Jorge Miglioli por exemplo, estarem corretos em suas respectivas análises.

Na seara econômica, a Reforma Protestante com suas novas concepções sobre o que seria "religião" em oposição ferrenha aos ensinamentos da Igreja Católica fundamentada nos preceitos de amor, caridade, perdão e que condenavam a lei da usura, culminou na supressão de alguns livros bíblicos fundamentalmente, os que eram mais enfáticos na defesa de tais virtudes e da moralidade, tal qual o Livro de São Thiago e do Eclesiástico, tratados aqui como exemplos, além de outros, que podem ser citados como: Tobias, Judite, Sabedoria, Baruc, Macabeus I, Macabeus II e de trechos do Livro de Ester e de Daniel.

Os livros bíblicos que mais enfatizavam esses fundamentos foram simplesmente suprimidos e não apareceram nas "bíblias protestantes", fazendo abrir lacunas que pudessem ser preenchidas por novos preceitos de cunho exclusivo das ideias propagadas pelo protestantismo, em consonância com os postulados sofistas e de interesse da burguesia, defendida por essa, por meio do Iluminismo de Locke, do Positivismo de Comte, e da Política de Maquiavel.

As proposições protestantes foram alinhadas ainda com novas enunciações "políticas" em especial, aquelas defendidas por Maquiavel, em sua obra "O Príncipe", onde tudo que é oferecido nessa obra se resume em uma frase, a qual prenuncia que "os fins justificam os meios". Isto é, tudo é válido desde que os objetivos sejam atingidos, não interessando as formas, os critérios e os fundamentos que foram utilizados para atingir tais fins.

Estando conjugados os sofismas filosóficos do Iluminismo com a célebre frase de Maquiavel, alinhadas com os novos preceitos "religiosos" do Protestantismo e a doutrina positivista ateia de Comte, a nova maneira de se praticar o tripé, ciência-política-religião estava formada, a qual se consolidou e ganhou espaço ocupando todas as vertentes ideológicas da nova burguesia, que se solidificava como a nova casta hegemônica que comandaria todos os pensamentos, propostas e ações da sociedade global, a partir de então.

Da sua parte, no âmago da conveniência dos pastores protestantes que, segundo eles próprios, e de acordo com autorização e vontade deles, receberam a graça e a autoridade de criar dogmas religiosos, realizar façanhas mirabolantes como se fossem milagres, atribuir perdões e conduzir os fiéis ao céu, a mando de "deus", esses, no caso, os pastores, se autoproclamaram os verdadeiros "envidados de deus", e passaram a converter novos seguidores com suas opiniões e intuições exclusivas, permitindo que surgissem vários outros tipos de bíblias, transformando o ensino do que realmente fosse Religião e o papel de Deus nesse cenário, numa verdadeira Torre de Babel, sem fundamentos ou consistências religiosas puras.

Dessa forma, à maneira e ao gosto dos pastores, surgiram vários deuses, indicados para todos os gostos, fins, desejos e meios, transformando o nome de Deus numa verdadeira banalidade. Essas subdivisões e interesses fizeram surgir vários tipos de seitas e facções autoproclamadas "religiosas" onde era o "deus" que tinha que se encaixar no interesse dos fiéis e não os fiéis se enquadrarem na vontade e nos ensinamentos de um Deus Único e Verdadeiro, fazendo surgir por intermédio dessas ideias o deus concupiscênico ou o deus fantasioso.

Embora de opiniões distintas sobre o que seria o verdadeiro "deus", essas novas seitas procuravam manter atrelado aos seus interesses um "deus" em comum, que ganhava forma e poder de condenação entre esses, sempre que se avolumavam as críticas de tais pastores aos fundamentos e ritos da Religião Católica, considerada por esses, como a enviada de Satanás, que veio para fazer a orgia na Terra e promover a divisão entre os povos, levando-os ao "descalabro do Inferno".

Esse contexto "religioso" serviu como uma verdadeira panaceia para os interesses dos pseudofilosofos sofistas e de credo no deus concupiscênico, que precisavam de uma sustentação política, ideológica e "religiosa" para legitimar suas ações pelo Planeta.

Fundamentados no preceito de Jeremias (17:5) que afirma que é "maldito o homem que confia no outro", e esquecendo-se dos preceitos do mesmo Jeremias (48:10) que defende a tese de que é "maldito o homem que faz a obra do Senhor com dolo", segundo a tradução da Vulgata, traduzida para o Português pelo Padre Antonio Pereira de Figueiredo no Século XVIII, os pseudofilosofos seguidores do fundamentalismo protestante se viram livres para criarem suas próprias fantasias e inspirarem nas suas próprias interpretações do que seria realmente "ciência" e "religião", no sentido "lato" deles, jogando por terra os preceitos de conciliação entre a virtude filosófica e a moral religiosa tão bem apresentada e defendida por Platão em sua obra "A República" em consonância, principalmente com os ensinamentos de Jesus Cristo e dos escritos do Apóstolo Paulo, que era, em sua época, Doutor em Religião.

O próprio Platão foi suprimido dos ensinamentos da Ciência Econômica embora fielmente seguido por Smith e, por incrível que possa parecer, não foi citado por esse autor em sua obra "A Riqueza das Nações", conforme já frisado nesta obra.

Na condição de inglês e defensor do anglicanismo, uma vez que o seu representante maior, no caso, o pastor, era o próprio Rei da Inglaterra, e se autoproclamando "filósofo", John Locke estendeu as reformas defendidas pelo protestantismo para o trato do mercado, onde o mesmo apregoava abertamente, os interesses de supremacia e hegemonia inglesa pelo mundo, por intermédio do estabelecimento de um "Contrato Social", que deveria controlar todas as atividades dos súditos da Coroa Inglesa por intermédio do estabelecimento de leis.

Leis que eles próprios criavam com a finalidade de construir uma nova forma de pensar "política" e que se dava pela instituição da "democracia" e da "justiça social". Em suma, defendia os interesses ingleses a serem implantados por meio dessa nova concepção "política-científica-religiosa".

Dessa maneira, inspirado pela visão protestante, Locke passou a propor e estabelecer a transferência dos debates político-econômicos da virtude platônica e da moral da Religião Católica, para a fundamentação jurídica, asseverando que, tais debates deveriam se centrar nas ações efetivas das relações humanas, que deveriam ficar abstidas da essência virtuosa de Platão e da moral religiosa da Igreja Católica.

Para tal propósito, o mesmo autor, assim como Thomas Hobbes e John Jacques Rousseau, propuseram o estabelecimento de um Contrato Social, que deveria ser regido por um conjunto de leis que tinham a missão de controlar as relações humanas e comerciais de uma maneira geral, sob o domínio "auspicioso" dos interesses tanto da Coroa quanto da burguesia, que também se autoproclamavam "deuses" do mercado, na condição de "elite" e que deveriam ter sob seu domínio, todas as movimentações político-econômicas desse mercado.

Thomas Hobbes, por ser inglês, assim como Locke, era defensor dos interesses tanto da visão protestante quanto da Coroa Inglesa, retratadas em sua obra "Leviatã", porém de uma maneira mais fantasiosa, o que, infelizmente, por motivo de relevância, esta última observação não cabe no momento, para a presente análise.

Com o prevalecimento das ideias e sugestões de Locke na Inglaterra, e como esse país, além de ser a maior Nação protestante da época, detinha a hegemonia das relações econômicas no mercado global, em decorrência de tais fatores, os interesses da burguesia que apoiavam as propostas desse "filósofo" de tendência protestante, foram anexados ao Contrato Social, criando *status* diferenciado para o papel a ser desempenhado na sociedade pelos: capitalistas, banqueiros, juízes e pastores.

Tal Contrato Social que passou a ter vigência entre as propostas pseudofilosóficas açambarcadas pelos pseudofilosofos iluministas defensores do cartesianismo, do "liberalismo" econômico, do individualismo e dos sofismas, fez surgir uma nova modalidade de organização de poder estrutural centrado nas mãos dos juízes, dos capitalistas e dos usurários, que passaram a levar adiante os interesses das classes dominantes da época, no caso, da burguesia, camuflados em "paladinos" defensores da lei, da "moral", da "liberdade" e da "ordem" sob a batuta da Coroa britânica e da burguesia, todos "protegidos pelas bênçãos" dos pastores protestantes.

No que diz respeito às contribuições de Jean Jacques Rousseau na sua defesa pelo estabelecimento do Contrato Social, esse sustentava a tese de que, a origem da baderna "política, religiosa e econômica" que passou a prevalecer na Europa Ocidental, principalmente em decorrência do estabelecimento e consolidação dos interesses da Reforma Protestante nessa parte do Globo Terrestre, devia-se a ausência de um Estado supremo comandado não pela Coroa e sua "religiosidade", mas sim, pela formação de um Estado Soberano composto pelos interesses do povo e não pertencente a grupos específicos que se via até então, onde esses se revezavam no poder apenas para garantir seus interesses, mediante a prática da corrupção e dos conluios formados por tais clãs, sob a tutela da Coroa e dos líderes "religiosos" defensores da "ordem e da supremacia divina".

Indiretamente, embora de cunho socialista, apenas no que tange à forma de gestão do Estado, as ideias de Rousseau se aproximavam das de Locke, que propunha a criação da "democracia", já condenada por Platão - por se tratar de uma bagunça declarada, de onde pode eclodir com facilidade o papel do Tirano -, que deveria representar os interesses do povo ou de representantes escolhidos por esse.

Deve-se lembrar de que, nessa nova concepção de poder do Estado, proposto pelos libertários defensores dos direitos "liberais de direita democrática e solidária" que passou a imperar no mundo global, via Inglaterra, diferente da de Platão, propunha que qualquer indivíduo, por mais analfabeto-político e ignorante que fosse, poderia formar a base de poder constituído do Governo, que se redesenhava com a ausência da gestão dos filósofos mais refinados, que se baseavam nas virtudes e na moral, e da Bíblia Católica que defendia a caridade, o perdão e o amor.

Esses princípios defendidos por Platão, o maior filósofo de todos os tempos e pela Igreja Católica, foram substituídos pelos sofismas baseados nas intuições e nas frases feitas propagadas pelos iluministas, positivistas, líderes adeptos dos fins justificando os meios de Maquiavel e do Contrato Social de Locke.

Acrescidas das mudanças estruturais na base da sustentação da sociedade, também deveria mudar a função do Estado. De unidade defensora da moral alicerçada nas virtudes, na formação educacional e cultural, que estava atento ao povo e não aos interesses de castas e que deveria zelar pelo bem comum independente de classes sociais e funções específicas, o Estado saiu da condição de entidade preocupada em dar a todos segundo as suas necessidades e a cada um segundo a sua participação na formação da riqueza, essa instituição constituída nos pináculos da moral, da verdade e da honra, passou a ter os atributos de nação. Ou seja, passou a ser definida como Nação alicerçada em novos valores quais sejam: o individualismo puro, a supremacia da vontade das castas dominantes como os da burguesia, das instituições "políticas" e de bênçãos do protestantismo reformador como novos propagadores das palavras de Cristo, no caso, os pastores protestantes e seus séquitos de lacaios seguidores, além dos juízes no campo jurídico que passariam a ser os bajuladores da elite dominante.

No âmbito político-jurídico-econômico a pilastra ideológica era o Contrato Social, além da propagação do individualismo como fator intrínseco do capitalismo na condição de fundamento econômico e não a política, enquanto que, no campo estritamente econômico foi o princípio das relações inversas entre salário e lucro, de David Ricardo; a acumulação de capital como a máxima para se gerar riquezas; a Teoria Malthusiana de controle populacional; o pseudo liberalismo de mercado em mãos da classe burguesa, sustentada, segundo esses, pela teoria da mão-invisível de Adam Smith, que propunha a não interferência de leis nos assuntos econômicos. Na verdade, esses reguladores não entenderam em sua essência o que a versão de Adam Smith sobre as ações da mão invisível de mercado queria dizer, visto que, para esse grande Economista, a Economia se autorregulava automaticamente pela lei da oferta e da procura, sem a necessidade da interferência de agentes externos, e não na plena liberdade de ações da classe empresarial que, segundo o próprio Smith, deveria ser submetidas aos princípios rígidos das virtudes, educação e cultura, propostas por Platão, embora sem o citar, diga-se de passagem.

No campo "religioso" e ideológico o catolicismo assim como o marxismo foram demonizados e o que passou a prevalecer no âmbito político-religioso-econômico foi a doutrina dos pastores que se associaram à burguesia e aos ateus, passando a defender seus interesses como o individualismo, a relação inversa entre salário e lucro, afirmando que, ser trabalhador é um dom inferior, digno de baixas remunerações e ser escravo é uma maldição de Noé ao seu Filho Cam, o que é um delírio não existente na Bíblia, a liberação da cobrança de juros tirando o papel dos usurários da prática do pecado, a acumulação de capital como um meio de gerar riqueza e promover a distribuição de renda através de investimentos na produção, além da defesa da burguesia como a classe que deveria ter a incumbência de "salvar" a humanidade.

O resultado de todos esses delírios e alucinações, como não poderia deixar de ser, foram a eclosão de duas guerras mundiais com a propagação da fome, da miséria, da prostituição, do analfabetismo, dos conflitos entre os povos, das dissoluções de famílias e a introdução das mortes nos seios familiares de mulheres e crianças por meio dos infanticídios, feminicídios, os conflitos inter-regionais e nacionais motivados por posses de terras, regiões, extermínios de castas populacionais, todas previstas por grandes pensadores como Platão, São Paulo, Jesus Cristo, os grandes baluartes da filosofia grega e da boa prática da Religião.

Diante todo esse cenário catastrófico, vale reafirmar que não é à toa que Mark Blaug (2016:18) chama os pseudoeconomistas de lacaios do governo.

Deve-se acrescer a tudo isso o fato de que: Democracia não é ideologia, portanto, não tem como ser representada por partidos políticos, sejam eles quais forem. Democracia é sim um estado de espírito do ser, que eclode do sentimento e da razão nas mentes mais nobres e saudáveis moldadas por um indivíduo forjado nos ditames das virtudes, da educação e da cultura, muito bem reverenciada por Platão e pelo Apóstolo Paulo.

É impossível afirmar que numa mente educada e culta, repleta de virtudes do amor, do respeito, da liberdade, da caridade e do perdão não possa existir pensamento e atitudes democráticas. De outra parte, vale também a assertiva de que, um cidadão jamais poderá se sentir protegido, respeitado e livre da tirania, sendo representado por um analfabeto político e ignorante, portanto, inútil, eleito pelo voto. Antes de tudo, a esse estúpido deve-se acrescentar as virtudes, a educação e a cultura para que o mesmo possa ter pelo menos uma noção do que possa ser uma mente brilhante, racional e democrática norteadas pelo livre arbítrio.

Exemplo clássico é o processo de eleições diretas e golpes de Estado, até sangrentos, que passaram a valer no mundo global, orquestrado pelos Estados Unidos através da CIA de Mike Pompeo e do marketeiro Steve Bannon, a partir dos anos 2000, dando sequência às banalidades e absurdos de toda natureza, já praticados ao longo da História, para eliminar inimigos de seus interesses hegemônicos.

Essa é a bola "política" da vez, ou seja, eleger "presidentes" das republiquetas espalhadas pelo mundo e até mesmo do próprio País Estadunidense, por intermédio da propagação de notícias falsas dos inimigos políticos e da promoção de manifestações públicas para desestabilizar e destruir a reputação dos adversários contrários aos seus interesses pelo mundo, além da montagem de esquemas via orquestração de atos contra os líderes nacionais desses pseudopaíses. Tal movimento se dá por intermédio de acusações injustas de atos de corrupção e recebimento de propinas, com o objetivo de eliminá-los do cenário político via compra dos poderes: judiciário, executivo, legislativo, da mídia e até das forças armadas de tais "nações".

Isso tudo, para colocar no cargo máximo, fantoches de "políticos" destituídos de identidade, e por isso, lacaios, que não conseguem passar sequer num teste de esquizofrenia e que só aceitam o cargo para satisfazer o seu álter-ego que é o de ser visto e "admirado" pelos seus pares e subalternos, dando entrevistas e participando de eventos públicos espalhados pelo Globo para se promover, a despeito de sua Pátria, do seu povo e da própria soberania do Estado em que ele vive e foi gerado.

O ardil criado contra os estadistas via acusação de corrupção, propinas, são montados para, caso os demais esquemas não logrem sucesso, sobra ainda a penúltima que é a adoção dos chamados *lawfares*, considerados aqui, como sentenças antecipadas, proferidas por juízes literalmente comprados, lacaios do poder, assim como foi feito com o próprio Jesus Cristo.

Assim, independentemente das provas apresentadas pelo réu de forma legais, até mesmo as cabais, são consideradas como inválidas e o acusado implacavelmente é submetido aos piores castigos e perseguições, obrigando-os a fugirem para outras nações para não pararem na cadeia, e até mesmo, terem sua vida ceifada, em virtude das acusações lhes impetradas pela "maquinação" politiqueira.

Na América Latina, foi isso que se viu implantado contra os senhores Luiz Inácio Lula da Silva no Brasil, Rafael Correa no Equador, Evo Morales na Bolívia, na Ucrânia, no Cazaquistão, a tentativa na Bielorrússia, a tentativa contra a Rússia no governo do senhor Vladimir Putin, via busca pela promoção de Navalni, na condição de pretenso candidato a presidente da Federação Russa, e por aí vai.

Nos demais países periféricos, as medidas tomadas pelos Estados Unidos e G-7, via operações veladas da CIA e OTAN, para formar estoques de petróleo cru e matérias-primas de grande valor estratégico nos armazéns dos países hegemônicos, assim como se deu nas demais nações consideradas subdesenvolvidas, ocorreu mediante insurgência armada, resultando nos golpes de Estado, desta feita mais violentos, causando até mortes, como os praticados na Líbia contra o senhor Muammar Al-Gaddafi; o Golpe de Estado no Egito em 2013, matando o seu líder máximo, no caso, o senhor Mohamed Morsi, a tentativa de Golpe de Estado na Síria do senhor Bashar al-Assad, além de outros movimentos revolucionários orquestrados pelas nações centrais ocorridos na região, para a prática de saques e apropriações de jazidas de petróleo utilizadas da parte dos Estados Unidos para fazer especulações financeiras com o Dólar.

Esse processo se deu e sempre se observa nas nações periféricas, via infiltração de espiões e agitadores internos no interior das seitas religiosas e órgãos não governamentais, pertencentes ou simpatizantes dessas ações, engendrados pelas organizações internacionais a serviço dos países centrais, orquestrados pelos grandes órgãos que atuam na condição de terroristas legalizados, como a CIA e a OTAN, justamente para promover o pandemônio no interior dessas nações e roubar suas riquezas. O que antes era considerado imoral nos ensinamentos de Platão e de Jesus Cristo, hoje é natural e plenamente legalizado.

Isso se dá e vem ocorrendo com regularidade, por intermédio da distribuição de notícias falsas, atos espalhafatosos com intenção de destruir a imagem dos indivíduos considerados inimigos no cerne dos movimentos sociais, principalmente de jovens que têm o nervo à flor da pele e não dispõem de maturidade política para identificarem esses movimentos e os rechaçarem.

Nas nações árabes, esses conflitos internos ficaram conhecidos como a "Primavera Árabe", fazendo-se repetir nesses países, a mesma desgraça que ocorreu no Iraque, devido à deposição do poder do senhor Saddam Hussein. É esse tipo de movimento politiqueiro que pode ser verdadeiramente denominado de marketing de guerrilha funesta.

Há que se observar também, a violência e tentativa de golpe orquestrada contra a Venezuela do senhor Nicolás Maduro Moros, visando tomar também o seu ouro negro, mas que, não deu certo, não sendo levado avante, devido ao auxílio pontual do senhor Vladimir Putin, presidente da Rússia, que destacou batalhões e generais muito bem treinados do Exército Vermelho, para prestar socorro aos venezuelanos tornando-se esse, o senhor Vladimir Putin e sua Rússia, atualmente, no principal opositor e portanto, inimigo mortal do Grupo dos Sete – G-7 e da OTAN, assim como o é a China, sob liderança do senhor Xi Jinping, ao lado do Irã dos Aiatolás.

Devido ao fracasso total da tentativa de tirar o senhor Nicolás Maduro do poder na Venezuela, via conluio armado, os Estados Unidos e a Inglaterra, sua principal comparsa, se contentaram em saquear todo o ouro que o país bolivariano tinha nos bancos estadunidenses e ingleses, e mais, o confisco de uma das filiais da empresa estatal "Petróleos de Venezuela – PDVSA", situada em território Ianque.

Dessa maneira, por intermédio da aplicação de mudanças no novo modo de pensar ciência, política e religião, a moral católica e as virtudes propostas por Platão em "A República", que eram contra o estabelecimento de taxa de juros extorsiva, a falta de decoro e dos bons costumes foram postos de lado, passando a ser ignorados, liberando os usurários para a prática da política de juros que lhes viessem à cabeça, assim como também, para os "capitalistas" que viviam da rapina, dos lobbys, dos conluios, dos saques e do pagamento de propina, mediante compra das classes mais abastadas das nações subdesenvolvidas, espalhadas pelo mundo, para se verem livres dos possíveis obstáculos que poderiam ser criados por essas, durante a prática da pilhagem das riquezas naturais desses países.

Além de tudo, a venda das matérias-primas e das riquezas econômicas dos países periféricos, são concedidos pelas castas mais ricas dessas "nações" às potências hegemônicas, em troca da proteção bélica, segurança jurídica e apoio à tirania praticada por essas classes contra os estratos menos favorecidos de seus próprios países, roubando-lhes tudo o que sobra das riquezas naturais e que foram deixadas para seu usufruto à parte das demais castas populacionais, pelas elites das nações centrais.

Deve-se acrescentar ainda que, em troca do livre acesso das elites dos países centrais às riquezas naturais diversas das nações periféricas, via "liberalismo econômico", as classes mais ricas dos países dominados tinham e, por incrível que pareça, ainda nos nossos dias, têm outros benefícios, que lhes são concedidos pelas castas mais ricas das nações europeias e estadunidenses, como por exemplo, o direito de frequentar as altas rodas de negociações de bens de luxo, além dos cassinos, onde esses gastam milhões de dólares roubados dos cofres públicos dos países periféricos, sem contar o desfrute do lazer, festas, livre acesso aos paraísos fiscais para desovar e lavar os saldos dos roubos, subornos, propinas, fraudes, desvios de verbas, dentre outras maracutaias, praticadas contra o erário público de suas nações respectivas.

Esses lacaios têm ainda, liberdade para a aquisição de bens em condições facilitadas, estabelecimento de moradia e se instalar definitivamente nas nações centrais, desde que se revelassem e ainda se revelem "democratas" e fossem ou sejam simpatizantes e aderissem ou adiram, a alguma seita ou facção sob o comando de um pastor protestante influente desses países, e ainda, que liberassem ou liberem o acesso dos magnatas das nações centrais às matérias primas existentes em seus respectivos países, mesmo em detrimento dos interesses do povo e do Estado Ideal, os maiores prejudicados.

Uma vez instaurada a nova ordem política, econômica e religiosa, o saque se espalhou primeiro pelos próprios países europeus mediante a tomada das terras pertencentes à Igreja Católica, depois, com o tempo, do próprio Estado, por meio da transferência de terras, estradas para o domínio de particulares influentes por meio de concessões, e depois, privatizações sem nenhuma contrapartida, com anuência da parte da própria Coroa.

Em tais medidas adotadas pela Coroa, a grande maioria delas impostas goela abaixo dos reinados, pelos burgueses da época, se dava e, por mais incrível que pareça, ainda se dá nos nossos dias, mediante a transferência dos custos das concessões e privatizações para a sociedade.

E mais tarde, com o advento da "democratização", ainda não satisfeitos com todas as benesses recebidas da Coroa, os burgueses efetuaram a tomada do poder das próprias Coroas, substituindo o absolutismo reinante na época por uma nova forma de gestão política, desta vez, "controlado pelo povo", ou melhor, por seus representantes legais eleitos pelo "voto" direto, sejam esses mandatários classificados como: espertos, inteligentes, sábios, ignorantes, ladrões, tiranos ou até estultos de vez.

Tudo isso consolidado mediante atos "legais", definidos em "leis" criadas sob pressão da burguesia, elaboradas pelos seus representantes legítimos "eleitos democraticamente" e facilitadas, mediante a transferência dos ônus para a sociedade via aumento do pagamento de impostos sobre todas as demais castas sociais, à exceção da "elite", na forma de coerção.

Dessa maneira, a educação, a cultura, a soma das virtudes foram colocadas de lado e qualquer bastardo, ignorante poderia assumir o poder total da Nação, desde que fosse "eleito pelo povo" mesmo que esse aglomerado fosse predominantemente constituído de analfabeto político.

Essa última condição de analfabetismo político era, e ainda é, até nossos dias, de grande valia e interesse para a burguesia e para os poderes "democráticos constituídos", visto que, analfabeto não consegue enxergar os artifícios politiqueiros, apenas votar às cegas, sem saber os motivos porque os faz, o que viabiliza a transferência de um ato ilegal, fraudulento para a condição de legal, justo e, portanto, ético, porém, amoral.

Assim a baderna, seguindo análise do próprio Platão, estava instaurada e se espalhava pelo mundo, e com ela, as guerras, as invasões, as pilhagens, os saques, as mortes e o extermínio de classes sociais inteiras, passaram a ser a tônica do poder, desta vez, de forma "legalizada" pelas ações dos "juízes" mediante uso de leis e decretos criados por eles mesmos, redigidos e implantados em escala global e ratificadas pelas "Cortes Internacionais" garantindo a legitimidade dessas ações, contra grupos considerados "rebeldes", "hereges", "terroristas" e "selvagens", por não aceitarem e se debelarem contra os interesses supremos dessas novas classes sociais, autoproclamadas, "elite global".

No processo de apropriação, expansão e desenvolvimento dos interesses "capitalistas" pelo mundo, sempre por detrás de um sanguinário disfarçado de general de exército, estava um juiz, um "capitalista" interesseiro, um pastor e um banqueiro.

Vale ressaltar que a própria colonização dos Estados Unidos, o maior país protestante do Planeta, se deu dessa maneira. O juiz para legalizar o roubo, fosse ele qual fosse visto que, esse passava a ser a autoridade máxima para a tomada da decisão final nos embates político-econômicos, que estava ali apenas para legalizar uma ilegalidade ou imoralidade, ou melhor, por meio da utilização de "leis", poder transmutar uma imoralidade numa legalidade.

Nesses casos, os "capitalistas honestos" e os banqueiros promotores da "liberdade geral", defensores do arrojo de empreender, até "rezavam" para que as contendas econômicas se deslocassem para a seara jurídica e caíssem nas mãos de um juiz, principalmente se esse fosse seu amigo ou participasse das altas rodas que o mesmo frequentasse.

Nessas questões, o pastor era necessário para perdoar os pecados; o "capitalista" para selecionar a área de interesse e promover as invasões, e o banqueiro, para emprestar dinheiro à taxa de juros que ele quisesse, mas que, na verdade, a ideia era emprestar o dinheiro na mais alta taxa de juros possível para garantir a apropriação do patrimônio do devedor, principalmente se esse bem fosse de alto valor de mercado e de grande interesse da parte dos demais "capitalistas" endinheirados e embusteiros.

Foi por intermédio da prática desses absurdos que teve início o fortalecimento e o surgimento da burguesia, que se tornava cada vez mais faustosa e de grande poder "político", econômico, militar, "religioso" e autoritário, visto que, essa casta é amparada por leis protetivas, tudo, mediante o avanço dos saques, das rapinas, das pilhagens, dos desmandos administrativos e da destruição de classes sociais inteiras. Tudo amparado pela "Democracia Estadunidense" e suas respectivas "leis democráticas". Daí o capitalismo selvagem definido pelos intelectuais mais renomados, distribuídos por todo o Planeta.

Assim, de repente, da noite para o dia, indivíduos que antes eram reconhecidamente os mais tiranos, os mais cruéis, com fama de selvagem, estúpido e sanguinário pela comunidade, apareciam convertidos em homens de "deus" pelo pastor, com "perfil" de pessoas sérias, tidos como os seres mais respeitados e admirados pelas suas ações e formação de fortuna, ostentados pela sua nova condição de empresários, banqueiros, seguidores de alguma seita ou "religião" que também, na maioria das vezes, eram financiadores de campanhas politiqueiras de novos "políticos" travestidos de "democratas" "representantes" do povo, que na realidade, de maneira velada, eram os próprios lacaios desses "grandes homens de prestígio", pagos para fazerem suas vontades, seus desejos, suas taras e sustentarem a sua própria ganância.

Vale ressaltar que, esses indivíduos passaram a ter duas personalidades e, em sua grande maioria eram bipolares. Em casa, eram pessoas probas, altamente religiosas, construtores dos maiores benefícios na comunidade e na "igreja" doando sempre quantias bem generosas. Nas operações de rapina, por outro lado, se tornavam homens cruéis, sanguinários e tiranos.

Foi assim que o "capitalismo" se expandiu e os conflitos pelo controle total do mercado internacional se acirraram entre os países protestantes da Europa. Em especial, a Alemanha de Lutero, que era filho de empresário, de um lado; e a Inglaterra de Henrique VIII, John Locke e Thomas Hobbes, pelo lado Anglicano, do outro, que culminou como consequência, no acirramento dos embates em nível global, travados por esses dois países e seus séquitos, na eclosão das duas Grandes Guerras Mundiais.

No caso, a Alemanha que, na época, o que realmente foi a causa da eclosão da Primeira Grande Guerra, vale dizer, já produzia produtos melhores, mais avançados tecnologicamente e mais baratos que os produtos ingleses, mas que, para o consumidor final se tornava mais caro que as próprias mercadorias inglesas, visto que, os produtos alemães para terem acesso, conseguirem ampliar suas vendas e serem comerciados no mercado internacional, tinham que pagar pesadas taxas aduaneiras aos ingleses, que dominavam tais mercados e que para liberar essas mercadorias, faziam exigências de todo tipo, inclusive o pagamento de pesados impostos.

Fatos esses que inibiam as vendas e até, em alguns casos, inviabilizavam a circulação dos produtos alemães, revoltando os empresários e as altas classes organizadas da nação germânica. A segunda Guerra Mundial foi consequência e continuidade das discussões relativas às causas da Primeira Grande Guerra, desta feita, já com um novo líder no comando alemão, no caso, Adolf Hitler, que, além de revoltado com tais injustiças consideradas por ele e praticadas pelos ingleses, ainda se tornou louco, ditador e líder sanguinário.

Entrementes, para melhor entendimento e viabilidade dos debates, cabe fazer algumas observações sobre a forma como a Alemanha se tornou potência e conseguiu superar os produtos ingleses em qualidade e tecnologia.

Diferentemente do capitalismo inglês, o capitalismo alemão se desenvolveu de forma planejada, muito bem orquestrada pelo governo e de acordo com os interesses do Estado, por meio da criação de um projeto muito bem elaborado, estruturado e conduzido de maneira muito próxima à formação do Estado Ideal de Platão, chamado Cameralismo, como se passa a analisar a seguir.

13.2 O processo de formação do capitalismo alemão por intermédio do Cameralismo

O Cameralismo pode ser definido como um conjunto de enunciados político-filosóficos, com fundamentação econômica, desenvolvido na Alemanha e Áustria, com o objetivo de unir, criar, fortalecer e desenvolver respectivamente, esses dois Estados, a fim de que os mesmos pudessem se inserir nos princípios da concorrência mercantilista com outros países da Europa.

Entrementes, cabe observar que, a prática e aplicação do pensamento mercantil na Alemanha e Áustria, diferem da operacionalidade e estratégia de desenvolvimento da atividade mercantilista de outros países do continente europeu. Diferentemente de outros países, na Alemanha e Áustria, o pensamento mercantil foi desenvolvido por intermédio do processo de formação educacional e cultural da população, voltada para a criação, fortalecimento e desenvolvimento do Estado.

De acordo com essa doutrina, para que se tivesse uma população rica e próspera, o Estado, em primeira instância, é que deveria ser contemplado com os benefícios gerados pela atividade mercantil.

Embora surgido no meio político-filosófico, o Cameralismo apresentava os mesmos objetivos do feudalismo praticado na França, do mercantilismo português e espanhol, bem como o do próprio capitalismo, em que pese se fundamentassem em princípios distintos desenvolvidos por cada um deles.

Enquanto no feudalismo o objetivo era atender os interesses da Coroa, da Igreja e dos senhores feudais, no mercantilismo português e espanhol, por exemplo, a missão principal era garantir o interesse da Coroa e dos mercantilistas de acordo com a estratégia adotada por cada uma dessas nações, com essas optando pela adoção do chamado mercantilismo metalista ou bulionista com ênfase na acumulação de metais preciosos, principalmente o ouro e a prata extraídos das colônias.

Já na Inglaterra o capitalismo baseado na produção manufatureira visava atender os interesses da burguesia, e dos grupos "religiosos" que se infiltravam nos debates "políticos" buscando influenciá-los para receberem parte dos quinhões, que eram divididos entre as operações imperialistas inglesas e depois, estendidos aos países hegemônicos pelo mundo, em detrimento dos demais cidadãos.

Na Alemanha, por seu turno, o Cameralismo foi alicerçado no princípio do fortalecimento do Estado, mantendo os ideais individualistas intocados, enquanto que, na Inglaterra, o objetivo era atender o interesse de grupos individualizados e distribuídos em lobbys globais formados por essas associações.

O objetivo político-filosófico do Cameralismo consistia no fortalecimento do Estado, fundamentado nos princípios da chamada "lei natural", criada e desenvolvida, segundo Bell (1976), por *Pufendorf*.

De acordo com esse autor, *Pufendorf*:

> Desenvolveu o conceito de lei natural, transformando-o em elaborado sistema de filosofia política. Era de opinião que a sociedade civil foi estabelecida por contrato voluntário. A sociedade em seu todo agira como um compacto no estabelecimento do seu Estado e na escolha de seu dirigente. A soberania assim estabelecida não era inteiramente absoluta ou suprema no sentido da inexistência de uma autoridade humana mais alta e de uma lei à qual estivesse sujeita. Os Estados e os indivíduos devem sujeitar-se à lei da razão conforme interpretada por homens mentalmente sadios e inteligentes. (Bell, 1976:105).

Nesse contexto, enquanto o capitalismo inglês, tomado como exemplo, era fundamentado nas práticas industriais e comerciais, quase sem nenhum fundo filosófico ou humanista, o Cameralismo, dotado dos mesmos objetivos do capitalismo, tinha como fator subjacente, o bem-estar coletivo, baseado em interesses individuais. O interesse individual, conforme já afirmado, era quase que intocável. As leis tinham que regulamentar os ideais da sociedade, fundamentada nos interesses individuais racionais, a fim de garantir o bem-estar geral, e reconhecido pela força política do Estado.

> A teoria de Pufendorf reconciliava o despotismo benevolente dos Estados alemães com o espírito de liberdade individual ao conceder supremacia à soberania do Estado, mas, ao mesmo tempo, negando-lhe o controle absolutamente completo sobre as vidas e atividades dos cidadãos.
>
> A teoria dos direitos naturais, conforme aplicada, significa que a liberdade individual era expressada por uma união das vontades individuais no compacto social. (Bell, 1976:106).

Assim, o Cameralismo ou mercantilismo alemão e austríaco, representava a soma dos interesses individuais, tendo o Estado, como o seu representante legal. A prática do comércio individualizado na Alemanha, entretanto, não era vista com bons olhos pelos intelectuais cameralistas da época. Toda a ação voltada para o desenvolvimento e crescimento econômico deveria partir do Estado e não dos indivíduos em particular.

Becker apud Hugon (1995:73) ainda observa que o Cameralismo:

> Insiste nos problemas do comércio; condena a importação e a exportação, quando realizadas em proveito dos particulares – que devem ser tratados como 'os mais indignos criminosos', por importarem produtos que poderiam ser obtidos no próprio país, contribuindo assim para a 'destruição de sua própria comunidade'. É, pois, o Estado que deve tomar conta do comércio exterior.

Com o propósito de tornar universal o ideal Cameralista, o Estado alemão o transformou em disciplina específica, a ser ensinada nas universidades difundindo-o por todo o meio intelectual e social de sua época.

Os princípios básicos do Cameralismo foram transformados em regras por *Philip Wilhelm Von Hornick*, e sintetizadas em "suas nove regras principais de economia pública, que formam a sua 'cartilha dos mercadores ou do Cameralista'" (Bell, 1976:109), e publicadas em sua obra *Oesterreich über Alles, Wann es nur Will.* (p. 109).

(Bell, 1976:109-110) sintetiza as nove regras de *Hornick* na forma como é transcrita a seguir:

> Primeira. As propriedades do solo do país devem ser plenamente investigadas. Todo tipo de planta deve ser experimentado para se determinar se pode ser cultivado. Acima de tudo, não devem ser poupadas despesas para descobrir qualquer prata ou ouro.
>
> Segunda. Todos os produtos de uma nação que não possam ser usados em seu estado natural devem ser beneficiados dentro do país. O pagamento pela manufatura geralmente excede várias vezes o valor das matérias-primas.
>
> Terceira. Afim de tornar eficazes a duas primeiras regras, deve ser dada atenção à população; a mesma deve ser tão grande quanto a nação possa suportar. Deve-se impedir que a população fique à toa, sendo ela encorajada a ocupar emprego remunerativo.
>
> Quarta. O ouro e a prata não devem ser exportados com finalidade alguma, devendo ser sempre mantidos em circulação. É proibido amealhar.
>
> Quinta. O consumo deve ser, na medida do possível, restringido aos produtos internos.
>
> Sexta. Caso se faça necessária a importação de produtos estrangeiros, os mesmos devem ser trocados por mercadorias nacionais, e não pagos com ouro ou prata.
>
> Sétima. Caso seja necessária a importação de mercadorias estrangeiras, as mesmas devem ser importadas em estado natural e beneficiadas no país, poupando-se, assim, os salários pagos pela manufatura.
>
> Oitava. Devem ser despendidos todos os esforços para vender as mercadorias supérfluas aos estrangeiros, já manufaturadas, com pagamento em ouro e prata.
>
> Nona. Não deve ser permitida qualquer importação de mercadorias caso já exista um suprimento de qualidade tolerável no país, mesmo que possam ser compradas a menores preços no exterior. É mais benéfico ao país pagar dois dólares por um produto no país do que gastar um dólar no exterior com um produto importado.

Hornick apud Bell (1976:110), ainda afirma que:

> A responsabilidade pelo funcionamento do programa repousa no governo, cuja tarefa é garantir a qualidade das mercadorias, combater toda ociosidade, excluir artigos supérfluos, encorajar os artífices, inspecionar as mercadorias, construir galerias e armazéns e estimular a imigração de artífices do exterior por meio de prêmios e privilégios especiais. Conquanto todas as medidas sejam necessárias e essenciais, o verdadeiro problema não é o equilíbrio comercial, com suas regras econômicas, mas o equilíbrio do poder político.

Nesse contexto, a importância atribuída ao bem manufaturado quanto à sua qualidade, durabilidade e utilidade, eram os principais requisitos que deveriam ser observados pelo Estado nas atividades econômicas praticadas nos países cameralistas. Assim, pode-se antecipar que o desenvolvimento da política de controle de qualidade para mercadorias, citado como exemplo, dentre os países ocidentais, teve origem na Alemanha e na Áustria, durante o desenvolvimento das ideias cameralistas. Bell (1976:105) ainda afirma que os ideais Cameralistas conseguiram perdurar no seio da sociedade alemã "durante quase trezentos anos".

A coesão, consistência e aplicabilidade do pensamento Cameralista foram pontos fundamentais para o fortalecimento do Estado e o desenvolvimento do ultranacionalismo alemão, fatos esses que contribuíram, e muito, para que a Alemanha se transformasse, numa das maiores potências do século XIX e início do Século XX, tecnologicamente superior até mesmo à Inglaterra.

O Estado alemão passou a defender, com prioridade, as atividades agrícolas e manufatureiras existentes no país, fato esse que possibilitou o alto surto de desenvolvimento da estrutura produtiva da Alemanha e garantiu a soberania dos produtos alemães no mercado europeu nesse período.

Cáceres ainda acrescenta que:

Em 1879, sensível às queixas dos *junkers*, Bismarck fez aprovar leis de proteção alfandegária aos cereais, que estavam sofrendo a concorrência de similares importados da Rússia, Estados Unidos e Hungria. Essas leis protecionistas foram depois expandidas para a indústria. Assim, industriais e *junkers* davam-lhe todo o apoio. Este protecionismo modificou profundamente a economia alemã, e as indústrias pesadas de Ruhr, de Sarre, da Alsácia-Lorena e da Silésia puderam arrancar das indústrias inglesas, pela primeira vez, o direito de autoproclamaram-se "oficinas do mundo. (Cáceres 1993:202).

A difusão e propagação da filosofia Cameralista na Alemanha e Áustria, por intermédio do fortalecimento e desenvolvimento da educação e da cultura, acabou por formar uma sociedade ultranacionalista nesses dois países, das mais cultas e avançadas do mundo.

Assim nascia e se consolidava, mais uma elite burguesa na Europa, desta vez formada pela união de forças do Estado e de grupos empresariais locais, pelos *junkers* (proprietários agrícolas) sendo ainda reforçados pelos imigrantes abastados e os artífices, constituídos principalmente de judeus e oriundos de outras nações europeias.

Esses imigrantes eram protegidos, de acordo com o aval político e econômico promovido pelo Estado alemão e austríaco. A elite ultranacionalista alemã, ao lado das outras seis elites espalhadas pela Europa Ocidental e América do Norte, além do Japão, tais como: Inglaterra, França, Itália, Estados Unidos, e Canadá, se transformaria em uma das principais responsáveis pela condução das propostas políticas e econômicas que deveriam ser praticadas no mundo, situação essa que prevalece de certa forma, desde que avalizadas pelos Estados Unidos, até nossos dias.

Da sua parte, enquanto a proposta mercantil inglesa e francesa baseava apenas e tão somente nos princípios da aristocracia burguesa, na Alemanha o Cameralismo se fundamentava na criação de um Estado forte e soberano, tendo como base, os princípios individuais e coletivos, cabendo ao Estado fazer a regulação e monitoramento da economia, principalmente nas atividades que se referissem ao mercado externo, além de garantir os ideais coletivos da sociedade alemã.

Nesse aspecto, pode-se afirmar que o ideal Cameralista era baseado no princípio ultranacionalista mais humanitário, atuando de forma conjugada com a proposta de fortalecimento estatal e desenvolvimento econômico-social, enquanto que, o ideal mercantil inglês e francês se fundamentava nos interesses das classes mais abastadas, única e exclusivamente.

De todas as formas, o mercantilismo alemão, com ênfase na educação e na qualificação profissional de seu operariado, em que pese não fosse tão complacente com a classe deste último, mantinha princípios mais humanitários que os demais regimes mercantis da Europa. Assim, não é de se estranhar que a base socialista que viria a se instalar e imperar, principalmente na Europa Oriental e se estendendo posteriormente, para outras partes do mundo, tendo Karl Marx como o seu maior expoente, em tempos modernos, tenha surgido e se difundido na Alemanha.

Na ótica capitalista, o líder alemão que mais difundiu e aplicou os ideais cameralistas, além de ser o maior responsável pelo seu desenvolvimento, foi *Otto Von Bismarck*. Seguindo regiamente as propostas cameralistas, em pouco tempo, Bismarck, transformou a Alemanha da condição de um conjunto de pequenos estados, em Estado único, dotado da maior e melhor infraestrutura econômica e social da época, o que transformou a Nação Alemã, na maior potência da Europa no final do Século XIX, em condições de estabelecer debates políticos em igualdade de condições com a Inglaterra e até superioridade econômica, no campo produtivo. A partir do final da segunda metade do século XIX, a Alemanha já era a maior potência econômica mundial no seguimento tecnológico e educacional.

Cáceres (1993:203), afirma que:

> O desenvolvimento cominado e desigual do capitalismo já havia feito com que ela superasse a Inglaterra e, em termos de produção industrial, tornou-se a primeira potência mundial. O gigantismo de sua indústria era notório em três setores – siderurgia, química e indústrias elétricas – e se devia aos aperfeiçoamentos técnicos, à concentração industrial e à produção em massa em grandes estabelecimentos industriais.
>
> As empresas industriais, principalmente no vale do Ruhr, gigantescas, se dedicavam desde à produção da matéria-prima até à colocação do produto no mercado. Várias empresas grandes de um mesmo ramo de produção se agruparam em grandes associações, chamadas **cartéis**, para controlar a produção e os preços de venda e repartir entre si o mercado. Às vezes abriam conjuntamente uma só filial de

venda – o **syndikat**. Eram verdadeiros monopólios, que controlavam o mercado e se opunham à classe operária, formando uma frente patronal unida.

O modelo econômico expansionista alemão estando baseado na ampliação de mercado e, na intensificação das relações econômicas internacionais, acabaria posteriormente, provocando a corrida imperialista e resultando no choque de interesses entre as potências emergentes da Europa – Inglaterra, Alemanha, Itália e França – o que exigia uma nova divisão do mundo colonial, deixando o cenário político-econômico internacional preparado para dois dos maiores conflitos do século XX: a I e a II Grande Guerra Mundial, o que fez disseminar conflitos armados com devastação de populações inteiras por todo o Planeta.

13.3 A consolidação dos ideais sofistas da burguesia inglesa subjacentes às estratégias político-filosóficas do Pseudo Capitalismo enquanto sistema econômico de produção

Do exposto no subitem anterior, não é difícil entender porque eclodiram duas guerras mundiais num intervalo tão curto de tempo, decorrente de conflitos de interesses entre duas grandes potências pseudocapitalistas.

De volta à discussão política-filosófica, relativa à consolidação das premissas sofistas consubstanciadas pelas propostas protestantes no seio do pensamento burguês pelo mundo, e sua versão sobre o funcionamento do sistema pseudocapitalista de produção, pode-se afirmar que, respaldados pela autoproclamação religiosa do protestantismo e seguindo fielmente a observação de Jeremias que afirmava que "é maldito o homem que confia no outro" e ignorando o mesmo Profeta que acrescentava ainda que "é maldito o homem que faz a obra do Senhor com dolo", se autodeclarando seguidores de Cristo, mais a existência de um Contrato Social que lhes garantiria criar e redigir as leis que eles mesmos julgavam por intermédio de um juiz comprado, um capitalista ardiloso, mais a presença de um banqueiro de passado nebuloso na arte de manipular, extorquir e fraudar, a nova "elite" dominante, sempre ao lado de um pastor que lhes abençoava e perdoava todas suas ações, desde que os mesmos agraciassem a sua "igreja" com doações generosas, se viu livre para praticar os atos que lhes viessem à cabeça, principalmente na "arte" dos negócios.

Como que, para a efetivação de um negócio, sempre tem que haver duas ou mais pessoas envolvidas, respaldadas pela elaboração de um contrato, esses indivíduos se viam ou ainda se veem como os "iluminados", sempre expostos a um risco, quando se envolviam ou envolvem em um ato de negociação com outra parte, principalmente quando esses pertenciam ou pertencem a uma raça "inferior" que habitavam ou habitam em países ou semipaíses subdesenvolvidos ou miseráveis e, portanto, povoado por um bando de indivíduos ignorantes, estúpidos e, por isso, considerados como meros animais. Pior ainda seria ou será, se o lado contrário na negociação, não era ou não é, adepta das suas "doutrinas econômicas" e "convicções religiosas protestantes", o que os faziam ou fazem receber a denominação de bárbaros hereges, e, portanto, infiéis.

A outra parte, estando na condição de infiéis, negociando com os seguidores da prática dos bons costumes e fiéis seguidores das leis religiosas, principalmente fundamentados no preceito de Jeremias (Cap.17; Vers. 05), que afirma que "é maldito o homem que confia no outro homem", então, sendo assim, nessa condição, como eram os tais hereges que confiavam ou confiam na palavra dos bravos paladinos cristãos, são esses os pecadores na transação e não os varões de "deus". Diante desse cenário, os "iluminados", esquecendo-se da outra parte da mesma Doutrina de Deus apresentada mais à frente pelo próprio Jeremias (Cap. 48: Vers. 10) que afirma que "é maldito o homem que faz a obra do Senhor com dolo", se viam ou se veem livres, para praticar todas as suas ações, fossem elas quais fossem, legais ou ilegais, fraudulentas, extorsivas ou não.

Nesse contexto, esses aspirantes a uma vaga no "céu" ao lado do seu próprio "deus", passavam e ainda passam, a achar que estavam, e ainda se encontram, imunizados para praticarem seus ardis, seus conluios, seus lobbys, seus esquemas e tudo aquilo que lhes viesse à mente, visto que, sempre estariam "limpos", livres do pecado. Isso por rezar uma vez por semana tendo sempre um pastor para perdoá-los, abençoá-los e partilhar dos seus despojos, frutos do roubo.

Nesse caso, os fiéis, ou seja, aqueles que se encontram repousando na sombra do "altíssimo", no caso, eles, os "adoradores de domingo", como preceitua Marx em "O Capital", volta-se a frisar, se viam livres para praticarem os atos que quisessem, fossem eles, lesivos ou não, independente se os tais "iluminados" se apresentassem ou se apresentam na condição de mau caráter ou não.

Nessa condição, os "paladinos do livre mercado, do liberalismo puro", durante a elaboração dos "contratos", poderiam estabelecer as cláusulas que quisessem, cumpri-las ou não, uma vez que "deus", estaria sempre do seu lado perdoando-os, protegendo-os e os guiando nas suas maracutaias. É assim que se forma o "covil de ladrões" como apregoa Cristo no seu Novo Testamento.

Caso a outra parte, depois, ou até mesmo antes da efetivação da negociação, estivessem oferecendo um objeto de alto valor comercial, eles primeiro, procurariam convertê-lo para transformá-lo em "irmão". Se o mesmo não aceitasse acompanhá-los para o "caminho do céu" aceitando a proteção de seu "deus" maior, os que se consideravam "sob a sombra do altíssimo" no caso, os "iluminados", poderiam ludibriá-lo do jeito que quisessem visto que, nessa relação contratual, estava envolvido um "homem de deus" contra um herege. Então, que há de mal em extorquir um idiota infiel, sendo que tal ímpio, nem mesmo o "deus" dos "paladinos dos negócios" esse reconhece? Também, como diria Maquiavel: - Os fins não justificam os meios???

Por intermédio dessas práticas o "capitalismo protestante" ganhou mundo e se consolidou como um império do credo e do medo, sob a alcunha de "Império Capitalista do Credo Protestante", que se baseia até nossos dias, na crença em um "deus vingador e poderosíssimo" que mantém sob seus cuidados seus "fiéis seguidores" e pune severamente, aqueles que os subestimam ou desafiam. Esses são os legítimos "filhos de deus", os demais são hereges, infiéis e têm que ser punidos adequadamente.

"Capitalismo" esse que, na sua fase embrionária, no final do Século XVII e início do Século XVIII, permitiu à seara Econômica, apresentar seus principais representantes de linhagem protestante, consubstanciados por seus sofismas, dirigidos por suas intuições e opiniões, desses, há exceção para Adam Smith que apresentou um trabalho holístico, coeso, consistente, de grande relevância, baseado em "A República" de Platão, tais como: o próprio Adam Smith, que, embora se dizendo ateu, frequentava a Corte Inglesa e era simpatizante das ideias anglicanas; Malthus, que era pastor protestante; Ricardo que era casado com uma Quaker de linhagem protestante e filho de um rabino judeu; Alfred Marshall que, sob a "alcunha de ateu" defendia ferrenhamente o protestantismo anglicano; além dos pseudofilosofos alemães e austríacos, que também tinham opiniões próprias a respeito do que eram "ciência" e "religião".

Esses dois grupos de pseudoeconomistas, ingleses, alemães e austríacos, à exceção de Smith, se uniram e passaram a brigar contra os descendentes de judeus conservadores, que não admitiam essas banalizações da Ciência Econômica e mantinham uma vertente de análise na concepção holística e dialética tais como: Karl Marx, Rosa de Luxemburgo, Lenin, Bukharin, Hilferding, Michal Kalecki, Sismondi, Quesnay, dentre outros.

Coube a Marx, mesmo não sendo um versado em Matemática, introduzir princípios matemáticos de análise na Economia, principalmente na Macroeconomia, por intermédio da apresentação da igualdade entre Produção P(f), igual à renda nacional (RN), [F(p) = R(N)] que foi adotada, aperfeiçoada e difundida pelo senhor John Maynard Keynes, abrindo espaço para se criar os instrumentos macroeconômicos de intervenção no mercado, de forma pontual.

Tudo isso sem contar os pseudofilosofos e pseudoeconomistas protestantes estadunidenses que passaram a imperar, principalmente logo após o término da Segunda Grande Guerra, se estabelecendo como os "detentores do novo pensamento econômico dominante", de linhagem Clássica, Neoclássica e principalmente Monetaristas, da Escola de Chicago, também definidos como o *mainstream* econômico global da atualidade.

Devido ao choque das "ideias econômicas" inglesas, alemãs e austríacas, o mundo "capitalista" mergulhou numa situação de conflito sem precedentes, pelo controle da matéria-prima existente em escala mundial e pela hegemonia no mercado global, colocando os protestantes anglicanos ingleses contra os protestantes luteranos alemães num confronto ferocíssimo, embora de maneira velada na seara "religiosa".

Tudo isso ocorreu, pelo desejo de apropriação das riquezas econômicas existentes no Planeta, utilizando-se das premissas criadas por eles mesmos sobre o que seria o "capitalismo" e suas peripécias, que consideravam como sendo estratégias fundamentais, para serem utilizadas visando garantir a supremacia e o enriquecimento de suas respectivas nações, utilizando-se de todos os estratagemas necessários, fossem eles quais fossem.

O resultado dessas divergências, conforme já explanado, se viu com a eclosão da Primeira Guerra Mundial que trouxe no seu vácuo, a Segunda Grande Guerra, matando dezenas de milhões de pessoas, enquanto deixou outros muitos milhões de mutilados, tanto fisicamente quanto psicologicamente.

Infelizmente, tudo desnecessário se fossem respeitadas as premissas econômicas puras desenvolvidas por Platão e logo após, estudadas, entendidas e seguidas pelo senhor Adam Smith, sendo ampliadas essas, mais tarde, por Karl Marx, que adotou como fundamento subjacente os princípios filosóficos de Descartes e Xenofonte, consorciadas com os métodos de análise desenvolvidos pelo senhor Sismondi, no caso, o método M-D-M'; D-M-D' e D-D' que é o ciclo econômico das utilidades, também chamadas de mercadorias, ou até mesmo riquezas produzidas, em sua obra "O Capital", como assevera o próprio Marx.

Como se pode observar, Marx não economizou dos recursos científicos puros para escrever sua obra. Pelo contrário, para torna-las mais verdadeiras e exequíveis cientificamente, esse autor introduziu ainda a práxis, criando-se por intermédio desses procedimentos os princípios econômicos fundamentais que regem a Economia Empresarial, para deleite dos estudiosos admiradores dessa essência, que dá vazão ao surgimento da Economia Política e Empresarial, como a única e verdadeira Ciência Social Pura, sem quaisquer empecilhos de análise ou reconhecimento.

O senhor Karl Heinrich Marx ficou tão fascinado com sua engenhosidade e refinamento teórico que ele mesmo batizou a obra mais espetacular criada por um Economista de "um todo artístico", como destaca Friedrich Engels na contracapa desse trabalho.

Vale destacar que é difícil de se entender a demonização e o ódio dos tais "pensadores ocidentais" pertencentes às mais diversas searas sociais, principalmente dos pseudoeconomistas ocidentais, da Administração Moderna, da própria Contabilidade, e demais pseudociências contra Marx, e sua extraordinária obra, "O Capital".

Isso porque, o pai de Marx, assim como o pai de David Ricardo eram judeus rabinos. A diferença do pai de Ricardo para o genitor de KarL Marx, consistia no fato de que, enquanto o pai de Ricardo era ávido por dinheiro e gastava a maioria de seu tempo investindo nas Bolsas de Valores da Inglaterra e da Holanda, o gerador de Marx era um sério e responsável Juiz de Direito, muito compenetrado na sua função e respeitado entre seus pares.

Enquanto Ricardo, assim como seu pai, adorava ganhar dinheiro especulando também na bolsa de Londres e se envolvia na política inglesa, se tornando até um político por intermédio da compra de uma cadeira na Câmara dos Comuns do Parlamento Inglês, era ainda, conselheiro político dos grandes "economistas" como o senhor James Mill, pai de John Stuart Mill, além de outros políticos ingleses, de onde era reconhecido como um guru desses ditos "profissionais liberais".

Por outro lado, Marx se formou em Ciências Jurídicas, "pela universidade de Iena com a tese *Sobre as Diferenças da Filosofia da Natureza de Demócrito e Epicuro*"' (Sandroni, 2000:369), mas que se viu logo desestimulado com sua profissão, por se preocupar com os níveis de miserabilidade das classes sociais mais humildes da Europa Ocidental, especialmente, a dos trabalhadores, obrigando-o a abandonar a profissão e adentrar em novos campos de pesquisas, como a Sociologia, a Filosofia, a Ciência Política, e, principalmente a Economia, de onde saiu a obra mais espetacular que trata da Ciência Econômica de todos os tempos. Ali tem praticamente tudo de Ciência Econômica séria.

Foi na sua fase de juventude e início da adulta, que Marx mostrou-se mais indignado com o *status quo* da população pobre, e propôs a revolta do proletariado, por intermédio da sua obra elaborada em conjunto com Friedrich Engels intitulada "O Manifesto Comunista", o que lhe gerou ódio, aversão e demonização da sua ideia, levando-o a sofrer perseguições por parte das classes mais abastadas, principalmente ligadas ao campo "ideológico-religioso" comandado pelos pastores, os burgueses protestantes da época, além dos ateus e algumas facções da Igreja Católica.

Nesse estágio de sua vida, Marx se revelou um verdadeiro revolucionário por abraçar as causas dos sofrimentos e das misérias que assolavam as classes sociais menos favorecidas, principalmente as dos trabalhadores.

Ainda por não encontrar nada plausível nessas ciências que justificassem no campo científico-social, a mendicidade das castas menos favorecidas, novamente, Marx resolve abandonar essas searas e buscar novos cenários para suas perquirições que dessem uma resposta pelo menos plausível, sobre o grau de pobreza dos estratos mais indigentes do continente europeu, desta vez, percorrendo os caminhos da Economia Política.

A busca incessante sobre os fundamentos científicos da Economia Política que os levasse a explicar os fatos existentes relativos às questões de indigência e pobreza extrema dos trabalhadores da época, levou Marx a se enclausurar, afastando-o do convívio social para poder analisar as obras científico-econômicas que estabeleciam as diretrizes das relações econômicas e sociais da época, dentre elas: Os Fisiocratas; Tratado de Economia Política, de Say; Economia Política e Tributação, de David Ricardo; A Riqueza das Nações, de Adam Smith; dentre outras, visando dar uma resposta científica plausível, de cunho definitivo, aos problemas que envolviam a miséria sofrida pelos pobres e trabalhadores da época.

Essa clausura durou por mais de 20 anos até fazê-lo, quase que praticamente, concluir sua obra "O Capital", situação essa que o levou a pobreza e a miséria, retirando-lhe praticamente tudo o que a sua posição social privilegiada poderia lhe oferecer, exigindo que seu mais fiel amigo e admirador Friedrich Engels lhe desse assistência financeira durante suas perquirições, em nome da causa dos pobres, miseráveis e indigentes de sua época.

Assim deve-se considerar, em relação a Marx, que ele passou por três fases distintas de trabalhos considerados científicos em sua vida. A de jovem advogado, filho de juiz, preocupado com as questões jurídicas;

a de jovem adulto e revolucionário, aflito com as questões sociais, com ênfase na miséria e na fome das classes sociais menos favorecidas; e a de Economista, já na sua fase madura, se apoquentando com as questões econômicas, buscando desvendar os segredos que envolviam as teorias levantadas pelos economistas políticos, defensores das fortunas acumuladas pela classe social mais abastada, no caso, a burguesia, constituída pelos: capitalistas, banqueiros, juízes, pastores-políticos e grandes proprietários de terras, que levava as classes sociais mais pobres à miséria e indigência quase que absolutas.

Dessa forma, enquanto Marx procurava uma resposta científico-social para explicar o nível de pobreza e mendicância que se alastrava entre as classes sociais de níveis mais baixos da Europa Ocidental, em especial, a classe dos trabalhadores, o que o levou a criar e publicar a mais extraordinária obra de cunho econômico e social de todos os tempos, no caso, "O Capital", Ricardo, de outra parte, encontrava na classe dos proletários a fórmula mágica para tornar mais ricos ainda os afortunados da burguesia europeia, que se dava por intermédio da espoliação dos salários dos trabalhadores, via estabelecimento da sentença atribuída por esse "paladino inglês", de relação inversa entre lucro e salário. Ou seja, na visão de Ricardo, se os burgueses quisessem enriquecer cada vez mais para gerar no futuro imediato o estado de panaceia em toda a Europa Ocidental, eles teriam que pagar o menor salário possível para essa casta. Só assim é que os lucros seriam majorados e a prosperidade, o progresso e a paz se instaurariam nessa parte do continente europeu, nas Américas e no mundo, de maneira absoluta.

Como resultado dessa contenda ideológica entre os ferrenhos seguidores de cada qual desses pensadores, enquanto Ricardo se tornou o pai do "liberalismo econômico", o suprassumo do conhecimento e da "liberdade empreendedora europeia", o símbolo máximo da "supremacia ariana", tomando o posto dos extraordinários Economistas senhor Quesnay e Sir Adam Smith, Marx se tornou o objeto de execração e ódio de toda essa raça, em especial, a dos burgueses "religiosos", por afirmar que, a religião nesse período era "o ópio do povo", o que, vale-se ressaltar que, desde a Revolução Protestante de Marinho Lutero implantada na Europa, e, em até na maior parte do Planeta nos dias atuais, não era e ainda não é, nenhum exagero.

A obra de Marx, além de ser odiada pelos burgueses divididos entre: empresários, banqueiros, poder judiciário, protestantes, pastores, algumas facções constituídas de padres e bispos da Igreja Católica, se tornou objeto de saques e plágios de suas ideias pela Administração Moderna, pela Escola Neoclássica, a Contabilidade, a Engenharia de Produção, dentre outras fantasias de "Ciência".

Os fundamentos da Administração Moderna Atual, só faz reproduzir o que está demonstrado nos três volumes da obra de Marx, a saber: a questão da função do gestor econômico de negócios, que os administradores afirmam que são inovações atuais suas; a exigência para o gestor se preocupar apenas em planejar estrategicamente, operacionalmente e taticamente seus projetos; além dos processos de sequenciamento da produção empresarial, a Economia de Escala, as especificidades dos ativos criada por Smith e melhorada por Karl Marx, etc.

Se se tirassem as premissas econômicas desenvolvidas por Adam Smith, Marx, Vilfredo Pareto, Joseph Schumpeter, John Kenneth Galbraith, que é o pai do que hoje se chama "Governança", e que foi extraída dos princípios da tecnoestrutura desse último economista, todas das "ciências administrativas", assim como as da Engenharia de Produção, essas simplesmente desapareceriam.

Enquanto, na sua obra "A República", Platão e depois, Adam Smith com sua "Riqueza das Nações", já trabalhavam com a faculdade das necessidades fisiológicas como a pilastra máxima para fundamentar os princípios da Política e da Economia Política e Empresarial, no seu contexto puramente científico, Maslow muitos séculos depois, ainda faz o verdadeiro disparate em afirmar que essa descoberta foi sua, fato esse último que foi abraçada de maneira totalmente equivocada pelos "administradores" de plantão.

A proposição dos contabilistas de que é o custo que comanda todo o processo de produção depois da transmutação do dinheiro em capital financeiro, e este último, metamorfoseado para os custos na forma de investimentos, já tinha sido alicerçada por Platão e Adam Smith, de maneira respectiva, e mais ainda, consolidada por Karl Marx em "O Capital", como a essência da inicialização dos registros contábeis das atividades produtivas, visando a produção de mercadorias mediante a utilização dos custos: fixos, variáveis, totais, das despesas e das transformações desses em receita, depois da venda da mercadoria e sua transmutação em dinheiro, fazendo-se completar o ciclo do processo de produção capitalista puro, como um todo.

A ideia dos neoclássicos de que é a concorrência que faz baixar os preços dos produtos, antes mesmo da origem dessa técnica de análise "científica", Platão, Smith e Marx já os tinha eliminado por intermédio da asseveração de Platão de que, todas as formas vivas são formadas de maneira simétrica, assim como é a Economia, onde as utilidades são produzidas na forma de mercadorias para saciar as necessidades, bem como, os preços tendem a baixar devido ao avanço tecnológico, e não, pura e simplesmente através da concorrência, o que na realidade não existe entre as classes empresariais, que se organizam através de sindicatos próprios e da proposição do lema de que: "quem divide perde, quem soma ganha".

Segundo Smith e Marx, o fenômeno da queda de preço se dá, em decorrência da melhor combinação dos avanços e das inovações tecnológicas, aonde, as ferramentas existentes na mais-valia-absoluta, na assertiva correta de Karl Marx, foram transformadas em máquinas-ferramentas, o que trouxe, e ainda traz, melhorias significativas nas condições de produção no interior da fábrica, e que, com a tecnologia cada vez mais inovativa, isso faz melhorar e aumentar a quantidade de produtos produzidos, provocando automaticamente a melhoria e a redução dos preços no sistema capitalista de produção.

Esse evento faz com que a empresa, para maximizar o lucro, não dependa mais da espoliação dos salários da classe trabalhadora, que existia na vigência da mais-valia absoluta, sob imposição da teoria ricardiana, mas sim, em função da quantidade vendida da mercadoria, fenômeno que atua durante a ocorrência da mais-valia-relativa.

Então, nesse contexto, é a tecnologia, amparada pelas virtudes adquiridas com o advento da educação, da cultura e sua aplicação, que faz com que haja o crescimento com desenvolvimento econômico e a consequente ampliação da riqueza na sociedade como um todo, e não, na relação inversa entre salário e lucro, estupidamente imposta na sociedade "goela abaixo" por Ricardo, e que é ridiculamente seguida e enaltecida pelos seu séquito de pseudoeconomistas, "administradores", contabilistas lacaios e demais protótipos de "ciência social" de plantão.

Não se pode negar que os neoclássicos, assim como os Monetaristas, tenham bebido das fontes científicas desenvolvidas por Marx, principalmente quando se trata da contribuição marxista da transformação da produção durante a criação da riqueza na forma de mercadorias ou utilidades por intermédio das metamorfoses, que essas duas escolas chamam simplesmente de *tradeoffs*. No caso Marx, utilizando-se do recurso M-D-M' afirmava que, as matérias-primas, o trabalho, os insumos eram acrescidos na produção incorporando o seu benefício de mesma magnitude e valor, na utilidade que é a própria mercadoria final, por intermédio das metamorfoses. Com a venda da mercadoria, novamente o valor dela se transmuta em dinheiro, acrescido do montante adicional que é o seu excedente, que lhe é acrescentado, pelo preço da força do trabalho do homem, e que vai permitir à empresa a obtenção do lucro.

Dessa forma, para incorporarem essa versão analítica de Marx em suas teorias, visando lhes dar sentido durante o seu fabrico, os neoclássicos afirmarem que, no decorrer da realização do processo de produção das mercadorias, essas fazem um *tradeoff*, palavra essa que, embora seja fundamental para se explicar alguns fenômenos da Ciência Econômica na teoria dos neoclássicos, até nossos dias, eles não sabem determinar seu significado e seu funcionamento na prática, tornando para esses, um princípio fundamental ao processo de criação da riqueza e escolha por bens necessários, mas apresentado apenas de maneira hipotética. No caso, um artifício semelhante ao mecanismo *ad-oc*, sem explicação na prática, com sentido apenas na abstração.

Em relação a Vilfreto Pareto, pode-se afirmar que, ele também bebeu na fonte da transmutação desenvolvida por Marx, quando esse Economista cria o conceito de Ótimo de Pareto. Sabe-se que na teoria, esse fenômeno existe e é explicado por intermédio de artifícios matemáticos, mas que, a sua explicação na prática, se torna uma opinião vaga, não tão consistente e evidente quanto o é a questão da transmutação das mercadorias, desenvolvida por Marx.

O mesmo procedimento adotado por Marx para explicar o processo da transmutação da matéria-prima em mercadoria é também utilizada pelo Apóstolo Paulo, quando esse Profeta escolhido a dedo por Jesus Cristo, analisa a transubstanciação do Messias-Deus em Jesus Cristo-Homem, quando Ele se transubstancia da condição de Espirito-Superior, em Carne, manifestado na matéria, pelo uso do Corpo da Santa Virgem Maria.

E quando Cristo faz o caminho inverso durante sua ressurreição, se metamorfoseando da condição de Carne, em Espirito-de-Deus, na forma do Messias Verdadeiro, por intermédio do mesmo fenômeno da transubstanciação. A diferença do fenômeno da transmutação para o de transubstanciação está relacionado ao fato de que, enquanto a transmutação se dá na matéria, o fenômeno da transubstanciação só ocorre no espírito, mas com a mesma função.

No caso, o verbo divino se fazendo carne e habitando entre nós mortais obedecendo ao processo: Deus-espírito, se metamorfoseando em Deus-feto e que se manifesta no Ventre da Virgem Maria, se transubstanciando em embrião humano por intermédio da ação do Espírito Santo, que o faz seguir o processo de crescimento manifestado na carne na forma: nascituro, criança, jovem, adulto, morto, Deus ressuscitado.

Depois da sua transmutação de Deus-feto para menino, o Messias segue a sua evolução natural, na condição de Filho-do-Homem, como Jesus Cristo gostava de ser chamado, crescendo de maneira natural na condição de mortal, até a fase adulta, quando foi crucificado, ressuscitou e retornou ao Céu, se transubstanciando novamente da condição de espírito-humano para o Filho do Deus-Maior, o Verdadeiro Messias.

Vale ainda acrescentar que, Platão utiliza a mesma técnica de Marx e do Apóstolo Paulo da transubstanciação ou metamorfose, para analisar a evolução e o comportamento das variáveis por meio do método dialético, em sua obra "A República".

O extraordinário em comum desses três fenômenos está no fato de que, enquanto no fenômeno da transmutação, a matéria-prima mesmo se transformando em utilidades, na forma de mercadorias, não perde a sua essência, ou seja, mantém suas qualidades intrínsecas intocadas, se revelando no seu poder de suprir uma necessidade, o mesmo fato ocorre com a transubstanciação, quando jesus Cristo se transubstancia da forma Deus-Espirito para Homem-matéria, sem perder a sua essência que é a divindade, apenas a tornando num atributo velado à visão humana, o mesmo ocorrendo com a dialética de Platão, por meio da simetria.

Assim, mesmo na condição de Filho-do-Homem, Jesus Cristo não perdeu a sua essência, que é a de ser Deus, durante o fenômeno da transubstanciação, fato esse que lhe permitia realizar milagres inimagináveis por intermédio de suas ações, como: fazer um cego enxergar, ressuscitar um morto, caminhar sobre as águas. Todos esses fenômenos considerados milagres, por não serem explicados pela mente humana, por enquanto, é bom que se diga.

Quanto à religião, muitos de seus adversários acusavam Marx de que esse era ateu, pelo fato de o mesmo afirmar que a "religião é o ópio do povo". Entrementes, a senhora que trabalhava com Marx de maneira cotidiana como sua empregada, afirmava que esse filósofo-economista, fazia um verdadeiro ritual, quando ia orar a seu Deus.

Durante o ritual de preparação para suas orações, Marx circundava toda sua cintura com uma faixa, criava o ambiente apropriado para a sua celebração individual e rezava por até duas horas, nesse seu tipo de recolhimento espiritual. Por isso, pode-se dizer que, não havia uma pessoa mais responsável e preocupada com seu espírito do que o próprio Karl Heinrich Marx. Fato esse que não permite dizer o mesmo dos pseudoeconomistas ocidentais, que levaram o Ocidente ao colapso atual, fazendo-o perseguir a Rússia e a China pelos seus avanços tecnológicos e faustosos respectivos, por esses seguirem religiosamente, mesmo que imperceptivelmente, as premissas de desenvolvimento econômico e formação das riquezas sociais propagadas por: Platão, Adam Smith e Marx.

13.4 A falácia da teoria de concentração de capital dos clássicos, neoclássicos e monetaristas

Foi no contexto dos sofismas, propagados e defendidos pelas "escolas de pensamento econômico ocidentais", que a economia surgiu como ciência, baseada em jogos de interesses, opiniões e intuições, apontadas pelos diversos tipos de estudos ditos "econômicos", que enfatizavam a aglutinação de dinheiro por meio da acumulação de renda nas mãos de uns poucos indivíduos privilegiados, no caso, os capitalistas, que passaram a ser citados como os verdadeiros paladinos ou gênios dos negócios.

Para esses "economistas" a classe capitalista dividida entre grandes empresários e banqueiros, era a principal articuladora e formadora da riqueza que se daria por intermédio de ações empresariais, lhes possibilitando, como consequência, promover o crescimento com desenvolvimento das nações. Esse tipo de opinião teve ênfase principalmente através dos estudos do senhor David Ricardo e que foram publicados em sua obra "Princípios de Economia Política e Tributação", como já visto parcialmente, em páginas anteriores.

Como esse tipo de opinião ou intuição é de cunho sofista e mostrou-se caótica ao longo dos tempos, conforme foi demonstrada nas análises e relatórios apresentados acima e comprovados pelos mais variados tipos de estudos pertencentes a várias correntes de pensamento econômico, tal ideia será relegada a segundo plano a partir de agora, principalmente pelo fato de que, a mesma é de cunho catastrófico e letal, para a evolução econômica da sociedade global.

Ademais, essa visão crítica das ideias e intuições econômicas predominantes, desenvolvida pelos pensadores ocidentais de ocasião, conforme já frisado, não é exclusiva dos economistas puros e dos filósofos gregos.

Até mesmo a Religião se manifesta a respeito de tal fato, como se pode muito bem ver nos escritos de Isaias que afirma: "ai de vós os que ajuntais casa a casa, e ides acrescentando campo a campo, até chegar ao fim de todo o terreno! Acaso habitareis, vós só, no meio da Terra? Nos meus ouvidos estão estas coisas, diz o Senhor dos exércitos". (Isaías, cap. 05; Vers. 08 e 09).

Existe crítica mais específica e aberta que essa ao pensamento de acumulação de capital dos clássicos, neoclássicos e monetaristas?

Ou o pai de Isaías, Amós que acrescenta:

> Ouvi isto, vós que pisais os pobres, e fazeis perecer os indigentes da terra, dizendo: Quando passará o mês, e venderemos nós as nossas mercadorias: e o sábado para abrirmos os celeiros: para diminuirmos a medida e aumentarmos o siclo, e servimo-nos de balanças falsas: para nos fazermos senhores dos necessitados com a nossa prata, e dos pobres com um par de sandálias, e para lhes vendermos até as cascas do nosso trigo? O Senhor pronunciou este juramento contra a soberba de Jacó: Eu juro que me não esquecerei jamais de todas as obras deles. (Amós: Cap. 08; Vers.; 04 – 07).

Na concepção de Marx apontado em seu trabalho "O Capital" a teoria da acumulação de capital desenvolvida pelas Escolas de Ricardo, dos neoclássicos e dos monetaristas só levariam a um processo de concentração de riquezas ininterruptos, o que resultaria não na acumulação de capital propriamente dita, mas sim, numa centralização de capital extremamente séria resultando em crises catastróficas em todos os quatro cantos do Planeta Terra.

Trabalho excelente que trata exclusivamente desse tema é o realizado pelo senhor Nikolai Bukharin em sua obra "A Economia Mundial e o Imperialismo", que baseado em "O Capital" de Marx, tece toda sua teoria sobre a Economia mundial e o Imperialismo.

Na concepção do *Mainstream* (capitalistas como classe dominante, individualismo, relação inversa entre salário e lucro de Ricardo, dinheiro considerado como capital e utilizado como o fator determinador das relações econômicas dos monetaristas, acumulação de capital e movimento dos preços como os pontos fundamentais nas relações de produção dos neoclássicos; todos utilizados de forma concomitante e predominante) a acumulação de capital é um fator necessário e que deveria ser imposto para a sociedade como uma maneira de formar poupança nas mãos da classe empresarial, pois só assim haveria uma acumulação de fundos monetários suficientes para fomentar os investimentos e com isso gerar mais empregos e promover a formação da riqueza com maior intensidade. De acordo com essa visão os empresários investiriam na produção toda a poupança que fosse gerada pelo sistema capitalista.

Com o tempo toda essa versão se mostrou fantasiosa. Isso porque os empresários realmente não investem tudo o que ganha. Na opinião de Keynes, fato esse que é verídico, os empresários investem sob a influência de fatores psicológicos, em especial, de acordo com as expectativas que esses têm de mercado.

Se a expectativa for otimista, fatalmente eles investirão independentemente se o salário da região considerada, for alto ou baixo. Isso porque os salários, como já mostrado aqui, são medidas *ex ante* à produção de mercadorias e como tal são considerados como custos, além de serem investimentos na mão de obra, visto que, a classe dos trabalhadores é que acrescentam valor na mercadoria decorrente da ação da sua força de trabalho. Além de tudo, os capitalistas por considerarem equivocadamente, o salário como custo, visto que o salário na realidade é investimento, repassam para os preços todo o valor do labor pago à classe trabalhadora. Ainda já foi provado também aqui que, salário não apresenta nenhum vínculo por mais remoto que seja com o lucro visto que, ambos são originários de fatores diversos e o lucro é o resultado da empresa, não do empresário, acima de tudo. O lucro apresenta, isso sim, uma relação inversa com o prejuízo, para as contas de resultado das empresas.

Como a classe empresarial trabalha com expectativas, Smith e Marx, em suas respectivas obras afirmam que, essa classe nunca tem prejuízo com as crises no sistema capitalista. De acordo com esses brilhantes economistas, antevendo os fatos que podem acontecer no mercado, no caso de crise, além de deixarem de investir, eles esperam até que a situação melhore para fazerem novas inversões. Sem contar esse fato, a classe capitalista sempre trabalha com opões.

Uma dessas opções, segundo Keynes, baseado em Irving Fisher e sua obra "A Teoria do Juro" é a taxa de juro. Para Keynes, assim como para o senhor Fisher, o empresário sempre faz uma comparação entre o comportamento das taxas de juros de longo prazo com o retorno dos investimentos na forma de lucro. Sempre que um suplantar o outro em termos de retornos positivos, o empresário vai migrar de uma operação para outra.

É por isso que Keynes em sua obra "Teoria Geral do Emprego do Juro e da Moeda" critica pesadamente o processo de especulação de mercado que ocorre no curto prazo, decorrente de ações de especuladores sem nenhuma base de conhecimento de funcionamento da Economia Pura, pois essa movimentação cria uma cortina de fumaça sobre o real comportamento da taxa de juro de longo prazo, que é a taxa que determina os níveis de investimentos na Economia. Para Keynes, o governo deveria intervir no comportamento de juro de curto prazo para garantir a fluidez e boa compreensão do comportamento da taxa de juro de longo prazo, visando garantir o bom desempenho da Economia.

Daí a necessidade da criação das políticas macroeconômicas representadas pelas técnicas de controles: monetário, fiscal, cambial, de renda e de crédito, que devem ser tomadas pelas autoridades governamentais, sempre que o nível de agitação de informações desencontradas, motivando aplicações excessivas em papéis decorrentes de má informação no mercado, provocados por especuladores, o que faz elevar a taxa de juro de curto prazo, fazendo atrair novas aplicações financeiras e deslocando o dinheiro do setor produtivo para o improdutivo, que é o de investimentos que geram excedentes econômicos na forma de mercadorias, também chamadas de utilidades ou riquezas, tornando-os inertes e inviabilizando o crescimento com desenvolvimento da Economia Real.

Na concepção de Marx, é justamente a taxa de juro elevada que provoca o entesouramento na Economia e faz os investimentos desaparecerem gerando crises de emprego e eliminando a formação de riqueza por meio de novas inversões na Economia.

Então, essa versão do *mainstream* de concentração de renda como fator gerador de riqueza é toda ela falaciosa e sem quaisquer fundamentos científicos ou com a realidade presente, porque esse tipo de transação só faz transferir a renda de um setor produtivo para outro improdutivo que é o setor de especulações financeiras de mercado. No caso, como diz Jean Baptiste Say, um ganha o que o outro perde.

Isso sem contar o fato de que, a acumulação de capital como forma de gerar novos investimentos é toda ela contraditória e falaciosa. Isso porque, para que haja novos investimentos têm que existir mercados. Para que haja mercados atrativos para comportar tais inversões deve haver demanda efetiva para consumi-los. O principal fator que eleva o consumo é a atomização de mercado, no caso, alta taxa de consumo com elevada taxa de investimentos, fatos esses que só se conseguem com alta taxa de emprego.

Por incrível que pareça, o principal fator que faz gerar novas inversões no mercado interno é justamente o consumo da classe dos trabalhadores improdutivos que estão divididos entre as empresas estatais, o setor serviço, os funcionários públicos, etc. Isso porque, os trabalhadores improdutivos embora sejam chamados assim por não produzirem excedentes econômicos, eles ganham rendas sob a forma de salários, e com esse dinheiro, eles também fazem consumo na Economia.

Por exemplo, se houverem dez trabalhadores produtivos e trinta improdutivos, embora a produção fique restrita aos dez trabalhadores produtivos a demanda efetiva se eleva para quarenta consumidores, no caso, dez produtivos e trinta improdutivos. Aí está a importância da demanda efetiva para a geração de empregos e de produção na Economia, e não o contrário como predizem os clássicos, neoclássicos e monetaristas.

Esses pensadores agem assim porque, na teoria deles, a demanda efetiva só é gerada no mercado externo pois eles consideram como compradores de mercadorias só a classe empresarial e, com isso, o aumento do nível de consumo depende exclusivamente do aumento do consumo no mercado internacional, o que é um grande equívoco. Já afirmamos aqui que, o mercado externo é a continuidade do mercado interno como enfatizam Platão e Smith e não o contrário como procura deixar como evidente o *mainstream*.

Pensar dessa maneira é deixar o mercado nacional ou interno, à mercê de quaisquer ações irresponsáveis ocorrendo no mercado externo como as guerras, os golpes de Estado, a ascensão de tiranos ao poder, a ação de países imperialistas fazendo deslocar os centros de investimentos na Economia, a má distribuição de renda que é resultado na própria política de concentração de renda propagada pelos clássicos, neoclássicos e monetaristas. Enfim, tal asserção demonstra que essas ações propostas pelos pseudoeconomistas de ocasião, no caso, os clássicos na visão de Ricardo, os neoclássicos e monetaristas, geram uma verdadeira baderna no seio da Economia Política e Empresarial Puras. Na verdade, esses indivíduos destruíram toda a base racional e, portanto, lógica, da Economia Política e Empresarial pura.

Nesse contexto, a acumulação de capital só elimina mercado e é o maior propagador de crises de produção e consumo que tem como consequência o aumento de desemprego, miséria, fome e crises reincidentes no sistema econômico de produção.

Diante desse cenário catastrófico, está descartada a partir de agora, a concepção da acumulação de renda como fator gerador de riqueza e de desenvolvimento econômico e social, visto que, tal assertiva não se mostrou comprovadamente eficaz quanto a essa proposição, sem contar o fato de que, a mesma está mais relacionada à intuição do que propriamente a um fundamento sério, sistemático e responsável, como é a Economia na condição de Ciência Pura e, portanto, Verdadeira.

Desta parte, como esta obra está alinhada com "A República" de Platão, vista aqui, e que segue tanto os pináculos de Platão quanto os de Smith em "A Riqueza das Nações" que ora são analisadas, adotar-se-á a partir de agora, o mesmo princípio desse filósofo em conformidade com as premissas de Smith, tratadas em sua obra de maior relevância na seara econômica, acrescida dos fundamentos da Economia Empresarial e da macroeconomia enfocada por Marx em, "O capital", e esta última, reforçada por Keynes em sua Teoria Geral.

Tal princípio é balizado na formação da identidade e do caráter do indivíduo como defensor do Estado, na ótica da política, e pessoa civilizada, solidária aos preceitos morais dentro da sociedade, imaginada por esse autor, no caso, Platão e consubstanciada com as ideias de Smith, no campo econômico, tratadas em sua obra "A Riqueza das Nações". Ao mesmo tempo, deve-se acrescentar que, tais virtudes, defendidas por esses dois autores são solidárias aos preceitos da religiosidade enaltecidos pelos Profetas, como fundamento moral essencial, para a formação da civilidade do homem e da mulher enquanto ser social, de caráter solidário perene, como se passa a tratar a partir de agora.

Deve-se ressaltar que, ao avaliar os valores morais e sociais que moldam o caráter e a dignidade do cidadão civilizado, Platão acrescenta que, existem dois tipos de males que maculam a formação do indivíduo enquanto ser humano, que devem ser banidos da formação estrutural da sociedade e os classifica como sendo: a riqueza excessiva e a pobreza ao extremo, conforme já frisado aqui e que se volta a repetir.

Segundo esse autor, conforme preceitua Paixão(2022), tanto a riqueza excessiva quanto a pobreza ao extremo, têm em comum, em polos opostos, a característica principal de corromper o meio social destruindo sua base estrutural, organizacional e formativa.

Como frisado lá no início desta obra, no caso da riqueza excessiva, tão logo o indivíduo adquira esse status, passa a se considerar autossuficiente e se torna um ser soberbo, arrogante, prepotente se considerando absoluto em tudo, o que o faz ignorar e abandonar o auxílio daqueles que o ajudaram a chegar a tal posição, dentre eles, principalmente, Deus. A consequência final dessa condição humana, para a Economia, resulta no fato de que, tal indivíduo se transforma num ser ignorante abandonando as virtudes do trabalho, da dignidade, do caráter, dos bons costumes e passa a idolatrar os preceitos da indolência, da ganância, do orgulho, da opressão, da soberba, se afastando como resultado dessas mazelas, das virtudes que moldam a concretude moral do cidadão.

Por seu turno, no extremo oposto da situação apresentada acima, quando o indivíduo segundo Platão (p. 122), se torna tão pobre a ponto de não ter "sequer as ferramentas necessárias para executar seu trabalho e qualquer outro utensílio indispensável", ele se torna um ser tão incompetente e desleixado, que passa a ignorar tudo que diz respeito aos valores morais, que moldam a estrutura social e virtuosa do indivíduo, passando a viver na indigência, sendo relegado pela sociedade a ponto de causar penúria. Diante disso, conclui o autor afirmando que: "Logo, a pobreza e a riqueza concorrem para tornar piores os produtos de um ofício e também os próprios artesãos" Platão (2006:122).

De acordo com o já analisado, tal percepção de Platão coaduna com os preceitos da religiosidade do Livro dos Provérbios que afirma:

> Duas coisas são as que te pedi: não mas negues antes que morra. Alonga de mim a vaidade, e as palavras de mentira: não me dês nem a pobreza, nem as riquezas: dá-me somente o que for necessário para viver: para que não suceda que estando farto, seja eu tentado a te renunciar, e dizer: Quem é o Senhor? Ou que constrangido da indigência me ponha a furtar, e viole por um juramento o nome de meu Deus. [PROVÉRBIOS (Apêndice I. Provérbios de Agur Cap. 30; Vers.: 7 - 9)].

Como a proposta do presente estudo não é o de violar as leis filosóficas e muito menos os ditames e costumes religiosos, os preceitos da Economia na condição de Ciência Social e Aplicada, segundo a visão deste trabalho passa a ser, o de se preocupar em criar e manter mercados aquecidos com o objetivo de produzir e distribuir riquezas de maneira justa, por intermédio do processo produtivo, de tal forma que, a indigência e a riqueza ao extremo sem fundamento, sejam banidas definitivamente dos padrões de desenvolvimento econômico e social, zelando pela manutenção e equilíbrio do bem-estar tanto material quanto espiritual da humanidade.

De maneira geral, como a mercadoria no final do ciclo de produção capitalista se transforma em dinheiro decorrente da sua venda, concomitantemente, transmuta-se as necessidades em demanda que se concretiza por intermédio da compra, o que faz, por conseguinte, restringir a demanda não às necessidades, mas sim, apenas ao dinheiro disponível no mercado e que é gerado por intermédio do despendimento da força de trabalho.

Disso depreende-se que, a efetividade dessa demanda, ou seja, a quantidade que for efetivamente vendida depende de fatores exógenos à própria produção em si, e que, por seu turno, essa produção deverá ser igual à compra efetiva das mercadorias pelos demandantes existentes no mercado, uma vez que, estes últimos, transmutando-se para a condição de produtores, só têm o potencial de comprar com o dinheiro das mercadorias que eles próprios vendem nesse mercado, somada a quantidade de compras totais efetuadas no mercado interno, pela classe dos trabalhadores e por demandantes dessas mesmas mercadorias de outras regiões e do mercado externo, de maneira concomitante.

Como de praxe, caso os ofertantes não conseguirem vender suas mercadorias nesse mercado específico, na quantidade suficiente que os mesmos precisam para atender suas necessidades, os mesmos terão que se deslocarem para outros mercados, o que, daí, vai depender das vias de acesso disponíveis a tais mercados, como: estradas, rios, mares etc. Eis os motivos pelos quais, conforme já frisado, fizeram Platão, Smith e Marx afirmarem que, as primeiras áreas habitáveis se deram às margens dos rios, estradas e mares, compondo os famosos aglomerados produtivos locais e, depois, cidades, por causa das vias de transporte.

É por isso que cabe na análise acima a afirmação de Smith de que, "o preço efetivo ao qual uma mercadoria é vendida denomina-se seu preço de mercado. Esse pode estar acima ou abaixo do preço natural, podendo também coincidir exatamente com ele" (p. 110). E que, "[...] a demanda efetiva difere da demanda absoluta" (p. 110). Dessa forma, toda a produção, os tipos de produtos vendidos, a intensidade das negociações e o potencial do mercado em análise, dependem fundamentalmente da efetividade da demanda, ou, da quantidade de mercadorias que realmente são negociadas no mercado.

13.5 O Estado de Platão segundo a "Filosofia" praticada pelos filósofos gregos

Na modelagem do seu Estado Ideal, Platão se deparou com a questão de saber qual seria o perfil mais adequado para essa tão propalada entidade imaginada em sua mente.

Para encontrar uma resposta plausível a tal questionamento, esse filósofo concluiu que, todo Estado, assim como um espelho, tende a refletir a identidade e o caráter da população que o compõe e o torna, civilizado.

Como já frisado nos capítulos iniciais desta obra, se essa população for estruturada segundo os fundamentos das virtudes, da educação e da cultura, o Estado será civilizado e se, por outro lado, sua população for ignorante, tal Estado se comportará de maneira selvagem portanto, bárbaro.

Partindo do princípio de que essa versão constitui a essência da formação do seu Estado ideal, Platão observou que, para se ter, nesse contexto, um Estado civilizado é fundamental que o mesmo seja constituído de uma população cheia de virtudes além de ser altamente educada e culta.

Dessa maneira, para que se tenha um Estado civilizado faz-se necessário que sua população, primeiro seja municiada de virtudes, principalmente da coragem, da temperança, da justiça e da sabedoria, e concomitantemente, que se eduque de maneira proativa, e essa, por conseguinte, estando educada num nível intelectual avançado, a mesma passe a ter condições de adquirir a cultura, que se torna indelével na sua formação social, a partir do momento em que ela passe a receber mais informações de características diversas e construtivas, por meio do seu inter-relacionamento com seus pares, no meio social em que vive e com o mundo.

Assim, para que essa população seja educada e culta, a mesma tem que ser moldada segundo os princípios do caráter e da dignidade humana. Da sua parte, tanto o caráter quanto a dignidade humana são constituídas por um conjunto de virtudes que são inculcadas paulatinamente na estrutura física e emocional do indivíduo, pelo processo educacional, que se cria a partir do momento em que ele nasce.

Esse processo, primeiro, tem início, pela participação ativa tanto de seu pai quanto da sua mãe, cada qual, ensinando seus valores de forma altruísta na sua formação educacional, já sendo educado como indivíduo destinado a conviver de maneira independente, íntegra e solidária dentro do ambiente social. Depois dos pais, esse processo deve ser estendido para o mundo exterior a começar nas escolas.

Segundo Platão, depois de se criar o método pedagógico e a estratégia de ensino, os educadores, primeiro os pais, depois os professores nas escolas, devem delinear o que deve ser trabalhado no processo de ensino para transformar as crianças, e depois, homens e mulheres, em verdadeiros guerreiros (as), destemidos, amantes da liberdade, fortes, audazes e solidários, enfim, verdadeiramente educados e respeitando os deuses, os pais, a amizade recíproca (p. 82), sem interesse em falar nomes feios ou palavrões (p. 83) e quaisquer faltas de decoro ou excessos, além de garantir o respeito aos mais idosos.

A segunda fase desse processo, se dá pela continuidade da sua modelagem física e espiritual a serem aprendidas na escola, que deve se dar por meio do ensino sobre qual é a refeição ideal e a prática desportiva adequada, que vai modelar seu corpo físico, para que os mesmos cresçam fortes, úteis e dispostos para a labuta diária e a boa assimilação do conhecimento durante sua formação educacional.

O conhecimento deve ser transmitido por uma técnica pedagógica que vise facilitar o conhecimento do aluno sem a prática de pressões ou coerções durante as etapas de ensino, de preferência pelo uso da música, de objetos e temas educativos que deixem o aluno livre para explorar sua imaginação e aprimorar seu conhecimento que edifiquem sua alma e o tornem um indivíduo probo, forte, racional, destemido e fiel a um Deus extremamente justo, bondoso e piedoso, tornando-o indelével na sua alma.

Assim, essa estruturação do perfil do ser civilizado, deve ser acrescentada e inculcada em sua essência enquanto ser humano, por meio do ensinamento das virtudes que moldarão o seu caráter durante o processo de sua formação educacional e cultural, que juntos constituirão sua essência, que refletirão no seu comportamento social enquanto indivíduo justo, fiel e caridoso.

O ensino deve ser contínuo, ininterrupto e fundamentado em regras claras, justas, imparciais e firmes, com total rejeição aos preceitos negativos que tornam o indivíduo medroso, fraco, parcial e instável emocionalmente, facilitando assim, a construção de uma sociedade constituída tanto de homens quanto de mulheres destemidos(as), tornando-os indivíduos de caráter, probos, solidários e defensores de seu Estado. No caso, verdadeiros estadistas.

Por conseguinte, antes de se iniciar o processo educacional, a sociedade civilizada deve ter em mente quais são as principais virtudes que devem ser inculcadas na mente dos indivíduos, para que eles fiquem em condições ideais de se tornar grandes homens e mulheres no final das suas respectivas formações educacionais e culturais. Tudo deve ser estabelecido obedecendo aos critérios da formação do seu caráter fundamentado na moral.

Diante dessa questão, Platão começa a citar quais são as virtudes que devem ser enaltecidas na educação das crianças e quais são os vícios ou indecências que devem ser evitadas. Tudo isso, visando educar o homem na honestidade e na busca da maximização da sua utilidade no cargo e na função que o mesmo deve ocupar na sociedade (p. 96).

No que se refere às virtudes, Platão define como sendo as principais para se preparar o cidadão: a coragem, a temperança, a justiça e a sabedoria.

A coragem é necessária para ensinar o homem a ter atitudes para lutar contra a prisão que o mundo possa lhe impor por intermédio da opressão, do ódio, da tirania, da tomada da sua liberdade e que se resumem numa palavra, destino. Platão não aceita o destino como um fato casual, que é imposto ao indivíduo pela natureza, ou pelas circunstâncias que a vida lhe impõe, mas sim, pelo seu fracasso.

Para Platão, o destino é imposto ao homem devido à sua fraqueza, à sua insegurança na tomada de decisões, à sua covardia, ao seu medo e à sua indisposição para lutar contra tudo que o aprisiona e o impede de ser livre, de enfrentar os obstáculos de frente, de uma maneira destemida, racional e altruísta.

Nessa concepção, o destino é a representação do fracasso decorrente da incapacidade e da falta de coragem do indivíduo em enfrentar a si mesmo, a sua fraqueza, o seu comodismo e os seus vícios. Na visão desse grande filósofo, destino é sinônimo de fracasso.

Já a temperança está relacionada a capacidade do ser humano tratar todos os seus pares, os seus concidadãos de maneira igual, independente do seu padrão social, do seu nível de riqueza e do papel que o indivíduo exerce dentro da sociedade, por meio da prática de seu talento. Para Platão, não existe pobre nem rico, nem mais capaz ou menos capaz, todos são seres humanos e por isso, devem ser vistos de maneira idêntica, sem acepção de pessoas, com o mesmo grau de respeito e solidariedade. Se a população agir dessa forma e viver em harmonia nessa condição, fatalmente o Estado apresentará o mesmo perfil social.

É apenas no Estado civilizado, ou educado, e culturalmente avançado que se vê tais atributos. Para Platão, isso ocorre (2006; 137):

> Porque a coragem e a sabedoria tornam respectivamente corajosa e sábia aquela parte do Estado em que subsistem. A temperança, no entanto, estende seu efeito sobre o Estado inteiro, estabelecendo um perfeito acordo entre os fracos e os fortes, seja com relação à inteligência, à força, ao número, à riqueza, seja com relação a qualquer outro atributo desse tipo. Temos, portanto, todo o direito de afirmar que essa concórdia é a temperança, harmonia natural entre o inferior e o superior a respeito de quem deva comandar no Estado e com relação a cada indivíduo.

No que tange à justiça, essa Platão define como a capacidade do indivíduo em fazer todas as coisas sem interferir ou prejudicar a vida de ninguém. Isso porque, numa sociedade civilizada, constituída por indivíduos virtuosos, educados, cultos, portanto, com alto poder de discernimento, por isso, sábios, esses não precisam de regras ou do estabelecimento de padrões de convivência garantidas por intermédio de leis. Nesse caso, é a essência do indivíduo que se transmuta na própria lei.

Na verdade, essa é a maior expressão do livre arbítrio, e que é adotada pelo próprio Jesus Cristo quando esse afirma que, o ser humano pode fazer tudo o que quiser, desde que assuma o ato que praticou. Ou até mesmo o Apóstolo Paulo, quando esse assevera que, um verdadeiro cristão não precisa de lei, visto que, se ele é verdadeiro, honrado, honesto, solidário e, portanto, probo, esse indivíduo não precisa de lei alguma. Nessa condição ele se metamorfoseia na própria lei, visto que, o mesmo é um modelo de cidadão a ser seguido. Para esse Apóstolo, a lei deve ser posta para vagabundos, ladrões, assassinos, perjuros, e tudo aquilo que vai contra os fundamentos da sã doutrina de Cristo.

Quanto à sabedoria, Platão assevera que, essa virtude é adquirida com a evolução do conhecimento, da convivência do indivíduo com os seus pares, com a experiência que é adquirida ao longo do tempo na sua vida diária, nos seus erros, nos seus acertos e na capacidade de discernimento que o indivíduo adquire através dos estudos. Daí porque esse filósofo enaltecer a necessidade da formação educacional e cultural do indivíduo, pois um homem ou mulher educado e culto é ao mesmo tempo sábio e cheio de virtudes.

Lembrando que, cultura é a capacidade do indivíduo participar de qualquer meio social, de qualquer debate em quaisquer tipos de comunidades, sempre respeitando as diferenças sem ofender a ninguém. É um homem digno em sua essência. A cultura é o suprassumo do conhecimento.

Para Platão essas virtudes são as principais e que devem ser seguidas de outras que são inculcadas na formação educacional e cultural do indivíduo tais como:

✓ A sanidade;

✓ A generosidade;
✓ Manter a transparência do caráter em que conjugam a beleza e bondade (essas são expressões do homem sábio e honesto) (p.100).
✓ Ser enérgico e voluntarioso (p. 97).
✓ Manter uma vida bem regrada e corajosa (p.98).
✓ Nas suas atitudes, lutar contra o destino com coragem e firmeza (p. 97),
✓ Incentivar a concórdia e a amizade;
✓ Manter a sintonia boa com a razão;
✓ A magniminidade.
✓ Viver pela prática do bem segundo Platão, também chamado como a prática do amor segundo Paulo e Jesus Cristo.

Na concepção de Platão, esses são os fundamentos básicos para se constituir uma sociedade civilizada com a proposta máxima de manter longe de si a ignorância. Para esse filósofo, o maior de todos os males que corrói e destrói todos os princípios da solidariedade e da dignidade humana estão encrustadas na ignorância.

Segundo Platão, um indivíduo ignorante ou um estado bárbaro se assemelha a um ser preso em uma caverna totalmente escura, agrilhoado por uma corrente que o impede sequer de se mover no espaço que ele ocupa Paixão(2021).

A soma dos atributos da educação, da cultura e da moral constituirão o bem, que prevalece nas relações de harmonia, de paz, de amor e de liberdade de uma sociedade verdadeiramente civilizada, administrada pelas virtudes de um estadista que atua como o guardião e soberano do Estado ideal.

Com o objetivo de determinar tais requisitos considerados como fundamental para dar continuidade às suas análises, Sócrates, personagem de Platão, parte para a definição da cultura, utilizando-se do seguinte relato hipotético:

> Agora, com relação à cultura e à falta dela, imagine nossa condição da seguinte maneira. Pense em homens encerrados numa caverna, dotada de uma abertura que permite a entrada de luz em toda a extensão da parede maior.
>
> Encerrados nela desde a infância, acorrentados por grilhões nas pernas e no pescoço que os obrigam a ficar imóveis, podem olhar para a frente, porquanto as correntes no pescoço os impedem de virar a cabeça.
>
> Atrás e por sobre eles brilha a certa distância uma chama. Entre esta e os prisioneiros delineia-se uma estrada em aclive, ao longo da qual existe um pequeno muro, parecido com os tabiques que os saltimbancos utilizam para mostrar ao público suas artes.
>
> Suponha ainda ao longo daquele pequeno muro homens que carregam todo tipo de objetos que aparecem por sobre o muro, figuras de animais e de homens de pedra, de madeira, de todos os tipos de formas. Alguns dentre os homens que as carregam, como é natural, falam, enquanto outros ficam calados. Platão (2006:44).

Platão considera que, apesar desses prisioneiros viverem em estado de penúria os mesmos são semelhantes a pessoas normais, ou seja, em termos de capacidade cognitiva ambos possuem percepções semelhantes. A diferença principal é que um é ignorante, vive nas trevas, e o outro é inteligente e sábio, devido a carga de luz que recebe da evolução proporcionada pelo conhecimento. Em virtude dessa situação, os indivíduos presos, agrilhoados, só poderiam ver os reflexos projetados pela chama na parede da caverna e também das sombras dos objetos que desfilam diante deles (p. 44).

Devido ao tempo e também a falta de acesso aos objetos que possam existir fora da caverna, eles passariam a considerar reais essas figuras que veem. A realidade para esses indivíduos consistiria somente nas sombras dos objetos que estão vendo (p. 44). Enfim, eles seriam um reflexo da ignorância total. E é justamente essa ignorância que passa a moldar as suas ações aonde os mesmos pensam que, inicialmente tudo o que era imaginário na sua mente se transforma em algo real, imutável na forma de se pensar de um bárbaro.

> Vamos ver agora o que poderia significar para eles a eventual libertação das correntes e da ignorância. Um prisioneiro que fosse libertado e obrigado a se levantar, a virar a cabeça, a caminhar e a erguer os olhos para a luz, haveria de sofrer ao tentar fazer tudo isso, ficaria aturdido e seria incapaz de discernir aquilo de que antes só via a sombra.
>
> Se a ele se dissesse que antes via somente as aparências e que agora poderia ver melhor porque seu olhar está mais próximo da realidade e voltado para objetos bem reais. Se lhe fosse mostrado cada um dos objetos que desfilam e se fosse obrigado

com algumas perguntas a responder o que seria isso, como você acha que ele haveria de se comportar? Você não acha que ficaria atordoado e haveria de considerar as coisas que via antes mais verdadeiras do que aquelas que lhe são mostradas agora?

Se fosse obrigado a olhar exatamente para a luz, não haveria de sentir os olhos doloridos e não tentaria de desviá-los e dirigi-los para o que pode ver? Não haveria de acreditar que isto seria na realidade mais verdadeiro do que agora se quer mostrar a ele?

E se alguém o tirasse à força dali, fazendo-o subir pela áspera e íngreme subida, libertando-o somente depois de tê-lo levado à luz do sol, o prisioneiro não sentiria dor e ao mesmo tempo raiva por ser assim arrastado? Uma vez fora, à luz do dia, por acaso não é verdade que, com seus olhos cegados pelos raios do sol, não conseguiria contemplar sequer um só dos objetos que agora nós consideramos reais?

Acho que precisaria de tempo para habituar-se a contemplar essas realidades superiores. Primeiramente, haveria de ver com a maior facilidade as sombras, depois as figuras humanas e todas as outras refletidas na água e, por último, poderia vê-las como são na realidade. Após isso, seria capaz de fitar os olhos nas constelações e contemplaria o próprio céu à noite, à luz das estrelas e da lua, mais facilmente que durante o dia, sob o esplendor do sol.

Acho que, por fim, haveria de contemplar o sol, não sua imagem refletida na água ou em qualquer outra superfície, mas em sua realidade, assim como realmente é, em seu próprio lugar.

Depois passaria a refletir que é o sol que produz as estações e os anos, que governa todos os fenômenos do mundo visível e que, de algum modo, é ele a verdadeira causa daquilo que os prisioneiros viam.

E depois? Lembrando-se de sua antiga morada, da ideia de sabedoria que lá imperava e de seus velhos companheiros de prisão, não se consideraria afortunado pela mudança efetuada e não sentiria compaixão por eles?

Se aqueles da caverna inventassem atribuir honras, elogios e prêmios a quem melhor visse a passagem das sombras e se recordasse com maior exatidão quais passavam primeiro, quais por último e quais passavam juntas, e com base nisso, adivinhasse com grande habilidade aquelas que passavam em cada preciso momento, você acha que ele ficaria com desejo e com inveja de suas honras e de seu poder ou se haveria de encontrar na condição de herói homérico e preferiria ardentemente "trabalhar como assalariado a serviço de um pobre camponês" e sofrer qualquer privação, antes que dividir as opiniões deles e voltar a viver à maneira deles?

Mais um ponto a ser considerado. Se aquele homem tivesse de descer novamente e retomar seu lugar, não haveria de sentir os olhos doloridos por causa da escuridão, vindo inopinadamente do sol?

Se, enquanto tivesse a vista confusa pelo tempo que se passaria antes que os olhos se acostumassem novamente com a obscuridade, devesse avaliar novamente aquelas sombras e apostasse com aqueles eternos prisioneiros, você não acha que passaria por ridículo e dele diriam que sua saída lhe havia arruinado a vista e que sequer valia a pena enfrenar essa subida? Não haveria de ser morto aquele que tentasse libertar e fazer subir os outros, bastando para isso que o tivessem entre as mãos para o matar? Platão (2006:45 - 47).

Por intermédio do relato acima fica claro entender o que Platão quer demonstrar. Os homens presos na caverna acorrentados e com os respectivos pescoços imobilizados por grilhões representam o indivíduo destituído totalmente de uma formação educacional. Ele não sabe ler, escrever, não tem nenhuma profissão e não conhece o seu próprio dom. Em suma, é um ignorante total. Uma pessoa como essa pode-se considera-lo como se estivesse na escuridão total. Ele não vive, apenas vê as sombras sem mesmo fazer ideia do que acontece à sua volta. Embora veja, não enxerga a vida real. Vive por viver, come por comer, é quase como um natimorto. O que o faz subir o aclive da estrada é o seu esforço realizado durante o processo de sua formação educacional, quando ele entra em contato com as dificuldades existentes no mundo da sua formação pessoal, que o levará ao conhecimento e o que é necessário para que possa atingir um padrão de cultura aceitável, a fim de que o mesmo possa sair da condição de pessoa inútil, socialmente falando. O muro significa a principal barreira da ignorância que o impede de ir em frente tentando desviá-lo do caminho do conhecimento pressionando-o para que o mesmo desista de buscar sua evolução humana e que o fazem imaginar que isso é o seu destino. Esses são os principais obstáculos e as dificuldades pelas quais o homem deve passar, enquanto estiver subindo o aclive da sua formação social.

O contato direto com o sol, a chegada do lado de fora da caverna significa a liberdade plena que é atingida quando o indivíduo adquire finalmente a cultura, que é um atributo que permitirá ao mesmo se relacionar em igualdade de condições com outro ser humano, poder comunicar sem constrangimento, andar pelo mundo conhecendo pessoas e culturas diferentes sem nenhum rancor, inveja, cobiça, ganância, soberba, arrogância, prepotência, falta de respeito à liberdade alheia, enfim, um indivíduo completo em termos de convivência e participação solidária no mundo em que vive. Ele, cheio de virtudes, com educação e cultura, se torna um ser único, sem igual e com todos os atributos necessários para ser um cidadão de bem, praticante do amor. O resumo de tudo isso só pode ser explicado por uma palavra apenas. No caso, o Bem. Daí porque o bem ser muito mais importante para Platão, do que a justiça. A justiça é apenas um atributo do bem.

De volta ao sequenciamento das análises de Platão, pode-se dizer que, finalmente, depois de efetuado o brilhante relato hipotético de homens presos e acorrentados numa caverna, de onde só se podiam ver sombras e reflexos de luz, projetados na parede da mesma, assim como as implicações de destaque desses fatos, Platão dá início à sua fantástica analogia visando definir o que seja a cultura verdadeira, e a importância do entendimento desse conceito como auxilio na formação da estrutura da faculdade universal do bem, ao lado ainda, da educação. Enfim, essa é a análise da importância da educação e da cultura, como pilastras na formação do conceito mais aproximado do bem, sua abrangência e sua imponência sobre a razão, como a causa universal de tudo que é bom, justo e belo.

> Agora, caro Glauco, é preciso aplicar toda esta alegoria a tudo o que dissemos antes. Compare o mundo visível à caverna e a chama que alumia ao sol. A subida do cativo para contemplar a realidade superior, você não haveria de se desiludir, se a comparasse à alma que se eleva para o mundo inteligível. Essa é minha interpretação, uma vez que você quer conhece-la, mas só Deus sabe se é verdadeira. De qualquer forma, assim penso. A ideia do bem representa o limite extremo e a custo discernível do mundo inteligível, mas quando compreendida, se impõe à razão como a causa universal de tudo o que é bom e belo. Ela gerou no mundo visível a luz e as fontes da luz, enquanto que no mundo inteligível ela mesma abre as portas da verdade e da inteligência e quem queira se portar sabiamente em particular e em público deve contemplar essa ideia.
> [...] Não se maravilhe que aqueles que tiverem chegado a esse ponto não queiram mais se interessar pelas vicissitudes humanas, mas espiritualmente tendam a permanecer sempre no alto. De fato, é natural que isso aconteça, se a alegoria apresentada merece realmente crédito. Platão (2006:47).

Depois desse breve discurso e por ter associado a essência do bem como o maior pináculo onde repousam a prática das virtudes, da educação, da cultura e essas se estabelecendo indelevelmente na alma do indivíduo, Platão, na sequência, procurando tornar sua análise mais sólida sobre o que seria o real conceito de justiça, esse teve que recorrer à Economia fazendo seu esquadrinhamento por intermédio do discorrimento sobre as faculdades humanas representadas pelos necessidades fisiológicas e as emoções racionais e concupiscênicas. Por conseguinte, como as faculdades humanas são atributos inatos atribuídos à alma do indivíduo, Platão (pág. 40), por seu turno, visando tornar suas análises coerentes e realistas, foi obrigado a comprovar, a existência da alma, procedimento esse que o mesmo fez com grande desenvoltura e coerência nas páginas subsequentes de sua obra "A República".

Por enquanto, os esclarecimentos sobre a importância da prática das virtudes, da formação educacional e da cultura para a modelagem de um indivíduo refinado e consequentemente de um povo esclarecido, já é suficiente para se demonstrar qual é a essência de um Estado verdadeiramente Civilizado nos moldes de Platão, e governado por homens estadistas de grande nomeada.

De acordo com esse modelo de Estado, pode-se estabelecer os critérios a serem seguidos de acordo com os padrões estabelecidos pela Escola Econômica criada por Platão em "A República" tendo como continuidade do seu processo, as obras: "A Riqueza das Nações" do senhor Adam Smith; "O Capital" do senhor Karl Heinrich Marx e o brilhante trabalho de Sir John Maynard Keynes "A Teoria Geral do Emprego do Juro e da Moeda" na sua abordagem macroeconômica.

Depois de analisado detalhadamente a obra do Senhor Smith e a de Marx, pode-se dizer com a plena certeza de que, essas duas obras se completam na simetria, onde se abre os parâmetros ideais da Economia Política em Smith com sua "A Riqueza das Nações" e a Economia Empresarial em "O capital" de Marx, estando ambas conjugadas com a Macroeconomia inaugurada na obra do senhor Keynes, sob título "A Teoria Geral". Esses são os verdadeiros pilares da Ciência Econômica de maneira geral.

A população ao seguir fidedignamente os parâmetros políticos ideológicos estabelecidos por Platão dentro dos pilares da Economia Política e Empresarial puras, inaugura definitivamente o Estado Ideal de Platão, sob os auspícios do livre arbítrio e da democracia pura, aonde, todos produzem e trabalham cada qual na sua referida função e cargo, sem interferir nas demais atividades de seus concidadãos, fazendo-se consolidar essa relação pelos atributos da justiça e da prática do bem imperando, definidos por Platão.

14 Os mais diversos ardis adotados pelas elites hegemônicas para se consolidar no poder pelo Mundo

No transcorrer dos capítulos de sua obra "A Riqueza das Nações", no Livro III ou IV desse trabalho, Smith faz uma averiguação se valia a pena para uma nação hegemônica como a Inglaterra manter colônias nos mais variados cantos do Planeta sob seus grilhões. Para esse autor, os custos de manutenção dessas possessões distribuídas pelo mundo eram muito elevados para a Coroa Britânica. Isso porque, além de proteger os colonos internamente contra as ameaças hostis das populações nativas desses domínios, a Inglaterra tinha ainda que lhes dar todo tipo de suporte relativos à criação da infraestrutura básica como proteção, segurança, transporte, regulação do comércio, saúde, necessários para mantê-los satisfeitos com tal submissão, inclusive contra invasões de outras nações, ataques de piratas, o que envolvia gastos com suprimentos, soldados, armamentos e suporte financeiro de toda natureza.

Para Smith, muitas dessas colônias não pagavam metade dos gastos realizados pela Inglaterra para mantê-las com todas as regalias necessárias visando conter inclusive, possíveis revoltas impetradas por grupos de colonos, o que envolvia guerras por independência da parte desses indivíduos que, a partir de determinado ponto, passavam a não aceitar mais, as submissões e abusos políticos impetrados pela hegemonia política e econômica da Coroa Britânica sobre suas ações.

De maneira geral, eram essas as obrigações que recaiam sobre as nações que quisessem manter colônias distribuídas por todos os continentes da Terra. Essa, na realidade, era uma espécie de colonização primitiva que imperava no processo de dominação dos países europeus sobre as demais possessões da Terra.

Nesse contexto, considera-se que, acatando as severas críticas de Smith sobre a questão da colonização, e com o objetivo de eliminar as dificuldades com a manutenção de seus domínios distribuídos pelo mundo, visando minimizar gastos, as nações centrais mudaram o procedimento quanto ao processo de colonização dos países do terceiro mundo, para poderem ter acesso a todas as matérias primas oferecidas por esses, através do neocolonialismo.

Assim é que, ao invés de impor uma política de dominação total, bastava apenas e tão somente dominar os 1% das castas mais ricas e deixar que os próprios países na condição de "independentes politicamente", assumissem todos os riscos, inclusive financeiros, com sua manutenção no âmbito econômico e social.

Dessa forma, além de terem de se responsabilizar pelo controle de todas as matérias-primas a serem repassadas às elites dos Estados hegemônicos, os próprios países, representados pela sua população sob o domínio das castas mais ricas, no caso, os 1% da população dessas nações, teriam que tratar de se defender das possíveis invasões ou conflitos de toda natureza, tanto interno quanto externo, por sua própria conta, assumindo todos os gastos com os recursos bélicos, financeiros, de material humano, alimentícios e de saúde.

Assim, além de se libertarem das obrigações impostas pela implantação do regime de colonização total, as próprias nações hegemônicas passaram a obter ganhos adicionais de toda natureza, na forma até de superlucros, com vendas de armamentos, empréstimos financeiros, suprimentos, além da manutenção do processo de apropriação das riquezas naturais dessas neocolônias, o que é o melhor.

Essa nova modalidade de dominação fez com que os países centrais reformulassem suas estratégias de dominação sobre as nações periféricas, eliminando de vez o regime de possessão total e adotando o sistema de colonização parcial via supervisão absoluta de determinados setores geradores de riquezas econômicas, como por exemplo, o de garantia de apropriação das matérias primas e das tecnologias desenvolvidas nesses domínios, liberando outros como os de segurança e de proteção, de onde esses impérios poderiam exercer o seu controle financeiro e político sobre as agora pseudo nações "independentes".

Vale frisar que, foi assim que a Inglaterra, e agora, os Estados Unidos, ampliaram suas respectivas hegemonias econômicas e bélicas sobre o mundo, por fornecer todos os recursos em armamentos, maquinários, financeiros, alimentícios que os países envolvidos nas guerras internas e externas travaram, e ainda travam, ao longo do desenvolvimento do império econômico-protestante pelo Planeta.

É esse tipo de diagnóstico político-econômico que permitiu ao Papa Francisco atribuir ao novo processo de dominação hegemônica do Planeta, definida como "Neoliberalismo" pelos seus defensores, de

Neocolonialismo, como forma de correção das possíveis dificuldades no processo de dominação total estabelecidas pelas potências hegemônicas da Terra sobre as nações subalternas, geradas pelo sistema de colonização total a custos de manutenção elevados, detectadas pelo senhor Adam Smith.

Além do mais, tudo que esses 1% mais ricos das castas existentes nos países dominados ganham em termos de benefícios financeiros auferidos das grandes potências, para manterem sob seus domínios as castas inferiores do terceiro mundo, via imposição política e opressão econômica e militar, eles devolvem para o mercado dos países centrais por intermédio de gastos nos mercados das nações abastadas, na compra de casas, mansões, estabelecimento de negócios como lojas, pequenos mercados, seguradoras, etc.; o que faz enriquecer ainda mais, tais economias e aquecer as atividades econômicas dessas potências, gerando altos lucros às classes empresariais desses países, por meio da velocidade de circulação da moeda no interior de seus mercados.

De qualquer forma e por todos os meios, as ações estratégicas praticadas pelas elites centrais se tornam um sucesso em todos os sentidos e alternativas possíveis de se analisar, como se passa a observar a partir de agora.

Assim é que, diante do quadro caótico criado pelos pseudofilosofos iluministas, renascentistas, positivistas e discípulos de Maquiavel, além dos pseudoeconomistas protestantes, estes últimos, lacaios do governo, como os acusa o senhor Blaug (2016, p. 18), defensores dos interesses das nações hegemônicas pelo mundo, na forma como já foi demonstradas aqui, geram como as vítimas dessas barbáries, como não poderiam deixar de ser, ao longo da história: a religião muçulmana, que não admite infiltrações estranhas no seu meio; a igreja Católica, que defendia e ainda defende a veneração da santidade via sentimentos de caridade, amor e perdão entre os povos; a classificação do negro e do trabalhador, respectivamente, como raça e indivíduos inferiores, taxados de ignorantes, e por isso, considerados como meros serviçais; o comunismo, atacado como pensamento demoníaco, estupidamente confundido com medidas de gestão econômica e social, implantadas por Stalin na URSS, por esse não aceitar a presença da Igreja Católica e de seitas protestantes, que eram e ainda são pelo mundo, pontos de infiltração de atos de espionagem no interior dos países investigados pelas grandes potências.

Ressalta-se que, a exclusão da presença da Igreja Católica e de seitas Protestantes por Stalin da União Soviética, deve-se à facilidade de infiltrações no interior dessas, de espiões ocidentais liderados pelos Estados Unidos e Inglaterra, promotores de agitações e todo tipo de badernas, que poderiam ser insufladas, visando desmoralizar o regime implantado nesse País, muito bem diagnosticada e combatida com eficiência, pelo seu então líder maior, senhor Joseph Stalin.

Vale dizer que, tão logo essa estratégia foi abandonada a partir do governo de Mikhail Gorbatchov na década de 80 do século passado, aconteceu no interior dessa Federação, o que o senhor Stalin mais temia, que foi a intensificação da espionagem e da compra de dirigentes soviéticos. Devido a essas infiltrações o regime socialista de comando centralizado da URSS entrou em colapso e foi eliminado, via implantação do Golpe Político contra o senhor Gorbatchov, por Boris Yeltsin, um indivíduo com tendências esquizofrênicas, psicopata, e alcoólatra, treinado e apoiado pela CIA, para assumir o poder maior desse agregado de Nações.

De fato, não existe meio mais econômico, eficiente e rápido para a implantação da discórdia e do alcance dos interesses almejados numa comunidade de pessoas, do que a da demonização e do estabelecimento da divisão entre as castas. Para isso, basta que essas, sejam analfabetas políticas e perpetuem nessa condição, desejo esse cultivado e venerado pelos detentores de grandes fortunas, para se verem livres de pressões sociais, motivo pelo qual se exclui do ensinamento e da "culturalização" dessas classes, as disciplinas que os ensinam a pensar, tais como: a filosofia, a economia política, e a sociologia, tanto enaltecidas por Platão.

É por isso que tais matérias de estudo são banidas dos ensinamentos na formação educacional, e por consequência, da cultura das castas consideradas inferiores. Assim, elas aprendem apenas a serem reprodutoras de peças e de ideias, tais quais papagaios, sem nenhum critério de lógica racional e cultural.

Deve-se destacar para uma situação semelhante as falas atribuídas ao pseudoeconomista senhor Roberto Campos, lacaio dos interesses dos Estados Unidos no Brasil, por afirmar que pessoas comuns não devem ser educadas para fazer movimentações de protestos nas ruas, mas sim, mão de obra barata no chão da fábrica.

Essa técnica é adotada e implementada pelos grandes tiranos porque, enquanto as castas brigam por credo, cor de pele, *status* ou hierarquia social, as grandes fortunas se apropriam das riquezas e se consolidam no poder, utilizando-se da prática de estratagemas, atos nocivos e lesivos ao Estado, tornando-o refém de seus interesses.

14.1 A eliminação do Estado Ideal de Platão pelo atributo de Nação implantada pelo Protestantismo e movimentos pseudo filosóficos dos sofistas (iluministas, renascentistas, positivistas, seguidores de Maquiavel) a partir do Século XVIII no Planeta

Com o advento da subida ao poder supremo promovida pela Reforma Protestante de Lutero, da Implantação do Iluminismo, consubstanciado pelos movimentos renascentistas, positivistas, e de adeptos da doutrina de Maquiavel de que "os fins justificam os meios", esses, considerados como "novos pensadores" de cunho sofista, alicerçados pelas opiniões dos novos ateus, na sua grande maioria constituído de ex-Cavaleiros Templários, revoltados contra a sua destituição pela Igreja Católica a mando da Nobreza francesa interessada no tesouro acumulado por esse grupo, mais os judeus herdeiros da linhagem dos reis, sacerdotes e escribas, no caso, os descendentes dos saduceus e fariseus, que se especializaram na função de banqueiros e de grandes empresários capitalistas, esses, em comum acordo, se propuseram a substituir não só a Igreja Católica com seus dogmas mas também os alicerces da Filosofia Grega, a Política Pura, a Economia, além da metodologia científica que até então existia, como foi o caso, citando como exemplo, dos princípios Dialéticos de Platão, pelas suas "novas ideias de mundo" onde o Homem passou a ser o Centro do Universo e não mais Deus.

Vale destacar aqui, que a Ordem dos Cavaleiros Templários se subdividiu em dois grupos: um que se tornou ateu e fugiu com todos os tipos de tesouros que puderam carregar para os Estados Unidos, passando a odiar o nome da Igreja Católica, formando seitas, lobbys ou conluios com os descendentes de linhagem judaica, os pastores, os membros do judiciário, mais os grandes multimilionários estadunidenses e ingleses, que hoje compõem os 1% da classe mais rica do Planeta; e outro grupo, que continuou fiel aos ensinamentos de Deus, mantiveram seu juramento de Padre e que ajudaram Portugal a se tornar independente, transformá-lo em País, além de revolucionarem esse Estado.

O objetivo dos ex-Templários em elevar Portugal à condição de País independente e depois Potência, mediante a implantação e desenvolvimento nesse Estado, das novas tecnologias revolucionárias na área de navegação, localização e armamentistas da época, na região de Sagres, no Algarve, sob o comando de Dom Henrique, considerado como "O Navegador", era o de dar continuidade à sua Guerra Santa, de forma particular, contra os muçulmanos, por esses os terem expulsados de Jerusalém, durante as Cruzadas.

Os ex-Templários que, uma vez destituídos de suas funções, adotaram a denominação de Jesuítas, ajudaram Portugal praticamente em tudo durante e depois da sua independência, tendo participação direta na formação da própria Língua Portuguesa, criando para essa a sua estrutura verbal, metodológica e de fala, tornando-a uma das mais bonitas e avançadas da época, além de serem os articuladores da criação da escola náutica de Sagres, onde desenvolveram uma nova tecnologia de embarcação de nome, Caravelas, fazendo-se juntar, num navio apenas, todas as tecnologias armamentistas mais avançadas da época incluindo os melhores instrumentos de navegação necessários até então existentes, que lhes permitissem navegarem a longas distâncias, com o objetivo de chegarem na região do Oriente Médio, a fim de darem continuidade à guerra contra os muçulmanos seguidores de *Sala al-Din Yusuf ibn Ayyub*, no caso, o sultão Saladino[19].

Pois bem, depois da ascensão de Portugal para a condição de Estado independente e considerado a maior potência da época, seus líderes, no caso, a Coroa e a nova burguesia desse país, se juntaram às reformas promovidas pela nova maneira de se "pensar" de forma "científica", "política", "religiosa" e "econômica" da Europa Ocidental, representada pelos sofistas, iluministas, positivistas, políticos maquiavélicos, que juntos formavam o alicerce político, econômico, cultural e educacional da nova burguesia, tendo o protestantismo como fator subjacente, e que, em virtude disso, passaram a perseguir os jesuítas por esses serem seguidores da ordem da Igreja Católica, os fazendo fugir para a Espanha, sendo posteriormente eliminados por esse Estado a mando da Nova Ordem, que também se tornou nação, assim como Portugal.

Embora acatassem a denominação "Cristã" da Igreja Católica e alguns fundamentos da Filosofia Grega, como a Geometria, a Matemática e a Astrofísica, uma vez que esses princípios são imutáveis, os novos países de origem bárbara da Europa Ocidental, não se submeteram a outros enunciados dessas duas maneiras de se pensar Ciência e Religião, praticadas durante a Idade Média.

Do lado religioso, no campo econômico, estava a proibição da prática dos juros pelos usurários costumeiramente usados por esses povos; a introdução da visão solidária que até então era desconhecida pelos bárbaros ocidentais; a prática do coletivismo, por exemplo, e os substituíram todos pelos princípios do individualismo, mesmo esse último sendo criticado por Jesus Cristo, por intermédio da parábola do Filho Pródigo via substituição do credo católico, pelos sugestionamentos de Martinho Lutero, que fez nascer um deus concupiscênico de visão liberal, não moral, independente e condescendente com a prática dos atos vistos como pecaminosos pela Religião Católica, fazendo com que os fundamentos da lei da matéria, colocando o homem como

---

[19] Extraído do: https://brasilescola.uol.com.br/biografia/saladino.htm Acesso em 14/12/2023

o Centro do Universo e não Deus, praticados nessa região, no período da barbárie e agora burgueses, prevalecessem sobre os princípios virtuosos e religiosos da Vulgata.

No campo filosófico estava a aplicação da dialética de Platão, utilizada para se explicar os princípios da Ciência Social, e sua substituição pela técnica cartesiana consubstanciada pelos métodos dedutivos e indutivos visto que, o método dialético de Platão fugia aos seus domínios de conhecimento, fato esse que talvez, seja a causa maior de sua demonização.

A rejeição da ideia filosófica dos gregos e da religião de Deus como o Centro do Universo e sua substituição pela adoção do Homem como o Centro do Cosmo, o que fez Augusto Comte afirmar que "Deus não conseguiu comprovar sua Existência", trocando-o pelo pensamento ateísta.

Então, nesse contexto, pode-se afirmar que a Reforma Protestante de Lutero foi o momento oportuno para que os "novos pensadores" sofistas, como predisse Platão em "A República", fizessem as reformulações de todos os fundamentos religioso-político-científico dos Séculos XVII e XVIII. Foi assim que, matando Deus através da destruição do pensamento católico, por intermédio da sua demonização, substituindo Esse por outro "deus" de acordo com seus interesses; e de parte da Filosofia grega, por meio da demonização da dialética de Platão, esses novos paladinos revolucionários e ateus eliminaram também o Estado Ideal de Platão e colocaram em seu lugar, o conceito de "Nação" com sua nova estrutura de organização e gestão, por meio da máxima comtiana da "Ordem e do Progresso" mesmo que essa frase não tenha nenhum sentido dentro do pensamento filosófico puro, uma vez que essas palavras têm significado e origem diversa e não se encaixem na lógica racional.

A essa proposição ridícula deve-se acrescentar a máxima de Maquiavel de que "os fins justificam os meios" utilizada pelo séquito desse "estrategista político" para mitigar os impactos aviltantes do processo de aniquilação dos inimigos, praticados pela burguesia ao longo desses 05 séculos, buscando se perpetuar no poder com as suas aberrações teóricas.

Com a destruição do Estado Ideal de Platão, os propagadores da sua substituição para o conceito de nação, eliminaram também o elo que existia entre os fundamentos da Economia e do Estado, visto que esses eram simétricos, enquanto que, a definição de nação se dá por sua divisão em estratos sociais hierárquicos, e não ao preceito de povo único, constituído segundo os ensinamentos de Platão com sua dialética. Tal fato fez perder a simetria que antes existia entre a Ciência Econômica e o Estado Ideal de Platão, transformando o conceito de Nação numa colcha de retalho aonde os mais poderosos ficaram com as melhores partes deixando a obrigação de fazer os remendos e carregar os trapos para os pobres por intermédio do pagamento dos impostos, do trabalho árduo sem remuneração, da participação direta nas guerras e o culto desses à fome e a miséria, que já são seculares.

Assim, o objetivo final dessa Nova Ordem Mundial nascida na Europa Ocidental, no final do Século XVII e início do XVIII, através de suas reformas, além da demonização da Filosofia Platônica, foi a destruição do Deus propagado pelos Católicos, os gregos, e o seu Deus desconhecido, como Platão preceituava, por exemplo, e sua substituição por outro "deus" concupiscênico que se submeteria à vontade dos homens e era indiferente às ações dos novos donos do mundo, como deixou evidente Martinho Lutero, filho de um empresário da época, e se consolidasse como a nova maneira de se fazer política, economia, religião além da filosofia.

No caso, volta-se a frisar, dos burgueses, dos protestantes, dos iluministas, dos renascentistas e dos sofistas propagadores da nova ordem econômica global, desta feita sob a égide dos protestantes, ateus, sofistas e dos seguidores de Comte, representado este último, pelos Positivistas e dos "políticos" adeptos da corrente maquiavélica de que "os fins justificam os meios", onde esses propagavam e ainda propagam, que não interessa os meios apenas os resultados almejados, independentes da fome, da miséria, da peste, das guerras, da destruição de castas inferiores ou até de extermínio de nações inteiras. Com a morte do Deus católico, estava tudo liberado.

Na verdade, a reformulação do pensamento religioso, filosófico e político, promovido pelos reformadores da Europa Ocidental, principalmente com o advento dos povos germânicos, flancos, anglo-saxões ao poder, além de outros grupos minoritários que viviam nessa parte do Velho Continente, considerados como povos bárbaros pelo Império Romano, trata-se das mesmas atrocidades praticadas contra a evolução do conhecimento e da cultura, realizadas pelos muçulmanos, quando esses destruíram a Biblioteca de Alexandria, que guardava até então, o suprassumo do conhecimento político, filosófico, religioso e econômico do mundo, da época.

A diferença é que, enquanto os muçulmanos atearam fogo em tudo, os novos ascendentes ao poder na Europa Ocidental, descendentes dos bárbaros, preferiram destruir o modo de pensar com a introdução dos sofismas, tão comentado, criticado e temido por Platão, quando esse fala sobre os tempos futuros, em substituição à verdadeira Ciência sedimentada nos métodos de pesquisas referenciados pelos filósofos gregos, em especial, a dialética desse já tão propalado filósofo.

Nesse contexto, diante do novo cenário propagado pela reforma protestante e disseminado pelos pseudofilosofos iluministas da Inglaterra, positivistas, ateus e outros mais, atendendo aos interesses do imperialismo inglês e depois estadunidense, configurou-se uma nova imagem para Deus. De um Deus Onipotente, Onipresente, Onisciente e verdadeiramente justo, dotado do amor, da caridade e do perdão propagado pela Igreja Católica, para o surgimento um deus frágil, injustiçado, vingativo, carente e que precisa de socorro imediato de seus seguidores, para conseguir se impor no meio e sobreviver, diante de todas as ameaças e perseguições.

Então, tal demência partia e ainda parte do princípio de que, esse deus para ser amado, respeitado e justiçado tinha que ser protegido, ter seu nome elevado e para isso, seus fiéis tinham que vinga-lo de qualquer forma e punir exemplarmente os hereges, sob todos os pretextos e de todas as formas, manias e divagações possíveis.

Dessa maneira, "estando sob a proteção das asas do altíssimo", matar, extorquir, invadir, massacrar camadas de populações inteiras de "hereges" passou a ser a tônica natural, a ser considerada como uma medida preventiva e punitiva e que tinha e tem ainda, por objetivo, resguardar os interesses dos seguidores de "deus" e da "palavra" gravada "à sua maneira", na "bíblia" uma vez que cada religião "cristã" produzida na cabeça dos "fieis", passou a ter o seu próprio texto "bíblico", depois de Lutero.

O negro, em sua infinita maioria por ser pobre, ignorante e disseminar seitas nocivas aos preceitos da palavra, tinha que ser doutrinado, convertido e por isso, era classificado como raça inferior. E o pior, ser considerado digno de ser escravo, devido à sua desobediência à Noé representado por Canaã, seu neto, e ser amaldiçoado por esse, fato tal que não se encontra na Bíblia Verdadeira. Na verdade, essa é uma das blasfêmias mais aterrorizantes praticadas pelas falsas doutrinas religiosas, definidas aqui como seitas. Os muçulmanos eram contra a ordem de "Cristo" e por isso deveriam ser considerados hereges. Os judeus, também por matar Cristo, (aqui exclui-se os judeus de linhagem dos fariseus e dos saduceus) deveriam ser punidos pelas suas ofensas à ordem do Messias. Os trabalhadores por serem vagabundos, são rebeldes a serem doutrinados, agrilhoados e vigiados, nem que seja na base do ferro e fogo, para continuarem gerando lucros abusivos para seus patrões. A Igreja Católica passou a ser demonizada e considerada a Casa de Lúcifer. A Dialética de Platão deveria ser obra de Satã, por isso tinha que ser destruída por ser antagonista, o que na verdade não é. Essa dialética Platônica é simétrica e não antagônica como propõe Hegel, fato esse que confunde seus críticos da atualidade. Então, por não entenderem o real significado e diferenças da dialética, seus críticos demonizam as duas.

14.2 A Guerra de Cegos

No fragor desse frenesi paranoico, estabelece-se uma verdadeira guerra de cegos, aonde os únicos que enxergam a baderna, administram e direcionam os acontecimentos, de acordo com seus interesses, são os verdadeiros articuladores do jogo, no caso, os 1% da população, aonde estão enfurnados os multimilionários que se autodenominam "elite" das nações hegemônicas, bajuladas em troca de favores pelas castas milionárias, os intermediários dos países pobres, que se autodenominam a "mais fina flor", que lhes fornecem as matérias primas e, ultimamente, com o advento do neocolonialismo caracterizado como "neoliberalismo" que é revestido pelas teorias monetaristas da Escola de Chicago, as tecnologias que são desenvolvidas nesses lugares pelas Universidades Públicas e os Centros de Excelências também públicos, que nesses semipaíses, existem até em certa abundância, como é o caso do Brasil e da Índia, por exemplo.

Os estratagemas arbitrados pelas elites hegemônicas sob a liderança dos Estados Unidos, são criados, articulados e implantados pelos centros de excelência em supremacia dessas potências, como a Central de Inteligência dos Estados Unidos – CIA e a Organização do Tratado do Atlântico Norte – OTAN, que se coloca, esta última, como a assistente de execução das manipulações e guerras, e suas ações assemelham-se em muito, com os artifícios criados pelos ladrões que decidem invadir uma casa cheia de cães raivosos e altamente treinados. Nesse caso, os gatunos sabem que, todos os cães, em que pese sejam altamente treinados e ferozes, têm um ponto fraco em comum. Esse ponto fraco é o descomedido desejo pelo sexo da cadela no cio. Sabendo disso, os meliantes pegam um lenço de algodão, o passam no sexo da cadela no cio, e o joga no canto do quintal para onde os cães vão sedentos de desejo de sexo para se deleitarem com tal odor.

Ao ficarem totalmente entregues ao cheiro do sexo da cachorra contido no lenço, tais cães perdem o controle e o interesse por tudo o que está à sua volta. Enquanto os cachorros guardiões adentram nesse tipo de delírio frenético, os ladrões invadem e roubam a casa, tirando-lhe todos os pertences que encontram pela frente, sem serem incomodados. Tal estratégia é infalível e, portanto, extremamente eficiente.

Esse tipo de procedimento estratégico adotado pelos ladrões, é muito semelhante, porque não dizer igual, ao que as altas classes sociais que se autodenominam "elite" e que juntas formam os 1% da população que dominam e governam o mundo, principalmente nos ditames da "política", da "religião" e da "economia" global, tomam ao subjugar as classes sociais que estão ligeiramente abaixo e se encontram mergulhadas no analfabetismo político, nos devaneios religiosos do seu deus concupiscênico, na truculência econômica praticada pelos tiranos assessorados pelos pseudoeconomistas, no descaminho, e na miséria.

Enquanto as castas inferiores na sua boçalidade brigam freneticamente por banalidades políticas, ideológicas, de credo, de falsas estórias (Fake News), oriundas da grande mídia comprada, as elites centrais, no caso, os 1% abocanham todas as riquezas dessas nações que se encontram em tremenda baderna social.

A título de exemplo, foi com esse objetivo que a CIA visando assegurar a supremacia dos Estados Unidos na América Latina, mediante as imposições da Doutrina Monroe, arquitetou todo o Golpe Militar de 1964 e o levou a cabo pelas mãos das forças armadas do Brasil através da *Operação Brother Sam*" (Irmãos do Tio Sam), e o repetiu por meio do novo golpe de 2016, devastando a infraestrutura econômica e social do País, para impedir a ascensão econômica, política e militar do Brasil, tendo camufladas suas ações, pelas articulações da mídia e da pseudoelite comprada, também nesse caso, ambas, entreguistas, interessadas no dinheiro apenas, que superabundam nesses momentos de convulsão social.

Em tais casos atípicos, ou já típicos em nossos dias, a calamidade social é meticulosamente planejada, articulada e orquestrada pela "elite" dominante, momentos esses em que ela mais se enriquece.

Nesses dois golpes praticados pelas elites centrais, principalmente da parte do Estados Unidos, via Doutrina Monroe, para impedir o crescimento e a formação da riqueza do Brasil, a Economia Política e Empresarial Puras deste País, foi totalmente dizimada. Durante o Golpe de 1964, a capacidade produtiva e o poder aquisitivo da população brasileira se viram reduzidas aos mesmos patamares dos idos da República Velha. Já no segundo Golpe, o de 2016, onde o Brasil perdeu no mínimo, uns 200 bilhões de dólares de sua infraestrutura produtiva e social, somando-se a perda do Pré-Sal, a perda da Barreira de Alcântara, o acesso direto à tecnologia aérea da EMBRAER pela Boeing estadunidense, a apropriação da Petrobrás pelos acionistas estadunidenses eliminando seu status de empresa estatal estratégica do Brasil e que era uma das mais avançadas do mundo, a consolidação do acesso e controle dos avanços tecnológicos do Brasil na área da agricultura avançada, principalmente o Agronegócios, o acesso direto ao ouro e às madeiras extraídas das áreas indígenas que foram financiadas pelas multinacionais dos Estados Unidos e da Europa.

Toda a perda dessas riquezas tecnológicas fez com que a economia brasileira tenha voltado aos mesmos níveis da Década 70, período logo após o primeiro Golpe de Estado de 1964, onde o Brasil produz de tudo mas não é dono de nada, ficando reservado à condição de País que abriu mão de ser nação desenvolvida e voltou ao seu estágio de ser apenas produtor de serviços e de matéria prima, sem nenhum acesso ao trabalho produtivo por parte de seus jovens fazendo-os eliminar a esperança de serem ricos na sua essência e não escravos do poder hegemônico dos países centrais.

Nesse contexto não é difícil comprovar o fato de que, os tais pseudoeconomistas que assumiram o poder no Brasil a partir de 1964, transformando-o em cobaia de seus truques econômicos de manipulação de massas, na condição de lacaios das universidades e da supremacia dos Estados Unidos e do G-7, atuando como marionetes desses centros da Tirania Global, tenham acabado com o Brasil, como afirmou publicamente o próprio Presidente que os comandou nesse período, senhor Jair Messias Bolsonaro, por conhecimento ou por opinião.

Sobre os verdadeiros Economistas como foi o caso do senhor Celso Furtado, para efeito de correção, vale dizer que, não foram os Economistas Puros, mas sim, aqueles formados na Escola de Chicago e outras universidades de "economia" dos Estados Unidos, Inglaterra, Alemanha e seus séquitos, que tendem a analisar o mercado pela "cor do dinheiro" e não, pela competência e trabalho árduo de um povo brioso, que promoveram toda essa desgraça, literalmente falando, ao povo brasileiro e seu Estado, o Brasil.

No quesito, "cor do dinheiro" vale esclarecer que, os pseudoeconomistas de Chicago alinhados com os pseudoeconomistas protestantes, consideram que, um país ao concentrar o poder do dinheiro em suas mãos, deterá para si, todas as riquezas geradas pela capacidade produtiva das indústrias e do comércio. Nesse sentido, se eles controlarem o setor produtivo e comercial via empréstimos gigantescos, com parcelas a perder de vistas com taxas de juros flutuantes, toda a tecnologia desenvolvida, toda a infraestrutura montada e todos os trabalhadores-empresários estarão submetidos à sua vontade, se transformando em suas marionetes no mercado.

Isso porque, quando os empresários arrojados, os centros de pesquisas avançados desenvolvem tecnologias inovadoras e que geram lucros extraordinários, as elites centrais os compram. Ou se não compram, os tomam mediante articulações financeiras e até pressões políticas. Se mesmo assim eles não conseguem atingir seus intentos, eles eliminam seus criadores, assim como aconteceu com Nikola Tesla, que desenvolveu a corrente alternada, e morreu no ostracismo, num quarto de apartamento, gerando verdadeiras fortunas para o senhor John Pierpont Morgan, mais conhecido como J. P. Morgan, que se apropriou dessa tecnologia, ou até como aconteceu mais recentemente no Brasil, com o setor de cultivo da soja, aonde as quatro grandes multinacionais, Cargil, Monsanto, ADM e Bunge se apropriaram de todo os setor industrial e de exportação desse seguimento, além do Etanol, antigo Álcool, que passou a ser controlado pelos Estados Unidos.

Todos esses últimos, no caso, a soja e o Álcool, depois Etanol, desenvolvidos no Brasil a partir de meados da Década de 70 do Século passado, deixando apenas os setores mais caros, devido aos custos de exploração serem elevados, e de altos riscos, em virtude das instabilidades climáticas, para este país controlar, como é o caso dos segmentos de plantio e colheita dessa oleaginosa, mas isso, já fazendo parte das estratégias adotadas pelas multinacionais que é o de se apropriar apenas dos setores que geram os verdadeiros lucros a custos pífios de onde germinam os lucros extraordinários.

Por seu turno, da sua parte, para criar e desenvolver a cadeia da produção de sementes de soja (*commodities*) e de indústrias derivadas, o Brasil e o povo brasileiro forneceram mão de obra qualificada oriundas do sul do Brasil, além da Nação ter efetuado doação de sementes de soja modificada adaptada ao Cerrado brasileiro e a custo zero para os plantadores, também oriundos do Sul, ofereceu ainda subsídios, fez isenções fiscais, também fez transferências de maquinários, caminhões e tratores aos produtores com incentivos fiscais e com parcelas a perder de vista, doou terras para plantio, criou política de incentivos fiscais e empréstimos financeiros a fundos perdidos, com taxas de juros negativas para a construção de armazéns, secadores e silos, abriu estradas para implementar o setor de logística nesse seguimento e finalmente criou a infraestrutura básica para a construção das indústrias nacionais do setor.

Pois bem, depois de ter feito todos esses incentivos e incrementos, ter montada toda a infraestrutura, o setor ter construído indústrias e o Governo Federal ter criado centros de pesquisas avançadas para melhoria da semente, os proprietários dessas benesses depois de assumirem o controle e a propriedade dessas riquezas nacionais, as venderam todas para as multinacionais e com o dinheiro recebido, começaram a fazer especulação financeira no tão propalado "mercado de capitais" comprando títulos do Governo para ganharem dinheiro fácil através da exploração do Governo e do próprio povo. Afinal, trabalhar para quê se os novos milionários podem enriquecer simplesmente praticando o "hedonismo intelectual?" Ou seja, máximo prazer com menor sacrifício possível?

Esse foi o legado que os beneficiários pelo desenvolvimento do setor de produção de sementes, no caso, o setor de *commodities* deixaram para o Brasil e seu povo trabalhador, que teve que arcar com as despesas desses felizardos através do pagamento de impostos para viabilizar a doação de subsídios e transferências a fundo perdido a esse setor, além de concessões e do pagamento a preços majorados na aquisição dos produtos derivados da soja, tiveram que arcar. Assim, novamente a miséria e a fome ganharam espaço e passaram a imperaram para aqueles que assumiram a responsabilidade pelo desenvolvimento de um setor que, no final das contas, se transformou em evasão de capital gerando mais pobreza para o Brasil, visto que, toda a riqueza gerada na área foi transferida para o exterior e apropriada pela Nação Ianque. Novamente, viu-se mais um sacrifício em vão. Quaisquer semelhanças com o período colonial da História do Brasil não é mera coincidência. O neocolonialismo ascendeu do colonialismo.

Vale ressaltar que, no final das contas, essa é a ideia que perpassa pela cabeça dos "neoliberais" e que fez com que os Estados Unidos de Ronald Reagan e a Inglaterra de Margareth Thatcher implantassem o "Neoliberalismo" em escala mundial, após o colapso soviético, imposto pela CIA, o que resultou na derrocada total em que mergulhou a própria Nação Ianque e o Estado Bretão, começado nos idos de 2008 e 2009, com prevalecimento no fracasso que se vê na atualidade, transformando-os em literalmente falando, "batedores de carteira" diante do avanço gigantesco da Rússia e da China, que recusaram a cair nessa tremenda alucinação "neoliberal".

Esse quadro econômico catastrófico levou essas duas nações a recorrerem ao extremismo das armas, como se viu com a Primavera Árabe, no Oriente Médio e no norte da África, e a Guerra da Ucrânia, para tentar recuperar as suas respectivas direções no furor da tempestade, que hoje se abate sobre a economia imaginária, saída da cabeça dos sem razão. No caso, os pseudoeconomistas ingleses, estadunidenses, alemães e seus séquitos mergulhados em fantasias mirabolantes da pseudo riqueza social.

Outro exemplo semelhante, clássico dessa situação foi o ocorrido durante a Revolução Francesa, eclodida em 1789. Os grandes pensadores afirmam que, durante essa revolução houveram dois golpes de Estado dentro de um movimento armado só.

O primeiro articulado, foi o orquestrado pelas castas sociais dominantes e levado adiante através da sua realização, pela população contra o Regime Absolutista. Nesse caso, na primeira fase do conflito, seus articuladores pertencentes à burguesia, orientavam e encorajavam a população para conduzir a sublevação armada sempre adiante, atacando todas as frentes de combate e destruindo suas bases de defesa.

O segundo ocorreu durante o desenrolar do conflito. Ao perceberem que o risco do retorno dos absolutistas ao poder estava totalmente afastado, os burgueses, que já formavam a classe social dominante, deram um novo golpe, desta vez contra a população, lhes retirando todas as suas aspirações de conquistas que seriam consolidadas na sua liberdade, essa ficando apenas nas palavras e no papel como: liberdade, igualdade e fraternidade.

Enquanto o embate se desenrolava de maneira incontrolada, com os corpos da população se estatelando no chão sem vida, a burguesia assumia o poder total do País, fazendo valer a sua vontade e garantindo seus interesses via estabelecimento de leis e decretos em seu favor.

No Brasil, para todos os efeitos, no jargão estratégico dos responsáveis pela "defesa nacional", "contra tudo e contra todos", o Golpe Militar de 1964, foi batizado de *Operação Brother Sam*, ou simplesmente, "Operação Irmãos do Tio Sam".

Tal projeto de sublevação e dominação teve início, primeiro com a propagação da ideia estratégica da ameaça comunista. Esse foi o primeiro passo. Os propagadores dessa articulação ardilosa, afirmavam que, o objetivo dos seguidores de Vargas era implantar o "comunismo no Brasil".

A intenção desse estratagema era chamar a atenção e propagar o medo e a ira entre as castas inferiores, que faziam parte da grande massa da população ignorante e analfabeta política, espalhando a falsa ideia de que, todos os seus direitos de liberdade seriam suprimidos.

Além da supressão da liberdade, outro artifício disseminado, ocorria de maneira concomitante, por meio da extinção do credo, que se daria pelo fechamento de todas as igrejas e a destruição completa da veneração religiosa, marcada pela proibição de celebrações de adoração à presença de "deus" no meio do povo.

Seguido desses, surgia outra manobra muito bem articulada, é bom que se diga, que sustentava que todas as propriedades privadas seriam destruídas e substituídas pelas áreas comunais, com posse e dominação total do Estado. Diante desses absurdos sem quaisquer fundamentos plausíveis, imagina-se o pandemônio que se estabeleceu na mente de um monte de gente bastarda psicologicamente e ignorante intelectualmente. O desespero foi geral e com ele, o golpe se tornou um sucesso total, o que, de fato, aconteceu no Brasil em 1964.

Estratagema desse tipo, sempre deu resultado positivo e sempre dará certo, em qualquer lugar do mundo onde exista grande massa de estúpidos. Basta ter uma boa quantidade de gente espalhafatosa, sensacionalista, portanto, ignorante política e socialmente falando.

No caso dos Estados Unidos, a cobaia inicial é o próprio povo estadunidense. Dividida em classes sociais distintas e muito bem segmentadas, abaixo da "elite", essa última constituída de banqueiros e de grandes industriais desse país, protegidos pela "fé" dos pastores, só existem conflitos internos distribuídos entre movimentos radicais, extremistas e divergentes em todas as castas dessa Nação.

A união em torno de um país soberano e imperialista, se manifesta apenas por motivos de interesses velados entre os líderes e articuladores das castas, e da ideia de um só credo, fundamentado na existência de um "deus único". Esse é o denominador comum entre os estratos, mas diverso entre as formas de agir e pensar sobre o comportamento desse deus concupiscênico, que cada pastor da respectiva seita "religiosa" adota e impõe entre seus adeptos, à sua maneira e de acordo com seus próprios interesses.

Na realidade, esse é um "deus único" objeto de interesses diversos, que cada estrato social subjugado aos ditames do pastor imagina e impõe a sua existência. Essas são as condições que cada seita protestante estabelece para sua "adoração", de acordo com seu próprio modo de agir e pensar.

Assim, enquanto a baderna prospera no meio das castas sociais inferiores, a classe alta, que corresponde a 1% dessa população, abocanha até 76% da riqueza total desse país, conforme já foi mostrado anteriormente aqui, baseado em informações de estudos e trabalhos diversos, publicados pela grande mídia global, especializada e sustentada pelos estudos científicos mais sérios e avançados que tratam do tema.

Outro tipo de ardil muito bem articulado é a propagação da ideia da "democracia", que só é válida quando se pratica guerra contra outras nações do Planeta, para recrutar os jovens mais mal informados enquanto que, em momentos de paz, cabe apenas a sentença do juiz sempre favorável às castas dominantes e a bênção do pastor, que sempre perdoa os artifícios da elite.

Não é de se estranhar que, por motivos dessas divergências entre as castas populacionais inferiores no País Ianque, não existem movimentos sociais reivindicatórios trabalhistas ou por melhor distribuição de renda, ou até mesmo política, pois, lá nessa nação, a população opta por escolher, entre seis ou meia dúzia, visto que, os dois Partidos, o Democrata e o Republicano, são duas faces da mesma moeda, dividida entre os banqueiros de um lado e industriais do outro, com a bênção do pastor e a cobertura jurídica atuante.

Isso porque, os dois partidos defendem a mesma casta dominante, no caso, os 1% da população dessa Grande Nação. Os conflitos que se visualizam nesse país é apenas a briga que se torna feia, quando morre um negro pelas mãos de um branco ou um branco é declarado inocente pela justiça, quando mata um negro.

Na verdade, essa é a maior tirania velada de que se tem notícia e que se abate sobre uma sociedade que se diz, "democrata", aonde a população vive sob um verdadeiro cativeiro político, um cárcere político-privado sob a batuta de leis parciais e ditatoriais, em pleno Século XXI!!!! A Matrix Estadunidense.

Mais uma entre as tantas montagens interessantes, criada por John Locke e seus asseclas associados à burguesia, se deu quando os mesmos selecionaram e classificaram os produtos em número de 69, que geravam os superlucros, que deveriam ter que passar sua produção, comércio, distribuição e controle, exclusivamente para a Inglaterra, conforme assevera o senhor Adam Smith em sua célebre obra "Uma Investigação sobre as Causas da Riqueza das Nações".

Segundo Smith, tal estratégia foi criada para que o País Saxão tivesse condições suficientes para sustentar sua supremacia econômica e política pelo mundo. Como esse país faz parte de uma ilha, ele precisava ter bons navios, um exército bem estruturado, treinado e ativo, uma boa estratégia política e econômica, além de muito dinheiro para financiar suas investidas pelo controle absoluto do Planeta.

Diante dessa necessidade, a estratégia montada pelos ingleses seria a de que, no âmbito político-econômico, esses 69 tipos de produtos que proporcionavam lucros extraordinários, deveriam ser produzidos, comercializados e transportados exclusivamente por ingleses e também por navios ingleses. Os demais tipos de mercadorias consideradas comuns que proporcionavam lucros normais, deveriam ficar liberados para a produção e comercialização pelas colônias inglesas e também pelos demais países existentes na época, como uma forma de desafogar a pressão da dominação do Império britânico pelo mundo. Apenas o transporte desses produtos é que deveriam ficar a cargo dos navios ingleses, que mantinham os soldados da Coroa trabalhando em tempos de paz. Em períodos de guerra esses homens deveriam ser facilmente recrutados, passando a compor o Exército do Império contra os opressores.

Foi dessa maneira, impedindo que as outras nações comerciassem tais produtos e se desenvolvessem economicamente, que os ingleses, segundo escritos de Marx, em "O Capital", impediram o desenvolvimento da Turquia na Eurásia, e, na América do Sul, do Paraguai, controlado agora pelos Estados Unidos, que assumiu o bastião das articulações ardilosas, iniciadas pela Inglaterra na América do Sul, por meio da Doutrina Monroe.

Sobre a Guerra do Paraguai que aconteceu nas barbas dos países da América do Sul, cabe fazer um aparte.

14.3 A Guerra do Paraguai, breve resumo

Nas Américas do Sul e Central, a única tentativa de formação de mercado e expansão desenvolvimentista ocorreu com a República Paraguaia.

Tornando-se independente em 1811, o Paraguai sob os governos de José Gaspar Rodríguez de Frância – seu primeiro Presidente -, Carlos Lopez e Francisco Solano Lopez, em sequência, entrou num processo pela busca do desenvolvimento econômico via avanço tecnológico e convivência social, na proposta de criação de uma população altamente culta e educada, baseado na estruturação de um governo verdadeiramente de caráter estadista, com poder absoluto nas mãos do Estado, centrado numa boa distribuição da política agrária concatenada com o modelamento e fortalecimento da economia em praticamente, todos os seus subsetores.

No governo de Frância, este apoiado pela "massa camponesa mestiça e indígena, [...] desapropriou terras da Igreja e dos grandes latifundiários. As terras confiscadas, juntamente com as grandes áreas que pertenciam aos jesuítas até sua expulsão no século XVIII, em grande parte foram arrendadas a baixo preço para os camponeses livres". (Silva, 1992:157).

Além dessas medidas, Frância implantou uma política absolutista com o poder centralizado no Estado. Assim cabia ao Estado controlar toda a atividade produtiva do país procurando evitar qualquer tipo de injustiça social.

Os camponeses recebiam terras, gado e instrumentos de trabalho que eram fornecidos pelas 'estâncias da pátria' (fazendas estatais). As fazendas estatais eram verdadeiras unidades produtoras: praticava-se a agricultura, a pecuária e o artesanato como fonte de riqueza para o Estado. Funcionavam também para proporcionar trabalho à mão-de-obra assalariada. Assim não haveria desempregados nem desocupados no país. Com essa política Frância possibilitava a integração da massa humilde à economia nacional e evitava conflitos sociais.

Com essa política o Estado tornou-se o regulador da produção, do consumo e da distribuição; estimulou a policultura de algodão, milho, tabaco, cana, legumes, trigo, frutas, etc. nas pequenas e médias propriedades. O intervencionismo estatal na economia visava a auto-suficiência do país em gêneros alimentícios e manufaturados. Daí o grande incentivo à indústria artesanal. (Silva, 1992:157).

Para consolidar sua independência tanto política quanto econômica, o Paraguai, ainda sob o governo de Frância, fechou suas fronteiras, se isolando dos demais países da América Latina e da Europa. Acabou com o analfabetismo, se tornando o único país no continente a não possuir analfabetos, financiou o desenvolvimento econômico com capital próprio, não admitia a entrada de capital estrangeiro, principalmente o inglês, não aceitava ainda, a entrada de empresas estrangeiras no país.

Com Carlos López, sucessor de Frância, ainda sob controle estatal, foram construídas "estradas de ferro, estaleiros onde eram produzidos barcos à vela e a vapor, fábricas de papel, de pólvora, de louça, de tintas, etc." (Silva, 1992:157).

Já no governo de Francisco Solano López, filho de Carlos Lopez foi concedida bolsas de estudos na Europa "a jovens paraguaios e de lá importou técnicos, engenheiros e homens de ciências", para dar maior incremento à produção industrial. (Silva, 1992:158).

Nos três governos, de Frância, Carlos Lopez e Solano Lopez, o domínio da economia era todo estatal, uma vez que esses não confiavam em hipótese alguma no capital privado.

Com todas essas medidas, o Paraguai se tornou um exemplo de economia e de independência política para a América Latina, fazendo desse país a maior potência das Américas, não só econômica como também social.

Assim, o Paraguai já estava quase preparado tanto economicamente quanto militarmente para expandir suas fronteiras e dar início à sua empreitada imperialista, buscando a saída para o mar, e se tornando independente dos portos de países como a Argentina, principalmente, para exportar suas mercadorias.

Entretanto, a expansão e independência econômica paraguaia afetaram os interesses dos ingleses na América do Sul, que passou a considerar o Paraguai como um exemplo a não ser seguido dentro da América Latina.

Os ingleses não podiam tolerar um país que, por meio de uma política excessivamente protecionista, impedia as importações de manufaturados estrangeiros.

Para a Inglaterra, o modelo econômico paraguaio era muito perigoso e teria de ser destruído antes que nações como Brasil e Argentina o adotassem e se libertassem do jugo capitalista britânico. (Silva, 1992:157).

Por intermédio de articulações políticas, a Inglaterra, procurou colocar o Brasil e a Argentina, num conflito contra a nação paraguaia. Esse conflito atingiu proporções gigantescas, o que acabou por se tornar no maior confronto armado da América do Sul, terminando com a destruição definitiva da maior potência do Continente Americano, da época.

Da condição de país mais organizado e forte, política e economicamente, o Paraguai foi reduzido à uma condição de pobreza e miserabilidade sem precedentes.

Reclus apud Silva (1992:161) afirma que:

Com o fim da guerra, cessada a ocupação, quase toda a terra paraguaia virou domínio público. Dono assim de uma imensa propriedade nacional, o governo a colocou à venda em 'léguas quadradas', conforme o valor das terras e a proximidade dos mercados. Os especuladores argentinos, ingleses e norte-americanos se lançaram sobre a presa sem respeitar pequenas glebas encravadas em suas aquisições, onde as famílias guaranis cultivavam o solo de geração em geração, sem nunca terem tido o trabalho e preocupação de constatarem seus títulos de propriedade. Sindicatos de traficantes de terra adquiriram terrenos com dezenas, centenas e milhares de hectares a fim de revendê-los a um valor dez ou vinte vezes maior do que seu valor de compra. Foram feitas concessões de terra de mais de mil quilômetros quadrados. Em poucos anos, imensos descampados foram cedidos a proprietários ausentes e distantes, sendo que, por outra parte, nenhum camponês paraguaio podia cultivar o solo de sua pátria, sem pagar imposto aos banqueiros de Nova Iorque, Londres ou Amsterdã.

Em 1909 Barret apud Silva (1992:161) comovido com a situação do povo paraguaio e das condições do próprio país, após a guerra ainda observa:

> Por cruel exceção, a Guerra do Paraguai não apenas devastou e ensangüentou o país senão que o desfigurou por muito tempo. Castrou-o ao destruir os germes daquela briosa raça resplandecente das nobres figuras dos anciãos que a ela sobreviveram. As gerações que vieram depois foram plasmadas em moldes diferentes. Emergiam sob instituições, formalmente mais livres; os novos paraguaios, porém, bem lá em seu íntimo, são menos livres, menos vigorosos, mais indefesos, mais indolentes, mais propensos a vícios, mais incapazes de se emanciparem pelo próprio esforço, constituem hoje uma casta diferente, inferior. É outra nação, improvisada, ligada apenas formalmente à antiga. Para os atuais habitantes o progresso é difícil. Não é de se estranhar que a depressão nacional perdure tanto. Os traços característicos do povo foram modificados e desfeita a fisionomia da pátria. [...] O lar paraguaio é uma ferida que sangra, é um lar sem pai.

Normalmente, na época do predomínio do grande imperialismo britânico, esse é apenas um exemplo do que era reservado àqueles que desafiavam o poder das potências europeias. Esse tipo de ação e força se expandiu por todos os continentes do Planeta.

Pelas características intrínsecas do mercantilismo industrial que depois se transformou em capitalismo primitivo, os conflitos entre potências eram inevitáveis. Isso porque, no mercantilismo industrial, que no caso era o mercantilismo inglês, cada nação tem a característica básica de crescer a partir do seio da nação, ou seja, de dentro para fora. Nessa concepção, o mercado externo é apenas uma extensão do mercado interno.

Enquanto as potências crescem com essas características, os países dependentes ou colônias crescem de forma contrária, de fora para dentro. Nesse aspecto, por exemplo, as nações periféricas ficam à mercê das mudanças e situações externas. Se o mercado externo cresce as nações periféricas crescem, se ocorrer o contrário, o mesmo acontecerá com os países dependentes que tendem a acompanhar o cenário externo, com consequências econômicas mais atrozes na sua economia doméstica, do que ocorrem normalmente com as economias centrais, ou das sete elites, no caso G-7.

O maior fator condicionador de desenvolvimento interno das nações periféricas é o de depender do crescimento do mercado externo para se desenvolver, visto que elas estão atreladas ao mercado das nações hegemônicas. Como quem manda no mercado internacional são as grandes potências ou sete elites, as nações periféricas tendem a se tornarem submissas e dependentes cada vez mais, das grandes potências internacionais.

O grande erro do Paraguai ou dos seus três ditadores, foi desafiar essa lei do mercado internacional. O maior erro de Francisco Solano López foi intensificar o processo de expansão territorial paraguaia, no momento inoportuno, visto que, as forças armadas paraguaia, ainda era incipiente e não estava bem preparada para realizar uma investidura internacional de grandes proporções, como invadir concomitantemente os dois países mais populosos (Brasil e Argentina) da América do Sul, e mais, ligados e submissos aos interesses das potências internacionais, principalmente à Inglaterra, a maior interessada no fracasso paraguaio.

Embora bem militarizado internamente, o Paraguai apresentava sérias deficiências na sua Marinha, fator essencial de proteção às costas do país e de combate em águas fluviais ou marítimas que, na época era e ainda é hoje, um ponto decisivo, em qualquer conflito internacional.

A maior força paraguaia se concentrava em terra visto que, o Paraguai, é uma nação que não tem ligação direta com o mar.

> Às vésperas do conflito, o Paraguai dispunha de sessenta mil homens bem treinados e 400 canhões. Os recursos de transporte e abastecimento, porém, não atendiam às exigências de uma movimentação de tropas em campanha. A maioria dos canhões estava fixada na fortaleza de Humaitá, onde também se encontravam grandes efetivos de infantaria. Quanto às forças navais, essenciais para um país cuja única via de comunicação com o exterior era a bacia platina, López só dispunha de 14 pequenas canhoneiras fluviais.
>
> O Brasil podia lançar em campo 18.000 homens, dos quais oito mil estavam nas guarnições do sul; contava com uma força naval considerável e bem treinada, com uma esquadra de 42 navios, embora alguns deles, pelo calado, não fossem apropriados à navegação fluvial. A Argentina possuía apenas oito mil homens e não dispunha de uma marinha de guerra quantitativamente apreciável. As forças do Uruguai contavam menos de três mil homens, sem unidades navais. (Barsa, 2004:119-Vol. 11).

Assim, não é de se estranhar a afirmação de que a situação da Guerra começou a se tornar favorável aos aliados - Brasil, Argentina e Uruguai - a partir da Batalha Naval do Riachuelo, ocorrida em 11 de junho de 1865, travada no Rio Paraná, onde a esquadra brasileira dizimou a marinha paraguaia. Se o Paraguai fosse possuidor de uma marinha bem equipada, talvez o desfecho da guerra tivesse sido diferente.

Nesse contexto, pode-se afirmar que a estratégia de dominação global do capitalismo inglês e atualmente o dos Estados Unidos, apontada por Smith e depois por Marx, é que joga por terra a questão do liberalismo econômico e o automatismo das forças de mercado, tão propalada pelos defensores das ideias clássicas e neoclássicas de nossos dias.

Na verdade, liberalismo econômico e automatismo das forças de mercado nunca ocorreram, se caracterizando mais por serem jogos de palavras ou frases feitas, do que propriamente, uma estrutura econômica capitalista efetiva, nas relações de produção e comércio em escala global.

Outra armação criada e muito bem estruturada pela burguesia inglesa e depois estadunidense, é a relativa à mistura dos conceitos de capitalismo, com o de individualismo.

Em sua essência, o capitalismo é um sistema econômico complexo, autônomo, altamente desenvolvido e que passa por vários estágios de evolução, composição do seu processo produtivo, revezamento na sua liderança por mercadorias altamente avançadas decorrentes da evolução tecnológica e geradora de superlucros, que ocorrem durante as etapas de produção de riquezas sociais.

Ele é um sistema estritamente econômico, autorregulado, versátil. complexo e dinâmico, podendo ser implantado e levado adiante por quaisquer modelos políticos, sejam eles: socialista, comunista, anarquista ou individualista.

Essa assertiva é tão verdade que, os países da atualidade que melhor aplicam os fundamentos do modelo econômico capitalista são a Rússia e a China, com maior destaque no meio de produção de riquezas e não de equipamentos bélicos, para a China, enquanto que à Rússia, se reserva à produção e desenvolvimento de armamentos ultrassofisticados mais avançados do mundo, por possuir atualmente, uma tecnologia incomparável nesse segmento além de uma telemática forte, em condições de concorrência no mercado global.

Em termos práticos, vale acrescentar que, mais uma outra engenhosidade muito bem utilizada por parte dos países hegemônicos para garantir a sua supremacia política, econômica e militar sobre as nações subalternas foram as proporcionadas pelos acordos celebrados na forma de um contrato como o *Tratado de Methuen,* como observa Smith em sua "A Riqueza das Nações".

Esse tratado era um tipo de contrato bilateral que rezava direito de exclusividade entre as duas nações envolvidas, no caso, Portugal e Inglaterra, sobre o abastecimento de vinho à Inglaterra por parte de Portugal e à compra de tecidos ingleses pelos portugueses. Assim, enquanto os ingleses forneceriam tecidos para Portugal, os portugueses abasteceriam o mercado inglês com os seus vinhos.

A oportunidade do estabelecimento desse tipo de contrato se deu porque, a maior fornecedora de vinho de excelente qualidade para os ingleses eram os franceses. Pelo fato desses dois países entrarem em guerra, o abastecimento desse tipo de bebida ao mercado inglês ficou prejudicado. Passou a faltar vinho nesse mercado.

Ao perceberem isso, os portugueses que também, na época, eram grandes produtores de vinho, aproveitaram dessa oportunidade para fornecer esse tipo de produto à Inglaterra. Como havia o perigo da França voltar a fornecer tal bebida ao mercado inglês depois do conflito terminado, os portugueses optaram por estabelecer um contrato de exclusividade envolvendo o fornecimento dessa bebida aos ingleses, em troca do abastecimento dos tecidos ao mercado português pela Inglaterra. Eis aí o motivo do estabelecimento do Tratado de *Methuen* entre essas duas nações europeias.

O problema desse tipo de tratado para Portugal, segundo o senhor Adam Smith, se referia ao fato de que, enquanto a Inglaterra já era um país que tinha um sistema industrial maduro e extremamente avançado para a época, principalmente na produção e exportação de tecidos, as indústrias portuguesas eram incipientes, e, por isso, não geravam lucros na mesma proporção que o vinho poderia oferecer para os empresários portugueses, que quisessem inverter nesse tipo de produto.

O resultado dessa celeuma para o mercado português foi a migração dos industriais portugueses que produziam produtos derivados dos tecidos e de outras mercadorias, para o plantio das parreiras e a consequente produção e exportação do vinho para os ingleses.

Entrementes, enquanto a oferta de produtos derivados dos tecidos e outras mercadorias caia vertiginosamente no mercado português, a demanda efetiva se mantinha a mesma, e por não dispor mais do fornecimento dessas utilidades, tal demanda se reprimiu significativamente.

Percebendo isso, os industriais ingleses resolveram se instalar em Portugal, visando atender essa demanda, fato esse que fez com que, no longo prazo, o mercado português passasse a ser dominado pelas industrias inglesas e se tornasse a sua semicolônia, situação essa que só foi parcialmente contornada quando a Inglaterra deixou de ser potência e passou o seu bastão para os Estados Unidos que, apenas deu continuidade ao processo de dominação global, fazendo surgir o Neocolonialismo.

Nesse sentido, Portugal se transformou na primeira semicolônia europeia do Mundo "Moderno" e que saiu da condição de potência, quando estava sob os ditames dos antigos Templário, na condição de Estado e se transformou em nação colonizada pelos ingleses no Período Moderno.

Daí, o motivo da criação da estratégia de domínio e da incorporação teórica dos mercados internacionais pelas multinacionais, como o fator primordial do desenvolvimento dessas potências produtivas, gerando conflitos externos de toda natureza entre as indústrias para a posse e o abastecimento dos postos de compra e de venda de regiões onde prevalecem os não-mercados, é bom que se diga, dos países periféricos.

A partir dessa constatação, os estabelecimentos de contratos dessa natureza entre as nações foram incorporados nas suas estratégias de dominações de não-mercados, fortalecendo suas posições de potências hegemônicas, o que acabou definitivamente com os tipos de comércio multilaterais e de livre negociação. Foi assim que se intensificou e se consolidou a criação de monopólios, oligopólios em escala global, via estabelecimento dos acordos bilaterais e multilaterais de negociações, o que fez, aumentar significativamente o predomínio dos lobbys, conluios e políticas de extermínios de nações que pudessem oferecer concorrência direta aos produtos de interesse de dominação das potências.

O que esse tipo de teoria não levou em conta, foram os gastos excessivos e perdas de recursos produtivos com a compra e distribuição de propinas entre os representantes "políticos" esparramados entre os três poderes: executivo, legislativo, judiciário mais os das forças armadas, sem contar a mídia mercenária encravada nessas novas semicolônias e no próprio seio das potências globais, por parte das multinacionais, tornando-as vítimas de seus próprios jogos de interesse. Nesses casos, todos os envolvidos, as multinacionais, os "políticos", os "magistrados" as "forças armadas", se tornaram coniventes, envolvendo-se todos, num lote só, no mesmo processo, formando conluios contra o povo e o Estado, e a favor das "nações".

Esse quadro parasitário impacta o desenvolvimento dessas multinacionais dentro desses países, além de comprometer toda sua infraestrutura econômica relacionada a investimentos em novas tecnologias, produção e distribuição de mercadorias com preços menores, fato esse último que expõe a concorrência de suas mercadorias com produtos nativos produzidos a menores custos e preços e até, melhores condições de distribuição, trazendo enormes dificuldades para que tais multinacionais possam se estruturar adequadamente no interior dessas nações e até mesmo em seus próprios mercados de origem.

É assim que, grandes conglomerados industriais se acabam da noite para o dia, em virtude de sua capacidade estratégica de produção, desenvolvimento e recomposição no processo produtivo ficarem comprometidos com tais políticas de "parcerias", criado pelas "elites intermediárias" das nações subalternas e mais outros 1% que formam as elites hegemônicas que vivem de "renda".

Fato interessante e que pode ser levado em consideração, citando como exemplo, na forma de analogia, é o comportamento do senhor Juan Carlos Ramirez Abadia, um dos maiores traficantes de drogas do mundo e que foi preso no Brasil, no dia 07 de agosto de 2007, na operação realizada pela Polícia Federal, intitulada "Operação Farrapos". Nessa época os Estados Unidos ofereciam 05 milhões de dólares pela sua captura, valor esse que foi rejeitado pela Polícia Federal Brasileira.

Depois de ficar vários meses preso no Brasil, esse traficante de entorpecentes implorou para ser transferido para as prisões estadunidenses. Depois de transferido e já alojado nesse País, ao ser interrogado pelos motivos de ter solicitado sua extradição, esse afirmou em resposta aos seus interlocutores que, não aguentava mais pedidos de propinas por todos os envolvidos na sua guarda. A perseguição por propina era tanta, que ele alegou que nem dormir conseguia mais. Com medo de que lhe acontecesse algo pior, o mesmo pediu socorro ao país ianque para tirá-lo dessa "situação".

Modelo salutar desenvolvido ao longo da história econômica se observa na estratégia de negociação que era estabelecida entre os comerciantes antigos, até o início da prática do Mercantilismo, que se espalhou para a Europa Ocidental, logo depois da tomada de Constantinopla pelos turcos otomanos.

Nesse período os comerciantes se viam, não como concorrentes, mas como parceiros. Esse era o processo ganha-ganha. Assim, de início, já com os países recém nascidos formados, os negociadores asiáticos compravam dos países da Europa Ocidental as mercadorias que eram abundantes na Europa, como era o caso do ouro, da prata tomados dos índios e os povos Incas da América do Sul e Central, e outros que dispunham de alta tecnologia, como era o caso dos tecidos ingleses, e por isso, tinham baixos preços na Inglaterra e na Europa, mas eram caros na Ásia, por serem bastante apreciados nesse Continente. Em contrapartida, os asiáticos vendiam seus produtos que existiam em grande quantidade, tinham qualidade embutida no seu fabrico, como a seda, as joias e as especiarias, e que, por isso, possuíam baixo preço na Ásia, mas que, porém, eram muito apreciados na Europa.

O resultado dessa negociação era o fato de que, todos os envolvidos nesse tipo de relação tinham grandes lucros e ninguém reclamava de ninguém. O problema é que, por medo da concorrência entre eles, os países europeus como Portugal, Espanha, Inglaterra, França, Holanda, recém saídos do Período da Barbárie tanto criticada pelo Império Romano, começaram de maneira atroz, de forma selvagem, a invadir essas nações, tomando suas riquezas, transformando-as em suas colônias, gerando guerras e conflitos de toda natureza na Ásia, que marcaram o período de transição entre o regime mercantil e o Capitalista, implantado na Europa e posteriormente, no mundo todo, pseudo civilizado, vigente na Europa Ocidental, até nossos dias.

15 Os lucros extraordinários ou superlucros

No que se refere às questões econômicas, Smith ainda evidencia que, os tipos de mercadorias que interessam às grandes potências e seus respectivos mercados são aqueles que geram lucros extraordinários. Por seu turno, os produtos que geram lucros extraordinários, segundo esse brilhante economista, são aquelas mercadorias que detêm alta tecnologia, os chamados produtos *high tech*, de nossos dias, e mais aqueles produtos agrícolas que possuem demanda global, mas que só podem ser cultivados em determinadas regiões do Planeta, incluindo nessa relação os minérios.

Podem-se citar como exemplo, os casos do: café, cacau, seringueira que produz o látex, matéria-prima da borracha, a cana-de-açúcar, o açaí, o guaraná, o petróleo, o lítio, dentre outros.

Esses produtos, no caso os produtos agrícolas, são chamados geradores de lucros extraordinários porque, além de sua utilidade, eles são de grande aceitação no mercado global. Acrescidos a esses atributos, há ainda o fato deles só poderem ser encontrados ou produzidos em determinadas regiões do mundo, os tornando extremamente raros. A utilidade dessas mercadorias, ou matérias-primas, a sua aceitabilidade que é mundial, mais a sua raridade, permitem a esses produtos oferecerem aos seus detentores lucros elevadíssimos, muito acima do normal, daí porque gerarem lucros extraordinários.

Assim, atualmente, enquanto os produtos que geram lucros normais, as grandes potências, lideradas pelos Estados Unidos, deixam para os países periféricos produzirem e comercializarem, seguindo receituário do Império Britânico, de outra parte, as mercadorias e matérias-primas que promovem lucros extraordinários aos seus detentores, são de sua exclusividade, a propriedade e a comercialização dessas riquezas diferenciadas.

Detalhe importante a se considerar. Como o custo de implantação e desenvolvimento das tecnologias inovativas são caras, bem como o processo de plantio dos produtos agrícolas e das matérias primas que geram lucros extraordinários são elevadíssimos, esses só gerando lucro na etapa do seu beneficiamento, transporte e comercialização no mercado, as grandes potências liberam as etapas de pesquisa, plantio e extração dessas futuras mercadorias para os países subdesenvolvidos ou neocolônias realizarem, se interessando apenas pelo processo de transformação dessas matérias primas em produtos acabados, além da venda e comercialização dessas riquezas, que os tratam de forma exclusiva, impedindo que as nações subalternas do terceiro mundo assumam essa fase do ciclo de produção dessas utilidades, na condição de produto ou mercadoria, apropriando-se de toda a riqueza gerada por tais tesouros.

A maneira mais simples e barata dos países centrais realizarem essa proeza, se dá pela aquisição total dos produtos agrícolas, mesmo antes da sua plantação, já adquirindo-os no local de sua colheita, como acontece com as *commodities*, principalmente as produzidas pelo Brasil, por intermédio de empréstimos financeiros a perderem de vista para os agricultores, nas fases de abertura da área a ser plantada e durante o plantio, com taxas de juros flutuantes, criando uma espécie de cabresto, além do estabelecimento de parcerias com as universidades dos países em fase de desenvolvimento, nas áreas de pesquisas e desenvolvimento de alta tecnologia, com o direito exclusivo de exploração da industrialização e comercialização da tecnologia ou inovação advinda dessas pesquisas ou descobertas, tornando esses países submissos aos seus interesses econômicos e políticos.

Além das *commodities*, citando como exemplo, também o mesmo fato acontece com o Etanol, e já com o petróleo brasileiro, a partir do Golpe implantado pela CIA em 2016, e já planejado e orquestrado desde o ano de 2006, como aponta denúncias do ex-espião dos Estados Unidos, senhor Edward Snowden, e que teve início com os Golpes nos países do Oriente Médio quando os estados Unidos mataram os opositores de seu império, por meio da Primavera Árabe, iniciado em 2010 na Tunísia, se estendendo para o Brasil, e levado adiante e amparado pelos 1% das castas sociais mais ricas desse País, utilizando-se dos poderes Executivo, Legislativo, Judiciário, das classes "empresariais", da mídia local, todos protegidos e resguardados pelas Forças Armadas da "Nação Brasileira" a mando da CIA.

A finalidade de todo esse rebuliço foi a apropriação definitiva dos poços de petróleo dos países opositores dos interesses dos Estados Unidos e do G-7 no Oriente Médio e a supressão, depois extorsão das tecnologias e estruturas produtivas recém desenvolvidas pelo Brasil via apropriação da Barreira de Alcântara, do Pré-Sal, da tecnologia da Embraer, com o pretexto da sua aquisição a preços fictícios, oportunidade na qual foi dado o direito de acesso de suas tecnologias inovativas para a Boeing, multinacional estadunidense, pretensa interessada na aquisição da empresa brasileira, devolvendo-a um mês depois como desistência da compra, tudo como reza o manual de dominação da Doutrina Monroe em vigência no Continente Latino Americano desde 1823, quando da sua implantação por James Monroe, Presidente da Nação Ianque.

Há ainda a ressalva de que, caso tais nações não aceitem esse tipo de negociação, os mesmos são colocados fora de circulação, via destruição ou tentativa de destruição de sua infraestrutura e bases de desenvolvimento desses produtos, como acontece atualmente contra a Rússia e a China, para tomarem o gás natural e o petróleo da Rússia e mais a apropriação da sua tecnologia armamentista via deposição ou morte do senhor Vladimir Putin, em conjunto com a tomada de mercado e das tecnologias inovativas da China, mediante apoio e incentivos a conflitos bélicos e comerciais de toda natureza, contra essas duas grandes potências industriais, promovidas pelos países membros do G-7 sob o comando dos Estados Unidos, tudo criado e levado adiante pela Central de Inteligência dos Estados Unidos – CIA e com pressão militar oferecida pela Organização do Tratado do Atlântico Norte – OTAN, utilizando-se de líderes "politiqueiros" lacaios do G-7, e como o da Ucrânia, por exemplo, sob comando do senhor Volodmir Zelenski, por exemplo, mediante aproveitamento da ingenuidade do povo ucraniano e euroasiático para tal.

Vale acrescentar também que, as questões da monopolização, oligopolização, monopsonização, oligopsonização, os últimos do lado da demanda, são formados atualmente no mercado global em decorrência do desejo e da ganância das multinacionais, agora, transnacionais, pela obtenção dos lucros extraordinários.

Esses fatores atuais, impedem que haja a criação do que os seguidores de David Ricardo, os neoclássicos e monetaristas chamam de concorrência de livre mercado, ou ainda, a própria concorrência perfeita. Em essência, essas duas teorias não passam de mera ficção da cabeça fértil dos pseudoeconomistas e seus séquitos de lacaios do Terceiro Mundo.

16 O Verdadeiro Conceito do Capitalismo e a Economia Política

De volta ao tema "Capitalismo", conforme expõem Platão e Marx, cada qual à sua maneira, não existem vários tipos de capitalismo. O capitalismo é um só e se estabelece em escala global, onde cada país contribui com o melhor de si, com as mercadorias que melhor ele pode produzir e oferecer, em virtude - como deixam claro, novamente, os mesmos autores, -, do problema da autossuficiência.

Isso porque, da mesma maneira que ocorre com um indivíduo, como aponta Platão, é praticamente impossível aos países produzirem todos os tipos de mercadorias de que precisam. Assim, para sobreviverem, eles têm que negociarem entre si independente do seu credo, política ou interesse. É por isso também que o Capitalismo é essencialmente um sistema de trocas de mercadorias como defende Smith.

Na realidade, o sistema político que as "elites" globais implantam e defendem em volta do mundo é o do individualismo e seus vícios, que se traduzem esses, na soberba, arrogância, prepotência, ganância, cobiça, crendices, recalques, distúrbios morais que, por incrível que possa parecer, eles consideram como virtudes – comportamentos esses tão nefastos e combatidos por Platão por intermédio de seus atributos de práticas das virtudes, educação e cultura -, e que os mesmos gostam de camuflar dentro do capitalismo, como se esses fossem partes inerentes do próprio sistema.

Nesse contexto, as "elites" tentam fazer implicar que, se o modelo individualista e suas impudicícias fossem eliminados e substituídos por quaisquer virtudes ou regimes políticos, seja ele: comunismo, socialismo, anarquismo ou outro que aparecer, o capitalismo capitularia junto.

Assim, a estratégia da "elite" global é de vender a ideia de um pacote fechado do capitalismo, embutindo no seu interior, todos os vícios, manias, pretensões e estratagemas inerentes às suas próprias ações de dominação e que são puramente individualistas.

Na verdade, não é isso que ocorre no verdadeiro Capitalismo. No sistema capitalista puro prevalece apenas as estratégias de planejamento, produção, distribuição e organização, que estão distribuídas nas plataformas de análises comportamentais, elaboradas e discutidas pelos trabalhadores-empresários, visando realizar a produção de mercadorias, com a participação de parceiros produtivos, no caso, os trabalhadores.

Ora, esse processo está presente em qualquer sistema político que possa existir. Capitalismo, no sistema econômico, pode ser definido como a produção de riquezas sociais por intermédio da formação de conglomerados complexos, autônomos e altamente organizados, enquanto que, o regime político trata, apenas e tão somente, da maneira como essa riqueza será distribuída entre os membros da sociedade.

Em essência, quando as "elites" centrais fazem emanar essa sua maneira arcaica e tosca de pensar, o do individualismo embutido no capitalismo, o fundamento dela é a de se autoproteger dos movimentos contrários aos seus interesses, tentando embutir nas "cabeças pensantes" a máxima de que, "se o individualismo cair, cai o capitalismo" ou, "se o capitalismo cair, cai o individualismo". Mas essa proposição é falsa.

Se o individualismo cair, isso não quer dizer que cairá o capitalismo, e se o capitalismo for à ruína, o que é praticamente impossível na Economia Pura, isso em nada afetará o individualismo.

Foram essas doutrinas indômitas, totalmente equivocadas, camufladas como "políticas", que os intermediários revoltosos do Brasil, no caso, a alta sociedade, autoproclamada "elite", adeptas do falso "liberalismo radical", receberam das verdadeiras elites que comandam o mundo, (G-7), em especial, a Estadunidense. E as classes inferiores do Brasil tiveram que engolir tudo isso à força, oriundas das doutrinas propagadas pela mais "fina flor das classes sociais" dos países hegemônicos, lhes enfiadas, "goela abaixo" e refletindo nas suas mentes despreparadas de cidadãos mal formados, ignorantes, totalmente analfabetos politicamente falando, fazendo eclodir tais mazelas no seu cotidiano, que prevalece neste País, e que, infelizmente, também se vê repercutindo entre as classes inferiores, do mundo.

Esses desequilibrados que fazem parte da "mais fina flor das castas sociais" entendem que, aonde predomina a ignorância, a vida e os valores morais se tornam uma banalidade, e assim, os interesses escusos superabundam e a tirania impera. Disso decorre o interesse desses de se manter uma multidão de ignorantes "alfabetizados".

Daí a importância e a necessidade de se dar conhecimento para o povo, tirando-o da caverna de Platão, para impedir que a tirania no seu meio impere, tornando-os escravos do casuísmo e dos interesses escusos, e, fazendo-os se libertarem da condição de lacaios. Os avanços sociais, devem ser efetuados por meio da sua evolução virtuosa, educacional e espiritual, lhes dando acesso à cultura para que se tornem intelectuais civilizados, segundo Platão.

No Brasil, o movimento imperialista é considerado como um processo de psicotização da população ignorante e analfabeta politicamente, porque, no caso de Getúlio Vargas, é de se admirar que o chamem de comunista, visto que, as suas ações políticas e integralistas, nada tinham de alinhamento com ideias, articulações ou defesas de teorias em comum com os grupos representantes do grande Bloco Soviético. Pelo contrário, ele era estritamente capitalista, independente e de ideais próprios de se fazer um Estado verdadeiramente soberano no continente sul americano, tal qual Frância e os Lopes (pai e filho) no Paraguai fizeram, mas foram aniquilados como foi Vargas e seu séquito, dentre eles Juscelino Kubitschek.

O maior problema da população brasileira não é que ela seja totalmente ignorante politicamente falando, mas sim, que a mesma pensa e age como se fosse um psicopata. Não há nada que a faça mudar de ideia, quando coloca uma pulga atrás da orelha. Isso porque, além de tudo ela não suporta ser chamada de estulta, fato esse que se repete infelizmente, no mundo global.

É fato histórico que, um dos chefes da polícia política do Presidente Vargas, inimigo atroz do comunismo, no caso, Filinto Muller, entregou a mulher do senhor Luís Carlos Prestes, que era militante do partido comunista brasileiro, de nacionalidade alemã, e de etnia judaica, no caso, a senhora Olga Benário Prestes, aos nazistas, durante a Intentona Comunista. Ato esse que a condenou a morrer num campo de concentração destinada aos judeus por Hitler, durante a Segunda Grande Guerra Mundial.

Sabe-se que, a proposta de Vargas e seus seguidores era claramente, a de buscar eliminar a pobreza e a injustiça social, que se alastrava de maneira incontida no campo econômico, social e político do País, dando direitos e garantia de liberdade aos trabalhadores, via desenvolvimento do setor produtivo, com fortalecimento das indústrias nacionais, da infraestrutura e da formação de um mercado consumidor dinâmico e perene. O próprio senhor João Goulart era um grande produtor rural, no período em que foi Presidente do Brasil e que sofreu o Golpe da parte dos lacaios brasileiros.

Outra característica das estratégias adotadas pelas "elites" globais sob a batuta dos Estados Unidos para se perpetuarem no poder, a exemplo dos ingleses, é o de estabelecer um sistema de combate aos seus adversários, de maneira forte, implacável, extremamente violenta e sanguinária, fazendo espalhar o terror, a miséria e a morte entre os inimigos de seus interesses. Tais medidas são levadas a cabo, como - além de exemplo de intimidação, destruição e morte de seus opositores -, uma forma de aviso aos seus adversários, contrários à sua forma de agir, na agenda global.

Mais uma maneira de justificar esse tipo de ação se dá por meio do estabelecimento do condão de "quem é o bandido e quem é o mocinho" na estória. Para isso, eles arrastam até o nome de "deus", coitado de Deus, no estratagema. No caso, eles são os fiéis representantes de "deus" e quem é oposição é a manifestação de Satanás. Tratamento típico dos protestantes a partir do Século XVI, vale lembrar.

Assim, cria-se um estereótipo que é disseminado pelas comunidades globais, que se dá por meio das ações da grande mídia perniciosa, que se encarrega de fazer o alarde sujo e falso de toda a maracutaia criada e levada adiante pelos seus adeptos. A ideia é disseminar a demonização a todas as castas inimigas globais envolvidas, criando-se um verdadeiro pandemônio, que funciona como cortina de fumaça, aonde nessas oportunidades, os opositores são totalmente eliminados e/ou, comprados e suas riquezas extorquidas.

Essa foi mais uma das estratégias adotadas pelos protagonistas do Golpe Militar de 64, acrescida à promoção da discórdia, considerada como necessária para garantir o sucesso entre eles, desse atentado contra os interesses de liberdade e da dignidade de um povo, implantado pelas ações dos psicóticos, tão logo a balbúrdia eclodisse. Isso se deu por meio da utilização dos contingentes armados, que tinha a missão de dar início à balbúrdia e eliminar, camuflado na forma de combate, até, se necessário fosse, de castas sociais inteiras, da parte dos tais defensores do quadro institucional vigente.

Mais ainda, para dar suporte militar à orquestração mirabolante, os Estados Unidos destinaram *marines,* que ficaram nos navios ancorados próximos aos portos de Recife, no Estado de Pernambuco. Isso para, caso houvesse resistência, as forças armadas da Nação Ianque invadiriam o país, espalhando morte e destruição para apoiar os paranoicos, visando garantir o sucesso do plano.

Ao perceber esse levante armado, João Goulart, para não ver sangue de brasileiro derramado em tamanha beligeração, resolveu renunciar ao cargo de Presidente e se exilar no exterior. Não satisfeitos com a renúncia, para evitar, na cabeça deles, possíveis embates futuros de resistência, os jagunços fardados deram início à matança, eliminando de maneira misteriosa, cruel e sanguinária, todos os que eles imaginassem, mesmo sem confirmação nenhuma, em suas intuições ou delírios, que fossem inimigos.

A balbúrdia não ficou só aí. No aspecto demográfico, os revoltosos eram ainda sectários da intuição analítica, generalista e inapropriada do pseudoeconomista e pastor protestante, senhor Thomas Malthus, conforme já frisado, de que, a população mundial tenderia ao excesso em termos quantitativos, o que geraria como consequência, um colapso social gigantesco, decorrentes do aumento da fome e da miséria em escala global, visto que, segundo ele, enquanto a população cresceria em progressão geométrica a alimentação cresceria em progressão aritmética.

Diante dessa intuição "profética" catastrófica, os lacaios dos Estados Unidos, defensores do Golpe, visionários da calamidade pública, fizeram uma projeção para o crescimento da população brasileira, de que, a partir da segunda metade da Década de 60 do século passado, até o ano 2000, no final do Século XX, a população brasileira atingiria um montante de 200 milhões de pessoas.

Mais ainda, alarmados com essa projeção, na intuição desses desatinados, como o Brasil era um país pobre, na cabeça deles, a tendência da Nação seria a de se afundar numa calamidade pública sem igual na história da humanidade. Diante dessa conclusão delirante, os mesmos deram início a um processo de mutilação de mulheres: negras, mulatas, cafuzas, pardas, jovens e pobres, que se engravidavam. Essas, quando procuravam, principalmente os hospitais públicos, com algum sintoma de gravidez, mesmo que não se confirmasse o prognóstico, eram sedadas, anestesiadas e de imediato "esterilizadas".

Quanto aos movimentos estudantis que clamavam por maior quantidade de escolas, melhores condições de ensino e maior politização dos movimentos sociais, esses foram colocados na clandestinidade. Foram proibidas suas reuniões em público, e seus membros passaram a ser taxados de arruaceiros, sendo, a partir daí, perseguidos, agredidos e, em alguns casos, mortos em todos os movimentos de protestos que participassem ou que pretendessem organizar.

A ideia que prevalecia entre os idealizadores e executores do Golpe a mando dos Estados Unidos era a de que, as universidades e escolas públicas, ao invés de educar a população dos proletários e seus filhos, para serem meros trabalhadores, peças de reposição no chão da fábrica, estavam preparando-os para se tornarem líderes sectários do comunismo, do anarquismo e da baderna generalizada.

Visando impedir tais tipos de movimentos, foi proibido o ensino nas escolas públicas e nas universidades de disciplinas como: Ciência Política, Sociologia, Filosofia e a Economia Política, que ficou esta última, totalmente ignorada e banida dos ensinos acadêmicos, principalmente, dos cursos de Economia. A população foi proibida de ter o direito de pensar. A proposta era a de que as "castas inferiores" fosse preparada apenas para fazer mover as máquinas e trocarem as peças, caso necessário, volta-se a observar, no chão das fábricas.

No que tange aos intelectuais, esses passaram a ser taxados de "comunistas" e incitadores da baderna. Os menos conhecidos da população foram severamente castigados e alguns mortos, enquanto que, os já consagrados pela opinião pública nacional, e até reconhecidos internacionalmente, tiveram que se exilar do País.

Assim, o Brasil foi recoberto por ondas do medo, morte, humilhação de camadas sociais inteiras, da violência e dos desmandos administrativos, jurídicos e políticos de toda natureza, o que marcou o fim do sonho da construção de um país independente, soberano, solidário e nobre, colocando-o à mercê da escuridão da ignorância da caverna de Platão, tão bem conceituada em "A República", expondo-as assim, ao entreguismo, a mesquinhez e a hipocrisia, que assolaram a Nação nos anos e décadas subsequentes.

Toda essa escaramuça serviu para que os defensores do antigo regime da República Velha, no caso, as classes mais abastadas do Brasil; os positivistas, sectários de Augusto Comte; Martinho Lutero; de Maquiavel; e de algumas correntes da Igreja Católica, de posse da cartilha de "como transformar um inimigo, qualquer ele que seja, na figura viva de Satanás", com o apoio fervoroso da mídia - que nessas horas é que ganha mais dinheiro de forma ardilosa, mesquinha e sem riscos -, contando ainda com os atos inescrupulosos dos militares, retornaram ao poder, mudando regras, impondo condições e destruindo toda a infraestrutura econômica e social desenvolvimentista, que até então existia e que foi implantada no País, a partir do governo de Vargas. No que tange as indústrias que foram criadas e que prestavam, essas foram todas doadas para as multinacionais pelo Regime Militar sob a égide e orquestração econômica dos lacaios dos Estados Unidos como: de Roberto Campos, Otávio Gouvêa de Bulhões e Eugênio Gudin.

Na verdade, a classe alta brasileira, responsável pela eliminação dos defensores da soberania nacional, na condição de intermediária do acesso direto às riquezas nacionais pelas grandes empresas e bancos internacionais, além de ser utilizada como cobaia da experiência golpista, orquestrada pela CIA, que logo seria implantada por toda a América Latina, utilizando o Brasil como "cabeça de praia", de onde partiriam todas as atrocidades políticas-ideológicas que assolaram a América do Sul, a partir de então, visando eliminar adversários da Doutrina Monroe, sempre cumpriu com galhardia, seu papel de pária do Brasil e lacaia do Governo Estadunidense.

16.1 A sublevação econômica do Golpe Militar no Brasil em 1964

Depois de consolidado a sublevação, o passo seguinte era justificar o ato. De acordo com o já frisado, dar apenas o Golpe não seria suficiente para sustentá-lo por parte dos amotinados.

Esse teria que ser justificado por meio de um equivalente ou até superior nível de desenvolvimento econômico e social, que se verificou no período imediatamente anterior, durante o governo de Vargas e dos governos subsequentes, que seguiram seus princípios ideológicos capitalistas e libertários. Nesses governos o Brasil já desfrutava de um elevado nível de desenvolvimento econômico, tecnológico e cultural que o colocava como a 5ª maior Economia do Mundo em termos de Produto Interno Bruto - PIB e que o projetava como uma das futuras maiores potências econômicas do Século XXI.

Isso, mesmo com esses governos tendo que conviver com as badernas políticas patrocinadas pela CIA e conduzidas pelas classes sociais mais altas do Brasil que reivindicavam de todas as maneiras sua volta ao poder, para auferirem altos lucros com a entrega das riquezas nacionais e a manutenção do *status quo* do País que prevaleceu durante a República Velha até o início da Revolução de 1930 durante o Governo Vargas, aonde a Nação vivia de produção e venda de matérias primas e as indústrias nacionais só produziam enxadas para facilitar a plantação na agricultura tradicional para plantar os mais variados tipos de capim como: Brachiara Decumbens, Brachiara Humidicola, Brachiara Ruziziensis, Tobiatã, Tanzânia, Capim Mombaça, para alimentar o gado, por exemplo.

A melhor maneira de se alardear um esboço de desenvolvimento, no caso do Brasil, para a época, era recorrer à seara econômica. Com o montante de dinheiro arrecadado via empréstimos a juros flutuantes para o financiamento da guerra imaginária, uma vez que essa não teve, os revoltosos resolveram distribuir o montante arrecadado nos setores estratégicos do Brasil, de maneira indiscriminada, para convencer a opinião pública de que a articulação perniciosa era necessária e foi "coroada" de sucesso.

Assim, eliminadas as barreiras, apareceram quase que concomitantemente, as ações econômicas, que tinham por objetivo colocar "panos quentes" enchendo os bolsos dos adeptos e dos "indivíduos comprados", de benefícios financeiros, sinecuras e outras benesses, visando justificar a implantação do ato malévolo à Nação.

O fator que contribuiu enormemente para essa gastança de dinheiro que se tornou ocioso, visto que não foi gasto no Golpe, no meio político-econômico, segundo o brilhante trabalho do Professor Toledo (1988), foi a arrecadação desse numerário junto aos patrocinadores do ato, no caso, o governo estadunidense e as multinacionais, como sendo necessário aos protagonistas e promotores diretos da ação, para financiar o levante. Foi assim que, nesse meandro, as principais multinacionais interessadas no domínio do mercado brasileiro e na destruição das empresas nacionais consideradas suas concorrentes diretas, financiaram o Golpe.

Tudo com o aval dos grandes paladinos "economistas liberais", formados nas universidades estadunidenses, inglesas e alemães adeptas do monetarismo, que nas décadas subsequentes, levaria os Estados Unidos e a Inglaterra ao colapso financeiro total, que eclodiu nesses países a partir de 2008, nos Estados Unidos.

Desejosos de mostrarem serviço e garantir que seus diplomas tinham alguma validade além de ocupar algum lugar à mostra num canto da parede da sala, esses indivíduos doutores, "fidalgos" das elites centrais, devastaram toda a infraestrutura produtiva do País, inclusive as empresas genuinamente nacionais, para internacionalizarem o mercado brasileiro, tudo a fundo perdido, substituindo-as pelas multinacionais e também mediante a criação de conglomerados bancários nacionais e principalmente, internacionais.

A proposta desses bastardos alienados era eliminar a base do Desenvolvimento Econômico Nacional criado pelo Regime Vargas, que remodelou e reestruturou toda a infraestrutura produtiva nacional existente na República Velha, visando implantar um sistema de produção capitalista maduro no País, nos moldes do desenvolvido na Alemanha durante o Regime Cameralista, para viabilizar a industrialização e o desenvolvimento do Brasil, visando o aumento de geração de emprego e melhoria da qualidade de vida do povo brasileiro, a partir do programa definido como Processo de Substituição de Importações – PSI e transferir toda a base de desenvolvimento da Nação criada por Vargas e seu séquito, por intermédio da internacionalização total e irrestrita da Economia Brasileira, para as mãos dos bancos que passaram a ser definido pelos golpistas de "mola propulsora do desenvolvimento" via financiamento das atividades comerciais e empresariais nacionais. Assim, tudo tinha que passar pelas mãos dos bancos, mesmo sem esses terem utilidade nenhuma no processo de produção de mercadorias, visto que, o conceito de banco é de mero fiel depositário do dinheiro existente no mercado, ação essa que pode ser desempenhada com louvor por qualquer banco estatal, que atua sem fins lucrativos, se preze em fazer.

Como até os idos de 1964, o Brasil não tinha praticamente nenhum banco privado de destaque nacional, os pseudoeconomistas resolveram copiar o modelo financeiro dos Estados Unidos considerado por esses como uma estrutura ideal de formação de um sistema de desenvolvimento econômico avançado, a partir do zero, através da criação dos próprios bancos privados, implantando uma política de transferência de renda do setor produtivo para o improdutivo que é o setor bancário, jamais vistas no País e quiçá no mundo, seguindo os ditames estabelecidos pela Escola Monetarista de Chicago, apelidada de Chicago Boys.

Foi assim que se viu na Economia Brasileira, meros cidadãos comuns, ligados ao Regime Miliar por lhes dar suporte de alguma forma, se transformarem em banqueiros, fazendo aparecer do nada, bancos diversos surgindo da noite para o dia e quebrando depois, via transferência de recursos do próprio banco criado para mãos de particulares visto que, a ideia de tais aventureiros era apenas o de garantir o acesso a esses recursos financeiros oriundos da própria Operação Brother Sam, além de impostos sociais e transferi-los para as mãos desses novos fidalgos e seus laranjas, que se tornaram endinheirados manda chuvas da Nação, como num piscar de olhos. Como para essas ações não havia uma investigação séria, por parte do Regime Militar, pois tudo fazia parte da trama da ópera, uma vez que o destino dessas operações era o de ficarem esquecidas por debaixo do pano, a certeza da impunidade dessas maquinações estava garantida.

Além de tudo, tais bancos foram agraciados de ganhos financeiros absurdos, de onde o pequeno, o médio ou até mesmo o grande empresário, da mesma forma que o pequeno, o médio ou o grande agricultor que não tinham nada a ver com a maracutaia, ao emprestar dinheiro, citando como exemplo, para comprar um trator ou caminhão, ou qualquer utilitário que fosse para sustentar seu negócio, acabavam pagando por dois ou até três caminhões, tratores e/ou qualquer outro tipo de instrumento de produção, devido aos juros absurdos, sem contar o fato de que, se esses atrasassem vinte por cento das parcelas, ou menos, seus bens eram penhorados não pelo valor das parcelas residuais, mas pelo empréstimo total da realização do negócio. O que se viu de banco se apropriando do sacrifício do suor desses pobres infelizes foi um verdadeiro escândalo. O resultado de tudo isso, como não poderia deixar de ser, deixando de fora a situação de roubalheira no setor, foi o crescimento e fortalecimento de bancos que se tornaram altamente abastados, eficientes e senhores do mercado a ponto de mandar até mesmo na infraestrutura do País, no próprio Congresso Nacional, no setor judiciário, além do Sistema Financeiro Nacional, que se tornaram seus reféns.

Na verdade, esse modelo monetarista só aparentava que dava certo, devido ao ocultamento das mazelas que esse carregava dentro de si e eram encobertos pelos agentes econômicos e o próprio governo dos Estados Unidos como, por exemplo, o processo de concentração de renda que virou centralização de capital, o encobrimento dos desequilíbrios provocados por tal forma de administrar a Economia mediante a apropriação das empresas de alta tecnologia e das matérias primas existentes na América Latina, amparados pela Doutrina Monroe, que eram e ainda são beneficiadas no solo estadunidense provocando a geração de empregos em grande quantidade, além da circulação intensiva de dinheiro nesse território, fazendo se criar a ideia de que todas as ações proporcionadas por essa forma de pensar estavam permeadas de sucesso.

Inclui-se nesse processo os gastos que as famílias ricas do mundo, principalmente da América Latina, protegidas pelas atividades da Central de Inteligência dos Estados Unidos – CIA, pelos motivos já expostos anteriormente aqui, fazem nesse território, provocando uma verdadeira derrama de dinheiro na Economia Estadunidense, sem contar a utilização da União Soviética como o verdadeiro bode expiatório da economia Ianque, visto que, sempre que alguma coisa acontecia e ainda acontece de mal na Economia desse país a culpa era e ainda é, dos "comunistas". Para uma nação que tem medo de encarar os fatos e não costuma se olhar no espelho com medo de avaliar as sequelas, a culpa sempre será do outro lado mais fraco.

Além de tudo resta acrescentar que, no caso dos bancos nacionais esses foram criados à custa de doações, concessões, perdões de dívidas e transferências de dinheiro a fundo perdido e empréstimos à taxa de juros negativas, acrescidos da criação de políticas de atração de financiamentos externos, a taxas flutuantes, mediante à prática de serviço de apoio à especulação financeira e da cobrança de juros extorsivos da população. O sucesso do Golpe gerou um frenesi e êxtase total entre esses "sábios homens de negócios".

Quanto aos bancos internacionais, esses foram liberados de prestarem contas sobre o fluxo de pagamentos e recebimentos, bem como da remessa de lucros isentos de impostos para o mercado internacional. De certa forma, esses foram agraciados de todos os benefícios possíveis que o governo dos militares podia oferecer, de onde tais entidades bancárias ficavam isentas do pagamento, inclusive de impostos, ou, caso não fosse possível, do perdão das dívidas tributárias dessas entidades. Um exemplo recente desse tipo de negociação ocorreu no Governo Fernando Henrique Cardoso quando esse governo criou uma política de recuperação dos bancos no valor de Trinta Bilhões de Dólares, cuja função era reestruturar os bancos estatais modernizando-os e transferi-los posteriormente para particulares através de privatizações. Foi assim que esse governo gastou oito bilhões de dólares para recuperar o Banco do Estado de São Paulo - Banespa e o revendeu para um grupo espanhol por seis bilhões de dólares, com um prejuízo direto para o erário público de dois bilhões de dólares, se tornando o que hoje é conhecido como Banco Santander. A mesma coisa aconteceu com o Banco do Rio de Janeiro – BANERJ, o BAMERINDUS, dentre outros bancos estaduais e particulares.

Nesse contexto, o que ocorreu realmente, foi o início da renúncia do Brasil ao seu desenvolvimento mediante a produção de riquezas nacionais, se tornando um mero produtor de serviços, especializado na geração de ventos e sarna para se coçar, visto que, o setor serviço é totalmente improdutivo, uma vez que esse ramo de atividade não produz excedente econômico configurado em mercadoria ou utilidade. Assim foi que o Brasil saiu da condição de protagonista para o de figurante, no setor de desenvolvimento e crescimento econômico na América Latina, e porque não dizer, do mundo subdesenvolvido.

No caso dos serviços, toda a produção gerada pela força-de-trabalho do trabalhador é consumida durante a própria produção. Então, ele o é totalmente dependente do setor de produção de mercadorias, a verdadeira riqueza que uma sociedade pode gerar. Se o mercado permanecer nessa condição, ele tende a se exaurir no longo prazo, visto que a população é alijada de mercadorias no mercado interno tornando o país totalmente dependente do mercado externo e exposto a esse, inclusive às suas mazelas.

Dessa forma, conforme relata o professor Toledo (1988), durante a implantação do Regime Militar no Brasil, empresas multinacionais como a Shell, a Ford, a Fiat, a Chevrolet, a Volkswagen, a Nestlé e outras marcas que se consolidaram no País, financiaram de maneira concomitante, a destruição do parque industrial brasileiro, ainda na sua fase de formação e segmentação, estando incluída entre elas, a Fábrica Nacional de Motores – FNM, que produzia o caminhão, popularmente chamados de "Fenemê", dentre outros. É por isso que, depois desse disparate, até início da década de 90 do século passado, com o fim da concessão do mercado nacional a tais multinacionais, como forma de cumprimento da promessa de garantia do mercado, obtido com o financiamento do Golpe, só rodavam nas ruas brasileiras, carros das marcas: Ford, Fiat, Volkswagen e Chevrolet. Foi devido ao final desse contrato de concessão do mercado nacional à essas multinacionais de automóveis de passeio e caminhões, além do setor de laticínios e outros seguimentos do mercado nacional, que fez o Presidente Fernando Collor de Mello, durante seu governo, afirmar que queria abrir a economia nacional para o mundo porque até então o Brasil só "produzia carroças".

Na seara econômica eles fizeram isso através da implantação do programa chamado "Plano de Ação Econômica do Governo – PAEG", criado pelos economistas Roberto Campos, Eugênio Gudin e Otávio Gouvêa de Bulhões, chamados de liberais na época, lacaios da supremacia estadunidense sobre a América Latina, adeptos da Doutrina Monroe e alinhados com o Golpe.

A ideia principal, segundo esses "economistas", era "flexibilizar" o mercado e criar meios para que as empresas multinacionais pudessem investir mais, e assim, poder gerar novos empregos no País, fato esse estranho porque, na época do Golpe, e em período imediatamente anterior, o país desfrutava de pleno emprego e desfrutava de amplo processo de desenvolvimento e crescimento econômico, chegando até a se posicionar como a 5ª Economia do Mundo, não em termos de PIB, que não quer dizer nada, mas sim, medido segundo o Produto Nacional Brasileiro – PNB, que é o sistema de medida que realmente mede o nível de riqueza nacional.

Se houve ameaça de desemprego, tal situação decorreu do estado de baderna em que se transformou o País, devido às ameaças políticas dos entreguistas, no caso, a elite agrária da República Velha e seus apoiadores, desejosos de voltar ao poder, vendidos aos interesses dos Estados Unidos.

Durante a implantação do PAEG, visando segundo tais economistas, flexibilizar e facilitar o aumento da contratação de trabalhadores, visto que o salário estava alto, os mesmos acabaram com a estabilidade no emprego e em sua substituição, criaram o fundo de garantia por tempo de serviço - FGTS, o Programa de Integração Social – PIS e outras medidas como, por exemplo, a possibilidade de as empresas brasileiras contraírem dívidas no mercado internacional por intermédio de empréstimos em dólares, com taxas de juros flutuantes.

A proposta desse plano era "reformular" toda a economia, tornando-a mais aberta e definindo-a como "Economia de Mercado", tentando implantar no Brasil, a opinião fantasiosa, do "liberalismo econômico" total e irrestrito.

Gremaud, Vasconcellos e Toneto Jr. (2002:390), citam as principais metas do PAEG como sendo:

i. Redução do déficit público mediante a redução dos gastos e da ampliação das receitas por meio da reforma tributária e do aumento das tarifas públicas (a chamada inflação corretiva). Com isso, o déficit público reduziu-se de 4,2% do PIB em 1963 para 1,1% em 1966;

ii. Restrição do crédito e aperto monetário. Houve aumento das taxas de juros reais e, consequentemente, do passivo das empresas. Esse fato levou a uma grande onda de falências, concordatas, fusões e incorporações, processo este que atingiu principalmente as pequenas e médias empresas dos setores de vestuário, alimentos e construção civil. Essa "limpeza de terreno" e a consequente geração de capacidade ociosa foi um importante fator para a futura retomada do crescimento econômico;

iii. O terceiro elemento da política de contenção da demanda foi a política salarial, em que se supunha a existência de uma taxa de desemprego relativamente baixa o que levava a elevados salários reais e inflação crescente. Para romper essa dinâmica, o governo passou a determinar os reajustes salariais, via política salarial, objetivando romper as expectativas de conter as reivindicações. A fórmula de reajustes decidida pela política salarial (Circular 10 de 1965) teve por consequência grande redução do salário real.

Como se pode ver claramente, as medidas tomadas pelo PAEG em 1965, não são meras coincidências com as políticas macroeconômicas adotadas no País, nos dias atuais. Pode-se ver claramente que, tais procedimentos são iguais aos tomados por Portugal em relação à Inglaterra, no que se refere ao Tratado de *Methuen*. Já se viu aqui, nas páginas anteriores, que tal contrato simplesmente devastou a Economia Portuguesa, tornando-a praticamente dependente da Economia Saxã, fato esse que transformou o País lusitano, em uma nova colônia inglesa, guardadas as devidas proporções, é claro. Esse ato marcou o início da neocolonização em escala global, travestida de nova roupagem política e econômica.

Na verdade, as propostas do PAEG, conforme se viu aqui em páginas anteriores, não era criar mercado, mas sim, acabar com o mercado e transferir a mola propulsora do seu desenvolvimento para os países e grandes conglomerados internacionais, de onde se reduz a pressão interna pelo uso das matérias primas e riquezas naturais pelos nacionais, e se transfere o seu uso para o mercado internacional eliminando a capacidade do país desenvolver tecnologicamente e produzir excedentes econômicos gerando riquezas.

Passam-se os meses, anos, séculos e tais atos "econômicos", que são distribuídos pelo *mainstream* não mudam. Outro ponto em comum entre essas ações é de que, elas são totalmente equivocadas em relação ao mecanismo de funcionamento de uma política econômica pura, madura e tomada de acordo com os padrões da Ciência Econômica em sua essência, segundo Paixão (2022), mas sim, para truques econômicos.

Outro ponto que cabe observar das citações acima desses brilhantes economistas é o fato de que, tais pressões e procedimentos, no que se refere às restrições de financiamentos e acesso aos juros baixos, ficavam restritos como sempre, às pequenas e médias empresas e aos trabalhadores, que costumeiramente são os mais prejudicados.

A justificativa para a tomada dessas medidas é de que, tais atitudes fazem crescer e ampliar o mercado, mas, na verdade, analisando o mesmo fato pela ótica da Economia Política e Empresarial puras, esses mecanismos não fazem crescer nem desenvolver o mercado, pelo contrário, além de reduzir as dimensões e o potencial consumo do mercado, eles eliminam, volta-se a frisar, o próprio mercado, como assinala Paixão(2022).

De volta à análise dos fundamentos estratégicos da política econômica tomada pelos articuladores do Golpe, para justificar esse atentado à liberdade e a soberania do Brasil, cabe ressaltar que, nesse período, as condições financeiras do mercado internacional eram amplamente favoráveis à utilização da liquidez desse setor externo, que estavam disponíveis tanto internamente quanto externamente, em virtude da poupança acumulada para financiar o conflito armado, que não teve, e à liquidez internacional promovida pelos bancos estadunidenses, que estavam com excesso de liquidez devido ao pagamento da dívida pública dos Estados Unidos em espécie, pelo Governo de Nixon.

Ao mesmo tempo, nesse período estava em andamento, a estratégia política e econômica dos Estados Unidos para ocupar a lacuna deixada pela Inglaterra no âmbito global, como a potência hegemônica do Planeta, que teve o início de sua derrocada na Primeira Guerra Mundial, fazendo concluir esse processo já na metade da Segunda Grande Guerra.

Em outras palavras, o objetivo final dos Estados Unidos era substituir a *Pax Inglesa* pela *Pax Americana*, ou seja, consolidar sua hegemonia em escala global, por meio da sua supremacia política, econômica e militar. De uma maneira geral pode-se afirmar que, esse processo operacional teve início com o fornecimento pelos Estados Unidos de 84 navios de guerra para a Inglaterra, conforme declaração efetuada em um documentário sobre o tema apresentado pelo canal de Televisão, *The History Chanell 2* sobre a Segunda Grande Guerra Mundial, durante o conflito direto entre Inglaterra e Alemanha, em troca de todas as principais rotas marítimas de comércio internacional, controladas pelos ingleses.

Assim, enquanto os demais países do mundo se matavam por brigas de mercado e ideologias, a elite dos Estados Unidos já se organizava e fazia as articulações necessárias para suplantar os ingleses como a maior potência hegemônica da Terra. Dessa maneira a "elite" estadunidense, no limiar da Segunda Grande Guerra, já se antecipava política e economicamente para o conflito armado, e buscava criar os mecanismos e procedimentos necessários, ideais para se estabelecer como a nova Nação mais poderosa do Mundo.

17 A Nova Ordem Político-Econômica Global

Depois de assumir o controle de todas as rotas marítimas do comércio internacional, de se consolidar como potência hegemônica militar na Europa pseudocapitalista, por intermédio da criação do Tratado do Atlântico Norte – OTAN, de se posicionar como o "guardião" do comércio e das relações econômicas internacionais, por meio da criação de Plano Marshall que foi o Projeto de Recuperação Econômica da Europa, de reestruturar política e economicamente o Japão, o passo seguinte da "elite" dos Estados Unidos, é bom que se diga, visto que, as demais castas populacionais desse País, vivem daquilo que lhes sobra, foi buscar assumir o controle global das transações financeiras em escala mundial, por intermédio da implantação do dólar como a única unidade de conta das relações econômicas internacionais, de trânsito livre, que podia se converter em ouro.

Vale acrescentar que, em meio a todo esse cenário mundial conturbado, mas muito bem orquestrado pela "elite" estadunidense, no que tange à implantação de sua hegemonia pelo mundo; em relação à América Latina e Caribe, esse processo se deu por meio da colocação em prática, dos fundamentos norteadores dos interesses americanos estabelecidos pela Doutrina Monroe, que se aplicaria, via implantação de mecanismos diversos agressivos, contra todos os críticos da supremacia política, econômica e militar desse País nessas duas regiões.

O País utilizado como "cabeça de praia" de onde se originaria todo esse processo, que se deu de forma extremamente violenta e sangrenta, via aplicação de golpes de toda natureza nesse continente, foi o Brasil, país de onde partiu todas as agressões e opressões aplicadas em todas as nações da América do Sul, com anuência e participação, das respectivas classes sociais mais abastadas desses países. A frase mais pronunciada do momento era: -Vamos acabar com os comunistas!!!!!!

Sobre essa questão, vale ainda esclarecer que, para orquestrar as ações em escala global, no campo da Economia Política sob a liderança dos Estados Unidos, foi criado ainda, o Grupo dos Sete Países mais Ricos da Terra, que passou a ser apelidado de G-7, composto de Estados Unidos, Alemanha, Japão, Itália, França, Canadá e Inglaterra.

O fato é que, até o final da Segunda grande Guerra, esses países ocupavam seus tempos brigando entre si por hegemonia político-econômica global, o que provocou os piores conflitos armamentistas mais sangrentos e de exclusão em massa dos estratos sociais inferiores, em todos os continentes do Planeta, que se digladiavam entre si, estimulados por jogos de interesses das classes mais abastadas das nações mais ricas, sob a égide pseudofilosófica do Iluminismo na ótica protestante de John Locke e Martinho Lutero, do Positivismo de Augusto Comte mais os esquemas estratégicos apresentados em "O Príncipe" por Maquiavel na visão politiqueira, que acabou culminando com a eclosão das duas grandes guerras mundiais.

No final da Segunda Grande Guerra, as classes mais ricas de todos esses países, em comum acordo, sob a liderança da elite estadunidense, concluíram que tinham um inimigo em comum a partir de então, que, no caso, era a União das Repúblicas Socialistas Soviéticas - URSS, liderada pelo seu grande estadista, o Senhor Stalin, de tendência, "comunista", portanto, inimigo de todos.

Em decorrência dessa conclusão "alienada", esses países aplicando o velho ditado de que "inimigo de meu inimigo é meu amigo", se uniram criando um único bloco, no caso, o bloco dos países mais ricos da Terra ou Grupo dos Sete – G-7, autoproclamados de Sete Elites, sob os quais o mundo deveria se ajoelhar. A ideia era combater e tentar destruir de qualquer maneira e a qualquer custo essa ameaça, por todos os meios possíveis.

A paranoia geral proclamada pelas elites que compunham o G-7 comandada pelos Estados Unidos, era de que, a União Soviética tinha por interesse e objetivo final, formar um império econômico e político único em escala global, da mesma proporção do criado pela Inglaterra e posteriormente pelos próprios Estados Unidos, por meio da destruição de todas as classes sociais mais ricas do Planeta e implantando a máxima Marxista definida como sendo a "união e revolta do proletariado" que seria orquestrado em escala mundial pela URSS. Então, para os criadores do G-7, antes que os proletariados se unissem em torno do mundo e gerasse como diria Marx, um piripaque em escala global entre os mais ricos, uniriam eles, como forma de defesa de seus interesses e contra-ataque das ideologias contrárias aos seus ditames.

Na verdade, o que existe em escala global contra a hoje Rússia, antiga União das Repúblicas Socialistas Soviéticas – URSS, é um tremendo ódio e preconceito por aquilo que a Rússia representa, embora na realidade nunca tenha sido, que é a sua concepção comunista e o fato dessa nação ter expulsado do seu convívio todas as seitas protestantes e a Igreja Católica por Stalin considera-las como um antro de onde poderiam ser infiltrados espiões por parte dos Estados Unidos e da Inglaterra, o que é fato .

É óbvio que essa ação agressiva contra os "escolhidos de deus", no caso o deus concupiscênico aclamado pelos pastores sedentos de regalias e interesses diversos no território russo, associados à elite estadunidense e europeia que se autoproclamavam os legítimos "representantes de deus na Terra", não deixariam isso em branco. Assim é que, desde antes do início da Segunda Grande Guerra Mundial, os países protestantes da Europa Ocidental e outros que se diziam "católicos", faziam incursões costumeiras contra o solo russo, sendo sempre rechaçados com pesadas baixas em suas investidas pelo Exército Vermelho. Até mesmo durante a Segunda Grande Guerra esses lunáticos se faziam presentes engrossando as fileiras do Exército Alemão e torcendo para que Hitler massacrasse Stalin e seus comandados, fato esse que ocorreu ao contrário. Foi Stalin quem os massacrou.

Assim é que, apesar de toda essa selvageria dos ocidentais contra o País Euroasiático, foi Stalin, praticamente sozinho, que livrou a Europa Ocidental, e quiçá o mundo, das mãos tirânicas do próprio Hitler. Esse foi um período em todos os sentidos em que o delírio imperou no seio das potências ocidentais, e que prevalecem nesse meio até nossos dias contra o povo russo, por esse ter ofendido a "imagem de deus".

Dessa maneira e por todos os meios, segundo as "elites" desses países, a União Soviética seria a maior ameaça aos seus interesses políticos, econômicos e militares, por todo o Globo Terrestre. A partir de então, o objetivo comum dessas nações seria eliminar Stalin e seus comandados, a qualquer custo, buscando intensificar a política de destruição desse bloco que, conforme frisado, já tinha sido iniciado antes mesmo da eclosão da Segunda

Grande Guerra pela Inglaterra, Alemanha e todas as "elites" dos países europeus, além dos próprios Estados Unidos, que se deu por intermédio de tentativas diversas de invasões, golpes, infiltrações, formação de guerrilhas, mas sem nenhum sucesso. Os bolcheviques bloqueavam e eliminavam todas as tentativas de invasões e deposição dos liderados por Stalin. Essa é o maior delírio manifestado da História Recente no cenário político-econômico e religioso global.

O último recurso tomado concomitantemente por todos os membros do G-7, foi o estabelecimento do bloqueio econômico de todos os países unidos à essa ideologia, seguidores da URSS e da própria União Soviética, impedindo que o Bloco Socialista fizesse transações de comércio multilateral em escala mundial de forma livre, com as nações parceiras dos Estados Unidos. Tratado esse que nunca foi respeitado em sua integralidade pelos próprios Estados Unidos, isso só prevalecendo contra a Ilha de Fidel Castro, Cuba. Daí o início da chamada Guerra Fria.

Na verdade, desde quando foi implantada e consolidada a revolução bolchevique na Rússia, Stalin e seu séquito nunca teve tempo de pensar em disseminar a revolução do proletariado em escala global. Como Lênin faleceu, vítima de câncer no cérebro, o objetivo número um de Stalin, na condição de fiel e grande admirador desse proeminente estrategista político-econômico do século XX, era o de colocar em prática e fazer cumprir todos os objetivos de liberdade da classe proletária, criada e planejada por Lênin, o grande líder, mentor de toda Revolução Bolchevique. Durante todo o período de sua estada no poder, a preocupação de Stalin foi apenas de se proteger e resguardar os interesses do proletariado do seu Bloco Socialista, lutando contra todas as vicissitudes políticas e ideológicas citadas acima, organizadas pelos países de cunho "capitalista", individualista e de visão imperialista.

A grande verdade é que, Stalin passou praticamente todo o tempo de seu governo, se defendendo dos inimigos do seu regime, que não eram poucos e muito menos frágeis, pelo contrário, eram muito ricos, organizados e bem armados, que atuavam construindo barreiras e estratégias de todas as formas e por toda a URSS, que é um país extremamente extenso, que fala mais de trinta idiomas, sem contar os dialetos, para se resguardar dos possíveis invasores, além de transformar Moscou num verdadeiro fortim, capaz de abrigar todos os moscovitas, ao mesmo tempo em que, transformava essa cidade num dos locais mais agradáveis, bonitos e seguros do mundo para se viver.

É difícil responder se durante todo esse período, esse homem teve tempo para dormir ou descansar de seus afazeres. A vida desse grande estadista sempre foi trabalho, trabalho e estabelecimento de estratégias de defesa para seu povo e para a sua amada Rússia, durante os primeiros 24 anos, entre o fim da Revolução Bolchevique que foi um período extremamente conturbado para o bloco soviético, e a invasão de Hitler nesse País euroasiático, marcando o período mais difícil e sangrento da história do povo russo, já em pleno Século XX.

Século esse em que tais barbáries já deveriam ter sido extirpadas do mundo, mas que foi mantida persistentemente até nossos dias, pelos "idealistas da relação de trabalho justa e honesta, da democracia plena, da paz e da liberdade econômica global", pasmem os(as) senhores(as).

Pode-se dizer que, praticamente, Stalin nem teve tempo de montar um regime político e econômico inédito. Na luta para se libertar da opressão das elites centrais que se impunham sobre a população russa, esse líder soviético não teve oportunidade de articular a formação de uma estrutura político-econômica sólida, que pudesse dar sustentação definitiva ao regime.

Como Lênin faleceu e a Rússia se viu atacada por todas as frentes e por todos os lados pelos inimigos do regime, que queriam que o sistema capitulasse definitivamente, a opção de Stalin, como ele na sua infância tinha sido seminarista, foi adotar e implantar um regime criado pelos próprios Apóstolos seguidores de Jesus Cristo, e exposto no capítulo 4, do Ato dos Apóstolos, como se vê abaixo:

> [...] Da multidão dos que creram, uma era a mente e um o coração. Ninguém considerava unicamente sua coisa alguma que possuísse, mas compartilhavam tudo o que tinham. Com grande poder os apóstolos continuavam a testemunhar da ressurreição do Senhor Jesus, e grandiosa graça estava sobre todos eles. Não havia pessoas necessitadas entre eles, pois os que possuíam terras ou casas as vendiam, traziam o dinheiro da venda e o colocavam aos pés dos apóstolos, que o distribuíam segundo a necessidade de cada um. Atos dos Apóstolos (Cap. 04; Vers. 32 – 35)

> Um varão, pois, por nome Ananias, com sua mulher Safira, vendeu um campo: com fraude usurpou certa porção do preço do campo, consentindo-o sua mulher: e levando uma parte a pôs aos pés dos apóstolos. E disse Pedro: Ananias, por que tentou

Satanás o teu coração para que tu mentisses ao Espírito Santo, e reservasses parte do preço do campo? Porventura não te era livre ficar com ele, e ainda depois de vendido, não era teu o preço? Como puseste logo em teu coração fazer tal? Sabe que não mentiste aos homens, mas a Deus. Ananias em ouvindo, porém, estas palavras, caiu e expirou. E fundiu-se um grande temor em todos os que isto ouviram. Levantando-se, pois, uns mancebos, o retiraram, e levando-o dali para fora o enterraram. E passado que foi quase o espaço de três horas, entrou também sua mulher, não sabendo o que tinha acontecido. E Pedro lhe disse: Dize-me, mulher se vendestes vós por tanto a herdade? E ela lhe disse: Sim, por tanto. Pedro então disse para ela: Por que vos haveis por certo concertado para tentar o Espírito do Senhor? Eis aí estão à porta os pés daqueles que enterraram a teu marido, e te levarão a ti. No mesmo ponto caiu a seus pés e expirou. E aqueles moços entrando, a acharam morta: e a levaram, e a enterraram junto ao seu marido. E difundiu-se um grande temor por toda a igreja, e entre todos os que ouviram este sucesso. Atos dos Apóstolos (Cap. 05; Vers. 01 – 11)

Como se pôde ver na evolução dos sistemas de gestão adotados pela Igreja Católica, fundada por Jesus Cristo e delegada aos seus apóstolos para a administrarem até sua volta gloriosa, que se dará no fim dos Tempos, quando da realização do evento do Apocalipse, o método de gestão transcrito acima, adotado por Stalin e criado pelos representantes de Cristo na Terra, não prosperou nem mesmo entre os fiéis e eternos seguidores do legado do Messias, manifestado em carne e osso, como ele mesmo gostava de afirmar e que tinha como missão, conforme dizia aos seus discípulos, resgatar almas.

Como esse sistema de gestão totalmente igualitário não funcionou perante os fiéis, a própria Igreja Católica o substituiu, adotando outro, que foi estruturado de maneira hierarquizada, tendo o Papa como o seu Líder Supremo, que tinha e ainda tem por função, ocupar a Cadeira de Cristo, até a sua volta gloriosa, sendo seguido, na sua hierarquia, tendo imediatamente abaixo de si, os cardeais, seguidos dos arcebispos, depois dos bispos, dos padres e finalmente, dos beatos.

Vale a pena frisar sobre o primeiro e o segundo sistema de gestão adotado pela Igreja Católica porque, o primeiro foi incorporado pelo regime soviético de Stalin, o que não deu certo, vindo a implodir no final do Século XX, marcando o fim desse modelo de administração.

O segundo foi assimilado pelas Políticas ocidentais, estruturadas segundo um modelo "democrático", de gestão político-econômica e que foram utilizados para hierarquizar o sistema capitalista, na visão de Comte, o Pai do Positivismo e que impera nesse sistema até os nossos dias.

Segundo Ribeiro Jr. (1982:30 – 42), Comte para sistematizar seu pensamento positivista se fundamentou nos princípios hierárquicos da Igreja Católica no que se refere ao enaltecimento dos preceitos da divindade. Segundo ainda esse autor, embora ateu, pois Comte afirmava que Deus não comprovou sua existência, e, portanto, ele era contrário à teologia e à metafísica por considerá-las "meras construções ilusórias" (p. 32), o mesmo era simpatizante da estrutura hierarquizada criada por essa Igreja, passando a adotar seu arcabouço organizacional como "[...] modelo, mas lhe negou o direito de pretender conduzir a humanidade" (p. 32), visto que, cedo ou tarde seria eliminada pelo positivismo.

Nesse contexto, adotando o esqueleto hierarquizado da Igreja Católica como modelo, Comte criou a sua própria "[...] religião, puramente natural, racional, científica e exclusivamente humana, que não admite, não aceita nenhuma crença, cuja exatidão a sua razão não lhe tenha podido demonstrar". Ribeiro Jr. (1982:31).

Segundo ainda Ribeiro Jr. (1982:30 – 31):

> No desenvolvimento de sua doutrina, Comte se volta para o estudo da humanidade como o *Grande Ser (le Grand Être)* que abrange a totalidade histórica, para apreender seu valor concreto.
>
> O Grande Ser é "o motor imediato de cada existência individual ou coletiva", que inspira a fórmula máxima do positivismo: *"O Amor por princípio e a Ordem por base: o Progresso por fim"*.
>
> Esclarece Miguel Lemos que essa fórmula era redigida de maneira diversa (e ainda hoje citada erroneamente). "O Amor por princípio e a Ordem por base: o Progresso por fim". Comte modificou a redação, ligando o segundo membro ao primeiro pela conjunção, e separando o terceiro por ponto e vírgula.
>
> A fim de melhor guiar a vida real, esta fórmula universal do positivismo se decompõe em duas divisas usuais – uma moral: *"Viver para Outrem"*, ou seja, subordinar o indivíduo à família, esta à pátria e a pátria à humanidade; e outra estética: "Ordem e Progresso", isto é arranjo, organização, cada coisa em seu devido lugar para perfeita orientação ética da vida social.

Na dialética positivista, o amor procura a ordem e a impele para o progresso: a ordem consolida o amor e dirige o progresso; o progresso desenvolve a ordem e reconduz o amor.

Assim, dividindo a sociedade em classes, esse estabeleceu uma composição hierarquizada dessas, fundamentando-se na estrutura, como já frisado, criada pelo catolicismo, aonde, de acordo com a concepção de Comte, essa base social política se distribuía de maneira sequenciada da classe social mais altruísta ou mais competente para a menos capaz, seguindo o princípio de que, todos os membros dessas castas teriam que ter por objetivo máximo *"viver para outrem"*. Daí o conceito de "ordem".

De acordo com essa concepção, a classe social mais apta e que deveria comandar todo o sistema segundo os fundamentos da "Ordem e do Progresso" e que ficava no topo da pirâmide social, de forma semelhante à função do Papa na Igreja Católica, seria composta pelos banqueiros. Os megaempresários, passariam a ter uma função na hierarquia social igual à dos cardeais. Os grandes empresários, a dos arcebispos. A casta dos médios empresários, a dos bispos. Os pequenos empresários, a dos padres, e por último, a da população em geral incluindo os trabalhadores, comporia a base da pirâmide, no mesmo nível dos beatos.

Essa, pode ser traduzida como a verdadeira teoria do cabresto, onde Comte troca a Posição de Deus, na condição de um verbo indeterminado, para a da sua versão da existência do "Grande Ser", na verdade um sujeito inexistente. Isso quer dizer que, Comte na sua total ignorância filosófica, desconsidera algo que é perceptível mesmo na sua majestade, visto que, Deus é Onipotente, Onipresente e Onisciente, por uma ficção, originada de acordo com sua presença na natureza. No fim das contas, a natureza seria esse "grande ser". Mas.... e a natureza? De onde ela surgiu? Como foi formada? Quem a criou? Só pode ter sido o próprio Deus.... então, nesse sentido, a versão de Comte não tem fundamento qualquer, cientificamente falando.

Nesse contexto, toda a estrutura social criada por Comte deveria viver feliz, em paz, pois seu objetivo era "viver para outrem", aonde cada uma dessas classes tinha uma função específica que deveria compor ao coletivo. Nessa distribuição, a classe dos trabalhadores deveria ficar na base da pirâmide junto da população em geral porque, esse estrato era considerado por Comte como incompetente para "discutir as questões sociais". (p. 36). Dentro desse esqueleto hierarquizado, todos deveriam viver felizes respeitando-se mutuamente, onde a função máxima de cada um seria viver sempre dentro desse contexto, para garantir as exigências da ordem e do progresso.

Por intermédio de seu próprio modelo criado nessa nova estrutura organizacional e social, Comte substituiu o papel de Deus pela sua religião puramente natural, tendo como líder supremo, no caso, o *Grande Ser*. Assim, se o indivíduo nascesse muito rico, ele deveria se sentir feliz por isso, visto que, a ordem natural das coisas o escolheu para comandar toda a estrutura hierarquizada, fazendo-a sempre respeitar a imposição ou ordem, no contexto de eternamente "viver para outrem". Se, por outro lado, o indivíduo nascesse apenas rico, o mesmo deveria também, se sentir feliz por isso, porque a humanidade que era no caso o "Grande Ser", em substituição a Deus, o colocou nessa posição para ser comandado pelos muito ricos e dentro dessa hierarquia, poder da mesma forma, comandar aqueles que estivessem logo abaixo de seu padrão de autoridade, se comportando todos os envolvidos de maneira muito felizes e satisfeitos, por ter recebido essa missão lhes dirigida pela natureza do "Grande Ser". Dessa forma todos viveriam em prol do amor e da irmandade, onde lhes era impossível evoluir socialmente entre castas.

Dessa maneira, os competentes deveriam se sentir felizes e agradecidos à mãe natureza por nascerem nessa posição social enquanto que, os inúteis, incapazes, como a classe dos trabalhadores, por exemplo, também deveriam se sentir felizes por ocupar essa posição dentro da estrutura organizacional porque, por serem incompetentes para comandar alguém, eles nasceram para sustentar aqueles que estivessem acima de seu estrato dentro da sociedade, devendo se contentar em viver nessa situação apenas por existirem, se doando totalmente para outrens.

Na realidade, dessa forma, Comte criou uma verdadeira seita, fundamentada num amontoado de frases feitas e sem nexo científico algum, visto que, o próprio Comte negava a base de estudos científicos fundamentada na busca pela essência do objeto em análise, criada pelos filósofos gregos.

Essa busca pela essência, segundo os filósofos gregos, na concepção de Platão, tinha por objetivo comprovar o âmago do objeto como sendo real, considerando-o por isso, inegável, contínuo e dotado de existência perpétua, para que depois disso comprovado, se pudesse estudar a importância do seu papel para a formação do contexto social, moral e empírico no meio em que ele se organiza, o que Comte, miseravelmente negava.

Na concepção de Ribeiro Jr. (1982:18-19):

Augusto Comte usa o termo *filosofia* na acepção geral que lhe davam os antigos filósofos, particularmente Aristóteles, como definição do sistema geral do conhecimento humano; E o termo *positiva* designa, segundo ele, o real frente ao quimérico, o útil frente ao inútil, a segurança frente à insegurança, o preciso frente ao vago, o relativo frente ao absoluto.

Seu método de trabalho é o histórico genético indutivo, ou seja, observação dos fatos, adivinhando-lhes por indução as leis da coexistência e da sucessão, e deduzindo dessas leis, por via da consequência e correlação, fatos novos que escaparam da observação direta, mas que a experiência verificou.

Esse método é o método geral de raciocínio proveniente do concurso de todos os métodos particulares (dedução, indução, observação, experiência, nomenclatura, comparação, analogia, filiação histórica) que constitui, segundo Comte, o método objetivo. Mas, Comte usa também o que ele chama de método *subjetivo*, que resulta da combinação lógica dos sentimentos, das imagens e dos sinais.

Para fundamentar sua corrente filosófica antimetafísica, Augusto Comte, embasado nesse método, parte da premissa de que é no estado positivo, que o espírito humano reconhece a impossibilidade de obter noções absolutas. Assim, renuncia a indagar a origem e o destino do universo e a conhecer as causas íntimas dos fenômenos, para se consagrar unicamente a descobrir pelo uso combinado do raciocínio e da observação, as suas leis efetivas, isto é, as duas relações invariáveis de sucessão e de semelhança.

Esse conjunto de frases feitas, que compõem a seita criada por Comte denominada de Positivismo, se espalhou pelo mundo todo, tendo sempre à frente, no seu comando, a burguesia com seus ideais de supremacia social, organizada e distribuída de maneira hierarquizada e individualizada. Como tal modo de pensar era supremo, aqueles que se opusessem a esse sistema, poderiam ser considerados como inimigos da ordem natural, ou seja, contrários à hierarquia criada pelo *Grande Ser*.

De todo o exposto, ao negar a existência de Deus afirmando que essa divindade não conseguiu comprovar sua existência, Comte deixa evidente que não leu, ou, leu e não entendeu, que Platão provou em sua obra "A República", a existência da alma. Platão (2006:154 - 156).

Nesse contexto é que surgiram os novos grupos de "pensadores" que se autodenominavam "filósofos", tornando real a previsão de Platão, do prevalecimento futuro do modelo sofista de "se pensar ciência", tornando-se uma verdadeira profecia, fato esse que ele mais tinha medo.

A partir daí os tais "filósofos" passaram a adotar os pensamentos sofistas baseados em intuições, suposições e opiniões, como sendo uma arte filosófica à parte e que viabilizou a introdução de novas formas e maneiras de se pensar, as quais eles autodefiniram, como sendo, "ciência" imposta goela abaixo no meio das demais castas sociais, consideradas por eles como sendo subalternos, ignorantes e, portanto, bárbaros.

Paixão(2022:165) da sua parte, ao contrário de Comte, assevera que, por intermédio da comprovação da existência do espírito, Platão consegue fazer "a consubstanciação das coisas inteligíveis em empiricidade científica por meio da comprovação da existência da alma".

Entre esses grupos recém-formados, principalmente compostos de médicos, advogados, economistas, políticos defensores dos ideais das elites dominantes, todos reunidos em agrupamentos estanques de estudos, tendo os fundamentos protestantes e ateus como ideias subjacentes, fizeram surgir novos princípios considerados "filosóficos" e que eles passaram a definir deploravelmente como "ciência" e que foi denominada pelos mesmos de Positivismo.

Então, esse meio "intelectual" por sua conta e risco, assumiu as diretrizes normativas do que seria "Ciência" inserida no meio social, fazendo surgir uma nova maneira de se pensar o que seriam as Ciências Humanas, por exemplo, passando a se aventurar nessa nova concepção de "cientificismo", alicerçada nos argumentos sofistas e ateus, ainda revestidos das opiniões sobre o que seria religião criada pela Reforma Protestante.

Dessa forma, essas caricaturas definidas pelos seus criadores como sendo "ciência", açambarcaram todo o pensamento reinante principalmente os criados por Lutero, Locke, Thomas Hobbes, Jean Jacques Rousseau, Maquiavel, Montesquieu e, fundamentalmente, pelo senhor Augusto Comte criando a seita ideológica definida hoje como sendo Positivismo.

Na verdade, esse tipo de maquinação ideológica, não se constitui como sendo ciência, visto que, o mesmo é formado mais por um amontoado de frases feitas, muitas vezes sem nexo, como a expressão "ordem e progresso".

Além de contraditória, essa expressão é de natureza diversa, não cabendo tais palavras numa frase tão curta e desconexa como essa.

Isso porque, a expressão "ordem" remete de imediato à prática da tirania, da ditadura, da opressão que está, por conseguinte, revestida de dor, ódio, sangue e humilhações.

Por seu turno, a expressão "progresso", embora represente o resultado de uma ação proposta, no caso dos positivistas, "da ordem", a primeira não se liga de maneira direta a essa expressão tão severa, visto que, para se ter progresso é necessário que haja, educação e cultura que têm subjacente em si, virtudes tais como: coragem, sabedoria, temperança, justiça e generosidade, da mesma maneira como enaltece Platão em "A República".

Na versão da dialética de Platão, a expressão "progresso" aparece como reflexo das ações e práticas características de um povo altruísta, e que está diretamente relacionada ao trabalho proativo, à liberdade de expressão e de prazer de viver, de forma solidária e digna, de uma sociedade civilizada. Tais virtudes em conjunto é resultado da existência prática de uma sociedade evoluída, cheia de virtudes e de liberdade de pensamentos e ações, sem quaisquer intromissões na vida de outrens, a tão propalada justiça, de Platão.

Então, se se substituísse a frase "ordem e progresso" pela expressão "liberdade e trabalho", esta última frase caracterizaria melhor, e de forma mais digna, o estágio altruísta, educacional e evoluído de uma sociedade civilizada, harmoniosa e objeto de interesse por aqueles que realmente buscam o sentimento de prazer, da paz, da solidariedade e respeito humano.

Foi assim que, baseados nesses sofismas e convicções fantasiosas é que a sociedade passou a ser regida por um Contrato Social, a partir do Século XVIII, tendo como seus principais intelectuais representantes da nova ordem mundial, indivíduos que se autoproclamaram filósofos, semideuses e grandes "pensadores", como: Lutero, Maquiavel, Comte, David Ricardo e Locke em substituição aos grandes filósofos gregos e aos profetas e apóstolos, os verdadeiros defensores da Ciência e da Religião.

18 O Conceito de Nação

Foi assim que, desse amontoado de frases feitas e do surgimento de visionários que viam o mundo a seu jeito e à sua maneira que surgiu o conceito de Nação, que teve seu lugar garantido na Nova Ordem Mundial revestida de renovada concepção de "povo", desta feita subdividida em classes sociais e distribuídas segundo os padrões de ostentação de poder, cravadas na Hierarquia de ordem e progresso traçados por Augusto Comte, plagiada da estrutura de Gestão criada pela Igreja Católica, tendo a burguesia e suas peripécias como a classe que deveria assumir e comandar todos os processos de relacionamento humano sujeita à visão protestante de "deus" como fator subjacente, o Contrato Social como fundamento jurídico, cheio de suas cláusulas pétreas, meio pétreas, ajustadas como pétreas e não pétreas, ao sabor do interesse da burguesia dominante, alardeado por juízes corruptos de todo tipo e que decretaram a morte do Estado e da visão de Platão sobre o que seria realmente organização social e Estado soberano, bem como das concepções dos antigos Profetas, fazendo-se decretar também a morte de Deus nesse novo cenário funesto, macabro e catastrófico.

Com a morte da justiça de Platão e da divindade Máxima que colocava Deus como o Centro do Universo, foi repentinamente substituída esta última, pelo Homem como o Centro do Cosmo e do Poder emanado da mente sofista e calculista de grupos realizados através de lobbys e conluios que só tinham um objetivo à frente: garantir sua hegemonia no mundo e assumir o controle de suas riquezas como forma de ostentação de poder e de progresso, seja lá de que forma for.

Isso emanado da nova forma de pensar sobre ciência, religião e política, onde o elemento homem se fazia apresentar sob os pensamentos auspiciosos da nova "ciência" representada pelos sofismas, pelo individualismo, pela lei que assumia sua diretriz fundamentada nos pilares do Contrato Social, onde o juiz tem por função máxima regular as relações sociais de acordo com todos os fundamentos, todos os sentidos, todos os interesses e todo conluio provindo da ordem da burguesia que se assenhoreava de toda a comunidade universal, tudo com o objetivo máximo de transformar uma ilegalidade em legalidade por meio do ato da sentença.

Fatos esses que provocaram uma transformação radical em todos os sentidos e que resultaram em duas guerras mundiais, mortes, assassinatos, destruição de povos e o consequente aumento da propagação da fome, da prostituição e da miséria em escala global. Nesse sentido a prática desvairada da injustiça se alastrou, a questão da legalidade moral perdeu sentido, situações essas últimas que eram vistas apenas nos lugares mais remotos e isolados do Planeta decorrente do não acesso de tais comunidades a riqueza global, e que, pela primeira vez e de uma vez por todas, ganharam projeção para a Terra inteira de maneira tirana.

Com a morte de Deus e da Filosofia em sua essência, outro fundamento que também sucumbiu foram as virtudes. Para quê virtude moral se se tem a ética, um amontoado de frases feitas camufladas de diretrizes, ditas legais e "morais", que os indivíduos só lembram que existem quando juram sem saber para quê e para quem estão fazendo isso, nas colações de grau das faculdades e quando assume um cargo de relevância para a sociedade?

Nesse contexto a educação, a cultura e as virtudes perderam suas funções de formação de cidadãos(ãs) civilizados(as) onde o que valia era a palavra, a honra, a moral, a integridade, enfim, a essência de um homem ou uma mulher proba e que em seu lugar passou a assumir o lacaio dos interesses de castas, mascarados de ética? Decorrente desse novo modo de pensar saia de cena também o que pode se chamar de ética de caráter e sua substituição pela ética da personalidade.

É como o senhor Stephen R. Covey afirmou em sua obra "Os Sete Hábitos das Pessoas Altamente Eficazes" de que, antes dos últimos duzentos anos prevalecia entre os seres humanos o que ele decidiu chamar de "ética do caráter", também conhecida pelos mais simples de "lei do bigode", ou seja, o indivíduo procurava se apresentar do jeito que ele era em sua essência onde o que prevalecia era a sua palavra. Segundo ainda esse autor, dos últimos duzentos anos para cá começou a predominar entre a raça humana a "ética da personalidade", ou seja, o indivíduo passou a usar uma espécie de máscara para agradar a multidão, mas que se revela em sua essência quando chega em casa e troca de roupa. O senhor Covey ainda acrescenta em sua obra que, a pessoa que se comporta de acordo com a ética da personalidade, o ser humano só vai conhece-la a fundo, depois que morar ou conviver no mesmo espaço que ela por, no mínimo uma semana.

Isso decorreu do fato de que, a educação perdeu a sua função máxima de ensinar o homem ou a mulher a ter uma identidade de acordo com as virtudes morais ensinadas por Platão e passou a assumir um papel de ensinar o indivíduo a ser um melhor "operador de máquina no chão da fábrica". Nesse aspecto, a sociedade cria um ser humano altamente capaz naquilo que ele sabe fazer, mas totalmente incompetente, um verdadeiro analfabeto político quando esse vai discutir assuntos que envolvem os interesses da sociedade, do seu país, do seu povo, enfim da cultura. É o tal do "eu tirando o meu o resto que se exploda". Com isso saiu de cena a verdadeira Filosofia, a Ciência Política, a Sociologia e em seus lugares entraram os parafusos, as máquinas e o trabalhador maluco do Charles Chaplin, do seu filme "Tempos Modernos".

A cultura perdeu seu cabedal de ápice do conhecimento, o suprassumo da liberdade e da formação de caráter do indivíduo e se transformou num mero costume. Por exemplo, quando o pesquisador vai numa densa floresta, descobre um grupo de indivíduos que estão isolados na solidão desse lugar há mais de trezentos anos e adquiriram a prática do canibalismo, essa característica tribal passa a ser denominada pelos seus descobridores de "cultura".

Esse é o resultado do individualismo, que se revela na solidão, na ansiedade, na aventura de se tentar descobrir o que realmente se quer, o que se busca, a falta de princípios morais e que gera como resultado o aumento da demanda por psicólogos, psiquiatras, e, quando isso não resolve, ou mesmo quando não tem tempo de se procurar esses especialistas, sucumbe perante o vício, a depressão e até aos suicídios, visto que, em sua essência, o ser humano é um ser gregário, não consegue viver isoladamente. Nesse caso, como alternativa, esse ser precisa de, pelo menos um sorriso sincero, para poder se sentir melhor por achar que está sendo amado.

O individualismo passou a ser a tônica em substituição à camaradagem, a vida em sociedade onde prevalece o respeito, a integridade moral e o desejo de ser útil, fazer a alegria e trazer a paz para os seus convivas.

Na ansiedade de assumir o mais alto grau de ostentação gozando do sentimento individualista pleno, a burguesia se impôs como a nova classe social dominante, impondo regras, assumindo cargos e diretrizes e se apossando das riquezas que estavam disponíveis de uma maneira sórdida, criando regras e imposições do tipo "ordem e progresso", apenas fazendo vítimas e castrando a maneira de se pensar civilizadamente.

No apossamento da riqueza social, a primeira vítima de sua ganância foram as terras da Igreja Católica, bem como toda sua riqueza na forma de ouro e prata que essa acumulou ao longo de séculos de sua formação como Casa de Deus, depois de sua demonização, como antro de Lúcifer e de agitações demoníacas. Entre essas haviam as propriedades comunais que a Igreja Católica reservava para acomodar as classes sociais mais frágeis, dando-lhes espaço para morar, plantar alimentos para se alimentar minimizando a sua condição de miseráveis, que não tinham posses e viviam perambulando pelos países da Europa recém formada. Nessas comunas sociais, essa Igreja recebia também as crianças que eram abandonadas pelas mães que, para esconder da sociedade seus crimes ou que foram estupradas pelos seus senhores, as deixavam nas casas comunais onde as freiras as criava, educava e também doava para outras famílias católicas que tinham posses e aceitavam educar e participar da vida desses infelizes, como se fossem filhos(as). Isso sem esconder sua procedência, atribuindo nomes a esses de acordo com sua origem. Por exemplo: o criado de nome Donato, recebia tal denominação porque era uma pessoa que foi doada por mães sem marido.

Depois de ter demonizada a Igreja Católica e de tomado suas riquezas, a próxima vítima da volúpia da burguesia passou a ser os reinados. A tal "democracia" foi instaurada pelos mais variados desejos "libertários" e acabou por se debelar desta vez contra a Coroa, destituindo seus reis e ducados, expulsando-os tomando suas mulheres, suas riquezas e as demonizando por considerarem um antro de práticas de absurdos por meio do que eles chamaram de Absolutismo. Assim o Absolutismo se tornou uma aberração a ser erradicada e em seu lugar criou-se primeiro, as Nações e suas colônias depois, neocolônias.

As nações surgiram como a nova forma de "Estado" organizado por leis criadas ao sabor e de acordo com os interesses da burguesia, dotadas de um regime "democrático" constituído de todo quanto é tipo de analfabeto, seja ele funcional, cultural ou político, com novos padrões econômicos de sustentação, dentre elas o individualismo, a ordenação da sociedade por classes sociais, indo das mais pomposas para as mais miseráveis. Tudo na base do "salve-se quem puder".

Nesse novo contexto social, sob a égide democrática dirigida por "leis" formadas por analfabetos políticos de todos os tipos e representantes de classes sociais que os financiavam e ainda financiam na ordem pública, como verdadeiros palhaços fantasiados de aristocratas, visando legitimar o individualismo, esses criaram o processo que eles mesmos definiram como privatização como a essência do capitalismo, solidificando-o e a consequente demonização dos demais fundamentos políticos como o socialismo, o comunismo e o próprio anarquismo como se o capitalismo fizesse parte da Política e não da Economia.

Isso porque, depois de tomar as riquezas das religiões dominantes, dos reinados, das colônias e de se tornarem faustos com isso, a bola da vez da burguesia passou a ser a Nação, antigamente, Estado. E tal fato se tornou prática por intermédio do que eles chamaram de, volta-se a frisar, privatização. Isso sem apresentar nenhuma prova científica cabal de que essa baderna individualista constituída por lobbys, conluios de todo tipo e fraudes contra o erário público, principalmente na forma de sociedade anônima, desse resultado na prática.

Pensadores como Smith e Dupuit chamaram a esse processo de monopólio outorgado. De acordo com Smith, o monopólio outorgado é uma espécie de monopólio, onde o mercado, bem como a sociedade perde o controle dos preços. Quem assume esse domínio são os próprios monopólios que passam a arbitrar os preços de acordo com seus interesses. Nesse caso, tanto o Estado quanto a sociedade perdem o controle da situação e passam a ser os passageiros da agonia dos preços ditados pelos monopólios. Nisso estabelece-se uma relação ganha-perde-perde. Nesse caso, ganham os monopólios e perdem tanto o "Estado" quanto as camadas populacionais, principalmente as mais miseráveis. Nesse sentido, os monopólios criam fortunas por intermédio de transferência de renda aonde concomitantemente, tanto o Estado quanto a sociedade perdem as ditas rendas na mesma proporção.

Dupuit, por seu turno considera que

> [...] quando as autoridades concedem a uma determinada classe de comerciantes a exclusividade de exploração de uma determinada atividade, o valor intrínseco da mercadoria se eleva acima de seu valor de uso. Este preço é um excesso de dinheiro que sai do bolso dos consumidores para o bolso dos comerciantes privilegiados, fazendo-os enriquecer (...) enquanto os outros se empobrecem na mesma quantidade.[20]
> (*Dupuit*, 1844, p. 58)

Os tais pseudoeconomistas contemporâneos, na sua ignorância em relação ao comportamento e aos critérios que bem determinam o funcionamento lógico e reacional do mercado, acabaram por destruírem a estrutura desse.

Já foi comentado aqui que, o objetivo máximo da Economia enquanto Ciência, é produzir excedentes econômicos na forma de utilidades também chamadas mercadorias, visando suprirem as necessidades fisiológicas da sociedade. Ponto final.

As demais atividades geradas pela força do trabalho humano como prestação de serviços, fabricação de insumos, dentre eles as atividades petrolíferas, são atividades de suporte. Ou seja, dar assistência na forma de infraestrutura, educação, saúde, saneamento básico, produção de insumos para a agilização, flexibilização e baixos custos da produção de mercadorias, visando abranger a maior quantidade de indivíduos possível dentro do Estado.

---

[20][...] quand l'autorité accorde à une certaine classe de négociants le privilège exclusif de faire un certain commerce, celui des marchandises de l'Inde, par exemple; le prix de ces marchandises en est plus élève, sans que leur utilité, leur valeur intrisèque soit plus grande. Cet excèdent de prix es un argent qui passe de la bourse des consommateurs dans celle des négociants privilégiés, et qui n'enrichit les uns qu'en apauvrissant (...) les autres exactement de la même somme.

Têm algumas atividades que, por envolverem uma grande quantidade de dinheiro na sua execução tais como: extração e beneficiamento de petróleo, gás, minérios sólidos, saneamento básico, saúde e educação do povo, criação de infraestrutura básica, atraem uma grande quantidade de indivíduos desejosos de lucros fáceis e de superlucro na sua realização. O problema é que, embora essas atividades atraiam enorme volume de dinheiro na sua elaboração, as mesmas exigem que se utilizem outra tanta quantidade de dinheiro na sua manutenção, o que não é pouco.

Ao constatarem que essas atividades envolvem volumes elevadíssimos de dinheiro, elas pensam que também os retornos dessas operações na forma de ganhos, também sejam elevados. Ledo engano. Isso porque, como essas execuções exigem grande quantidade de dinheiro na sua elaboração e outra grande quantidade de estoque de dinheiro para as atividades de conservação e manutenção das ações da sociedade, e recuperação dos danos praticados contra a infraestrutura, o erário público e o setor serviço, os ganhos que eles consideram como lucros e não retorno financeiro, são pífios. Isso quando eles acontecem. Isso sem contar o fato de que, como esses indivíduos não têm dinheiro suficiente, às vezes, menos da metade para a execução das obras, os mesmos pegam emprestado do próprio governo, por intermédio dos bancos estatais.

Como tais retornos não compensam os gastos com a construção da infraestrutura econômica e social, a alternativa que esses elementos perniciosos encontram para compensar as despesas, são as elevações desordenadas de preços cobrados do erário público e da sociedade para a execução dos serviços, o que envolvem a prática de compra de políticos de toda natureza por meio da corrupção, da liberação de propinas para a criação de leis que tornem as elevações dos preços das atividades sociais realizadas pelas concessionárias, legais. Isso quando eles não demonstram arrependimento por ganharem a outorga e pedem perdão das dívidas.

Como às vezes, só essas práticas não bastam, os mesmos utilizam de outro recurso escondido na cartola que é o de praticarem o superfaturamento das obras e dos preços das matérias primas, além da aquisição de matérias primas de qualidade inferior, que são utilizadas durante a realização dos serviços. Com isso, uma obra que deveria ter uma vida útil de uns quarenta, cinquenta anos, não dura mais do que dez ou vinte. Isso com remendos.

Em Cuiabá, por exemplo, para a participação na Copa de 2014, pagaram 47 milhões para destruírem um estádio bem construído, de padrão de qualidade internacional, que tinha uma grande quantidade de pequenos vendedores que ganhavam dinheiro à sua volta para sustentarem suas famílias, que já era um patrimônio histórico para a população cuiabana, tinha uma engenharia refinada, para construírem uma montagem de estádio cheio de ferro retorcido a um valor de 646 milhões de reais. Isso é o que está no histórico do Estádio. Tal estádio já foi objeto de conserto várias vezes, começou a ser construído nos idos de 2007 ou 2008 e ainda não foi terminado, embora no seu histórico afirmem que o mesmo foi inaugurado em 2014. Na verdade, esse estádio ainda não terminou sua construção e ainda há uma grande quantidade de ações na justiça que ninguém sabe quando terá fim. E o pior, enganaram até mesmo a *Federation International of Football Association* – FIFA, apresentando um projeto de Estágio avançado, muito bonito que enganava qualquer cidadão bem intencionado, e durante sua construção, fizeram uma caricatura de estádio que ninguém sabe se durará uns vinte anos. O anterior, foi construído na Década de Setenta do Século passado e ainda guardava traços de qualidade, mantinha seu padrão internacional, tinha refinamento técnico, beleza e orgulho para o povo cuiabano. Tudo isso sem contar o fato de que, no tal projeto original que foi modificado, esse famoso elefante branco, custaria apenas uns quatrocentos e poucos milhões. Na atualidade, segundo informações técnicas, o mesmo já utilizou setecentos e poucos milhões do erário público e que foram gastos inutilmente, sem ainda tê-lo terminado em pleno ano de 2024.

A título comparativo, o senhor Vladimir Putin, Presidente da Rússia, construiu uma ponte com extensão de 19 quilômetros sobre o mar, com cada torre de sustentação possuindo trinta metros de altura, não se sabe quantas torres dessas, que liga o Continente Russo à Península da Criméia com capacidade de transporte de trens, carros de todo tipo e caminhões, em apenas dois anos e nove meses, se não me engano.

Esse é o tipo de descalabro, desinteresse, incompetência, e falta de respeito com o erário público que se vê presente no Brasil e que são todos jogados para debaixo do pano, de maneira descarada, impune e infame.

No caso das obras públicas e da elaboração de projetos de prestação de serviços, tudo isso sem sequer elaborar e entregar o projeto de viabilidade econômica da obra, que na realidade, é uma atividade que não envolve a realização de um projeto de viabilidade econômica visto que, a mesma não produz excedente econômico e portanto, não gera lucro, apenas envolve a elaboração de um planejamento definido como análise custo-benefício também denominado de ACB e que é, por sinal, um tipo de projeto destinado à elaboração de atividades que não geram lucros, apenas benefícios sociais. A verdade é que, nem esse tipo de projeto a grande maioria dos envolvidos nessa arte sabem fazer, a exceção de alguns economistas especialistas na área, o que é raro hoje em dia, vale ressaltar.

E mais, como essas atividades são volumosas e envolvem recursos diversos na sua realização, tais indivíduos se reúnem na forma de lobbys, organizações que compram a mídia além das demais partes do poder constituído e começam a fazer pressão no governo para assumirem essas atividades, o que acabam por gerar uma verdadeira parafernália no processo produtivo, encarecendo de tal maneira as mercadorias que algumas se tornam até inviáveis a sua produção, excluindo a população de seu acesso.

Por exemplo, na seara da agricultura, com o advento do agronegócio, onde só se planta capim para alimentar o gado para exportação, e soja, para exportar e alimentar os animais da Europa e alguns países asiáticos, sem contar o fato de que, essa última atividade seu controle total já pertence às multinacionais, cabendo aos produtores nacionais apenas o plantio e os encargos das dívidas que esses dividem com o governo, que depois os repassa para a população na forma de impostos, transformando a Floresta Amazônica, a Mata Atlântida e o Cerrado, sem contar a Caatinga, em já quase semidesertos ou desertos futuramente, nos futuros maiores desertos do Planeta, e o pior, feito pela mão humana, praticamente destruindo todo o bioma e a biota do Brasil, fazem com que, atualmente já se pratiquem no mercado o preço da vagem, a R$ 29,00, o tomate por R$ 9,00, o maxixe por R$ 12,00; e por aí vai, o trem da alegria!!! Isso sem contar os preços das frutas, das verduras, do feijão, do arroz, dos remédios que normalmente são encontrados na flora brasileira, dentre outros e que realmente constituem e formam a riqueza do País.

O resultado de toda essa baderna que são provocadas pelas ações desses tais "economistas" de plantão de linhagem clássica, neoclássica e monetarista é o verdadeiro descompasso em que se encontra a humanidade em nossos dias tais como: centralização de capital com aumento das falências, concordatas, fome, miséria, guerras, violência doméstica e social, e o pior e mais temido: a destruição da resiliência ambiental com consequente catástrofes climáticas ocorrendo pelo Planeta Terra inteiro além de guerras.

A primeira forma de organização nesse sentido é a formação de sociedades anônimas. Essas sociedades nascem com o objetivo de angariar recursos numa tal enormidade, para atingir o montante que é necessário para a realização da atividade, que de uma maneira natural, só o Estado consegue amealhar. Depois que os associados atingem esse montante eles assumem o controle do negócio no lugar do Estado e passam a estabelecer o preço acrescido de lucro, o que já é uma anormalidade, visto que, naturalmente essas atividades não são para gerar lucros, mas sim, condições de sobrevivência da coletividade.

Quando se criam as condições para obterem ganhos financeiros, que eles chamam de lucro, na realidade esses praticam é uma transferência de renda da sociedade para os grupos minoritários, no caso, os proprietários do negócio. Nesses casos tais grupos ganham o que a sociedade perde não gerando excedente algum porque o resultado do trabalho foi consumido durante a produção da mercadoria. Por exemplo: o combustível. Isso é o que se chama de ciclo do dinheiro e não da produção na forma de riqueza.

Como esse tipo de negócio se torna tão rentoso e a ganância é tanta, esses grupos se unem a lacaios políticos, que são comprados e são utilizados para criarem leis favoráveis no congresso e gerarem normas protetivas aos seus interesses. Inclusive com invasões de nações, assassinatos de lideranças políticas e golpes de estado como aconteceu no Brasil, para que os Estados Unidos assumissem o controle do Pré-Sal e tomassem a Petrobrás deste País, por intermédio do controle de suas ações que são comercializadas na bolsa de Nova Iorque.

Só para se ter uma ideia, o ganho excedente ou "lucro" gerado pela Petrobrás no ano de 2022, foi superior a 5000%, o que é um verdadeiro disparate. No ano de 2022, a gasolina se aproximou do preço de dez reais, quase que paralisando algumas atividades econômicas essenciais para a Nação brasileira. Nesse caso, os sócios ganharam o que a sociedade brasileira perdeu. Como os maiores acionistas são dos Estados Unidos nessa atividade econômica, o que ocorreu realmente nesse período foi uma evasão abrupta de riqueza do Brasil e do seu povo para o já tradicional grupo de 1% da elite estadunidense.

E o pior de tudo não é isso. Como a resiliência ambiental já ultrapassou o seu limite, a temperatura do Planeta Terra já está de cinco a dez graus acima da média em muitas regiões do Planeta, trazendo destruição, prejuízo e mortes para as populações das regiões afetadas e os governos se tornaram incapazes de resolver o problema, visto que, os mesmos se transformaram em lacaios dos interesses desses grupos minoritários.

Sem contar a doação e transferência da Vale do Rio Doce, uma empresa orgulho para o País na época, para o controle das multinacionais efetuada no Governo de Fernando Henrique Cardoso e que, visando a economia de gastos, não fizeram a manutenção correta da Barragem de Mariana e Brumadinho, mesmo sendo avisadas antecipadamente, que causou centenas de mortes e destruição de toda uma infraestrutura de cidades, incluindo casas, fazendas, chácaras, rios, animais domésticos, flora, fauna, costa marítima, dentre outras desgraças e que ainda estão arrolando na justiça, sem se saber quando terminará e mais ainda, com a garantia de impunidade aos culpados por essa tremenda catástrofe e que foi anunciada antecipadamente pelos técnicos de vistoriada área.

Outra maneira de tais grupos abocanharem grande quantidade desses recursos na forma de impostos, que na realidade esses são fundos sociais formados para financiarem a realização de suporte em atividades essenciais para a sociedade, se dá por intermédio da prática da concessão de subsídios para grupos "empresariais" minoritários e improdutivos à Nação, e também, a liberação de pagamentos de altos salários para os tais analfabetos políticos que ocupam os cargos nos congressos e nas assembleias deste país como senadores, deputados além de outros cargos constituídos como de governadores, juízes, desembargadores, procuradores, defensores e por aí vai. Fatos esses que envolvem gastos absurdos o que acabem por inibir e inviabilizar a construção de infraestrutura social, aonde a condição de miserabilidade da população e a falta de infraestrutura básica se transformaram em instrumentos de marketing político nas épocas de campanhas desses famigerados.

Em tais situações onde há a liberação de atividades a esses aventureiros chancelados pelos pseudoeconomistas de ocasião, a baderna é geral e a criminalidade impera fazendo a bandidagem se tornar uma banalidade no seio dessas castas sociais.

Sem contar o fato de que, tais concessões são celebradas por período superior a vinte, trinta anos. Período esse em que as inovações tecnológicas são constantes e podem trazer melhorias significativas para a sociedade, como a ligação de todas as capitais por trens-bala por exemplo. Como tais concessões são celebradas mediante contrato, isso significa dizer que, o Governo para romper esses acordos têm que incorrer em pagamentos de multas absurdas, o que muitas vezes são astronômicas inviabilizando a quebra do mesmo. Isso sem contar despesas com questões jurídicas de toda natureza além de idas e vindas nos fóruns para acompanhar o desenrolar dos processos que são gerados. Enquanto isso, o governo se torna refém desses grupos perniciosos e que são altamente nocivos ao bem-estar econômico e social da população de uma maneira geral.

Na verdade, pode-se afirmar com total tranquilidade, sem medo de errar de que, a privatização é a continuidade do processo de saque e apropriações indevidas do erário público praticadas de forma intensa contra o Estado, depois das revoluções econômico-político-religiosas e culturais a partir de meados do Século XVII e continuidade do Século XVIII até atingir nossos dias. Estado esse que foi reduzido à condição de "Nação", devido a uma intensa apropriação de suas riquezas via pilhagens e sequestros de bens públicos que se avolumou desde as tomadas das riquezas da Igreja Católica eclodidas principalmente na Europa Ocidental, e que, posteriormente se estenderam aos Reinados e Ducados desse Continente.

Nesse contexto, devido ao sucesso obtido nesses esbulhos e por não existirem mais essas entidades para serem roubadas, a bola da vez passou a ser a "Nação". Isso devido ao assenhoreamento de suas riquezas, que se agigantou através das privatizações, como o mais fértil instrumento de manipulação e saque praticadas pela burguesia, que atualmente se resume a apenas 1% das castas globais mais poderosas.

19 Os sistemas de Gestões Públicas Contemporâneas

Depois de tecer um breve comentário sobre os dois sistemas de comando que realmente existiram, que foram desenvolvidos pela Igreja Católica para administrar as riquezas colhidas ao longo dos séculos, no caso, o sistema de gestão centralizador, criado pelos apóstolos e que foi copiado e adotado por Josef Stalin na Rússia, para comandar o Regime Soviético; e o sistema de gestão hierárquico, também aprimorado pela Igreja Católica em substituição ao modelo centralizador por esse não ter dado certo, e que, desta feita foi plagiado por Augusto Comte e aplicado por esse no Positivismo, cabe agora, fazer um breve relato sobre o modelo de gestão definido como Qualidade Total, desenvolvido no limiar do Século XX, pelos senhores *William Edwards Deming, Joseph M. Juran* e *Armand V. Feigenbaum*

Nesse contexto, o terceiro sistema de gestão econômica independente e autônomo, além dos dois criados pela Igreja Católica, foi o desenvolvido e implantado por *William Edwards Deming, Joseph M. Juran* e *Armand V. Feigenbaum* denominado, Qualidade Total e que foi adotado pela Toyota no Japão, o que viabilizou a essa empresa pioneira nesse sistema, se tornar uma multinacional de grande sucesso e quebrar o paradigma da produção em massa, que prevalecia na Economia Empresarial desenvolvido por Marx e que foi plagiado e apropriado seus princípios pelos famigerados defensores da "Administração Moderna", sofistas curiosos na arte de administrar de até então.

Atualmente, devido à incorporação do sistema de Qualidade Total ao sistema de Gestão Hierarquizada de Comte, por parte das unidades produtoras de praticamente todos os países, esse tipo de sistema ficou desfigurado em alguns segmentos de sua proposta original. Isso devido ao fato de que, a maioria dos seus implantadores não terem o domínio integral do Regime de Qualidade Total, desenvolvido pelos senhores *Deming, Juran* e *Feigenbaum* o que ainda promovem muitas confusões na implantação, na manutenção e no desempenho desse sistema de gestão, tornando seus resultados imprevisíveis.

Entrementes, esse último processo de gestão será analisado e comentado apenas quando necessário, visto que este trabalho tem por objetivo nesta fase, analisar apenas os aspectos da Economia Política e Empresarial vigentes, desenvolvidas nos moldes criados pela Inglaterra e mantida em escala global pelos EUA.

Lembrando que, diferente dos demais, o modelo de gestão econômica denominado de Qualidade Total, é o que mais se aproxima da estrutura desenvolvida por Platão e adotada por Adam Smith, aonde prevalece o sistema de comando horizontal e não verticalizado, que foi desenvolvido este último, pela Igreja Católica e copiada por Augusto Comte, sendo seguida pelos modelos tradicionais de gestão, os quais eles definem como "capitalismo", o que na verdade é uma versão distorcida deste último.

No que se refere aos fundamentos de gestão da Economia Política, as ideologias socialistas, embora contrárias em todos os sentidos aos fundamentos pseudofilosoficos do Positivismo, não conseguiam criar um sistema de comando econômico-político próprio, problema esse que foi finalmente solucionado pelo senhor *Deng Xiaoping* durante seu mandato no Governo Chinês, entre o período de 1978 a 1992. Isso foi feito, quando o senhor Xiaoping, dividiu a Economia em duas partes distintas e deu tratamento diferenciado a ambas, sob o controle do Estado, no caso, a Economia Interna e a Economia Externa, o que transformou a China na Grande Potência que é hoje, na condição de Maior País Capitalista da Terra, agora de cunho socialista, que será tratado mais à frente, de forma à parte.

É bem verdade que, houve conflitos por ideologias político-econômicas em praticamente todos os continentes, além do soviético, fazendo surgir novas nações "comunistas", tais como a própria China, a Coreia do Norte, o Vietnã, Cuba no Caribe, etc. Mas todas essas foram revoltas regionais apartadas, aonde era o povo que se insurgia de forma praticamente isolada, com pouca ou nenhuma participação externa, ao contrário do que ocorria e ocorre com as potências capitalistas, que sempre agiram de forma orquestrada, em conjunto, com infiltrações entre os inimigos, através de políticas de espionagem e contraespionagem, de forma maciça, cruel e sangrenta, como eles promoveram recentemente através do Movimento chamado de Primavera Árabe, os ataques às democracias de tendências socialistas que ocorreram na América do Sul, a partir do Paraguai com a queda do governo de Fernando Lugo e que se estendeu ao Brasil de Dilma Roussef, à Bolívia de Evo Morales, ao Equador de Rafael Correa, à Venezuela de Nicolás Maduro, de onde os Estados Unidos tomaram os recursos financeiros desse país depositados nos bancos estadunidenses e na Inglaterra, confiscaram as próprias jazidas de petróleo do País Bolivariano, mesmo sem serem extraídas, além do desejo e da apropriação das riquezas naturais e tecnológicas dessas nações, como foi o caso da Tecnologia da Embraer e da Petrobrás no Brasil, por esses não admitirem a política de centralização de capital por parte dos bancos, a vigência da Doutrina Monroe na América Latina, a opressão desordenada contra o salário pago à classe trabalhadora e o que os Estados Unidos e o G-7, vem praticando nos dias atuais contra a Rússia de Putin por intermédio da prática da tirania de Volodymyr Zelensky, na Ucrânia.

Depois de rechaçar todas as incursões contra seu território, sendo essas com o apoio velado e de até intervenções diretas de outras potências e países capitalistas da Terra, que estavam revoltados por Stalin ter expulsado as seitas protestantes e a Religião Católica de seu País, então, com desejo incontido de se vingarem dos russos contra a ofensa e humilhação causada aos seus próprios deuses e aos seus interesses na região, essas nações, entre elas: a própria Alemanha, a França, a Itália, a Espanha, a Bélgica, a Holanda, os Estados Unidos, Portugal, estando incluída aí a maior de todas as potências de até então, que era a velha Inglaterra, do Primeiro Ministro *Neville Chamberlain,* o Grande Líder Russo, se deparou ainda, depois, com a invasão de Hitler e seus comandados, o que deu início à intensificação dos combates em terra, durante a Segunda Guerra Mundial.

Até mesmo durante a invasão da URSS na Segunda Grande Guerra, essas nações mandaram batalhões de voluntários muito bem armados e organizados para "acabar com os comunistas soviéticos" que eram reconhecidos por ser a grande ameaça à liberdade, à "deus" e aos seus interesses pelo mundo.

Chamberlain sabia que Hitler era um dos principais admiradores do Império Inglês na Terra, além do fato de que, havia uma estreita ligação entre a Inglaterra e a Alemanha, devido aos laços de parentesco que existia entre esses dois governos, uma vez que, os anais da História contam que, Guilherme II, o último Imperador alemão e Rei da Prússia, era marido da Princesa Vitória, então conhecida como a Princesa Real do Reino Unido.

Diante disso, o Primeiro Ministro inglês imaginava que era mais provável um confronto entre os alemães e os russos, do que entre a Alemanha e a Inglaterra, no início dos combates na Segunda Grande Guerra. Isso tudo, considerando ainda o fato de que, um confronto entre a Alemanha e a Rússia estrategicamente falando, seria de grande interesse para o Reino Unido, o que imaginando-se que isso ocorresse, provocaria uma grande economia de armamento, dinheiro e vida para esse País. Então, assim, acima de tudo, como a Rússia por questão ideológica era considerada como inimiga desses dois países, *Chamberlain* imaginava que antes de atacar a Inglaterra, Hitler trataria de acabar primeiro com Stalin.

Conforme já frisado, além de tudo, o líder nazista tinha pelo Economista *Alfred Marshall* um fascínio especial, tanto é que adotou como uma de suas premissas básicas, a ideia de se criar uma raça humana superior, que *Marshall* admitia que era possível de se obter, seguindo a mesma teoria de *Charles Darwin*, no caso a da evolução das espécies, desde que se cruzassem os genes das pessoas mais inteligentes e criativas do Planeta, no caso, a raça branca, gerando uma cadeia de Ácido Desoxirribonucleico - ADN especial, o que viabilizaria a transformação dos homens e mulheres detentores desse gene em gênios de nível superno. Para Hitler, esse processo poderia ser aplicado no grupo caucasiano branco alemão, com grande sucesso, o que lhe permitiria criar assim, a sua raça superior, no caso, a raça ariana.

Assim, *Chambarlain* tinha na sua cabeça a ideia de que, caso Hitler transformasse a Alemanha numa potência, esse primeiro, por motivo de ideologia e ódio, atacaria a Rússia de Stalin. Para o Primeiro Ministro inglês, mesmo a vitória de Hitler sendo fácil - sendo que, as "elites" centrais consideravam que a Rússia de Stalin era constituída de um bando de pobres esfarrapados e ignorantes, portanto, bárbaros -, tanto a Rússia quanto a Alemanha sairiam do conflito enfraquecidos, o que, facilitaria o trabalho dos ingleses no processo de eliminação de Hitler e de Stalin, fortalecendo a Inglaterra indiretamente, permitindo a esse país recuperar a sua supremacia no mundo.

Isso sem contar ainda o fato de que, a Coroa Britânica nutria um ódio especial contra Stalin motivado pela existência de um laço estreito que ligava a Família Real Britânica ao último Czar Russo, *Nikolái Alieksándrovich Románov* - Nicolau II, o patriarca da família Romanov, deposto do poder russo pelos bolcheviques, visto que, essas famílias tinham um grau de parentesco embora distante, mas muito bem preservado entre eles, mesmo sendo soberanos em países bem distintos, no caso, a Inglaterra e a Rússia. Diante disso, para os ingleses, se a Alemanha atacasse a Rússia em primeiro momento, a Inglaterra sairia ganhando duas vezes, de todo jeito. Daí porque o interesse velado da Inglaterra em torcer para que os alemães eliminassem os russos a qualquer custo.

Pelo mesmo motivo que *Chamberlain* imaginava em relação aos russos, Hitler considerava que seria extremamente fácil acabar com Stalin e seu regime, visto que, seu exército era infinitamente superior ao grupo de milicianos russos, constituído de proletários, pobres, ignorantes e esfarrapados, que não conhecia seu papel de mediocridade no mundo, na visão das potências capitalistas da época.

Então, mesmo admirando a Inglaterra, Hitler, de maneira estratégica, considerava que o seu principal inimigo eram os ingleses, uma vez que, as forças armadas inglesas, embora inferior ao exército alemão, era a única que poderia oferecer obstáculo à sua intenção de subjugar o mundo.

Como o caminho mais acessível para chegar à Federação Russa era por intermédio da Polônia, Hitler para atacar os soviéticos teria que invadir primeiro a Polônia. Ao invadir esse País, Hitler teria que enfrentar militarmente a Inglaterra, visto que, a nação Bretã tinha um acordo de não-invasão da Alemanha à Polônia. Caso isso ocorresse, a Inglaterra e a França declarariam guerra à Alemanha. De qualquer forma, não haveria jeito de Hitler atacar primeiro a URSS devido ao acordo estabelecido entre os ingleses, franceses e poloneses, no final da Primeira Grande Guerra Mundial, fato esse que parece não ter sido levado em consideração pelo Ministro Chamberlain.

Dessa forma, Hitler ponderava que, depois de dominada a Inglaterra e a França, acabar com os russos seria uma missão extremamente fácil e de grande repercussão positiva para a Alemanha diante das elites do Planeta, que também apoiavam essa ideia de forma velada. Então, para Hitler, a prioridade era invadir a França e destruir a Inglaterra e depois, acabar com os comunistas russos, para poder atrair a atenção das elites capitalistas distribuídas por toda a Terra. Foi isso que Hitler tentou fazer desde o começo da Segunda Guerra Mundial. Dessa forma, sem perceber, o que foi o motivo de seu fracasso, vale dizer, foi o fato de Hitler abrir duas frentes de combates contra duas nações poderosíssimas, no caso a Rússia de Stalin e a Inglaterra de Chamberlain.

Na verdade, antes de Hitler invadir a França e atacar a Inglaterra, era o mundo contra Stalin. Depois que o tirano alemão mandou invadir a França e atacar a Inglaterra, era Stalin em defesa do mundo, contra Hitler.

Analisando a situação friamente por essa ótica, pode-se dizer que, Deus foi muito misericordioso com o povo russo, deixando na mesma linha do tempo, de maneira concomitante e de forma contemporânea, os três maiores expoentes ideológicos da história do Planeta, tendo de um lado o maior mentor de um projeto de sublevação e manutenção do poder, no caso, Lênin, com a revolução bolchevique; e do outro, como seu admirador, o maior executor de um projeto em cumprimento de uma missão muito bem orquestrada, que foi Stalin; auxiliados, pelo maior defensor de todos os tempos, caracterizado por ser uma pessoa humilde, simpática, séria e muito eficaz naquilo que fazia, que foi, no caso, o General *Georgy Konstantinovich Zhukov*. Essa foi a mais famosa e mais espetacular Trinca de Ouro, verificada na história da Rússia e talvez do mundo, se destacando por ser o verdadeiro trio, o qual, o mundo deve sua liberdade, justiça seja feita.

Da sua parte, Stalin foi o único líder estadista da época - visto que, dessa feita e de forma rara, no cenário político-econômico global, a Segunda Grande Guerra deixou, praticamente no mesmo patamar, tanto os interesses ideológicos como os econômicos – que conseguiu antever os passos de Hitler, ao perceber que esse atacaria primeiro seus inimigos mais perigosos, que, no caso, era a Inglaterra e a França. Depois de eliminadas essas barreiras, acabar com os russos de Stalin se transformaria numa ação corriqueira. A certeza de Stalin em relação aos movimentos futuros de Hitler era tamanha que, esse líder tentou de várias maneiras formar uma coalisão contra o ditador alemão, sendo ignorado pelos demais líderes dos países ricos imperialistas, seus inimigos mortais, tanto diretos quanto indiretos e que os discriminavam.

Uma vez ignorado e isolado, Stalin não tinha alternativa a não ser, acabar com os intentos do tirano nazista, praticamente sozinho. Foi justamente isso que ocorreu quando eclodiu a Segunda Grande Guerra na Europa. Depois de subjugar a Polônia, com o intento de chegar à Rússia de Stalin, visto que, a Polônia é considerada como um corredor de acesso rápido e fácil ao território russo, Hitler colocou em prática, suas ideias imperialistas ao mandar invadir a França, ao mesmo tempo em que dava início às suas hostilidades contra a Inglaterra.

A grande falha estratégica de Hitler, no seu afã de subjugar toda a Europa, num período breve, foi imaginar que poderia implantar uma guerra em duas frentes, tentando eliminar a Inglaterra e a Rússia de Stálin ao mesmo tempo, mudando sua estratégia de operação em campo de guerra. Outro grande erro desse ditador foi antecipar o início da guerra sem ter antes incorporado nas suas forças armadas, as novas tecnologias armamentistas desenvolvidas pelo seu corpo de cientistas, altamente especializados tais como: o motor a jato para os aviões, os mísseis de longa distância e aumento de sua frota de porta aviões e submarinos. Na verdade, Hitler pensava que, só as inovações aplicadas em seu exército como a *blitzkrieg*, por exemplo, já seria suficiente para garantir a supremacia alemã sobre o mundo. E na verdade ele teria conseguido se não fosse impedido pela bravura de Stalin e seu corpo de generais, dentre eles e em especial, Zhukov.

Por obter uma vitória rápida e fácil contra a França, praticamente sem resistência alguma, visto que, a elite francesa e a classe média desse país o apoiavam, à exceção de Charles de Gaulle, assim como praticamente todas as classes altas dos países da Europa Ocidental, inclusive os ingleses, tais fatos, fizeram Hitler se encher de orgulho e de otimismo. Diante desse sucesso estrondoso, inicialmente obtido, autoconfiante, o ditador nazista mandou atacar a Rússia de Stalin, achando que esse objetivo seria fácil de ser alcançado, como já frisado, utilizando-se da estratégia de combate *Blitzkrieg*, a "guerra-relâmpago", que consistia em subjugar o inimigo em questões de dias ou semanas, como ocorreu com o país franco.

Essa mudança brusca na estratégia de Hitler, deu vazão para que o General *Montgomery*, já a mando do Sir *Winston Churchill*, que assumiu o lugar de *Chamberlain*, por este ter feito sua aposta infeliz, pudesse segurar o avanço do Reich em *El Alamein,* no norte da África, sob o comando do Grande General alemão, Erwin Rommel, uma vez que, a invasão de Hitler na Rússia, não saiu como tinha sido planejado, devido à resistência russa e às intempéries climáticas.

Vale lembrar que, em termos tecnológicos a URSS não ficou parada no tempo. No período da invasão alemã, a nação euroasiática já tinha desenvolvido o lançador de foguetes múltiplos, *Katyusha*. Ao avançar sobre o Exército Vermelho, os alemães se viam atacados por foguetes múltiplos que provocavam pesadas baixas no seu efetivo militar e de armamentos, deixando seus comandantes confusos e sem saber o que fazer. Outra grande invenção da URSS foi a adoção de camuflagens. Durante o inverno, os russos utilizavam as camuflagens da cor da neve o que os faziam misturar com a cor natural do terreno, resultando no fato de que, durante seus avanços, os alemães se viam atacados por atiradores de elite e grupos de combate espalhados por todo lado, provocando severas baixas na *Blitzkrieg*.

Esses tipos de inovações bélicas e mais a inospitalidade climática, no caso, o frio intenso, serviu e muito, para que os russos conseguissem reverter o cenário da guerra em seu favor.

Concomitantemente, ao ser atacado, sem apoio algum e rodeado de inimigos por todos os lados, em todas as frentes e em todos os continentes, não coube a Stalin alternativas, a não ser contar com o apoio, a criatividade, competência, visão de combate do exímio estrategista, general *Zukhov*. Ao assumir o comando do Exército Vermelho, *Zukhov* mudou totalmente o cenário da guerra na Rússia, invertendo o jogo e se pondo de maneira feroz e implacável contra o exército alemão, atacando-o de uma maneira diferente a cada dia e fazendo-o recuar até suas fronteiras, praticamente todo ele, desmoralizado pelo Exército Vermelho.

As "elites" dos países imperialistas, auxiliados pelos seus cupinchas, no caso, as classes mais abastadas, líderes dos governos entreguistas do terceiro mundo, e alardeados pela mídia lacaia, aberta e sensacionalista, alegavam e ainda alegam que, conforme já frisado, o objetivo de Stalin era montar um império totalitário "comunista" no mundo, por meio de seu projeto de dominação proletária, fazendo valer a célebre frase de Marx, que afirmava: - Proletários, Uni-vos!

Assim, para conter o avanço de Stalin e dos bravos russos, esses seres fantasiosos, passaram a fazer todo tipo de alarde na opinião pública mundial de que, o "comunismo de Stalin" era um verdadeiro terror para a humanidade, o que os levou a criar assim, uma política de demonização do povo russo e dos planos socialistas, em todos os sentidos, por todos os meios, em todos os continentes. Até os dias atuais, nunca se viu uma política de tamanha injustiça no Planeta, sem base filosófica, crítica ou racional.

Verdade tem que ser dita. Na realidade, essa argumentação não passa de delírio funesto, uma vez que, se Stalin quisesse proceder dessa maneira, teria agido assim quando fez o bravo Exército Alemão retroceder até suas fronteiras. Ao ter literalmente desmontado o Exército Alemão de Hitler a tiros, morteiros e canhões, e perceber que a guerra estava praticamente ganha, imaginando que, chegar até Berlim era uma questão de meses, talvez dias, Stalin constatou que, praticamente nesse cenário só os soldados russos é que morriam no conflito e que esse mesmo povo, era o que mais sofria nessa tremenda catástrofe global enquanto que, os líderes dos países imperialistas, da sua parte, apenas guerreavam a esmo, perdidos, sem saber as diretrizes e os rumos a serem tomados durante os embates, visando depor definitivamente, sabe-se lá como, na visão deles, o líder nazista. Como diz o ditado: Na verdade esses estavam mais perdidos do que cego em tiroteio!!!!

Brilhantemente de forma estratégica, Stalin observou que, mesmo conquistando totalmente a Europa, a guerra para o povo russo não estaria terminada. Fatalmente os ingleses apoiados pelos Estados Unidos, para defenderem a honra do deus dos pastores, tentariam cedo ou tarde, investir contra o exército russo.

Já cansado de batalhas e com muitas baixas no seu exército, visto que, até o final da Grande Guerra, a URSS perdeu mais de 26 milhões de vidas, participar de outro conflito, desta vez motivada por alucinações ocidentais seria uma estultice, ao mesmo tempo em que, continuar lutando sem nenhum fundamento, se transformaria numa tremenda judiação para o bravo Exército Vermelho. Assim, Stalin percebeu que teria que colocar o Ocidente no conflito também, o que o motivou a convocar o Presidente dos Estados Unidos, Delano Roosevelt, e o Primeiro Ministro da Inglaterra, Sir Winston Churchill, para uma reunião que se deu no Cairo, capital do Egito.

Vale ainda ressaltar que, a proposta de Stalin, como sempre foi o do povo russo, era apenas de se libertar da tirania e opressão sofrida pelos seus proletários, fazendo-os manter uma estratégia de defesa e não de agressividade, contra quaisquer países da Terra. Mesmo porque, o território russo é extremamente grande possuindo praticamente o dobro do tamanho do segundo maior país da Terra que é o Canadá. É a maior potência natural do mundo em termos de recursos naturais, além de contar com uma população diminuta para defender todo esse território.

Na realidade, a Rússia é um império natural, sem motivo algum para fazer incursões de domínio pelo Planeta. Todas essas características desse País fazem concluir que, as alegações dos líderes ocidentais não passavam e ainda não passam de meros delírios. Na verdade, as elites dominantes tinham e ainda têm em mente que, todo sinônimo de sucesso nas empreitadas dos movimentos proletários, significavam incompetência em todos os sentidos, para os países imperialistas da Terra, daí porque, a necessidade de varrer de qualquer jeito do mapa, todo e qualquer movimento libertário da classe trabalhadora. Pensamento esse que é uma estultice decorrente de ignorância completa. É uma estupidez letal dos pseudoeconomistas. Já foi visto aqui que, trabalhadores-empresários e trabalhadores se completam dentro do cenário de produção de riquezas, na forma de mercadorias. Ambos são classes sociais parceiras e inseparáveis, fundamentais para a existência do capitalismo, como já foi demonstrado aqui em páginas anteriores.

Ao constatar a possibilidade do risco de se ver envolvido em um novo conflito de proporções gigantescas tão logo a Segunda Grande Guerra chegasse ao fim, Stalin brilhantemente convocou os outros líderes mundiais envolvidos, no caso, Roosevelt e Churchill, para que esses tomassem alguma medida mais ostensiva, objetiva e prática contra o Exército Alemão, visando fazer diminuir a sobrecarga que imperava sobre o Exército Vermelho, que praticamente se encontrava só nos combates. Essa foi uma grande medida estratégica de autodefesa adotada por parte de Stalin, uma vez que, esses líderes, tão logo pudessem, tentariam criar motivos fantasiosos ou não, para atacar o povo russo, fato esse que já vinha acontecendo, conforme já frisado, desde a Revolução Bolchevique, quando tinham o intento de desmontar a "ferro e fogo", se necessário, a "revolta do proletariado" na Rússia. Vale observar que, essa possibilidade antevista por Stalin se traduziu em fato, tão logo terminou a Segunda Grande Guerra, com o início da Guerra Fria.

Essa pressão exercida pelo grande Estadista socialista sobre os líderes estadunidense e inglês, que ocorreu quando eles se reuniram no Egito, era necessária porque, tanto Roosevelt quanto Churchill mostravam-se impotentes, diante do avanço do Exército Nazista pela Europa.

Foi devido a essa exigência do líder russo, que teve a Reunião entre os três grandes vultos políticos da Segunda Guerra, na cidade do Cairo, Capital do Egito. Esse encontro tinha como ponto central de debate, a exigência de Stalin sobre Roosevelt e Churchill, para que esses tivessem maior participação na Guerra, uma vez que os mesmos se demonstravam incapazes de se posicionar estrategicamente, sobre quais as medidas a serem adotadas diante da progressão do exército nazista.

Ao tomar tais medidas, o líder bolchevique assumiu o controle definitivo, em escala global, dos ditames a serem seguidos pelos aliados durante o grande conflito, se transformando no líder natural, no Homem a ser ouvido e atendido durante o desenrolar dos enfrentamentos, ao exigir que os ingleses e estadunidenses tomassem algum tipo de medida mais decisiva nos combates, o que se deu por meio do desembarque dos aliados na Normandia, fato esse que ficou conhecido como Operação Overlord, ou, "Dia D".

Mesmo com todas essas precauções, adotadas para garantir a defesa e a sobrevivência do império proletário russo, as medidas agressivas, ardilosas e discriminatórias, foram intensificadas contra esse governo, de imediato, inclusive com bloqueio econômico intenso, logo após o término da Segunda Grande Guerra, desta vez, comandada pelos Estados Unidos e seus aliados imperialistas, por meio da criação do grupo que, por eles foi denominado, conforme já visto, de Grupo dos Sete ou G-7.

A proposta de criação das Sete Elites (G-7) pelo país estadunidense, tinha como objetivo máximo, eliminar, segundo eles, a ameaça stalinista e garantir a supremacia dos seus interesses pelo Planeta. Essas foram já, as primeiras medidas político-econômicas, de caráter estratégico, criada pelos Estados Unidos na condição de nova potência hegemônica em substituição à Inglaterra, garantida pelas medidas de supremacia global da *pax americana*.

Foi assim que se instauraram, no período da guerra fria e que se estendem até nossos dias, as façanhas secretas de toda natureza, criadas pela CIA, em substituição aos mesmos tipos de maquinações, só que antes, levadas adiante pelas ações da Scotland Yard, tais como: subornos de toda natureza de autoridades, compra dos poderes constituídos dos países dominados, financiamento de ditaduras e grupos favoráveis aos seus interesses, agressões, imposições, golpes de Estado, todo tipo de políticas de exclusão, extermínio em massa de castas consideradas "inferiores", além de supressão de direitos humanos nas nações classificadas como inimigas de seus interesses.

Tal estado de coisas passou a ocorrer sob a alegação de ameaça de estabelecimento de regimes ditatoriais nesses países, e mais, artifícios de demonização por parte da mídia títere global via implantação de medo de todas as formas, divulgação de notícias falsas, enfim, eliminação de quaisquer tipos de resistências por meio da destruição de grupos independentes estereotipados de "terroristas", "comunistas", grupos radicais, distribuídos por todo o Planeta.

Tudo orquestrado, planejado, articulado e implantado pela CIA sob a liderança dos Estados Unidos e apoio incondicional dos demais países membros do G–7, com apoio velado, dos serviços de difamação e incentivos a badernas no interior dos países a serem doutrinados promovidos pela mídia global e os meios de comunicação compradas das nações lacaias.

Na realidade, o objetivo maior dessas articulações ardilosas de caráter politiqueiro implantados em escala global pelo G-7, não estão voltados para a garantia de liberdade de mercado em nível mundial, disseminado por meio de "ideais democráticos" e estabelecimento de "livre comércio", mas sim, para assegurar as apropriações irrestritas e extorsivas, se preciso for, das tecnologias desenvolvidas pelas nações subalternas através da formação de parcerias com universidades e centros de pesquisas e das matérias-primas que geram superlucros existentes em maior quantidade nas nações dominadas e discriminadas por esses, de "povos ignorantes", além do bloqueio de desenvolvimento industrial desses países, como forma de eliminação de possíveis concorrentes.

Assim, na concepção desses "visionários", todos os insatisfeitos, sejam pessoas, classes sociais ou nações, que não aceitavam ou não aceitam esse tipo de submissão, articulado e imposto goela abaixo da sociedade "civilizada" pelos adeptos da pseudofilosofia iluminista de Locke, do protestantismo de Lutero, da estrutura de gestão burguesa criada por Comte, das estratégias de dominação de Maquiavel, tudo isso reunido e resumido num tal instrumento chamado "Contrato Social", deveriam ser definitivamente, exterminados da face da Terra.

De maneira geral, é tal período que se caracterizou como a famosa "Guerra Fria", e que se transformou ao longo do tempo, num processo insano, aonde a coerência, a ciência e a economia pura, principalmente depois da queda do Muro de Berlim, em 1989, deram lugar a todo tipo de disparates orquestrados de maneira irresponsável, insana e inconsequente pelas elites globais, através dos modelos econômicos lacaios do Neoliberalismo disseminado pelos monetaristas de Chicago, do G-7, por meio da mídia bajuladora, apenas para criar "medidas de dissuasão" e destruição do avanço dos fundamentos das ciências sociais na sua forma mais lúcida, nobre, imparcial, pura e transparente possível.

Em sequenciamento ao processo de castração e dominação total de todos os meios civilizatórios possíveis, que se deu principalmente, por intermédio da destruição das virtudes inatas da moral e consequente implantação da ética no seu lugar, do bloqueio da evolução da educação e da cultura em escala global, tendo toda a Europa Ocidental e as classes sociais mais altas definidas como "elite" intermediárias do terceiro mundo sob seus cabrestos, é que os Estados Unidos se impuseram definitivamente, como o "verdadeiro guardião da liberdade" e dos lobbys políticos-econômico-ideológicos em todo o Planeta, se transformando num verdadeiro entrave aos avanços dos pensamentos civilizatórios pela Terra. Para esses párias, os civilizados eram eles e os demais povos seus capachos.

A parte por incrível que possa parecer, mais fácil e de maior poderio econômico-impositor, foi a da dolarização da economia global, que se deu por meio da transformação das propostas impostas aos países membros do G-7 pelos Estados Unidos em lei, durante a realização do Tratado de *Bretton Woods*, quando da implantação do Sistema de gerenciamento financeiro-econômico internacional, estabelecido em julho de 1944, no Estado de New Hampshire, nos EUA, por esse País.

Depois de convocar as potências para a reunião na cidade de Bretton Woods, os Estados Unidos estabeleceu que os países para manterem um maior controle da movimentação financeira global teria que criar uma moeda única de circulação internacional oferecendo o Dólar com essa função, aonde, para se ter uma moeda de circulação internacional, os países ao invés de converter sua moeda em ouro, teria que converter em dólar enquanto que, o Dólar, por conseguinte teria por obrigação ele, se converter em ouro. Nessa mesma reunião, outro País que apresentou uma proposta para fazer essa função de criação de uma moeda internacional foi a Inglaterra por intermédio da proposta de conversão apresentada pelo senhor John Maynard Keynes, mas que foi rejeitada pelos Estados Unidos por alegar desconfiança quanto a "fragilidade" dessa proposta em relação a questões de espionagem. Segundo os Estados Unidos essa proposta além de tudo, não tinha um país que a pudesse manter de maneira indefinida como tinha os Estados Unidos em relação ao Dólar, visto que as nações europeias se encontravam fragilizadas política economicamente em virtude de suas participações na Segunda Grande Guerra.

Depois de sair vencedora a proposta dos Estados Unidos, essa medida só fez consolidar a posição da Nação Ianque, como o país doutrinador do mercado político e econômico global, que se deu por meio do estabelecimento da obrigação da adoção das regras firmadas nesse Tratado, para as relações comerciais e financeiras entre todas as nações "capitalistas" ou não, e "democráticos ou não democráticos" existentes na face da Terra.

Nessa conferência, os Estados Unidos se transformaram no único articulador financeiro estrategista global, onde as demais nações do Grupo dos Sete – G-7, apenas passaram a ter que seguir as suas regras, para ter direito de também usufruir, dos benefícios decorrentes das investidas dessa potência sobre as riquezas disponíveis nos países do Terceiro Mundo, o qual se incumbiu de dividir os despojos dos saques, com os demais membros desse bloco, cabendo-lhes consumir apenas, o que lhes era deixado para seu sustento, pelas classes mais altas da Nação Ianque autodenominadas de "elites".

Para consolidar a fase de dolarização da economia global, cabia aos Estados Unidos, na condição de país supridor dessa moeda em escala mundial, abastecer o mercado internacional da maior quantidade desse numerário possível, visto que, só essa moeda é que receberia a partir de então, o direito de se lastrear em ouro, na paridade de 1 Dólar por U$ 35,00 por onça *troy* de ouro, enquanto que, concomitantemente, o dólar lastreava outras moedas internacionais de poder de conversibilidade em si próprio, dando-lhes em virtude disso, a capacidade de curso legal.

Assim, só o Dólar é que poderia ser convertido em ouro em escala mundial enquanto que, as demais moedas de outras nações, teriam que se converter em Dólar para obter o curso legal dentro de seus próprios países. Dessa maneira é que o dólar passou a ser o grande lastreador de moedas em escala mundial.

Nesse contexto, observa-se que o projeto de hegemonização global criado pelos Estados Unidos foi perfeito, visto que, através de articulações bem orquestradas, ele escolheu a hora e o local ideais para se impor globalmente sem quaisquer tipos de ressalvas, contestações ou derramamento de sangue.

Além disso, nessa época, na seara da Economia Política, a paranoia da vez era baseada na retórica alarmante de que: ou os ex-países imperialistas se recuperavam de maneira imediata e pujante dos destroços lhes causados pela Segunda Grande Guerra, ou os mesmos seriam tragados pelo "comunismo Stalinista".

Então, com esse objetivo e tentando conter o descontentamento global com as mazelas teóricas do pseudocapitalismo, criadas principalmente pela teoria de acumulação de capital de David Ricardo, que se fundamentava equivocadamente, de forma intuitiva e sem sentido da "relação inversa entre salário e lucro".

No seguimento desse cortejo pseudoeconômico funesto, por seu turno e da sua parte, a mídia global financiada pelos grandes capitais financeiros e industriais existentes, principalmente das Sete Elites, resolveram criar um teto de vidro sobre os ideais socialistas, aonde tudo que era desgraça que ocorria no pseudocapitalismo era "culpa dos comunistas", mesmo os "comunistas" estando mais preocupados em se estruturarem economicamente e politicamente falando, do que prestando atenção, nas desventuras das teorias econômicas sofistas, criadas pelos pseudoeconomistas de ocasião, distribuídos nas maiores universidades do Planeta, principalmente dos Estados Unidos, Inglaterra e da Alemanha.

No contexto pseudoeconômico, de acordo com as opiniões fantasiosas de Ricardo, como já afirmado reiteradas vezes, no que tange a questão da relação inversa entre salário e lucro, caso trabalhadores-empresários quisessem enriquecer ou elevar o seu padrão de riqueza, deveria pagar o menor salário possível, extorquindo o direito sagrado do trabalhador que era o de receber o seu direito adquirido, fruto do seu trabalho de forma integral, fato esse que gerou convulsões sociais em praticamente todos os cantos do Planeta, por meio do aumento dos divórcios, dos feminicídios, dos infanticídios, da prostituição, dos cassinos, dos crimes banais em botecos, do aumento dos vícios, das drogas, dos suicídios, do desânimo com a remuneração do trabalho justo, etc.

A consequência dessa situação, causada pelos delírios fantasiosos sobre a forma de gerar opulência de Ricardo, foi a cisão definitiva de argumentos e propostas conciliadoras entre patrões e empregados. Nesse aspecto, caso as classes trabalhadoras, consideradas "inferiores" quisessem ter algum usufruto da mínima parte daquilo que elas mesmas produziram com seu trabalho, teriam que se sublevar e lutar para garantir o seu direito de sobrevivência com um salário justo, fruto de seu próprio labor.

O resultado de tudo isso já se pode imaginar, e como realmente se viu em escala global, principalmente através dos estudos e das previsões econômico-políticas de Marx, com o derramamento de sangue, massacres, desalento familiar por dias melhores, prostituição com sacrifícios de populações inteiras em praticamente todos os países mais pobres dos cinco continentes, foi a centralização de capital, com elevação de fortunas em níveis inimagináveis, repercutindo na destruição de mercados vistos como resultado da eliminação da demanda efetiva, aumentos das falências e concordatas e a consequente proliferação da fome e da miséria por todo o Planeta.

Nesse cenário, houve a eclosão de revoluções sangrentas, guerras de todos os tipos e em todas as frentes entre patrões de um lado e empregados do outro, fazendo surgir o que ficou denominado equivocadamente de "revolta do proletariado" ou "guerras comunistas" e não, de luta por justiça social.

Na tentativa de minimizar os impactos negativos causados por todas essas calamidades sobre as classes trabalhadoras dos países centrais, procurando evitar que tais guerras intermináveis recaíssem também sobre elas, as elites dessas nações "afrouxaram o torniquete" e cederam vários direitos trabalhistas aos seus operários, criando-se assim um clima mais ameno na relação patrão-empregado no interior dessas potências.

Isso ocorria ao mesmo tempo em que, articulados com os Estados Unidos e sob a batuta desse País, procuravam se recuperar de maneira frenética do colapso lhes causado pela Segunda Grande Guerra Mundial, através do Plano Marshall, batizado como Plano de recuperação econômica da Europa e Japão, na condição hipotética de, caso isso não ocorresse, segundo os mesmos, eles correriam o risco de cair em mãos dos países comunistas, em especial, da União Soviética. Pasmem os senhores!!!!

Quanto aos Estados unidos, além de articular todos os estratagemas possíveis, cabia ao mesmo a missão de abastecer o mercado global de dólares, visando intensificar o processo de produção e recuperação do "sistema capitalista" pelo Planeta, e de consolidar sua supremacia fazendo toda a Terra curvar ante seus pés. Fato esse que, na verdade não se tratava e ainda nem se trata de Sistema Capitalista, mas sim, de um processo de invasões, destruição, apropriação, castração, dominação, imposição e de tirania camuflada como Imperialismo Americano.

Na verdade, em relação ao "comunismo" e a União Soviética, tudo isso era de certa forma fantasioso, visto que, o avanço comunista era desarticulado e de pouco poder de implementação uma vez que, como analisado acima, a União Soviética não tinha esse interesse e estava mais preocupada em se defender das agressões e das estratégias de demonização de seu regime, como deixou evidente o próprio Stalin no decorrer da Segunda Grande Guerra.

Mesmo também porque, os movimentos comunistas eram isolados, desarticulados e, em virtude disso, facilmente dominados pelas elites organizadas de cada nação, que operavam em conjunto com as potências, assim como se observou na guerra das Coreias e do próprio Vietnam, muito mal orquestrado pelo Governo dos Estados Unidos, diga-se de passagem.

As guerras entre "comunistas" e "capitalistas", nem podem ser chamadas de conflitos entre nações, mas sim, de rebeliões de classes, pelo fato de que, esses embates se davam nas estruturas ideológicas internas desses países, provocados por jogos de interesses entre os grupos envolvidos e desejosos em dominar as relações de produção e da política regional.

Além disso, na vertente socialista, as reações das classes sociais que almejavam a mudança do regime, eram isoladas e dependiam muito da ideologia "comunista" disseminada e da organização dos grupos revoltosos internos de cada nação, do que propriamente, do avanço comunista desenfreado pelo mundo. Esses conflitos se deram mais por desespero em fugir da tirania e da prepotência praticadas pelas classes mais abastadas desses países e financiadas, diga-se de passagem, pelos próprios Estados Unidos.

De fato, o que ocorreu realmente nos períodos mais intensos desse conflito, foi o esgotamento das "teorias pseudocapitalistas" que se mostraram malfadadas, criadas pelos economistas clássicos e depois neoclássicos, agora pelos monetaristas, de linhagem protestante, que culminou na crise de superprodução da economia mundial e que atingiu seu ápice no período de 1927 a 1933, que foi contida pelo programa socialista de Franklin Delano Roosevelt, nos Estados Unidos, definido como *New Deal,* do que propriamente, do avanço comunista pelo mundo, diga-se de passagem, muito bem camuflada e abafada tal crise, pela imprensa global a serviço das maracutaias e dos esquemas ardilosos dos países centrais.

Tudo isso para evitar o "avanço comunista" que, na realidade, conforme frisado, era um movimento isolado e desarticulado, organizado internamente dentro de cada país, promovido pelas classes sociais localizadas logo abaixo do estrato mais rico, como forma de se debelar e lutar contra as mazelas, sofrimentos e humilhações lhes impostas por essa casta mais abastada e que, era e ainda é, protegida de forma velada, pelos poderes constituídos como: o Executivo, Legislativo, Judiciário, militar e de grupos armados, no caso, os jagunços dessas nações, e que, em virtude disso, tais movimentos reivindicatórios eram, e ainda são, facilmente dominados pelo estrato superior, no caso, as "elites" desses países.

Caso ainda, tais articulações e movimentos armados não dessem resultado, eram e ainda são, realizadas as invasões externas promovidas pelo G–7 e que, na maioria dos casos, nem rebeliões comunistas eram ou são, mas sim, movimentos reivindicatórios de nacionalização das riquezas naturais desses países e buscas pelo desenvolvimento nacional, assim como aconteceu no Brasil e que foi dizimado pelo Golpe Militar de 1964, e depois, deste país, disseminado para toda a América do Sul, a mando dos Estados Unidos, sob a batuta de Henri Kissinger, para fazer valer os preceitos da *Doutrina Monroe* na América Latina.

Vale lembrar que, os conflitos entre classes sociais se intensificaram, principalmente logo após o término da Segunda Grande Guerra Mundial, em virtude da desarticulação e fragilização de algumas "elites" de países mais pobres do terceiro mundo, devido a crises internas entre membros dessas próprias elites, motivadas pelo aumento de corrupção, conflitos políticos, brigas por mercados internos, crimes praticados contra o Estado, principalmente para saqueá-lo através de privatizações de suas riquezas e depois, venda dessas para o exterior, fato esse que gera muito dinheiro aos seus articuladores, vale ressaltar, além de assassinatos entre elas, enfraquecendo-as, o que possibilitou que as castas situadas em escalas inferiores da hierarquia social, pudessem se organizar e intensificar suas ações reivindicatórias, que resultaram em guerras civis intensas, como ocorreu na China de *Mao Tsé Tung*, na Coréia, no Vietnã, em Cuba e outras nações do terceiro mundo. .

Deve-se observar que, os Golpes de Estado na América Latina são de outra natureza. Tais movimentos foram impostos e financiados pelos Estados Unidos para consolidar a supremacia desse País no continente latino americano, através da doutrina Monroe, via compra dos 1% das castas mais ricas desse continente, e o mais grave ainda, sobre a alegação de que a América Latina estava correndo o risco de cair nas mãos de "comunistas", fato esse que não passa de alucinação paranoica de ignorantes. O objetivo óbvio dos Estados Unidos nessa região é apenas impedir o crescimento com desenvolvimento dos países dessa região com o objetivo de se apropriarem de suas matérias primas e das tecnologias que são desenvolvidas nesses países, de onde as empresas multinacionais americanas, utilizando-se de pressões políticas, econômicas e militares acabam se apropriando dessas fontes de riquezas praticamente de graça como foi o que aconteceu, recentemente, com o Brasil e a Bolívia. O Brasil a usurpação de seu petróleo e a Bolívia, o seu lítio.

No que concerne ao comportamento dos países centrais membros do G-7, para contornar esses problemas, assim como os Estados Unidos de *Roosevelt* e seu *New Deal*, esses também "abriram o torniquete", deixando a riqueza ser redistribuída parcialmente, mediante a criação de políticas públicas, com o objetivo de diminuir o sofrimento das castas inferiores, e com isso, impedir que as convulsões sociais resultando em guerras civis que eclodiram nos países mais pobres, decorrentes de movimentos reivindicatórios, atingissem suas fronteiras e levassem novamente a Europa desenvolvida, a uma situação de comoção social, como ocorreu logo após o final da Segunda Guerra Global.

Vale lembrar que, tais políticas públicas, vistas aqui simplesmente como "afrouxamento de torniquete", se deram de forma estratégica e seletiva, obedecendo alguns critérios de prioridades estabelecidos pelo G-7. Na verdade, conforme frisado, esse tipo de artifício já tinha sido adotado no decorrer da própria Segunda Grande Guerra pelo senhor Franklin Delano Roosevelt através do programa de nome *New Deal*, que se deu nos chãos de fábricas de armamentos, munições e aeronaves dos Estados unidos, e com grande sucesso.

Foi com o objetivo de atender a essas exigências de flexibilização no trato com os trabalhadores, que as mulheres que trabalhavam nas fábricas e tinham filhos, foram liberadas para levar seus rebentos para os locais de trabalho, nesse País, aonde as crianças ficavam alojadas em berçários localizados dentro das próprias fábricas e de fácil acesso para as mães socorrerem seus filhinhos. As músicas para animar o espírito e libertar as almas das amarras da vida, foram liberadas no interior das fábricas. A qualidade da comida foi melhorada, as trocas de turnos para facilitar o descanso foram liberadas, os intervalos para descanso foram aumentados e intercalados com o período de trabalho de uma maneira mais racional e humana, os funcionários passaram a ter liberdade de dar sugestões que melhorassem o desempenho das equipes de trabalho, e assim por diante.

Em decorrência dessas melhorias os turnos de trabalhos puderam ser aumentados, houve uma visível redução de reclamações da intensidade das atividades laborais e o espírito de patriotismo entre os funcionários permitiam que esses estendessem por conta própria suas atividades dentro das fábricas.

Com isso, a produtividade e a competitividade das empresas atingiram patamares elevadíssimos e o número de peças com defeito foi reduzido significativamente. Até mesmos as remunerações foram melhoradas aonde os empregados e empregadas recebiam auxilio por intermédio de salários indiretos que se davam, por meio de recebimento de benefícios adicionais, como assistência médica, dentária, auxílios: periculosidade, na alimentação infantil, insalubridade, etc.

Guerra à parte, fato é que, nunca se verificou na História dos Estados Unidos situações em que a classe dos trabalhadores desse País tenha recebido tantos benefícios, justos por sinal, como obtiveram durante o desenrolar da Segunda Grande Guerra, no governo de Roosevelt. Talvez esse fosse uma continuidade da política do *New Deal* desse eminente Presidente criada no período 27-33.

Os critérios de seletividade e de prioridades adotados pelo G-7 para geração desses benefícios, só se davam, e ainda se dão, por incrível que possa parecer, nos países centrais e nas outras nações localizadas em pontos estratégicos do Planeta, nos corredores de transportes marítimos ou terrestres internacionais, que ofereciam ou oferecem acesso direto a outros mercados de matérias-primas, via transporte ou outro tipo de intercâmbio, espalhados pelo mundo, como o asiático, por exemplo, e que eram de interesse das Sete Elites.

Nesses pontos, eram e ainda são oferecidas, várias alternativas de melhorias das condições de trabalho e de estratégias de produção e de negociações, tanto internas quanto nas relações externas desses países, via liberação de comércio entre nações, facilidades de acesso a tecnologias inovadoras a baixos custos, concessões de empréstimos a taxas de juros negativas, retirada da cobrança de impostos aduaneiros sobre produtos importados desses países, liberdade de empreendimento em setores estratégicos como o automobilístico por exemplo, concessões de direitos trabalhistas de formas mais acessíveis aos trabalhadores que facilitassem o maior crescimento com desenvolvimento dessas nações.

Tudo isso adotado, com o objetivo de antagonizar de maneira direta as alternativas de melhorias que pudessem ser oferecidas pelas políticas ideológicas contrárias aos interesses das superpotências, consideradas como sendo "comunistas". Concomitantemente, no outro extremo, o G–7 fazia e ainda faz aumentar, sua pressão e processo de dominação em massa sobre os países mais pobres que tinham, e ainda têm, matérias-primas que geravam e ainda geram superlucro ou lucros extraordinários em seu interior, e que são dos seus respectivos interesses.

Devido a tais concessões estratégicas do G-7 às nações privilegiadas, esses países deram saltos qualitativos de desenvolvimento, o que fizeram surgir no interior dos mesmos, vários grupos interesseiros nas benesses recebidas, que passaram a ser contrários e ferrenhos inimigos das "ideologias comunistas", os quais faziam e ainda fazem tudo isso, sem saber que, esses só ganharam e ainda ganham tais benefícios e facilidades diretas e indiretas, devido ao medo da proliferação do sentimento socialista, e porque, as próprias ideologias socialistas existiam e ainda se fazem presentes pelo mundo, na cabeça desses dementes tiranos do G-7.

Foi assim que surgiram países emergentes e semipaíses, com características de colônias desenvolvidas, com altos índices de desenvolvimento, em vários pontos estratégicos do Planeta e que foram utilizados como forma de contrapor as alternativas de melhorias oferecidas pelas teorias socializantes, tais como: a Austrália, por localizar num ponto altamente estratégico entre o Oceano Índico e Oceano Pacífico, na porta da Ásia, numa região totalmente quase que equidistante entre a Ásia e a Europa, e, a Ásia e os Estados Unidos. Foi assim também que ilhas como Taiwan, e outros países como, a Coreia do Sul, por exemplo, e ilhas como Cingapura, que foram batizados como "tigres asiáticos", conseguiram se despontar.

Uma, em especial, no caso de Taiwan, a ilha, para contrapor a sua coirmã maior e de ideologia totalmente contrária que é a China Continental, e também, a Coréia do Sul, que atingiu elevado índice de desenvolvimento devido à sua contraposição à sua outra metade, no caso, a Coréia do Norte, comunista.

Na realidade, para esses pequenos países, semicolônias desenvolvidas e ilhas, não houve "nada de novo no horizonte". O que ocorreu foi apenas a concessão de alguns benefícios e incentivos a mais, cedidos pelas superpotências, altamente proibitivos para outros países tidos como colônias, e que não passava e ainda não passa pela cabeça de nenhuma das grandes elites, oferecer para esses, dias melhores.

No caso dos demais países considerados como colônias ou neocolônias, esses fogem à exceção, e por isso, fazem parte da regra geral e estão incluídos nos jogos de interesses diversos de dominação da parte das Sete Elites. Para esses sobram as chibatas que estalam com grande força e poder destruidor sobre os lombos das classes inferiores dessas nações infelizes, sugando-lhes todas as matérias-primas que oferecem lucros extraordinários para o G – 7, tais como: petróleo, café, cacau, ouro, seringueira, cana-de-açúcar, açaí, lítio, ou, como afirma Smith, todos os 69 tipos de matérias primas e produtos selecionados pela Inglaterra de John Locke e que era de interesse exclusivo dos ingleses, em se apropriarem delas e as transportarem nos seus navios, fato esse que ocorre até nossos dias, já sob o império dos Estados Unidos.

Diante de todo esse frenesi global foi, e ainda é comum, surgir nos grandes centros acadêmicos das principais universidades de economia espalhadas pelo mundo, dissertações de mestrados e teses de doutorados das mais diversas facetas, criando teorias e teses imaginárias derivadas de suas alucinações fantasiosas, para tentar explicar esse "milagre das nações bajuladas" com todo o fascínio dos alucinógenos, que afetavam ou ainda afetam suas cabeças "ingênuas".

Diante desse cenário, tal situação ainda os fazem atingir orgasmos múltiplos, sem ao menos desconfiar ou enxergar o fato de que, todo esse afã se resumia e ainda se resume apenas no óbvio ou no trivial, ou seja, que esses impulsos desenvolvimentistas só se verificaram nesses países, devido ao fato de que, eles foram os grandes sortudos de se localizarem em pontos estratégicos de comércio e de navegação pelo mundo, fundamentais para garantir o sucesso do acesso dos transportes organizados pelas Sete Elites (G–7), às riquezas naturais que permitiam e permitem a essas, quintuplicarem suas fortunas através da obtenção dos lucros extraordinários, no domínio de tais tipos de comércio, e que, como forma de agradecimento, lhes recompensavam e ainda, por incrível que possa parecer, os recompensam, mediante oferecimento de benesses e incentivos financeiros, de toda natureza a esses, pelas superpotências.

De todos os devaneios que fazem apologias ao "gigantesco avanço econômico" proporcionado pelas tais teorias intuitivas, opiniosas e chamativas, a mais ridícula é a que enaltece o tal "liberalismo econômico", como se esse, verdadeiramente ocorreu algum dia na vida econômica do Planeta ou virá a acontecer, caso o mesmo continue a depender de tais delírios de ocasião, oferecidos pelo *mainstream,* enquanto esse perdurar na Terra.

Tais políticas não passam de estratégias de atração, de persuasão e de dissuasões que são criadas para aliciar novos adeptos ou afastar correntes opositoras que se irrompem contra os interesses das teorias dominantes, que se dizem "capitalistas", sem o ser, visto que são apenas antros de práticas de rapinas, distribuídas pelo Planeta.

Como consequência desses procedimentos político-econômico-estratégicos, adotados pelos países imperialistas com submissão total aos interesses e imposições dos Estados Unidos, os resultados positivos logo se fizeram observar.

Foi no período do pós-guerra que as economias dos países centrais alcançaram os maiores índices de crescimento com desenvolvimento da história, as classes trabalhadoras nesses lugares conseguiram melhores condições de sobrevivência, viu-se um elevado índice de distribuição de rendas por praticamente todas as classes sociais, verificadas mais, por medo do avanço "comunista", do que de qualquer outra coisa.

Em decorrência desses fatores, houveram estabilidades nas relações econômicas e sociais entre essas nações e, por outro lado, de maneira concomitante, as pressões e ataques orquestrados pelas elites alardeadas pela imprensa sensacionalista global, se intensificaram contra as ideologias libertárias mais radicais.

Nesse meio tempo, em virtude do excesso de liquidez global, provocada pela verdadeira derrama de Dólar pelo mundo, causada principalmente pelo pagamento da dívida externa dos Estados Unidos via dinheiro pelo Governo Richard Nixon, no início da Década de 70 do Século Passado, as taxas de juros no mercado internacional embora se mantivessem flutuantes, ficaram baixas, e se estabilizaram nos menores patamares de juros da história recente, o que viabilizou o desenvolvimento dos países mais pobres e que dependiam da liquidez global, como era o caso do Brasil, citando como exemplo.

No Brasil, esse período foi marcado por gastos desordenados de toda natureza, praticados pelos militares e batizado como "Milagre Econômico Brasileiro" pelos paladinos pseudoeconomistas, defensores do Golpe Militar de 1964. Mas que, na verdade, tal época, revelou-se como uma verdadeira queima de dinheiro fácil, durante o regime militar, realizada pelos golpistas, visando atrair apoio da opinião pública deste país, embora apresentando pequenas melhorias no setor estratégico-militar.

Outro fato a salientar é que, a partir desse Golpe, de maneira estratégica, o Brasil passou a ser utilizado como cabeça de praia para a realização de outras incursões golpistas pela América do Sul, orquestrados pelos Estados Unidos, através da CIA, como o ocorrido no Chile, que derrubou Salvador Allende; no Uruguai, nesse ínterim; e na Argentina em 1978, quebrando o calcanhar de Aquiles que lhes garantiam crescimento com desenvolvimento econômico na América do Sul tal qual ocorreu com o brasil, para se fazer valer os preceitos da Doutrina Monroe que ainda nos nossos dias imperam na América Latina.

O problema para os golpistas no Brasil é que, conforme dito, embora baixa, as taxas de juros eram flutuantes, fato esse que gerou um complicador grave para este País, quando as taxas de juros se instabilizaram em decorrência do fracasso americano em manter a paridade do dólar em relação ao ouro de US$ 35,00 por onça *troy* de ouro, que se deu em 1971, durante o Governo Nixon.

A própria paridade era totalmente fantasiosa e em decorrência disso, impossível de se manter, devido aos exageros estabelecidos, nos dois extremos dessa medida. O primeiro problema está no valor em dólar da paridade. Trinta e cinco dólares por cada onça *troy* de ouro ou (35 X 1), para um país que vai abastecer a economia global dessa moeda é um valor extremamente alto, que gerou uma situação alucinatória, como de fato foi, impossível de ser mantido.

Para ser conservado nesse patamar, o nível de sacrifício financeiro para uma nação, seja ela qual for se torna em absurdo. Em decorrência desse fato, tal sacrifício de liquidez recairia sobre toda a população Ianque, como realmente se deu.

O outro extremo está na quantidade de ouro que tem que ser juntado para lastrear a paridade. Uma onça *troy* de ouro equivale a 31,104 gramas desse metal. Haja ouro para se converter em tantos bilhões, trilhões de dólares! Parece até uma laracha uma coisa dessa natureza. E o pior, feito por "ditos" profissionais da seara econômica! Pasmem!!

Pela lógica, essa paridade era ridícula. Isso porque, o ouro além de ser um metal raro, é essencial como matéria-prima na fabricação de condutores e componentes essenciais no desenvolvimento de muitas tecnologias inovadoras, sem contar o fato de que, ele mesmo pode se transformar numa mercadoria luxuosa, altamente lucrativa, de valor elevadíssimo no mercado, garantindo aos detentores de sua produção lucros extraordinários perenes, sem falar a sua durabilidade, sua fácil manipulação, beleza e sua atratividade.

Tudo isso torna o ouro o mais extraordinário metal, objeto de cobiça por toda a Economia Global. Diante de todos esses gravames para os defensores da conversibilidade do dólar, manter essa paridade era e ainda é, uma alucinação. Fato esse que se traduziu em realidade quando a França, desconfiada da capacidade dos Estados Unidos em manter essa estratégia, sob o mandato de *Charles de Gaulle*, homem sábio e de juízo, exigiu que o país Ianque, fizesse a conversão dos dólares em mãos dos franceses no tão propalado e imaginativo ouro. Medida essa que provocou um pandemônio nas contas financeiras dos Estados Unidos, que teve que acabar com a brincadeira.

Na verdade, quando os Estados Unidos fizeram essa proposta mirabolante, o objetivo de seus líderes enquanto estrategistas, era assumir de maneira definitiva, a hegemonia política e econômica mundial a partir do controle monetário global. Tanto é que, tão logo os comandados de *De Gaulle* fizeram essa exigência, os Estados Unidos de imediato, no Governo de Nixon, acabaram com a paridade cambial do Dólar em relação ao ouro. Em sua substituição, esse País, recorreu ao petróleo como o produto lastreador de sua moeda, agora mediante sua livre aceitação e/ou imposição planetária.

Para dar consistência à sua nova estratégia, os Estados Unidos procuraram se associar às castas mais abastadas dos países do Oriente Médio, região a qual essa riqueza fluía com maior intensidade, por intermédio do estabelecimento de parcerias com as mesmas, onde esse País lhes dava como garantia, a realização de concessões econômicas, proteção política, militar, incentivos a determinadas atividades que eram realizadas por tradição entre os membros desse estrato social, como a produção de joias, por exemplo, e ainda, livre trânsito no mercado estadunidense, local esse em que tais beneplácitos poderiam negociar e viver livremente, sem quaisquer tipos de preocupações ou incômodos imagináveis. Assim, os Estados Unidos se tornaram o paraíso dos endinheirados, centro da liquidez global, independente da forma como csscs adquiriam ou ainda adquiram essas fortunas.

A consequência desse ato foi o surgimento quase que repentino, para não dizer repentino, de uma nova classe social emergente, protegida ao extremo, extremamente rica, detentora de fortunas incalculáveis, muito bem armada, que recebeu carinhosamente o apelido de "*sheiks* do petróleo" e que, antes se destacavam por serem em sua grande maioria, populações nômades que tinham o hábito de viajarem utilizando-se de caravanas que circulavam pelos desertos como mercadores. Alguns deles como beduínos.

Lógico que, ao fazer tais concessões, a contrapartida exigida pelo governo americano era o controle total de todas as atividades petrolíferas. Assim, todos os poços de petróleo que fossem descobertos pelo mundo e que garantissem a extração de verdadeiras fortunas em barris, tinham que passar para as mãos das multinacionais estadunidenses.

Com a finalidade de garantir o lastro do dólar, era imperativo que os Estados Unidos, na condição de força hegemônica, independentemente das formas e das condições pelas quais atingiu esse estágio, tinham por obrigação, se transformar na maior potência petrolífera controladora da produção, comercialização e distribuição do ouro negro em escala global, visando obter superávits gigantescos nessa posição, garantindo assim os superlucros, para poder bancar na outra ponta, a emissão de dólares para todos os cantos do Planeta, assumindo, como consequência, a supremacia em todos os sentidos, do poderio político, econômico e militar do comércio internacional, por intermédio de suas ações.

O interessante de tudo isso para a Economia Estadunidense é de que, toda essa riqueza em dinheiro, ouro e petróleo das classes altas, no caso, das pseudoelites das nações periféricas bem como do Oriente Médio, se concentraram nas mãos das multinacionais do petróleo, nos bancos estadunidenses e no setor de armamentos, visto que, esses três instrumentos são fundamentais para garantir o prevalecimento do sistema hegemônico dos Estados Unidos pelo mundo, que vai além do setor petrolífero, no de armamento, prevalecendo ainda, no sistema bancário, nos cassinos e nas atividades dos politiqueiros com alcunha de grandes personalidades globais, que na realidade são analfabetos políticos, os quais se constituíam e se constituem ainda, por serem os maiores bajuladores das altas rodas da sociedade estadunidense, representados pelos 1% dessa Nação.

Em virtude dessa nova ordem político-econômica mundial, países que eram pobres e que tinham a infelicidade de descobrir grandes reservas de petróleo dentro de seu território, de imediato, eram assediados pelos Estados Unidos, tidas suas classes mais altas atraídas e capitaneadas para o seu domínio, mediante acordos velados, garantidos por meio de apoio político, militar, econômico, em troca da concessão de todos os direitos de produção, comercialização e distribuição do ouro negro extraído dos poços, que eram abertos em seus territórios, para as mãos das multinacionais dos Estados Unidos, e seu superlucro, destinado para usufruto das elites da nova potência global.

Assim, enquanto tais castas, por ceder à tentação das propostas ianques, se tornavam personalidades extremamente ricas, os demais estratos inferiores, por serem mais pobres, inclusive dos Estados Unidos, e não terem o que oferecer em troca, se entregavam à prostituição, à miséria e a fome, enquanto da sua parte, as classes mais abastadas estadunidenses, detentoras das ações das multinacionais de petróleo, ainda hoje, nos nossos dias, se apropriam de toda a riqueza gerada pelo ouro negro encontrado nesses países, na forma de lucros extraordinários.

Lógico, também que, as castas que discordavam desse "modelo democrático" eram extirpadas da face da Terra, recebendo estereótipos de terroristas, ditadores, tiranos, e, caso ainda resistissem às pressões, eram e ainda são dizimadas por ações de extermínio das Forças Armadas da Nação Ianque que, por incrível que possa parecer, praticam o verdadeiro terrorismo, sob a batuta do próprio "Governo Democrático dos Estados Unidos".

Evidente que, enquanto há o enriquecimento apenas das classes mais altas da Nação Estadunidense, os demais estratos sociais desse País, continuam relegados à miséria e a submissão total da "elite dominante", já perfazendo atualmente, o montante de 46,8 milhões de pessoas, de acordo com dados apontados anteriormente, contingente esse, maior que a população de muitos países da Terra.

É nesse perfil que se traduz atualmente, o resultado político-econômico-ideológico da maior "democracia 'capitalista' e individualista" do mundo, para todos os efeitos. Isso é o que se chama de "centralização do capital" em oposição à "acumulação de capital", muito bem enfatizada e predita por Marx, em sua obra "O Capital - Critica da Economia Política.

20 A Economia Empresarial de Karl Heinrich Marx

Em virtude da evolução da economia permeada por análises comportamentais sofistas, que se caracterizam por serem estudos parciais fragmentados de todo o processo dinâmico e flexível das relações econômicas e sociais de produção, surgiram várias correntes de pensamento, que interpretaram e estudaram a economia apenas de forma parcial, à sua maneira, sem conseguir ver em toda sua extensão os envolvimentos e as implicações do ciclo produtivo completo em si.

Em virtude dessa parcialidade analítica, surgiram várias escolas econômicas de pensamento, tais como: os clássicos, os teóricos subconsumistas, os teóricos da demanda efetiva, os neoclássicos, os monetaristas, as facções defensoras de pensadores econômicos de realce, como os gurus, por exemplo, a escola histórica alemã, na versão dos pensadores cameralistas, que, com o passar do tempo, essas começaram a digladiar entre si, cada qual procurando defender seu ponto de vista sem conseguir comprová-lo em sua essência, e criticando as de opinião contrária, que também, por seu turno, procediam da mesma maneira.

Na realidade, o único economista que apresentou uma visão praticamente completa, analisando os envolvimentos, as implicações, e os fundamentos do processo capitalista em toda sua extensão, já no cunho dialético, foi o senhor *Karl Heinrich Marx*, em sua obra "O Capital". Assim, para completar o seu intento o senhor Marx, no livro I, fez a contextualização de seu estudo e buscou apresentar de uma maneira sucinta, o cenário econômico e social que deu vazão ao surgimento da Economia como Escola Econômica, por intermédio de sua análise na ótica empresarial, dando origem à Teoria da Economia Empresarial, que se desenhou por meio do emolduramento de seus pilares tais como: a teoria do valor trabalho que Marx modicou e a metamorfoseou transformando-a em teoria da força do trabalho, criando condições para viabilizar a sua quantificação na condição de força atuante sobre os instrumentos de produção; a produção de excedentes como princípio fundamental da geração de riqueza em seguimento à Platão e Smith; a identificação da dualidade dos conflitos políticos e econômicos entre os agentes de produção, que se desenhavam sobre suas balizas e que também Marx as depurou permitindo a sua identificação final como: terra, capital e trabalho; a Economia e Deseconomia de Escala; a especificidade dos ativos, criada por Adam Smith que foi melhorada e sedimentada por Marx; a criação da ideia da aposentadoria como fonte de apoio e sustentação aos trabalhadores que atingissem a fase senil; a análise da interação e relação de reciprocidade entre os Departamentos de Produção, dentre outras contribuições que não cabem aqui analisar.

Dessa maneira é que foram apresentados por Marx nessa brilhante obra, todos os conceitos que balizaram seu trabalho nos três volumes, que o mesmo se propôs a realizar, e realmente o fez, até conseguir no seu final, depurar finalmente a essência que transformou a Economia como a principal Ciência Social, em torno dos quais flutuam todos os demais estudos sobre a humanidade. Tudo isso foi feito por Marx, para que o mesmo pudesse dar consistência analítica ao seu trabalho, por intermédio do emolduramento de toda sua teoria que recaia sobre a sua essência, dissecada e detectada como: a terra, o capital e o trabalho, fazendo surgir assim as reais pilastras da Economia Política e Empresarial puras e aplicadas. Daí talvez porque Marx chamar "O Capital" de "um todo artístico", segundo declara Friedrich Engels na contracapa de "O Capital."

Nesse mesmo volume, no caso, o Volume I, de sua metade para o final, Marx começa o exame do processo de produção em si, adotando para isso, o sistema M – D – M', como ele mesmo frisou, de *Sismondi* e passa a estabelecer seus preceitos fundamentais, a partir da incorporação da práxis, bem como da dialética, como opção analítica, tendo os fundamentos filosóficos de Descartes e Xenofonte como fatores subjacentes, em substituição aos preceitos apenas abstratos, apresentados pelos estudiosos da economia política, que Marx definiu como sendo "Clássicos".

Nessa parte do seu livro Marx apresenta a jornada de trabalho ideal para a classe trabalhadora, considerando para isso, um cenário de Economia desenvolvida aparelhada pela presença da alta tecnologia e capacidade elevada de produção. Para esse autor, a jornada de trabalho ideal seria a de seis horas por dia o que representa o montante de trinta horas trabalhadas semanais. Sobre esse montante de horas laboradas, Marx propôs a realização de mais duas horas de trabalho diário o que representaria no total de jornadas trabalhadas semanais o montante de quarenta horas realizadas por semana, ou oito horas de trabalho por dia. Essas duas horas de trabalho a serem realizadas a mais por cada trabalhador representaria uma compensação financeira para os trabalhadores que já tivessem saído do mercado de trabalho, o que se caracterizaria como um fundo poupado a ser destinados como a aposentadoria para esses operários.

Assim, a aposentadoria ficou definida como uma espécie de fundo, uma poupança adicional a ser usufruída pela classe dos trabalhadores aposentados, sem a necessidade da contribuição financeira de quaisquer outros tipos de agentes econômicos, sejam eles trabalhadores-empresários, capitalistas-banqueiros ou o próprio governo. Caso a quantidade de trabalhadores aposentados fosse elevada ou que recebesse o valor de sua aposentadoria abaixo do mínimo necessário para a sua sobrevivência, o governo entraria com uma parte proporcional para dar suporte a essa classe, situação essa que dificilmente aconteceria devido ao aumento natural da taxa de salário dos operários ativos e a elevação natural do número da população, o que faria aumentar o número da população economicamente ativa, ou seja, que se encontrariam exercendo alguma função no mercado de trabalho.

Dessa maneira, se há aumento da população, naturalmente há a elevação do número dos trabalhadores que participam ativamente do mercado de trabalho, e em consequência, tal situação promove uma diminuição proporcional e natural do número de trabalhadores que estão na classe dos aposentados. Outro ponto que atua em favor da manutenção da aposentadoria e da redução da intervenção governamental para fazer o valor desse fundo se elevar, é o avanço tecnológico, que faz com que a quantidade de mercadoria aumente a cada ano provocando a queda de seus preços no mercado, e por consequência, suscitando a redução natural da carga horária trabalhada que, por conseguinte, promovem uma elevação do valor do ganho real do salário da classe trabalhadora.

Quaisquer ações em contrário sobre esse tipo de análise representa um ato pernicioso, portanto imoral, covarde e insano da parte dos formuladores de políticas públicas econômicas, no caso, dos pseudoeconomistas, como o que aconteceu na Reforma da Previdência Social no Brasil e que ocorreu no ano de 2019, representando um verdadeiro escândalo, uma apropriação indébita da renda do aposentado.

O objetivo real dessa ação executada pelo Congresso servil à pressão dos banqueiros, com o aval e coação dos pseudoeconomistas monetaristas, os de visão clássica, na concepção de Ricardo, e neoclássica, que são considerados como lacaios do governo, segundo *Blaug*, e da elite hedonista (que vive de renda sem trabalhar), deve-se à finalidade de fazer com que as arrecadações governamentais obtidas por intermédio das práticas tributárias e de criação de fundos ativos para financiar a infraestrutura social, como a poupança da classe trabalhadora, por exemplo, sejam utilizados como aporte financeiro para quitar os valores relacionados à pagamentos de juros relativos à especulação financeira efetuadas por esses indivíduos ociosos e portanto, improdutivos, por parte do Governo. Em resumo, esse aporte criado em cima do sacrifício, mais uma vez da classe trabalhadora, em outras palavras, foi utilizada para financiar a inoperância dos ociosos, ou, mais propriamente em linguagem refinada, o "hedonismo intelectual".

Outra forma de bloquear a fluidez e o pagamento justo da aposentadoria da classe trabalhadora, deixando-a numa situação extremamente danosa, desenvolvida pelos pseudoeconomistas, foi o de criar alternativa de geração de receita para os bancos que, por não ter produto a ser ofertado, cria "mecanismos de sobrevivência" sobre o sacrifício da comunidade, por intermédio do que eles batizaram de "poupança privada" que, na realidade, é uma das melhores alternativas de se gerar receita para o sistema financeiro a baixo custo e risco zero. No linguajar especulativo e nocivo para a sociedade, não há melhor forma de gerar lucros e ganhos gigantescos para o sistema financeiro totalmente improdutivo, do que esse ardil, muito bem criado de maneira altamente nefasta ao povo, pelos seus formuladores.

Depois dessas observações, a partir de então, o centro das análises marxistas se fixou no exame do comportamento da produção no chão da fábrica em toda sua extensão, por intermédio do estabelecimento dos conceitos, estudos e interpretações dos mecanismos de ação que norteiam o funcionamento da indústria, fazendo surgir uma nova base analítica na economia, definida como sendo "Economia Empresarial", onde são incluídas as questões da Economia de Escala, Deseconomia de Escala, conceito de competitividade gerada dentro da própria constituição analítica dos fatos, a adoção da questão das especificidades do maquinário, retirado de Sir Adam Smith, apresentado por esse último Economista em sua obra "A Riqueza das Nações", o estabelecimento do que seja o perfil desejado do empresário ideal, a metamorfose da Economia, preceito esse fundamental para se entender e explicar o comportamento da utilidade da mercadoria em sua essência, fenômeno esse sem o qual é impossível modelar a economicidade do produto em linguagem científica, dentre outras.

Mais ainda, para se balizar filosoficamente, além da adoção do processo M – D – M' desenvolvido por *Sismondi*, da práxis e da dialética, Marx incorporou em seus estudos os preceitos filosóficos desenvolvidos por Descartes e Xenofonte, como ele mesmo afirma, e que é visto em sua obra, para dar maior consistência de avaliação e interpretação, à sua nova forma de estudar o comportamento e ações das variáveis econômicas em toda sua abrangência, sem a adoção do artifício *coeteris paribus*, *tradeoffs* e *ad ocs,* comum nos trabalhos dos neoclássicos, visto que as interpretações de Marx se verificam por intermédio da dialética numa visão holística, onde todas as variáveis são livres e se comportam de maneira natural sem quaisquer interferências externas e se agregando até formar as mercadorias por meio da realização de metamorfoses.

Daí porque o título de seu livro, "O Capital – Crítica da economia política". Nesse contexto, vale ainda ressaltar que, os filósofos que deram suas contribuições para a criação, estruturação e consistência analítica da formação da Economia como Ciência Social, por intermédio dos brilhantes trabalhos do senhor Adam Smith e Karl Heinrich Marx, foram: Platão e os Fisiocratas, no papel de François Quesnay, que influenciaram diretamente o surgimento da Economia Política de Smith, mais Descartes e Xenofonte que, como o próprio autor afirma, exerceram papel fundamental na Economia Empresarial de Marx.

No livro II, conforme já frisado, Marx concentra suas análises apenas nas questões de comércio. Nesse volume esse autor contempla o estudo de forma integral da relação de comércio que se dá entre os agentes econômicos envolvidos, como extensão completa do processo de produção decorrente da criação da riqueza, também definidas como mercadorias, fazendo-se emanar o excedente econômico e que se distribui por entre todas as classes sociais envolvidas, via sua comercialização no mercado, no caso, a movimentação D – M – D'. Vale destacar que, nesse tipo de atividade a maximização da riqueza na forma de lucro se dá pela velocidade de circulação livre da mercadoria no mercado que se viabiliza e se flexibiliza pela utilização dos meios de transporte que deve ser os mais eficientes e de qualidade mais avançada.

Nesse tipo de atividade, Marx atribui importância fundamental ao sistema modal, como forma de viabilizar a velocidade de circulação e distribuição dessa riqueza na sociedade. Assim, para esse autor, a velocidade de circulação da riqueza na forma de mercadoria é primordial para a realização da transmutação de toda a produção gerada no período através da venda, em receita, na forma dinheiro, fazendo finalmente verter o lucro no meio desse processo. Assim, quanto mais rápido a mercadoria se metamorfosear em dinheiro, por intermédio das atividades de comércio, mais rápido a riqueza se manifesta, e de maneira mais intensa a nação se desenvolve.

Ao se transmutar em dinheiro, a mercadoria permite que este possa, por seu turno, se metamorfosear em remuneração dos fatores de produção e dos serviços de forma diversa tais como: pagamentos de impostos, salários, lucros, poupanças, pecúnia destinada a consumo e também, em capital financeiro, que vai retroalimentar todo o processo de produção, fazendo-se reiniciar todo o ciclo de produção de mercadorias, até novamente o seu final. Na sua fase final, por seu turno, essas se transmudam em dinheiro, por meio das suas vendas nas atividades de comércio e movimentação financeira.

No volume III, Marx dá ênfase ao complemento do ciclo do processo de produção capitalista por intermédio do estudo do comportamento da circulação da renda por entre os agentes econômicos, que se dá por meio das atividades bancárias e da transferência de papéis entre os operadores do mercado financeiro, tais como: títulos públicos, ações e debêntures que são negociadas nessa parte da Economia.

Tais movimentações são realizadas entre os agentes econômicos, via a prática de compra de papéis por meio da utilização de deságios na antecipação dos ganhos ao detentor dos papéis, e que viabilizam a circulação de créditos com maior intensidade entre os setores produtivos da Economia, gerando um mercado de obrigações, na forma de créditos exigíveis, e que hoje é equivocadamente chamado de mercado de capitais, visto que esse setor não produz riquezas e que é apresentado por Marx na forma D – D'.

Disso deduz-se que, mercado de capitais na forma dinheiro não existe. O que existe é apenas a compra antecipada dos direitos de recebimento das vendas das mercadorias a prazo antes do vencimento dos títulos através da prática de deságios. Nessas negociações há apenas a transferência do direito de recebimento das obrigações via compra dos papéis que representam o ato de negociação da mercadoria.

Nesse tipo de negociação não se gera nenhuma atividade que promove riqueza na Economia visto que, não se criou nada. Apenas há a transferência de direito de recebimento de valores relativos à negociação da mercadoria estabelecidos em contrato, normalmente em termos de pro rata die e que permite ao seu detentor, o direito do recebimento do valor negociado antes de seu vencimento mediante a prática de deságio.

Conforme frisado no início deste estudo, a posse do dinheiro não significa riqueza, apenas capacidade de consumo potencial, visto que, neste caso o dinheiro está cumprindo a sua função de intermediário de troca. A moeda só promove a geração de excedentes na forma de riquezas quando ela se transmuta em capital financeiro e é canalizado para investimentos na produção de mercadorias. Se o título ou ação é movimentado pelos agentes financeiros, tais como: bancos e demais entidades monetárias, ele cria sim, um mercado de deságio, quando essa autoridade antecipa o dinheiro ao detentor do documento com valor depreciado, obtendo o direito de receber o valor nominal integral do título em data futura, no seu vencimento real.

Nesse caso, no curto prazo não circula capitais, mas sim, dinheiro transmutado da prática da utilização da força de trabalho aplicado na produção da mercadoria, e que, nesse momento, se apresenta como liquidez absoluta, sendo utilizado como objeto da realização de especulação financeira e adivinhações fortuitas, que são criadas pelos especuladores, visando aumentar o grau de interesse do público pela circulação de papéis no curtíssimo prazo, provocando choques de demanda, que elevam abruptamente o valor fictício da ação no mercado de deságio tornando-a maior do que o próprio valor nominal do título ou da própria ação. Tudo isso promovido pelo desejo de se ganhar dinheiro fácil com valores maximizados no curto prazo, negociando-se com papéis exigíveis de longo prazo, provocando distorções sérias no mercado.

Fato esse que gera o terreno fértil no curto prazo, para a realização de especulações com os papéis comprovadores das obrigações financeiras de longo prazo, envolvendo títulos diversos de dívidas e obrigações para remunerações futuras, além das ações, estando embutidas aí, riscos diversos, fazendo-se criar uma espécie de cortina de fumaça sobre o comportamento das taxas de juros de longo prazo e que impedem a análise mais consistente desses últimos, que verdadeiramente influenciam os níveis de investimento na Economia Empresarial Pura, situação essa que importunou até mesmo o próprio Keynes, pai da Macroeconomia, e que o fez fazer severas críticas a esse respeito, em sua obra "A Teoria Geral do Emprego, do juro e da Moeda".

Antes de terminar sua obra, Marx reconhece que ainda falta um setor especifico para ser analisado na economia, que é o processo de criação e formação de mercados e que, da sua parte, tem origem por intermédio da demanda efetiva, o que o mesmo se propõe a abranger, estudando-o em um novo volume, que seria o Livro IV, mas que foi impossível cumprir tal missão devido ao seu falecimento. Vale ressaltar que, o trabalho de Marx apresentado em "O Capital" só não se tornou completo, por motivo da não realização do estudo da criação de mercado que se dá por meio da demanda efetiva, devido ao seu óbito.

De maneira geral, nesses três volumes, Marx consegue dar maior sustentação e consistência às análises econômicas puras, saindo para isso, da concepção puramente abstrata da Economia Política e adentrando definitivamente, na análise empírica de todo o processo de geração de riquezas, no sistema capitalista, via Atividade Empresarial.

Coube a *Keynes*, na etapa seguinte do estudo evolutivo da economia enquanto ciência social, estabelecer o elo entre a Economia Política de Smith e a Economia Empresarial de *Karl Marx*, por intermédio da criação da Macroeconomia, com ênfase no estudo do comportamento dos departamentos de produção desenvolvido por Marx, mas que, infelizmente, tal qual Smith fez com Platão, Keynes não citou esse autor em seu trabalho, talvez, devido à intensidade da rejeição e demonização dos estudos anteriores de Marx, para a infelicidade de toda a Economia enquanto Ciência Social Pura e Aplicada.

Assim a Economia, tal qual a Trindade Santa, defendida pela Igreja Católica, que se verifica pela união entre Pai, Filho e Espirito Santo, este último que liga o Pai e o Filho, se consolidou como única Ciência Social Pura e Aplicada, que se completa, no tripé Economia Política, Economia Empresarial e seu elo, que faz papel similar ao do Espirito Santo, no caso, a Macroeconomia de Sir Keynes.

Em termos de analogia, a Economia que é uma ciência tão complexa e bela, possui ainda, uma estrutura com características semelhantes à do corpo humano, que é constituído do corpo material, do espírito que é a energia da vida e a alma. Esta última que faz a função de elo entre o corpo-matéria e o corpo-espírito, conforme explana Paixão(2022).

Da sua parte, é a alma a responsável por todas as ações externas do corpo humano. Tal concepção faz gerar a consciência de que, quando o Senhor afirma que fez do homem imagem e semelhança de Deus, não foram por simples palavras, mas sim, por pura analogia do homem que se estrutura segundo o corpo físico, o corpo espiritual e a alma tal qual o é a Trindade Santa, constituída de Pai, Filho e Espírito Santo, como assevera Paixão(2022) em sua obra "A Santíssima Trindade segundo a Ciência".

No caso, a alma é a responsável pelo abastecimento tanto da matéria quanto do espírito, que se realiza através de suas ações e percepções do meio externo, ou do contato do corpo e do espírito através da alma com o meio externo, e que moldam a identidade do ser enquanto indivíduo. Assim, o espírito e a matéria tendem a se moldarem e se formarem tanto moralmente quanto espiritualmente, pelas sugestões e estímulos recebidos do meio externo por intermédio das ações da alma. Nesse sentido, se a alma tem contato com o meio externo que é violento e instável, citando como exemplo, o espírito e a matéria também apresentarão um comportamento violento e instável. Por outro lado, se a alma tiver sempre em contato com o meio externo que é evoluído e cheio de virtudes inatas ao ser humano, o espírito e a matéria se moldarão moralmente e espiritualmente, de forma evoluída e cheia de retidão. É também dessa maneira que se comporta o espelho de Platão refletindo o comportamento humano no Estado.

Daí a importância da formação virtuosa, educacional e cultural da alma, que fará com que o espírito seja civilizado e o corpo seja educado, culto, e, portanto, saudável. A comprovação da existência da alma por Platão, foi a maior contribuição desse autor para a espiritualidade. Essa demonstração permitiu ao ser humano identificar como princípio da vida saudável, fundamental, não só a prática das virtudes, o estudo e a cultura, mas ainda, a realização de atividades esportivas, o trabalho, além da busca pela paz de espírito, visando, não apenas o seu bem-estar material, como também o seu bem-estar espiritual. Assim a verdadeira riqueza do indivíduo se dá, não só pelo seu bem-estar material, mas também, principalmente, pelo seu bem-estar espiritual e sua disposição para o trabalho.

Assim, a soma desses componentes físicos do homem adicionados a um clima tropical com chuvas bem distribuídas ao ano, é que promovem a formação da verdadeira riqueza de um Estado. Isso porque, segundo Marx, que analisou esse quadro com muita propriedade, um clima quente com chuvas bem distribuídas no ano permitirá ao homem efetuar pouco gasto com roupas, proteção contra as intempéries da natureza, alimentação farta composta por uma flora e uma fauna extremamente ricas, e consequentemente, uma população saudável e feliz.

Para fazer comentário semelhante ao apresentado acima, Marx se utiliza de um exemplo citado em um livro escrito anteriormente à sua época, de onde o autor utiliza como exemplo de riqueza verdadeira, o caso de um menino tomando banho feliz, apenas de calção no Rio Nilo sem nenhuma preocupação com vestes ou qualquer outra coisa, devido ao clima saudável e rico desse Rio.

21 Da China Comunista de Deng Xiaoping à China Capitalista de Xi Jinping

(*) Como maneira de melhor esclarecimento sobre as políticas econômicas fundamentadas nos processos de gestões econômicas governamentais, cabem citar esses três exemplos recentes, da China e da Rússia, visando alcançar o contexto de análise global da Economia Política atual. A proposta é demonstrar como o mundo chegou a este quadro atual de gestão econômica governamental em nível global.

Depois da morte do senhor Mao Tsé-Tung a República Popular da China ficou numa verdadeira encruzilhada, sem praticamente saber o que fazer. Sem quaisquer perspectivas no futuro do modelo copiado do regime soviético, baseado no fechamento total do mercado, devido ao bloqueio total a esse país pelo regime político praticado pelos Estados Unidos e do G-7, com uma população extremamente numerosa e considerada na época, uma das mais pobres do mundo, a opinião dos especialistas de então, era de que o regime de Mao tinha fracassado totalmente.

O estado de penúria da China era tamanho que, a sua população adquiriu o hábito de comer praticamente tudo que vinha pela frente, desde que pudesse passar pela brasa e perder um pouco do sabor inóspito ao paladar. Desde o começo de sua participação no Partido chinês ao lado de Mao, Deng tinha opinião divergente desse último, optando mais pela introdução de um programa "comunista" esboçado pelas ideias de Lênin, que propunha o desenvolvimento do sistema comunista por etapas.

Ou seja, primeiro o regime deveria promover a revolução do proletariado, tomar as propriedades privadas e as transformar em propriedades comunais, nas mãos do Estado. Depois, deveria distribui-las entre os trabalhadores, e a seguir, abrir-se novamente a URSS para adquirir tecnologia externa visando dar saltos qualitativos na capacidade produtiva e desenvolvimentista do país e, depois disso, novamente fecha-lo, para fazê-lo atingir um estágio mais avançado do que o anterior, do regime comunista.

Mao, da sua parte, preferia seguir o regime de Stalin, que era o de fechamento total do Estado para evitar de todas as formas, infiltrações externas de espiões e mercenários no País, enviados pelas nações Hegemônicas, que pudessem promover distúrbios por meio da criação de conflitos e rebeliões internas com o auxílio da imprensa lacaia, que sempre tinha e tem, que cuidar de realizar a parte mais suja do processo de retaliação que é o de promover a baderna espalhando notícias falsas para provocar o pandemônio nos sistemas escolhidos para serem destruídos, com a finalidade de impedir que os ideais desejados pelos seus opositores atingissem sucesso nos seus programas.

Dotado dessa convicção, Stalin propunha a busca de desenvolvimento interno, via preparação educacional e cultural do proletariado, dividindo-o entre colonos e homens de estudo, ou em outras palavras, cientistas, que pudessem criar novas formas de desenvolvimento, sendo escolhidas as profissões desses trabalhadores, de acordo com os dons de cada um, mediante a realização de exames psicológicos e testes de resistência.

Infelizmente, desde o começo, Stalin sofreu perseguições de todas as naturezas, com tentativas de invasões, formação de golpes de Estado, inclusive com o boicote total de sua economia, obrigando ao bloco comunista buscar sobreviver pelas suas próprias pernas, sem contar com quaisquer tipos de apoio dos países "capitalistas" comandados pelos EUA.

Diante da divergência que existia entre Mao e Deng Xiaoping, Deng foi expulso por duas vezes do Partido Comunista Chinês, só retornando ao seio desse regime em 1977, depois da morte de Mao Tsé-Tung em 1976.

No final de 1978, Deng se tornou o líder supremo da China e lançou as reformas e a abertura desse Estado, inspirado no seu programa de nome *"Boluan Fanzheng"* proposto pelo mesmo ao partido chinês no ano anterior, quando foi reingressado no sistema político dessa Nação.

Devido a morte de Mao e a severa crise econômica e social que atravessava a China, Deng, se viu livre para implantar suas reformas baseadas nas propostas de desenvolvimento comunista de Lênin.

Por ser um estudioso e grande estrategista, Deng percebeu as falhas de análises que existiam nas teorias capitalistas, principalmente na teoria da relação inversa entre salário e lucro de David Ricardo, que se transformou na grande causa das profundas divergências entre patrões e empregados, gerando cisão entre os interesses dessas duas classes produtivas e que deu origem ao próprio pensamento comunista, implantado a partir das teorias dos economistas socialistas no mundo. Daí o motivo do sucesso de seus programas de desenvolvimento econômico de maneira estrondosa, se transformando num verdadeiro ponto de inflexão das teorias econômicas a serem aplicadas nos mais variados cantos da Terra, a partir de então.

A grande sagacidade de Deng ocorreu quando ele percebeu que, qualquer tipo de mercado que se fundamentasse na relação inversa entre salário e lucro aonde os trabalhadores aceitassem receber o menor salário para que os grandes investidores obtivessem o maior "lucro possível", seria nesse mesmo mercado que todos os capitalistas desejariam instalar suas empresas.

Como essa condição é praticamente inaceitável pela classe trabalhadora, o que normalmente impede a instalação das empresas nesse local, Deng percebeu que ele poderia criar uma política estatal para aceitar essa proposta por parte tanto da classe proletária quanto da classe empresarial.

Foi justamente isso que Deng fez no mercado chinês, mas obedecendo a uma estratégia extremamente engenhosa, criativa e com algumas obrigações imperativas da parte do Estado. Assim, Deng separou o mercado externo do mercado interno dividindo-os em partes estanques e forma distinta de tratamento governamental. Ao funcionamento do mercado externo, essa ação caberia às empresas internacionais mediante a obediência que estivesse estabelecida em contratos e com monitoramento do Governo Chinês. Quanto ao funcionamento do mercado interno e ao estabelecimento da infraestrutura básica necessária para preparar a população em níveis educacionais e culturais adequados, para lança-la numa política econômica e empresarial avançadas, essa função caberia exclusivamente ao Governo Chinês.

Tais estratégias caracterizaram-se pelas seguintes proposições:

Primeiro: O Estado chinês se predispunha a oferecer o menor salário do mundo a ser pago aos seus trabalhadores, garantido pelo próprio Governo Chinês, mas que, as empresas interessadas aceitassem fazer essa negociação, mediante a realização de um contrato. Esse contrato com total garantia do Governo estabeleceria um tempo para sua vigência ao fim do qual, as empresas poderiam renová-lo com o Partido Comunista ou não. Caso a Empresa não aceitasse renovar tal contrato, toda a infraestrutura montada seria repassada para a Nação chinesa sem quaisquer tipos de ônus para o Estado.

Ao verem esse tipo de negociação e as condições estabelecidas, as empresas tiveram um sobressalto positivo e aceitaram as condições prescritas nas cláusulas sem quaisquer reservas.

Percebendo que tais empresas não fizeram praticamente nenhuma restrição ao aceitarem de pronto as suas propostas, Deng passou a montar de imediato, as estratégias econômicas para retirar a China do colapso, ao mesmo tempo em que dava um salto qualitativo e quantitativo na sua infraestrutura econômica e social, queimando etapas equivalente a pelo menos um século e meio de evolução na sua Economia.

Isso ocorreu porque. Na seara industrial, os trabalhadores chineses não sabiam fabricar um ventilador que prestasse, fazendo analogia aqui, às palavras do senhor Mikhail Gorbatchev quando esse propôs a sua *Perestroika* através, inclusive, de livro publicado com o mesmo nome.

Ao mesmo tempo, no cenário da Política Econômica e Empresarial, para que tais trabalhadores pudessem entrar num estágio evolutivo no campo industrial, os mesmos teriam que se preparar, estudando e se especializando por mais de 20 anos. Através de sua proposta, o líder chinês reduziu esse hiato de tempo por no máximo 05 anos, visto que, interessadas nos lucros, tais empresas contratavam trabalhadores especializados ou transferiam seus empregados mais experientes e qualificados para a Nação asiática, apenas para ensinar e preparar esses novos proletários para movimentarem suas máquinas, transferindo assim tecnologia intelectual para o Sistema Comunista chinês, de graça, o que é mais importante.

Isso sem contar o tempo gasto em pesquisas e estudos avançados para que os comunistas pudessem desenvolver suas tecnologias altamente sofisticadas, o que levaria, no mínimo uns cem anos ou mais. Isso não se sabe ao certo, visto que, esse desenvolvimento depende e muito, da infraestrutura social, econômica, educacional e cultural existente no país. Mas pode-se antecipar que, esse período é o que as nações mais avançadas levaram para atingir seus respectivos estágios de desenvolvimento ultrassofisticados.

Tal fato fez com que, os trabalhadores chineses saíssem da condição de produtores de produtos piratas copiados do Ocidente, para profissionais altamente qualificados que passaram a produzir até caça de combate hipersônicos ou colocar naves no espaço, em menos de 40 anos. Algo semelhante, normalmente, só foi conseguido pelos trabalhadores ocidentais especializados em tecnologia avançada por mais de um século de estudos e pesquisas diversas, na área de tecnologias ultrassofisticadas, mas não ainda no mesmo nível dos caças hipersônicos, como os atuais da Rússia e da própria China.

A China saiu da condição de um país com predomínio da fome para uma Nação com a tecnologia industrial mais avançada do Planeta, ocupando espaço deixado pelos próprios Estados Unidos como a nação capitalista mais avançada do mundo. Só que a China, além disso, modificou a própria concepção do que seja o capitalismo, tirando-o dos moldes selvagens onde predomina as teorias clássicas na visão de Ricardo, neoclássicas e monetaristas transformando-o no capitalismo baseado nos fundamentos socialistas mais evoluídos e ricos do Planeta.

Essa reviravolta no contexto do mercado nacional e internacional, obrigou a Nação Ianque e seu séquito de países lacaios do G-7, a recorrerem a medidas extremas, representadas pelos sucessivos Golpes de Estado nos semipaíses produtores de petróleo visando formarem estoques desse ouro negro, além de ouro e dólar para banca-los na tentativa de destruição da infraestrutura econômica da China e da Rússia via confrontos de toda natureza, inclusive, bélicos. Atualmente, a tecnologia 6-G já está sendo testada na China enquanto que, a nação ianque ainda passa por sérios problemas quando se trata da instalação e desenvolvimento da tecnologia 5-G em seu próprio território.

Segundo: A criação de dois mercados econômicos distintos: o externo e o interno.

Deng Xiaoping percebeu também que, as teorias capitalistas malfadadas têm o hábito de criar um mercado contínuo, tratando o mercado interno como continuidade do mercado externo por intermédio das ações das multinacionais e das imposições imperialistas, tornando a Economia interna totalmente dependente da Economia externa.

Deng percebeu que, se ele adotasse esse tipo de política econômica, jamais conseguiria implantar um sistema tão avançado da forma como ele conseguiu, mudando o paradigma de desenvolvimento econômico baseado na conquista das riquezas naturais e do mercado externo, apenas.

Devido à existência desse tipo de obstáculo até então intransponível, Deng resolveu mudar essa estratégia de formação de mercado. Como o Estado chinês é totalmente independente e não sofre nenhuma imposição externa para desenvolver sua economia, Deng viu suas medidas facilitadas mediante a transferência da responsabilidade de formação desses dois mercados para o próprio Estado chinês.

Assim, o Governo desse país passou a comandar a formação da estrutura desses dois tipos de mercados, tanto o interno quanto o externo. Para isso, no que se refere à criação do mercado interno, a China se incumbiu de construir toda a infraestrutura interna necessária para se ter uma população altamente civilizada e utilizando do melhor arcabouço econômico e social do Planeta, aonde todas as medidas voltadas para a saúde, a educação, saneamento básico, transportes, moradia, movimentações financeiras mediante a criação de bancos estatais, e de suporte, são exclusivas do Estado, com liberação de investimentos de forma orientada para aqueles setores considerados não estratégicos para a nação, semelhante à forma de desenvolvimento preconizada por Platão.

Assim, na época, mesmo o trabalhador chinês ganhando um salário pífio de US$ 45,00 (quarenta e cinco dólares) por mês, o mesmo ainda conseguia economizar desses, uns US$ 20,00 (vinte dólares) e no final do ano podia comprar um carro novo. Esse que é o maior sonho dos trabalhadores ocidentais, ou seja, o de ter uma casa e um carro na garagem para garantir sua liberdade econômica e social.

Isso porque, o trabalhador chinês dos 45 dólares que recebia ou ainda recebe - não se sabe, visto que não se fez um estudo mais aprofundado na atualidade, esses dados são para os anos da Década de 90 do Século passado -, de salário, os mesmos só pagavam três dólares de aluguel, enquanto um estrangeiro que ia ou ainda vai morar na China, tinha ou tem que pagar um aluguel de US$ 3.000,00 (três mil dólares por mês) sem contar o fato de que, para essa população, a educação, saúde, saneamento básico, é de graça. É o Estado que arca com essas responsabilidades para a população.

Agora, a pergunta que se faz é: - Como é que a China consegue fazer esse milagre?

A resposta é simples:

Como é o governo chinês que controla tanto as relações do mercado interno quanto as do mercado externo, quando da celebração dos contratos com as empresas multinacionais, é logicamente o Estado chinês que vai se comprometer com o cumprimento de todas as cláusulas contratuais, bem como pelo recebimento dos direitos de exploração de tais acordos da parte das transnacionais.

Dessa maneira, como é o governo o único beneplácito por tais acordos dentro desse país, essa Nação se transforma num colchão de absorção de praticamente todas as movimentações financeiras dentro do seu território, fazendo acumular a totalidade dos valores monetários envolvidos nessas transações, se transformando num verdadeiro absorvedor da liquidez nacional e internacional.

É assim que o governo chinês, depois de montar toda a infraestrutura interna que vai viabilizar o bom funcionamento do mercado tanto para as empresas multinacionais quanto para os cidadãos chineses, o que sobra do dinheiro, a China os investe em pesquisas de tecnologia de ponta, desenvolvimento de produtos de alta tecnologia (*high tech*), aplica no mercado externo investindo em títulos de outras nações, compra ações das multinacionais e das próprias empresas que atuam no seu território, além de emprestar numerário e investir em outras nações de seu próprio interesse estratégico.

É dessa forma que a China se tornou, já no governo do senhor Xi Jinping, detentora de 80% da dívida externa da Nação Estadunidense, possui o sistema de transporte mais avançado e eficiente do Planeta, além das melhores e mais inovativas tecnologias de produção e desenvolvimento econômico, aonde suas cidades são integradas por trens-bala, economizando tempo e prazo nas entregas dos produtos e na locomoção de seus cidadãos, além de propor atualmente a criação de um novo mercado da seda, atraindo interesse de países de todo o mundo para participarem desse projeto monumental.

É também dessa maneira que a China se transformou da noite para o dia, a partir de 1978 na maior potência da Terra, tanto econômica quanto socialmente falando, causando a inveja e o interesse em sua destruição da parte da elite estadunidense, utilizando-se da infraestrutura bélica e da ignorância total da nação ianque em conjunto com os países lacaios do G-7, para isso.

22 Do final da União das Repúblicas Socialistas Soviéticas de Mikhail Gorbatchev à Rússia de Vladimir Putin

A abertura e o avanço chinês meticulosamente planejado e aplicado com grande sucesso pelo senhor Deng Xiaoping causou sobressaltos e admiração em praticamente todos os povos e países do mundo, principalmente da parte do governo da União das Repúblicas Socialistas Soviética – U.R.S.S., que passava por situação semelhante, anterior à reviravolta desenvolvimentista da Economia desse país.

Depois da morte do senhor Konstantin Chernenko, sucessor do senhor Yuri Andropov, assumiu o poder como Secretário Geral do Partido Comunista o senhor Mikhail Gorbatchev no ano de 1985.

Ao assumir o comando geral do seu País e ver a União Soviética praticamente desorientada diante da crise interna por que passava, ao mesmo tempo em que constatava o extraordinário sucesso alcançado pelas medidas econômicas do senhor Deng Xiaoping na China, o líder soviético se viu interessado em fazer uma política semelhante no seu país, mas não de forma tão criativa, inteligente e competente como fez o líder chinês.

A tentativa de reformulação político-econômica da URSS perpassou pela criação da parte do senhor Gorbatchev da tão propalada Glasnost que se tratava de uma abertura política e da Perestroika, que correspondia, na época, segundo esse líder, a uma reformulação econômica geral na estrutura da U.R.S.S.

Embora sendo um líder inteligente, refinado e bastante lúcido, o senhor Gorbatchev era também ingênuo. Isso porque, ao proceder dessa maneira, promovendo abertura política e reestruturação econômica sem nenhum planejamento prévio e que deveria ser muito bem elaborado e articulado para não causar nenhum tipo de alvoroço numa Federação constituída por mais de 30 Repúblicas distribuídas numa região extremamente vasta e com características inóspitas, devido ao gelo polar, sem contar as possessões político-econômicas de outras comunidades com peculiaridades, regimes e lideranças próprias, como é o do caso da Chechênia, na região do Cáucaso, citando como exemplo, essas propostas só poderiam resultar no que ocorreu. Um verdadeiro desastre.

Centrado na ingenuidade e no desprezo ao seu país vizinho, no caso, a China, achando que poderia resolver tudo como num passe de mágica, Gorbatchev desconsiderou que sua Nação era uma Federação formada de várias etnias, vários grupos independentes e que sobreviviam baseados na liderança de um estadista sério, responsável, competente e também implacável como era Stalin, da mesma maneira que o era o Marechal Josip Broz Tito, na antiga Iugoslávia. Um líder nato e que era o único capaz de manter a antiga ex-Iugoslávia unida. Dois dos maiores estadistas do Século XX, totalmente diferenciados.

Sem contar o fato de ter que lutar contra possíveis infiltrações externas em seu território de espiões, grupos de agitadores distribuidores de notícias falsas para promover discórdias, camuflados no personagem de um jornalista sem endereço fixo, um profissional fracassado em busca de holofotes para se promover, ou até mesmo um esquizofrênico que não sabe diferenciar uma garrafa de vodca de um bom prato de estrogonofe, como possivelmente ocorreu, ao se verificar o perfil de um falso líder como o senhor Boris Yeltsin, citando como exemplo. Caso esse que, os países imperialistas comandados pelos Estados Unidos por intermédio da CIA gostam de articular e implantar nas estruturas dos países inimigos dos interesses de Washington, levando dias, meses, anos e até décadas para organizar, como foi o caso da Guerra da Ucrânia que vem sendo orquestrada desde os idos de 2010 e que acabou eclodindo em 24 de fevereiro de 2022.

Diante da proposta de tais reformas, ao perceber a ingenuidade diplomática de Gorbatchev e a infiltração de agentes da CIA no processo de abertura soviética, os países membros da Federação perceberam que era uma oportunidade ímpar para cada qual procurar seu caminho, ter vida própria, buscando se transformar para isso, numa nação independente. Foi isso que imediatamente aconteceu quando o próprio Gorbatchev imperceptivelmente fez, ao propor a tão propalada Glasnost aos países membros da URSS. Em termos de Perestroika Gorbatchev já tinha até uma frase feita ao declarar em seu livro de mesmo nome que, não tinha sentido para uma Federação como a URSS lançar uma nave no espaço, mas que não conseguia fazer um liquidificador que prestasse.

Como não poderia deixar de ser, essa situação de maneira velada, foi de imediato incentivada pelas nações interessadas na derrocada da União Soviética, dentre elas, principalmente os Estados Unidos e a Inglaterra, que não deixaram de envidar todos os esforços possíveis para preparar, apoiar, orientar e dar subsídios: políticos, econômicos e militares aos mais exaltados e desejosos de aparecerem na foto eterna de eventos dessa natureza, na luta pela independência e a liberdade, como foi o caso de Boris Yeltsin, o primeiro indivíduo golpista de Estado na região, oriundo de uma situação já alertada e tão temida por Stalin.

Vale ressaltar que, de 1985 a 1991, durante o governo de Gorbatchev, quando foi posto fim na União Soviética, os Estados Unidos e a Inglaterra, tiveram tempo suficiente para preparar o cenário político e econômico, militar se preciso, para fazer todos os preparativos necessários, visando insuflar os movimentos de libertação dos revoltosos no cerne do regime socialista.

Mesmo o senhor Boris Yeltsin sendo mais um membro do Comitê Socialista, que participava no Partido Comunista de maneira apagada, sem quaisquer tipos de expressividade em que pudesse se destacar, e que gostava de se distrair com uma garrafa de vodca, se comportando de maneira instável, bipolar, que não passava num teste de esquizofrenia, essa foi a pessoa considerada ideal, escolhida pela CIA, para fazer o estardalhaço que ele praticou contra o regime de seu próprio País.

De certa forma, pode-se dizer que, tal escolha não foi meramente ao acaso ou simplesmente desproposital, efetuada por parte da Central de Inteligência Americana – CIA, para levar adiante a sua mais nova e brilhante operação, no início dos anos noventa do Século passado, na URSS. Isso talvez, para mostrar ao terceiro mundo, como é de praxe a CIA fazer, que sua população, na condição de analfabeta política, de comportamento esquisito, é tão incompetente na sua situação de selvageria, que não consegue nem mesmo escolher um líder, com a mínima decência possível, para os comandar, que evite que esse o leve de imediato ao colapso total, decorrente de sua própria escolha infeliz e estúpida.

A partir daí, esse passou a ser o perfil do personagem ideal a ser escolhido pela CIA, para levar adiante os seus estratagemas e articulações "políticas" a serem aplicados nas nações subalternas do Terceiro Mundo, como se viu na Primavera Árabe, nos golpes militares na América Latina e nos próprios países pertencentes à antiga União Soviética, colocando novos líderes no poder dessas nações, de comportamento instintivo, esquizofrênico, no apagar das luzes do Século XX, no ano 2000, e início do Século XXI, a partir de janeiro do ano 2001.

Na verdade, não é nenhum exagero taxar o senhor Boris Yeltsin de um verdadeiro "porra loca", como se diz na gíria.

Isso se viu, tão logo esse personagem assumiu o governo da Federação Russa ao enfrentar seus antigos amigos, agora opositores, subindo num tanque para mandar matá-los a tiros de canhão, quando estavam sitiados em um prédio do próprio Parlamento Russo,

Depois de eleito, Yeltsin promoveu a liberação de tudo, dando direito à privatização de todas as riquezas estatais. Tais patrimônios públicos incluíam tanto as empresas e indústrias de tecnologia avançadas quanto as riquezas minerais que foram descobertas e estavam registradas em mapas para serem exploradas em benefício do povo soviético.

Na verdade, essas riquezas, com raríssimas exceções, principalmente as minerais, na forma de petróleo, gás natural além da tecnologia bélica, ouro e outros haveres que compunham o erário, foram simplesmente saqueadas pelos membros mais poderosos que apoiaram o Golpe de Yeltsin, sem respeito à sua essência, que era o seu passado e os atos de bravuras de seus antepassados, que ajudaram a construir o império soviético, se apropriando e dividindo tudo, praticamente, como urubus em cima da carniça, transformando-se como consequência, nos novos magnatas da Eurásia.

Depois da desgraça exposta, era fato corriqueiro famílias invadirem fazendas, roubarem o que encontravam pela frente para simplesmente ter o que comer, para não morrer de fome.

Na época, veiculou nos principais jornais do Brasil, que um pai de família russo, matou seu vizinho, porque simplesmente esse invadiu seu quintal para roubar um pouco de batatas para comer, visto que o mesmo estava com fome. Nesse aspecto, a desgraça econômica e social se assolou sobre o povo russo de uma maneira severa e implacável.

Os países membros da antiga União Soviética, passaram a ser dignos de pena e compaixão da parte dos países ocidentais, principalmente pelos intelectuais que admiravam a valentia e o destemor desses povos.

Os Estados Unidos e seus países asseclas, ficaram indiferentes a isso. No fundo esse era o objetivo. A ideia básica era incentivar os saques, permitir que esses vândalos se apropriassem de toda a riqueza da ex-União Soviética por meio de algum artifício jurídico-militar para que, depois, os magnatas estadunidenses os comprassem de seus novos colegas endinheirados dos países remanescentes da antiga URSS por um preço pífio, de onde a CIA pudesse lhes transferir em troca adicional, as mesmas regalias proporcionadas às castas dos países do terceiro mundo distribuídas pelo Planeta, no interior da Nação Ianque, transformando toda a maracutaia num processo de apropriação da riqueza do povo soviético de forma legal. Assim ter-se-ia uma relação ganha-ganha para os Estados Unidos e seus aliados.

Ganhavam os neomagnatas por se tornarem bilionários da noite para o dia, mesmo vendendo suas riquezas por um valor irrisório e ainda terem acesso a todo o *glamour* oferecido aos "semideuses" da Terra pelas elites do G-7. Ganhavam também os magnatas estadunidenses e seus lacaios do G-7 por comprarem verdadeiros tesouros por "preços simbólicos" e ainda, a sua grande maioria serem inexploradas. Para esses o "céu era o limite".

Quem verdadeiramente acabou com essa "farra do boi" foi Vladimir Putin. Isso porque, ainda saudoso da antiga União Soviética e fiel aos seus valores de cidadão euroasiático, dotado de altíssimo grau de inteligência e sabedoria, o senhor Putin percebeu que a fórmula ideal para devolver a vontade de viver para a população de seu país, era o retorno aos pesados investimentos na área bélica, para defender suas riquezas pois é só assim que se vence todo tipo de escória social.

Foi isso que fez o senhor Vladimir Putin ao lado de seus camaradas, remodelando toda a estrutura de desenvolvimento econômico da Rússia, investindo na produção e extração de riquezas como o gás natural, o petróleo e na volta de seus trabalhadores-empresários para o chão das fábricas de armamentos e de pesquisas em inovações na área bélica, além das demais indústrias estratégicas, que tinham sido abandonadas na época da dissolução da antiga União Soviética, visando a descoberta e desenvolvimento dessas novas tecnologias dando um salto qualitativo, invejável às Forças Armadas da sua Nação.

Essas medidas verdadeiramente arrojadas, tornaram-no inimigo mortal do governo estadunidense e inglês, fazendo-os reingressar na antiga política de destruição em massa de estadistas de renome do Terceiro Mundo, o que induziu a CIA e a OTAN a elaborarem um projeto de destruição da Rússia, da China, do Irã e da dissolução total do Bloco criado pelo Brasil, Rússia, Índia, China e África do Sul – BRICs criado para fazer-lhes frente diante de todo tipo de dificuldade ao desenvolvimento desses países, lhes impostas pelos Estados Unidos em conluio com o G-7.

O BRICs foi criado pelos líderes desses países para combaterem os desmandos e saques sem limites, praticados pelo G-7, tendo os Estados Unidos à frente, contra suas soberanias, suas riquezas naturais e seus povos. Por se transformarem numa verdadeira ameaça à hegemonia do G-7, visto que essas cinco nações juntas, se levarem esse Bloco adiante, por serem detentoras juntas de até 80% das riquezas naturais, que geram lucros extraordinários e de aproximadamente 70% na área tecnológica inovadora, levam o G-7 ao seu fim hegemônico.

Logicamente que, os EUA encabeçando o G-7, não ficaria de braços cruzados vendo bilhões e até trilhões de dólares de suas riquezas e de supremacia econômico-militar esvaírem de suas mãos. Algo, de imediato tinha que ser feito. Assim, a alternativa adotada passou a ser colocar em prática um plano de destruição total desse Bloco de maneira implacável.

Esse projeto, encabeçado pela CIA e a OTAN, começou a ser colocado em prática nos primeiros anos da década de 2000, já no século XXI, a começar pela Primavera árabe, além dos diversos golpes aplicados contra os países membros do BRICs, visando a eliminação de vez da vida pública dos líderes dessas nações criadores desse Bloco, via prática de lawfares (sentenças antecipadas), notícias falsas (Fake News), ou se possível, da morte desses.

Com o sucesso obtido na aplicação da Primavera Árabe, os países liderados pelos Estados Unidos e principalmente os Estados Unidos, passaram a fazer incursões nos territórios das nações objetos de suas ações no Oriente Médio com a finalidade de saquearem suas riquezas naturais, principalmente petróleo, na maior quantidade possível, para garantir a viabilidade da continuidade do plano armado, em escala global.

Isso porque, a simples posse desse ouro negro garantiria aos Estados Unidos, além de controlarem o preço do barril do petróleo e do gás natural em escala global, promoveria ainda a elevação do valor do Dólar que é lastreado pelo petróleo, permitindo às multinacionais estadunidenses, a obtenção de lucros extraordinários com a venda dessa riqueza estocada em seu território, saqueado das nações invadidas.

Tudo, sem contar ainda, a pressão sobre a opinião pública mundial para atrair apoio aos meliantes promotores da discórdia contra os líderes do BRICs e dos países objetos dos saques. Nesse contexto, além da destruição do BRICs, tanto a ameaça da Rússia quanto da China teria que sofrer do mesmo destino.

Depois do sucesso total alcançado com a implantação da Primavera Árabe nos países do Oriente Médio, que ocorreu mediante a destruição total dos inimigos dos interesses dos Estados Unidos na região, o objeto da vez das ações da CIA, passou a ser a eliminação dos líderes criadores do BRICs, que teve início com os movimentos em torno da fronteira russa, que começaram a ser praticadas já no início de 2019, via operações de reconhecimento aéreo de seu território e cooptação de novos países da região, que fazem fronteiras com a Nação Euroasiática visando aumentar o raio de ação de Washington nessa região para poder instalar o poderio bélico da OTAN na referida área, o que ganhou força quando os Estados Unidos incentivou a Ucrânia a entrar na OTAN, sabendo que a Rússia a invadiria, fato esse que era estrategicamente preciso, para dar início ao seu processo pretensioso de destruição desse País.

Pretensão essa que teve início quando a nação Ianque fez a alegação de que a Ucrânia entraria na OTAN de onde os Estados Unidos poderiam instalar armamento nuclear, obrigando a Rússia a invadir a Ucrânia, gerando uma imagem negativa para a Nação Euroasiática perante o mundo, de onde os Estados Unidos e a OTAN novamente se aproveitaram da mesma situação, por intermédio do uso da mídia global comprada, para gerar uma política de demonização e difamação contra os movimentos defensivos do senhor Vladimir Putin e permitindo a criação de lobo disfarçado em pele de cordeiro para os estadunidenses. Assim, novamente a eterna faceta de nação pacificadora para o Império Tirânico dos Estados Unidos no mundo, estava garantida.

Esse foi o limite máximo de provocação utilizada como estratégia, da parte da CIA e da OTAN, aos brios do Governo de Vladimir Putin, a partir das ações praticadas por Volodymyr Zelensky, com suporte bélico e militar dos próprios Estados Unidos e do G-7 além do apoio midiático criado pelos países membros desse Bloco, para facilitar a política de convencimento popular de suas operações na região.

Inclusive, essas duas organizações terroristas de cunho "legalizado", de forma velada, já estão participando das operações na Guerra da Ucrânia se infiltrando no próprio conflito, o que se deu por meio do afundamento do navio de guerra Moskva e dos bombardeios dos centros de suporte armamentista e de alimentos das bases russas, localizadas na Crimeia, para ajudar Zelensky.

Manipulação estadunidense essa toda sabida e já prevista pelo Governo de Putin, mas que não foi tornado público pelas forças armadas russas, para não gerar um conflito de maiores proporções globais, via utilização direta de armas nucleares, o que é justamente o que os aliados da OTAN apostam que a Nação Euroasiática não tem coragem de fazer atualmente, obrigando os russos a convocarem os seus reservistas em número de 300 mil, além de novas convocações dos reservistas e ampliação do equipamento bélico no conflito, para defenderem a sua soberania e a integridade territorial da sua impávida Pátria-mãe.

Na verdade, mesmo nessa guerra a Rússia não está utilizando seu poderio bélico total mais avançado, recorrendo a um armamento mais obsoleto e reservando os principais como um recurso a ser utilizado caso a OTAN envie soldados diretamente contra a Rússia obrigando-a a atacar com força total.

23 A estratégia dos Estados Unidos para se consolidar como Potência Hegemônica Global, a partir dos anos 90 do Século Passado

Depois de ultrapassada uma terrível escalada de acusações recíprocas e de combates em campos de batalhas de pequenas proporções entre o Império Estadunidense e a URSS, distribuídos em escala global, à exceção da Guerra do Vietnã, cada qual defendendo seus próprios interesses hegemônicos, também batizada de Guerra Fria, tal cenário mundial fechou suas cortinas, a partir da segunda metade do ano de 1989 com a Queda do Muro de Berlim ocorrida entre os dias 08 e 09 de novembro desse ano, e de 1991, data última essa que cravou o fim da URSS com a renúncia do senhor Mikhail Gorbatchev. Depois desse feito, a nação estadunidense e seus aliados se declararam finalmente, vencedores absolutos e com louvor, de todos os atritos gerados contra esse bloco socialista da Eurásia.

Essa célebre vitória deveu-se à entrada no poder, como Presidente da Nação Ianque, de Ronald Reagan, que formou parceria com a então Primeira Ministra da Grã-Bretanha, senhora Margareth Thatcher.

O projeto estratégico de parceria colocado em prática pelos dois governos e com o comando do Presidente estadunidense, era pressionar a União Soviética da pior maneira possível para forçar essa Confederação a abandonar as ideias socialistas por três frentes distintas, mas interligadas entre si.

As frentes consistiam, primeiro, em criar obstáculos à livre movimentação dos produtos soviéticos pelo mundo, pressionando seus parceiros comerciais para que os mesmos não comprassem mercadorias desse Bloco, sob pena de, se isso fosse feito, os Estados Unidos deixariam de negociar com tais parceiros inclusive, não lhes vendendo produtos ou matérias-primas de interesses estratégicos para essas nações. O principal dos obstáculos criados se dava na área bélica e de aviação, setores esses onde a União Soviética possuía grandes avanços tecnológicos.

Outro ponto adotado pelos parceiros ocidentais, era o de obrigar a União Soviética a aumentar gastos com armamentos, deixando de lado a área de alimentação e de produtos domésticos como os eletroeletrônicos, por exemplo, para pressionar a população e a opinião pública interna contra o regime soviético, visando gerar revoltas contra a guerra fria, comprometendo a situação política interna dos líderes socialistas.

A terceira aposta do Governo Reagan e seu séquito, foi a criação do projeto midiático "Guerra Nas Estrelas" que tinha a pretensão de envolver direta e indiretamente a opinião pública mundial também contra a guerra fria, e que obrigasse o governo soviético a rever sua estratégia econômico-militar tanto interna quanto externa, para fazê-los abandonar de vez esse embate político-econômico-ideológico, criando conflitos internos na própria estrutura do poder do regime socialista.

Segundo o Governo Reagan, o projeto Guerra nas Estrelas tratava-se de um sistema de armamentos de última geração, que agiam de maneira interligada com satélites espaciais e que teria a capacidade de destruir todos os mísseis intercontinentais soviéticos de longo alcance em pleno ar, o que tornava esse tipo de armamento inútil para os soviéticos, pois esses mísseis eram os únicos que tinham a capacidade de atingir os Estados Unidos, numa contraofensiva caso houvesse uma guerra nuclear, tão temida na época. Caso essa ideia fosse verdade, a URSS ficaria totalmente desprotegida, à mercê dos ataques nucleares estadunidenses, sem capacidade de retaliação, em caso de guerra.

Esse tipo de comunicado efetuado publicamente pelo senhor Reagan diante de todas as redes de televisão em escala global e repercutida também pela mídia escrita, deixou o governo soviético totalmente abalado e sem perspectivas futuras visto que, além de ter que aumentar gastos com pesquisas em novos tipos de armamentos, os soviéticos estavam enfrentando uma enorme crise econômica interna, devido ao boicote dos produtos desse Bloco por parte dos Estados Unidos e da Inglaterra, mediante pressões aos demais países, para que esses não comerciassem quaisquer tipos de mercadorias com a URSS. O boicote se dava de maneira semelhante ou senão igual ao praticado contra Cuba, com grande êxito.

Outra ideia de impacto econômico de repercussão em escala global, foi o anúncio do governo dos Estados Unidos em lançar a política econômica do Neoliberalismo, o que atraiu o interesse imediato e adesão internacional de praticamente todos os mercados do mundo, o que os fez pressionar seus respectivos governos a entrarem nesse plano, e assim, os afastando cada vez mais do pensamento socialista, que era tido como um processo praticamente irreversível na época, pelos mais variados cantos do Planeta.

O resultado final do projeto do Governo Reagan foi de êxito total diante do apoio do mercado global e dos conflitos internos que se estabeleceram na União Soviética, marcando o seu fim, que se deu, quando da renúncia do senhor Gorbatchev à presidência dessa Confederação em 1991.

Se tudo isso era verdade ou não, na época, como essas medidas eram de curtíssimo prazo, anunciadas pelo governo estadunidense como já estando sendo colocados em prática, não vinha ao caso duvidar, visto que, os impactos eram seriíssimos para o governo soviético e no momento, não era a oportunidade para se fazer apostas.

O Governo soviético tinha que dar uma resposta imediata à essa situação, o que afastava a hipótese da dúvida dos programas dos Estados Unidos, devido ao problema interno tanto econômico quanto político, que os soviéticos enfrentavam, sem contar o fato da China já estar dando respostas de recuperação de sua Economia de forma estrondosa, em decorrência da abertura estratégica elaborada meticulosamente pelo senhor Deng Xiaoping ao mercado global, dando a falsa ideia de que esse país tinha renunciado ao socialismo.

De todos os problemas internos apresentados pela União Soviética, o pior era sobre a questão política que se abateu severamente entre os líderes do Partido Comunista.

Depois da morte de Leonid Brejnev, a União Soviética não conseguiu colocar um líder com os mesmos requisitos de experiência, domínio político e de liderança no poder. Todos os sucessores de Brejnev, como Iúri Andropov, Konstantin Chernenko, tiveram vida curta no poder, além de serem membros do partido com perfil mais burocrático, simplistas, de pouca experiência em áreas de práticas estratégicas complexas e de resultados imediatos, como o exigido pelo Kremlin. Esses líderes eram de perfil mais técnico, sem uma visão mais holística de mercado e de conotação política. Eram teóricos sem experiência prática no comando de um partido com atribuições tão amplas, complexas e de resultados pontuais como era o caso do Partido Comunista Soviético.

Dentre esses, o único que teve vida mais longa nesse Partido, no último quartel do Século Passado, foi Mikhail Gorbatchev, que ficou no poder de 1985 até sua renúncia que ocorreu em 1991.

Mas, embora de grande intelectualidade, de caráter refinado e de perfil reformista, desejoso de dar nova injeção de poder e criatividade ao Partido Comunista que ele representava, semelhante ao apresentado pelo senhor Deng Xiaoping na China, o senhor Gorbatchev se mostrou muito ingênuo no trato das questões práticas das políticas econômicas no cenário internacional, principalmente no seu relacionamento com seus colegas adversários, em evidência, o senhor Ronald Reagan e a senhora Margareth Thatcher, dois grandes estrategistas muito bem assessorados por equipes que passavam, e ainda passam, vinte e quatro horas por dia, todos os dias da semana, só estudando, criando, avaliando e implantando políticas estratégicas de domínio de negociações político-econômicas como a CIA.

Pode-se dizer que, esses dois líderes conseguiram colocar o senhor Gorbatchev no "bolso" com suas estratégias políticas econômicas e militares, deixando-o totalmente desorientado, sem contar o fato de que, o ex-líder soviético, deu tempo suficiente para a CIA preparar seu sucessor de maneira escancarada e sem nenhum tipo de pena ou dó, como foi o caso do senhor Boris Yeltsin.

Durante os enfrentamentos contra o líder soviético, na contraofensiva, quanto à alegação da política de implantação do Programa Guerra nas Estrelas e da liberalização total do mercado estadunidense mediante a implantação do Neoliberalismo, no cenário político-econômico criado pela CIA, o senhor Ronald Reagan, na condição de profissional na arte de representar, visto que seu passado na vida cotidiana, era de ator, se mostrou como o personagem ideal para levar adiante esse projeto de expansão global estadunidense. Atualmente, depois de já se ter passados mais de trinta anos do evento, pode-se dizer que, na realidade, essa revolução político-econômica e militar dos Estados Unidos não passou de uma cartada estratégica na forma de blefe, semelhante ao de um jogador de pôquer, especialista na arte de enganar que, sem nenhuma carta na mão, dá um grito alarmante nos ouvidos do oponente, como último recurso, durante a disputa, deixando-o totalmente atordoado e o fazendo fugir do embate, por ser inexperiente na arte de simular. De maneira objetiva pode-se dizer que foi isso que os estadunidenses fizeram contra o governo socialista da antiga União Soviética na época.

Isso porque, quando se refere à questão do neoliberalismo, recorrendo-se ao conceito desse movimento, apontado pelo senhor Nilson Araújo de Souza na sua obra "O Colapso do Neoliberalismo", publicado pela primeira vez em 1995, esse autor afirma que:

> O chamado neoliberalismo não é uma teoria científica. Nem muito menos uma corrente de pensamento científico. Não chega também a ser uma doutrina. É uma ideologia – mais propriamente, é o elemento central da ideologia da oligarquia financeira que domina o mundo, na atual etapa do capitalismo.
>
> Toda sociedade necessita de uma ideologia como elemento de coesão social. E a ideologia dominante em qualquer sociedade é a ideologia da classe dominante, que, por sua vez, é um reflexo ainda que deformado, das condições socioeconômicas vigentes. Quando a ideologia da classe dominante deixar de proporcionar coesão ao conjunto das classes e setores dominados, sua dominação começará a fazer água; a partir daí, ela só poderá mantê-la através da coerção, através da violência. Esse é o quadro em que se instauram as ditaduras abertas. Ou que faz germinar as revoluções. Souza (1995; p. 09).

Essa, até profética assertiva do senhor Souza, pode-se dizer assim, é corroborada pela versão do senhor John Kenneth Galbraith, quando da sua entrevista ao senhor Enio Carreto, jornalista do "Il Corriere Della Sera" reproduzida pelo jornal Folha de São Paulo, em 02 de novembro de 1997, com tradução da repórter Roberta Barni, que afirmou que: "globalização não é um conceito sério. Nós, americanos, o inventamos para dissimular nossa política de entrada econômica nos outros países".

Como diz o ditado: - "Para bom entendedor, meia palavra basta". Mas, que os comandados pelo senhor Gorbatchev e o próprio, não hesitaram em acreditar nessa frase feita!!! Ainda hoje, principalmente no Brasil, ainda têm indivíduos que defendem a ideia de "neoliberalismo" com unhas e dentes, e gastam tempo, energia e armas procurando comunistas no território brasileiro.... é mole... ou quer mais????

Na verdade, depois dessa retumbante vitória político-econômica do senhor Reagan acompanhado da senhora Thatcher, essa conquista não foi levada adiante com o mesmo grau de brilho, pelos seus sucessores nos respectivos governos dos Estados Unidos e Reino Unido. Os mandatos de George Bush e seu sucessor Bill Clinton não geraram muitas novidades no comando da Casa Branca, se posicionando numa situação de comodismo entregue ao sucesso estrondoso do governo de Reagan.

A situação política dos Estados Unidos, no cenário internacional só sofreu transformações significativas já no governo de George W. Bush. De perfil mais técnico e ligado diretamente ao setor petrolífero, o senhor W. Bush, ao invés de procurar consolidar a supremacia econômica e política dos Estados Unidos em escala global, se colocando como o verdadeiro salvaguarda da democracia nos quatro cantos da Terra e buscando consolidar suas relações com as nações de ideologias díspares, que estavam fragilizadas no momento, inclusive a da Rússia, esse governo aproveitou a oportunidade para ampliar as suas infiltrações, pressões econômicas e golpes militares pelo mundo, em países detentores de grande potencial petrolífero, mediante agressões severas contra os líderes que ainda apresentavam resistência à supremacia dos Estados Unidos, como foi o caso do governo de Saddam Hussein, no Iraque.

Como sempre se deu da parte da CIA, essa se serviu de um ardil ao afirmar que o Iraque detinha o controle de armas químicas e que poderia utilizá-las contra outros países, inclusive Israel, que fossem considerados inimigos do Iraque, para gerar um tremendo frisson dentro da comunidade global, liberando os Estados Unidos para dar início ao seu projeto de eliminação de Saddam Hussein a qualquer custo. Como ninguém conseguiu prova em contrário à essa acusação, repetindo outros episódios semelhantes, os Estados Unidos invadiram a Nação Iraquiana, devastando-a e assassinando, literalmente falando, o líder iraquiano, que era um ex-aliado, considerado como sendo a própria cria da CIA, treinado e orientado por essa central de inteligência para que, depois no poder, esse fizesse os jogos de interesses das multinacionais estadunidenses no Oriente Médio, inclusive contra o Iran dos Aiatolás, o principal inimigo dos interesses dos Estados Unidos na Região. Infelizmente, para a Nação Ianque de W. Bush, depois no poder, Hussein mudou de ideia e se debelou contra o seu próprio criador assim como aconteceu com Osama Bin Laden.

Foi isso que também ocorreu no Brasil, a partir dos idos de 2006, quando o Presidente Lula anunciou que o Brasil tinha descoberto petróleo no Pré-Sal, atiçando o interesse do governo Estadunidense, que passou a fazer incursões no território brasileiro através de espionagem deste País, conforme relato de Edward Snowden, para confirmar a asseveração da descoberta e da qualidade do petróleo pelo Brasil e incluir essa Nação no processo de escala de Golpes de Estado, que começou a partir da Primavera Árabe, iniciada na Tunísia, visando se apropriarem das riquezas naturais e estratégicas do povo brasileiro.

Foi decorrente dessas investidas na Nação Brasileira, que as multinacionais estadunidenses e as transnacionais suas parceiras, consideradas *plaiyers* globais, sediadas nos países europeus e no Oriente Médio, acostumadas às ações de saques em conjunto e divisão dos despojos, aproveitando-se do Golpe de 2016 no Brasil, arremataram as principais jazidas de petróleo encontradas no Pré-Sal, pelo preço que eles quiseram, além de desmontarem toda a infraestrutura da Petrobrás, que era uma das melhores empresas de prospecção, extração e refinamento de petróleo do mundo, genuinamente brasileira, e nessa condição, uma concorrente em potencial. Por meio dessa manobra eles a transformaram da condição de uma Estatal de pujança global, para uma simples empresa de capital aberto, com as suas ações praticamente todas arrematadas por magnatas e fundos de pensões estadunidenses, tornando-a livre para a especulação financeira de indivíduos ociosos, assim como ocorre com os demais ativos dos setores produtivos da Economia Nacional, em especial, os do petróleo, adeptos do hedonismo intelectual, ou do "máximo prazer com o menor sacrifício possível".

Foi assim que, enquanto o povo brasileiro passou a pagar pelo preço dos combustíveis e derivados do petróleo entre os mais caros da Terra, essa empresa gerou lucro para seus acionistas de mais de 5.000%, agora no ano de 2022, em meio à plena crise da pandemia provocada pela COVID-19. Ademais, em decorrência da crise promovida pelas agitações internas provocadas pela CIA, através de notícias falsas (Fake News) para viabilizar a implantação do Golpe, colocando um bando de pivetes no poder, além de um pseudoeconomista moleque de linhagem monetarista, todos desequilibrados mentais e jagunços armados, a população brasileira voltou a ocupar o mapa da fome, com mais de 40 milhões de famílias se colocando abaixo da miséria absoluta. De Nação altiva, respeitada pelo mundo em decorrência dos brilhantes avanços conquistados tanto na Economia recente, pelo brilhante Economista senhor Guido Mantega, como nas questões sociais, pelo Governo Lula, o Brasil se transformou num farrapo de País miserável.

A desculpa se deu pela ocorrência da COVID-19, mas que, na realidade, tudo se deve à incompetência econômica de seus representantes, no caso, os pseudoeconomistas desses países, principalmente do G-7, em não saber analisar coerentemente o cenário global e tomar uma medida econômica mais efetiva contra o avanço dessa tragédia em forma de vírus.

Em essência, esse era o momento de se implantar a tão sugestiva medida de controle macroeconômico de caráter Keynesiano, mas que, por total incompetência econômica, os tais "economistas" de plantão, nos governos espalhados pelo mundo, optaram por uma medida monetarista, que, vale ressaltar, nem de fundamentação econômico-científica séria, é. Trata-se essa, mais de uma técnica monetarista, sem quaisquer cunhos científicos sérios, viável apenas para se ganhar dinheiro fácil, via aproveitamento das situações de instabilidades econômicas por meio de especulações monetárias, que normalmente ocorrem no sistema macroeconômico global, em situações de crise.

De maneira geral pode-se dizer que, a maior desgraça do Brasil, se deu em decorrência da descoberta por esse País do Pré-Sal, uma das maiores jazidas de petróleo do mundo, que despertou a cobiça dos Estados Unidos e de seu séquito desejoso de pilhagens de países indefesos economicamente e militarmente falando, além da infeliz ideia dessa Nação em criar o BRICs ao lado de seus parceiros do Terceiro Mundo, dentre eles, a China, a Rússia, a Índia e a África do Sul, que também entraram em situação de desgraça, devido as operações de sabotagem e infiltração de espiões e aliados simulando situações de crises econômico-política no interior desses países, praticados de forma velada e até já não tão velada assim, pela CIA e a OTAN, visando conter o avanço desse Bloco pelo mundo.

Quando a Rússia estava em uma situação melindrante e pediu ajuda ao governo estadunidense, esse simplesmente a ignorou, além de procurar dividir toda a riqueza saqueada dos soviéticos entre os simpatizantes apoiadores do Golpe aplicado em Gorbatchev. A ideia, como sempre, era transferir a riqueza da URSS para esses lacaios de maneira "legal", como sempre a CIA faz nos países periféricos, por algum artifício jurídico-militar, e depois, forçar os mesmos a venderem o fruto do saque, já legalizado, para os magnatas ianques ao menor preço possível, tornando-os mais multimilionários ainda, se esses não fossem impedidos por Putin. É justamente através desse processo que os Estados Unidos se apropriam da riqueza do mundo e se tornam hegemônicos gastando pouco dinheiro e gerando lucro extraordinário para sua elite.

Conforme frisado, o Governo dos Estados Unidos, ao invés de criar uma política macroeconômica que consolidasse a supremacia dessa nação nos setores de tecnologia avançada, desenvolvimento de equipamentos mais sofisticados, formação de novas parcerias no mercado global com as nações antes consideradas inimigas, além de buscar criar mecanismos de suporte aos países em situações mais deficitárias, visando diminuir a miséria no Planeta, eles apenas acataram a ideia fantasiosa do neoliberalismo inventada pelos seus macroeconomistas como apontou Galbraith, e se acomodaram na chamada zona de conforto, por considerar que a instabilidade política mundial tinha sido debelada. Na época apareceram alguns "gurus" que chegaram até a afirmar que "a História tinha acabado".

Até mesmo o pedido da Rússia para entrar na OTAN foi ignorada pelos Estados Unidos. É evidente que os líderes estadunidenses não aceitariam tal proposta. Isso porque, a existência da OTAN não é o de garantir a paz e a democracia em nível global, mas sim, de assegurar a supremacia da Nação Ianque ante a possível ameaça à sua hegemonia na Terra. A Rússia, se entrasse na OTAN seria um adversário em potencial aos interesses hegemônicos dos Estados Unidos, devido a sua condição de maior potência mundial em termos de reservas naturais e de tecnologia avançada na área bélica. E o pior, isso possibilitaria o avanço político para os norte-americanos, de tendência socialista dentro da própria Nação Ianque. Daí o desejo desmedido dos líderes desse País em destruir de vez o poderio de Putin e o temor a Rússia. Os magnatas dessa Nação, adeptos do hedonismo intelectual, jamais deixariam que tal evento acontecesse.

Fato é que, de todas as ameaças à supremacia global dos Estados Unidos, a maior foi a causada pelo próprio País Ianque, devido à sua incompetência em levar adiante uma vitória alcançada com esmero pelo Governo do senhor Ronald Reagan e da senhora Margareth Thatcher, em linhas gerais, sobre a ingenuidade do senhor Mikhail Gorbatchev.

Já quanto a questão do Projeto Guerra nas Estrelas, o único avanço mais significativo que poderia estar inserido nesse programa foi o desenvolvimento do primeiro caça de 5ª geração, F-22 Raptor, agora já substituído pelo F-35. Mas mesmo o caça F-22 é acusado pelos seus críticos de ser oriundo de um roubo de tecnologia inovadora da União Soviética. Mas, fato é que, o F-35 além de ser um caça de custos estratosféricos, o seu desempenho em combate é colocado em dúvida pelos seus opositores. Não seria surpresa nesse enlace, se tal programa de tecnologia ultrassofisticada não passasse de ficção.

O primeiro problema da operação "guerra nas estrelas" está relacionado aos seus gastos com tecnologias e inovações envolvidas. O maior dos entraves do governo estadunidense na época, e ainda em nossos dias, para se levar uma proposta dessa natureza adiante, está na estrutura socioeconômica envolvida, visto que, todas as empresas e órgãos que participam desse processo são privados. Uma empresa privada, independentemente da dor ou do desespero do paciente, trabalha por lucro. E como diria Sir Adam Smith, "esses lucros não são baixos".

Sabe-se que, um programa dessa natureza exige o envolvimento de cientistas renomados e profissionais técnicos altamente qualificados, portanto, muito caros para a utilização desses na realização de pesquisas extremamente relevantes e que envolvem também, o uso de maquinário e técnicas ultra-avançadas, o que leva anos, décadas e até século, para se obter um resultado conclusivo e de sucesso incerto.

Nenhuma empresa privada, por mais vislumbrada que estivesse com os avanços tecnológicos jamais investiria bilhões de dólares numa probabilidade que é algo incerto, só para atender a necessidade de um governo envolvido em briga ideológica.

Atualmente, o Estado estadunidense estritamente afirmando, é o mais pobre do Planeta, que não tem condições sequer de tirar os mais desvalidos das ruas, se for analisado segundo o conceito de "A República" de Platão, em termos proporcionais, comparado com outros Estados. Essa Nação inexiste na forma de Estado em termos de riquezas econômicas, visto que, tudo está nas mãos do setor privado.

Assim, enquanto esse País é o Estado mais pobre do mundo, em contrapartida e de forma inversa, o mesmo País é a Nação mais rica do Planeta. Lembrando que, embora todos os Estados sejam nações e ao mesmo tempo países em termos territoriais, de forma contrária, no que se refere aos aspectos econômicos, embora todas as nações também possam ser consideradas como países, as mesmas podem não se configurar como Estado, considerando-se os fundamentos econômicos essenciais necessários para tal configuração.

Isso porque, enquanto na teoria de Platão, o Estado tem a função máxima de promover a união, garantir a segurança e melhorar a qualidade de vida de sua população na forma de povo, constituído de maneira geral, no que tange ao crescimento, desenvolvimento e distribuição de sua riqueza, nos Estados Unidos, e nos países que têm estruturas econômico-sociais semelhantes, o Estado é utilizado apenas para surrupiar a população roubando todas as suas riquezas, deixando-a na penúria, por meio da implantação da política-econômica da teoria da relação inversa entre salário e lucro, da acumulação de capital e da aplicação de estratégias privativistas. Daí porque, atualmente, 46,8 milhões de estadunidenses estarem na miséria absoluta e os demais estão perdidos, sem saber o que fazer, enquanto 1% dessa população, que corresponde ao estrato mais rico, detêm 76% da riqueza total desse País. Isso para dados de 2021, conforme pesquisas já apontadas aqui.

Essa situação, cabe dizer que não é atual, é histórica. Remete-nos aos idos do Século XVIII, quando os Iluministas mancomunados com os protestantes, ateus, judeus saduceus e fariseus, seguindo linhagem dos positivistas de Comte e políticos adeptos de Maquiavel, se autoproclamaram idealistas do pseudocapitalismo (capitalismo selvagem) e de seu ideário, reinantes do poder na Terra, o que fez Marx afirmar - na sua obra de maior enlace econômico, "O Capital", publicado pela primeira vez em 14 de setembro de 1867 -, que, nessas condições, as empresas privatizadas que dão lucro ao seu detentor, permanece de posse desse para todo o sempre, enquanto que, aquelas que não dão lucros, ou dão lucros pífios, levando o seu proprietário a incorrer em riscos financeiros, esses as devolvem para o Estado.

A prova maior está na estratégia de obtenção de tecnologia inovadora por parte da Nação Ianque, aonde para se apossar dessas inovações, os Estados Unidos, ou compra a tecnologia e a refaz dentro de suas indústrias por intermédio do processo da aplicação da engenharia reversa, e a partir daí, cria outro melhor e mais avançado, ou empresta dinheiro aos inventores com direito de se apossar e comercializar a tecnologia depois de acabada na condição de "parceiro" do seu criador. E, se caso o infeliz não aceitar nenhum desses termos de negociação, a Nação Ianque, simplesmente a toma, como se diz na gíria na "mão grande", por meio da utilização de suas estratégias "políticas" ou das suas forças armadas, utilizando-se da política do "extermínio dos terroristas", inimigos da "democracia"'. Essa é a tradução mais simples do que seja a "Pax americana".

Para descobrir e se apoderar das criações e inovações intelectuais espalhadas pelo mundo, simplesmente a elite estadunidense se utiliza de sua arma mais barata, poderosa e eficiente que é a aplicação da espionagem e da contraespionagem que sempre é organizada e preparada pela Central de Inteligência dos Estados Unidos que é a CIA. Nessas operações, depois de detectada as inovações e descobertas, além dos possíveis inimigos que possam insurgir contra os interesses da Nação Estadunidense, a CIA que é a unidade tática avançada cuja principal função é a aplicação e distribuição de estratégias de dissuasão, pressão, opressão, espionagem, contraespionagem, promoção de guerrilhas, guerras, etc., trata de infiltrar seus agentes e fazer contato com os apoiadores para darem início à sua atuação que começa com a criação de uma narrativa, que embora mentirosa se torna verdadeira, pelo número de entidades e órgãos apoiadoras que o divulgam, incriminam os possíveis adversários e aplicam a tática da guerra dos cegos, já comentada aqui, fazendo os indivíduos, que na sua grande maioria é analfabeta política, entrarem em contradição, atritos e que podem acabar até em conflitos armados, o que é mais comum, entre civis ou até entre nações. Concomitantemente, os infiltrados da CIA tratam de fazer os contatos com os indivíduos objetos da ação, que pode ser realizado através de proposta, pressão, persuasão ou até mesmo, eliminação, ao proprietário da tecnologia inovativa ou outro produto que gera lucro extraordinário, de interesse. Caso haja a negativa do elemento em contribuir com os interesses da central de inteligência estadunidense, simplesmente esses desaparecem.

É assim que os Estados Unidos se apossam de todas as tecnologias e produtos que geram lucros extraordinários no Planeta. Isso sem investir um centavo em cientistas ou profissionais renomados voltados ao desenvolvimento de tecnologias inovativas no chão da fábrica. Em todas essas operações a espionagem e a contraespionagem é a arma principal. É por isso que os Estados Unidos, como estratégia de defesa, aproveitando-se do ensejo, utilizam da mesma arma para acusar seus inimigos, utilizando-se concomitantemente da sua acusação para camuflar suas ações como o santo do pau oco da história. Como o número de cupinchas é enorme, essa estratégia sempre dá certo.

Outro exemplo clássico dessa situação, está na negociação do desarmamento nuclear da Coréia do Norte proposta pelo Governo dos Estados Unidos, durante o mandato do senhor Donald Trump. No encontro promovido entre o senhor Trump com o ditador coreano senhor Kim Jong-Un, esse líder até aceitou reduzir e abandonar o programa de desenvolvimento e proliferação de armas nucleares em seu território, desde que os Estados Unidos lhes fizessem uma proposta convincente para a renúncia da Coreia do Norte, desse programa.

Em contrapartida o senhor Donald Trump, simplesmente pediu para que a Coreia do Norte transferisse toda a tecnologia alcançada nesse programa para os Estados Unidos, proposta essa que foi de imediato rejeitada pelo senhor Kim Jong-Un.

O estabelecimento de acordos de "parcerias" e de "cooperação" na área tecnológica e de inovação dos Estados Unidos com os demais países da Terra, têm todos, essa finalidade. Enquanto os Estados Unidos entram com o dinheiro visto que, para eles tais acordos só envolverão os gastos com a fabricação de um punhado de dólares, dentro do Federal Reserve, seu Banco Central, que, da sua parte, é também privatizado e que vai exigir do Estado Estadunidense a geração de lucros com a sua produção, enquanto que, da outra parte, os demais "parceiros" terão que bancar com todos os demais gastos com pesquisas, maquinários, pessoal envolvido e com o tempo necessário para a finalização dos trabalhos e apresentação dos resultados obtidos a serem transferidos para a Nação Ianque. Parece até uma piada..., mas é sério!!!!!

É também por isso que, os Estados Unidos não abrem mão de ter sua moeda como a única com poder de conversão em ouro ou qualquer outra riqueza rara, como o petróleo, por exemplo, em nível global, enquanto que as demais moedas, nesse mercado, inexistem.

Foi assim e por esse mesmo motivo que os Estados Unidos conseguiram se apossar da tecnologia da produção de álcool etílico do Brasil, dando-se até mesmo ao luxo de exigir que essa riqueza tecnológica totalmente limpa, tivesse seu nome mudado de álcool etílico para "Etanol".

Foi assim também que, as multinacionais estadunidenses se apossaram do setor de agronegócios brasileiro, comprando todas as esmagadoras de soja do Brasil, se apropriando ainda, de todo o processo de negociação dessa oleaginosa com as demais nações da Terra, reexportando essa riqueza às custas dos ruralistas, onde lhes sobram apenas a obrigação de plantar, colher e entregar essas matérias-primas para as multinacionais, e depois, reiniciar o processo, mediante o apoio do Governo Brasileiro, via a concessão de subsídios e isenções fiscais, de onde o País, transfere todos os custos de produção dessas *commodities* para a sociedade brasileira via elevação da carga tributária sobre a luz, a água, o telefone e o saneamento básico, utilizando o plantio apenas para bancar a destruição das florestas nacionais, que já estão em fase de extinção.

Subsídios esses, retirados dos impostos que a população mais pobre paga, visto que, o caráter do imposto no Brasil é regressivo. Fato esse colocado goela abaixo da população pelos pseudoeconomistas que destruíram a Economia Brasileira, a partir do Golpe Militar de 1964 e reiniciado durante os Governos de Collor e FHC, através das políticas de privatizações em massa, obrigando o Brasil a renunciar à produção de riquezas e ao seu desenvolvimento e que se dá, de forma única, via produção de mercadorias, diante da alegação desses irresponsáveis, inconsequentes, meliantes, de que, a destruição da agricultura real a ser praticada seria a única maneira de, pasmem os senhores, "salvar a economia brasileira" do colapso total. Situação essa que eles mesmos criaram com suas ideias de pseudodesenvolvimento nefastas.

Foi assim que o Brasil saiu da condição de Nação recebedora de imigrantes de todas as partes do mundo, para a situação de país que expulsa sua população para todas as nações da Terra, por intermédio do fenômeno que ficou conhecido atualmente como "diáspora da população brasileira" visto que, não existe emprego no Brasil que seja em área produtiva, só em improdutiva, como o setor serviços, por exemplo.

É para obter resultado semelhante ao apresentado pela população brasileira e todos os demais países pobres do terceiro mundo, que os magnatas desse maravilhoso "estado norte-americano" símbolo da "democracia global", estão financiando a Guerra da Ucrânia, para surrupiar todas as riquezas naturais da Rússia, às custas da morte e do sacrifício de milhões de russos e ucranianos, em nome da "paz e da liberdade plena do Planeta". Tudo graças ao "patriotismo", o "sentimento de liberdade" e a soberania da Nação Ianque, promovida por, digo, 1% de sua população, mas que, essas mesmas impedem a formação legítima do Estado, nesse País.

Esse quadro global faz criar um paradoxo muito severo. Se os magnatas estadunidenses vencerem os medalhões russos sob o comando de Putin, a liberdade, a paz mundial e a riqueza econômica global correm o sério risco de se esvaírem para sempre, tornando célebre a profecia de Marx que afirma, baseado no tipo de capitalismo selvagem criado pelos "liberais do mundo", surgidos a partir do Século XVIII de que, "todo o sistema gera o germe de sua própria destruição", que se dá, atualmente, sob a forma da centralização de capital.

Agora, por outro lado, se os magnatas russos vencerem todo o processo de tentativa de destruição em massa da Federação russa, via a utilização da vida dos ucranianos, pelos Estados Unidos e seu séquito de lacaios que constituem o G-7, a liberdade e a paz global ganham uma sobrevida, onde prevalecerá a capacidade de negociação e contribuição da formação da riqueza global por parte de cada País de maneira soberana e totalmente livre.

Isso envolve ainda, a criação de uma nova moeda de circulação global, com a divisão do mercado mundial em dois tipos: interno e externo. Com ênfase na criação do mercado interno, para facilitar a implantação de políticas macroeconômicas de desenvolvimento interno dessas nações, a fim de minimizar os impactos negativos promovidos pela pobreza, ou até mesmo elimina-la de vez.

Essa situação pode ser conduzida mediante, também, a criação de dois mercados, um interno e outro externo, por cada nação, assim como aconteceu com o Estado chinês orquestrado pelo senhor Deng, facilitando a cada país do mundo poder movimentar dois tipos de moeda. Uma interna e outra externa. A interna mediante a atribuição da possibilidade de cada país ter condições de gerir a sua própria economia interna via a utilização das políticas macroeconômicas keynesianas, no caso, as políticas: monetária, fiscal, cambial, de renda e de crédito.

Já o mercado externo, seria todo ele controlado pelas operações macroeconômicas mediante o uso de uma única moeda com capacidade de circulação global, por todos os países do mundo, que pudessem, precisassem ou quisessem fazer transações econômicas internacionais.

Essa moeda seria controlada por um único Banco Central Mundial, com sede em alguma cidade do Planeta, a qual, como sugestão, para eliminar de vez a questão do sofrimento ucraniano, na cidade de Kiev, onde todas as nações existentes, poderiam indicar um representante legal, assim como acontece com as Nações unidas, para tratar das diretrizes da criação, circulação e o controle dessa moeda.

Para a sua criação, dever-se-ia estabelecer uma transmutação dessa moeda em ouro, numa paridade simbólica de cada grama de ouro por dois ou três mil moedas, afim de tornar a metamorfose viável para todos os países do mundo, além de se facilitar a análise da riqueza e da capacidade produtiva e tecnológica de todas as nações do Planeta, o que viabilizaria em muito as transações multilaterais, além de facilitar o auxílio mútuo entre esses países acabando de vez com os conflitos por mercados.

No que tange à solução desse conflito criado pelos Estados Unidos e a OTAN, entre a Rússia e a Ucrânia, o mesmo tem que ser resolvido, volta-se a frisar, pelos próprios povos da Europa Ocidental, no caso, pelas populações dos países que fazem parte do G-7 e da OTAN, por meio de manifestações pacíficas e conjuntas dessas nações pela renúncia coletiva de seus líderes respectivos, e sua substituição por representantes mais democráticos, de perfil estadista, não lacaios, como acontece atualmente nesses "Estados".

Na solução dessa beligeração, ganha liberdade de ação o próprio povo estadunidense via libertação dos grilhões que lhes oprimem, caracterizada pela opção de escolher, como diria o senhor Philip Kotler, "o mesmo do mais", ou "o mais do mesmo", ou em outras palavras, "seis por meia dúzia", uma vez que no embate político da Nação Ianque, a população só tem duas opções de escolhas de liderança "política" e que se caracteriza por ser um verdadeiro cárcere político-privado. Ou o eleitor vota no candidato "Republicano" ou no "candidato Democrata". Em essência, esse é o verdadeiro poder de escolha que o eleitor estadunidense tem de votar que é na cara ou coroa da mesma moeda. Só que, uma das faces representa os banqueiros e outra representa os megaempresários.

A pergunta que se faz é: - aonde está a ideologia que representa a vontade geral do povo? Bem, nessa escolha tal opção não existe.

Então, sendo assim, deve-se inaugurar um novo partido político que ofereça essa opção para os cidadãos estadunidenses. Uma delas seria a criação de um partido que represente a verdadeira essência do Estado ideal de Platão, que se fundamenta no princípio da formação do perfil estadista do cidadão civilizado, por intermédio da utilização da prática das virtudes, da educação e da cultura nas escolas e no meio social desse País, tirando esses fundamentos da ficção para a realidade, no ensino atual. Esse seria por fim, o verdadeiro partido do povo ianque, caracterizado pelo direito de escolher a sua ideologia própria participando da escolha do futuro dessa Nação dita "democrática".

No que se refere aos princípios econômicos considerados como válidos pelos Clássicos na visão de Ricardo, como a relação inversa entre salário e lucro essa mostrou-se como uma verdadeira frase feita sem quaisquer fundamentos científicos ou hipotéticos visto que, a mesma não se aplica dentro dos princípios da racionalidade humana uma vez que suas bases são diversas, salário não tem nada a ver com lucro.

Quanto à questão da teoria das vantagens comparativas, embora essa tenha uma certa coerência teórica, sua aplicabilidade na prática mostrou-se como um verdadeiro caos, visto que, citando como exemplo: supondo que haja uma vantagem absoluta entre produzir bananas numa região que se tem mil famílias produzindo essa fruta e outras trezentas produzindo abacate, e aplicando a hipótese ainda de que há uma grande vantagem relativa que viabiliza a implantação da vantagem comparativa na produção de abacates em relação à produção de bananas, e que o gestor público resolva incentivar apenas a produção de abacate, relegando a produção da banana a segundo plano. A pergunta que se faz é: - Aonde é que se colocará as famílias que só sabem produzir esse último tipo de fruta? E quanto aos produtores de abacate? Será que haverá uma demanda potencial para absorver a produção de 1.300 famílias produzindo só abacate? Mais ainda, a terra que produz banana tem condições de fertilidade e produtividade suficiente para absorver toda a produção de abacate? E os animais que consomem a banana e que são importantes para garantir o equilíbrio da biota, do bioma e a produção de mel, citando no caso, as abelhas, esses conseguirão se adaptar ao consumo do abacate? Quanto terá que ser investido na alimentação e sustentação ecológica desses animais?

No Brasil, nos idos dos anos 1976 em diante, em que se introduziu a produção da soja no cerrado obrigando o governo trazer a população do Sul do Brasil para essa nova área de menor fertilidade, com solo totalmente diferente em relação ao sul do País, aonde a população só sabia produzir produtos de clima tropical, essa última foi expulsa para as cidades, passando a habitar nos subúrbios dessas áreas urbanas. Tal fato fez a pobreza, a miserabilidade aumentar de tal monta que a partir daí o surgimento das favelas se tornaram rotina nas grandes cidades, principalmente nas Capitais gerando problemas de falta de moradia, aumento da criminalidade, da prostituição, dos roubos, levando esses grandes centros à uma situação de violência urbana jamais vista até então.

E o pior, as famílias e as empresas que foram agraciadas com o programa de introdução e aumento de sementes no cerrado, todas que se enriquecerem, venderam suas propriedades e voltaram abastadas para sua região de origem. Atualmente, nas áreas que foram ocupadas para plantação apenas de sementes e capim, nas três Décadas do Século passado, só se vê alguns resquícios de ocupação deixadas pelos pioneiros, enquanto que, os tais indivíduos que se tornaram "empresários" que receberam incentivos para montar suas empresas, as venderam em sua totalidade para as multinacionais que estão auferindo praticamente todos os louros que o sctor gcra com sua venda para o mercado chinês e europeu.

Como alternativa de aproveitamento das riquezas obtidas através de subsídios, isenção de impostos e transferências governamentais oferecidas ao setor de produção de *commodities*, os indivíduos que auferiram verdadeiras fortunas com esse negócio, e venderam todas suas empresas para o setor externo, os utiliza atualmente para fazer especulação financeira aplicando o dinheiro gasto na movimentação de títulos da dívida pública e outros papéis, os quais os mesmos chamam equivocadamente de "mercados de capitais".

Isso sem contar o fato de que, com toda a plantação da semente sendo vendida para as multinacionais estadunidenses que são donas do negócio, para continuarem abocanhando dinheiro do subsídio e de outros benefícios gerados pela plantação de sementes e capim, os produtores rurais abandonam as áreas que se tornam improdutivas em decorrência da atuação das leis dos rendimentos decrescentes, e avançam para a ocupação da mata nativa, através de grilagens de terras, invasão de áreas públicas, destruição de florestas de forma intensa por todo o País, gerando desequilíbrios climáticos severos, como o aumento da ocorrência de ondas de calor, sem contar o processo de desertificação intensa que já está sofrendo o Brasil, o que redundará num breve espaço de tempo em nova situação de desgraça anunciada, o que já não é mais tão anunciada assim, visto que tal prenúncio já está ocorrendo.

Desastres esses decorrentes do intenso processo de desequilíbrio na distribuição das chuvas que ocorrem em todo o Brasil, com excessos de índices pluviométricos que estão se verificando no Sul do País destruindo casas e plantações, colocando as famílias numa situação de caos e a destruição das próprias produções de sementes e capim que estão ocorrendo no Interior da Nação, resultado do intenso processo de desertificação que já se verifica e da pauperização gritante dos próprios produtores rurais, das camadas populacionais além da morte dos animais endêmicos e outros que são criados para alimentar as famílias como a produção de gado, aves, incluindo outros tipos de animais domésticos e produtos agrícolas.

Esse é um tipo de caos anunciado e que já ocorre por todo o território brasileiro, o que é uma verdadeira catástrofe. Tudo isso decorrente de medidas e planos econômicos gerados por um bando de meliantes ignorantes, incompetentes, desconhecedores da verdadeira essência da Economia, no caso, os pseudoeconomistas, formados nas universidades estadunidenses, inglesas e alemães e que assolaram o Brasil a partir do Golpe Militar de 1964, levando o País a uma situação de caos generalizado, só aplacados parcialmente pelas medidas econômicas salutares aplicadas à nação pelos economistas, senhor Armínio Fraga que salvou o Brasil com o fracasso do Plano Real e do senhor Guido Mantega, já no governo do Presidente Luiz Inácio Lula da Silva, que criou uma política salutar de distribuição de renda e prática da justiça social.

De todo, não cabe uma crítica mais extensa a David Ricardo, visto que ele ocupou apenas meia página da sua obra para destacar a teoria das Vantagens Comparativas, mais de forma elucidativa do que propriamente como uma teoria verdadeiramente formulada tirada da sua cabeça. Vale lembrar que tal teoria, na verdade se trata mais do que uma frase feita, inaplicável na prática, e que só foi levada adiante e ampliada de acordo com a cabeça e a vontade de seus predecessores que a utilizaram como um instrumental analítico para se explicar uma técnica de comércio internacional totalmente infundada cientificamente.

Considerando que tal teoria é inaplicável até mesmo a uma situação de troca interna dentro do País, já imaginou o que aconteceria se a mesma fosse aplicada realmente numa relação de troca entre países? A situação para o colapso total estava armada, mas infelizmente, foi isso que aconteceu com os seguidores de Ricardo atuando como os respectivos formuladores dessa visão totalmente estulta e ridícula na sua essência.

No que tange aos demais projetos sugeridos por essas escolas, como por exemplo, a criação e desenvolvimento de uma raça superior formada por genes de indivíduos de quociente intelectual elevado – QI, via seleção, retirada e combinação de seus DNAs (ácido desoxirribonucleico) sugeridos por Alfred Marshall e aplicado por Hitler em suas experiências voltadas para a criação da raça ariana, isso se mostrou um fracasso total. Mesmo porque, o indivíduo, como afirma Paixão(2022) ele é constituído de três partes que se encaixam entre si mas de composição energética diferente, como é o caso do corpo físico, do espírito e da alma, constituídos igual à Trindade Santa, que é composta do Pai, do Filho e do Espírito Santo, o que inviabiliza todo o projeto fantasioso sugerido por Marshal inspirado na Teoria da Evolução das Espécies criada por Charles Darwin, o qual Marshall era admirador e que, por conseguinte, foi seguido por Hitler, visto que o ditador alemão era grande admirador desse economista inglês.

Outra proposta que se mostrou catastrófica e promoveu um verdadeiro infanticídio, feminicídio em escala global nas castas mais pobres, inspiradas por esses malucos pseudoeconomistas, foi a tal da Teoria Malthusiana que propunha a ideia da existência de um descompasso entre o crescimento populacional e a produção de alimentos, a qual afirmava que a população cresceria em progressão geométrica e a alimentação em progressão aritmética. Para fazer essa previsão funesta e totalmente equivocada o próprio Malthus em sua obra afirma que, para elaboração de tal teoria o mesmo se inspirou no crescimento da população estadunidense que cresceu apenas uma vez na história, 25 vezes em dez anos.

Ao fazer tal assertiva esse "pensador" inglês foi totalmente irresponsável, inconsequente e negligente. Isso por não levar em consideração que a própria Inglaterra incentivava a ocupação dos Estados Unidos via povoamento dessa colônia, visando concorrer pela ocupação de terras americanas com Portugal e Espanha, que tinham entre si o Tratado de Tordesilhas, onde foram encontradas verdadeiras fortunas em ouro, prata, diamantes, além da produção de cana-de-açúcar, algodão e tabaco.

Fato esse que realmente ocorreu com a Nação Ianque através da tomada das terras dos índios, povo esse que os auxiliou na citada ocupação, lhes ensinando a cultivar a terra, via plantação de milho e outras atividades agrícolas estranha aos ingleses, vindo a elimina-los depois, quando se oferecia até mesmo recompensa por cada escalpo extraído da cabeça dos peles vermelhas, conforme enfatiza Marx, além de ter comprado terras da França, como a Louisiana, por exemplo. Comprou também a Flórida da Espanha e invadiu o México tomando 54% das terras desse País, por intermédio da Guerra do Estados Unidos-México, inspirado na ideia do tal "Destino Manifesto", uma teoria criada na cabeça de algum pastor lunático e sanguinário, que enfatizava que a Nação Ianque deveria ocupar e converter toda a região norte das Américas nas suas paranoias "religiosas", fazendo-o alcançar o Pacífico.

Outro absurdo paradoxal é a tal da teoria da acumulação de capital citada pelos seus defensores como um instrumento de criação de fundos financeiros mediante a transferência de rendas da população para a classe de "capitalistas visionários" e "virtuosos" que tenderiam a investir todo o dinheiro afanado da classe trabalhadora por meio da relação inversa entre salário e lucro, outra laracha, na produção de mercadorias fazendo-se diminuir a questão do hiato do desemprego entre uma produção e outra. Essa questão é paradoxal porque, conforme visto aqui, a mercadoria para ser vendida precisa de mercado. O agente da produção que gera mercado pontual para a produção adicional é a própria classe trabalhadora por meio do consumo dos trabalhadores improdutivos que atuam no mercado de serviços e da produção de bens públicos para sustentar a formação da infraestrutura produtiva.

Pois bem, com o aumento da concentração de renda, tal situação provoca a redução das empresas menos capacitadas por meio da concorrência empresarial, eliminando-as do mercado, tendo como consequência, a diminuição de empregos e a consequente queda no nível de consumo. O referido fator promove a redução da demanda potencial no mercado interno e tal situação resulta na fatídica destruição desse mercado.

Esse cenário funesto entre a classe "capitalista" e a teoria da acumulação de capital, faz gerar em oposição, o fenômeno da centralização de capital, explicitado pelo senhor Marx e que já ocorre em amplitude global na atualidade. Fenômeno esse que levou esse brilhante Economista concluir que, analisado o quadro nesse contexto, tal situação faz com que, cada sistema gere o germe de sua própria destruição, o que já é quase um processo irreversível dada a baderna na qual que se encontra a sociedade atual.

Por último vale frisar que, na atual conjuntura, no que se refere à guerra no Continente Euroasiático o que está em jogo neste momento, é o futuro da paz na Terra e a liberdade Global para todos os povos, independentemente da ideologia, do credo, da cor ou da etnia. Por fim, na verdade, em se tratando do conflito entre a Rússia e a Ucrânia, a vitória dos russos seria boa para todos, visto que, criaria mais opções racionais, científico-ideológicas, libertárias e morais para o mundo, enquanto que, se o contrário ocorrer, só os 1% realmente ganham, fazendo perpetuar a fome e a miséria em escala global e culminando no caos instaurados no Planeta entre os demais 99% da população, o que seria um desastre global. É tudo isso que faz Marx afirmar que "todo sistema gera o germe de sua própria destruição" se essa escala terrorista não for eliminada de vez da face da Terra e da vida dos cidadãos(ãs) que se dizem "civilizados".

Daí confluir finalmente que, tal consenso, faz com que a hipótese inicial deste trabalho que é o de tratar o objetivo último da Ciência Econômica, como sendo produzir excedentes econômicos ou utilidades, também chamadas de mercadorias para viabilizar as trocas no mercado, se encaixe como uma verdade absoluta o que viabiliza a criação de ótimas alternativas ao desenvolvimento de todos os povos da Terra independentes de quaisquer outros fatores que possam existir sejam eles: religiosos, ideológicos, econômicos, étnicos ou políticos.

24 Referências

BELL, J. F. *História do Pensamento Econômico*. 2. ed. Rio de Janeiro: Zahar editores, 1976.

BÍBLIA SAGRADA. Tradução do Padre Antonio Pereira de Figueiredo. Erechim: Edelbra, 1989

BLAUG, M. Metodologia da economia ou como os economistas explicam. São Paulo, Edusp, 2016.

BRAZILIAN JOURNAL OF POLITICAL ECONOMY. Michal Kalecki, um pioneiro da teoria econômica do desenvolvimento. Disponível em: Scielo 25 Brasil. https://www.scielo.br. Acesso: 23/10/2023]

BRITES, A.D. *Sistema sensorial. Órgãos captam estímulos e informações*. Disponível em: Educação.uol.com.br. Acesso: 09/12/2020.

BUKHARIN, N. A Economia Mundial e o Imperialismo, Série: Os Economistas, São Paulo: editora Nova Cultural, 1988.

CLEMENTE, A. (Org.) *Projetos empresariais e públicos*. São Paulo: Atlas, 1998.

COVEY, S. R. *Os sete hábitos das pessoas altamente eficazes*, São Paulo: Best Seller, 2017

DUPUIT, J. *De la mesure de l'utilité des travaux publics (1844)*. In: *Revue Française D'économie,* Annés: 1995, v. 10. n. 2, pp. 55-94. Disponível em: www.persee.fr/web/revues *Acesso em: 22/09/2010.*

FISHER, I. *A Teoria do Juro*. Série: Os Economistas, São Paulo: editora Nova Cultural, 1988.

GORBATCHOV, M. Perestroika – Novas ideias para meu País e o mundo, São Paulo: Best Seller, 1988

GRANDE BARSA – MACROPÉDIA. V.02.; V.06; V. 09. São Paulo. Melhoramentos. 2004.

HANLEY, N., SHOGREN J. F. WHITE, B. *Environmental economics in theory and practice*. London - UK: Macmillan Press Ltd, 1997.

HICKS, J. R. Valor e Capital: estudo sobre alguns princípios fundamentais da teoria econômica, (Coleção Os Economistas), São Paulo: Abril Cultural, 1984.

HUGON, P. *História Das Doutrinas Econômicas*. São Paulo: Atlas; 1995.

KALECKI, M. Teoria da Dinâmica Econômica: ensaio sobre as mudanças cíclicas e a longo prazo da economia capitalista. Série: Os Economistas, São Paulo: editora Nova Cultural, 1977.

KEYNES, J. M. A *Teoria Geral do Emprego do Juro e da Moeda*, São Paulo: Atlas 1982

LUXEMBURGO, R. *A Acumulação do Capital*. V. 2, Série: Os economistas, São Paulo: Nova Cultural, 1988.

MARSHALL, A. *Princípios de Economia: Tratado introdutório*; V. I; Coleção: Os Economistas; São Paulo: Nova Cultural, 1985.

MARSHALL, A. *Princípios de Economia: Tratado introdutório*; V. II; Coleção: Os Economistas; São Paulo: Nova Cultural, 1988.

MARX, K. O Capital – *Crítica da Economia Política*: Livro 1, V. I (O Processo de Produção do Capital); 30. ed. Rio de Janeiro: Civilização Brasileira, 2012

MARX, K. O Capital – *Crítica da Economia Política*: Livro 1, V. II (O processo de Produção do Capital); 25. ed. Rio de Janeiro: Civilização Brasileira, 2011

MARX, K. O Capital – *Crítica da Economia Política*: Livro 2, V. III (O Processo de Circulação do Capital); 13. ed. Rio de Janeiro: Civilização Brasileira, 2011

MARX, K. O Capital – *Crítica da Economia Política*: Livro 3, V. IV (O Processo Global de Produção Capitalista); Rio de Janeiro: Civilização Brasileira, 2008

MARX, K. O Capital – *Crítica da Economia Política*: Livro 3, V. V (O Processo Global de Produção Capitalista); Rio de Janeiro: Civilização Brasileira, 2008

MARX, K. O Capital – *Crítica da Economia Política*: Livro 3, V. VI (O Processo Global de Produção Capitalista); Rio de Janeiro: Civilização Brasileira, 2008

RIBEIRO JR, J. *O que é Positivismo*. 8. ed. (Coleção Primeiros Passos – 72), São Paulo: Editora Brasiliense, 1982.

SANDRONI, P. *Novíssimo Dicionário de Economia*, São Paulo: Editora Best Seller, 2000.

SCHUMPETER, J. A. *"Teoria do Desenvolvimento Econômico: Uma investigação sobre lucros, capital, crédito, juro e o Ciclo econômico"*. Coleção: Os Economistas. São Paulo: Abril Cultural, 1982.

SMITH, A. *A Riqueza das Nações: investigação sobre sua natureza e suas causas.* v. 1, (Coleção Os Economistas), São Paulo: Nova Cultural, 1996.

PAIXÃO, R. S. B. *Valoração Econômica de Recursos Ambientais: O Caso da Nascente do Rio Paraguai – Brasil.* New York: Amazon, 2017.

PAIXÃO, A. G. *As Manifestações Divinas analisadas segundo a Ciência.* New York: Amazon, 2022.

PAIXÃO, A.G. *A Santíssima Trindade analisada segundo a Ciência.* New York: Amazon, 2022.

PAIXÃO, A.G. Os Fundamentos da Economia Política e Empresarial, V. 1. New York: Amazon, 2022.

PAIXÃO, A.G. *Como as Florestas Produzem Chuva e Amenizam a Temperatura no Meio Ambiente.* New York: Amazon, 2022

PAIXÃO, A. G. *Os Fundamentos da Economia Política e Empresarial: Gênese.* New York: Amazon, 2023.

PAIXÃO, A. G. *O Agronegócio: origem e implicações sobre a sociedade brasileira.* New York: Amazon, 2023.

PLATÃO, *A República,* (Parte I) Série Filosofar, São Paulo: Escala Educacional, 2006.

PLATÃO, *A República,* (Parte II), Série Filosofar, São Paulo: Escala Educacional, 2006.

PASINETI, L. L. *Crescimento e Distribuição de Renda. Ensaios de Teoria Econômica.* Biblioteca de Ciências Sociais. Rio de Janeiro. Zahar Editores, 1979.

SAY, J. B. *Tratado de Economia Política,* Coleção: Os Economistas; São Paulo: Abril Cultural, 1983.

SILVA, F. A. *História do Brasil: Colônia, Império, República*, São Paulo: Moderna, 1992.

SOUZA, N. A. *O Colapso do Neoliberalismo.* São Paulo: Global Editora, 1995.

TOLEDO, C. N. *O governo Goulart e o Golpe de 64.* V. 48, Coleção Tudo é História, São Paulo: Brasiliense, 1982.